浮梁历史文化论集

浮梁县社会科学界联合会◎编

汪茂良◎主编

江西人民出版社
Jiangxi People's Publishing House
全国百佳出版社

图书在版编目（CIP）数据

浮梁历史文化论集 / 浮梁县社会科学界联合会编；
汪茂良主编 . -- 南昌：江西人民出版社，2025.4.
ISBN 978-7-210-16133-2

Ⅰ . K295.64-53

中国国家版本馆 CIP 数据核字第 2025VE5871 号

浮梁历史文化论集
FULIANG LISHI WENHUA LUNJI

浮梁县社会科学界联合会 编　　汪茂良 主编

责 任 编 辑：李鉴和
封 面 设 计：回归线视觉传达　汪茂良

 出版发行

地　　　　址：江西省南昌市三经路 47 号附 1 号（邮编：330006）
网　　　　址：www.jxpph.com
电 子 信 箱：jxpph@tom.com
编辑部电话：0791-86892125
发行部电话：0791-86898815
承 印 　 厂：南昌市红星印刷有限公司
经　　　销：各地新华书店

开　　　　本：787 毫米 ×1092 毫米　1/16
印　　　　张：33
字　　　　数：600 千字
版　　　　次：2025 年 4 月第 1 版
印　　　　次：2025 年 4 月第 1 次印刷
书　　　　号：ISBN 978-7-210-16133-2
定　　　　价：160.00 元
赣版权登字 –01-2025-32

千年的古县　永久的文化

——《浮梁历史文化论集》序言

一

　　浮梁是历史悠久的千年古县。其地先后属九江郡、豫章郡之番阳县、鄱阳县（秦汉），鄱阳郡之鄱阳县（三国吴、西晋），江州鄱阳郡（东晋及南朝）。唐高祖武德四年（621），以鄱阳郡东界设新平县，这是浮梁设县之始。玄宗开元四年（716），以新平县为新昌县；天宝元年（742），"以溪水时泛，民多伐木为梁也"，将新昌县改名为浮梁县，属治所在鄱阳县的饶州。

　　浮梁山清水秀，自然资源丰富，气候温暖湿润，四季分明，有高岭·瑶里风景名胜区、古县衙景区、皇窑景区等多个国家 4A 级景区，有中国历史文化名镇 1 个，中国历史文化名村 4 个，中国传统村落 20 个，省级历史文化名村 3 个，省级传统村落 3 个，形成了古朴的江右风格建筑群与江南水乡交相辉映的风景线。

　　浮梁文化底蕴深厚，有尚学兴教之风，出现过一王二侯五尚书、六位宰执十侍郎、三百进士名金榜的人才盛况。"士趋诗书、矜名节"，历代"衣冠人物之盛于江右"。从宋代"高识笃行、鲜与人比"的理学家朱宏、高僧佛印到明代制瓷名家吴十九、晚清民国时期的"珠山八友",见证了浮梁在精神文化和物质文明两个方面为中华文化做出的贡献。

浮梁茶文化繁荣,万里茶道见证了千年浮梁茶文化的辉煌。从白居易的"商人重利轻别离,前月浮梁买茶去",到王敷的"浮梁歙州,万国来求",证实了浮梁"每岁出茶七百万驮,税十五余万贯"的茶叶贸易繁盛局面;从"浮梁茶行数十家之多,户户门庭,车马络绎不绝,生意之盛,可谓极矣",到"今夫浮梁之茗,闻于天下,惟清惟馨",续写了浮梁茶业的辉煌。从1915年荣获巴拿马万国博览会金奖,到2016年获评"中国名茶之乡"称号、2023年获评"千年茶乡"称号,彰显了浮梁茶源远流长的"茶之乡"盛誉。

浮梁制瓷业在世界瓷业发展史上具有不可替代的地位。高岭的瓷土、瑶里的釉果、礼芳的窑柴,无不显示了浮梁在成就景德镇"千年瓷都"的作用;唐代的兰田窑及"饶玉"、宋代的白虎湾和南市街的窑址群,见证了青白瓷的辉煌和发展,凸显了浮梁作为景德镇制瓷业源头的地位;宋代的"瓷窑博易务"、元代的"浮梁瓷局"、明清的御窑厂见证了千余年官方对景德镇陶瓷业发展的重视;从"万杵之声殷地,火光烛天,夜令人不能寐",到蓬勃兴起的现代陶瓷创意产业,见证了景德镇瓷器享誉全球的景象。

浮梁是一片红色的故土,留下了许多革命旧址和历史遗迹。瑶里改编旧址、陈毅故居、浮乐婺中心县委旧址、程家山皖赣边革命历史旧址群、红军北上抗日先遣队储田指挥部旧址等红色资源,见证了方志敏、陈毅、粟裕等老一辈无产阶级革命家,在浮梁光辉的战斗历程。《闪闪的红星》《杜鹃红》《瑶里改编》等影视和文学作品,鼓舞和激励人民群众接续奋进。

二

浮梁县社会科学界联合会主动顺应时代召唤,积极回应现实需要,持续开展浮梁历史文化专题研究活动,其结晶是这本《浮梁历史文化论集》。本书从策划伊始,就一以贯之地秉持严谨的学术态度,按照学术观点正确、框架结构完整、叙述体例规范、质量水平过硬等既定要求来征稿、审稿、选稿、用稿和编稿,经过两年的努力,顺利编写完成,即将付梓出版,做了一件很有意义的事情。

《浮梁历史文化论集》收稿46篇,每篇均以史料为立论之基,图文并茂,内容真实性与文字可读性有机统一，较为准确全面地揭示了浮梁历史文化的总体面貌、发展脉络、主要特点和深厚内涵，在三个方面取得了很好的成果：第一，浮梁历史文化资源极为丰富，既是浮梁综合实力的重要标志之一，也是浮梁形象品牌的重要标识。《浮梁历史文化论集》基于县域丰富的历史文化资源，深度解读浮梁历史发展脉络，构建浮梁历史文化体系，以陶瓷文化、浮茶文化等特色文化形态和精神内涵激励新时代的浮梁人砥砺前行。第二，地方文化事关该区域的形象、知名度和美誉度，地方文史研究肩负着开发本地传统文化资源，弘扬本土优秀传统文化，打造本地区文化名片，为本地区的魅力和风采代言的重要使命。《浮梁历史文化论集》作为一个以浮梁历史文化为主题的公共文化作品和产品，深入浅出地展示浮梁文化的方方面面，如文化遗产、文化典籍、文物古迹、历史名人、民俗文化、革命文化等诸多方面，兼具理论专业性和大众普及性，能充分彰显浮梁历史魅力和文化精神，以"铁肩担道义"的自觉和"妙手著华章"的硕果，为浮梁立言发声。第三，地方文史研究是学术研究参与地方社会价值建构、社会冲突化解与社会发展引领过程的独特方式和有效途径。《浮梁历史文化论集》作为地方文史研究的学术成果，绝无一味学究式"皓首穷经"、孤芳自赏地"闭门造车"和自娱自乐似的"吟诗作赋"的色调，而是立足古今历史事实，秉持"去粗取精，去伪存真""批判吸收，继承优秀"的宗旨，具有地方文史研究应有的当代热度和现实关怀，力图在兼顾继承与创新的基础上凝聚和重塑社会大众的文化共识，有助于浮梁人民与这方热土建立更为牢固的关联，增强更深层次的地域认同、情感认同和社会认同，厚植家国情怀，更好地服务浮梁经济社会发展。

浮梁历史悠久，人文荟萃，底蕴厚重，文化资源丰赡，地方文史研究大有可为。希望浮梁县文史学界以《浮梁历史文化论集》出版为契机，进一步推动地方历史文化研究走深走实。为此，有三个想法与浮梁文史研究诸君共勉互励。

第一，夯实浮梁历史文化研究的学术基础。敦煌学、藏学和徽学，并称国内地方历史文化研究的三大显学，浮梁与古徽州地域上山水相连，经济上相互影响，徽学研究的成功经验对浮梁文史研究应该多有启发。海量的典籍、著述、方志、家谱、档案等文献是徽学研究的学术基础。浮梁历史文化研究的进一步深入，必须要重视地方史料的搜集、整理，重视史料库共建共享，夯实浮梁历史文化研究的学术基础。除充分有效利用国内外公共图书馆、档案馆、博物馆现有的共享资源外，还应注重富有地方特色的专题史料文献库建设，如浮梁地质地理数据库、浮梁图像影像数据库、浮梁老旧地图数据库、浮梁方言数据库、浮梁近现代报纸刊物数据库、浮梁历次考古报告数据库、域外对浮梁的记载及研究文献库、浮梁地方学者所搜集的地方史料及其研究成果数据库等，随着浮梁地方文史研究的深入推进，这类专题史料库将愈益显示出其价值。

第二，切实整合研究力量，在凝聚本土研究队伍的同时，要尤为重视广泛吸收域外学者的深度参与，真正做到深入地方研究的同时，又能跳出地方局限。从《浮梁历史文化论集》的作者群体看，从事浮梁历史文化研究的主要力量集中在当地。但是，地方文史研究需要跳出地方一隅，密切跟踪学术前沿动态，保持学术研究应有的敏感、激情和韧性，在更大的空间平台上，以更为宽阔的学术视野，就学术界共同关心的热点、难点和痛点问题进行学术对话和争鸣。从这个意义上说，域外学者，尤其是那些身居通都大邑、学术重镇和著名学府的学者们，具有本土学者所难以比拟的全国眼光、旁观视角和他者角色，争取他们的参与，可以建构起推进浮梁地方文史研究深入前进的内在动力机制，同时也能扩大浮梁历史文化研究的社会影响力，真正实现让浮梁文史研究走出地方一隅。

第三，强化通史意识，力求用全局性眼光研究地方文史。地方文史研究最根本目的是探索整体的普遍性，解剖某一地方历史文化的某个事物，应将其视为反映和体现全局特征的事物，将地区特点和全国特征联系起来。检视《浮梁历史文化论集》所收诸文，在这方面还有不少缺憾。深度开展浮梁地方文史研究，要强化通史意识，注意加强贯通与横通两方面的比较。其一，浮梁历史文化研究不能割断地方文史连续性时间脉络，尤其不能忽略唐宋元明清民国乃至新中国这一脉相承而又有差异甚至冲突的地方史脉络，必须进行历时性纵向贯通，同时也要努力实现宏观性现象与微观性现象、自上而下或自下而上的政治与社会间的共时性纵向贯通。其二，不少地方文史研究学者习惯于选取特定时空中的典型人物、事件或现象进行研究，但在地方一隅中的典型性往往意味着特殊性，可能缺乏一般代表性。在这样的研究中，尤须注意域内典型性与域外差异性的横向比较，在比较中实现融通。只有这样，地方文史研究者才能够在纵向贯通与横向融通的基础上，运用全局性眼光进行归纳与推理，得出更深层次的普遍结论。

三

虽然如此，但我始终认为，研究特定地区的历史文化，真正的专家仍然是本土学者。他们对本土的历史文化、本土风土人情，更具"了解之同情"和"同情之了解"，他们出于自身视角的"夫子自道"式研究，更能给人以如数家珍、爱深痛切之感，更能真切地理解本土历史和文化，更能够深切感受文献之外的本地文化的特征和特色。正是因为阅读这个论文集，使我对浮梁的历史与文化有了更加全面和深刻的认知。

我第一次知道浮梁，是因为白居易《琵琶行》中的"商人重利轻别离，前月浮梁买茶去"句，从中知道"浮梁茶"的声名远播，同时也感受到"文化产品"的强大影响力。如果没有王勃的《滕王阁序》、没有范仲淹的《岳阳楼记》、没有崔颢和李白的黄鹤楼诗咏，又有多少人知道曾经有过滕王阁、岳阳楼、黄鹤楼？如果不读白居易的《琵琶行》，又有多少人知道浮梁县更毋论浮梁茶。我在《明清湘鄂赣地区的人口流动与商品经济》一书中归纳影响地区影响力的三大要素，水陆交通、专业市场、高消费人群，看来还需要补充一个，具有影响力的文化人和文学作品。

坦率地说，也正是上面那句诗，对白居易描述的那位技艺高超的来自长安的琵琶女印象并不好。商人的生存空间是江湖，生存条件是市场，长年离乡背井乃是职业所致，怎么就"重利轻别离"了？难道长年厮守、坐吃山空就是有情义？由此也产生感慨，正是因为有那些长年离乡背井的贩茶客、窑瓷工，才造就了浮梁的茶业和景德镇的瓷业。我们的国家、我们的政府、我们的文化人，应该对他们有高度的敬意，没有他们和类似于他们的普通劳动者，我们将一无所有。

我第一次到浮梁是在 1990 年，那年景德镇召开首届中国瓷都——景德镇国际陶瓷节，我受学生的邀约，去了景德镇，就便走访恢复设县不久的浮梁。当时有一个好的印象，也有一个不好的印象。好印象是被李新才拉去看浮梁古县衙，带有震撼性；不好的印象是坐落在浮梁县的几个厂子，已经划归景德镇，留下的税收却由浮梁县承担，这就是当代版的"产去税存"了。

在读这个论文集的过程中，一直在琢磨，为何不理直气壮地将"瓷都"景德镇及其前身昌南镇作为重要乃至核心内容来讨论？景德镇建市之前，一直隶属于浮梁县。浮梁孕育出景德镇，景德镇壮大了浮梁，二者是难以分割的。浮梁县的两大品牌，一是茶，二是瓷，瓷更跃居茶之上，成为明清"海上丝绸之路"的重要产品。作为"非本土"学者，我不知道研究浮梁历史文化时，为何要将景德镇切割出去，而景德镇在"历史"上，本来就是属于浮梁县的，既然讨论浮梁的"历史文化"，理所当然应该涵盖景德镇。

《浮梁历史文化论集》出版组织者邀请我作序，本无资格，因为从来没有对浮梁、对景德镇做过系统的考察和研究。先师欧阳琛教授曾经在上个世纪 60 年代初组织编撰过《景德镇制瓷业历史调查资料选辑》，是为江西史学界进行社会经济史专题调查的早期资料之一，上世纪 90 年代末，我也推动过他主持的《景德镇陶录》校注的出版，但并没有在这方面继承他的学术。最终承诺为此书作序，既出于对浮梁县社科联汪茂良主席热情约请的感谢，也出于对先师为景德镇瓷业研究倾注心血的感念，更出于对浮梁这片土地和这里的民众为中华文明做出重大贡献的敬意。在此，对为这篇序言提供帮助的李松杰博士、苏舟博士表示感谢。

方志远

2025 年 1 月 27 日于广东惠州富力湾寓所

让浮梁历史文化说话

——《浮梁历史文化论集》引言

文化关乎国本、国运。如何让历史文化说话，从而更好地赓续历史文脉、坚定文化自信？这是一个意义重大的课题。

浮梁，文脉悠远，她那丰富的从历史深处走来的文化需要我们让其说话。浮梁自建县至今已历一千四百余年，创造过"浮梁歙州，万国来求"的辉煌，有"瓷之源、茶之乡、林之海、镇之初"的美誉。千余年来，浮梁孕育出以兴田乡程家山村、瑶里镇瑶里村、湘湖镇前程村等为代表的革命文化，以御窑厂、瑶里镇高岭村、南河流域等为代表的陶瓷文化，以江村乡严台村和西湖乡桃墅村、磻溪村等为代表的茶文化，以浮梁古县衙为代表的廉洁文化，以勒功乡沧溪村为代表的理学文化……在波澜壮阔的中华民族历史文化长河中，浮梁历史文化竞相激起一朵朵晶莹璀璨的浪花。

难能可贵的是，浮梁历史文化不仅其园地形成了百花竞放、争奇斗艳的生动局面，而且其特性充分彰显了中华文明的连续性、创新性、统一性、包容性、和平性。浮梁的瓷茶两业自我发展、回应挑战、开创新局，历经千年不断。浮梁人从不固步自封，在生产劳作中精益求精，不断创新创造，许多独冠天下的工艺得以在浮梁萌芽、形成和发展成熟。浮梁是开放的、包容的，吸吮着中华民族漫长奋斗积累的丰厚文化滋养，吸引了来自国内南北名窑和西域波斯等地的工匠以及世界各地的客商纷纷涌入，以兼收并蓄的开放胸怀创造了"工匠来八方，器成天下走""商人重利轻别离，前月浮梁买茶去"的繁荣景象。浮梁文化还蕴含着统一与和平的使命，珍贵的陶瓷文化与技艺未因战乱而凋零；浮梁的瓷与茶屡次作为国礼广赠友邦友人，成为中华民族敦睦邦交的见证。浮梁的瓷与茶不仅屡在国际博览大会中斩获金奖，而且成为中华文化"走出去"的重要代表，成为世界认识中国、中国走向世界的重要文化载体，推动了世界不同民族、不同文化之间的交流互鉴。

浮梁历史文化何其源远流长、灿烂辉煌，研究阐释浮梁历史文化不亦与有荣焉、幸甚至哉？

围绕把"千年瓷都"这张靓丽的名片擦得更亮，浮梁县社科联开展浮梁历史文化专题研究活动，得到有关领导同志的高度重视和学界朋友的积极响应，收到大量文章。文章作者不乏来自省内外高校、社科研究机构，也有来自景德镇和浮梁本地的党政机关、企事业单位，还有来自县域内社科普及基地、县属社科学会（协会、研究会）；有步入耄耋之年的学界名宿，有成果丰硕的中青年学术带头人，也有在校博士生、硕士生等崭露头角的后起之秀，等等。这些文章，多数是作者应浮梁县社科联活动需要专门而作的，少数是契合浮梁县社科联活动要求的作者既有成果。浮梁县社科联组织编委会遴选、修改文章，去粗取精、去伪存真，分编排序，终于结集出版，成为浮梁历史文化专题研究活动的主要成果。在此，浮梁县社科联向有关领导同志、专家学者和相关各方谨致谢忱！

本论集共 46 篇文章，分为上下两编，其中有专家学者秉持深层次、建设性的争鸣导向，就浮梁历史文化提出的学术商榷；有专家学者聚焦浮梁"地方性"研究，基于文物、古籍、文献、民歌、民俗等历史文化载体展开各种考证与梳理，阐发历史文化现象，萃取历史文化精髓；有专家学者依据浮梁历史文献来探求历史事实，作出历史评价；有专家学者用现代意识来审视浮梁历史文化，从时间、空间等多维度来进行比较研究，探究内部联系，关照现实；有专家学者从史家视角、史料视角，对如何推进浮梁历史文化研究工作提出的探讨与展望；有本地文史研究爱好者以不同于高校、研究机构研究人员的研究视角、思维方式和写作方法来论述浮梁历史文化，虽然学理性稍欠，但生动活泼、意趣盎然。

总之，本论集的文章，一方面坚持马克思主义的立场观点方法，基本都秉承了辨章学术和考镜源流的原则，多数有严实的考证和深刻的见解，文风严谨朴实，有较强的专业性、代表性，有的甚至具有前沿性；另一方面立足浮梁，紧贴"千年瓷都"，服务景德镇国家陶瓷文化传承创新试验区建设、景德镇陶瓷文化遗产保护等文化建设的重大任务、标志性工程，内容与本地的生活、社会紧密联系，表述通俗易懂，形式图文并茂，有较强的可读性、普及性。这些文章深入地揭开浮梁历史本相，生动地诉说浮梁历史文化，也力图让浮梁历史文化说话，力图让蕴含其中丰富而宝贵的精神价值、思想智慧和文化基因说话，以此推动浮梁优秀传统文化在传承中与时代共鸣，影响当下和未来。

筚路蓝缕，以启山林。开展浮梁历史文化专题研究这样有广度和深度的研究活动，组织编撰出版物，二者之于浮梁县社科联都是首次，也是挑战和考验。诚然，浮梁县社科联对此项工作虽不遗余力，但过程仍历经曲折，成果仍存在颇多缺憾。同时，我们也感受到了因县内兼具视野、史实、深度的历史文化研究成果的短缺所带来的束缚和困扰。

2023 年 6 月，习近平总书记在国家版本馆考察时强调，"盛世修文，我们这个时代，国家繁荣、社会平安稳定，有传承民族文化的意愿和能力，要把这件大事办好"。面对新时代新的文化使命，面对世界范围内各种思想文化交流交融交锋的态势，面对十分宝贵的浮梁历史文化资源，面对组织、协调、推动社会科学学术研究的社科联任务，浮梁县社科联迫切需要加强对浮梁历史脉络、文化内涵和精神标识的研究阐释，把浮梁历史文化研究阐释推向深入。

行远自迩，登高自卑。踉踉跄跄，浮梁历史文化研究阐释之路我们才迈入；征途漫漫，我们惟有笃定前行。浮梁县社科联诚邀更多的学界朋友共赴浮梁历史文化研究阐释新征程，携手推出更多有意义的活动、有价值的成果。方家协同，担负起浮梁历史文化研究阐释的使命，浮梁历史文化的言说就会与时俱进、推陈出新，进而更好地赓续历史文脉、坚定文化自信。

浮梁，文有脉，行必远。

汪茂良
2024 年 9 月 10 日

目录

下 编

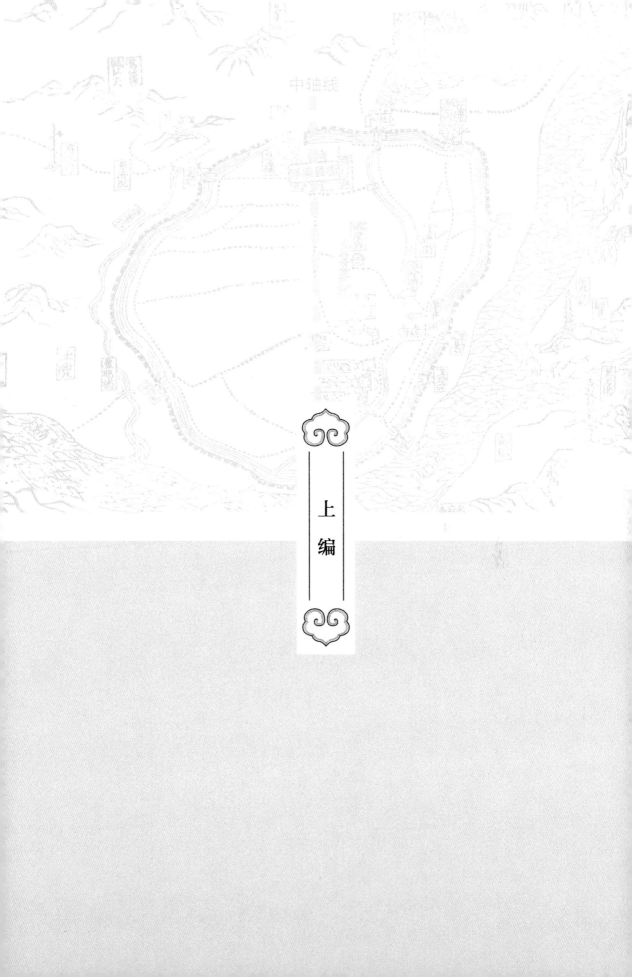

上编

从江湖走向革命：1919—1930 年社会权力结构变动中的陶瓷业工人运动[*]

江旺龙

在以往的革命史叙述中，工人在中共领导下，一声令下，风起云涌，掀起轰轰烈烈的革命。然而，在早期的景德镇，实际情况要复杂得多。景德镇是当时中国内地最大的手工业城市，人口构成以移民为主，纵横交错的帮会是控制基层人口的主要势力。与其他产业城市相比，景德镇的社会结构是极具复杂性的江湖社会。在 1919—1930年，在大时代政治风云变幻的背景下，十余万陶瓷业工人自江湖而起，开展轰轰烈烈的反抗斗争，将以帮会为主要支撑的江湖权力秩序作为斗争的重要对象。工人运动历经倒退与曲折，工人群体和帮会频繁博弈，动态发展，呈现出交替互动的态势。在这一研究领域，已有一些成果出现[①]，但仍有加强研究的必要。笔者不揣浅陋，试作此文，以就教于方家。为行文方便，中共景德镇地方组织在本文中简称中共，或共产党。

---

[*] 本文为国家社会科学基金项目"中国共产党领导的陶瓷工人运动资料搜集、整理与研究（1921—1949）"（项目批准号 22BDJ040）的阶段性研究成果。

[①] 关于中国陶瓷业工人运动的研究，涉及的专著，有中国硅酸盐协会主编的《中国陶瓷史》重点对陶瓷工人的多项重大技术革新给予了记述。吴仁敬、辛安潮编撰的《中国陶瓷史》对陶瓷工人反帝反独裁斗争有所论述。钟健华、陈雨前主编的《景德镇陶瓷史》对改革开放以来陶瓷工人的贡献有所论述。《江西通史》对景德镇瓷工的乡缘血缘神俗等社会环境有所述评。梁淼泰（1991）研究了明后期景德镇轮班匠制向雇役匠制的转变，窑主对瓷工的剥削等。这些论著为后续研究打下较好的基础。

相关研究论文成果不多，自 20 世纪 80 年代以来，各类检索可见的仅 50 余篇，集中在如下几个方面：1. 关于党成立前陶瓷工人群体特征的研究，如徐贵珍（2015）、方李莉（2011）、苏永明（2019）、苏永明和洪子雅（2017）等研究了宗教神话、祖先崇拜、血缘、地缘、业缘，以及行帮和官府，对景德镇瓷工群体的影响。田泌等（1992）、要楠（2014）、张子英（1994）、张宗帅和张家森（2021）、张旭（2016）等分析了唐山、磁县、淄博、宜兴等陶瓷产地的工人群体特征。2. 关于党领导的陶瓷工人运动的研究，论文仅 10 余篇，闻炳焱（1991）、吕政隆（2016）、王一鸣（2020）、田泌等（1992）、肖静（2018）分别研究了新民主主义革命时期党对各地瓷工运动的领导策略和斗争局限性。陈紫（2011）、江存雨（2017）研究了在党的领导下瓷工身份的变化、创作状态等。3. 关于陶瓷工人运动精神的研究，如盛开勇（2018）、吴本荣和胡菁惠（2007）、张悦和王智鸿（2019）等从瓷工制瓷、瓷艺品质、陶瓷民俗等角度探讨景德镇陶瓷工人的工匠精神，讨论瓷工社会身份。

一、清末民初景德镇江湖社会结构的特征

清末民初，景德镇是各类社会人员聚集混杂的流离之地，人口结构以来自四方八码头的外来移民为绝大多数。基层民众对官府的存在感低；官方政府对民间社会的整合力低，对人口的管控力极为疏离。帮会成为控制基层人口的主宰。数以百计、性质多样的江湖封建帮会林立，相互争斗倾轧，杀伐纷争，暴力事件频发；陶瓷业工人个体无不被裹挟进江湖帮会争斗之中，虽欲独善其身而不得。以帮会为支撑，景德镇的社会结构是典型的江湖社会。具体情况如下：

第一，景德镇的人口中，大多数来自外地，本地人口占比极低，"是五方杂处的""多来自外县，如乐平、都昌、抚州、饶州、星子、南昌、徽州等"[①]。而大多数外地人口中，又多为各类非政府人口，景德镇是他们流离和聚集之地。明吴允嘉著《浮梁陶政志》载："景德镇一隅之地，四方商贾贩瓷器者，萃集于斯，其业陶者亦不皆土著也。"[②]赵之谦等著《光绪江西通志》载："景德，江右一巨镇也，隶于浮邑，业陶制器，利用逼于天下。四方远近，挟其技能，以食力者，趋走如鹜。"[③]凌焘《西江视臬纪事》："除窑户外，其间碓房匠作，以及坯行、车坯行、画行、彩行、茭草行、柴行诸色人等，动以万计，率多别籍异民。"[④]在中国共产党早期，江西地方党组织曾有多份调查报告指出：景德镇的人口构成，"镇上土人绝少，由他处移来者多，土人之名近世几于无闻，因此之故，镇内系五方杂处各地人（中国）皆有，仍以江西人为最多数目，交通不便，文化落后，封建残余较之各地更深"[⑤]。

第二，社会意识生态结构，景德镇民风好侠气，彪悍率性，好勇斗狠，尤其以居景乐平人口为甚；关心乡土群体利益甚于关心国家事务。晚清民初各类方志和报刊有颇多记载："景德镇聚工数十万，向来不受业主约束，是以积习相沿，动辄滋事""罢市

① 《中共江西省委特派员巡视景德镇报告》，《江西革命历史文件汇集 一九三〇年（一）》，1988 年，第1—20 页。
② （明）吴允嘉：《浮梁陶政志》，台湾艺文印书馆 1964 年版，第 1 页。
③ （清）赵之谦等：《光绪江西通志》卷九四，光绪七年（1881）刻本，第 19 页。
④ （清）凌焘：《西江视臬纪事》卷四，剑山书屋，第 63—65 页。
⑤ 《中共江西省委巡视员△△△关于景德镇瓷业概况与瓷工斗争情况的报告》，《江西革命历史文件汇集 一九二九年（二）》，中央档案馆、江西省档案馆，1987 年，第 190—218 页。

停工，层见叠出"①，"人众性蛮，最易滋事"②，"小则斗殴杀伤，大则酿成人命，地方受害匪浅"。③"一有所拂，辄哄然停工"，"秉负强梁，不纠于法，故历称景镇为藏奸纳污逃亡遁审之区。伊等锱铢必较，睚眦必复"④。"再（在）镇上杀人不算回事，请武亦不希罕，故有谓无王法地，诚不虚言。"⑤

在景德镇工人的传统认识中，他们将率性而为，打打斗斗，轻生死，重义气，视为"侠义"，他们将以身作窑柴、投身窑炉的瓷工童宾奉为窑神，将带领工人罢工，最后穿铁靴，戴铁帽，慷慨赴死的工人郑子木视为"江湖侠义"的化身，受到工人的世代崇敬。早期，中共在调查报告中描述：在景德镇，打打杀杀，是"景德镇一贯下来的老现象"，"是'失败再来'，'今年过去了，明年再干！'的英雄侠义的气概"；是"一贯下来的习惯，从四月到八月是工人不管天不管地闹的日子"，"无工可做的又三五成群的乱干起来"⑥。每年的端午节是工人们群起罢工的节日，他们直接群呼端阳节为"打败了"，"这是他们的佳节，这是他们光荣的阶级斗争的佳期。他们虽年年失败，但并不气馁"。⑦

第三，景德镇的民间社会秩序，俱操控于帮会。"景德镇的帮会派别林立"⑧，有200多个大大小小的帮会，帮会是事实上的民间社会主宰，是控制工人的主要支柱，虽是民间机构，但"有超政治组织之形势"⑨。景德镇的社会秩序是典型的江湖社会属性。

景德镇帮会，有几种类型，第一种类型，是同乡帮会，即乡帮，如都帮、徽帮、杂帮等。都帮即为旅景都昌人建立的帮会，他们几乎垄断圆器业和烧窑业，集资建立都昌会馆，作为聚会、祭祀、议事、休闲的场所；掌舵人称首士，由旅景都昌人余、

---

① 《商办江西瓷业有限公司章程并缘起》，《商务官报》（第8期），光绪三十三年（1907）四月初五日，页三九。
② 《天津大公报》，1904年9月19日。
③ （清）盛元等：《同治南康府志》卷四，第21页。
④ 《中国近代手工业史资料1840—1949第一卷》，中华书局1984年版，第414页。
⑤ 《中共江西省委巡视员△△△关于景德镇瓷业概况与瓷工斗争情况的报告》，《江西革命历史文件汇集 一九二九年（二）》，中央档案馆、江西省档案馆，1987年，第195页。
⑥ 《中共江西省委特派员巡视景德镇报告》，《江西革命历史文件汇集 一九三〇年（一）》，中央档案馆、江西省档案馆，1988年，第19页。
⑦ 《江西职工运动报告》，《江西革命历史文件汇集 一九二七年——一九二八年》，中央档案馆、江西省档案馆，1986年，第156页。
⑧ 刘胜：《窑帮的三窑九会》，载政协景德镇市文史资料研究委员会编：《景德镇文史资料》（第1辑），1984年，第10页。
⑨ 《中国近代手工业史资料（1840—1949）》（第1卷），中华书局1984年版，第414页。

江、曹等几个大姓公推产生；徽帮即为旅景徽州人组建的帮会，几乎垄断景德镇的金融业和商业，建有徽州会馆，以下又按各县分婺（县）帮、歙（县）帮、休（宁）帮等，各帮头目称会首。杂帮为南昌府、九江府、抚州府、饶州府等10府县人组成，几乎垄断琢器业，建有饶州会馆、抚州会馆等会馆17座。这三大帮之下，又以行业和地域更进一步细分，如饶帮、抚帮、乐平帮等称谓，头目称值年、头首或会首。几乎每个旅景人口稍多的地区，都会设立自己的同乡帮会；而旅景人口较少的地区，则往往相邻数个地区合组一个帮会。

很显然，乡帮，是中国农村宗法势力在景德镇旅居的变异，会馆则是宗族祠堂的变种，祭祀、议事、休闲唱戏作为农村宗族管控人口的仪式，在旅居景德镇后仍被照搬沿用，仍然在管控同乡人口方面发挥重要作用。景德镇共有几十个乡帮，共同构成控扼工人民众的情感和乡规乡约权力网络。因为乡情的存在，使乡帮对工人的人身控制镀上了乡情的感情色彩，淡化了帮会色彩，具有欺骗性。

第二种类型，是行业帮会，即行帮。按照旧商会档案资料统计，景德镇陶瓷业共有一百六十多个大小行业，分工细密，每个行当都有自己的社团，按技术行业分兴义社、义胜社、鲁义社等。例如仅制瓷业有三十六行，其中，烧炼窑工种之下又分三行：窑厂行、满窑行、补窑行等；陶瓷成形工种之下又分十一行：地下、四大器、四小器等行；画作工种之下又分四行，包装工种之下又分九行，等等。行帮之领袖被称为头首、大老官、细老官，又俗称把头，不少含流氓性质[1]，等同土豪恶霸，垄断技术传承，兼营放贷开赌之利，把持各行业内的生产和用工关系，决定工价，操弄行规，"所执之业，各据一帮，各据一行，不传外人。龉龊之风特炽"[2]。全景德镇160多个行帮，编织成控制陶瓷业工人的行规权力网络。因为景德镇陶瓷业分工非常细密，使行帮对工人的人身控制具有更高的严密性。

需要说明的是，同乡帮会和行业帮会是相互交错的，你中有我，我中有你。如都帮垄断烧窑业，其下按照烧窑的技术工种又细分三窑九会、三十六行等，即乡帮之下又分行帮。又如，行业帮会仅装小器，一个技术工种之下，又按照从事该行业地域人群分五府十八帮，即行帮之下又分乡帮。如此帮中有帮，盘根错节。无论工人或资本

① 刘胜：《窑帮的三窑九会》，载政协景德镇市文史资料研究委员会编《景德镇文史资料》（第1辑），1984年，第10页。又见梁聚溢等《景德镇杂帮初探》，载景德镇市政协文史和学习委员会编《景德镇文史资料》第3卷合订本，江西高校出版社2018年版，566页。

② 彭泽益：《中国近代手工业史资料（1840—1949）》（第2卷），中华书局1984年版，第647页。

家到景德镇均须加入同乡帮会，或行业帮口，才能入行谋生，帮会实际上操纵职业许可之权[①]。

第三种类型，是黑社会帮会、流氓帮会，如三点会（又称三典会）、夜游帮，或夜工帮、青红帮等，头目一般称"老板"或"冲（chòng）师父"。三点会专事"敲竹杠""打把式"，诱骗或强迫工人加入，"潜势力亦不小"[②]。夜工帮专事于夜间出没，恐吓勒索，以讨债为主要营生。"各行各业有各行业的夜工帮。凡行业中有劳资纠纷多由其出面强迫解决"，"助工压工，夹工制资"，"多是横蛮不讲理，白天不出面，夜间集聚来打人，或杀人的……故工人窑户多畏之"[③]。流氓帮会的头目和前两类帮会的头目往往相互渗透，难分彼此。

在景德镇的民间社会权力格局中，乡帮和行帮是主体，被官方政府所默认，流氓帮会虽然不被官方所默认，但景德镇，由于政府对民间社会的控制力极低，所以官方对流氓帮会也无能为力，往往睁一只眼闭一只眼。各类帮会首领称谓各异，且多有变化，相互替代，为行文方便，本文一般统称头目。

景德镇的暴力事件，大多由帮会操弄，"各帮会互相间又互相仇视，冲突械斗时有所闻"，帮中又有帮，如"都昌帮内部又分东边西边两帮，为争会馆管理权（即四十八姓与二十四姓相争），也又几乎大流血"[④]。"合党成群，恣行抄殴"，"各行强悍之风，犹未尽泯"[⑤]。20世纪20年代中共江西组织调查发现："小械斗无不含有帮会意义于其间"，"工人在帮会势力控制之下（不入帮无工做），帮会领袖（资本家或流氓）利用封建关系引诱使工人遭受封建势力包围，模糊其阶级观念，一举一动跳不出封建圈套而被帮会的封建领袖所利用，供其驱使，故景镇工人不入帮会者无之，不参加过械斗者都少"[⑥]。

① 《中共江西省委特派员巡视景德镇报告》，《江西革命历史文件汇集 一九三○年（一）》，中央档案馆、江西省档案馆，1988年，第5页。

② 《中共江西省委巡视员△△△关于景德镇瓷业概况与瓷工斗争情况的报告》，《江西革命历史文件汇集 一九二九年（二）》，中央档案馆、江西省档案馆，1987年，第195页。

③ 《中共江西省委特派员巡视景德镇报告》，《江西革命历史文件汇集 一九三○年（一）》，中央档案馆、江西省档案馆，1988年，第7页。

④ 《中共江西省委特派员巡视景德镇报告》，《江西革命历史文件汇集 一九三○年（一）》，中央档案馆、江西省档案馆，1988年，第5页。

⑤ 《中国近代手工业史资料（1840—1949）》（第2卷），中华书局1984年版，第414页。

⑥ 《中共江西省委巡视员△△△关于景德镇瓷业概况与瓷工斗争情况的报告》，《江西革命历史文件汇集 一九二九年（二）》，中央档案馆、江西省档案馆，1987年，第195页。

第四，在景德镇社会权力结构中，帮会事实上控制全镇的经济、政治和暴力。在景德镇，政府、帮会和商会同时并存，政府影响力极低，帮会和商会两位一体，凌驾于政府之上。

官方许可登记的商会是合法的权力机关，"权（利）力很大，能掌握全镇经济命脉"[①]。会长由三大帮会领袖轮流出任，设会长一人，副会长二人，会董十五人，常务会董二十余人，也是由徽、都（窑）、杂三大帮会选出，被三大帮会所控制。商会选票是按各行业负担商会会费多少而分配的。票过半数，就可当选为会董和常务会董。但选举以前，三帮都推定了候选人，人选达到平均，才可避免争执，这是商会惯例。小商户不得入会，只有大型钱庄、棉布、百货、油盐等行业，以及瓷行和各省驻镇瓷商，才可以参加商会。商会有如下权力：为政府摊派税收和捐款；为市办小学筹集地方教育经费和修建街道经费；为各行业，特别是瓷业方面的原料订货，办理需要的合同签证等；劳资双方工资协商及处理纠纷等等[②]。

帮会控制商会，商会再控制全镇金融、政府和公安局。"县政府名为独立之国家机关，实则为其附属物，一切须取决于总商会"，浮梁县新任知事，第一个须拜访的，必是总商会会长；连公安局，也"为商会之武装"，其给养来自商会。所以从政治上、经济上和一般的社会关系均为帮会所左右，帮会是全镇实际上的最高权力机关[③]。

第五，景德镇的基层社会权力结构具有更高的稳定性。相对于传统乡村社会，依托于帮会的景德镇社会控制具有更高的严密性。在中国两千多年的封建地方政府层级变迁过程中，中央政府任命的地方官员到县级为止。国家政权对社会基层的控制力较弱。在农村，国家控制乡村主要依靠宗族势力，以宗族长老和乡绅阶层为执行主体。而在清末民初的江湖社会景德镇，控制基层社会主要依靠帮会。以血缘、地缘为纽带的乡帮，和以做工为纽带的行帮，共同构成纵向和横向的社会控制网络，以帮会的各级头目为执行主体。如前所述，乡帮是农村宗族在移民群落中的变异。在此基础上，对工人群体的控制主体，又增加了横向的分工密集的行帮。由此观之，景德镇的社会

① 朱绍熹：《景德镇总商会简况》，载政协景德镇市文史资料研究委员会编《景德镇文史资料》（第1辑），1988年，第95页。

② 朱绍熹：《景德镇总商会简况》，载政协景德镇市文史资料研究委员会编《景德镇文史资料》（第1辑），1988年，第98页。

③ 《中共江西省委巡视员△△△关于景德镇瓷业概况与瓷工斗争情况的报告》，《江西革命历史文件汇集 一九二九年（二）》，中央档案馆、江西省档案馆，1987年，第196页。

结构，是中国乡村传统社会权力结构迁入景德镇后的异化，并得到进一步的强化，更具稳定性。

因此，陶瓷业工人长期处于江湖权力网络中，遭受资本家、各类帮会、商会、官方政府的层层压迫，所受疾苦更甚。正如《陶录》所载："执役最为劳苦"，"以陶病久矣"，"富户利生财，穷工身糊口。坯房蚁垤多，陶火烛牛斗。"[①]《窑民行》载："粝食充枯肠，不敢问薑韭。工贱乏赢资。"[②] 晚清江西方志记载工人所受的血腥剥削："其商贾，率皆傲居逐末，锱铢计较，遇老病者，不能执业，辄屏弃之，虽平时曾资其力，亦莫之或恤。嗟此穷黎，故土既已无归，异乡又无托足，老而病，病而死"[③]，"终日碌碌，欲图一饱而不可得。"[④] 在此种境况下，虽然"景德镇之瓷工历代富有斗争的历史"，"斗争历史为必然之趋势"[⑤]，但是，工人的斗争，更多是江湖习气和"英雄侠气"[⑥]的宣泄，不具备阶级斗争性质，屡战屡败，延续千年，斗争始终处于低水平陷阱，看不到胜利的希望。正如早期中共在调查报告中所说："故在景德工人运动中转变封建残余之意识而到无产阶级之意识，非有长时间之奋斗不能克尽全功。"[⑦]

二、大革命前期工人群体的初步觉醒和对江湖帮会的改良式改造

在五四运动中，中国工人阶级走上历史舞台。在思想启蒙风潮中，景德镇陶瓷业工人逐渐觉醒。中共主动和景德镇工人群体相结合，尝试改造帮会，改造江湖社会结构，释放工人阶级的革命潜能，推进社会变革。

（一）景德镇基层社会意识生态结构的逐渐变化

五四运动爆发后，一批景德镇旅外求学青年把消息传到景德镇。景德镇陶业分校的学生首先发起，镇立模范小学、女子公学、私立时敏小学、县立绍文小学、竞成小

---

① （清）蓝浦：《景德镇陶录·陶说杂编上》卷八，第2页。
② （清）沈嘉征：《窑民行》，载自贺熙龄《道光浮梁县志》卷二一，第24页。
③ （清）赵之谦等：《光绪江西通志》，光绪七年（1881年）刻本，卷九四，第19页。
④ 蔡湘、赵增礼：《江西景德镇瓷业之调查》，《工商公报》，第19期，第14页，1930年1月。
⑤ 《中共江西省委巡视员△△△关于景德镇瓷业概况与瓷工斗争情况的报告》，《江西革命历史文件汇集 一九二九年（二）》，中央档案馆、江西省档案馆，1987年，第190—218页。
⑥ 《中共江西省委特派员巡视景德镇报告》，《江西革命历史文件汇集 一九三〇年（一）》，中央档案馆、江西省档案馆，1988年，第19页。
⑦ 《中共江西省委巡视员△△△关于景德镇瓷业概况与瓷工斗争情况的报告》，《江西革命历史文件汇集 一九二九年（二）》，中央档案馆、江西省档案馆，1987年，第190—218页。

学等学校开展串联。5 月 12 日，各学校学生上街游行。贴标语，发传单，喊口号，"抵制日货，还我青岛""废除二十一条""外争国权，内惩国贼"。陶瓷业工人也被激发，跟随学生队伍游行。数日后，紧随南昌、九江等地，景德镇的青年学生、工人、市民纷纷投入抵制日货、提倡国货运动①。

此后，在江西各地，工人群体逐渐觉醒，工人运动形成风潮②，"数见不鲜"，"七十二行都作一致底行动"③，如南昌把夫工人和雇主发生"大激战"④，江西各地剪发匠全体罢工⑤，蔓延很广。各地工人纪念"五一"劳动节的活动也形成风潮，渐入人心，每年必举，各地报纸争相报道。1922 年，江西各界工人集会，首次打出"劳工神圣"的横幅，高喊"劳工万岁"等口号。⑥

1925 年 6 月，景德镇爆发声援"五卅"活动。全镇各界人士和工人学生组成"沪案后援会"，召开社会各界群众声援大会，冒雨游行示威。同月下旬，举行公祭大会，募捐抚恤烈士家属。同时，全镇各学校举行总罢课，组织"讲演队"和"清理仇货队"，深入街头巷尾，开展抵制仇货活动。"五卅"声援活动在景德镇持续了两个月，对全镇人口影响较大。⑦

中共看到景德镇陶瓷业工人的潜在力量，为眼见为实，1923 年，中共江西地方组织派员赴景德镇开展调查，发现，景德镇的陶瓷业工人"和新式产业工人性质相似。他们奋斗精神很强，常时发生罢工情事。他们罢工故常有经济关系，也或因口角细故。昔日在江西政治上认为最可怕的工潮，就是这个地方"。中共决定，"在一年内，在……景德镇应先创建地方党团组织"，"去帮助他们"开展工人运动。⑧

1925 年 6 月，"五卅"声援活动后，中共南昌特别支部派向义等景籍共产党员和旅

① 中共景德镇市委组织部、党史工作委员会编：《难忘的岁月》，中央文献出版社 1994 年版，第 1—4 页。
② 《江西劳动界风潮之经过》，《申报》，1920 年 9 月 10 日。
③ 《南昌工界纷然罢工之总因》，《晨报》，1920 年 11 月 5 日。
④ 《赣把夫与雇主大激战》，上海《民国日报》，1920 年 9 月 7 日。
⑤ 《剪发匠全体罢工》，上海《民国日报》，1921 年 2 月 2 日。
⑥ 《南昌"五一"纪念底状况》，《新江西》（季刊）第 1 卷第 3 号，1923 年 1 月 15 日。
⑦ 焦守谦口述，徐镇寿整理：《回忆景德镇"五卅"声援活动》，载政协景德镇市文史资料研究委员会编《景德镇文史资料》（第 3 辑），1988 年，第 18、19 页。
⑧ 《南昌地方团工作计划（一九二三）》，《江西革命历史文件汇集 一九二三年——一九二六年》，中央档案馆、江西省档案馆，1986 年，第 1—3 页。

外求学的先进知识分子回景宣传马克思主义，组织发动工人。[①]8月，向义以小学教员为职业，在工人密集之所开设"通俗讲演所"，以工人为主要对象，开展宣传教育。[②]11月，向义等创办平民教育促进会和"平民夜校"，后又设分校，在各公立小学附设12个工人文化补习班，开展阶级斗争教育。回景先进知识分子们也走街串巷，深入工人家庭，发展工人积极分子，并调动他们一起亲串亲、邻串邻，传播革命思想；并先后创办《五卅潮》和《新浮梁》等宣传刊物，后者发行量达1000份。上述组织发动工作，培养了一批工人积极分子[③]，推动景德镇社会意识生态结构逐渐发生变化。

1926年2月上旬，中共在景德镇成立第一个党小组，建立通讯联络站，将在工人队伍中发展党员作为主要任务。3月，成立中国共产主义青年团景德镇特别支部。6月中旬，随着一批工人党员的加入，中共景德镇党小组升格为中共景德镇支部。1927年5月底，支部再次升格为中共景德镇市委。[④]与此同时，根据中共中央关于要求各地共产党组织帮助建立国民党地方组织的指示，1926年4月，部分中共景德镇地方党员先后以个人名义加入了中国国民党，以中共为领导，以中共党员为骨干，秘密成立"国民党景德镇市党部"。

景德镇工人党员和积极分子队伍不断扩大。1926年景德镇爆发"红五月"系列活动，可视为工人党员队伍壮大的标志，即"五一""五四""五五""五九"和"五卅"等系列纪念活动。活动以300余名平民夜校工人学员为骨干，每人串联10人，再扩大再串联，举行一系列集会和示威游行，规模达四五万人，斗争口号除打倒日本等帝国主义、军阀、卖国贼、贪官污吏外，明确"土豪劣绅"也在打倒之列。[⑤]

工人群体逐渐觉醒，频密的工人运动，口号反映的诉求，标志着景德镇社会权力结构发生松动，工人从原有的被控制群体，逐渐诞生出独立权力意识。

---

① 向法宜等：《第一次国共合作时期景德镇的革命运动》，载政协景德镇市文史资料研究委员会编《景德镇文史资料》（第3辑），1988年，第38、39页。

② 向法宜等：《第一次国共合作时期景德镇的革命运动》，载政协景德镇市文史资料研究委员会编《景德镇文史资料》（第3辑），1986年，第39页。

③ 向法宜等：《第一次国共合作时期景德镇的革命运动》，载政协景德镇市文史资料研究委员会编《景德镇文史资料》（第3辑），1986年，第39页。

④ 中共景德镇市委组织部、中共景德镇市委党史工作办公室、景德镇市档案局：《中国共产党江西省景德镇市组织史资料（1925.7—1987.10）》，中共党史出版社1995年版，第1—5页。

⑤ 群文：《1926年"五一"景德镇工人首次罢工示威》，中共江西省委党史资料征集委员会、中共江西省委党史研究室编《江西党史资料》（第16辑），1991年，第301—303页。

（二）大革命时期两党共治政府对江湖权力秩序的改良

随着大革命的胜利推进，1926 年 11 月，北伐军相继光复九江、南昌。北洋浮梁县知事主动离景逃逸北方，景德镇一时处于无政府状态。在中共主导下，景德镇工人率先发起"迎接国民革命军"运动。中共领导工人积极分子收缴北洋军阀游兵散勇的枪支，成立工人纠察队，以此为后盾，改编原北洋政府警备队为"商团"①，收缴北洋警察署的枪支，逮捕浮梁县北洋政府的留守职员，摘毁了原行政机关牌子，撕毁了五色旗，换上新国旗，接管"平教会"，负责维持治安。工人纠察队成为景德镇一支举足轻重的武装。1926 年 11 月中旬，国民革命军独立第二师进驻景德镇，组建新浮梁县政府，由国民党人士出任第一任县长。北洋统治在景德镇结束，进入两党共治格局。②景德镇权力结构在官方层面发生根本变化。

大革命时期，中共和国民党左派在景德镇官方占主导，两党共治政府将改造江湖秩序和帮会作为一项重要任务。不唯中共如此认为，即便是国民党官方此时也持此种看法。国民党江西当局派要员刘越赴景调查，国民党省府在报告中说："景德镇的工人最多的是磁器业，但这种手工业不惟散漫，并且有了那些青红帮的人在里面，组织也很不易，但是他每年到了四五月都要用会匪式手段暴动一次，如用布绑到面上去打最恶的资本家，以图威吓使资本家增加工钱。现在已经派人在那边着手组织。此外，还有万多各种别的手工业也在进行组织。"③这篇报告被作为江西国民党关于全省工人运动报告纲要印发。从中可见国共双方在具体态度上有同有异。共同之处在于，都认为应对江湖帮会给予改造；不同之处在于，国民党否认工人罢工的正当性，认为工人四五月的"打派头"是"会匪式"暴动；改造江湖帮会是要重塑帮会，以之制止工人"打派头"；而中共一直认定"打派头"罢工的群众性和正当性，改造江湖帮会是为了进一步解放工人，推动工人运动，从而根本改造社会。可见，国共在根本点上是存在差异的。这为后面双方的分野预埋了伏笔。

改造帮会的第一个措施，是在各行业成立以工人为主导的工会，以取代原"四窑

---

① 杨石成：《回忆刘宝提朱子滏贺耀祖部先后过镇》，载政协景德镇市文史资料研究委员会编《景德镇文史资料》（第 3 辑），1986 年，第 25 页。

② 程沛：《北伐军到镇的前前后后》，载政协景德镇市文史资料研究委员会编《景德镇文史资料》（第 3 辑），1986 年，第 23 页。

③ 国民党江西省党部工人部：《全省工人运动报告书纲要》，中共江西省委党史资料征集委员会、中共江西省委党史研究室编《江西党史资料》（第 16 辑），1991 年，第 16 页。

九会"五府十八帮""瓷业三十六行"等封建行帮[1]，规定，以后不得再称呼为某某帮或某某会，统一叫某某工会，强调这是劳动者的集合体。基本做法是，第一，先从工人中选拔一批工会骨干，以工人党员和先进分子为召集人，在各行各业均成立工会。以分而合，成立景德镇市总工会，以取代原封建帮会组建的景德镇（总）商会。显然，国共领导工人成立工会，是要以组织化的力量，取代封建帮会。

至 1926 年 12 月，景德镇总工会登记的工人达 4.5 万余人。总工会成立"财产清算委员会"，对各类帮会头目和不法资本家开展清算。帮会头目本身也是资本家和垄断把头。对帮会头目的清算，一月之内共清算出 2 万银元及部分不动产。

第二，成立了中共领导下的以小贩和中小商人为主体的"景德镇市商民协会"，以取代原景德镇总商会的市场职能，维护市场正常秩序，没收原总商会的房屋器具归市商民协会所有。

第三，对江湖帮会头目开展面对面说理教育运动。针对帮会头目对工人的压迫，总工会领导工人发动"反对停工停产、反对解雇工人、反对减少工人工资"的"三反"斗争，具体步骤是：1. 召开劳资双方联席会议，开展说理斗争；2. 对小业主，工人骨干牵头小组，挨户开导，劝告复工；3. 对确有困难的工商业者，经过调查研究，在劳方同意下允许其歇业、解雇，或缩小经营范围；4. 对顽固的大帮会头目，开展说理教育，如由总工会带领工人骨干对窑帮头目陈仲西开展面对面说理，迫使其恢复生产，给工人发放救济金。

第四，创办景德镇市民银行，以破除最大江湖帮会之一的徽帮对金融市场的垄断，徽帮操纵景德镇金融已久，都帮的地下钱庄虽少，但也推波助澜。"两帮"发行"补水"陋规，对工人重利盘剥，实行人身绑架。景德镇市民银行，发行一元、五角、一角钞票等小额货币，降低工人市民生活借贷门槛，贷款年息五厘，为工人市民，以及中小业者提供了生活和投资保障。

上述改造帮会的措施，在一定程度上提高了工人的社会地位。在国共共治政治存在的前提下，景德镇陶瓷业工人成为社会权力结构的组成部分，参与国家共治格局，参与国家经济生活和政治生活。

但是，显而易见，这一时期对江湖秩序的改造，其本质是一次改良，究其原因，

---

[1] 刘胜：《窑帮的三窑九会》，载政协景德镇市文史资料研究委员会编《景德镇文史资料》（第 1 辑），1984 年，第 12 页。

有如下几点：

（1）以国共两党共治政权为依靠，以和平说理教育为主要手段。而如前所述，国共双方在帮会改造根本出发点上，存有分歧。中共改造帮会，是要消灭帮会，最大释放工人的革命潜能，实现对全社会的改造。国民党改造帮会，是要纳帮会为己用，以之控扼工人的革命潜能。所以，此次对帮会头目没有根本触动，他们仍是社会头面人物。

（2）由于此时中共尚处于幼年时期，素质参差不齐，个别党员干部与帮会瓜葛难断，暗通款曲，甚至个别党员干部自身即为江湖中人，就是夜工帮或行会头目。资料记载：景德镇有的党员干部纪律散漫，经常不参加党的会议，上级问询，回复"缺席的去做了夜工帮，在外面打流去了，敲竹杠"，"个人地位和封建关系比任何工人要深"[1]。综上种种可见，大革命胜利初期对江湖秩序的改造是浅层次的，帮会头目的地位没有根本触动，景德镇基层社会的江湖属性没有得到根本改变。

（3）第一次国共合作时期中共党内存在"普遍的和平发展"和"改良主义"[2]错误观念，工人群体还处于初步觉醒，还没有摆脱江湖观念，对社会变革的参与程度较低。

三、"都乐械斗"后的挫折和江湖秩序的强化

北伐胜利不久，国家权力结构即出现倒退与反倒退之争。自1927年1月国民党右派江西省党部成立后，政治权力结构倒退明显。"段锡朋等秉承蒋逆意旨，勾结各地土豪劣绅，流氓地痞，摧残各县党部及民众团体。"[3]在景德镇，国民党右派暗谋改组政府，扶持江湖帮会控制基层民众，挑拨农工民众内斗。景德镇社会权力结构也相应倒退，江湖帮会势力上升，工人阶级退出国家权力分配体系。

（一）倒退与反倒退之争

第一个事件，国民党右派江西监委姜伯彰赴景夺权。1927年1月，在国民党江西省第三次代表大会上，省党部领导权被右派段锡朋等掌握。段锡朋派右派分子、国民党省党部监察委员姜伯彰赴景改组党部。姜来景后，拉拢帮会头目钱公望、李丹、马

---

① 《中共江西省委特派员巡视景德镇报告》，《江西革命历史文件汇集 一九三〇年（一）》，中央档案馆、江西省档案馆，1988年，第14页。

② 《中共江西省委赤字通告（第一号）——全省第二次代表大会的总结与精神（一九二九年一月十二日）》，《江西革命历史文件汇集 一九二九年（一）》，中央档案馆、江西省档案馆，1987年，第15页。

③ 《江西民众运动之经过》，汉口《民国日报》，1927年6月10日。

德山等，将之塞入浮梁县党部，成功将之改组。之后，姜伯彰又试图改组景市党部（1927—1929 年，国民政府曾在景德镇城区设景德镇市，与浮梁县分开，直属江西省政府。后又取消景德镇市，景德镇仍为浮梁县管辖镇），欲夺取市郊区农民运动的领导权。姜传达省党部的意见：今后市党部专搞工人运动，不要到农村去搞农民运动；已组织的市郊区农民协会归浮梁县农民协会（被右派控制）领导。中共识穿姜的改组图谋，相继在表决大会、市民欢迎会上，喊出"打倒 AB 团分子姜伯彰""坚决拥护三大政策"口号。姜自感尽失颜面，自行返回南昌。驱姜斗争胜利。

第二个事件，是国民党右派和帮会头目相勾结，挑起工农民众内斗，制造"都乐械斗"，又嫁祸于中共；中共右倾机会主义者妥协投降，导致中共党员被迫全部退出市县党部，市总工会退出在景社会权力分配体系。

在景德镇传统社会权力结构中，五府十八帮等封建帮会，控制基层外籍居景陶瓷业工人，又把持各行业用工关系；五府十八帮等封建帮会既是乡帮，又是行帮，乡情与行规相互捆绑。各帮在历史上择地聚居，形成移民群落。如乐平籍人口主要居住在郊区里村、马鞍山一带，主要从事陶瓷匣钵业和郊区农业；都昌移民，大多是窑工和窑业主，城区都昌会馆是他们日常集中集会休闲娱乐的场所。北伐胜利后，中共主持成立景德镇工会和工人纠察队，都昌籍工人多为积极参与者。

自国民党江西省当局右转后，明令"停止农工运动"[1]，指使"勾结各地土豪劣绅，流氓地痞，摧残各县党部及民众团体""挑拨农工团体内斗"，使之"发生冲突"[2]。景德镇市府国民党右派许文彬将景德镇郊区里村乐平帮（乡帮）头目马德山吸收为党员，拉入国民党右派，组织所谓郊区（黄色）农民协会（均为都帮民众），与景德镇市区的工人运动相抗衡。1927 年农历五月，郊区农民协会无视市政府禁赌指令在饶州会馆聚赌，且打死市政府派出的禁赌队长，深知难逃追究，索性扩大事端，煽动、裹挟被蒙蔽的乐平籍民众进入景德镇市区，欲找市长说理而不遇，又欲袭击市总工会领导的工人纠察队未果，路经都昌会馆时，适逢都昌籍民众集中演戏娱乐。乐平帮头目煽动民众迁怒于都昌籍民众，放火焚烧都昌会馆，杀害打伤无辜都昌籍民众数人。一石激起千层浪，都昌籍民众愤怒不已，都昌二十四姓首士（乡帮头目）集结千余都昌人（内中多为陶瓷业工人，且多有都昌籍工人纠察队成员），涌至里村报复，焚毁里村房屋百

---

① 《朱总指挥最近之演说》，汉口《民国日报》，1927 年 6 月 17 日。
② 《江西民众运动之经过》，汉口《民国日报》，1927 年 6 月 10 日。

余幢，打死打伤近百人。事态严重扩大后，在景德镇市郊区，以及通往乐平和都昌的乡间道路上都有相互截杀事件。景德镇城区内外风声鹤唳，市郊区居民每日闭门而居。市县政府只得请求国民党省当局出兵解决。

6月，国民党江西当局派遣第三军部参谋傅作霖（国民党右派）率领军部宪兵营来景，省政府选派交叉党员周庭潘（也是中共地下江西省委特派员，并带来中共江西省委介绍信）作为省政府的特派员，会同浮梁县县长林抚民调解都乐械斗。他们会商后认定工人纠察队等中共领导的武装，以及市总工会领导人向义（共产党员）、陈铭珍等负有主要责任。林抚民给国民党省府密报"景德镇共党猖獗"，应予以限制并取缔。在周庭潘的支持下，宪兵营收缴了工人纠察队的枪支，向义、陈铭珍等中共党员被限期驱逐离景[1]，中共在景组织瘫痪。

"都乐械斗"表面上是旧式乡帮的江湖内斗，但对"都乐械斗"的处理结果，暴露出此时国民党右派的两个政治图谋：一是和江湖帮会头目相勾连；二是二者联手镇压工人运动。这是对国民革命所形成国家新秩序的一次反扑，是革命与反革命的政治斗争。由于国民党右派勾结帮会头目如马德山等人挑拨工农民众，利用乡情蒙蔽、裹挟工农民众，从而模糊了工农民众关于此时社会主要矛盾仍是阶级矛盾的认识，使之在形式上表现为两地乡帮矛盾冲突。由于此时中共尚处于幼年时期，干部斗争水平不高，辨别能力不强，认不清械斗的矛盾本质，再就是此时中共中央内部的右倾机会主义处于主导地位，导致中共景德镇地方组织做出妥协，交出武装，退出了景德镇社会权力分配体系。

"都乐械斗"后的挫折，说明此时工人群体的江湖观念仍优于阶级观念，不能认清帮会的本质属性，认不清帮会的本质是维护对工人的控制和欺压。也表明景德镇旧的江湖权力结构未发生根本改变，帮会仍在基层社会权力分配体系中处于主体地位，仍是控制基层工人的主要力量，江湖权力格局和观念仍对基层工人起主导性控制作用。这也说明，国民革命是一场廉价的、仓促的革命，国民党右派在小有胜利后便与传统势力达成妥协，背叛革命，共同篡夺国家政权，瓜分革命果实。

---

[1] 姚甘霖、向法宜：《都乐械斗始末》，方维新：《都乐械斗目击者的回忆》，杨瑞开：《都乐械斗见闻》，载政协景德镇市文史资料研究委员会编《景德镇文史资料》（第3辑），1986年，第71—76、77—80、81—83页。

（二）帮会头目的豪绅化和社会权力结构的倒退

南昌八一起义后，"叶贺军队一走，党的组织完全瓦解。省委与各级关系断绝，工作停顿"①。景德镇社会权力结构随即发生倒退。国民党景德镇当局和江湖帮会头目、土豪劣绅公开勾连，满城搜捕共产党员，多名工运骨干被杀害，众多工人党员和工会会员被关进监狱，工人在大革命中取得的利益全部丧失。

此时，清晰可见国共两党在组织执行上的差异，可概括为"上层国民党，下层共产党"。景德镇国民党当局积极拉拢一部分镇压民众运动的帮会头目、土豪劣绅加入国民党，大量吸收为党员，几无程序限制。更恶劣的后果是，北洋时期，这些帮会头目尚只是民间组织，是在野的江湖人士；及至国民党地方右派掌权后，大量的帮会头目混入国民党内，取得国民党党员的合法身份，成为民国"绅士"，昭昭然行于世。甚至有的帮会头目进入市县国民党党部，担任要职，集帮会头目与国府官员于一身，"亦官亦商，在政权机关握有实权，显示出很大的政治势力"②。成为新式地方官绅，如土豪、乐平帮头目马德山、蔡诱贤便是如此，马德山在"都乐惨案"后，此人以乡帮头目身份使用赈灾款，又以官方合法身份贪污侵占③。蔡诱贤大肆捕杀工人领导人，出力甚多。

另一方面，国民党官方有意改组江湖帮会为己所用，取缔了大革命时期的革命工会，而在各行业成立同业公会，各行帮头目均被授予各同业公会主席、委员（后又改称理事长、理事）等职务，又以大小行帮头目组建（总）商会。行帮头目被国民党委以官方合法身份，得以合法执掌一个行业的大权，成为亦官亦商的豪绅——官帮绅三位一体，从而名正言顺地跻身于社会上层，跻身于民国"绅士"行列。帮会虽然不再叫某某帮，而是被冠之以某某公会的名号，但帮会的性质换汤不换药。而且，他们还在同业公会前加上陶成、允成、裕成等帮会旧称，如陶成烧槎窑同业公会。④ 这是赤裸裸的倒退。从某某帮—某某工会—某某同业公会的名称演变，反映出大革命前后帮会

---

① 吴振鹏：《江西党组织的发展与现状（一九二八年一月七日）》，《江西革命历史文件汇集 一九二七年——一九二八年》，中央档案馆、江西省档案馆，1986年，第159页。

② 刘胜：《窑帮的三窑九会》，载政协景德镇市文史资料研究委员会编《景德镇文史资料》（第1辑），1986年，第12页。

③ 《中共浮梁县委关于景德镇工运报告》，《江西革命历史文件汇集 一九二九年（二）》，中央档案馆、江西省档案馆，1987年，第138页。

④ 刘胜：《窑帮的三窑九会》，巢克谦：《瓷业的三十六行》，载政协景德镇市文史资料研究委员会编《景德镇文史资料》（第1辑），1984年，第12页。

势力的演变和社会权力分配结构的演变。帮会头目被官方授予同业公会主席或委员的名号，这是国民党对帮会头目的收编，是一场公开的等价交换，即国民党政权以对帮会头目的官方授权，换取帮会头目对其政权的支持，以加强对民众运动的把控。其结果是，景德镇的豪绅规模大大地扩大，全镇共100多个同业公会，则相应增加了几百个被国民党官方认可的新豪绅。这就是大革命失败后帮会头目的豪绅化。这不仅使帮会改头换面、死灰复燃，而且，在国民党官方授权的加持下，其力量更得以增强，对基层工人的控制力得以强化，也使景德镇移民社会的江湖秩序并未发生变化，相反被强化。此时，景德镇国民党官方也从一个曾以"扶助工农"为职志的国民党迅速向一个新的官帮绅三合一的政权组织蜕变，以致时人将景德镇国民党当局称为"县政府、商会（背后是帮会）、匪户豪绅的联合战线"[1]。

国民党叛变革命后，景德镇的社会权力结构出现倒退，国民党景德镇当局和帮会头目、土豪劣绅公开勾连，满城搜捕共产党员，"开始向工人反攻……八·一革命失败大规模的白色恐怖到来"[2]，帮会对工人人身控制和压榨更加残酷，反过来，又刺激工人群体更高层次的觉醒。虽然帮会也利用同宗同乡或直接间接的亲戚朋友关系，拉拢部分落后分子，以小恩小惠个别收买，企图分散瓦解工人力量[3]，但是，更加残酷的压榨使工人们已经认清国民党和帮会的本质，对其已失去信任，为下一阶段工人群体更高层次的斗争准备了动力条件。这一点也说明，江湖帮会的欺压和工人的觉醒之间，具有互动关系。

四、工人群体的阶级化、组织化、革命化

大革命失败后，中共"八七会议"确定了土地革命和武装起义的总方针。1927年9月，中共江西省委为贯彻"八七会议"精神，派出一批干部赴各地恢复党组织。11月，中共景德镇市特别支部成立，制定了恢复并发展党组织，以合法名义开展工人运动的对策。随着中共领导的江西"普遍的发展游击战争"，赣西南渐成割据之势，赣

---

① 《中共浮梁县委关于景德镇工运报告》，《江西革命历史文件汇集 一九二九年（二）》，中央档案馆、江西省档案馆，1987年，第139页。

② 《中共江西省委第二次代表大会关于职工运动决议案（一九二九年）》，《江西革命历史文件汇集 一九二九年（二）》，中央档案馆、江西省档案馆，1987年，第322页。

③ 刘胜：《窑帮的三窑九会》，巢克谦：《瓷业的三十六行》，载政协景德镇市文史资料研究委员会编《景德镇文史资料》（第1辑），1984年，第12、19页。

东北和赣东联络一气亦渐成割据局面①，武装起义对江西民众产生了很大的鼓舞作用。1927 年下半年，工人的觉醒程度更高，"自发的打土豪劣绅，与民团武装对抗的事实，普遍的发生于各县"，在 1927 年年底的几个月里，"暴动的事实"，"发生了不少"②，"继续不断的自发的江西工农群众斗争自然加速度的猛进"③。

（一）工人群体的阶级化

工人群体的阶级化包括自我认知的阶级化和斗争行动的阶级化两方面，具体为：江湖帮会观念下降，帮会头目成为明确的斗争对象，行动进入阶级斗争阶段。

在景德镇，工人们认识到，景德镇的官府帮会豪绅联合体是阶级压迫的根源，帮会头目和新式豪绅是压迫工人的支柱，帮会头目豪绅化后，有恃无恐，更为凶残，"反动政治的压迫与剥削加甚"，引发"革命要求十分剧烈"④。工人已将自我身份从江湖中人剥离出来，在认识层面将自己定性为阶级身份，已认识到社会主要矛盾是阶级矛盾而非江湖帮派矛盾，必须走阶级解放之路，方能实现自身的解放。这是工人意识阶级化的表现。自我认知的阶级化转化为斗争行动的阶级化。国民党江西省府派出的"宪兵营调走后，群众曾经起来进攻豪绅，烧去房屋 200 余家"。⑤虽然大革命失败，但经过轰轰烈烈的革命洗礼，景德镇的社会意识生态结构发生根本改变。

中共江西省委也意识到这一点，因而指示景德镇支部，帮会是工人斗争的重要目标，指出："景德镇 20 万瓷业工人因新军阀混战而导致出口锐减，近一半工人失业，失业工人不堪豪绅压迫"，"曾自动放火焚烧窑房二三十栋"，"应速组织工人的团体、失业与在业的包括在内"，"尽量以工人团体名义"⑥，"打破行帮的组织，而依据产业工

---

① 《江西省委致中央信——目前军阀混战下江西工作的情形与最近的策略》，《江西党史资料》（第 4 辑），中共江西省委党史资料征集委员会、中共江西省委党史研究室，1987 年，第 48 页。

② 《江西省委报告》，《江西党史资料》（第 4 辑），中共江西省委党史资料征集委员会、中共江西省委党史研究室，1987 年，第 60 页。

③ 《江西省委紧急通告——全省总发动动员令》，《江西党史资料》（第 4 辑），中共江西省委党史资料征集委员会、中共江西省委党史研究室，1987 年，第 73 页。

④ 《江西省委报告》，《江西党史资料》（第 4 辑），中共江西省委党史资料征集委员会、中共江西省委党史研究室，1987 年，第 62 页。

⑤ 《江西省委报告》，《江西党史资料》（第 4 辑），中共江西省委党史委、省委党史研究室，1987 年，第 62 页。

⑥ 《中共江西省委给中央的综合报告》，《江西革命历史文件汇集 一九二七年——一九二八年》，中央档案馆、江西省档案馆，1987 年，第 219 页。

会的组织方式。积极提出斗争的纲领"①。

工人们已自觉将江湖帮会头目作为斗争的主要对象。1929年7月2日至10日，大件利坯业工人举行罢工，即以反行业老头首（工贼，原文如此。头首即帮会头目中的一类，笔者注）为目标，该行会原由老头首来管理，每年要向每位工人抽洋一元作为行会的会费。工人们事先问计于中共党员赵开松，行动时做社会宣传，宣布头首的罪状，取得工人们的普遍同情，然后，"群众起而罢工，并杀伤了一个老头首"，"打了一顿，坚持有半月之久，由窑户出来向工人求情"，最终，"取消老头首"②，斗争取得了胜利。

1929年6月20日至7月2日，琢器五行举行大罢工，有力地打击了帮会头首势力。起因是工人公开团体瓷业技术研究社的成立，封建行帮"义胜社"老头首陈冬原恨之入骨，带打手捉拿研究社工人骨干。研究社召集工人三四百人反击，"以群众去打老头首"。老头首遂召集琢器业24名头首联盟，收买夜游帮流氓打手反击。研究社侦知情况后，组建100多人的工人武装队还击，击毙了老头首，打伤头首若干人。圆器、琢器行几万工人联合罢工声援，共同反对头首联盟。此时正值陶瓷业生产旺季，罢工使资方损失惨重，资本家阶级和帮会头目相互埋怨，最后只能妥协。③

工人将江湖帮会头目列为明确的斗争对象，这是行动阶级化的自觉。从1929年1月至9月，景德镇工人罢工20余起，参加人数十万以上，工人斗志大涨，斗争水平不断提高。中共江西省委在给中共中央的报告中说：景德镇工人阶级的总行动不再是"封建式的械斗自相残杀的进程"，而是"为反统治阶级、反封建残余，为谋自身解放的进程"，"故今年的工人斗争之意义当不能视为通常的一回事，实为景镇工人走向新的一阶段的开始，斗争总的趋势已转变向着阶级意识前途推进"④。江西省委判断，当下工人的"斗争意识之转变"，"由封建意识跑上了阶级意识"⑤，斗争水平已超出类似于

① 《中共中央关于信江特委与赣东北特委合并及工作问题的指示》，《闽浙皖赣革命根据地》（上册），中共党史出版社1991年版，第163页。
② 《中共江西省委巡视员△△△关于景德镇瓷业概况与瓷工斗争情况的报告》，《江西革命历史文件汇集 一九二九年（二）》，中央档案馆、江西省档案馆，1987年，第212页。
③ 《中共江西省委巡视员△△△关于景德镇瓷业概况与瓷工斗争情况的报告》，《江西革命历史文件汇集 一九二九年（二）》，中央档案馆、江西省档案馆，1987年，第213—214页。
④ 《中共江西省委巡视员△△△关于景德镇瓷业概况与瓷工斗争情况的报告》，《江西革命历史文件汇集 一九二九年（二）》，中央档案馆、江西省档案馆，1987年，第198页。
⑤ 《中共江西省委巡视员△△△关于景德镇瓷业概况与瓷工斗争情况的报告》，《江西革命历史文件汇集 一九二九年（二）》，中央档案馆、江西省档案馆，1987年，第218页。

"都乐械斗"的江湖帮会相残阶段，而是阶级化斗争。实际上，后来景德镇工人暴动的成功，证明江西省委的判断是准确的。

工人群体的阶级化，还表现在：乡帮感情下降，阶级观念上升，较少受乡帮的情感欺骗了。1928—1929 年，在罢工中，景德镇国民党当局和商会"以和平之调要工人出而解决"，"大部分工人不去理会这些欺骗策略"①；有的乡帮实施感情捆绑策略，"利用宗族观念来破坏罢工"，"约束本姓工人"，"此策略受到影响的，只有姓陈的一姓为多，后主张姓氏约束工人的人（姓刘的）进行未中"。②这些说明工人的觉醒程度愈加成熟。

那么，怎么和帮会斗争，要采用哪些策略？中共江西省委指示，要懂得与帮会争取工人群众，让工人群众认清帮会作为封建支柱的本质，最广泛地发动和组织工人们。指示说，"在手工业的工会里排除工头、师傅，一定以策略来排除他"。③例如，对三点（典）会等底层帮会，在基层民众中有一定的影响力，要辨别不同人群，策略是，凡是受其压迫的，一定要争取过来，如果不反对我们的，则尽力争取，实现民众的最大化，"三点会问题……红帮组织，包含失业工人、农民、流氓无产阶级的组织，有破坏也有帮助。要夺取他的群众，受我们的政治影响，可以不破坏我们的，反过来，一定受他的苦的，不能忽视"。④对"如青红帮××等流氓性的组织，我们均须极力打进去"，"从中去取得他的群众"。⑤

（二）工人群体的组织化

欲改变陶瓷业工人在社会权力分配体系中的不利状况，工人必须组织起来，以组织对抗江湖帮派的压迫。组建公开组织是一项重要策略。1928 年 5 月，经报江西陶务局批准，以工人积极分子为骨干，中共秘密领导的瓷业技术研究社公开成立，该章程

---

① 《中共江西省委巡视员△△△关于景德镇瓷业概况与瓷工斗争情况的报告》，《江西革命历史文件汇集 一九二九年（二）》，中央档案馆、江西省档案馆，1987 年，第 207 页。

② 《中共江西省委巡视员△△△关于景德镇瓷业概况与瓷工斗争情况的报告》，《江西革命历史文件汇集 一九二九年（二）》，中央档案馆、江西省档案馆，1987 年，第 208—209 页。

③ 《中共江西省委会议纪录》，《江西革命历史文件汇集 一九二九年（二）》，中央档案馆、江西省档案馆，1987 年，第 249 页。

④ 《中共江西省委会议纪录》，《江西革命历史文件汇集 一九二九年（二）》，中央档案馆、江西省档案馆，1987 年，第 250 页。

⑤ 《中共江西省委第二次代表大会关于职工运动决议案》，《江西革命历史文件汇集 一九二九年（二）》，中央档案馆、江西省档案馆，1987 年，第 321—331 页。

明确规定有帮助工人对抗帮会压迫的义务："本社有保护社员不受任何人无故敲诈勒索的责任，如有无故侵犯社员权利和自由时，本社得出面帮助社员讲公理，直到解决为止。"① 行业结社是景德镇陶瓷业的惯例，社是帮会的一种，以帮会抗衡帮会，是团结联络工人群体、斗争封建帮会的新方式。

在斗争中，工人们主动寻求中共，都认识到中共是工人阶级的领导者，希望得到中共的组织领导。1927 年农历端午节，工人又一次组织罢工，此时中共景德镇党组织尚未恢复，工人斗争也失败了，损失较大，但并不气馁，而是很兴奋说："老子们如果有共产党帮助呀一定要打胜的，明年再过！"② "工人群众都不相信国民党"③，普遍信任中共了。1928 年上半年，景德镇工人多次自发罢工，他们自发在街头张贴"拥护共产党……工人团结起来打派头，打派头胜利万岁……"等标语，"均署名共产党，有的工人将'产'字写作'伞'字了"④。1929 年上半年，瓷业图画行的工人自发反抗行帮图画会的欺压，起来罢工。工人自己选举出赤色工会，以区别于黄色工会，自发寻找中共的领导，工人们都说"共产党来了，我们分头找去，你找着了，你介绍我，我找着了，我介绍你"，这"是在工人群众中时常听到的话"⑤。

（三）工人群体的革命化

工人群体的革命化，指反抗手段的武装暴力化。工人们越来越多地自觉采用武装暴力手段。罢工只是一种和平的反抗路径，是在现有权力分配格局范围内的有限的斗争。工人们逐渐认识到，罢工只是无奈之举，要想改变现状，唯有武装暴力的路径。武装暴力已成为工人的斗争自觉。

国民党叛变革命后的一段时间内，虽然没有中共景德镇党组织的领导，但工人们

---

① 采访记录来源于浮梁县政协文史委，提供者冯军全。又见中共景德镇市委党史办著《中国共产党景德镇地方史》，中共党史出版社 2006 年版，第 92 页；冯云龙主编《中国共产党浮梁地方史》，中国文史出版社 2007 年版，第 77、78 页。
② 《江西职工运动报告（一九二七年）》，《江西革命历史文件汇集 一九二七年——一九二八年》，中央档案馆、江西省档案馆，1986 年，第 156 页。
③ 《中共江西省委给中央的报告（第三号）——关于党务、宣传、职运、农运和军事工作等问题》，《江西革命历史文件汇集 一九二九年（一）》，中央档案馆、江西省档案馆，1987 年，第 249 页。
④ 《中共江西省委给中央的报告——政治情形与组织状况》，《江西革命历史文件汇集 一九二七年——一九二八年》，中央档案馆、江西省档案馆，1986 年，第 309 页。
⑤ 《中共江西省委政治报告（一月一日至五月三十一日）》，《江西革命历史文件汇集 一九二九年（一）》，中央档案馆、江西省档案馆，1987 年，第 197、198 页。

在自发地探索暴动反抗的路径。如1927年，因遭受帮会头目的压榨，工人无一个不愤恨，甚至"都想用手枪打他"[1]，1929年1—9月，"在罢工中，工人常带短刀在街上杀工贼（即以工人领袖自居的帮会头目，笔者注），打坏房，曾经打过多次并曾杀伪工贼多人。"[2]工人们还"攻打国民党浮梁县公安局。结果工人死伤多人，被捕甚多，但是工人们并不气馁"[3]。"景镇工人反而盼望弋阳方志敏打来的幻想"[4]，希望红军能够进镇领导武装斗争。

景德镇的社会意识生态环境处于火山口上。到1929年下半年，在国民党当局统治下，全景德镇的工人们躁动不安。一方面失业人口的不断增加，另一方面，当局官方与帮会豪绅联合体相比于北洋时期的更残酷的压迫，刺激着景德镇工人们自古以来的反抗意识，"发生了许多工人打窑户和警察冲突的事件"，"暴动空气充满全镇"[5]。江西互济总会在调查报告中说："景德镇二十万工友均已失业，每天均在街上准备直接行动"[6]，"新的革命高潮的象征在江西已见"[7]。武装暴动的时机越来越成熟了。1930年春夏之交青黄不接的时候，景德镇工人们自发地涌上街头，"每日成千的群众没收米店的斗争，日有所闻"，工人们的自发斗争与深入乐平浮梁的信江红军相"呼应"[8]，"工人群众自己提出了武装暴动夺取景德镇的口号"[9]。这些情况，中共江西省委在呈

① 《江西职工运动报告（一九二七年）》，《江西革命历史文件汇集 一九二七年——一九二八年》，中央档案馆、江西省档案馆，1986年，第156页。
② 《中共江西省委给中央的报告——关于江西各地的工农斗争和游击战争概况》，《江西革命历史文件汇集 一九二九年（二）》，中央档案馆、江西省档案馆，1987年，第72页。
③ 《江西职工运动报告（一九二七年）》，《江西革命历史文件汇集 一九二七年——一九二八年》，中央档案馆、江西省档案馆，1986年，第156页。
④ 《红刃关于目前政治形势和中央工作致中央的意见书》，《江西革命历史文件汇集 一九二九年（一）》，中央档案馆、江西省档案馆，1987年，第58页。
⑤ 《中共江西省委给中央的报告——政治情形与组织状况》，《江西革命历史文件汇集 一九二七年——一九二八年》，中央档案馆、江西省档案馆，1986年，第309页。
⑥ 《江西省互济总会关于目前政治情形与任务的报告》，《江西革命历史文件汇集 一九二九年（一）》，中央档案馆、江西省档案馆，1987年，第185页。
⑦ 《中共江西省委赤字通告（第一号）——全省第二次代表大会的总结与精神》，《江西革命历史文件汇集 一九二九年（一）》，中央档案馆、江西省档案馆，1987年，第14页。
⑧ 《中共赣东北特委所指挥的各级工作的情形（一九三〇年四月二十日）》，江西省档案馆选编：《闽浙赣革命根据地史料选编》（上册），江西人民出版社1987年版，第12—13页。
⑨ 《中共江西省委给中央的报告——目前江西的经济和政治状况，革命斗争的发展，"五·一"斗争经过，党的组织及工作情形（一九三〇年五月二十日）》，《江西革命历史文件汇集 一九三〇年（一）》，中央档案馆、江西省档案馆，1988年，第142页。

递中央的《江西职工运动报告》中说："剥削与压迫如此厉害，工人群众自然日渐革命化。"①

根据这些情况，中共秘密加紧准备在景德镇武装暴动。1928 年 11 月，景德镇赤色工会秘密成立，1929 年，设在景德镇的赣东北特委成立特区总工会，1930 年 3 月，中共在景德镇秘密组建工人武装——工人纠察队，并在给中共中央的报告中说：预备"组织地方暴动""实行武装训练"。中共中央得到报告后指示："党必须坚决领导，成为发动地方暴动的一种力量。"②

五、工人运动的暴力革命化和对江湖帮会的武力改造

推翻国民党的官帮绅联合体，仅靠工人武装暴动，恐难有胜算。鉴于此，1930 年 7 月，中共景德镇地方组织主动联络弋阳苏区红军部队。方志敏率部飞驰百里，与景德镇工人纠察队里应外合，兵分四路，一举夺城，建立中共景德镇市委、景德镇苏维埃、景德镇总工会，在各行业成立工会。总工会成立工人赤卫队。据当时国民党方面报载："本年 7 月 6 日清晨，突被方志敏，由乐平率领数百人，长驱直入，县警以疏于防范，致被缴去枪三百余支。方即设立伪苏维埃政府，景镇窑工数万，皆知识浅薄，易受'麻醉'。即行成立总工会。"③尽管上述记载有污蔑之处，但从侧面反映了工人对红军的热烈欢迎，迫切随之一起以武力改变旧秩序的热切心理。此后，红军又分别于 9 月 8 日、10 月 2 日再次抵镇并滞留。

随后，以军事力量为后盾，对景德镇江湖权力秩序予以沉重打击。

首先，抓捕大批的江湖帮会头目，镇压其中一批罪大恶极者。工人纠察队抓捕所谓"三尊大佛、四大金刚、十八罗汉"等一类的土豪，如陈仲西、赖廷栋、倪同兴等被捉了起来，送交军委办事处处理。陈仲西原是都昌帮的魁首，赖廷栋是抚州帮重要头目之一，倪同兴是杂帮巨头。处决流氓帮会头目"三十万麻子"等多名罪大恶极者和地方土豪劣绅。帮会头目无不震惊，哀声一片，余者多数人席卷金银细软逃逸归乡。少数没有逃避而去的，也终日关门闭户，惶惶不可终日。主力红军离开景德镇退回弋

① 《江西职工运动报告（一九二七年）》，《江西革命历史文件汇集 一九二七年——一九二八年》，中央档案馆、江西省档案馆，1986 年，第 156 页。
② 《中共中央关于信江特委与赣东北特委合并及工作问题的指示》，《闽浙皖赣革命根据地》（上册），中共党史出版社 1991 年版，第 163 页。
③ 《呜呼产瓷名区江西景德镇三次陷于匪》，天津《益世报》，1930 年 11 月 13 日，第 1 张第 4 版。

阳前，经教育后放回一批，另一批罪行较大者被红军带去弋阳苏区，有一批日后被赎回，剩余者不见回来，无资料显示这一批是被处决还是被放归后自行回归家乡。三大帮会中，徽帮受打击最大，国民党方面资料记载："各工会□□□，尤复凶残，已极大声疾呼捆杀徽州佬，无使一人带钱出镇，以致徽属商人化妆工役，四处逃亡。"[1] 这是由于长期以来徽帮商人对工人的掠夺极残酷，工会自觉将徽商列为首要打击对象。工人对徽帮商人的仇视，只是工人和帮会矛盾的一个缩影。工会处决的帮会头目和土豪劣绅不在少数，申报报道"杀人逾千"[2]。另据景德镇徽商民众善后委员会调查统计：徽帮头目和商人被杀 6 人，被焚 3 人，被带往弋阳苏区 136 人，其中被赎回 84 人，还有 52 人未赎回，不知所终；此外，逃避回乡不归者 92 人。[3] 其他都帮、杂帮没有统计数据。工会处决大批帮会头目，并吓跑一批未归，使帮会势力遭到前所未有的沉重打击。自此以后直至新中国成立，景德镇的帮会不再有当年之威。

其次，在"打倒土豪劣绅"的口号下，对帮会头目的财产进行清算。对马德山、吴烈等土豪劣绅进行全面清算，开仓放粮，烧毁头目的债券、账册、典票，筹集到一大笔钱款，"令多组小公会□□公款，仍照旧单打开典门搬取衣物"[4]。国民党方面报载："任意抢劫，勒索商铺捐款，没收庆泰当铺，人心莫不慌骇。"[5] 1931 年成立的国民党浮梁善后委员会哀叹："不幸的景德镇""十室九空"，"以致颠沛流离"。[6]

工会对社会权力结构改造的目标是清晰的，将帮会作为主要的打击目标，对普通平民家庭基本没有触动。对此，《申报》有多次记载："徽都两帮、因前年被匪洗劫之故、金融枯竭、无款放出"，"窑户瓷商无不奄奄一息"[7]，"查二十年度□□□□□部到镇二次、第一次索二十万元以去、第二次将当铺金银取去、第三次地方平民亦揭红旗、将当铺衣物、一律分却、当时镇上杀了数十人，而各住民所被直接损失、并不重大"[8]。很显然，工会打击的是罪大恶极者。

① 《景德镇实录》，1931 年 1 月 10 日，卷宗号：G117-32-9，上海市档案馆。
② 《景德镇来电》，《申报》，1930 年 11 月 29 日，第 8 版，第 20716 期。
③ 《景德镇实录》，1931 年 1 月 10 日，卷宗号：G117-32-9，上海市档案馆。
④ 《景德镇实录》，1931 年 1 月 10 日，卷宗号：G117-32-9，上海市档案馆。
⑤ 《呜呼产瓷名区江西景德镇三次陷于匪》，天津《益世报》，1930 年 11 月 13 日，第 1 张第 4 版。
⑥ 《中国国民党浮梁县党部浮梁全县善后会议》，1931 年 1 月 6 日，卷宗号：J001-083-062，景德镇档案馆。
⑦ 《景镇瓷业一落千丈》，《申报》，1932 年 11 月 21 日，第 7 版，第 21418 期。
⑧ 《滇程拾遗》，《申报》，1937 年 4 月 18 日，第 8 版，第 22970 期。

大批的帮会头目被杀被捕或潜逃出城，各类帮会陷于瘫痪，使陶瓷业工人获得了空前的人身解放，释放出巨大的革命热情。红军三次进镇，各方面资料统计，累计有3000余工人参加红军，追随红军而去。[1] 中共主办的《红旗日报》报道："工人，店员，贫民，都踊跃加入团队。"[2] 国统区《大公报》报道称："景埠瓷坯工人，约占全镇人数四分之一，本年因窑实停烧，相继失业。近两月来景埠抢劫之案，几与日有所闻。加之米荒缺食，生活愈难支持，此群为环境所迫，多铤而走险。此次红军陷镇，彼群认为绝好良机。报名加入者，为数甚众。"[3] 对帮会的沉重打击，解除了束缚工人的乡情枷锁和行规枷锁，工人获得极大的人身和精神解放，大批穷苦工人看到另一种出路，遂纷纷来投。老红军战士邵永清便是如此。他回忆13岁进瓷店做学徒，孤苦伶仃，每日做工到半夜，经常挨老板的打。15岁那年，适逢方志敏带领红军进镇，他看见许多和他一样年纪的红军在街上做招兵宣传，红军对穷苦人很和气。他明白了穷人要翻身，就要有自己的队伍。他借用下河担水之机，甩下水桶就入了红军队伍。瓷店老板知道后，因害怕红军，也不敢纠缠[4]。打倒帮会，是彻底解放陶瓷业工人、释放工人革命潜能的必要手段。这也是景德镇作为手工业移民城市个性化的革命特征。

陶瓷业工人加入革命队伍，很快释放出革命潜能。三千余陶瓷业工人先后投入，成为中共领导红十军的主要兵源构成。景德镇陶瓷业工人自五四运动以来，历经革命风潮，具有更高的文化程度、认识觉悟、组织观念和纪律性。第一，大量陶瓷业工人的加入，使赣东北红军部队从一个团扩大到一个军，使弋阳苏区由信江流域扩大到整个赣东北，又发展为闽浙赣苏区。第二，在结构上，大批陶瓷业工人加入红军队伍，注入新的血液，改变了赣东北原红军部队以农民为主体的构成。第三，在质量上，因为工人文化水平相对较高，大量工人成为红军骨干，"改进了各级政治部的工作"，"众多积极的工人干部充当政治委员，建立各连的识字班、读书班、读报组，严整红军的纪律"，"彻底地改造红军的成分，打破地方观念"。这些都推进了中共领导的军队建

---

① 刘庭显：《景德镇第一个苏维埃政权》，载中共景德镇市委组织部、党史工作办公室编《难忘的岁月》，中央文献出版社1994年版，第102页。刘庭显为景德镇陶瓷工人，于1930年景德镇工人暴动中参加革命，担任景德镇市苏维埃政府军事委员会主席。新中国成立后曾任浮梁县大洲供销社经理等职。

② 《景德镇苏维埃政权稳固》，《红旗日报》，1930年10月5日，第1版。

③ 《景德镇被陷记》，《大公报》，1930年8月4日，第1张第3版。

④ 《从红店走向长征》，载景德镇市政协文史和学习委员会编《景德镇文史资料》第三卷合订本，江西高校出版社2018年版，第495—499页。

设。第四，在中共领导的地方工作中，工人党员基本担任干部，"新的工人干部作领导与指挥的工作"，"驱逐富农分子"[①]，推动了根据地建设。

六、结语和余论

综上所述，在清末民初，景德镇作为中国内地最大的手工业城市，它具有独特的人口结构、意识生态结构和社会组织结构，乡帮、行帮和流氓帮会共同构成错综复杂的江湖世界，构成控制基层民间社会的情感、乡规和行规权力网络，对陶瓷业工人群体的人身控制具有极强的欺骗性和严密性。江湖帮会的影响力甚至超过北洋当地政府，国民党当地官方也不得不与之勾连借以控扼工人群体。因此，景德镇工人运动，前期在本质上是一场来自江湖的革命，将以帮会为主要支撑的江湖秩序作为重要斗争对象。景德镇工人运动从江湖走向革命，大致经历了从国共共治体制下的改良式运动、"都乐械斗"和帮会头目豪绅化给工人运动带来的挫折、工人群体的阶级化组织化革命化、武装暴力化四个阶段，是一个曲折的渐成过程。在这个过程中，工人群体和江湖秩序的特征同时发生变迁和互动，江湖帮会经历了豪绅化的过程；工人群体也经历了初步觉醒、阶级化、组织化、革命化的过程。江湖权力结构的倒退反过来又推进工人群体的觉醒，随之又导致对前者的更高层次的改造。可见，工人的觉醒之路和江湖秩序的组织建设之间存在互动，这些情况使景德镇社会结构的演化进程表现出前进与倒退相互交织与交替的特征。这些归根到底是由景德镇的城市性质和特征所决定的。

无独有偶。对景德镇的研究，对于我们考察其他陶瓷产业城市的工人运动也有一定的借鉴意义。如湖南醴陵、河北彭城，福建德化、广东石湾等陶瓷产地，也是手工业移民城镇，也存在一定的帮会现象，社会属性也具有江湖特征。当地的工人觉醒之路也较为曲折与多彩。不同的是，相对于景德镇，这些城镇的移民人口规模和工人规模要小得多，其社会结构具有地方性。因此，对于其他地域陶瓷业工人运动的研究，既可借鉴前者，又须结合具体实际而展开。

作者简介：江旺龙，景德镇学院人文学院党委书记，教授。

[①] 《中共中央给赣东北省委信（节选）》（1931年12月26日），《江西党史资料》（第24辑），中共江西省委党史资料征集委员会、中共江西省委党史研究室，1993年，第76页。

革命的张力：新民主主义时期陶瓷工人阶级对革命战争的贡献——以浮梁县为中心 *

高雁平

　　中国陶瓷工人阶级在创造辉煌璀璨陶瓷历史文化的漫长岁月中，形成了独特的工艺方式、生活习俗和生产组织方式，他们是讲好中国故事的最为贴切的实践者、讲述者和记录者①，是具有鲜明中国特色的世界名片。中国共产党领导的陶瓷工人运动是中共党史、工运史、陶瓷文化史研究的特色领域。在既往研究中，陶瓷工人被学者们称

---

* 本文为国家社会科学基金项目"中国共产党领导的陶瓷工人运动资料搜集、整理与研究（1921—1949）"（项目批准号 22BDJ040）的阶段性研究成果。

① 关于中国陶瓷工人运动资料搜集与整理的基本情况。新中国成立前，如方志敏、赵醒侬、邵式平、聂洪钧等地方党组织领导人有相关文稿、报告等。《民国日报》《申报》等报刊有关于陶瓷工人的新闻报道。新中国成立后，陈毅、徐海东、黄火青、黄永辉、柴荣生等亲历者纷纷撰写相关回忆文章。

　　资料集方面，迄今还未出现陶瓷工人运动资料专集，但有不少工具书有所涉及，20 世纪 80 年代以前，有《中国地方志中的陶瓷史料》（梁宪华，2008）、《景德镇制瓷业历史调查资料选辑》（江西省历史学会景德镇历史调查组，1963）、《中国工运史料》（中国工人运动史研究室，1958—1992）等。80 年代后，中央和地方党史部门，以及各级工会，相继开展了党史工运史资料的搜集和整理工作，成果有《江西工运史研究资料》（江西省总工会办公室，1980—1992）、《江西工人运动史料选编》（江西省总工会，1986）、《江西革命历史文件汇集》（中央档案馆、江西省档案馆，1986）、《难忘的岁月》（中共景德镇市委组织部党史工作办公室，1994）、《景德镇文史资料选辑 1—14 辑》（景德镇政协文史委，1983—1998）、《景德镇陶瓷史料（1949—2019）》（景德镇陶瓷史料编委会，2019）、《醴陵文史——瓷业史料专辑》（醴陵政协文史委，1986）等。

　　关于陶瓷工人运动的研究论著较少，涉及的专著有中国硅酸盐协会主编的《中国陶瓷史》重点对陶瓷工人的多项重大技术革新给予了记述。吴仁敬、辛安潮撰的《中国陶瓷史》对陶瓷工人反帝反独裁斗争有所论述。钟健华、陈雨前主编的《景德镇陶瓷史》对改革开放以来陶瓷工人的贡献有所论述。《江西通史》对景德镇瓷工的乡缘、血缘、神俗等社会环境有所述评。梁淼泰（1991）研究了明后期景德镇轮班匠制向雇役匠制的转变，窑主对瓷工的剥削等。这些论著为后续研究打下较好的基础。

　　相关研究论文成果也不多，自 20 世纪 80 年代以来，各类检索可见的仅 50 余篇，集中有如下几个方面：1. 关于党成立前陶瓷工人群体的研究，如徐贵珍（2015）、方李莉（2011）、苏永明（2019）、苏永明和洪子雅（2017）等研究了宗教神话、祖先崇拜，血缘、地缘、业缘，以及行帮和官府，对景德镇瓷工群体的影响。田泌等（1992）、要楠（2014）、张子英（1994）、张宗帅和张家森（2021）、张旭（2016）等分析了唐山、磁县、淄博、宜兴等陶瓷产地的工人群体特征。2. 关于党领导的陶瓷工人运动的研究，论文仅 10 余篇，闻炳焱（1991）、吕政隆（2016）、王一鸣（2020）、田泌等（1992）、肖静（2018）分别研究了新民主主义革命时期党对各地瓷工运动的领导策略和斗争局限性。陈紫（2011）、江存雨（2017）研究了在党的领导下瓷工身份的变化、创作状态等。3. 关于陶瓷工人运动精神的研究，如盛开勇（2018）、吴本荣和胡菁惠（2007）、张悦和王智鸿（2019）等从瓷工制瓷、瓷艺品质、陶瓷民俗等角度探讨景德镇陶瓷工人的工匠精神，讨论瓷工社会身份。

为陶工、瓷工、磁工、窑工、瓷业工人等不同称谓。本文统称陶瓷工人。

清末民初，中国陶瓷产业处于资本主义生产的早期状态，属于作坊手工业。据考察，此时全国陶瓷工人有 40 余万人（含附属相关产业），景德镇是当时中国最大的手工业城市，陶瓷工人最集中，聚集 20 余万人之多。1923 年，中共江西地方党组织在景德镇调查发现："他们是每天聚在一个厂家工作，并且和新式产业工人性质相似。"[①] 遭受重重压迫，生活悲惨，"他们奋斗精神很强，常时发生罢工情事"，"昔日在江西政治上认为最可怕的工潮，就是这个地方"[②]。

在新民主主义革命时期，中国共产党领导的人民军队是一支以农民为主体的武装力量。在民国浮梁县，在党的领导下，陶瓷工人阶级的反抗意识由自发上升为自觉，他们积极参加人民军队，投身革命战争，极大地提升工人在人民军队中的比重，推进了人民军队建设和革命战争的发展，表现出很强的革命张力。

一、土地革命战争前期的斗争彻底性张力：从和平罢工者到红军骨干

土地革命战争前期，景德镇陶瓷工人阶级参与革命的历程，经历了从和平罢工到武装暴动、参加人民军队投身革命战争的演化，表现出鲜明的斗争彻底性革命张力。

（一）革命的初期阶段：城市和平罢工

大革命时期，1926 年，中国共产党在景德镇创建党组织，成立中共景德镇小组，后相继升格为景德镇支部、浮梁县委、景德镇市委、赣东北特委等组织。党积极在陶瓷工人中开展革命动员工作，先后创立景德镇平民教育促进会、平民夜校、工人文化补习班等机构，秘密培养工人积极分子，发展党员。工人党员是景德镇党组织的主要成分。1926 年 6 月，党成立景德镇总工会，下辖陶瓷脱胎、圆器、琢器等相关行业工会近 40 个，有正式会员 4.5 万人。工会组织发动"红五月"系列罢工。北伐军抵景前，党以工人党员和积极分子为骨干，收缴散兵游勇的枪支，成立景德镇历史上第一支工人武装——工人纠察队。在大革命洪流中，工人纠察队积极参与清算反动资本、驱逐北洋军阀等斗争，培养了一批工人军政骨干。大革命失败后，景德镇地方党组织和工会曾短期停止活动。

---

① 中央档案馆、江西省档案馆：《江西革命历史文件汇集 一九二三年——一九二六年》，1986 年，第 1 页。
② 中央档案馆、江西省档案馆：《江西革命历史文件汇集 一九二三年——一九二六年》，1986 年，第 1 页。

土地革命战争时期，景德镇地方党组织陆续重建。1928 年 5 月，成立瓷业技术研究社，以隐蔽的方式团结广大工人，开展秘密联络和发动工作。1929 年 9 月，景德镇赤色工会秘密成立，并在各行业普遍建立基层工会，广泛团结与组织工人开展罢工斗争，相继有 1928 年 9 月的"四十天大罢工"，1929 年 4 月的"春工供饭"斗争、5 月 20 日的陶瓷小器匣钵业工人罢工、6 月 17 日的书画工人罢工、6 月 20 日的琢器业工人罢工、7 月 2 日的大件利坯工人罢工、8 月初的陶瓷琢器五行工人罢工、8 月 5 日的"砖山"工人罢工、8 月 22 日的陶瓷装大器工人罢工。尤其是 1929 年 5 月 18 日的装小器烧窑工人罢工，迫使国民党地方当局罢免警察局局长；1929 年 6 月 11 日圆器业 5 万工人的"雄黄酒运动"，迫使资方不得不答应工人的条件，罢工取得胜利。一系列工人运动的复兴，极大地鼓舞广大民众的革命斗志。江西省委巡视员在 1929 年《关于景德镇瓷业概况与瓷业斗争情况的报告》中说："今年的工人斗争之意义当不能视为通常的一回事，实为景德镇工人走向新的一阶段的开始，斗争的趋势已转变向着阶级意识前途推进"，"可以说第一次的由封建意识跑上了阶级意识上的开始"，"经过斗争之后党的影响及工会的影响在群众中扩大"，"行会的意识减少了"，"党相当的发展了"，"党跑到群众中去了"。[①]

（二）彻底革命：转变为红军骨干

随着形势的发展，1930 年四五月间，国民党新军阀之间的矛盾日益加深，爆发了中原大战。在党的领导下，景德镇陶瓷工人阶级谋求彻底革命，发动武装暴动，建立人民军队，建立景德镇苏维埃政权。

1930 年 6 月，信江特委书记唐在刚和赣东北特委书记李杰三在景德镇东郊里村马步英家会晤，决定红军和工人里应外合智取景德镇。景德镇大多数工人被动员起来，革命斗志高涨。7 月初，成立工人纠察队，"准备一切工作，及全苏的政纲和劳动保护法的宣传"，"开了各行工友代表大会，及党的活动分子会，实行同盟罢工，配合红军的打镇"。"全镇工人的十分之八都知道我们的工作了。"[②]随后地方党员马步英、胡仁辉赶赴弋阳苏区向时任信江军委主席方志敏汇报计划。1930 年 7 月 6 日，方志敏率江西红军独立第一团奔赴 100 多华里，和景德镇陶瓷工人阶级一起，里应外合，一举智取景德镇。景德镇工人武装暴动取得胜利，"在镇上缴获了 280 余支枪，武装工人纠察

---

① 中央档案馆、江西省档案馆：《江西革命历史文件汇集 一九二九年》，1986 年，第 198、217、218 页。
② 《江西党史资料》(第 24 辑)，1993 年，第 37 页。

队"[①]，随之建立景德镇城区苏维埃政权。

景德镇陶瓷工人响应党的号召，积极报名参加红军，扩大红军，保卫红色政权。1930年7月6日至10日的短短几天时间，1000余名工人报名参军，以此为基础，7月22日，红十军在乐平县众埠镇成立，全军2000余人，景德镇陶瓷工人占比一半以上。

这一时期，景德镇陶瓷工人大规模参军扩红还有3次。

第二次，1930年9月初，红十军连克余江、乐平、鄱阳等县城，军威大振，又在湖口取得江桥战斗大捷，全歼江西保安部队九路军军警卫二团，缴获大批枪械。随后，9月8日夜，红军第二次进入景德镇，在镇上休整10日，又一次"起（启）发景德镇工人"[②]参军入伍。

第三次，1930年10月2日，红十军军长周建屏率红十军一路，从乐平进驻景德镇。国民党报纸夸张惊呼："计有万余人之众。"《红旗日报》报道：红军再到景德镇，"工人，店员，贫民，都踊跃加入团队，政治宣传极普遍"，"景德镇苏维埃政权益发稳固并猛烈的向前开展"。[③]

第四次，1930年11月初，红十军出击赣北，攻克都昌、湖口、彭泽等地，并帮助各地建立苏维埃政权。6日，出击皖南，在秋浦龙泉湾歼灭国民党鄱（阳）秋（浦）联防队，攻克秋浦县城。7日，红十军从秋浦回师景德镇，和县、镇党政组织、群众团体、各工会一起，举行盛大的城乡提灯晚会和游行。全城张灯结彩，喜气洋洋。此次红十军驻镇休整十余天，又一批陶瓷工人报名参军。

据多方史料记载，红军四进景德镇，共有3000余名陶瓷工人加入红军[④]，红十军扩至6000余人，扩编为3个旅及特务团，陶瓷工人占一半以上。大量陶瓷工人的加入，极大地推动红十军建设和闽浙皖赣的革命战争：

第一，在规模上，使赣东北红军部队从一个团扩大到一个军，使根据地由信江流域扩大到整个赣东北，又发展为闽浙赣苏区。第二，在结构上，大批陶瓷工人加入红军队伍，注入新的血液，改变了赣东北原红军部队以农民为主体的结构。第三，在质

① 《江西党史资料》（第24辑），1993年，第38页。
② 《江西党史资料》（第24辑），1993年，第38页。
③ 《红旗日报》，1930年10月5日。原件存中共江西省委党史研究室。
④ 刘庭显：《景德镇第一个苏维埃政权》，载中共景德镇市委组织部、党史工作办公室编《难忘的岁月》，中央文献出版社1994年版，第102页。刘庭显为景德镇陶瓷工人，于1930年景德镇工人暴动中参加革命，担任景德镇市苏维埃政府军事委员会主席。新中国成立后曾任浮梁县大洲供销社经理等职。

革命的张力：新民主主义时期陶瓷工人阶级对革命战争的贡献——以浮梁县为中心

量上，大量陶瓷产业工人加入红军，因为工人文化水平相对较高，大量工人成为红军骨干，"改进了各级政治部的工作"，在红十军，"众多积极的工人干部充当政治委员，建立各连的识字班、读书班、读报组，严整红军的纪律"。"新的工人干部作领导与指挥的工作"，"驱逐富农分子混入红军"，"彻底地改造红军的成分，打破地方观念"。① 这些为建设一支过硬的新型人民军队打下了良好的基础。

二、土地革命战争后期的城乡贯通性革命张力：从转向农村到深度融入游击战争

1930 年底，景德镇城区苏维埃失利后，中共赣东北省委指示景德镇革命工作的重心从城区转向农村，发挥陶瓷工人的革命性，吸收陶瓷工人共同创建农村苏区。这一阶段，景德镇陶瓷工人阶级经历了从工农共同创建农村苏维埃，到主动深度融入农村游击战争的历程，表现出陶瓷工人阶级在工农结合方面的城乡贯通性革命张力。

（一）转向农村，工农创建农村苏维埃政权

1931 年 1 月 4 日，赣东北省委决定派人赴景德镇，动员"失业工人，各级团部及各级工会青工部必须要去组织他们，更要发动和领导他们的经济政治的斗争，介绍他们到苏维埃"，"宣传和鼓动他们到红军中来"，因为资本家"增加工人工作时间，减少工资，特别是年关时要开除工人"，指示，景德镇地方党组织须即刻"派人去进行失业青工运动"②，"必须派得力干部前去工作"③，加紧建立景德镇瓷工的秘密工会④。

赣东北省委的指示相继得到落实，1931 年 12 月，地方党组织在给中央的报告中说："景德镇、乐平的工作已有相当的恢复"，"客观的发展形势是很有利的"⑤，尤其是，在景德镇陶瓷工人较为集中的"三宝蓬建立了好多组织"⑥。

由于陶瓷工人动员工作较顺利，1933 年 1 月，闽浙赣省委指示，各地须组建一批"无产阶级团"，"实行有组织地有训练地输送大批工人雇农无产阶级到红军中去……创造红军铁军，这是组织无产阶级团的重要意义"，其中，景德镇组建两个连的无产阶级

① 《江西党史资料》(第 24 辑)，1993 年，第 76 页。
② 江西省档案馆选编：《闽浙赣革命根据地史料选编》(上册)，江西人民出版社 1987 年版，第 101 页。
③ 江西省档案馆选编：《闽浙赣革命根据地史料选编》(上册)，江西人民出版社 1987 年版，第 421 页。
④ 江西省档案馆选编：《闽浙赣革命根据地史料选编》(上册)，江西人民出版社 1987 年版，第 337 页。
⑤ 江西省档案馆选编：《闽浙赣革命根据地史料选编》(上册)，江西人民出版社 1987 年版，第 432 页。
⑥ 江西省档案馆选编：《闽浙赣革命根据地史料选编》(上册)，江西人民出版社 1987 年版，第 544 页。

团，不少于 200 人，去农村"加强红军中无产阶级的基础，保证红军中的无产阶级的领导"①，"扩大和加强地方武装"，创建皖南和赣北新苏区，"成立新的师、新的军以及新的军团"②。

上述工作得到顺利开展，1934 年 4 月，闽浙赣省委下辖的赣北特委在浮梁北部农村发动工农暴动，创建皖赣边苏区和皖赣军分区。新成立的皖赣红军独立师，很快发展到 1500 人的规模。中共闽浙赣省委交通员詹世农在给中央的报告中说：至 1934 年 10 月，皖赣边苏区发展到浮梁东北乡，这里"是景德镇瓷器工业之重要地带"，大批工农群众积极参加红军，"三天的光景，见扩大新战士在 300 以上"③。

（二）深度融入农村游击战争

1934 年底至 1935 年 1 月，皖赣边苏区失陷，同时，闽浙赣苏区大本营葛源也失守。自此，闽浙皖赣苏区转入三年游击战争，分割为皖浙赣边游击区、闽北游击区、浙东游击区等多块游击区。红十军余部、赣东北老苏区红军余部、皖赣边红军余部以及皖南红军余部等部队在此长期坚持斗争。浮梁县（民国时期包括景德镇）是皖浙赣边游击区的核心区域。

大量找不到出路和不堪阶级压迫的青壮年陶瓷工人投奔红军游击队。1936 年下半年，浮梁县委书记曹新泉带领县委机关和红军游击队隐蔽在源头山、九棚坞一带，红军游击队频频出击，党的秘密组织得到发展，县委下属组织较为健全，分设了五个区委，各负责数个村落，秘密组织各村工农群众"上名字"。在群众掩护下，建立了较为严密的情报网，掌握敌人的一举一动，对敌行动避实击虚，游击根据地得到巩固。周边没有出路的青壮年陶瓷工人，尤其是众多的瓷土矿工纷纷投奔游击队。④

1936 年，皖浙赣省委在鄣公山召开省委扩大会议，下辖的皖赣特委积极开展白区党的建设、武装斗争，组织抗租、抗捐、抗税、反抽丁斗争，对国民党保里长开展争取和打击的两手工作。在浮梁县瑶里附近的土坑村，众多瓷土矿工被秘密发展为地下

① 江西省档案馆选编：《闽浙赣革命根据地史料选编》（下册），江西人民出版社 1987 年版，第 308 页。
② 中共江西省委党史资料征集委员会编：《方志敏文集》，人民出版社 1985 年版，第 328、329 页。
③ 中共福建省委党史研究室等编：《闽浙皖赣革命根据地》（上册），中共党史出版社 1991 年版，第 737—743 页。
④ 资料来源：浮梁县政协文史委征集、调查、访谈材料。

党员，建立了秘密交通线①。许多青年无路可活，纷纷前往投奔。皖赣特委下辖地方党组织、游击队和外围人员一度发展到 3000 余人②，成为游击战争的重要支撑。

祁浮婺中心县委根据鄣公山会议精神，扩大党的宣传和组织工作，完善党组织，在瑶里周边村镇发展工农组织，建立秘密交通线，开展统战工作，采取灵活的手段开展打土豪、抗丁、抗租等斗争，扩大游击区。窑里、窑外的诸多青壮年纷纷投奔游击队，祁浮婺游击区的范围一度发展到方圆三四百平方公里。①

皖浙赣边游击区得以长期坚持，众多青壮年陶瓷工人投奔红军游击队，主动融入农村游击战争，是重要的支撑。1937 年底，皖浙赣边游击区的红军游击队大部在浮梁县瑶里镇改编为新四军，踏上新的革命征途。这些均为陶瓷工人阶级深度融入农村革命战争革命张力的具体表现。

三、抗战时期的与时进化性革命张力：从实业救国到军事救国

随着全面抗战的到来，民族矛盾上升为主要矛盾。景德镇陶瓷工人阶级及时适应新形势，学习陶瓷生产新技能，探求救国道路。他们经历了从探索实业救国到参加新四军投身军事救国的发展历程，表现出陶瓷工人阶级自身进化性的革命张力。

（一）实业救国的技能进化：提升陶瓷生产技能

陶瓷产业领域的实业救国，源于江西陶业人员养成所的抗日救亡运动。20 世纪 30 年代初，国民党江西省当局意图振兴陶瓷业挽救经济萧条，邀请爱国实业家杜重远来赣主持陶瓷业改革，出任江西省陶业管理局局长（驻景德镇）。杜重远经考察认为，欲拯救陶瓷业，仅靠国民党政府机构大小官僚于事无补，必须培养一批掌握先进科学知识，具有爱国思想的专业人才跟他一起干。因此，他在筹建陶业管理局的同时创办江西陶业人员养成所，宗旨是"将近代的思想和陶业的初步技术灌输于诸同学，一年后共负此改良陶业的使命"。1935 年初，养成所在景德镇莲花塘正式开学招生。

养成所办学具有显著的特色：一是具有浓厚的进步思想倾向。杜重远和养成所的

---

① 资料来源：浮梁县政协文史委征集、调查、访谈材料；冯云龙主编：《中国共产党浮梁地方史》，中国文史出版社 2007 年版，第 154 页。

② 资料来源：浮梁县政协文史委征集、调查、访谈材料；冯云龙主编：《中国共产党浮梁地方史》，中国文史出版社 2007 年版，第 158、160 页。

① 资料来源：浮梁县政协文史委征集、调查、访谈材料；冯云龙主编：《中国共产党浮梁地方史》，中国文史出版社 2007 年版，第 166 页。

教员、学生都具有强烈的爱国思想，洋溢着热心救国、追求真理和光明的浓厚气氛。国民党政府只拨了很少一点钱，办学经费还要靠杜重远四处奔走多方筹集。在极为困难的情况下，师生自力更生，艰苦奋斗，办学井井有条，生机勃勃，学生意气风发，爱国进步活动活跃。二是紧密结合社会实践办学。在读书的同时，学生们经常深入民众，开展一系列进步宣传活动，如通过散发传单、球赛、开联欢会等活动，和景德镇青年工人建立广泛的联系，团结他们，传播科学文化知识。传播新文化、新思想，学生自身也得到教育，时刻关注国家和民族的命运，探求救国救民真理，加速了思想的转变。许多人由朴素的爱国主义者转变为马克思主义者。因时局动荡，养成所办学时间不长，但办得有声有色。

养成所学生开展了一系列救亡活动，以教育办教育，以培养新式陶瓷工人：一是创办工人训练所，提高陶瓷工人的阶级觉悟和文化水平，造就一支适应改良陶瓷产业的基本队伍。养成所的学生在工人训练所担任教员。他们还引导工人组织互助团体，开展文体活动，增进工人的团结友爱，提高阶级觉悟，增强爱国思想。二是开办露天讲演场。地点设在陶业管理局门前的广场，学生上台开展宣讲，向民众传播文化知识，宣传抗日救国思想。三是举办大众同乐会，表演戏剧，以唤起工人和群众的觉悟，激发抗日救国热情。四是创办前哨社，作为抗日救亡的核心团体，创办《前哨》副刊。五是组建抗日救亡歌咏团。深入街上、窑厂、坯房，教唱爱国歌曲，张贴抗日标语，有力地激发景德镇人民的抗日热情。

1936年起，陶业人员养成所师生着手在苏州、九江等地筹划建立新式陶瓷公司，购置新设备，采用新技术开展陶瓷生产。但是，由于现实的重重阻碍，这些计划基本无疾而终，基本没有投产。

（二）救国路径的再进化：从实业救国转变为参加新四军投身军事救国

以陶业人员养成所为主的抗日救亡运动，培养了一大批具有爱国赤诚的青年工人群体，提升了青年工人的革命自觉。1937年，一大批青年陶瓷工人对实业救国逐渐失去信心，认为唯有军事救国更切合实际。他们计划上山投奔红军游击队，他们私下串联，口号是"上山打游击"[1]。1937年11月下旬的一个晚上，时任新四军军分会副书记陈毅赴浮梁主持红军游击队下山改编新四军事宜，途经景德镇，受邀出席陶业管理局

---

[1] 李清泉：《景德镇——我革命的起点》，中共景德镇市委组织部、党史工作办公室编：《难忘的岁月》，中央文献出版社1994年版，第159页。新中国成立后，李清泉曾任安徽省政协副主席。

组织的座谈会。养成所的青年学生和工人向陈毅提出上山打游击、参加革命的愿望，陈毅说："我现在就可以介绍你们去参加革命，不过不是上山打游击，而且去瑶里参加新四军。"于是，一批学生和青年工人赶赴瑶里[1]，其中一部分人后来在革命战争中还成长为新四军的重要干部。时任中共浮乐婺中心县委书记李华楷回忆说：由于包括陶瓷工人在内的广大青壮年"热烈报名参军，新四军的队伍不断扩大，不到10天，游击队由下山时的350余人猛增到500余人"[2]。

1938年2月初，陈毅又一次来到景德镇。此时，皖浙赣边游击区的红军游击队大部已经进驻瑶里，被改编为新四军第一支队第二团第三营。陈毅代表新四军军分会邀请陶业管理局和社会各界进步人士前赴瑶里参加抗日誓师大会，共襄盛举。众多青壮年陶瓷工人又一次受到感召，"当场参加了新四军，随部队开赴抗日前线"[3]。

新四军改编期间，各级地方党组织秘密重建。在景德镇、都昌、瑶里等地又成立新四军办事处，作为公开活动机关，积极动员青年参加新四军。各级党组织积极在陶瓷工人中秘密发展组织，建立众多支部，工人党员发展迅速。时任赣北特委书记朱辉回忆："我曾去过好几个窑厂的党支部开过会，那些工人党员非常好，在敌人面前表现得机智勇敢。"[4]党在景德镇陶业管理局也成立了党支部。不到半年的时间，景德镇城区发展党员近百名，浮梁周边乡村发展党员200余人。

党为了培养工人骨干，先后在工人中秘密举办两期党员训练班，每期50余人，开展党的基本知识教育，讲授群众工作方法，宣传救国真理，此外，在各类抗日群众团体中，也建立了党组织。当时景德镇抗日救亡团体很多，如：江西青年抗日救国服务团、乡村抗战巡回宣传工作团、青年抗日宣传队、抗日救亡歌咏队、中华民族解放先锋队等等。新四军办事处通过这些团体组织，向景德镇各界人士开展抗日宣传，动员他们有钱出钱，有人出人，积极支援抗战。

---

[1] 严毅：《江西陶业管理局简述》，景德镇市政协文史和学习委员会编：《景德镇文史资料》（第2卷），江西高校出版社2018年版，第59页。

[2] 李华楷：《新四军驻瑶里留守处》，中共景德镇市委组织部、党史工作办公室编：《难忘的岁月》，中央文献出版社1994年版，第179页。

[3] 陈定华：《陈毅在陶业管理局》，中共景德镇市委组织部、党史工作办公室编：《难忘的岁月》，中央文献出版社1994年版，第187页。陈定华时为江西陶业人员养成所学员，结业后留江西陶业管理局工作。解放后，长期在江西省陶瓷销售公司工作。

[4] 朱辉：《新四军驻景德镇办事处》，中共景德镇市委组织部、党史工作办公室编：《难忘的岁月》，中央文献出版社1994年版，第175、176页。解放后，朱辉曾担任江苏省纪委书记、江苏省政协副主席。

为新四军扩兵和输送干部是新四军驻地办事处的重要工作。"据不完全统计，仅1938 年至 1939 年，各办事处就向新四军输送了 3 万余人"①，其中，有相当一部分是青年学生、工人和知识青年。新四军驻景德镇和瑶里办事处也很有成效。朱辉说："经过宣传动员，我们曾介绍了好几批进步青年参加新四军。"②

陶瓷工人的加入，提高了新四军队伍的文化水平。大批青年陶瓷学员和工人加入新四军后，参加了新四军第一支队战地服务团，和新四军教导营（队）等部队，作为后备干部培养。在战地服务团，青年陶瓷工人是绝对的主力。他们既是战士，又是宣传员和文化教员，经常在前线开展对敌宣传喊话，瓦解敌军的战斗意志。在战火纷飞的战场上，战地服务团的青年们留下了很多佳话，很多人历经考验，成长为军政骨干③。其中的代表有李清泉、潘启琦、李仰岳、凌菲（女）、戴修选、袁煦、徐上庸、潘琪、李汉雄、谢富华、熊振作、程希道、仪军等，如潘启琦在新中国成立后曾任南京军区政治学校政委、济南军区副政委等职；李清泉曾任 61 师副政委等职；程希道曾任南京军区通信总站主任。

在抗战时期，景德镇陶瓷工人与时俱进，从以前的国共内战转变为国共合作；从实业救国转变为参军抗战，成为新四军骨干，这些都体现出陶瓷工人对中国革命战争的贡献；以及在社会矛盾变化背景下与时进化的革命张力。

四、革命张力的生成机制

斗争彻底性张力、城乡贯通性张力、与时进化性张力，是陶瓷工人阶级在不同时期革命张力的具体体现，是他们前赴后继投身革命战争的内在力量和精神内核。他们具有天然的革命张力的生成机制。

第一，陶瓷工人阶级是中国无产阶级的重要组成部分，具有坚定的斗争意志，这是他们斗争彻底性张力的动力机制。陶瓷工人阶级深受阶级压迫之苦，每天工作 12 小

---

① 徐君华：《新四军的组建与发展》，军事科学出版社 2001 年版，第 88、89 页。
② 朱辉：《新四军驻景德镇办事处》，中共景德镇市委组织部、党史工作办公室编：《难忘的岁月》，中央文献出版社 1994 年版，第 175、176 页。
③ 江苏省文学艺术界联合会、上海市新四军历史研究会编：《铁军轻骑兵——新四军战地服务团》，南京大学出版社 1991 年版，第 1—10 页。

时以上，工资却很低，"一天只吃两顿，仅仅以红辣椒下饭充饥"[1]。杜重远在《景德镇瓷业调查记》中深感资本家和无产阶级的两极分化：一方面是镇上的资本家丑态毕现，"均是方面大耳，体壮腰肥"，"体重达到二百二十多磅"的比比皆是；另一方面是"每到年终，无论窑户、工人，忠实者，辄悬梁自尽，狡黠者，辄流为匪类。道路污秽，民多菜色，全镇之中，欲找一气色丰润之孩童而不可得"。景德镇有"五多之称：鸦片、私娼、臭虫、茅厕、死老鼠"[2]，年年闹鼠疫。

因此，景德镇陶瓷工人的斗争意志坚决，"他们奋斗精神很强，时常发生罢工情事。他们罢工故常有经济关系，也或因口角细故。昔日在江西政治上认为最可怕的工潮，就是这个地方"[3]。是故，以陶瓷工人为骨干成员的红十军，以及艰苦卓绝的皖浙赣边三年游击战争，意志坚决，坚忍不拔[4]，表现出彻底革命的张力。

第二，陶瓷工人阶级与贫苦农民阶级具有天然的联系，是城乡贯通性张力的支撑机制。他们的主体部分来源于贫苦农民，本质上属于半脱产工人。清末民初，景德镇是一座手工业移民城市，有"千猪万米""十八省码头"之称。全镇20余万陶瓷工人，大多数来自外地，如都昌、徽州、抚州、南昌、鄱阳、彭泽等地。他们在年轻时通过同乡的关系，离开父母，来到景德镇谋生，多在同乡或亲戚的店里当学徒，三五年满师后，便当工人。成年后，大多数回乡娶亲成家，然后把妻儿留在乡下老家，自己返景务工。积攒的工钱，也被拿回家乡赡养父母，供养妻儿。他们一世为工，极难改变命运，绝大多数辗转求生，维持在温饱线以下。年老体衰时，他们则只能回到家乡。只有极少数人积攒了钱，或与人合伙开业，自己翻身做业主。因此，景德镇是一座流动的移民城市，陶瓷工人和他们位于乡村的家乡属于经济一体，他们出身于农民，最终回到农村。而且，依据陶瓷业陋规，每年从春节到清明节，是"窑禁"期，他们无工可做，又不能坐吃山空，只能回乡务农。因此，陶瓷工人阶级既能在城市开展革命

① 潘炯乐：《回忆江西陶业人员养成所》，景德镇市政协文史和学习委员会编：《景德镇文史资料》（第2卷），江西高校出版社2018年版，第79页。

② 杜重远：《景德镇瓷业调查记》，景德镇市政协文史和学习委员会编：《景德镇文史资料》（第2卷），江西高校出版社2018年版，第128、129页。

③ 《南昌地方团工作计划》，中央档案馆、江西省档案馆：《江西革命历史文件汇集　一九二三年——一九二六年》，1986年，第1页。

④ 相关研究成果请见江旺龙：《论南方三年游击战争的精神维度与价值向度——以皖浙赣边游击区为例》，《传承》2021年第2期；江旺龙：《皖浙赣边游击区革命斗争史（1933.11—1938.2）》，江西人民出版社2020年版。

斗争，又能转向乡村，深度融入农村革命斗争。他们与贫苦农民阶级的天然联系，是城乡贯通性革命张力的支撑机制。

第三，陶瓷工人阶级具有较高的思想觉悟和家国情怀，是与时进化性革命张力的驱动机制。陶瓷工人阶级作为手工业工人，具有一般城市产业工人的基本特征，思想认识水平相对高于农民，能较快接受新事物，启发家国情怀，能与时俱进地看待社会矛盾的变化发展。

当年在陶业人员养成所求学的潘炯乐回忆：陶业人员养成所举办多期工人训练班，对陶瓷工人开展阶级教育，讲到"赤日炎炎似火烧，野田禾稻半枯焦。农夫心内如汤煮，公子王孙把扇摇"这首民谣时，陶瓷工人马上从中领会到阶级压迫之苦，反响强烈，很快传播开来。特别是第二工人训练所的画红工人，文化水平更高，更易接受新思想。他们积极组建合作团体，开展集体文体活动，阶级觉悟和爱国思想快速提升，大家经常在一起讨论救国救民之道。[1] 他们自己排演独幕剧《父子兄弟》，讲述东三省民众抗击日寇侵略的英雄事迹。演出在观众中引发很大反响。当最后台上喊出"打回老家去""赶走日本帝国主义"的口号时，台下工农群众也一齐高呼，爱国氛围感人至深。[2]

综上可见，陶瓷工人阶级是中国无产阶级的重要组成部分，既具有一般产业工人的基本特征，又具有半脱产手工业工人的鲜明特征。在党的领导下，在特定的革命阶段，陶瓷工人必然生成各类革命张力，激发他们前赴后继，为中国革命战争做出不可磨灭的贡献。

作者简介：高雁平，女，景德镇学院讲师。

---

[1] 潘炯乐：《回忆江西陶业人员养成所》，景德镇市政协文史和学习委员会编：《景德镇文史资料》（第2卷），江西高校出版社 2018 年版，第 79、80 页。

[2] 潘炯乐：《回忆江西陶业人员养成所》，景德镇市政协文史和学习委员会编：《景德镇文史资料》（第2卷），江西高校出版社 2018 年版，第 79、80 页。

中国工农红军北上抗日先遣队转战浮梁文献考略

沐　阳

中国工农红军北上抗日先遣队是第一支红军长征部队，拉开了长征的序幕，在第五次反"围剿"战斗中肩负调动国民党军作战力量，缓解中央苏区红军作战压力的使命。1934 年 7 月 6 日晚，北上抗日先遣队从江西省瑞金出发，东进福建，北上浙江，一路转战。1934 年 9 月 25 日，先遣队进入皖南，实力遭到严重削弱，战斗力严重不足，只能采取不停顿的行动转移战术，以此来摆脱敌人的围追堵截。不敢打硬仗，不能打大仗，条件十分艰苦。

一、转战皖南

皖南是中央革命军事委员会（下文简称"中革军委"）指定的目标区域，中革军委通过截获敌情及从中共闽浙赣省委电报信息，决定让先遣队在浙皖边界开展党及苏维埃工作。但由于长途奔袭，部队疲劳，伤员增多，军需不足，需要巩固苏维埃根据地做依托。于是，1934 年 9 月 28 日中革军委批准其休息请求，30 日先遣队来到以浮梁为主要区域的皖赣边苏区附近，先遣队军政委员会综合各方消息判断，皖赣边苏区范围为祁门、秋浦（今东至县）、浮梁、婺源诸县交界处，报告中央希望能借助有利环境在皖赣边建立巩固的根据地，以此创造向浙西发展的条件。中共闽浙赣省委也同时向中共中央报告皖南的工作，决定在先遣队帮助下，立即组织更大规模的皖南群众武装暴动，"实行土地革命，建立苏区"。同时报告闽浙赣苏区在九月份突击扩红组建的 34 个新兵连中，已决定集中 3 个连补充给先遣队。[①]先遣队决定暂时先在此活动一个时期，并与中共皖赣边特委和军区取得联络，获得一些人员和物资方面的补充。

---

① 《中共闽浙赣省委致中共中央电》（1934 年 9 月 29 日），载《南方三年游击战争》（综合篇），第 149 页。

此时，蒋介石从江西苏区叛变革命的原红三军团第四师参谋长张翼的供词中获悉，红军北上抗日先遣队是原红七军团编组，该军团仅兼第19师，辖第55、第56、第57等3个团，以寻淮洲为军团长兼师长，方志敏、罗炳辉不在先遣队军中。为追击抗日先遣队，蒋介石电示驻婺源的陈调元称，若红军先遣队进入安徽境内，伍诚仁、王耀武两部仍须跟进，俞济时部可推进屯溪。①

1934年10月3日傍晚，先遣队到达祁门的查湾以及芦溪、奇岭口等地，消灭查湾国民党保卫团一部，其残部溃逃。考虑到此地暴动后成立的苏维埃政府被反动派摧毁，工作人员和群众牺牲很大，以致他们的革命信心不足，先遣队军政委员会决定留此休整，帮助恢复根据地政权，同时派出侦察队侦察敌情，以便及时应对敌军进攻。由于经过长途行军作战，损失较大，每个连队最多不到30人，少则10人、20人不等，连日来沿途仅补充30人，于是部队对结构进行调整，撤销了工兵连，只保留一个工兵排，同时减少警卫连、保卫队人数，将精减下来的人员编成2个连补入之前在闽北派出的2个别动队连的空缺，但原定由闽浙赣省军区负责抽调的400名战士和允诺的3000人均未到位，寻淮洲、乐少华于4日上午致电朱德，请中革军委催促闽浙赣省军区动员新兵前来补充先遣队，"虽不能如数补足我们，或可补一部"②。10日，朱德电告闽浙赣省军区要求其继续完成对先遣队的人员补充计划，"并望以可能数目电告寻、乐及军委"，随电还指示第87团应迅速归还主力，"以后原则上不应再将十军主力如此分散，致在战况紧急时不能适时的集主力与敌作战"③。在兵源不足的情况下，实际就近最先补入部队的是皖赣边军分区500名新兵。

在查湾期间，敌军并未进兵，仅派飞机投弹侦察。10月5日，前来追击的敌第49师到达婺源清华街。同时先遣队出现了粮食补给问题，军政委员会决定继续向皖赣边苏区前进，拟配合地方党组织建立根据地，成立中共皖赣边省委，并以此为中心，统一领导赣东北、皖南、浙西三地工作。7日，中央随军代表曾洪易将该项计划电告中共中央和中革军委，并说明"一切具体工作和分区、组织及部署等，必须候我们到达该一带后，根据当时的具体情况来决定"④。次日凌晨，中革军委电示寻淮洲、乐少华等，指出先遣队现在驻地与拟前往活动的地区，均系有苏维埃影响的地区，嘱咐部队

① 《蒋介石致陈调元电》(1934年10月1日)，台湾"国史馆"存，典藏号002-090300-00011-087。
② 《寻淮洲、乐少华致朱德电》(1934年10月4日9时)，中央档案馆70卷36号。
③ 《朱德致刘畴西、聂洪钧电》(1934年10月10日5时)，载《南方三年游击战争（综合篇）》，第162页。
④ 《曾洪易致中共中央、中革军委电》(1934年10月7日)。

的行动不应无目的，"而应有决心地在到达之地发展苏区与游击运动，以利红军主力活动"①。于是，先遣队朝农村经济情况稍许好转的赣北方向前进。

二、进入浮梁

10月7日，先遣队撤出查湾地区，经尚田、燕子桥等地进入浮梁县境，8日在从港西向兴田途中遇到了前来接应的中共皖赣边分区委书记柳真吾和军分区司令员周天龙等，按照柳、周的意见，部队继续向皖赣边苏区之中心区靠近。当天夜，先遣队主力抵达分区委机关所在地程家山，另一部应柳、周请求经潭口攻打流口。18时以后，先遣队第56团等部攻占流口，打跑守敌别动队第9队及"义勇队"。驻守浮梁旧城的敌新编第7旅第2团奉命于7日午后出动，8日午前到达青石滩，得到红军已到距此地东北约5公里的潭口及流口的消息后即在原地戒备。该旅第1团第2营于8日14时奉命出动，由浮梁旧城进驻建溪港堵截红军。敌第49师进占查湾，沿先遣队转移路线追击。

9日拂晓，敌新编第7旅第2团留下第1营及团属迫击炮排驻守青石滩，派出第2、第3营和重机关枪连袭击流口，正遇上红军向儒林、柏林等地行进，第2营当即截击红军后卫，第3营一部则攻击红军后卫左翼。先遣队后卫突遇敌袭猝不及防，损失一部，1个侦察排失联。到了中午12时许，先遣队终于摆脱纠缠继续前进。先头部队第56团于午前11时在新桥及其东山与敌第1团第2营遭遇，于行进中迅速击溃该敌，残敌败退白石岭。考虑到敌军可能已经做好准备，先遣队放弃了攻打浮梁旧城的计划。10日，先遣队抵达浮梁储田桥。是日清晨，中革军委依据近两日情报，电示先遣队应迅速击破任何一方追敌，打破其"围剿"计划。如查明敌第21旅向流口行动，我军应在其前进的侧翼实施伏击；如查明敌第49师一部已到查湾，则我军仍由流口西南回击该敌先头部队。随电还批评先遣队行军队形太长，沿途疏于侦察警戒、搜索，以致后卫遭敌袭击，"望利用此教训迅即教育干部，整饬部队，并采取有效办法，加紧政治保证，以纠正此涣散现象"②。

先遣队领导商量后，决定以袭击战法，争取歼灭新编第7旅或者第49师、补充第1旅，并于15:30电告中革军委有关作战部署。

由于中共中央和中革军委当晚正式从瑞金出发长征，因此至12日转移至瑞金以西

---

① 《朱德致寻淮洲、乐少华电》（1934年10月8日3时30分）。
② 《中革军委致寻淮洲、乐少华电》（1934年10月10日5时30分）。

才回电同意作战计划，并特别强调以后作战行动"均应每日电告军委"①。

12 日，先遣队在储田桥以南 2 公里的新居口布置阵地，与追敌第 49 师发生战斗，相持整日，缴获轻机枪 1 挺、步枪 20 余支，部队略有损伤。14 日，转移到鸦桥、北源桥一带。先遣队决定选择鸦桥村为伏击阵地，准备引先遣队的老对手第 49 师一部进入并歼灭，红军指战员上下摩拳擦掌准备与之大战一场，谁料来敌不是第 49 师，而是红军并不熟悉的新对手新编第 7 旅第 1 团全部。

原来就在先遣队离开储田桥的当天，新编第 7 旅也开到储田桥，并与追击红军的第 49 师取得联络。次日分兵搜索新家源一带，16 时，新编第七旅得知先遣队仍在鸦桥、北源桥地区，当即派遣便衣队前往侦察，晚间在新家源同第 49 师一起做进攻计划。14 日拂晓，该旅第 1 团自新家源出发，上午 10 时进入鸦桥村休息整顿，同时派出 1 个连在村外高山担任警戒。眼见敌军进入埋伏圈，埋伏于树林中的先遣队便趁敌军松懈之际发起猛烈攻击，打掉敌前卫大部，抓获一批俘虏，缴获许多步枪、轻机枪，敌便衣队长朱炳辉中弹阵亡，敌方队伍大乱，正如其战报所称："忽四面森林茂密处枪声突起，多我三倍之匪大举围攻，势甚猖狂。"②先遣队开局十分顺利，但由于兵力分散，各团动作不一致，彼此战斗进展情况不互通，没能把握好这一机会。同时先遣队犯了战术上的错误，先头攻击部队只知从大路冲进村庄，没有去夺取村外敌连哨警戒阵地，所以受该连哨火力威胁。敌军从被突如其来的打击中反应过来后，迅速组织反击。团长王子愚急忙令第 1 营两个连抢占左翼山头，形成阵地防守北源桥方向。同时命令第 2 营反击右翼红军，命令第 3 营扼守鸦桥村，两个连从村中冲出实施反冲锋，拉锯战开始。到 14 时许，红军攻势渐渐减弱，由主动转为被动，红军后续部队奉命进攻之前漏掉的连哨，但遭敌军反击而溃退。战斗到黄昏时分，先遣队各部进攻均受阻，被敌军各个击破，相互失去联络，败局已定，俘虏趁机夺枪跑回。先遣队调来直属队由沧溪方向进行最后一轮反攻，与敌第 6 连、第 9 连战斗约 1 小时败退。因天色已晚，敌军未敢追击，留守警戒。先遣队连夜收拢，转移到皖南秋浦苏区的黎痕附近，同时派出数小组便衣侦察队，分途寻找失去联系的部队，并向中革军委报告战斗失利的结果。鸦桥战役共毙伤敌军 89 人，先遣队全军锐减为不足 2000 人，相较于数月前损失了三分之二，严重影响了部队士气。

---

① 《朱德致寻淮洲、乐少华电》(1934 年 10 月 12 日)。
② 《国民党陆军新编第 7 旅造呈 23 年 10 月份剿匪战役战斗详报汇表》，1934 年。

三、转入皖南秋浦

先遣队在皖南秋浦地区采取的是游击战术，四处游走，使得从闽、赣、浙地区前来的国民党军各部难以捕捉其踪迹。为了对先遣队进行"围剿"歼灭，蒋介石于 10 月 10 日电令驻安庆的安徽省政府主席刘震华指挥各部。电称："兹决派兄速赴皖南祁门或屯溪督剿寻匪，凡皖南部队均归仁兄指挥，并望于一星期内进剿。"[①] 但刘震华并未立刻到屯溪靠前指挥，其仍在安庆遥控，直到 12 月 14 日才抵达屯溪设立指挥部，正式接手围攻先遣队总指挥权。

中革军委获悉先遣队鸦桥战斗失利的消息，即于 10 月 15 日上午电示先遣队，"立即派出数小组便衣侦察队，分途联络我失联络的部队"，向白泥滩地域集结然后立即转移脱离敌人隐蔽自己。考虑到先遣队处境危急，中革军委指示部队立即侦察转移到赣东北的道路，以便迅速隐秘退入赣东北苏区与红十军会合，"以便进行部队的整理补充"，并望将"执行情形火速电告军委"[②]。这是中革军委第一次正式授权先遣队可以进入闽浙赣苏区。此时，先遣队在皖赣边分区委和军分区机关导引下，转入皖赣边苏区的黎痕地区休整三天。

中革军委要先遣队撤入闽浙赣大苏区，但先遣队军政委员会认为如果部队转入赣东北苏区休整，日后仍要返回皖赣边、皖南发展，所以还不如暂在皖赣边苏区休整一段时间。这时的皖赣边新苏区范围，位于闽浙赣苏区的北面外围，以浮梁的程家山为中心，呈东西狭长状，最长约 250 公里，宽处约 45 公里或者三四十华里不等。这一带原本也是先遣队自江西北上预定最后到达的目的地之一，苏区内部党政军领导比较坚强，经济与地理条件均有利于发展游击战争。而根据先遣队了解到的情况，皖赣边苏区实际处于被敌军四处分割的状态，即秋浦苏区有五个区，彭泽苏区有六个区，东流苏区有两个区，鄱阳苏区有一个区。整个苏区过于狭长，易被分割，所以还是要巩固与发展这一根据地，加紧布置白区工作，积极地向祁门、太平、石埭拓展，与皖南游击区取得联系，布置皖南地方暴动。这项积极建议，首先由中央代表曾洪易于 16 日 10 时电告中共中央和中革军委，同时报告鸦桥战斗失利及军团已进入黎痕小苏区整顿的情况。电称："我军鸦桥战役的失利，是战术上有错误。当我军袭击鸦桥停止休息之敌时，我先头部队只知从大路上去冲村坊，不攻击敌高山上之连哨，后续部队攻该连哨又不坚决而溃

[①]《蒋介石致刘震华电》（1934 年 10 月 1 日），台湾"国史馆"存，典藏号 002–020200–00020–065。
[②]《朱德致寻淮洲、乐少华电》（1934 年 10 月 15 日 8 时 30 分），中央档案馆 6 卷 21 号。

退，致受敌从连哨上来截击。"我拟在皖赣分区帮助一时期休息，如果七军团回赣东北整理休息仍在回来的话，是否？盼即电复。"①这里其中还有一个原因，中共皖赣边分区委曾同意动员补充一批战士给先遣队，却又顾虑到部队得到补充后就离开此地，影响地方对敌斗争力量，借口需要10天之后才能筹办此事。当时军情紧急，必须速定去留大计，不能延宕时日。于是先遣队决定暂留皖赣边活动，并经乐少华与柳真吾、周成龙等几次协商，分区委和军分区随即动员了4个连队约500人补充先遣队，妥善安置了伤病员②。这也是先遣队数个月以来获得的第一次真正意义上的兵员补充。

17日，寻淮洲、乐少华联名致电中革军委主席朱德，请示行动方针，并且明确提出暂不转回闽浙赣苏区休整的理由。认为中革军委命令先遣队撤回闽浙赣苏区后的工作任务不明了，如该苏区对先遣队无大的补充，而先遣队今后任务仍须向皖赣、皖南行动，则不如不去闽浙赣苏区。因为由此地进入苏区须经战斗才有可能，再出苏区则更不容易，且对闽浙赣苏区无甚帮助，反使皖赣边苏区遭敌更多的进攻与摧残。如果不是一定要先遣队回去的话，打算以主力向皖南游击区的石埭、祁门、休宁、太平等县之间行动，该中心区域为雷湖、柯村一带。随电还据实相告，先遣队已无把握解决敌军1个团的兵力，"如我们不必要回闽浙赣时，则缩编为四个营"③。此时，中革军委机关已渡过雩都河，经新陂转移到小溪地域。18日上午，中革军委复电同意先遣队可以不回闽浙赣苏区，指示其应利用皖赣边苏区加紧进行动员补充工作，扩大的新战士最少需要一周的军政训练，并告诫先遣队"不要向长江及鄱阳湖方面去"④。先遣队遵令暂留皖赣边苏区，先在皖赣、皖南之间行动，同时兼顾皖南工作。19日，为加快发展皖南苏区，先遣队决定组织一支挺进队（又称独立营）由王天龙、周葛两名师级干部率领，含教导队、侦察连共计200余人，并派地方工作团随行。该挺进队的目的是前往皖南石埭、太平一带活动，开展地方工作，打造成先遣队主力将来转移的根据地。20日，这支挺进队兵分两路出发，由师政委王天龙带领的一路未能通过封锁线而返回。

为使部队今后行动灵活方便，兵力集中，减少指挥层次，先遣队首长于19日夜致电中革军委，再次建议现有的3个团缩编为4个营，每营辖步兵3个连和1个机枪连，

---

① 《曾洪易致党中央和中革军委电》(1934年10月16日10时)，中央档案馆73卷25号。

② 乐少华：《红军抗日先遣队北上经过的报告》，1936年。

③ 《寻淮洲、乐少华致朱德电》(1934年10月17日)，中央档案馆70卷42号。

④ 《朱德、周恩来致寻淮洲、乐少华电》(1934年10月18日9时30分)，中央档案馆70卷15号。

由司令部直接指挥。如此，直属"机关可减少很多，干部问题也可解决"[1]。中革军委基本上同意了部队缩编办法，只允许将3个团改编为2个团，新近补充仍应充实入战斗团队。实际改编工作未及着手进行，先遣队仍处于一种转盘式运动行军作战状况之中。

部队在黎痕短暂休整期间，司令部讨论作战与行动问题，基本形成两种意见：曾洪易认为为提高部队情绪起见，应打开几个较弱的据点或较富的村庄，首先解决部队给养问题。乐少华提出应借助苏区隐蔽我军位置，集结主力于适当地点打击尾追之敌。研究结果，大家同意了曾洪易的意见，决定先扫除横拦苏区的秋浦县官村坂附近的陈家弄据点。19日，部队一举攻克陈家弄堡垒，歼灭县保安队一部，缴枪80余支。20日，先遣队运动折转南下准备攻取鄱阳县石门街，然后再向东转移至秋浦以东、东南苏区活动。当晚20时，先遣队将行动计划电告中革军委。这一夜，中央红军野战兵团正式发起向广东方向的突围战役，从此脱离中央苏区。中革军委在次日晚间复电寻淮洲等，同意先遣队下一步行动计划，同时又规定以后仍应逐步转回闽浙赣苏区，兵力决不应再分散，"尤戒意志不专，行动无计划，作战无决心，这是最影响士气，疲劳兵力"[2]。中革军委要先遣队逐步撤回闽浙赣苏区，增强反"围剿"军事力量，牵扯住北路更多的敌人。

这时敌以第49师全部、补充第1旅全部、第7师第21旅、新编第7旅、独立第43旅和浙保、赣保各1个团，近20个团的兵力，分成六路"围剿"皖赣边苏区及先遣队。其中第49师和新编第7旅分成三路首先向黎痕小苏区急进，寻找红军主力作战。而先遣队正向石门街前进途中，半路上接到皖赣边分区委派人送信通知敌情有变，于是赶忙回撤截击来敌。但还是迟到一步，第49师等部已进入黎痕一带并很快循踪追击先遣队，双方形成了"转盘式"追尾运动，互相找不到头。当先遣队计划第二次截击敌人不成后，21日晚间接到中革军委电令先遣队仍需转回闽浙赣边苏区的指示，在曾洪易极力主张下，部队开始准备向闽浙赣边苏区突围，还得到皖赣独立师的大力掩护。这时的部队弹药已经很少了，自浙江庆元县出发伊始就没有得到什么像样的补充，经过连续战斗消耗甚大。

四、再入浮梁

24日早晨，先遣队转入浮梁的磻村，在附近遇到敌第21旅第41团的拦截，部队

---

[1] 《寻淮洲、乐少华致朱德电》（1934年10月19日21时），中央档案馆70卷41号。
[2] 《朱德致寻淮洲、乐少华电》（1934年10月21日20时30分），中央档案馆70卷38号。

随即折向浮梁江村行动。25 日，再转移到程家山、龙源等地。是时挡在前面的封锁线有两道，分由敌第 55 师等部负责防堵。当天，俞济时电令第 49 师于次日绕到先遣队北侧急进截击，令补充第 1 旅绕到先遣队南侧向倒湖急进截击，俞本人亲率浙保第 4 团也向倒湖方向截击。

26 日，先遣队冲击浮梁的臧湾、鹅湖、张家井一带封锁线时，与俞济时率领的浙保第 4 团激战。该敌于是日晨 7 时从臧湾附近出发，上午 8 时抵达张家井附近时与先遣队遭遇。俞济时特别期望毕其功于一役，当即电令第 4 团团长何凌霄："赤匪狡计百出，诱惑生端，我军跟踪追剿殊感不易。兹其自投罗网，诚为我成功之机会。现既与匪遭遇，众寡均非所计，况以败窜之匪，倘我努力击攻，不顾一切，自有胜利可操。而此地地形复杂，应速占领制高点，以收瞰制之利。尤在动作敏捷迅速，先发制人，处处处于主动地位为要。"① 该团即以第 3 营抢占南端小高地火力掩护本队展开，派副团长周浩随队指挥：以第 2 营（欠第 6 连和 1 个重机关枪排）抢占西端小高地，另以第 6 连附机关枪排抢占西南端高地；以第 1 营为团预备队，居中待命，并侦探向红军侧翼。当前卫营第 9 连进占张家井南端高地时，红军也正拟占领该地，随之发生争夺战，双方后续部队纷纷加入。激战至上午 10 时许，先遣队兵分三路发动猛攻，其中一路绕到张家井以北从左翼迂回攻击，与敌第 2 营第 4、第 5 连对战。打到中午 12 时许，先遣队主力后撤南走，经由吴家下附近渡河，往南抵达寿溪坞、内钱村、外钱村等地。俞济时则令第 49 师，补充第 1 旅、第 21 旅、浙保第 4 团等部继续南下追击。在张家井与先遣队遭遇并发生战斗，浙保第 4 团阵亡 5 人（内军官 1 人）、负伤 25 人（内军官 1 人），却夸大打死红军 120 人、打伤约 200 人、俘虏 25 人，合计近乎 400 人②。俞济时审问俘虏得知"罗匪所部共三师、一独立团，每师步兵六连，独立团步兵两连、新兵一连。第三师掩护行李"③。先遣队则继续经过婺源的西坑、朱坑等地，于 29 日夜间突破敌第 55 师防守的最后一道封锁线，迅速向德兴转移。

作者简介：沐阳，景德镇学院人文学院教师。

---

① 国民党浙江保安纵队指挥部参谋处：《浙江保安纵队赣闽浙皖边区剿赤（匪）诸战役战斗详报》，1934 年。

② 国民党浙江保安纵队指挥部参谋处：《浙江保安纵队赣闽浙皖边区剿赤（匪）诸战役战斗详报》，附《张家井战役人员马匹俘获表》，1934 年。

③《刘震华致蒋介石、顾祝同电》(1934 年 10 月 28 日)，台湾"国史馆"存，典藏号：002-090300-036。

皖浙赣边区红军游击队瑶里改编和经验略考

张红生

2023 年 6 月 6 日，陈毅元帅之子陈丹淮少将在参加皖浙赣边区红军游击队瑶里改编暨新四军驻景德镇办事处成立 85 周年纪念活动时指出："瑶里改编和新四军驻景德镇办事处的成立在景德镇革命斗争史上是一个意义重大的历史节点，也是皖浙赣边区红军游击队走向新阶段的起点。"[①]

20 世纪 30 年代，赣皖边界的瑶里成为南方 8 省 14 个地区（不含琼崖红军游击队）红军游击队改编地之一。皖浙赣边区红军游击队从瑶里走向新发展阶段，奔赴抗日战场。"它是抗战初期发生在皖浙赣边区有较大政治影响的事件。"[②]

坚持党的领导，依托独特的区位优势，依靠富有斗争精神的革命群众，让瑶里改编在南方红军游击队改编史上占据着重要地位。

一、瑶里改编的历程

1938 年初，为适应党的战略任务转变，在中共中央东南分局及陈毅的关怀下，在皖赣特委的直接领导下，皖浙赣边区红军游击队不计前嫌，顾全大局，汇集到浮梁瑶里改编为新四军第一支队第二团第三营，开赴抗日前线。

（一）舍会山瑶里谈判，拉开皖浙赣边区红军游击队下山整编序幕

1937 年中秋节前夕，由中共皖赣特委负责人王丰庆、李步新、江天辉等率领的中共皖赣特委独立营及祁（门）婺（源）休（宁）和祁（门）浮（梁）婺（源）两个中

---

① 《景德镇日报》，2023 年 6 月 7 日，头版。

② 中共景德镇市委党史办：《中国共产党景德镇地方史》（第一卷），中共党史出版社 2006 年版，第 252 页。

心县委领导的游击队攻占国民党鹅公滩据点后，从报纸获知"国共合作、共同抗日"的消息。随后，从监狱获释的皖浙赣红军独立团政委刘毓标，带着"告南方游击队的公开信"在祁门舍会山找到中共皖赣特委后，详细报告了他所得知的我党抗日民族统一战线的有关方针政策和当时国内的形势。中共皖赣特委开始比较具体地了解到国共合作，建立抗日民族统一战线的新形势。

面对骤变的国内形势，中共皖赣特委保持高度的警惕，同时和国民党地方当局接触，利用和谈的机会积极联络边区各游击队，想方设法与党中央取得联系。

10月，中共皖赣特委谈判代表江天辉，与国民党地方当局谈判代表、国民党闽浙赣皖边区绥靖公署驻浮梁瑶里别动大队大队长张甫成在祁门舍会山和浮梁瑶里正式谈判。

根据中共皖赣特委代表的提议，国民党地方当局从瑶里江家下到祁门舍会山架通了一条电话线。谈判是通过双方代表当面协商和电话联系两种形式进行的。"双方达成停止内战共同抗日的4条协议：（1）国民党当局停止向游击队进攻，撤退在根据地周围的一切驻军，准许游击队派人联络各地红军人员，红军人员过境通行无阻；（2）国民党当局解除'移民并村'封锁，恢复群众生产自由；（3）释放一切'政治犯'；（4）红军游击队停止打土豪，停止与当局的敌对行动，其全部给养由国民党当局负责。"①

（二）陈毅两赴瑶里指导改编工作，落实抗日民族统一战线政策

国共双方达成协议后，中共皖赣特委决定派李步新、江天辉到南昌去找项英、陈毅汇报情况，了解党的方针政策和请示下一步工作。

在去汇报过程中，李步新、江天辉成功识破国民党单方面要求红军游击队下山改编和假传项英和陈毅留言要部队到景德镇改编的阴谋。②

陈毅在南昌听取了皖浙赣边区党组织和红军游击队在红军主力离开苏区以后经历的艰苦斗争，以及刘毓标获释出狱后寻找部队，特委与国民党地方当局接触的情况。听到皖浙赣边区还有350多人的武装力量时，陈毅高兴地说："那很好啊，你们在那么艰苦的条件下，还保存了这么多武装，不简单呀！"当他们汇报到党中央指示前采取的

---

① 中共景德镇市委党史工作办公室编：《中国共产党景德镇历史大事记》，新华出版社2001年版，第49页。

② 中共景德镇市委党史办：《中国共产党景德镇地方史》（第一卷），中共党史出版社2006年版，第246页。

有关措施时，陈毅同志称赞说："你们的警惕性蛮高嘛！""你们这样做就对了。"对他们提出的问题，陈毅一一做了解释，并要求李步新他们回去以后，告诉边区党组织和全体指战员，日本帝国主义大举侵犯中国，目的是要变中国为日本的殖民地，民族矛盾已上升为主要矛盾，这一矛盾的出现，引起了国内各阶级、各阶层、各党派和各政治团体政治态度的变化，党中央提出的"停止内战，一致抗日"的主张得到了全国人民和各党派、各政治集团的赞同，现在国共合作抗日的统一战线已经形成，南方游击区的党组织和红军游击队的任务，就是执行党中央的指示，奔赴抗日救国的战场，为民族解放而斗争。并指示他们回去成立"江西抗日义勇军驻景德镇办事处"，由李步新任主任，中共皖赣特委和江西抗日义勇军驻景德镇办事处要坚决贯彻党中央抗日民族统一战线的方针政策，早日完成皖浙赣边区红军游击队的改编工作。

李步新、江天辉返回时，陈毅考虑到边区党组织和红军游击队长期与党中央失去联系，加上国共两党过去积怨太深，怕边区的党员和游击队指战员思想转不过弯来，便决定亲自去一趟。11月底，陈毅乘坐国民党江西省政府主席熊式辉派的汽车来到了景德镇，李步新、江天辉则回到了舍会山。12月初，陈毅由国民党景德镇地方当局派员陪同到舍会山。中共皖赣特委根据李步新、江天辉与陈毅约定的时间、地点，派警卫侦察排长邹志成带领一个班到长岭（今瑶里长明）迎接陈毅。

陈毅到舍会山后，与中共皖赣特委负责人谈了话，召开了大会。他代表党中央对在艰苦环境中坚持游击战的同志表示亲切慰问，对红军游击队改称为江西抗日义勇军进行了说明和部署，作了"形势与任务"的报告，并针对部队和部分干部存在的思想问题，强调了坚持抗日民族统一战线的意义。他说，日本帝国主义是中华民族的共同敌人，敌人的枪口对准中国人，中国人的枪口也要对准日本帝国主义，这就是国共两党在血战后能够一致抗日的原因所在。要集中一切力量对付日本侵略者，要识民族大义，化仇为友，团结内部，共赴国难。陈毅的报告，极大地激发了大家的抗日热情，迅速统一了大家的思想认识。

随后，中共皖赣特委根据陈毅的指示，一边组织边区党和游击队的干部向部队和各阶层的群众宣传党的抗日民族统一战线的主张，宣传"家庭不和外人欺，合作抗日得胜利"的道理，一边联络边区各支游击队。1938年1月，中央派往边区工作的陈时夫、朱辉、李华楷、张福前（张震东）、刘玉林、袁大鹏等到达舍会山时，这里的形势发生了巨大变化，中共皖赣特委联络各地游击队的工作也取得很大进展，原分散在安徽宁国、泾县、祁门和江西浮梁、都昌、湖口、鄱阳、婺源、彭泽一带活动的红军游击队陆续向舍会山集中。此时，中共皖赣特委又派李步新、杨汉生去南昌，向中共中央东南分局及项英、陈毅汇报部队联络集中情况和与各地党组织联系情况。项英和陈毅指示，红军游击队整编的时机已成熟，要尽快组织部队下山，进行整编，要继续联络皖浙赣边区一带尚未联系上的地方党组织和红军游击队，发动群众支援前线，努力开创全民抗日的新局面。

李步新、杨汉生回来后，立即向边区各级党组织和各游击队传达了中共中央东南分局及项英、陈毅的指示。动员组织红军游击队下山整编。

（三）皖浙赣边区红军游击队编入新四军，奔赴抗日战场

参加瑶里改编的红军游击队，都是红军北上抗日先遣队和闽浙赣主力红军离开苏区时，根据方志敏指示留在皖浙赣边区坚持武装斗争的红军部队[1]，主要有三部分，分别是由皖浙赣红军独立团团长熊刚带领的队伍和厥怀仰带领的游击队，有50多人；由中共皖赣特委负责人王丰庆、李步新、江天辉以及杨汉生带领的皖赣特委独立营与活动在安徽祁门和江西浮梁、婺源一带的游击队，有150余人；由都（昌）湖（口）鄱（阳）彭（泽）中心县委书记田英带领的游击队，有150多人。"皖赣特委根据东南分局的指示，350多人的红军游击队于1938年1月30日前全部开赴瑶里，当地许多群众把准备过春节用的鞭炮拿出来燃放，热烈欢迎子弟兵进驻瑶里。"[2]

皖浙赣边区各支游击队在瑶里集中后进行了整编，整编工作分四步进行：第一步是统一番号，将各支游击队集中改编为"江西抗日义勇军第二支队"，熊刚任支队长；第二步是思想整顿，对部队普遍进行了"搞好革命团结""自觉遵守纪律"等方面的教育；第三步是加强军事训练，组织部队统一了队列、射击、投弹、刺杀等课目的动作和要领，实行了早操制度等；第四步是扩编，在瑶里敬义堂设立了招兵处，田英等带领几个"抗日救国宣传队"分别到祁门、休宁、至德和景德镇的广大农村宣传，人民群众精神振奋，踊跃参军，不到十天时间就扩军200多人。部队在瑶里整编期间，陈毅由新四军驻景德镇办事处主任朱辉陪同到瑶里看望下山整编的部队，召开了边区红军游击队和地方党组织的负责干部会议，传达了党中央关于工农红军和红军游击队改编为八路军和新四军的具体指示。同时，在瑶里程家祠堂召开的群众大会上，陈毅宣

---

① 中共景德镇市委党史办：《中国共产党景德镇地方史》（第一卷），中共党史出版社2006年版，第242页。

② 中共景德镇市委党史工作办公室编：《景德镇革命风云录》，江西人民出版社1999年版，第282页。

布江西抗日义勇军第二支队正式编入新四军序列，编为新四军第一支队第二团第三营，下辖七、八、九连，即田英带领的那部分为七连，王丰庆、李步新、江天辉及杨汉生带领的那部分为八连，熊刚和厥怀仰带领的那部分为九连，熊刚任营长，张福前（张震东）任副营长，刘玉林任军事教导员。这时整个部队有550人，有机枪3挺，长枪200多支，短枪30多支。[①]

1938年2月10日，在瑶里待命的国民革命军陆军新编第四军第一支队第二团第三营550多人，根据统一部署，在瑶里召开抗日誓师大会后，除留下少量人员从事地方工作外，大部分人员告别瑶里父老乡亲，开赴安徽岩寺。部队在李步新和熊刚的带领下，经过几天的长途跋涉，按时到达了集结地域，驻扎在岩寺南边的潜口镇。至此，这支诞生在方志敏创建的红色赣东北苏区，经历过长期革命战争考验的人民子弟兵，便离开了皖浙赣边区根据地，奔赴抗日战场。

二、瑶里改编的历史经验

开国少将、皖浙赣红军独立团政委刘毓标曾感慨地说："三年游击战争，我们就是'三靠'——靠党、靠山、靠群众。"[②]

皖浙赣边区三年游击战争坚持到瑶里改编，到奔赴抗日战场，始终坚持党的领导。党组织依托皖赣边区崇山峻岭区位优势，带领广大革命群众，与敌人开展英勇斗争，赢得了最终胜利。

突出的区位优势和深厚的革命群众基础，让瑶里担负起改编的重任。

（一）坚持党的领导，让瑶里成为了改编首选地

党中央推动抗日民族统一战线的建立，为皖浙赣边区红军游击队瑶里改编创造了有利的政治环境。

1937年7月7日，日本侵略军发起了卢沟桥事变，悍然发动全面侵华战争，中华民族全面抗战拉开了序幕。

"七七事变"第二天，中国共产党通电全国，号召构筑抗日民族统一战线，抵抗日本侵略者。为促成国共两党合作抗日，周恩来等代表中共中央先后两次上庐山与国民

---

① 中共景德镇市委党史工作办公室编：《景德镇革命风云录》，江西人民出版社1999年版，第282页。
② 刘华苏：《追寻父亲刘毓标战斗足迹》。

党谈判。8月13日，日军大规模进攻上海，国民党统治的中心地区南京直接受到威胁。在华北，日军沿平绥、平汉、津浦三条铁路线向国民军发起新的进攻。次日，南京国民政府发表《国民政府自卫抗战声明书》，这时，蒋介石同意西北红军主力改编为国民革命军第八路军，国民党政府政策重心由对内反共转向对外抗日。9月2日，国民党以发表《中共中央为公布国共合作宣言》的形式，宣告国共两党第二次合作的实现，标志着以国共合作为主体的抗日民族统一战线正式形成。

1937年12月9日至14日，中共中央在延安召开政治局会议，专门讨论南方红军游击队改编为新四军等问题。"会议根据项英《三年来坚持的游击战争》的报告，作出了《关于南方游击区工作的决议》，确立了两项主要原则：一是各游击区的红军游击队，大部分要下山集中，主力要到抗日前线去，以增强抗日力量，并扩大中国共产党的影响；同时各游击区应留一部分武装，以求得将来的发展；二是成立党的领导机构，确定成立中共中央东南分局，项英为书记，负责领导东南各省党的工作。"[1]

土地革命战争时期，党领导的瑶里革命运动已开展得如火如荼，为皖浙赣边区红军游击队瑶里改编打下了坚实基础。

20世纪30年代初，方志敏率红军攻占景德镇，引起国民党的重视，国民党派出重兵进占景德镇，党领导的革命活动转向农村，瑶里就是其中重点区域。"1932年底，市苏维埃主席余金德，从苏区带领一部分参军的工人，回到浮梁农村，与当地党组织一起，在程家山、长岭和金竹山一带坚持斗争。"[2]

此后，祁（门）浮（梁）婺（源）三县边境，是赣北红军经常过往之地，也是党组织覆盖的重点区域。

1936年初，活动在以长岭为中心区域的红军游击队不断取得新的胜利，党组织发展较快，党员总数已达200余人，在瑶里土坑村组建了中共浮梁县委。1937年上半年，皖浙赣省委停止活动，皖浙赣地区仅中共皖赣特委保持了健全的党组织和较多的武装力量，其中，江天辉等在祁浮婺地区领导游击队进行游击斗争。

为了保存和壮大革命力量，党组织在瑶里采取了白皮红心的"西瓜政策"，许多瑶里百姓表面上为国民党办事，对内实际上为共产党做工作。如中共长岭区委书记郑富家对外以国民党保长身份参加国民党的有关会议，晚上便召开党组织会议，研究对策，

---

① 中共景德镇市委党史办：《中国共产党景德镇地方史》（第一卷），中共党史出版社2006年版，第242页。

② 中共景德镇市委宣传部编：《瓷都激浪》，江西人民出版社1962年版，第167页。

部署行动计划。瑶里的绝大多数保长甲长被党组织争取使用。国民党浮梁地方组织在瑶里筑起碉堡，党组织也想方设法派驻人员到瑶里开展革命工作。瑶里的联保主任吴庭光，通过党的统战工作，成为"双通人物"，经常给长岭区委送报纸、买东西。瑶里改编前夕，皖赣特委利用吴庭光的关系，把祁门、休宁、都昌、湖口、鄱阳等县的关系都联系上了。

1937 年底和 1938 年初，皖浙赣边区红军游击队是在中共中央东南分局及陈毅的关怀下和皖赣特委的直接领导下进行改编的。

（二）鸡鸣两省的区位优势和宽裕的环境，保障了改编的顺利进行

瑶里地处皖赣交界的山区，东南部与江西婺源毗邻，东北部与安徽休宁、祁门交界。瑶里北部及东北地势较高，海拔多在 400 米以上，境内最高峰五股尖位于与安徽省接壤的五华村，海拔 1618.4 米。

瑶里，密林丛山和徽饶古道，利于红军游击队隐藏和运动。

当时，国民党派系林立，祁浮婺中心县委和红军游击队根据安徽和江西国民党不同"围剿"政策时差，往返两省山林间，寻求生存和发展空间，坚守到国共第二次合作。

中共祁浮婺中心县委书记江天辉回忆："在三年游击战争中，浮梁县是个非常重要的地方。浮梁与安徽祁门交界，在当时敌强我弱的情况下，当环境紧的时候，江西的国民党打我们，我们就跑到安徽去，安徽的国民党打我们，我们又到江西来。因为安徽与江西的国民党不协作，我们就利用了这一点，保存了力量。"[1]

"土佬"汪振丰就是利用安徽祁门、浮梁瑶里毗连优势，为党的革命事业做了许多工作。"土佬"参加红军后，主要担任交通送情报以及后勤工作，为部队筹办粮食、药品、被服等物资。一次送情报归来时，在皖赣交界处的小岭，不幸被国民党瑶里自卫队抓住了，押解途中，他利用熟悉的山林地形，趁敌人不注意时就势滚下山坡，躲过了一劫。后来，为了能在祁浮两地顺利出入，"土佬"设法买通了瑶里自卫队队长，从此这个岗哨的敌人就睁一只眼闭一只眼，他机智地完成了一次又一次的任务。

皖浙赣边区红军游击队靠山开展游击战的同时，也将经济条件较富有的瑶里作为队伍生存和发展的"靠山"，为红军游击队和改编工作提供充裕的后勤保障。

明清时，瑶里已成为徽饶古道上最为繁华的商业街之一，影响皖浙赣边区。红军

---

[1] 中共景德镇市委党史工作办公室编：《景德镇党史资料》，1988 年，江天辉回忆文章《忆浮乐婺祁三年游击斗争》，第 49 页。

游击队在打击土豪劣绅过程中，获得了不少军需物资。瑶里改编前夕，中共皖赣特委计划利用国民党调动的机会，打击一批土豪劣绅。获悉后，土豪劣绅便主动联系红军游击队。江天辉曾回忆："地主要我们不要打，派吴庭光来说，要米给米，要猪肉给猪肉，还给我们转来了中央来的信。"[1]

较富有的地方经济，加上国民党驻地方组织的物资保障，皖浙赣边区红军游击队选择在春节前一天全部下山进驻瑶里进行改编。

（三）富有革命斗争精神的瑶里百姓，为改编提供了不竭力量

前赴后继的瑶里革命群众，为皖浙赣边区三年游击战争的胜利和红军游击队改编的成功做出了重要贡献。

皖浙赣边区三年游击战争中，瑶里广大百姓和红军游击队团结一心，一往无前，涌现出了郑富家、程华女、戴桂芝等一批立场坚定的革命者，他们以特有的坚韧和勇气，为三年游击战争迎来新局面，皖浙赣边区红军游击队成功改编为新四军做出了牺牲和贡献。

"在谢家源，我结拜过一个姓戴（戴桂芝）的干娘，是经过王丰庆批准的。特委要我搞个立脚的地方，说在谢家源有人联系就能掌握瑶里的情况。江下是郑富家负责和我们联系，谢家源就由我干娘负责联系，她在谢家源有点威信，讲的话村里人都听。干娘和我们之间的关系很亲密，她有个儿子比我大几岁，每次到村里来她都叫儿子拎个旱烟袋坐到村头的木桥上替我们放哨。由于工作关系，我常住在她家，有时夏天晚上，我睡觉，她就给我赶蚊子，并常煮鸡蛋或用腊肉炖石鸡给我吃。她是个党员，对我们游击队和这一带党组织的联络工作，起了很大的作用。"[2]在邹志成的回忆中，干娘戴桂芝为党的革命事业做出了不小贡献。

瑶里罗姓夫妇开了家土杂货店，为游击队采购物资，传送情报。程华女勇敢地担负起运送物资、情报的艰巨任务，她特制下层藏物、上层装粪的双层粪桶，以种茶园的名义，把物资挑上山，把情报送给游击队，有力地支援了红军队伍。许多百姓利用他们的有利身份为红军游击队送消息，传情报。从此，红军游击队能更好地掌握敌情，

---

① 中共景德镇市委党史工作办公室编：《景德镇党史资料》，1988年，江天辉回忆文章《忆浮乐婺祁三年游击斗争》，第52页。
② 中共景德镇市委党史工作办公室编：《景德镇党史资料》，1988年，邹志成回忆文章《忆浮梁三年游击斗争及瑶里改编的经过》，第42页。

有效地部署战斗。后来，由于叛徒的出卖，郑富家、程华女等7名党的优秀儿女陆续遭国民党反动派逮捕，后在瑶里安源岭英勇就义。

瑶里百姓与红军游击队的"鱼水深情"，为瑶里改编打下了扎实的群众基础，是瑶里改编成功的重要原因。

作者简介：张红生，景德镇市新四军研究会秘书长兼学术委员会主任，《景德镇新四军研究》执行主编。

从考古资料看景德镇地区早期窑业

江建新

一、关于南窑与兰田窑

南窑遗址位于江西省景德镇乐平市接渡镇南窑村东北，2013 年，江西省文物考古研究所等单位对该遗址进行了考古发掘，根据考古调查资料看，该窑址文化堆积达 1—3 米，堆积最深超过 5 米，分布面积超过 3 万平方米，规模宏大。考古发掘表明南窑始烧于中唐，兴烧于中晚唐，衰落于晚唐，是景德镇地区烧造年代最早的窑址之一。

兰田窑址位于景德镇市东郊 20 公里处湘湖镇兰田村金星自然村西北万窑坞山坡上，南距南河约 1 公里，东侧约 200 米有一小溪连通南河，西南 4 公里处是湘湖古窑址，10 公里处是盈田古窑址。这一带地处丘陵山区，柴薪充裕，水路交通便利，具有烧造瓷器的天然条件。2012 年底 2013 年初，景德镇市陶瓷考古研究所等单位对该窑址进行了考古发掘，根据考古发掘情况看，该窑址始烧于中晚唐，兴烧于晚唐、五代，衰落于宋初，是景德镇地区昌江地域发现的烧造年代最早的窑址之一。

二、南窑、兰田窑主要遗迹与遗物之比较

（一）南窑、兰田窑出土的窑炉

南窑的窑炉（图 1），位于景德镇乐平市接渡镇南窑村东北，窑炉遗迹 2 座，Y1 位于窑山东北部，窑头方向为北偏东 30°，斜坡式龙窑，由窑前工作面、火门、火膛、窑床、窑墙、窑尾等部分组成。水平长 78 米、斜长 78.8 米、宽 1.6—2.4 米、残高 0—0.6 米，窑床坡度靠近窑头前 16 米较平缓，为 10 度，后段略短为 13 度。

窑前工作面为椭圆形土坑，底部呈弧形。火门在火膛与窑前工作面之间。火膛呈半圆形，底部黑褐色烧结面留存一层黑色灰烬，夹有木炭，与窑床连接处有一道坚硬的

图1　南窑发掘出土龙窑

斜坡挡土墙。窑床呈长方形,由南北两条窑墙组成,窑墙采用泥筑,壁厚 0.15—0.32 米,朝向窑室一面留有黑色烧结窑汗。北壁有 13 处窑门,前段的窑门较有规律,窑门间距离 4 米左右。窑床内留存排列整齐的由

6—7个支座、窑砖组成支烧窑具。窑顶已坍塌，坍塌的窑顶烧结块带窑汗一面有竹藤痕迹。推断该窑使用竹藤类材料起券，用泥糊砌而成。窑的年代为中晚唐，是目前景德镇地区发现最早的、保存最完整的窑炉遗迹。[①]

兰田窑窑炉（图2），发掘清理了窑炉两座，其中一号窑炉保存十分完好，只是窑尾部分有少许缺失。该窑为龙窑，平面呈长条状，方向北偏西36度。窑炉总长28.7米，宽1.9米（窑内最宽处），残高0.1—0.7米。该窑炉由窑门、火膛、窑床、窑前工作面四部分所组成。

窑门位于火膛的南侧。平面为半圆形，长1.3米，宽1.46米。残存深度为0.7米，底部北高南低，呈斜坡状。由于经过高温，内壁形成了一层厚度为0.06—0.16米厚的青灰色烧结层，其下为一层厚度为0.14—0.16米厚的红烧土层。火膛的前端为窑门，窑门门口呈"八"字形，与外面的工作面相连，门宽0.7米。门外为窑前工作面，是一个不规则椭圆形的坑，长2.7米，宽2.6米，深度0.6米。

窑床位于火膛的北部，平面呈长方形。北侧窑尾破坏少许，南北残长25.75米，宽1.7—1.9米。两侧窑壁残存高度0.1—0.45厘米。底部北高南低呈斜坡状，窑炉的坡度可分为上、中、下三段，下段的坡度23.5度，中段22度，上段19度。窑床的建造是先在生土上挖槽，然后两壁用平砖顺砌，部分地方直接利用基槽的生土壁。窑炉的前部由于经过高温烧烤，内壁形成了一层厚度为0.06—0.12米厚的青灰色烧土层。外部为0.1—0.2米厚的红烧土层。两壁有用砖砌的修补痕迹，表明此窑使用年限较长。窑床的底部铺放了一层厚度为0.05—0.15米的粗砂层，使垫柱等窑具得以平放。在窑壁的中后部地区发现了两处可能是窑门的迹象，宽度约0.6米。十分难能可贵的是在窑床的前部完整地保存了器物柱底部的支垫器物的窑柱，从中可见器物柱的分布十分密集，对于我们了解当时的装窑量提供了不可多得的重要资料。[②]

该窑是继南窑之后目前景德镇地区发现得最早的窑炉之一，填补了景德镇窑炉发展最早形态的空白，是十分重要的窑业遗迹。该窑与南窑形制相同，为龙窑，两窑的窑床内留存排列整齐的由6—7个支座、窑砖组成支烧窑具大致相同。但兰田窑较南窑短，窑宽较南窑稍窄，窑的坡度比南窑平均大一倍左右。可见兰田窑烧造时的温度比

---

① 张文江等：《江西景德镇南窑》，国家文物局主编：《2013中国主要考古发现》，文物出版社2014年版。

② 景德镇市考古研究所等：《景德镇湘湖兰田窑》，国家文物局主编：《2013中国主要考古发现》，文物出版社2014年版。

图2　兰田窑发掘出土龙窑

南窑升温快，温度比南窑较容易控制，从这一现象看，兰田窑较南窑略显先进。

（二）南窑、兰田窑出土的青瓷

南窑烧造的瓷器品种有青釉瓷、酱黑釉瓷、青釉褐斑瓷、青釉褐色彩绘瓷。其中以青釉瓷为主，器形丰富，有双系瓶、小瓶、执壶、盘口壶、罐、碗、盘、灯盏、钵、盏、盂、盒、盆、腰鼓、茶碾、瓷权等。兰田窑出土物较为丰富，根据发掘资料看，瓷器种类有青釉瓷、白釉瓷、青白瓷和涩胎渔网坠等，其中以青釉瓷为主，几乎瓷片标本的80％。青釉瓷器型有碗、盘、盏、执壶、罐、双系瓶、茶碾、腰鼓等。根据南窑和兰田窑出土的青瓷比较来看，其中许多产品有明显的继承关系。

南窑、兰田窑出土青瓷碗。南窑青釉瓷碗，器型多为敞口，斜壁，流行圆饼足，玉璧底，见少量圈足。釉色青色偏黄，胎呈灰褐色。碗心有5—8个支烧痕。兰田窑出土青瓷碗，器型多为敞口，斜壁，多为圆饼足，个别碗底饼足底部中心有一圆孔，似为玉璧底的遗制，有少量圈足。釉色灰色偏黄，胎呈灰褐色。碗心有6—12个支烧痕。（图3、4、5、6、7）

南窑、兰田窑出土青瓷盘，其器型大体相似，饼足，弧壁，内施满釉，外壁施釉不及底。盘心均有支烧痕。南窑出土的青釉壶多为短流，喇叭口。

兰田窑出土青瓷壶，有一种平底，鼓腹，喇叭口，短流，其形制有南窑青釉壶的

图3

图3　南窑出土青釉碗
图4　南窑出土青釉碗
图5　南窑出土青釉碗
图6　兰田窑出土青釉碗
图7　兰田窑出土青釉碗

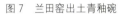

图4

图6

图5

图7

从考古资料看景德镇地区早期窑业

特征。(图8、9)

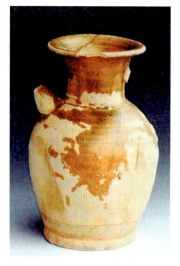

图 8　南窑出土青釉执壶　　　　　图 9　兰田窑出土青釉执壶

　　南窑、兰田窑出土青瓷罐，有的器型特征非常相似，如长鼓腹，直颈，唇口，平底，肩部有系，系钮由双股做成，尤其兰田窑青釉罐肩部对称做双系，系钮由双股做成，保留唐代典型特征。(图10、11)

图 10　南窑出土青釉罐　　　　　图 11　兰田窑出土青釉罐

　　南窑、兰田窑均烧造青釉腰鼓，两窑器物的釉色极为相近。这类器物显然与唐代时期我国西北及西域胡人的需要有关，属于丝绸之路上的外销瓷，南窑烧造的腰鼓口大，器身较短，有明显的唐代特征，而兰田窑烧造的腰鼓口小，器身瘦长，有明显的

晚唐风格，显然受到南窑影响。（图12、13）

图12　南窑出土青釉腰鼓　　　　　　　　　图13　兰田窑出土青釉腰鼓

南窑、兰田窑均出土大量瓷茶碾。瓷茶碾，涩胎，圆饼碟形，中心一圆洞，两窑器物相近。兰田窑还出土有一青釉瓷碾槽。（图14、15、16）

图14　南窑出土瓷茶碾

图15　兰田窑出土瓷茶碾

图16　兰田窑出土瓷碾槽

　　　　　　　　　　　　　　　　从考古资料看景德镇地区早期窑业

（三）南窑、兰田窑出土瓷质涩胎渔网缀

南窑、兰田窑烧制这类器物，形制相同，大小各异，有10余种，均为涩胎。（图17、18）

图17　南窑出土瓷质涩胎渔网缀

图18　兰田窑出土瓷质涩胎渔网缀

（四）南窑、兰田窑出土窑具

南窑出土的窑具有支座、匣钵、匣钵盖、间隔具、火照等。支座有长圆筒状、长喇叭形、覆盂形、覆桶形。间隔具主要为衬块，亦有圆饼状、环状垫圈、长条间隔具。器物的装烧采用瓷泥衬块间隔明火叠烧、衬块间隔明火套烧、高档玉璧青釉碗采用匣钵内置单件套烧或匣钵内置多件叠烧。兰田窑出土的窑具有支座、匣钵、间隔具、火照等。其支座、间隔具与南窑的相似，匣钵与南窑有较大差异，如平底斜壁匣钵（漏斗式匣钵），深腹桶式匣钵，匣钵托盘等都是南窑所不见的，但在烧制高质量的青瓷和白瓷时，与南窑一样采用匣钵装烧，而大部分产品和南窑一样采用支钉装烧。（图19、20、21、22、23、24、25）

图 19　南窑出土匣钵
图 20　兰田窑出土桶式匣钵
图 21　兰田窑出土漏斗式匣钵
图 22　南窑出土匣钵盖
图 23　南窑出土支座
图 24　兰田窑出土支座
图 25　兰田窑出土支座

三、分析与结论

南窑是江西地区一处主要的独具风格、特色鲜明的唐代青瓷窑场，具有长沙窑风格，兼具洪州窑、越窑和河南鲁山窑的特点，部分产品有外销的性质。兰田村万窑坞所处的湘湖镇一带，距南窑约 50 公里。根据以往的考古调查得知，湘湖一带分布有 30 余处五代—宋代窑址。这里自古经济繁盛，《浮梁县志》载有"湘湖八景"（青龙古庙、白虎长桥、南塘柳色、北巷花阴、雨溪皓月、双峰白云、石矶垂钓、夜渡横舟），人文环境极为优越。四周多为丘陵，柴薪充裕，水路交通便利，有南河连通昌江，这里烧造瓷器具有得天独厚的自然条件。从发掘出土的南窑、兰田窑遗物来看，其青釉碗、盘、壶、罐、钵、腰鼓、瓷碾、网缀等，无论是胎釉，还是形制，二者都有相似之处。根据其出土瓷器的类型学推断，其兰田窑青釉平底碗、盘、壶、罐、钵均有唐代风格，如其中的青釉壶、罐，其器物上的系均做成双股，为典型唐代风格。其中的青釉壶，壶流多为短流，并做成六方形，壶柄做成双股扁把，这与典型的唐代长沙窑、越窑流行的短流、壶把极为相似。如出土的短流青釉执壶，其造型与唐大中元年（847）越窑青釉执壶相似，而南窑也有这些特点。综合两窑青瓷风格，兰田窑青瓷有更为明显的南窑青瓷特点。出土青釉碗、盘、壶、罐、钵均做成平底饼足，与南窑玉璧式底有相似之处，这与景德镇五代时期器物多为圈足有明显的不同，可视为南窑唐代中期玉璧底—兰田窑晚唐饼足—景德镇五代圈足发展过程。兰田窑青釉器釉色泛黄，有剥落现象，与洪州窑及南窑的青釉较为相近，而景德镇五代青釉瓷，釉色多灰青闪亮，没有剥落现象。兰田窑出土的涩胎斜壁直口平底匣钵，继承了南窑采用匣钵装烧技术。其中的碗盘支烧痕一般为 5—6 个，支烧痕多为圆点形，与南窑极为相似。两窑出土的网缀、碾等相同，腰鼓、权相似。从南窑、兰田窑考古发掘出土的资料看，景德镇湘湖镇兰田窑晚唐窑址与南窑关系密切。兰田窑的装烧技术、器物的形制、瓷器胎釉等，与南窑有明显的继承关系，这对研究探索景德镇早期制瓷史提供了珍贵的科学资料，对研究探索景德镇地区早期窑业技术来源有重要研究价值。南窑始烧于中唐，兴烧于中晚唐，衰落于晚唐，兰田窑则兴烧于晚唐、五代，其技术明显受到南窑直接影响，由南窑至兰田窑，可视为景德镇早期窑业的发展历程。

由于南窑和兰田窑考古调查发掘未发现纪年资料，故无法确定其准确的烧造年代。南窑的情况有关文献与资料反映极少，兰田窑的情况参考的资料较多些，如果参考以往景德镇出土五代瓷器及相关资料进行比较，我们完全可以确定兰田窑出土的青釉瓷的烧造年代早于五代。从形制、装烧工艺上看，这类青釉瓷与唐代中后期越窑极为相似，可初步断定为晚唐遗物。参考相关文献，似可获得一些有价值的线索，如清蓝浦、郑廷桂《景德镇陶录》卷五载"陈至德元年诏镇以陶础贡建康"、"陶窑，唐初器也，土惟白壤，骨稍薄，色素润，镇钟秀里人陶氏所烧造"又"唐武德四年（621）里人陶玉献假玉器由是置务"①，明崇祯十年（1637）碑《关中王老公祖鼎建贻休堂记》谓"唐武德二年（619）建有陶厂"。这些地方文献都明确记录了景德镇唐以前的制瓷情况。而以下一条文献尤其值得重视，唐元和八年（813），景德镇隶属饶州，其时饶州刺史元崔做了一批瓷器进贡朝廷，委托柳宗元代写一篇《进瓷器状》："并艺精埏埴，制和规模。""合大和以融结，克保坚贞。且无瓦釜之鸣，是称上铏之德。"过去人们对这条文献一直不予重视，甚至有人怀疑柳文的真实性。如果联系此次乐平南窑、景德镇兰田窑出土唐代瓷器，那么柳文中的所谓贡瓷是否实有所指？因为元和八年为中晚唐时期，其时浮梁、乐平属饶州，那么，柳文所指的瓷器是否就是指该地烧造的瓷器呢？如果柳文记载可信的话，那么南窑或兰田窑烧造的瓷器便不会晚于唐元和八年。

综上所述，这次南窑、兰田窑考古发掘的一批文物，提供了诸多新信息，对研究景德镇地区早期制瓷业及中国陶瓷史具有重要的学术意义。我们可以从地域文化、两窑的制瓷技术联系等，从整体上看景德镇地区早期窑业的发展情况，从新的视角认识景德镇地区早期窑业的发生与发展历史。

作者简介：江建新，景德镇市陶瓷考古研究所原所长，现任景德镇市陶瓷考古研究所名誉所长、研究馆员，北京大学古陶瓷研究所特聘研究员，复旦大学硕士生导师，浙江大学、南京财经大学、景德镇陶瓷大学兼职教授，中国古陶瓷学会常务理事，江西省考古学会副理事长、景德镇唐英研究会会长。

---

① 清乾隆七年《浮梁县志·陶政》。

景德镇及其他窑址青白瓷

张文江　赖金明

　　青白瓷是宋元时期一种具有独特风格的主要瓷器品种，釉色介于青白二者之间，青中有白，白中显青[①]，具有胎质细腻、体薄透光、釉质晶莹、如冰似玉的特点。青白一词最早见于北宋蔡襄著《茶录》一书[②]，此后宋元明清时期的文献多有记载。青白瓷自晚唐五代创烧以来，流行于宋元，明清偶见生产。随着元代中晚期景德镇窑卵白釉、青花瓷的创烧和兴起，青白瓷逐渐走向衰落。青白瓷，亦称影青、隐青、映青、罩青，均是晚清以后的别名。

　　关于青白瓷的起源，主要有三种观点。第一种，认为青白瓷是南方仿烧北方白瓷的产物，既有认为是仿烧北方白瓷未成而出现的[③]，也有认为是仿烧北方白瓷的偶然产物[④]，还有认为是五代南方青瓷受到北方白瓷影响而出现的一种新瓷种[⑤]。总之，与北方白瓷有关。第二种，认为青白瓷并非在白瓷生产过程中有意或者偶然创烧，而是审美变化有目的地改进胎釉配方、烧成气氛等技术，是多地共同创烧的，并非局限于一

---

① 冯先铭：《我国宋元时期的青白瓷》，《故宫博物院院刊》1979 年第 3 期。

② （宋）蔡襄撰，唐晓云点校：《茶录·外十种》，《茶录·论茶器》，上海书店出版社 2015 年版，第 14 页。

③ 阚绪杭：《繁昌县骆冲窑遗址的发掘及其青白瓷的创烧问题》，《文物春秋》1997 年增刊，第 170—174 页。

④ 黄义军：《宋代青白瓷起源的背景初探》，《考古与文物》2006 年第 2 期。

⑤ a. 陈衍麟：《安徽繁昌柯家村窑址调查简报》，《东南文化》1991 年第 2 期。

　b. 陈衍麟：《繁昌窑瓷器釉色及造型工艺》，安徽省文物考古研究所编：《文物研究》（第 10 辑），黄山书社 1995 年版。

地[①]，是"异地始烧""同时崛起"[②]。第三种，多数学者认为青白瓷烧制与尚玉的社会风气有关[③]，是宋元时期以江西景德镇窑为代表"模仿青白玉的质感效果"而创烧的一种具有独特釉色风格的瓷器，"当时有'假玉器''饶玉'之称"[④]。正如南宋蒋祈《陶记略》："埏埴之器，洁白不疵，故鬻于他处，皆有饶玉之称，其视真定红磁，龙泉青秘，竞相奇矣。"

一、景德镇青白瓷窑址的分布

青白瓷很早就受到关注。最早有关青白瓷的生产，见于南宋蒋祈《陶记》[⑤]。清代内务府员外郎、督陶官唐英雍正年间实地调查景德镇湘湖镇"故宋窑址"，采集标本，"尚得瓷砾旧器不全者，质颇薄，都是米色、粉青两色"[⑥]，掀开了景德镇青白瓷窑址田野考古的开端。

1937年，对景德镇镇区和湖田窑遗址考察[⑦]。20世纪50至70年代，陈万里[⑧]、景德镇陶瓷馆[⑨]、故宫博物院[⑩]、乐平县县志编纂委员会等先后在景德镇湖田、湘湖、白虎湾、杨梅亭、盈田、东河与南河流域以及乐平官口、闵口[⑪]一带考古调查并发现了不少青白瓷窑址。1972—1979年，对湖田窑进行调查、试掘[⑫]，是景德镇青白瓷窑址最早进行的考古试掘。

① a. 崔名芳、杨玉璋、朱建华等：《青白瓷多地区分散起源特征初探》，《中国陶瓷》2014年第6期。

   b. 彭涛、彭适凡：《中国古代名窑丛书：湖田窑》，江西美术出版社2016年版，第20—28页。

   c. 冯冕：《从繁昌窑、景德镇窑早期产品看青白瓷创烧成因》，中国古陶瓷学会主编：《青白瓷器研究》，故宫出版社2015年版，第21—37页。

② 蔡毅：《关于景德镇和繁昌青白瓷的讨论》，安徽省文物考古研究所编：《文物研究》（第10辑），黄山书社1995年版。

③ 冯先铭：《我国宋元时期的青白瓷》，《故宫博物院院刊》1979年第3期。

④ 冯先铭：《中国陶瓷概论》，《故宫博物院院刊》1979年第3期。

⑤ 白焜：《宋·蒋祈〈陶记〉校注》，《景德镇陶瓷》（《陶记》研究专刊），1981年。

⑥ （清）唐英：《陶成示谕稿》，傅振伦：《〈景德镇陶录〉详注》卷八《陶说杂编上》，书目文献出版社1993年版，第119页。

⑦ Brankston A：D, Early Ming wares of Chingtechen, H. Vetch, 1938.

⑧ 陈万里：《景德镇几个古代窑址的调查》，《文物参考资料》1953年第9期。

⑨ 刘新园：《景德镇瓷窑遗址的调查与中国陶瓷史上的几个相关问题》，香港大学冯平山博物馆：《景德镇出土陶瓷》，1992年。

⑩ 冯先铭：《三十年来我国陶瓷考古的收获》，《故宫博物院院刊》1980年第1期。

⑪ 乐平县县志编纂委员会：《乐平县古瓷窑调查简报》，《瓷器》1964年第3期。

⑫ 刘新园、白焜：《景德镇湖田窑考察纪要》，《文物》1980年第11期。

20 世纪 80 年代至 90 年代，分别对东河流域古瓷窑群[①]和柳家湾窑址、杨梅亭窑址[②]进行考古调查。

其间，为编写《景德镇市文物志》，于 1984 年至 1989 年对景德镇地区诸窑址进行较为系统的调查[③]。调查发现景德镇地区古代窑场密布，尤其宋元时期青白瓷窑场遍及城乡各地，"村村陶埏，处处窑火"。

1985—1999 年，连续对湖田窑遗址进行抢救性考古发掘，清理了大量作坊与房屋建筑和窑炉遗迹，基本涵盖了整个制瓷工艺流程，出土各类文化遗物数万件，时间涵盖五代至明代[④]。

2006 年，对南河流域铜锣山[⑤]、道塘里[⑥]、凤凰山窑址[⑦]进行了调查和抢救性考古发掘，发掘面积 1917 平方米，揭示龙窑遗迹 2 座、制瓷作坊遗迹 3 处、练泥池 1 个，出土一批黑釉、青釉、青白釉瓷标本[⑧]，为探索景德镇青白瓷的起源和发展提供重要资料。

2008—2021 年，不少研究机构相继对景德镇区域窑址开展调查和发掘工作，其中多数涉及青白瓷窑址的研究内容。

2008 年、2009 年、2011 年、2012 年，相关单位或单独或联合分别对焦坑坞窑址、黄泥头窑址[⑨]、进坑村窑址、湖田窑窑址、陶院西侧五代窑址（A、B 地点）[⑩]、湘湖校区附近 3 处五代窑址[⑪]进行调查、考察。

专题调查有：2014 年，对湘湖一带 9—10 世纪窑业遗址进行了专题性区域考古调

---

① 欧阳世彬：《景德镇东河流域古瓷窑址调查简报》，《中国陶瓷（古陶瓷研究专辑）》1982 年第 7 期。

② 陈定荣：《景德镇柳家湾古瓷窑》，《江西历史文物》1983 年第 4 期。

陈定荣：《江西景德镇杨梅亭古瓷窑》，《东南文化》1992 年第 2 期。

③ 景德镇市文化（文物）局编：《景德镇市文物志》（内部刊），2007 年。

④ 江西省文物考古研究所、景德镇民窑博物馆：《景德镇湖田窑址：1988—1999 年考古发掘报告》，文物出版社 2007 年版。

⑤ 江西省文物考古研究所、景德镇民窑博物馆：《江西景德镇市竟成镇铜锣山窑址发掘简报》，《文物》2007 年第 7 期。

⑥ 江西省文物考古研究所、景德镇民窑博物馆：《江西景德镇道塘里宋代窑址发掘简报》，《文物》2011 年第 10 期。

⑦ 江西省文物考古研究所、浮梁县博物馆：《江西浮梁凤凰山宋代窑址发掘简报》，《文物》2009 年第 12 期。

⑧ 张文江、何俊：《从铜锣山等几处窑址的发掘看宋代景德镇窑业状况》，《东方博物》，浙江大学出版社 2009 年版。

⑨ 程彩虹：《景德镇五代白瓷研究》，景德镇陶瓷大学硕士学位论文，2012 年。

⑩ 曾令怡：《景德镇市湘湖镇陶瓷学院西侧窑址调查简报》，《中国陶瓷工业》2012 年第 3 期。

⑪ 邱莉：《景德镇湘湖五代窑址调查简报》，《大众文艺》2012 年第 20 期。

查，其中对三步园、焦坑坞、白虎湾三处窑址开展了小规模试掘，为探讨景德镇早期窑业与越窑的关系，南北方白瓷的关系提供了新的思考。[1]

2015—2019年，对景德镇南河流域展开调查，认为其时代自五代至元代，有助于进一步系统了解本地区窑业生产。[2]

考古发掘有：2012年，联合对景德镇兰田窑进行了主动发掘，是景德镇地区晚唐、五代时期窑址首次全面、大规模的发掘。[3]

2014年，联合对落马桥窑址进行抢救性发掘，发现并清理了宋至民国的连续性地层，是目前景德镇考古发现延烧时间最长的一处民窑窑场。清理出一批包括窑炉、房址、池、辘轳坑、排水沟、路面、墙体、灰坑等重要遗迹，出土青白瓷、灰青釉、卵白釉、祭蓝釉、红釉、黄釉、紫金釉、孔雀绿釉、彩绘瓷等瓷器；彩绘瓷有青花、釉里红、铁彩、红绿彩、五彩、粉彩、金彩等品种。为解决卵白釉、釉里红瓷和元青花瓷的初创年代、浮梁磁局组织形式等问题提供珍贵资料，其中不少青白瓷。[4]

2013年，对御窑遗址中心区域电缆沟进行清理。第5层包含有青白瓷实足碗、青白瓷刻花实足碗、青白瓷刻莲瓣碗、漏斗形匣钵等典型元代特征器物，实证御窑厂附近生产元代青白瓷。[5]

① 秦大树、李颖翀、李军强：《景德镇湘湖地区早期窑业调查与试掘的主要收获》，《景德镇南窑考古发掘与研究：2014年南窑学术研讨会论文集》，科学出版社2015年版。
② a. 江西省文物考古研究院、中国人民大学历史学院、北京大学考古文博学院：《银坑坞：景德镇南河流域窑址考古调查报告之一》，文物出版社2020年版。
   b. 江西省文物考古研究院、中国人民大学历史学院、北京大学考古文博学院：《景德镇银坑坞窑址群兰家井——郑家坞段调查简报》，《南方文物》2019年第5期。
   c. 江西省文物考古研究院、中国人民大学历史学院、北京大学考古文博学院：《景德镇银坑坞窑址群碓家坞窑址调查简报》，《中国国家博物馆馆刊》2020年第12期。
   d. 江西省文物考古研究院、中国人民大学历史学院、北京大学考古文博学院：《景德镇银坑坞窑址群道塘里——铜锣山段调查简报》，《南方文物》2020年第6期。
   e. 北京大学考古文博学院、江西省文物考古研究院、中国人民大学历史学院：《景德镇银坑坞窑址群白庙下—草坦上段调查简报》，《北方民族考古》（第9辑），科学出版社2020年版，第71—92页。
③ 秦大树、李颖翀、李军强：《景德镇湘湖地区早期窑业调查与试掘的主要收获》，《景德镇南窑考古发掘与研究：2014年南窑学术研讨会论文集》，科学出版社2015年版。
④ 景德镇市陶瓷考古研究所、北京大学考古文博学院、江西省文物考古研究所：《江西景德镇落马桥窑址宋元遗存发掘简报》，《文物》2017年第5期。
⑤ 景德镇市陶瓷考古研究所：《御窑遗址2013年电缆沟工程随工清理简报》，《中国国家博物馆馆刊》2018年第12期。原报告出土遗物为青釉瓷器，元代青白釉胎质粗糙，釉层较厚，釉色较深，有的学者把其归为青釉。

2014 年、2015 年，对御窑厂龙珠阁南侧、西侧进行发掘，发现诸多御窑相关遗存，其中 30 余个元代中晚期灰坑出土包括青花瓷、卵白釉瓷、青白粗瓷等元代瓷器，器型有高足杯、碗、盘、小杯等。[①]

2021 年，对御窑厂西围墙的发掘，出土众多宋元时期青白瓷，对于了解御窑厂区域宋元时期窑业生产具有重要价值。

历年考古调查发掘，查明景德镇行政区域内现有 48 处青白瓷窑址[②]，每个窑址分布广、规模大，少则包含 1 个窑场，多数涵盖多个窑场，甚至十几个窑场，如南河流域的湖田窑址分布面积达 40 万平方米，包括窑岭上、板栗园、张家地、葫芦窑、乌鱼岭、琵琶山、刘家墩、望石坞等 13 个窑场[③]。主要分布在南河和小南河流域、景德镇市区、东河流域三个区域，临近小南河的乐平也发现青白瓷窑址。以南河和小南河流域分布最为集中，不仅生产规模大，而且产品质量精。既有以生产青白瓷为主的综合性窑址，也有单一生产青白瓷的，还有与原材料生产结合一起的。既有短时段的窑址，也有生产期较长的窑址。时代从晚唐五代延续至元代，依据所烧产品组合和生产时代的不同，分为三类。第一类，17 处窑址。青白瓷与青瓷、白瓷同窑合烧。五代至元代时期，其中五代和北宋 13 处，兰田窑青白瓷生产上延至晚唐。五代至南宋 3 处，其中进坑盛产瓷土，原材料就近供应窑场。五代至元代 1 处。第二类，26 处窑址。集中生产青白瓷，其中北宋时期 22 处，宋元时期 3 处，元代仅丽阳窑 1 处。小坞里窑可见与黑瓷的组合。第三类，5 处窑址。青白瓷与白瓷、青花瓷、酱釉同窑合烧。均为宋元时期。

上述青白瓷窑址中，进行过主动性和抢救性考古发掘和清理的有铜锣山窑[④]、湖田

① 景德镇市陶瓷考古研究所、北京大学考古文博学院、江西省文物考古研究所、故宫博物院：《江西景德镇明清御窑厂遗址 2014 年发掘简报》，《文物》2017 年第 8 期。
② 江西省文物考古研究院编：《江西省第三次全国文物普查成果系列丛书：江西古代窑址》，红星电子音像出版社 2023 年版。
③ 江西省文物考古研究所、景德镇民窑博物馆：《景德镇湖田窑址：1988—1999 年考古发掘》，文物出版社 2007 年版。
④ 江西省文物考古研究所、景德镇民窑博物馆：《江西景德镇市竟成镇铜锣山窑址发掘简报》，《文物》2007 年第 7 期。

窑[1]、道塘里窑[2]、丽阳窑[3]、兰田窑[4]、金家坞窑[5]、凤凰山窑[6]、落马桥窑[7]、白虎湾窑、焦坑坞窑[8]等10处。考古实证青白瓷的烧造主要使用南方地区最常见的龙窑，考古揭露的龙窑遗迹16座，其中兰田窑晚唐五代2座，道塘里窑北宋1座，凤凰山窑北宋1座，金家坞窑北宋1座，绕南窑南宋元初5座，湖田窑五代1座、南宋3座、元代龙窑1座，丽阳窑元代龙窑1座。

二、景德镇窑青白瓷的分期与特征

景德镇青白瓷具有"薄如纸、明如镜、白如玉、声如磬"的特点，自成体系，其发展经历了创烧期、繁荣期、发展期以及衰落期等不同阶段。

（一）五代晚期至北宋前期是青白瓷的创烧期

五代晚期，景德镇在承袭唐五代窑业基础上，创烧了一种釉色青中闪白、白中泛青的青白瓷。北宋，随着制瓷原料、窑业技术的改进，景德镇瓷业改变了五代时期以青瓷和白瓷为主的传统，大量生产青白瓷。这时的青白瓷多为日常生活用器，有碗、盘、壶、钵、盒、注碗、瓶、罐等，造型继承晚唐五代风格，稳重敦实，朴实无华。器物多仿金银器，作瓜棱腹或葵式口，器身浅矮，器足宽大。胎体较厚，胎质较粗，

① 江西省文物考古研究所、景德镇民窑博物馆：《景德镇湖田窑址：1988—1999年考古发掘》，文物出版社2007年版。
② 江西省文物考古研究所、景德镇民窑博物馆：《江西景德镇道塘里宋代窑址发掘简报》，《文物》2011年第10期。
③ 故宫博物院、江西省文物考古研究所、景德镇市陶瓷考古研究所：《江西景德镇丽阳碓白山元代窑址发掘简报》，《文物》2007年第3期。
④ 秦大树、李颖翀、李军强：《景德镇湘湖地区早期窑业调查与试掘的主要收获》，《景德镇南窑考古发掘与研究：2014年南窑学术研讨会论文集》，科学出版社2015年版。
⑤ 秦大树、李颖翀、李军强：《景德镇湘湖地区早期窑业调查与试掘的主要收获》，《景德镇南窑考古发掘与研究：2014年南窑学术研讨会论文集》，科学出版社2015年版。
⑥ 江西省文物考古研究所、浮梁县博物馆：《江西浮梁凤凰山宋代窑址发掘简报》，《文物》2009年第12期。
⑦ 景德镇市陶瓷考古研究所、北京大学考古文博学院、江西省文物考古研究所：《江西景德镇落马桥窑址宋元遗存发掘简报》，《文物》2017年第5期。
⑧ 北京大学考古文博学院、景德镇市陶瓷考古研究所：《景德镇南河流域三步园、蕉坑坞、白虎湾窑址调查试掘简报》，《华夏考古》2018年第5期。

瓷石原料中氧化铝含量较低，在 17% 左右[①]。修坯不够光滑，釉层较薄，釉色多带米黄色。器多素面，装饰较少，少数器物外腹壁刻画简单的莲瓣纹、牡丹纹，有的在盒或枕面上施褐色斑点。制作采用湿泥拉坯的成型方法。产品普遍采用一器一匣仰烧，沿用五代时的支钉垫烧，不过支钉数量大为减少，一般是 3—7 个支钉，少量器物采用垫饼间隔。目前最早一件有确切纪年的青白瓷，是江西九江北宋雍熙三年（986）阿周墓出土的青白瓷盘[②]，底足露胎，瓷胎白净。

（二）宋仁宗初年至北宋末年是青白瓷生产的繁荣期

这段时期景德镇窑得到长足的发展，窑场数量多达百余座，正如南宋蒋祈《陶记略》载"景德陶，昔三百余座"。器物的制作主要采用拉坯成型的方法，造型多样，每种器类又有多种样式。器形除常见的碗、盘、壶、注碗、瓶、罐、盒外，还有钵、炉、执壶、灯盏、渣斗、洗、鸟食罐、多管瓶、盏托、香薰、枕以及各种雕塑等，呈现出精巧轻盈的特征。器物胎质细薄透光，碗、盘、碟口沿有的薄如蛋壳。使用容易开采的上层优质瓷土原料，胎色洁白细腻，瓷化程度较高。采用石灰釉，氧化钙含量多达14%，烧制时流动性大。烧成后釉色纯正温润，晶莹淡雅。装饰技法多样，刻画、镂空、堆塑、点彩、篦划等并用，以刻画为主，往往采用多种工艺相结合的装饰方法。有的器物采用一边深、一边浅的刻花手法，釉下的刻花纹饰因线条的深浅不同而积聚厚薄不等的釉层，釉厚处呈色青绿，釉薄处呈色青白。这时期开始出现印花工艺，纹饰有缠枝牡丹、卷草、莲荷、鱼虫、篦纹菊、云气、水波婴戏、飞凤纹等。注碗、执壶、盏托、梅瓶是这时期非常流行的一套酒具。江西铅山元祐元年（1086）吴氏墓出土青白瓷注碗，由温碗和注壶配套而成。注盖及壶肩各贴塑莲瓣纹一周，温碗呈八瓣莲苞状，外壁刻复线莲瓣纹，瓣间刻花蕊纹，足壁贴重瓣覆莲纹，配蹲狮纽盖，集刻、划、贴、捏塑工艺于一身。江苏南京北宋景祐五年（1038）杜镐夫人墓出土的梅瓶，腹部满饰缠枝卷草纹。故宫博物院收藏的青白瓷龙虎枕，枕体呈龙虎兽首相背的扭斗状，曲体交缠，斗姿酣畅，全器采用堆雕、刻画、戳印、篦划和贴塑等多种技法。江西景德镇市郊洋湖出土的青白瓷牵马俑，造型比例适中，人物形象准确。器物采用匣钵单件装烧法，由于垫饼原料中铁含量较高，器物外底足露胎处常留下黑褐或黄褐色

---

① a. 周仁、李家治：《景德镇历代瓷器胎、釉和烧制工艺的研究》，《硅酸盐》1960 年第 2 期。

　　b. 李家治：《中国科学技术史·陶瓷卷》，科学出版社 1998 年版。

② 九江县文物保护管理所：《江西九江北宋墓》，《文物》1990 年第 9 期。

的垫烧痕。碗盘类的圈足高，挖足浅，底部厚。覆烧法开始出现，采用内壁分级的瓷质垫钵装烧，把口径较小的芒口器扣在垫钵最下级，在垫阶撒一层薄的耐火粉末，依次扣置直径由小而大的器坯，把装好坯件的垫钵置于平底匣钵内入窑装烧。北宋晚期芒口器物内外壁多见装饰。

（三）南宋时期为青白釉瓷生产的发展期

南宋初期受当时纷乱政局的影响，青白瓷的生产一度出现衰退迹象，产品质量下降，生产规模缩小。器物不如以前细腻，釉的光泽度和透明度有所减弱而呈现泛黄发灰。偏安江左的南宋在政权得到巩固后，积极鼓励海外贸易，面对国外市场需求的激增，生产又有所发展。产品种类有日用品、陈设用具、瓷塑玩具等，除碗、盘、壶、罐、瓶、杯、盒、执壶外，出现了各式香炉、成套文具等，还出现了一些仿青铜造型的器物，诸如鬲式炉、鼎式炉、尊式瓶等。器物胎质洁白，釉色滋润，呈现淡青色或月白色，玻璃质感较强。为适应覆烧的需要，器坯成型以模印为主，造型规范。纹样繁缛规整，追求对称、均衡的艺术效果，纹饰内容有缠枝荷莲、菊花、石榴、樱桃、四季花、回纹、云气、水波游鱼、游鹅戏水、婴戏、花鸟、人物、盆景、兰草、栀子花、枇杷及飞凤等。在装烧工艺上，匣钵装烧法、多级垫钵覆烧法和组合支圈覆烧法并存。为了增加窑室装烧密度，节约烧造成本，大量采用组合支圈覆烧法，用大而厚的垫钵做底，用断面呈"L"形支圈置于垫钵上，将碗盘的口沿依次扣置在支圈上，芒口与支圈之间撒一层薄谷壳灰间隔，最后用一个内心下凹的垫钵覆盖入窑装烧。为了弥补口沿无釉的缺陷，有的采用在器口镶金银铜的装饰手法。江西婺源南宋嘉定四年（1211）墓出土的青白瓷斗笠碗，内壁刻画卷草、慈菇纹，口沿扣银。

（四）元代是青白瓷生产的衰落期

青白瓷胎体采用瓷石加高岭土的二元配方法，胎中氧化铝含量明显增加，烧成温度相应提高，减少了器坯在烧造过程中的变形。瓷胎因高岭土含铁较多，为1%以上，远不如宋代洁白，胎体透光性较差，胎质粗。釉中铁含量由宋代的0.99%增高到2.33%[①]，釉层加厚，变得乳浊，釉厚处呈青绿色。元代青白瓷的风格由宋代的轻巧挺拔演变为厚重饱满，器类比宋代增多，除常见的碗、盘、瓶、罐、炉、壶、枕外，还有

---

① 刘新园、白焜：《高岭土史考——兼论瓷石、高岭与景德镇十至十九世纪的制瓷业》，《中国陶瓷（古陶瓷研究专辑）》1982年第7期。

扁形执壶、匜、笔山、多穆壶、动物形砚滴、高足杯、带座瓶、带座炉、洗、莲蓬形水滴等新品种。器物附饰增多，常见有 S 形双耳、器下连座、铺首衔环以及肩颈、盖上附小圆系等。瓶、罐等采用分段制作，黏合成形，接痕明显。琢器流行模制成型。装饰有刻花、划花、印花、点彩和缀珠等技法。纹饰常见有云龙纹、菊花、牡丹、梅花、蕉叶、芦雁纹等，大件器物流行多层装饰。刻花简洁疏朗，刻痕较深；印花纹样繁缛，图案有呈同心圆状分布的趋势；褐色点彩装饰多见于带座瓶、连座炉、水注、水盂、小罐和瓷塑上；由小圆珠串联成的缀珠纹，为元代独有的装饰，或装饰器物边缘，或组成图案的轮廓或文字。元皇庆癸丑年（1313）铁可父子墓出土的玉壶春瓶，整个器物用小圆珠串联成纹，颈部饰覆钟纹，腹部饰如意云头纹，在云头中分别环以"寿比南山"和"福如东海"的吉祥语，腹下贴梅花。装烧工艺有支圈组合覆烧法、垫饼垫烧法以及涩圈叠烧法。较多地采用大于圈足的垫饼仰烧法，圈足平切，外沿多粘有沙渣。元代后期流行在器坯内底刮一圈釉的涩圈叠烧法。

三、其他生产青白瓷的窑场

景德镇窑青白瓷在国内外市场的需求下，伴随产品的销售，其烧造技术迅速得到传播，不仅在江西省境内，并且带动福建、浙江、安徽、湖北、湖南、广东周边省区，甚至距离较远的广西窑场也相继烧造，形成了一个以景德镇窑为中心的庞大青白瓷类型窑场[①]、一个以景德镇窑为代表的青白瓷窑系，该窑系是江南地区的两大瓷窑体系之一，影响巨大，居宋代六大瓷窑体系之首[②]。

（一）江西地区

随着产品、人群和文化的交流、迁徙，景德镇窑青白瓷的烧造技术快速传播到江西的几十个县市，烧造青白瓷的窑场林立，遍布境内各流域，调查发现全省有青白瓷窑址 92 处、昌江流域 48 处、赣江流域 17 处、抚河流域 10 处、信江流域 8 处、修水流域 7 处、饶河和萍水河各 1 处[③]，从昌江流域向赣江、修水、抚河流域发展。五代北

---

① 赖金明、张文江：《景德镇窑青白瓷瓷器的鉴定》，朱裕平主编：《景德镇瓷器鉴定》，上海大学出版社 2006 年版，第 12 页。

② 中国硅酸盐学会主编：《中国陶瓷史》，文物出版社 1982 年版，1997 年印刷，第 265 页。

③ 江西省文物考古研究院编：《江西省第三次全国文物普查成果系列丛书：江西古代窑址》，红星电子音像出版社 2023 年版。

宋扩展到七里镇窑、吉州窑、白舍窑等，南宋元代赣江上游、抚河、修水流域的青白瓷窑址蓬勃兴起。各窑场竞相烧制的青白瓷，整体上质量都不如景德镇窑产品精致，胎骨不如景德镇窑轻薄，釉面不如景德镇窑细亮光洁，釉色不如景德镇窑透明纯净，造型不如景德镇窑丰富，纹饰不如景德镇窑清晰。景德镇窑烧制的青白瓷瓷质优工巧，冠绝群窑，成为最能代表宋代制瓷技术水平的窑址。景德镇窑无论从窑群的分布密度，还是遗存面积和堆积高度等方面观察，都是同时代的其他著名窑场难以与之相匹的，是当时全国最大的青白瓷产地。

江西地区代表青白瓷窑址有南丰白舍窑[①]、吉安县吉州窑[②]、赣州七里镇窑[③]、宁都东山坝窑[④]、丰城钳石窑[⑤]、萍乡南坑窑[⑥]、奉新九仙窑[⑦]、靖安丫髻山窑[⑧]、金溪小陂窑[⑨]、里窑[⑩]、南城私牙窠窑[⑪]、老树兜窑、红岩窑、云市窑[⑫]、上甲窑[⑬]等。进行过考古发掘的窑址有白舍窑[⑭]、吉州窑[⑮]、七里镇窑[⑯]、下寮仔窑[⑰]。这些窑场各有特点，争奇斗妍，形成宋元时期江西瓷业繁荣的局面。各窑场兴盛时间不一，有的单一烧造青白瓷，有的以烧造青白瓷为主，兼烧黑瓷或青瓷。

---

① 江西省文物工作队、南丰县文化馆：《江西南丰白舍窑调查纪实》，《考古》1983 年第 3 期。

② 江西省文物工作队、吉安县文物管理办公室：《吉州窑遗址发掘报告》，《江西历史文物》1982 年第 3 期。

③ 江西文物考古研究所等：《江西赣州七里镇窑址发掘简报》，《江西文物》1990 年第 4 期。

④ 薛翘、刘劲峰：《宁都县古瓷窑址调查》，《江西历史文物》1982 年第 1 期。

⑤ 张文江：《简论江西丰城石江钳石窑》，中国古陶瓷学会编：《中国古陶瓷研究》（第 11 辑），紫禁城出版社 2005 年版。

⑥ 陈定荣：《萍乡南坑古窑调查》，《江西历史文物》1983 年第 1 期。

⑦ 黄颐寿：《宜春地区文物考古收获及有关问题》，《江西文物》1989 年第 1 期。

⑧ 陈定荣：《江西靖安、奉新的古瓷窑》，《考古》1986 年第 4 期。

⑨ 金溪县政协文史馆主编，吴泉辉著：《江西金溪窑》，二十一世纪出版社 2017 年版。

⑩ 陈定荣、李宗宏：《金溪县的两处古瓷窑》，《江西历史文物》1982 年第 4 期。

⑪ 胡义慈：《南城县株良公社古窑址调查记》，《文物工作资料》1964 年第 3 期。

⑫ 霍质彬：《南城发现宋代古瓷窑址》，《江西历史文物》1985 年第 2 期。

⑬ 赣州地区文化局文物科、赣州地区博物馆、寻乌县纪念馆：《江西寻乌县上甲村古瓷窑址调查》，《江西文物》1991 年第 3 期。

⑭ 江西省文物考古研究所、南丰县博物馆编著：《江西南丰白舍窑——饶家山窑址》，文物出版社 2008 年版。

⑮ 江西省文物考古研究院编：《吉简吉美：吉州窑遗址出土瓷器集萃》，文物出版社 2020 年版。

⑯ a. 江西省文物考古研究所等：《江西赣州七里镇木子岭窑址发掘简报》，《南方文物》1992 年第 1 期。
   b. 江西省文物考古研究院编著：《赣州七里镇窑址考古发掘报告 1985—2018》，科学出版社 2022 年版。

⑰ 江西省文物考古研究院、宁都县博物馆：《江西宁都下寮仔窑址发掘简报》，浙江省博物馆编：《东方博物·瓷窑址考古》（第 82 辑），上海书画出版社 2022 年版，第 48—68 页。

1. 南丰白舍窑

又称"南丰窑"，是宋元时期抚河流域上游规模较大的以烧青白瓷为主、兼烧黑釉瓷的综合性窑场。窑址位于江西省抚州市南丰县白舍镇的丘陵山包上。

1959 年，江西省文物管理委员会调查窑址[①]。1960 年以后，多次踏查[②]。1998 年，江西省文物考古研究所、南丰县博物馆联合对其进行首次发掘，揭露面积 3600 平方米，清理了龙窑、蓄泥池、储砂池、灰坑、灰沟等一批重要遗迹，可以复原白舍窑瓷器从原料采掘加工、成形装饰、烧造成瓷等各个制瓷环节，窑床内出土不少由碗坯挖孔而成的火照。研究表明，白舍窑始烧于北宋初，兴盛于北宋中叶，衰落于南宋晚期，元代终烧。窑场广阔，堆积丰富，分布东起白舍镇东侧碗窑下，西至官山、司茅斜，北自碗头山，南达盱江北岸的百花庄，在东西宽约 2.5 千米、南北长约 1 千米的范围内，保存有重阳观、符家山、瓦子山、托盘山、牛栏坑、玄帝殿、水鸡山、赖家庵、对门排、司茅斜、庵背岭、官山、茅楂窠、百花庄、陈家园、封山等大小窑包 16 座[③]。

生产品种丰富，有青白瓷、青灰釉和黑釉，偶见个别的彩绘瓷。青白瓷约占99.8%，分为圆器、琢器和瓷塑类。器形有壶、瓶、罐、碗、杯、盘、碟、盏、灯台、水注、炉等，多为日常用器，以盘碗为主，壶为瓜棱或八方形，保留有金属器物造型的遗风。另外有皈依瓶、佛像和玩具。造型、釉色与景德镇窑大体相似，较吉州窑、七里镇窑佳，器物胎、釉中的铁元素含量分别为 0.46% 和 0.44%，胎体薄匀，胎质细腻，多呈半透明状，色泽如玉，釉色偏白，泛米白、月白、牙白之色，釉汁晶莹润泽，有白色白瓷之誉[④]，有的甚至超过景德镇窑青白瓷，南宋蒋祈《陶记略》"……临川、建阳、南丰他产有所夺"，可见其青白瓷质量高，朝廷曾派官员督造瓷器，"白舍，宋时置官监造瓷器，窑数十处，望之如山，久废"。装饰方法多样，以刻花居多，间以篦纹，单线刻花和篦划纹样出众，纹饰有云气纹、莲纹、卷草、菊花、牡丹、梅花等。在器形和装饰手法上具有自身的独特韵味，器物多葵口，有的外腹压印凹痕、内腹壁贴塑出筋，具有金银器的装饰艺术效果。青白瓷皈依瓶，瓶体修长，颈部堆塑鼠、

① 陈柏泉：《江西临川南丰窑址调查》，《考古》1963 年第 12 期。
② a. 江西省文物工作队、南丰县文化馆：《江西南丰白舍窑调查纪实》，《考古》1985 年第 3 期。
　 b. 花兴如：《南丰白舍宋元古瓷窑址的探讨》，文物编辑委员会编：《中国古代窑址调查报告集》，文物出版社 1984 年版，第 195—198 页。
③ 江西省文物考古研究所、南丰县博物馆：《江西南丰白舍窑——饶家山窑址》，文物出版社 2008 年版。
④ 江西省文物考古研究所、南丰县博物馆：《江西南丰白舍窑——饶家山窑址》，文物出版社 2008 年版。

牛等十二生肖以及日、月，颈肩部塑三条竖向条形錾的风格独特，布局协调，形态逼真 [①]。青白瓷碗、盘、碟口沿装饰一圈酱釉，相对釉色清淡的青白釉而言十分醒目，有仿金银器的金扣、银扣、铜扣效果，为其他青白瓷窑所不及。器物主要采用漏斗形或圆筒形单件匣钵仰烧法，也发现垫圈叠烧法或芒口覆烧法 [②]。

2. 吉安县吉州窑

"江西窑器，唐在洪州，宋出吉州。"位于江西省吉安县永和镇西侧的吉州窑，是10—14 世纪生产多种瓷器的综合性窑场 [③]。创烧于晚唐五代，发展于北宋，盛烧于南宋，元代趋于衰落。以具有禅趣的木叶盏、别具一格的剪纸漏花以及质朴秀雅的釉下彩绘装饰最负盛名，对瓷都景德镇元代青花瓷的勃兴起了直接的推动作用，在中国陶瓷发展史上占有重要的地位 [④]。吉州窑很早就受到学者关注，特别是青白瓷。日本人小山富士夫 1937 年到永和镇做过调查 [⑤]。同年，英国人布兰柯斯敦（A.D.Brankston）实地调查吉州窑遗址。何国维先生于 1953 年首启新时代的吉州窑研究 [⑥]。1974 年，江西省文物管理委员会对吉州窑试掘，不仅确定了吉州窑的烧造历史与《东昌志》记载吻合，从五代开始；而且明确五代开始生产青白瓷 [⑦]。1980—1981 年，江西省文物工作队联合吉安县文物管理办公室对其进行首次考古发掘，重点清理了本觉寺岭窑窑炉和斜家岭窑作坊遗迹各 1 处 [⑧]。在 2006—2007 年全面勘探的基础上，江西省文物考古研究所（2018 年后改为江西省文物考古研究院）联合相关单位，于 2008 年、2012 年、2014年、2016—2019 年对吉州窑遗址外围永和堤、陶瓷厂、尹家岭、东昌路、茅庵岭窑址

① 吴志红：《新近收集的南丰窑北宋青白瓷》，《江西文物》1989 年第 3 期：45、46，图版肆。
② 江西省文物考古研究院编：《江西省第三次全国文物普查成果系列丛书：江西古代窑址》，红星电子音像出版社 2023 年版。
③ 赵冰：《五代宋元时期吉州窑仿定窑白瓷生产管窥》，上海博物馆编：《中国古代白瓷国际学术研讨会论文集》，上海书画出版社 2005 年版。
④ 张文江：《吉州窑考古研究回顾》，北京艺术博物馆编：《中国吉州窑》，中国华侨出版社 2013 年版，第 230—241 页。
⑤ 何国维：《吉州窑遗址概况》，《文物参考资料》1953 年第 9 期。
⑥ 何国维：《吉州窑遗址概况》，《文物参考资料》1953 年第 9 期。
⑦ 陈伯泉：《吉州窑烧造历史初探》，《江西历史文物》1982 年第 3 期。
⑧ 江西省文物工作队、吉安县文物办公室：《江西吉州窑遗址发掘简报》，《考古》1982 年第 5 期。

等地进行了多次考古发掘^①，出土了不少青白瓷。

考古表明吉州窑五代、北宋时期主要烧造青白瓷，器形有执壶、玉壶春瓶、罐、温碗、盆、钵、碗、盏、杯、酒台、盘、碟、洗、盒、莲瓣纹香炉、狮形熏炉盖、枕、点彩狮、狗、盖、狮形莲花器座等。与吉州窑典型产品黑釉、白地彩绘瓷相比，胎质坚致细腻，淘洗更为精细，胎色呈白或灰白。青白瓷，器物多数采取内壁满施，外壁至底或不及底足施釉，呈现吉州窑施釉较薄的特征，釉色泛灰白。器物烧造使用一件匣钵装烧一件坯件的方式，坯件与匣钵之间采用垫圈间隔，垫圈直径小于器物底足，外底足留存黑褐色垫烧痕，装烧方式与北宋中晚期景德镇青白瓷装烧方式类同^②。器物不太重视装饰，纹饰简单，以划花、剔刻花、点彩为主，较多采用褐色点彩装饰，碗盘外壁偶见刻画莲瓣纹，线条粗率。五代青白瓷生产数量有限，器形单调，北宋青白瓷生产比重增加了，比较集中在北宋中晚期。青白瓷遗存分布于吉州窑遗址的永和堤、窑门岭南、尹家祠堂、茅庵岭窑址、本觉寺岭等^③。是五代北宋青白瓷的生产基地。^④

3. 赣州七里镇窑

七里镇窑，又名赣州窑，地处贡江北岸，位于江西省赣州市章贡区水东镇七里村和沿圳村，是晚唐至元代江西南部最大的综合性窑场^⑤，是我国古代外销瓷的产地之一。

---

① a. 张文江等：《江西吉安吉州窑调查勘探的主要收获》，《中国文物报》，2007 年 8 月 31 日。

b. 江西省文物考古研究所等：《江西省吉安县永和堤除险加固工程发掘简报》，《南方文物》2011 年第 2 期。

c. 张文江：《吉州窑考古研究回顾》，北京艺术博物馆编：《中国吉州窑》，中国华侨出版社 2013 年版，第 230—241 页。

d. 江西省文物考古研究院、吉安县吉州窑遗址博物馆：《江西吉安县吉州窑尹家祠堂遗址调查简报》，浙江省博物馆编：《东方博物》（第 64 辑），中国书店 2017 年版，第 52—64 页。

e. 江西省文物考古研究院、南开大学历史学院、吉安县文物局等：《吉安县窑门岭南面吉州窑遗址调查简报》，《中国国家博物馆馆刊》2018 年第 6 期。

f. 张文江、何江、温葵珍：《吉州窑茅庵岭窑址考古的主要收获》，《中国国家博物馆馆刊》2019 年第 12 期。

② 江西省文物考古研究所、景德镇民窑博物馆：《景德镇湖田窑址：1988—1999 年考古发掘报告》，文物出版社 2007 年版。

③ 张文江：《浅谈吉州窑遗址出土的青白瓷瓷器》，浙江省博物馆编：《东方博物·瓷窑址考古》（第 82 辑），上海书画出版社 2022 年版，第 69—82 页。

④ 江西省文物考古研究院、吉安县吉州窑遗址博物馆：《江西吉安县吉州窑尹家祠堂遗址调查简报》，浙江省博物馆编：《东方博物》（第 64 辑），中国书店 2017 年版，第 52—64 页。

⑤ 余家栋、徐菁、余江安：《赣江上游的瓷业明珠——江西赣州七里镇窑》，《南方文物》2007 年第 1 期。

窑址发现于 1956 年 [①]。1972 年、1977 年，对其进行调查 [②]。1985—1987 年 [③]、1991 年 [④]、2014—2018 年 [⑤]，江西省文物考古研究所联合多家单位对窑址进行了考古调查、重点勘探和发掘，揭露出 6 处窑炉遗迹、1 处制瓷作坊遗迹。

该窑址始烧于晚唐五代，盛于两宋，终烧于元末明初，延续烧造了五百多年。产品釉色丰富，有青釉、青白瓷、黑釉、酱釉等。窑址面积大约有 100 万平方米，保存有 20 处堆积，分为三区，大致由东向西发展，由南向北拓展。东区以青白瓷为主，器形有碗、盘、碟、盏、盏托、钵、擂钵、杯、高足杯、盒、壶、罐、瓶、枕、香薰、灯盏、多管器、烛台、水盂、鸟食罐、权、器盖等 [⑥]，碗、盏类多高足、葵口。三鹰爪足鼎炉和器腹呈瓜棱形的狮钮盖注子，是该窑少见的珍品。装饰题材丰富多彩，以刻画、划花和模印为主，纹样有莲花、菊花、牡丹、水波、乳钉和婴戏等。胎料淘洗较细，质坚色白，釉层较厚，以白为主，少量白中泛灰。早期五代、北宋青白瓷使用匣钵装烧，分内底、外足均采取支钉和内底支钉、外底使用垫圈（饼）间隔两种形式。北宋晚期采用匣钵单件装烧，使用垫饼间隔。南宋增加一匣多件叠烧，使用垫饼或窑砂间隔。

（二）福建地区

福建地区已在 40 余个县市发现青白瓷窑场，多数集中于闽江、晋江、九龙江流域，大部分窑场在不同阶段还兼烧青瓷、黑瓷。年代大致在北宋晚期至宋末元初；普遍使用龙窑，部分窑场如三明中村窑、建窑、德化窑在宋末元初或稍晚改用分室龙

① 江西省文物管理委员会：《复查七里镇古窑址》，《文物工作资料》1960 年第 4 期。

② 薛翘、唐昌朴：《赣州七里镇古窑址调查记》，《江西历史文物》1982 年第 2 期。

③ 薛翘、陈文华：《略谈新安沉船中的七里镇窑瓷器》，《中国古代窑址调查发掘报告集》，文物出版社 1984 年版。

④ a. 江西省文物考古研究所、赣州地区博物馆、赣州市博物馆：《江西赣州七里镇窑址发掘简报》，《江西文物》，1990 年第 4 期。

b. 江西省文物考古研究所、赣州市博物馆：《江西赣州七里镇木子岭窑址发掘简报》，《南方文物》1992 年第 1 期。

⑤ 江西省文物考古研究院编著：《赣州七里镇窑址出土瓷器》，科学出版社 2020 年版。

⑥ 江西省文物考古研究院编著：《赣州七里镇窑址考古发掘报告 1985—2018》，科学出版社 2022 年版，第 113 页。

窑[①]。装烧窑具大部分使用漏斗形和平底筒形匣钵，南宋晚期开始采用组合支圈覆烧。青白瓷为主的窑场以闽江流域数量最多，主要有浦城大口窑[②]、光泽茅店窑[③]、建宁澜溪窑[④]、邵武四都窑[⑤]、三明中村窑[⑥]、南平茶洋窑[⑦]、闽清义窑[⑧]、福州宦溪窑[⑨]、连江浦口窑[⑩]、莆田庄边窑[⑪]、将乐碗碟墩窑[⑫]等；晋江流域有德化窑、安溪桂瑶窑[⑬]、永春玉斗窑、泉州东门窑、南安南坑窑[⑭]、同安汀溪窑等；九龙江流域有漳平永福窑[⑮]、漳浦罗宛井窑[⑯]和竹树山窑、云霄水头窑等[⑰]。

1.闽清义窑

闽江流域青白瓷窑场以义窑的规模最大，最具代表性。窑场分布于闽清县东桥乡的义由、青由、大箬、安仁溪一带，目前已调查发现的窑址111处，并对其中的捆蛇垱、二师傅岗（2009年）以及下窑岗窑址（2015年）进行了抢救性考古发掘，揭露多

① a.福建省博物馆、三明市文物管理委员会、三明市博物馆：《三明中村回瑶元代窑址发掘简报》，《福建文博》1995年第2期。

b.中国社会科学院考古研究所、福建省博物馆、建窑考古队：《福建建阳县水吉建窑遗址1991—1992年度发掘简报》，《考古》1995年第2期。

c.福建省博物馆：《德化窑》，文物出版社1990年版。

② 福建博物院、厦门大学历史系、浦城县博物馆：《浦城县大口窑调查勘探报告》，《福建文博》2018年第4期。

③ 曾凡：《光泽茅店宋代瓷窑址》，《文物参考资料》1958年第2期。

④ 余生富、曹建新：《建宁澜溪窑调查》，《福建文博》1995年第2期。

⑤ 傅宋良、王上：《邵武四都青云窑址调查简报》，《福建文博》1988年第1期。

⑥ 三明市文物保护中心：《三明中村窑遗址调查勘探简报》，《福建文博》2019年第3期。

⑦ 福建博物院：《南平茶洋窑址1995—1996年度发掘简报》，《福建文博》2002年第2期。

⑧ 福建博物院、闽清县博物馆：《闽清下窑岗一号窑址发掘简报》，《福建文博》2018年第2期。

⑨ 福建博物院福州市文物考古工作队：《福州市坂桥窑调查简报》，《福建文博》2014年第2期。

⑩ 福建考古研究院、连江文化体育和旅游局：《连江县浦口窑址》，海峡书局2022年版。

⑪ 李辉柄：《莆田窑址初探》，《文物》1979年第12期。

⑫ 福建博物院文物考古研究所、将乐县博物馆：《将乐碗碟墩窑址考古发掘报告》，海峡书局2018年版。

⑬ 安溪县文化馆：《福建安溪古窑址调查》，《文物》1977年第7期。

⑭ 福建博物院、泉州市文保中心、南安市文管办：《南安寮仔窑发掘简报》，《福建文博》2008年第4期。

⑮ 福建博物院、龙岩市文化与旅游局、漳平市博物馆：《福建漳平永福窑2018年调查简报》，《福建文博》2019年第3期。

⑯ 福建省博物馆：《漳浦罗宛井窑抢救发掘的主要收获》，《福建文博》2001年第2期。

⑰ 曾凡：《福建陶瓷考古概论》，福建省地图出版社2001年版。

座龙窑遗迹，在下窑岗窑址发现保存完整的龙窑前段以及坍塌的中、后段遗迹[①]。初步分析，义窑于北宋中、晚期开始烧造青白瓷，南宋达到鼎盛，另有少量青瓷、黑瓷；元代至明初改烧白瓷。义窑青白瓷胎体细腻、洁白，釉面莹润，釉色呈青白、灰白或淡青，器形多为日常生活用具以及炉、瓶、瓷塑等陈设器，纹样流行刻画的篦划、花卉、草叶、水波纹。义窑陶瓷产品自南宋开始大量外销。

2. 德化窑

应为晋江流域最大的青白瓷窑场。德化县主要河流虽属闽江水系，但其窑业产品主要通过晋江上游外运。境内发现青白瓷窑址有 20 余处，其中盖德乡碗坪仑窑址于1976 年经过考古发掘，揭露有上下两层文化堆积和龙窑遗迹，下层为北宋晚期，出土青白瓷多为胎体洁白、细腻、轻薄，日常生活用器中，以大碗、盖钵以及大量粉盒为特色，粉盒皆为模制，盒盖模印的图案纹样多达数十种，有各式花卉、草叶、水波、禽鱼以及文字等。上层为南宋时期，出土器物釉色呈青灰、灰白，胎质稍粗，特色器形有花口瓶、水注、军持等，另有少量酱褐釉器。[②]

3. 罗宛井窑

窑址位于漳浦县沙西镇北旗村，1999 年进行抢救性考古发掘，揭露三座龙窑遗迹，出土器物主要是青白瓷，有碗、盏、盘、钵、杯、罐、瓷塑，装饰纹样有刻画的篦划、花卉、仰莲、卧鹿纹等；推断窑址年代为北宋中晚期至南宋早期[③]。罗宛井窑址的青白瓷与永福窑、竹树山窑、水头窑等相同或相似，可作为九龙江流域的代表。

（三）安徽地区

安徽地区的青白瓷窑址仅发现繁昌窑，由柯家冲窑、姚冲窑、半边街窑、骆冲窑等组成。其中，柯家冲窑规模最大，分布最为集中，现存龙窑 20 余座，是繁昌窑的主要生产区域，处于安徽省繁昌县南郊的笠帽山与毛竹山之间，遗址南北长约 1200 米、东西宽约 900 米，总面积约 1 平方千米[④]。

---

① a. 栗建安：《福建古窑址考古五十年》，台湾财团法人陈昌蔚文教基金会：《陈昌蔚纪念论文集》（第 1 辑），2001 年。

　　b. 福建博物院：《闽清义窑考古发掘调查报告》，海峡书局 2020 年版。

② 福建省博物馆：《德化窑》，文物出版社 1990 年版。

③ 福建省博物馆：《漳浦罗宛井窑抢救发掘的主要收获》，《福建文博》2001 年第 2 期。

④ 安徽省文物考古研究所、繁昌县文物局：《安徽繁昌柯家冲窑遗址 2013—2014 年发掘简报》，《文物》 2016 年第 3 期。

繁昌窑发现于 20 世纪 50 年代，1958 年试掘[①]。1996 年在骆冲窑址发掘龙窑 1 座[②]。2002 年首次对柯家冲窑址正式发掘，揭露面积 500 多平方米，清理北宋时期龙窑 1 座及作坊等遗迹[③]，作坊遗迹包含炼泥场地和瓷器成型作坊基址两部分，有两座泥料过滤池和放置成型慢轮的圆形遗迹。2013—2014 年，对繁昌窑遗址开展第三次考古发掘，主要发掘了柯家冲窑址和骆冲窑址两个地点[④]，发掘面积 1237 平方米，发现龙窑遗迹 2 座（Y2）、作坊基址 1 处、房址 1 座、工棚 1 处、排水沟 1 条、路面 2 条。2022 年第四次发掘，新发现晚唐至五代早中期文化层，首次发现繁昌窑遗址生活居住遗迹，在皖南龙窑技术传统区域内揭露出馒头窑。2002 年揭露的柯家冲 1 号龙窑依山坡而建，东西向，由火道、操作间、窑床、窑门、烟道等组成，保存完整。窑长 57.5 米、宽 2—3 米，坡度为 20—24°，残墙最高达 1.4 米，两侧有小窑门。窑床内有大量原位保留的成排成摞的匣钵，最高一摞有 14 个匣钵。2014 年骆冲窑遗址揭露的龙窑（Y1）室内分室和设置 4 道隔墙的做法，应是分室龙窑的早期形式。[⑤]

繁昌窑初烧于五代，北宋中期开始衰落，延续至南宋初年。产品以烧青白瓷日常用品为主，胎质洁白细腻，釉色莹润，造型有瓶、罐、执壶、碗、盏、盏托、杯、碟、盘、盆、盅、盂、钵、盒、炉、奁、器盖、俑和动物玩具等，组合式炉颇具特色。精者如盏托、注壶可与景德镇窑相媲美。装饰单调，以光素为主，也有简单的刻画、印纹。瓷质致密，胎中氧化铝含量高达 21.52%，釉色较白，显青不足，制作工艺特点鲜明，碗盏叠唇突出，以花口、瓜棱腹为特征，碗盘等圆器的底足内壁斜削，中心有凸起的乳钉状。早期使用单件匣钵仰烧，采取支钉和垫饼间隔，器物内外底均带有支钉的装烧方式仅见于骆冲窑遗址。后期用垫饼垫烧，底足无釉，未见覆烧工艺。有的匣钵上刻"四""一""方""六""七""十五""千"字以及"汪""江""夏""仁""元""许""于"字款[⑥]，"淳化"纪年款的出土实证窑址的生产时间[⑦]。

[①] 张道宏：《试掘繁昌瓷窑遗址》，《文物参考资料》1958 年第 6 期。

[②] 阚绪杭：《繁昌县骆冲窑遗址的发掘及其青白瓷的创烧问题》，《文物春秋（增刊）》，1997 年。

[③] 中国科学技术大学科技史与科技考古系等：《安徽繁昌县柯家冲瓷窑遗址发掘简报》，《考古》2006 年第 4 期。安徽繁昌窑遗址考古队：《安徽繁昌窑遗址发掘与研究》，中国社会科学出版社 2010 年版。

[④] 安徽省文物考古研究所、繁昌县文物局：《安徽繁昌柯家冲窑遗址 2013—2014 年发掘简报》，《文物》2016 年第 3 期。

[⑤] 安徽省文物考古研究所、繁昌县文物局：《安徽繁昌骆冲窑遗址 2014 年发掘简报》，《文物》2016 年第 3 期。

[⑥] 安徽省文物考古研究所、繁昌县文物局：《安徽繁昌柯家冲窑遗址 2013—2014 年发掘简报》，《文物》2016 年第 3 期。

[⑦] 安徽省文物考古研究所、繁昌县文物局：《安徽繁昌骆冲窑遗址 2014 年发掘简报》，《文物》2016 年第 3 期。

繁昌窑是最早烧制青白瓷的窑址之一，采用二元配方制瓷工艺，是中国古代制瓷工艺的重大进步，对研究中国南方早期白瓷及青白瓷起源具有重要意义。繁昌窑瓷器还曾在南唐二陵出土，有学者认为，繁昌窑可能就是南唐的官窑，即古文献记载的宣州窑[①]。

（四）浙江地区

浙江省境内发现的青白瓷窑址达 30 处，分布在江河附近以及沿海地区，尤以浙南地区最多[②]，主要有浙西地区的江山碗[③]、金华沐尘塘窑[④]，浙南地区的泰顺玉塔窑[⑤]、泰顺下革窑[⑥]、文成窑[⑦]、苍南大星垟窑[⑧]、苍南小星垟窑、苍南源美内窑[⑨]、乐清瑶岙窑[⑩]以及浙北地区的临安窑[⑪]等。多数是以青白瓷为主，兼烧青釉和酱黑釉瓷器，也有少数专烧青白瓷的窑址，金华沐尘塘窑则是一处烧制青瓷为主、兼烧青白瓷的窑址[⑫]。

① 胡悦谦：《安徽江南地区的繁昌窑》，《东南文化》，1994 年增刊。
② 牟宝蕾：《浙江境内宋元青白瓷窑址研究》，浙江省博物馆编：《东方博物》（第 33 辑），浙江大学出版社 2009 年版，第 66—73 页。
③ a. 浙江省文物考古研究所、江山市博物馆：《江山碗窑窑址发掘报告》，浙江省文物考古研究所：《浙江省考古研究所学刊》，长征出版社 1997 年版，第 178—218 页。
　　b. 柴福有：《碗窑前坞宋代青白瓷窑初探》，《景德镇陶瓷》，1993 年增刊，第 25—28 页。
④ 贡昌：《婺州窑系中的青白瓷窑》，《婺州古瓷》，紫禁城出版社 1988 年版，第 138 页。
⑤ a. 浙江省文管会（金祖明）：《温州地区古窑址调查纪略》，《文物》1965 年第 11 期。
　　b. 浙江省考古所、温州地、市文管会：《浙江泰顺玉塔古窑址的调查与发掘》，《考古学集刊》（第 1 集），中国社会科学出版社 1981 年版，第 212—223 页。
⑥ 浙江省博物馆：《光致茂美——浙江出土宋元青白瓷》，中国书店 2018 年版，第 134 页。
⑦ 牟宝蕾：《浙江境内宋元青白瓷窑址研究》，浙江省博物馆编：《东方博物》（第 33 辑），浙江大学出版社 2009 年版，第 66—73 页。
⑧ 王同军：《浙江温州青瓷窑址调查》，《考古》1993 年第 9 期。
⑨ 罗伟科：《苍南盛陶窑址调查》，温州市文物处：《温州古代陶瓷研究》，西泠印社 1999 年版，第 50—57 页。
⑩ 王同军：《浙江温州青瓷窑址调查》，《考古》1993 年第 9 期。
⑪ a. 姚桂芳：《论天目窑》，中国古陶瓷研究会：《中国古陶瓷研究》（第 4 辑），紫禁城出版社 1997 年版，第 63—75 页。
　　b. 杭州市文物考古研究所、临安市文物馆：《杭州市临安天目窑址 2013 年度考古调查简报》，浙江省博物馆编：《东方博物》2014 年第 4 期。
　　c. 杭州市文物考古研究所、吉林大学考古学院、复旦大学文物与博物馆学系：《浙江临安天目窑遗址 2020 年发掘简报》，《文物》2023 年第 4 期。
⑫ 贡昌：《婺州窑系中的青白瓷窑》，《婺州古瓷》，紫禁城出版社 1988 年版，第 138 页。

浙江地区烧造青白瓷的窑场主要集中在南宋至元代。窑场较少，品种不多，造型及纹饰绝大部分与景德镇窑相同，以碗、盘、罐、壶等生活用品为大宗。方瓶是其特色，江山窑出土的方瓶底部有反书楷体铭文"周家公夫"四字[①]。胎体较厚，釉色偏灰，装饰有刻花、印花。多数器物采用多级垫钵覆烧工艺，瓶、炉等琢器采用桶形匣钵仰烧，粉盒、小盖罐等采用圆形匣钵多件仰烧，也有的采用涩圈叠烧。使用龙窑烧造。

（五）广东地区

广东地区的青白瓷窑址有潮州窑[②]、西村窑[③]、惠州窑[④]和石湾窑[⑤]等。潮州窑、西村窑以烧青白瓷为主，兼烧其他釉色瓷。而惠州窑、石湾窑则兼烧青白瓷。尤以潮州窑、西村窑生产规模较大，品种繁多。主要器类有壶、凤头壶、碗、碟、灯、盒、炉、水注等。釉色青中泛黄、色浅，装饰以印花、刻划花、点彩、雕塑和镂空等。均始烧于北宋，并以生产外销瓷为主。东南亚各国特别是菲律宾发现不少广东窑生产的青白瓷器。[⑥]代表性的器物有潮州窑的浮雕莲瓣纹炉、鱼形壶、佛造像，西村窑的凤头壶、茶盏、高足杯以及褐色点彩盘等。

（六）广西地区

广西地区的青白瓷窑址分布在桂东南，可以划分为北流河流域[⑦]、桂平及武思江上游三个地区，以北流河沿岸最为集中[⑧]。有藤县中和窑、容县城关窑、北流岭垌窑、桂平县桂平窑[⑨]、埔北土东窑等。器物以常用的壶、罐、碗、盏、盘、碟、杯、炉等为

① 浙江省博物馆：《光致茂美——浙江出土宋元青白瓷》，中国书店 2018 年版，第 148 页。
② 广东省博物馆编：《潮州笔架山宋代窑址发掘报告》，文物出版社 1981 年版。
③ 广州市文物管理委员会编：《广州西村古窑遗址》，文物出版社 1958 年版。
④ 惠阳地区文化局、惠州市文化局、广东省博物馆：《广东惠州北宋窑址清理简报》，《文物》1977 年第 8 期。
⑤ 区家发：《广东阳江石湾村古代窑址》，《文物参考资料》1995 年第 3 期。
⑥ 宋良璧、曾广亿：《广东陶瓷的历史》，广东省博物馆编：《广东省博物馆建馆 30 年论文集》，1989 年，第 207—217 页。
⑦ 韦仁义：《广西北流河流域的青白瓷窑及其兴衰》，《景德镇陶瓷》1984 年增刊，第 110—118 页。
⑧ 四川大学考古学系、广西文物保护与考古研究所：《广西北部湾地区宋代窑址调查》，《东南文化》2018 年第 4 期。
⑨ 广西壮族自治区博物馆：《广西桂平宋瓷窑》，《考古学报》1983 年第 4 期。

主，釉色青中泛黄。装饰有印花、刻花，以印花较多，有菊花、菊瓣纹、鱼纹、飞凤，水波图案效果强，有的以变形水波纹作锦地衬托主题纹饰。印模出土较多，根据出土的"元祐七年（1092）三月……花头"[①]印模推断，约始烧于北宋晚期，尚未发现覆烧工艺。

（七）湖南地区

湖南地区的青白瓷窑址，发现有耒阳窑[②]、衡山窑[③]、醴陵唐家坳窑[④]、醴陵钟鼓堂窑[⑤]、浏阳盐泉窑[⑥]、益阳羊舞岭窑[⑦]。以烧制青白瓷为主，兼烧其他釉色，青白瓷造型及纹饰明显受到景德镇青白瓷的影响。造型有瓶、壶、碗、盘、碟、杯、洗、盒、炉等，器物胎体较厚。装饰工艺有印花和刻划花，纹样有缠枝莲纹、菊花纹、连珠纹，多为素面。时代为宋至元代，以元代为主，采用覆烧工艺。[⑧]

① 韦仁义：《广西宋元瓷窑址出土印花模具及其特色》，《东南文化》1994 年增刊。
② a. 湖南省博物馆考古队：《湖南耒阳、永兴等地发现古代窑址》，《考古》1960 年第 10 期。
  b. 衡阳市博物馆：《湖南耒阳磨形、太平窑群调查纪实》，《考古》1989 年第 8 期。
③ 周世荣、傅聚良：《衡山窑发掘报告》，湖南省文物考古研究所编辑：《湖南考古辑刊》，1986 年，第132—162 页。
④ a. 蒋百稳：《湖南醴陵发现北宋窑址醴陵窑历史推进 680 年》，《陶瓷科学与艺术》2010 年第 5 期。
  b. 株洲博物院、醴陵窑管理所：《枫林瓷印——醴陵窑唐家坳窑址出土瓷器精粹》，文物出版社 2022 年版。
⑤ a. 益阳地区文物工作队、益阳县文化馆：《湖南益阳县羊午岭古窑址调查》，《考古》1983 年第 4 期。
  b. 湖南省文物考古研究所、益阳市文物管理处：《湖南益阳羊舞岭窑址群调查报告》，湖南省文物考古研究所编辑：《湖南考古辑刊》（第 8 辑），2009 年，第 127—142 页。
  c. 湖南省文物考古研究所、益阳市文物管理处：《湖南益阳羊舞岭瓦渣仑窑址Ⅱ区发掘简报》，湖南省文物考古研究所编辑：《湖南考古辑刊》（第 11 辑），2015 年，第 142—162 页。
⑥ a. 杨宁波：《蒙华铁路浏阳盐泉窑址考古发掘简介》。
  b. http://www.hnkgs.com/show_news.aspx?id=1343，2017-3-21.
  c. 郑建明：《21 世纪以来青白瓷窑址考古新进展》，《文物天地》2019 年第 4 期。
⑦ 中国人民大学历史学院、湖南省文物考古研究所、醴陵窑管理所：《湖南醴陵沩山钟鼓塘元代窑址发掘简报》，《文物》2021 年第 5 期。
⑧ 周世荣：《湖南出土的古代陶瓷及其重要意义》，湖南省博物馆：《湖南省博物馆开馆 30 周年暨马王堆汉墓发掘十五周年纪念文集》，1986 年，第 116—122 页。

（八）湖北地区

湖北地区的青白瓷窑址有鄂城梁子湖窑[①]、青山窑[②]、湖泗窑[③]、王麻窑[④]，产品丰富，均以烧制青白瓷为主，兼烧青釉、白釉和酱黑釉瓷。器类有壶、碗、盘、盏、碟、盂、炉、枕等。青白瓷的器类和造型大多见于景德镇窑，但是胎釉质地、造型和装饰较景德镇窑逊色。装饰工艺以刻画为主，兼有镂雕。从其瓜棱壶、葵口碟等推断，应为北宋时期产品，未见覆烧工艺。

作者简介：

张文江，江西省文物考古研究院古陶瓷研究中心主任，研究馆员。全国文物系统先进工作者，江西省百千万人才工程人选，江西省文化名家。中国古陶瓷学会副秘书长，中国考古学会陶瓷考古专业委员会副主任。南开大学和复旦大学校外硕士研究生指导老师，景德镇陶瓷大学校外硕士和博士研究生导师。

赖金明，女，江西省博物馆信息资料部主任，文博研究馆员，2023年赣鄱俊才支持计划·文化领军人才，国家文物局陶瓷器类文物进出境责任鉴定员。

---

① a. 田海峰：《湖北鄂城梁子湖发现古瓷窑遗址》，中国硅酸盐学会：《中国古代窑址调查发掘报告集》，文物出版社1984年版，第270—272页。

  b. 黄义军：《湖北梁子湖地区宋代青白瓷的分期研究》，《考古》2006年第3期。

② a. 湖北省文物考古研究所：《武昌青山瓷窑遗址发掘简报》，《江汉考古》1991年第4期。

  b. 刘丹：《武汉青山窑考察简报》，《长江文化论丛》，中国文史出版社2006年版，第37—49页。

③ a. 武汉市文物处文物普查队（兰蔚）：《武汉市武昌县湖泗窑址的初步调查》，中国硅酸盐学会：《中国古代窑址调查发掘报告集》，文物出版社1984年版，第273—275页。

  b. 祁金刚：《江夏湖泗古代瓷窑综述》，《江汉考古》2007年第2期。

④ 武汉市博物馆、武汉市江夏区博物馆、武汉大学考古学系：《湖北武汉江夏王麻窑址1988—1996年的发掘》，《考古学报》2000年第1期。

浮梁及景德镇研究的史料与展望

朱　焘

　　浮梁及景德镇研究，越来越受到学界重视。就建制沿革而言，景德镇因为位于昌江之南，又称昌南镇，唐开元四年（716）复置，治所在新昌江口，唐天宝元年（742）改名浮梁，先后隶于新昌、浮梁县。宋景德元年（1004）因浮梁所辖之镇盛产优质青白瓷，广受皇室青睐，遂以皇帝年号命名景德镇，沿用至今。自古以来，景德镇与浮梁联系紧密，以瓷业为例，制瓷的原料、燃料皆主要来源于浮梁，可谓没有浮梁，就没有景德镇。因而，历史上之景德镇研究，事实上就是浮梁研究。1953年6月，景德镇市为江西省辖市，约七年后浮梁县建制撤销，其行政区域划入市境。对于新中国史之研究，实质上也不应割裂二者的关系。

　　就人文社科类研究领域而言，学界对景、浮地区展开了系列研究。以景、浮为研究对象的成果汗牛充栋，笔者仅通过中文学界常用的中国知网和读秀以"景德镇"为关键词检索，便搜集到了期刊22442篇和图书5247种[①]，此外还有教育部基金7项和国家社科基金11项。[②] 这样的统计虽未纳入港澳台和外文学界的研究，甚至也由于数位化的缺憾忽略了1982年前的成果，但足以说明景、浮研究的数量之巨。景、浮研究可追溯至民国初年，在近百年的研究中，其历经了社会调查式、古史分期、市镇研究、地域社会论等范式。近年来，景、浮研究可分为瓷窑考古研究、陶瓷断代、官御民窑、产业与地域社会、商贸活动、全球史等六大热点议题。在多学科背景的学者共同努力下，景、浮研究呈现了新的研究范式，取得较大进展。景、浮研究之所以会呈现出大量学术成果，主要得益于丰富的史料存留。笔者认为主要可从公藏古籍、史料汇编、

---

① 统计时间截至2022年1月31日23时。

② 来源"政眼通"政策大数据分析服务系统（http://www.zytdata.com/project/analyseIndex）和国家社科基金项目数据库（http://fz.people.com.cn/skygb/sk/index.php/Index/seach）。

近代报刊、未刊档案、田野调查等五方面讨论其史料情况。

其一是景、浮相关的公藏古籍，主要是以景德镇市图书馆、浮梁县图书馆、乐平市图书馆、景德镇陶瓷大学、景德镇陶瓷研究所等为代表的官方机构征集和收藏未公开出版之资料。景德镇市图书馆前身为浮梁县图书馆，始建于1936年，在建馆之初就开始注意收集一些地方古籍文献。1955年2月，景德镇市成立了"古旧图书清理委员会"，进一步征集到数千册古籍①，为现今该馆的丰厚馆藏奠定了坚实基础。截至2021年12月，现存现藏古籍图书16855册、民国文献13929册，主要分布在该馆的古籍室和陶瓷文献图书馆。这些古籍主要分为方志、族谱、地方文献、瓷业文献等种类，在方志中，有多种民国前的《浮梁县志》《饶州府志》和《江西通志》，其中康熙二十一年版为孤本；族谱主要以本地家谱为主，有30余部，包括《湘湖冯氏家谱》《嵩峡齐氏宗谱》《南阳刘氏宗谱》等，通过这些族谱或可对浮梁地方社会和家族网络等进行系统研究；地方文献主要是指一些时人所撰保留了当地历史文化的古籍，譬如该馆所藏的《浮梁县同善社改选职员通告表》《江西省浮梁县法院民事判决书》等；而在地方文献中，尤具特色且数量巨大的当数瓷业文献，如《景德镇陶录》《陶记》《陶录》等，记录了景、浮地区各历史时期陶瓷生产、销售情况。②关于其他馆藏机构更具体的古籍情况，江西省相关部门对景、浮地区有所普查和登记。③不过需要注意的是，图书馆系统还收录了一些中华人民共和国成立初期的一些调查统计资料，这对学术研究也有重要参考作用。④

其二是史料汇编，这一般指已出版的历史文献资料，主要是古籍、档案汇编和文史资料等。在一些地方文化工程中，古籍出版已经成为重要的文化建设指标，在景、浮研究的古籍中，尽管近年来成果不多，但这些稀见文献的公开对学术研究意义较大，

---

① 李维纲：《景德镇图书馆历史沿革》，《江西图书馆学刊》1991年第3期。

② 张东伟：《景德镇图书馆馆藏古籍陶瓷文献概述》，《2017年全国中小型公共图书馆联合会研讨会论文集（二等奖）》，2017年12月。

③ 《江西省景德镇地区古籍普查登记目录》编委会：《江西省景德镇地区古籍普查登记目录》，国家图书馆出版社2018年版。

④ 如江西省历史学会景德镇制瓷业历史调查组：《景德镇制瓷业历史调查资料选辑》，景德镇市档案馆藏内部资料，1963年1月。

其中具有代表性的如《景德镇新安书院契录》①、《中国古代陶瓷文献影印辑刊》②和《景德镇陶瓷古籍文献精粹》③等。在档案汇编方面，主要是中国第一历史档案馆整理出馆藏的雍正至宣统八帝间清代皇宫旧藏有关瓷器档案影印件十万余页，以奏折文稿、贡档进单、清档簿册三大类别编排出版。④此外，由于御窑厂与清宫造办处的联系，在该馆和香港中文大学博物馆编撰的《清宫内务府造办处档案总汇》也存有不少关于景、浮地区的记载。⑤而数量较大的资料汇编类当属文史资料，仅以《景德镇文史资料》《浮梁文史资料》为名的图书就已出版20余种，在这些资料中，有大量的当地一些重要事件亲历者之回忆，还有一些历史文献选辑汇编，对清代以降的瓷业生产、商帮活动、军政体系等地方性信息均有较多记载。⑥

其三是近代报刊资料。从晚清民国至当代，在各地馆藏的旧报纸中可能都能找到大量关于景、浮地区的历史记载。随着近代报刊的兴起，各报刊对于景、浮历史的报道就成为重要的"一手史料"。据统计，民国时期，江西的国统区创办期刊531种，苏区有105种，目前仅江西省图书馆藏与江西相关的民国期刊就达560余种。⑦而新中国

① 《景德镇新安书院契录》起抄于1924年10月，终抄于景德镇解放前，历时近25年；它详尽地抄录了从清康熙二十三年（1684）至民国三十八年四月六日（1949年5月3日）的契约252份，时间跨度近300年。本书反映了景德镇当时不动产交易的过程、标准与规范，以及商业区分布和城市结构的关系等，是研究景德镇经济史的重要文献。《契录》编印于民国十三年（1924），系当时书院六邑各董事为妥善管理书院财产，以杜"契券散佚致后来弊害"，特召集各业会首查查书院名下房产、田产，并"调阅租簿核对契据"后重新编录造册而成。全书一套四册，分为"编订大要""目次""序言""浮梁县公署布告"及"契录正文"五个部分。具体参见郑乃章编：《景德镇新安书院契录》，江西人民出版社2012年版。

② 景德镇陶瓷学院中国陶瓷文化研究所编：《中国古代陶瓷文献影印辑刊》，世界图书出版公司2013年版。

③ 该书主要为景德镇市图书馆将馆藏陶瓷古籍文献《陶记》《陶说》《景德镇陶录》《景德镇陶歌》等文献选辑出版。具体参见景德镇市图书馆编：《景德镇陶瓷古籍文献精粹》，扬州广陵古籍刻印版，2012年。

④ 铁源、李国荣主编：《清宫瓷器档案全集》，中国画报出版社2008年版。

⑤ 中国第一历史档案馆、香港中文大学文物馆编：《清宫内务府造办处档案总汇》，人民出版社2005年版。此外，由于唐英曾任景德镇督陶官，亦有学者将清代雍正、乾隆两朝景德镇官窑督陶官唐英与陶瓷相关的诗文、奏折，以及清内务府造办处档案中的相关文献进行整理。参见张发颖编：《唐英督陶文档》，学苑出版社2012年版。

⑥ 具体参见中国人民政治协商会议景德镇市委员会文史资料研究委员会编：《景德镇文史资料》，第一本出版时间为1984年，至当下仍在持续出版。

⑦ 熊向东主编：《江西省出版志》，江西人民出版社1998年版，第90页；邵鸿主编：《江西省图书馆馆藏民国时期期刊编目总汇》，南昌大学图书馆藏内部资料，2005年，第2页。

成立后的日报、晚报等官方发行的地方报纸更为齐全，其他诸如中国香港、澳门、台湾地区，东南亚、北美等地的报刊亦十分丰富。此外，景、浮地区的地方报纸数量也相当之巨，笔者目前发现最具连续和系统性的为《景德镇报》①，藏于国家图书馆和景德镇图书馆等机构。笔者认为，相当多的报刊资源尚未被利用，若将系统性搜集上述报刊资源，全面遴选有关景、浮地区的报刊资料，许多目前地方难以辨明或模糊的历史，或有望通过报刊史料逐一考证、还原和呈现。

其四是未刊档案，档案是反映国家、地方与社会发展的原始史料，其规模最大，内容最多。除景德镇市、乐平市、浮梁县、昌江区、珠山区馆藏文书档案外，有关景、浮历史的档案还广泛分布在各地。其中，都昌县档案馆、鄱阳县档案馆、上饶市档案馆、江西省档案馆、中国第一历史档案馆、中国第二历史档案馆、中央档案馆、台北"故宫博物院"、台北"国史馆"等，因属地和历史原因，保存了相当数量有关景德镇历史的档案资料，包括明清公文书、贡生名录、民国地方事件记载，以及中华人民共和国成立后景德镇数个瓷厂、社队的相关文书。就研究时限而言，如欲研究明清时期的浮梁，则不得不前往中国第一历史档案馆查阅相关档案，由于明宣德年间在景德镇设御器厂，尤其清康熙时期设督陶官后，景德镇成为清宫廷造办处的重要京外制作地，因此与中央联系紧密，而在一档馆中也存留大量景、浮相关档案。②随着纸质公文书的地方普及和保存，民国之后的历史档案则主要被地方档案馆所收藏。笔者还注意到，有关景、浮地区的更多历史记载，亦有可能存于日本、北美、欧洲、东南亚等地的档案文书中，亟待挖掘、抢救与整理。而景德镇在中华人民共和国成立初期，通过公私合营等社会主义改造，基本将所属辖区内的私营手工作坊合并为"十大瓷厂"，这些瓷厂曾经组成了景德镇居民的主要生计单位，亦保留了大量相关档案。

由于民间流传有大量相关的史料文献，因此田野调查也显得尤为重要和必要。一

---

① 1955年3月22日，中共江西省委批准创刊《景德镇报》，为中共景德镇市委机关报。1958年7月改为《景德镇日报》，该报在"文革"中被迫停刊，1979年12月18日，中共景德镇市委决定创办《景德镇通讯》为市委机关报，1982年7月21日，中共江西省委宣传部同意中共景德镇市委把《景德镇通讯》更名为《景德镇报》，这标志着创刊于1955年5月15日的《景德镇报》开始复刊。1986年7月1日，《景德镇报》改名为《景德镇日报》，发行至今。

② 中国第一历史档案馆目录查询系统：http://www.lsdag.com/nets/lsdag/page/topic/Topic_1697_1.shtml?hv=。值得一提的是台北"故宫博物院"的"图书文献数据典藏资料库"已将其馆藏的清代宫中档及军机处档折件、清代文献档册等数据化并免费公开，笔者发现其中有数以百计的景德镇相关档案。具体参见https://rbkdoc.npm.edu.tw/npmtpc/npmtpall?ID=680&SECU=209257339&PAGE=npm/search_npmmeta&ACTION=SC%2Cnpm%2A@@1652251044。

方面在景、浮各地分布着大量古代碑刻，江西历史学会在 1963 年前后收集部分碑刻成为当下景、浮研究不可或缺的史料，[①] 目前也有一些学者在继续找寻，[②] 这些碑刻史料对于理解景、浮地区社会变迁有着重要补缺意义。另一方面民间市场的旧书交易，其中不乏古籍、契约文书、档案等重要历史文献。目前，很多通过古旧市场交易的文献已经促成了一些研究，其中较有代表性的为王振忠通过解读旧书市场购置的道光二十四年（1844）抄本《水陆平安》，重新勾勒出明清时期浮梁瓷业的销售网络，对腹地商帮活动提出了新的讨论和观点。[③] 笔者相信，通过持续的口述访谈和深度调查，不仅能够发现更多的民间文献，也将在这些文献的基础上，进一步推动景、浮研究。

景、浮研究成果的数量在不断增多，研究范式也发生了多次转变，并出现了多个研究热点议题。近年来景、浮研究之所以取得很大进展，其原因是多方面的。其一得益于资料的不断挖掘和整理，在以往的研究中，主要使用《陶录》《陶记》等明清常见文献，而随着一些相关机构征集和开放更多古籍、档案，以及一些学者对民间文献的孜孜以求，翔实的资料基础至少促使景、浮研究数量呈增长趋势。其二是学术环境的改善，民国时期的社会调查式研究受到战乱和经费等因素影响，随后在中华人民共和国成立初期至"文革"结束，由于一些原因使得相关研究凋敝，而随着 20 世纪 80 年代后政治环境的改善，学术氛围也随之提升，很多学者得以心无旁骛从事相关研究，加之国家社科基金等支持，使得学术研究在经费上更为充裕，由此在某种程度上也将提升研究质量，从而能呈现出梁淼泰等人的通论性研究。其三，真正导致景、浮研究范式的转变和更迭，更多是来自西方和日本学界的冲击，可以注意到在 20 世纪 80 年代仍有学者将景德镇不断地置于"资本主义萌芽"等问题的讨论之下，在革命史、马克思主义政治经济学的分析框架下书写景、浮研究，然而随着国外学术成果的译介，以及国内外的交流逐渐增多，西方学界的城市史研究和日本学界的地域社会论、江南市镇研究等观点不断地冲击着固有的本土或苏联式研究，这使得国内不少学者开始反

---

① 江西省历史学会景德镇制瓷业历史调查组：《景德镇制瓷业历史调查资料选辑》，景德镇市档案馆藏内部资料，1963 年 1 月。

② 刘朝晖的博士学位论文收录了十余处新发现碑刻，参见刘朝晖《明清以来景德镇的瓷业与社会控制》，复旦大学博士学位论文，2005 年，附录部分第 19—39 页。此外，从 2018 年起，厦门大学、中山大学和景德镇市浮梁县的一些学者通过田野调查陆续在当地搜集碑铭，最新成果参见文师华等编著《浮梁历代碑刻》，江西美术出版社 2022 年版。在此感谢该书副主编张金林博士提供相关信息和惠赠全文。

③ 王振忠：《瓷商之路：跋徽州商编路程〈水陆平安〉抄本》，《历史地理》2011 年第 1 期。

思旧有的研究范式。其四，则是多学科的介入促进了景、浮研究的繁荣，进入 21 世纪后，越来越多的社会学、人类学、民俗学和历史学等学科背景出身的学者投入到景、浮研究，在研究方法上，质性研究、田野调查等与固有的文献研究法并存，讲究实证的区域史与关怀大局的全球史视野交相辉映，这都促使景、浮研究出现了一些新的学术观点。

然而，景、浮研究也存在诸多不足之处。其中最为鲜明的问题是同质化研究严重，其中以硕、博士学位论文为尤。在很多选择景德镇作为研究的学术成果中，基本都是以瓷业为中心，并且呈现出扎堆的研究，即相当多的学者研究同一个事件，但得出的结论几乎一致。这可能和学术规范不足和缺乏问题意识有关，笔者认为在学术研究之中，应该做到以问题为导向，而非围绕着选取的景、浮的某个现象，通过案例研究，需要得出一些具有普遍性意义、脱离时间和空间的解释性观点。然而，在景、浮研究中，笔者发现更多的研究是就事件而研究事件，甚至于连某个事件都未能翔实说明。此外，纵观海量的景、浮研究，普遍存在"厚古薄今""重官轻民""有果无因""趋物避人"的现象。"厚古薄今"即过于重视古史之讨论，而忽视近当代的景、浮研究，事实上在资料存量和田野调查的便利程度上，近当代的景德镇更容易呈现出精彩的故事和有潜力的学术研究，但笔者注意到，拥有数以万计案卷的景德镇、浮梁县档案馆之民国档案和当代档案，利用程度不够，有待提高。这使得学界对近当代景德镇知之甚少，也导致了一些研究呈现同质化，乃至于互相剽窃、抄袭的现象，这几乎成了一个恶性循环。"重官轻民"指的是在现有研究中，绝大多数是关注历史上的官窑，少有关于民窑研究，而在明中期以后，民窑不论是产量还是销量可能都远高于官窑，不可否认官窑代表了景德镇技艺的高峰，而民窑的受众和流传远超官窑，但遗憾的是学界尚未呈现出具有贯通感和启发性的民窑研究。"有果无因"也是目前景、浮研究的普遍现象，即研究中往往呈现一个事件的结论或结果，却很少对瓷业或城市发展动态过程、原因等进行讨论。"趋物避人"的研究现象也令人担忧，笔者注意到在景德镇（乃至于全国瓷业市镇）的研究中，一直是以"物质"为中心，却难以见到生产物质的"人"，仅在景德镇，宋代以来的瓷业生产者数以万计，占当地总人口的比例异常之高，时至今日，虽国营瓷厂时代谢幕，但笔者在田野调查中仍发现可能家家户户还存在以瓷谋生的亲人、好友，但这些瓷业的生产、销运、消费者却在研究中几乎被"失语"。

那如何才能推进景、浮研究？笔者认为，首先要增强问题意识，从选题开始便要考虑什么样的问题可以统领全文的讨论和呈现出较为可能的创新，因此很有必要做好文献回顾和梳理工作，杜绝所谓"时段创新"和"空间创新"，需要研究者从众多资料中提炼概念和问题，譬如瓷器外销的背后究竟是什么制度在运转，如何阐释景德镇商帮与其他地方的不同之处？只有具有创新力和解释力的问题意识，才能真正促进中国研究，这也是人文社科研究的灵魂所在。其次，要呼吁各界加强资料开放，不同机构档案开放程度不一，而资料是研究的基础，只有在各界的共同努力下，让更多语种的资料面世，才有可能做出更翔实和创新的研究。其三，要认识田野调查的重要性，由于众所周知的原因，很多公藏资料呈现出紧缩的态势，这不得不倒逼研究者加强田野调查，以笔者在景、浮地区的亲身经历，同样认为田野调查和口述访谈可以弥补很多文献缺憾，甚至能纠正诸多固有意识上的谬误。其四，要注意新学科新方法的介入，当跳出景、浮研究，在全球的其他区域研究中，有很多学者主动利用数字人文（如GIS、SNA）等研究，在这些新方法的使用中，能帮助研究中处理以往不太可能处理的数据，从而也能得出一些新的认识。其五，要打通研究时段、打通瓷器内外。很多研究都将重大历史时间作为研究起点和节点，笔者并不否认如 1937、1949、1966 年这些时间点对中国社会乃至人类进程产生的重大影响，但作为具体的实证研究，如果因为这些其实对研究对象改变不大的时间点而机械割断讨论时限，则显得浅尝辄止，因此笔者期待呈现一些跨越明清、跨越 1949 年的讨论。在以往的研究中，人文研究与瓷器考古或瓷器专门研究存在极大隔阂，研究者或对瓷器知之甚少，或对时代和人文较为忽视，若二者能够打通，或将使得景、浮研究更为丰满。其六，要有对比的视野，目前关于景、浮的全球史研究，其实已经给学界带来不少方法论启示，但仅同业之异国对比可能远远不够，与瓷业相近的棉纺织、冶金业等，与景、浮较为相似的全球地域，在诸多方面都理应有一些更深刻的对比研究。其七，笔者认为虽然景、浮研究的范式转移受西方、日本之益颇多，但也应该注意到欧美研究的不足，其很多看似新颖的研究或经不起推敲，这是由于很多欧美、日本学者将美国史、日本史的一些理论直接移植到中国研究，忽略了中国的实际情况，这尤其体现在关于景德镇的社会结构解释中。因此，我们需要多了解西方，但不能盲目迷信西方，应该致力于从本土故事中提出本土理论。

作者简介：朱焘，华东师范大学历史学系博士研究生。

徽州文化与景德镇文人瓷画变迁

张甘霖

习近平总书记指出，中华优秀传统文化自古至今从未断流，陶瓷是中华瑰宝，是中华文明的重要名片，要把"千年瓷都"这张靓丽的名片擦得更亮。[①]景德镇誉称"千年瓷都"，景德镇瓷器艺术代表着中国瓷器艺术发展的最高水平，不仅以"白如玉、明如镜、薄如纸、声如磬"的品质闻名世界，更以其瓷器彩绘瓷画艺术的精妙绝伦而流芳后世。自元代景德镇彩绘瓷勃兴后，景德镇瓷画不断地从民俗画、织绣、图案、金属装饰工艺、海外装饰艺术和传统国画等艺类中汲取养分，形成了异彩纷呈、博大精深的景德镇瓷画艺术，以青花、五彩和粉彩的装饰艺术形式传芳于世。20世纪以来，陶瓷艺术的发展变革一直与毗邻的徽州文化演变进程紧密相连。陶瓷艺术中的文人意识是由近代徽州文化代表新安画派延伸而来，它是活跃于中国近代陶瓷艺术的巨大潮流，汇聚成景德镇文人瓷画独有的面貌。它在特定的历史与文化环境中，滋生、发展、成熟和变异，积淀了独有的文化内涵和审美特质。因此，反思徽州文化和文人瓷画的产生及其发展的内在关系，了解之间的内涵与价值，无论对于学者还是陶瓷艺术家，都有着"借古开今"的意义。

一、徽商与近代景德镇陶瓷业的发展

（一）地域上的相邻

徽州地处皖南山区，与浙赣毗邻，一府六县"皆万山中"。这种万山回环，郡称四塞的自然环境，使徽州地区成为一个"无兵燹之虞"和"战争罕及之地"，每当"天下大乱"时，中原地区一些封建士大夫和仕宦就将徽州视为"世外桃源"，视为理想的避

---

① 《人民日报》(海外版) 2024 年 1 月 11 日，第 05 版。

难场所和理想徙居地。明中期，随着徽商"奔走四方"，足迹遍宇内，徽州人"安土重迁"的历史观念和历史传统发生重大变化。从明中期起，徽州成为一个高移民输出地区，许多商人家庭纷纷向外迁移。景德镇地域环境与徽州极为相似而又邻近，为日后歙县资金转入景德镇瓷业提供了便利。

（二）商业往来的频繁

明清时期，景德镇瓷业蓬勃发展，促进了百业兴旺，造就了广阔的就业市场，提供了许多谋生、发迹的机遇。活跃的海内贸易市场吸引了众多的外地商贾来景德镇经营瓷器；尤其是陶瓷生产行业，是一个容纳各种劳工的谋生天地，残疾人可以磨料、女的可以画坯、少的可以学徒。于是，依靠已站稳脚的同乡亲友，亲帮亲，邻帮邻，进入各行各业谋生。一种按乡域与行业自然结合的势力逐渐形成与发展。随着时间的推移，一些乡域群体势力壮大起来，形成对部分行业的垄断；同时一些较小的乡域势力亦联合起来，集成抗衡力量，以谋求在景德镇的最大利益。瓷业不断发展，客籍人越发增多，"陶户与市肆当十之七八"，土著居民十之二三，浮梁土著人在陶瓷行业中反而受到排挤，形成了喧宾夺主的局面。至清代，景德镇从陶瓷生产至贸易整个行业中，已形成都昌、徽州和这两地以外的人组成的三大帮系，即都帮、徽帮、杂帮。徽帮是徽州府所属歙县、休宁、绩溪、祁门、黟县、婺源（1949 年 5 月划入江西）六县旅景人士结成的帮会，其中以黟县人数最多。据史籍载：祁门人潘辄，在明末为"徽州瓷商侩首"；歙县人潘次君"贾昌江，居陶器，统一瓷器价格，赈济陶家"等。清代，徽商在景德镇的活动进一步扩大。道光年间，徽州人集资建会馆，詹永樟"随父客景德镇，督建徽州会馆"[1]。徽帮中绝大多数人从事商业，包括瓷土、颜料、窑柴、瓷器等。清末民初之时，亦垄断了景德镇的金融业。当时，景德镇有钱庄、钱店七八十家，办理全国各地银元汇兑，便利于各地瓷商来镇购买瓷器。据民国二十六年的《江西统计月报》载：旧时景德镇的十里长街，鳞次栉比的店铺有 1221 家，其中 70%以上是徽州人开的，正如过去人们所说："无徽不成市。"[2]

在经济上，徽帮从事商业，垄断了金融业。金融业乃各行各业血脉之所系，要发展工商实业，有赖于资金周转。景德镇以产瓷闻名于世，各地瓷商来镇采购瓷器络绎不绝，有的在镇设庄长年采购。这样，一方面需要资金融通来扩大经营，另一方面因

---

① 光绪《婺源县志》卷 35《人物义行》。
② 景德镇市地方志编纂委员会编：《景德镇市志》，方志出版社 1996 年版，第 420 页。

交易结算频繁，尤以金属货币元宝平重平色与折算手续繁杂，需要专业的金融机构来代管。在镇的徽州人洞察这种情况，认为搞银两兑换，吸收存款来放款，是有利可图的生意。于是依照外地经验，集资兴办钱庄。

（三）徽州籍商人介入景德镇瓷业文化

旧时景德镇的十里长街，鳞次栉比的店铺有 1221 家，其中 70% 以上是徽州人开设的。在商店从事劳动的店员和工人，徽州人还要大于这个比例。

旧徽州一府六县，歙县、休宁、黟县、祁门、婺源、绩溪旅景徽人之众，首推黟县，其次是婺源、祁门，再次是休宁、歙县、绩溪。徽州人从事商业活动，历史悠久，源远流长。据《徽州简志》记载：徽商萌生于东晋，成长于唐宋。明中叶进入徽商时代，近代发展到达顶峰。历史上商品经济的发展促使了徽州商人的产生，而景德镇陶瓷业的发展则促进了景德镇徽商集团的形成。景德镇徽商集团形成时期，也是中国资本主义萌芽时期。[1]

有关志书谱记载：明末祁门人潘辄，便成为"徽州资商会首"，歙县人潘次君"贾昌江，居陶器，统一瓷器价格，赈济陶家"[2]；婺源人洪宗旷"侨居景德，理陶业。尝舟载瓷器往外江"，冯宗烈"往浮邑、景德镇制陶业"。[3]

清代徽商在景德镇瓷业界的经商活动进一步扩大，乾隆年间，祁门人倪前松"陶于江右景德镇"，"旋以货殖多才，亿在屡中"。道光年间，倪炳经"少承父业，窑栈连云"，资本已相当雄厚。詹永樟"随父客景德镇，督建徽州会馆"。咸丰年间，婺源人唐隆樟"父营昌江瓷务"；嘉庆年间，黟县人苏源"经商于景德镇"；婺源人詹腾"因家贫就贾，偕兄经营瓷业"。[4]

徽商在景德镇形成有三个重要原因：一是瓷业发展带来商业繁荣，景德镇已由昔日瓷业都会发展成为商业水平很高，闻名中外的瓷都。当时"以陶来四方贾商，民窑二三百区，工匠人夫不下数十万，借以食者甚众"。经济相当繁荣，市场对各地商贾和劳力具有很大吸引力。二是景德镇陶瓷生产的原料及燃料，如瓷土、杉木、窑柴（松柴）等，相当部分来自祁门与婺源。这些都必须由大批商人来经营，而徽州人从事这

---

[1] 郭因、俞宏理、胡迟：《新安画派》（徽州文化全书），安徽人民出版社 2005 年版。
[2] （明）汪道昆：《太涵集》卷 5。
[3] 婺源《燉煌洪氏通宗谱》卷 58，《儒侠永旦洪公传》，转见：《明清徽商资料选编》，第 209 页。
[4] 婺源《詹氏宗谱》卷首，《（光绪）婺源县志》卷 35《人物义行》。

些经营，便是情理之中的事了。三是景德镇是徽州入经江西，往湖广的主要通道。由于徽州与景德镇邻近，徽州在江西活动，是从景德镇开始。旧时陆路交通阻塞，主要依靠水路，发源于祁门大洪岭的昌江贯穿景德镇注入鄱阳湖，成为了徽州商入到江西，入到湖广的水上走廊。

另外，徽州能在景德镇站住脚，并形成一股较大的行帮势力，是与其特殊的经营方式分不开的。利用乡党力量和宗法势力实行商业垄断。清末民初，徽商在景德镇陶瓷行业中主要经营窑柴行、白土行、瓷行等。为了加强团结在景德镇成立了同乡会。徽帮于清嘉庆年间（一说道光年间）在前街建成了徽州会馆（新安书院），并把会馆两侧街巷改名为新安上巷和新安下巷。徽州则垄断了景德镇金融业和商业。徽州瓷商在景德镇自行设庄收瓷，或经加工或未加工皆一并往远方销售。

徽商对景德镇陶瓷文化发展的重要贡献，中国艺术研究院方李莉研究员认为有三点：其一，历史上，徽商参与了陶瓷原料供应和陶瓷产品销售，把瓷土、窑柴、杉树、颜料等物质贩运进来，又把陶瓷产品销售出去，从而畅通了陶瓷流通渠道，促进了景德镇陶瓷文化的发展。其二，明万历年间，版画发展尤以徽州版画的来往携带，有利于景德镇五彩瓷吸收大量的版画精华。纵观景德镇明末五彩和康熙五彩，其风格和当时版画风格几乎如出一辙，是姐妹艺术影响，也是徽州商人对景德镇陶瓷艺术的繁荣所做的贡献。

第三，徽州人向来有"贾而好儒"之称，他们在业贾致富后，总让子孙们读书，习学绘画，以就儒业。景德镇徽州籍文人学士很多，有擅长陶瓷美术、有精于书法绘画。近代陶瓷美术界就有王大凡、汪大沧、时幻影（黟县），毕伯涛、毕渊明（歙县），张志汤（婺源），刘雨岑（太平），朱受之、吴康（泾县）。[①] 由于他们努力将新安画派风格融入景德镇陶瓷装饰艺术，影响和促进了景德镇陶瓷艺术发展。

此外还有一个重要的人物康达（1877—1946），近代瓷商、社会活动家。字特璋。祁门县礼屋村人。因为同维新变法派有牵连，被贬往江西景德镇监制御瓷。1909年，参与筹建景德镇总商会，担任第一任会长。1910年，康达先后参与创办了江西省瓷业公司和中国陶业学堂，培养新型技术人员，并且采用机器制瓷方法，为景德镇的陶瓷业做出了革命性的贡献。辛亥革命爆发后，被推举为饶州知府，1946年病逝于景德镇。

---

① 方李莉：《景德镇民窑》，人民美术出版社2003年版。

二、新安画派和景德镇浅绛彩瓷画的发展

徽州文化是历史上的徽州（前称新安郡）人民在长期的社会实践中所创造的物质财富和精神财富的总和，无论在器物文化层面、制度文化层面，还是在精神文化层面，都有深厚的底蕴和杰出的创造。徽州文化是基于东汉、西晋、唐末、北宋四次北方强宗大族的南迁带来先进的生产技术和中原文化而形成的。南宋以来，这里更是文风昌盛，人文荟萃，成了"东南邹鲁""礼仪之邦"。徽州文化内涵丰富，在各个层面、各个领域都形成了自己独特的流派和风格。如新安理学、徽派朴学、新安医学、新安画派、徽派版画、徽派篆刻、徽剧、徽商、徽派建筑、徽州"四雕"、徽菜、徽州茶道、徽州方言，等等。在文化的其他领域，有的虽然没有形成流派，但所出的著名学者和杰出人物，则如秋空繁星，不可胜数。

新安画派：新安绘画源远流长。其代表人都是出生于黄山脚下处于改朝换代之际的遗民画家，他们深怀苍凉孤傲之情，主张师法自然，寄情山水，绘画风格趋于枯淡、幽冷，体现出超尘拔俗和凛若冰霜的气质。"新安画派"的领袖是弘仁，现代后继者中名声最大的首推黄宾虹。

（一）景德镇瓷艺对新安画派文人作画方式的承袭

自浅绛彩文人瓷画诞生后，瓷画艺术以特有的笔墨料色、以全新的艺术风格开了瓷画工艺与高雅的中国画艺术全面结合的先河，孕育了以著名的景德镇"珠山八友"作品为代表的瓷画"新派"艺术，促进了瓷画这一工艺美术进一步向高雅艺术的转变，确立了浅绛彩文人瓷画在景德镇千年瓷器艺术发展史上里程碑式的重要意义。

正是在晚清景德镇瓷业的不景气之时，安徽几位文人画家介入景德镇瓷艺界，无疑给景德镇瓷坛带来了一阵清新的空气。咸丰、同治、光绪三代（1851—1908），以程门、金品卿、王少维为代表的皖南新安派画家，就近加入景德镇瓷艺界，把文人画的艺术特色，表现技法及其审美旨趣，带进瓷上彩绘。这种文人画家主动参与陶瓷艺术创作的行为，是陶瓷艺术史上重要的转折期。它不但有助于提高陶瓷艺术的文化品格，也对其时的景德镇瓷艺界，产生了巨大的震撼和冲击力。因为文人画家的身份和社会地位，传统的陶瓷艺人是不可同日而语的。文人画家为了便于适合自己在瓷上绘画，简化了粉彩的工艺技法，创立了类似于浅绛山水画的瓷上浅绛彩。浅绛彩瓷画一经面世，诗书画印齐备，用笔、构图、赋彩十分讲究，一如绢纸画。画科齐全，山水、人物、花鸟草虫各有大家，甚至形成了瓷画创作的流派，受到了文人士大夫的热烈追捧。

金品卿光绪三年（1877）绘制的《茂林修竹》瓷板画，刚刚赴任饶州知府的王凤池欣喜若狂地题道："此黟山品卿居士以珠山瓷笺写寄吾宗……觉笔墨间亦含惠风和畅之致……余见而动幽情，书此订再畅叙。"[①]"瓷笺"二字用得极为精当，表达了文人士大夫对浅绛彩瓷画的高度认同。处于这一时期的文人瓷，尚难在画风上与众工之作有根本差异，但文人陶瓷艺术家自外于工匠的意识则非常明显。这种追求创作自由的意识，还集中反映在自然美的表现上，山水画于是在文人陶瓷艺术家的腕下诞生。文人瓷画家之观照自然美，并不止于形色之丽，而是旨在体现宇宙观，实现人的精神与宇宙合而为一之际的自由无碍，澄怀观道与主观之中。

（二）新安画派绘画图式对景德镇浅泽彩的影响

浅绛彩文人瓷画开了瓷画工艺与高雅的中国画艺术全面结合的先河。浅绛彩文人瓷画最显著的特征就是赭色用得较多，风格淡雅，在色调、题材、形式、技法方面与中国画艺术广泛结合。元明清绘画艺术对瓷画的不断影响、徽商的喜好和晚清程门、王少维、金品卿、王凤池、汪友棠、黄士陵、吴待秋和潘匋宇等一批文化素养较高的画家加入画瓷行列，促成了浅绛彩瓷画与中国画的全面结合。新安画风等多种画风对浅绛彩文人瓷画产生重要影响。浅绛彩文人瓷画在民国初期走向衰落，其艺术风格被"珠山八友"继承和发扬。浅绛彩文人瓷画虽然在民国初期走向衰落，但其吸取传统中国画艺术、升华工艺美术的大胆实践继续鼓励后人。

浅绛彩文人瓷画的研究意义在于从它的开始，从事者就不断提醒自己在执行陶瓷绘画基本技能的操作时必须保持一种谨慎的游戏态度。在文人画的概念进入浅绛彩陶瓷艺术创作的一个有机组成部分后，这种价值观以一种更加具体而现实的方式体现出来：浅绛彩文人瓷画家总是努力强调艺术仅仅是完善自身终极人格理想过程中的一种业余的遣兴方式，任何对技术过程的专注态度都会遭到来自道德的诘难。但是令人惊奇的是，正是在这种情景中，浅绛彩文人瓷画建立起了一套具有严格的图像意义、风格规范和技法标准的艺术系统。

---

① 关善明主编：《瓷艺与画艺》，香港市政局、香港艺术馆，1990 年。

三、徽州文化的审美趣味与"珠山八友"① 文人瓷艺风格的稳定化

"珠山八友"中汪野亭、程意亭、刘雨岑均出自潘匋宇门下，曾绘过浅绛彩文人瓷画。他们将浅绛彩文人瓷画艺术传统融入新派粉彩瓷画艺术，并影响了"珠山八友"其他人员。"珠山八友"中的王大凡所创"落地粉彩"实际上是借鉴了浅绛彩文人瓷画技法。"珠山八友"继续将陶瓷工艺美术与包括传统中国画艺术在内的美术门类有机结合，使得民国时期的瓷画艺术在继承历史的基础上又有进步。即使是今天，许多景德镇瓷画作品仍然从传统中国画中汲取营养。

（一）徽州文化尚文的风气影响了珠山八友团体的形成

这种审美旨趣和艺术追求，在珠山八友身上得到了全面的继承和发展，珠山八友无论是对瓷上文人画派的继承关系上，还是在提高陶瓷艺术的文化品格上，都起到了重要的承先启后的桥梁作用。陶瓷艺术中的文人趣味此时由发展而成熟，这是文人仕隐交替的生活方式，出入儒道禅文化思想，居官不意林泉的审美要求，特别是阶层意识，都是在文人瓷中表现出来，使文人趣味成为不受时代更迭影响的文化形态与艺术运动。这一时期，文人瓷画家队伍不断扩大。文人瓷艺也由涓涓细流汇入大河，文人瓷艺的自觉意识亦告形成，其重要标志是王琦借研讨画艺，切磋诗文的共同兴趣和追求，建立起来的月圆会，并担任起倡导文人瓷艺运动的重任。

文人交往是以艺术为契点的，这种以绘画作为交往形式广泛地存在于文人画家之间。因为文人绘画以遣兴为目的，一幅写意画、一抹远山两棵近树，寥寥数笔，顷刻完成。犹如以诗文会友，在短时间内就能沟通双方心灵，达到交流情感的目的。但绘画并不仅限于自我娱乐，一则它作为视觉物，一旦笔墨着于尺素，绘画就成为不断欣赏、品玩的对象。另一方面，绘画也可以唱和，即一人作画数人观赏，或采取合作的方式，达到共同娱乐的目的。文人交往常常是在一个幽雅的环境里，或备茶点、酒菜，或伴以丝管清音、轻歌曼舞，这种场面，也成为文人艺术家传统表现的题材。徽州以浙江为首的新安画派正是热衷于此。文人的绘画交友就成了交流思想、切磋画艺、联络同道的必然形式。景德镇珠山八友的成立不能不说正是此审美趣味的结果。这种交往不同于民间画工，民间画工为了生存，相互之间保守秘密，甚至是师傅传艺也多留一手。所以绘画交流很少。珠山八友交往在于遣兴抒怀，当场挥毫走笔，极少有所顾

---

① 耿宝昌、秦锡麟主编：《珠山八友》，江西美术出版社 2004 年版。

忌。所以文人绘画交流具有一定的广泛性。

一方面，由明清承继下来的宫廷官窑风格集众工之大成而盛行一时，"赏以形似、并宗格法，善于纤细刻画，渐失天工清新"[①]，文人瓷运动则反其道而行之，以画工瓷为代表，与官窑瓷分庭抗礼，结果影响日增。珠山八友全面地继承了浅绛彩文人瓷艺家的艺术追求的审美旨趣，并通过粉彩这一艺术形式加以弘扬和发展。八友中也有三位汪野亭、程意亭、刘雨岑，均出于鄱阳窑业学堂潘陶宇门下。至于八友中其他三人，田鹤仙、邓碧珊、毕伯涛，虽然他们出身各不同，不是职员便是清末秀才，但都是文化人或文人出身，都有较高的文化修养。所以他们不但能诗、能文、能书，而且他们介入瓷画后，都有较高的文化起点，八友中的核心人物王琦，也曾向邓碧珊这位前清秀才执弟子礼，学习绘瓷像，甚至是诗文、书法。作为文人瓷艺家，他们除了精通瓷上彩绘技艺以外，还必须有相当的纸上文人画水平，相当的诗文修养及书法功底等。

（二）徽州文化的审美趣味与珠山八友文人瓷艺的本土化

正是陶瓷艺术中文人趣味的自觉，导致文人瓷理论的自我格局确立。王琦等人已奠定文人瓷艺理论的体系和规模，后来又加以丰富和完善，终于自成系统。在艺术功能上，虽未排斥"成教化、助人伦"，却强调了"怡悦情性""吟咏性情"。"适性"与"自娱"，在艺术本体论上，大重视表现主体世界的意气，大强调属于艺术规律的妙理，提倡"奥理冥造"。在创作方法论上，反对就瓷论瓷，提倡借鉴诗歌与书法的表现形式，诗画本一律，书画本来同，十分讲究诗的寓兴和书法的抒写，主张艺术意象形成的胸有成竹，在风格上反对俗气、习气、标榜士气。在修养论上，排斥有艺而无文，得技而忘道，力倡画者之灵性。这既是文人瓷艺实际总结，又推动了文人瓷艺之自立于众工之外。一般而言，此时文人瓷的题材亦未排斥人物佛道，但更钟情于山水花鸟，至于其风格形态，则接近画工精细工整作风的常规画，并未消沉，而趋于简率自然的画风亦已异峰突起，简意趣，略形似，求真率，重于自娱而淡于教化，不满足于形似而重意趣，轻摹拟而尚抒写，尊变化而黜刻画，求隐秀而去阳刚，喜平淡而厌繁缛，不再满足于纯粹的绘画形象总是出自诗书画相生相映。

① 薛永年、王宏建主编：《筚路蓝缕四十年——中央美术学院美术史系教师论文集》（上册），人民美术出版社 1997 年版。

四、徽州文化影响的衰退——当代景德镇文人瓷画自我模式的形成

新中国成立以来，徽州在商业上对景德镇陶瓷业的影响日渐式微，文人瓷艺臻于极盛并发生变异。此时文人瓷艺为盛行的巨大潮流，洗练概括写意画风，日益高涨，画工瓷与官窑瓷风格创作亦侵入文人意味而趋于模式化，以众工绘瓷为对应物的文人瓷运动至此已失去往时的意义，文人瓷艺家面临情况：浅绛彩瓷艺和珠山八友往日成就以两种完美的典型犹如高峰横亘于前，潜在的社会演进与文化新潮呼唤于后，市民世俗审美趣味抬头，文化市场与艺术品交易互动和复杂的斗争及至时代巨变对文人生活方式与心理都给予冲击，卖瓷娱人和作瓷自娱两种创作观的矛盾如此等等，均成为试图有所作为的文人瓷画家革新传统并变异传统的根源与动力。从全局而言，这一时期的文人瓷艺选材更偏重山水与花鸟，创作更趋于表现，画理画法的探讨更具有总结性。在不同形态的更加主体和更加个性化中，文人瓷艺家似乎都在向内心深处潜入，在愈益书法化和更加综合化的视觉方式上，各显其能。

作者简介：张甘霖，九江学院艺术学院院长，教授，艺术学博士。

浮梁陶瓷业税收发展史考

李景春

　　"新平治陶，始于汉世。"[①] 新平县为浮梁县前身，辖昌南镇。因产瓷，宋真宗景德元年（1004）改昌南镇为景德镇，仍为县辖。历经元、明、清三朝，浮梁县瓷业得到巨大的进步，发明了高岭土加瓷石的二元制瓷配方，创烧了闻名世界的影青、青花、珐琅彩、粉彩和各种颜色釉瓷。清代，镇窑列全国八大窑系之冠，镇上"民窑二三百区，工匠人夫不下数十万"，是"天下窑器所聚"之地，景德镇与佛山镇、汉口镇、朱仙镇并称为中国四大名镇。[②] 伴随着浮梁瓷业的发展壮大，历代朝廷不断加强瓷税的征缴，形成特有的浮梁瓷税发展史。

一、汉唐时期的昌南镇瓷税

（一）征税机构

　　我国东汉时期就有瓷器生产，目前所见文献中有"瓷税"记载的最早年代是五代时期。光绪《曲阳县志》，记录了后周显德四年三月立的"五子山院和尚舍利塔记碑"题记，其中有"使押衙银青光禄大夫、检校太子宾客、兼殿中侍史充龙泉镇使钤辖瓷窑税务使冯翔"的文字。说明在五代后周时期，已有了"瓷窑税务使"的官职，也说明当时朝廷非常重视对瓷业课税。

　　《旧唐书》中有关长江船运的一段记载：若广陵郡船，即于祎背上堆积广陵所出锦、镜、铜器、海味……豫章郡船，即名瓷、酒器、茶釜、茶铛、茶碗；宣城郡船，即空青石、纸笔、黄连。其中"豫章郡船"装载的就有江西瓷器。其时昌南镇（景德

---

① 道光《浮梁县志》卷五《陶政·附考》，光绪《江西通志》卷九十三《经政略十一·陶政》。
② 《景德镇瓷业志·综述》，方志出版社 2004 年版。

镇）瓷器已崭露头角，烧造出洁白如玉的瓷器，有"假玉器"之称。清蓝浦《景德镇陶录》载：陶窑，唐初器也。土惟白壤，体稍薄，色素润。镇钟秀里人陶氏所烧。《江西通志》（清）载：唐武德二年（619），里人陶玉献假玉器，由是置务设镇，历代相因。这里的"务"是指收税的机构，"镇"是指驻军之地。

（二）税收形式

自唐武德年间诏"制器进御"起，朝廷对浮梁县瓷器的征调从未停止，镇设监务所督理陶务，实行"官监民烧"的制度，采取"千中选十,百中选一"的选瓷标准，将最精美的瓷器献于朝廷，可谓实物税。征收瓷税有两种，一种是"以钱为税"，一种是以"当地所产"为税。唐景龙年间（707—709），晋州人褚绥任新平（浮梁）司务，奉诏在景德镇烧造献陵祭器，但恰遇年成歉收，民不聊生。后经褚绥再三请求，朝廷才免去对景德镇的征调。《邑志》载：唐武德中，镇民陶玉载瓷入关中，称为"假玉器"，且贡于朝，于是昌南镇瓷名天下。"贡于朝"应该是朝廷征调，推想为实物赋税。《旧唐书》（后晋）有以物产抵税的记载：元和十五年（820），杨于陵等人议"伏请天下两税、榷盐酒利等，悉以布帛丝绵，所产物充税，并不征见钱"。

二、宋元时期的浮梁县瓷税

（一）瓷业概况

宋代，是昌南镇（景德镇）瓷业快速发展时期，首创的青白瓷系，白里泛青，温润如玉，行销各地，风靡京城。宋真宗景德元年，以皇帝年号易昌南镇之名为景德镇。元代，景德镇制瓷工艺及成就在世界制瓷史中占有重要地位，景德镇发现了高岭土，发明了瓷石加高岭土的二元配方，提高了瓷器耐火度，使烧造更大、更薄、更复杂的瓷器成为可能。其时，创烧了成熟的青花瓷、釉里红、卵白瓷及红蓝高温颜色釉瓷，景德镇瓷器以产量和工艺奠定了全国制瓷中心的地位。明代科学家宋应星在《天工开物》中写道：合并数郡，不敌江西饶郡（景德镇）产（瓷器）。清代编纂的《明史》中记有：正统元年浮梁民进瓷器五万余，偿以钞。反映了浮梁瓷器卖到京城的规模。随着瓷器质量、产量的大幅提升，浮梁瓷税征管也更加规范。

（二）瓷税机构

自宋始，朝廷设监镇官，辖治景德镇。宋《吏部条法》残本记：尚书左选格：选阙，监饶州浮梁县景德镇酒税兼烟火公事……右注亲民，次监当人。明《江西大志·陶书》载：宋景德中始置镇，因名。置监镇一员，以奉御董造。监镇官的职责除了管理镇内治安、狱讼外，有时还兼管商税及窑税。南宋，朝廷直派官员充任监镇，负责维持景德镇社会秩序，或以地方官佐理监陶。宋朝的瓷税官也直称"瓷窑务"，景德镇瓷税官亦称"景德镇瓷课局监镇"。其时，景德镇属饶州浮梁县。

宋神宗熙宁元年前后，朝廷在景德镇设有专职的商税务，管理当地的瓷业税课、管制与专卖，并派监务官负责征收商税。元丰五年（1082），根据著名谏官余尧臣的提议，又在景德镇设立专门管理陶瓷贸易和税收的行政机构——瓷窑博易务，余尧臣首任税官即窑巡。清道光《浮梁县志》载：宋设监务厅，在县治之南。瓷窑博易务设在景德镇，是全国唯一的瓷税机构，专门对景德镇陶瓷行业实行垄断贸易和专项税制，从产、供、销的各个环节加强征收管理，其差价作为朝廷收入。景德镇瓷窑博易务是王安石变法的产物，元丰八年，在宋神宗死后不久随着变法的失败而废止。到元代至元十五年（1278），朝廷在景德镇设置"浮梁磁局"，对民窑课税。同时管理朝廷、官府瓷器的烧造事务，实行"官监民烧"制度。《元史·百官四·将作院》载："浮梁磁局，秩正九品。至元十五年立。掌烧造磁器，并漆造马尾棕藤笠帽等事。大使、副大使各一员。"

《景德镇陶录》卷五载：元，改宋监镇官为提领，至泰定后又以本路总管监陶，皆有命则供，否则止，税课而已。故惟民窑著盛，然亦无多传名者。朝廷定烧器印有"枢府""太禧"等铭款，以示与民间用瓷的区别。元泰定年间，浮梁磁局撤销，改设"课税局"，是朝廷在景德镇设置的专门征收瓷窑税金的机构。课税局长官由地方行政长官兼任，称提领。主要职责是收取瓷税，"奉御董造"其次。清乾隆《浮梁县志》卷五"物产"载：宋景德中始置镇，因名。置监镇一员，以奉御董造。元更景德镇税课局监镇为提领，泰定本路总管监陶。

（三）税种 税率

瓷窑课。南宋时期，朝廷针对景德镇瓷器生产征收一种特殊的税种，即瓷课。其征税标准是以瓷窑装烧容量来确定，并记录在籍，当瓷窑烧造之时，官府即派人上门征收税款。该税不是实物税，而是产能税，是根据该窑产品能卖出的大致金额，再按一定的税率来课税，而不管这一窑瓷器能否烧成或质量优劣。宋蒋祈《陶记》载：窑之长短，率有"相"数，官籍丈尺，以第其税……兴烧之际，按籍纳金。这种简单的计税方式，将烧造风险强加给窑户，客观上鼓励窑户烧造价值高的精细瓷器，也让窑户采用芒口覆烧和涩圈仰烧的方式，将碗盘类瓷器叠装入窑，提高窑炉利用率，大大提高了碗盘类瓷器的产量。以窑的大小计征客观上鼓励了窑户提高瓷器质量。

元代，课税方式是"烧到窑货"，即以瓷窑烧制瓷器的实际产量计税，税制设计更公平合理。瓷窑课税率为"烧到窑货""磁窑二八抽分"，即按实际产值的20%计算，对其他货物税率一般为三十分取一，瓷税是一般产品的六倍，瓷业税是朝廷一项重要的税收来源。《元典章》载：……兼磁窑旧例，二八抽分办课，难同三十分取一。除已移咨枢密院行下合属，将各纳课程照依例办课外，仰照验。钦此，施行。

商税。是针对瓷器买卖征收的流通税，分为过税和住税。过税税率是所贩瓷器价值的2%，指瓷器在运输途中经过各地税卡和税场时所交纳的通关税。住税税率是所贩瓷器价值的3%，包括生产者出售瓷器所缴纳的税，外地瓷商坐地收购瓷器，外地瓷商运贩瓷器到目的地出卖所缴纳的税等。元《宋史·食货》载：行者赍货，谓之"过税"，每千钱算二十；居者市鬻，谓之"住税"，每千钱算三十，大约如此。

白土课。是针对陶瓷原料开征的资源税。宋代对开采瓷土、练泥、制坯及销售陶瓷原料等业者征收"白土课"。

瓷税附加。南宋时期，浮梁瓷业除缴纳正税外，还要缴纳名目繁多的附加税费，供地方衙门使用。宋蒋祈《陶记》载：夫何昔之课赋优裕，而今之事于此者常怀不足之虑也？宪之头子，泉之率分，统制之供给，经总之移用，州之月桩、支使、醋息，镇之吏俸、孤遗、作匠，总费月钱凡三千余缗，而春秋军旅、圣节、郊祀、赏赉、试闱、结葺犹不与此，通融计之，月需百十五缗（一缗为一千文铜钱）。窑户由于税赋沉重，拖欠税款也越来越多。"又闻镇之巨商今不如意者十八九，官之利羡乃有倍徙之亏。"《陶记》作者感叹道："予观数十年下来官斯去者，无不有州家挂欠之籍。"当时沉重的税赋和杂费加在一起，已经制约了浮梁瓷业的发展。

（四）瓷税规模

宋代，景德镇直接向饶州府上缴税收。按《陶记》记载的数据，南宋时代景德镇每月缴纳的杂税与附加税为3115缗以上，一年就至少需要交37000余缗。《宋会要辑稿》载：宋熙宁十年（1077）景德镇的商税从浮梁县税额中单列出来，为3337贯957

文，几乎与德兴全县税收相等，比吉州永和窑所在地永和镇同年商税 1712 贯 426 文多 1 倍。南宋绍兴二年（1132），景德镇税收 38400 贯，是北宋时期 11 倍多。《中国陶瓷史》载："定窑是宋代著名的瓷窑之一，烧瓷地点在今河北省曲阳县涧磁村及东西燕山村。"据《宋会要辑稿》食货十五之一一二记：曲阳当时一年上缴的税金为"三百五十九贯四百八十一文"。也就是说，宋代景德镇的瓷税额是定窑所在地的 10 倍，可见景德镇当时瓷业生产的规模。

元代，全国设有税务机构的地方有 174 个，景德镇位列 173 位，全年商税达到 500 锭以上。按照 50 贯等于 1 锭计算，景德镇一年要上缴朝廷的税收在 2.5 万贯以上，是宋代税收的七倍多。景德镇兴盛的制瓷业带动了当地经济发展，景德镇行政地位也随税收贡献增长而提高，元代为正八级，乃至与饶州路平。

《河南强氏族谱》："子魁，伯达公子，宋绍定戊子（1228）以文学进，任饶州通判，以监陶迁浮梁景德镇，子遂家焉，终葬李施渡（里市渡）大路口。"强子魁为南宋理宗时期进士，以仅次于饶州知州的通判身份监景德镇，为从六品。

而清代的浮梁县衙，因辖景德镇而高配五品。浮梁古县衙内存有一块乾隆三十三年（1768）的"奉旨碑"，上刻：特调浮梁正堂加五级。县衙大堂梁脊上书有：钦加同知衔，赏戴花翎权知浮梁事张，毛公建。

（五）瓷税征管

征管措施。宋元时期，在窑场较为集中的地方都设"市"管制，如湘湖市和湖田市，实行坐地收税，保证了瓷业商税征收及时方便。征收实物税时，晓谕纳税窑户按时送到指定仓库。清《宋会要辑稿·食货》载：赋税杂录：凡租税有谷、有帛、有金铁、有物产，为四类……杂物之品十：曰白糵、香桐子、麻鞋、版瓦、堵笪、陶瓷……太祖建隆四年诏，每遇起纳税赋，告谕人户赴指定仓库送纳。

《陶记》记述："上司限期稍不如约，则牙校踵门以相蠧蚀""狱失其校，权官散分，迩来猎商狡侩，无所惮怖""土居之吏，牢植不拔，殆有汉人仓、库氏之风，五也"。可见《陶记》作者记事之时，景德镇瓷业生产和商业环境比较恶劣，杂税过多，赋税过重，加上官吏催逼，商人不得已逃税避税。

惩戒措施。宋代，对偷税漏税商人进行处罚治罪，惩戒措施严密。《陶记》载："窑有尺籍，私之者刑；釉有三色，冒之者罚，凡利于官者，一涉欺瞒，则牙商担夫，一律坐罪，其固防之可谓密矣。"南宋《庆元条法事类》载："凡匿税者，笞四十"，并以匿税者六分之一财物奖励告发人和查获者。凡私收寄物"以匿税者，杖九十，受寄者加一等，受财又加三等（即徒一年半）"。

三、明清时期的陶瓷税收

（一）瓷业概况

明代，景德镇民窑规模迅速扩大。洪武二年（1369），朝廷在景德镇设御器厂，专门烧造皇家用瓷。瓷器装饰工艺、烧造水平不断提高，镇产甜白釉瓷以及宣德的青花瓷、成化的斗彩瓷均代表当时最高的艺术水准。到嘉靖年间，"浮梁景德镇民以陶为业，聚佣至万余人"。沈光耀的《中国古代对外贸易》中说："到了元代，景德镇瓷已压倒群窑跃居首位，获有瓷都之称，扬名中外。"又补充说："然而景德镇独魁瓷坛的局面，只是到了明代，才为众人所公认。"中国硅酸盐学会编写的《中国陶瓷史》写道："景德镇，在万历时已与苏、松、淮、扬、临清、瓜洲等都会并列，成为有名的瓷都了。"

清初，朝廷在御器厂的基础上设御窑厂，委派官员监督制陶，著名的督陶官有臧应选、郎廷极、年希尧、唐英。御窑厂的瓷器由朝廷内务府设计，代表了国内乃至世界制瓷技艺的最高水平。因御器烧造任务繁重而逐步实施"官搭民烧"制度，出现官窑民窑并兴的局面。督陶官唐英在《陶冶图说》中记载："（景德镇）以陶来四方商贩，民窑二三百区，工匠人夫不下数十万，藉此食者甚众。"由于废除匠籍，允许匠人流动业瓷，促进了御窑及民窑的发展。康熙的青花、五彩、郎窑红等瓷，风格别开生面；雍正的粉彩、高低温颜色釉瓷，粉润柔和，朴素清逸；乾隆的制瓷工艺精妙绝伦、鬼斧匠工，前无古人。清代康熙、雍正、乾隆三朝，景德镇御窑厂和民窑无论是技术、品种、花色、质量、产量都达到历史的最高水平，进入到古代陶瓷史上的极盛时期，成为中国陶瓷史上的黄金时代。[1]

（二）税种　税率

明初，朝廷制定了货物交易的商税。清代，税制有变化，实施厘金制度。鸦片战争后，为洋货进入中国而设优惠的子口税。晚清时代，又征统税，瓷业税收加重。

---

[1]《景德镇瓷业志·综述》，方志出版社 2004 年版。

1. 商税

洪武二十三年（1390），规定商税按三十分取一的标准，不得多收。《大明会典·卷五》载：（洪武二十三年）又令各处税课司局商税，俱三十分取一，不得多收。景泰二年，加强了对瓷税的征管，针对不同规格、不同釉色的碗、盘、碟、酒盅、茶盅、香炉、酒坛等器物制定了具体的税额。

2. 厘金

厘金是早期"货物税"的发展雏形，它是指货物运输每过一厘卡（税关），就要缴纳厘金，征收的对象主要是农产品、农副产品和手工业品。它创办之初仅仅是为了解决地方军费开支，后转而变为地方衙门财源，仅次于田赋和关税。咸丰五年（1855）江西设立厘金，开办之初税率为2%。为筹集军饷，于咸丰十年提高税率，定起捐为3%，验捐2%，两起两验共10%。《东华续录》（王先谦）载：景德镇瓷器昔年售价值五百金，近乃逾趋愈下，及半。论者以制法不精、厘税太重之故。

3. 统税

光绪二十八年（1902），江西改办统税，即货物运程不到四卡的，在起运首卡交完十分统税后，不再重征，超过指运地的，加征两分，未到指运地的，减征五分。瓷器类税目按装运器具分类有43项。光绪三十三年，景德镇瓷器外运时，先在本地缴纳一次统税，经过湖口运出江西省境时须再缴纳一次出口税，合计税率约12%，比洋瓷多纳4.5个百分点，而这仅仅还是景德镇和九江两道关税而言。

4. 子口税

税率为2.5%，是进出口税率的一半，故也称为子口税或子口半税。根据中英《天津条约》，洋货进入中国在通商口岸按货值缴纳5%的进口税后，只需加征一道2.5%的子口税，销往内地时便可免除各常关、厘卡的重征。

（三）税收管理

1. 许可制度

明代，朝廷加强瓷业税收管理，并深入到瓷器生产与交易证书、生产许可等环节。新窑场的开设要开报，这也是早期许可制度的雏形。瓷器烧造状况、销售去处均要报告，以此为征缴依据。万历《明会典》卷九记载："高皇帝御制到任须知"，"授职到任须知条目录：十七窑冶"："窑冶各开是何伎器及砖瓦名色"条"所属境内若有窑冶去处，须要各另开报：某窑出产或铜、铁、锡岁办若干；烧窑去处，所烧是何器物，或

　　　　　　　　　　　　　　　　　　　　　浮梁陶瓷业税收发展史考

砖或瓦、碗、楪什物等项名色，逐一开报"。

2. 征管漏洞

虽然瓷税征管标准明晰，但操作实施时，仍有税吏操弄货值与税率，成为中饱私囊的空间。

3. 税收使用

税既是国之基，也是民之膏，要取之有度。中国封建社会的官府衙门，对税款的使用都有规制，做到账目明细清楚，并呈报上级备案核销。如御窑厂的烧造银两来自九江税关，开支要报内务府监督、核销。[①] 浮梁县衙的开支项目，大到衙门修理、差役工资，小到祭祀、接待上司，所花银两都逐项记录报备。

古有县财府监，今有乡财县管。由是焉。

四、近现代的景德镇瓷税

（一）民国时期的瓷税概况

1. 瓷税征收

1928 年 8 月，江西宣布裁撤各统税、厘金局 26 所。1929 年 5 月 1 日，景德镇统税局正式撤销，江西瓷类特税总局在景德镇成立，由金保全接替局长谭兆福，负责对出省瓷类征收特税工作。这是专门针对景德镇瓷器征税的机构，特税局的征收通知一般通过商会及各同业公会转到各商户。

江西特税在设局之时，江西财政特派员公署对于各局的征收范围和征收种类都做了具体的规定。省内生产货品征税的手续有 5 个步骤：报验→查货→核算→放行→查验。如已完税，加盖"复查讫"章后予以放行。

民国时期，景德镇瓷业在困境中艰难前行，税收制度也是制约瓷业发展的突出问题。向焯在《景德镇陶业纪事瓷器纳税之手续》中指出：（民国关税）所经之处，无不有税，按其税率，各不相同，大率百分之十以上（江西税章订为值百抽十二）。税关重复征收对商品自由贸易很不利。

2. 惩戒措施

税关查验过程中遇到货票不符、一票两用等情况要进行罚款。有抗拒或恃强闯关

---

① 张德山：《督陶官唐英》，中国社会出版社 2007 年版，第 55—75 页。

者，其货品将被没收充公，但一般都会给予赎回期限。如瓷类特税局规定："充公货品准原商于一个月内照原价以八折赎回，具结存案，逾期由总局拍卖变值充公，但货品价值二百元以上者，应呈请特派员公署派员监视"等。

（二）中华人民共和国的瓷税

1949 年 4 月 29 日，解放军进入景德镇接管国民党政权。5 月 4 日，景德镇市政府、浮梁县政府分别成立。1953 年 6 月 15 日，景德镇升为省辖市。1958 年 10 月辖浮梁县。

1. 新中国成立后的景德镇（浮梁）瓷税

1949 年 5 月初，景德镇市税务局成立，接管国民党政府国税局浮梁稽征所与地方税捐机构，下设两股两所有 42 人。发布《废除自卫特捐照旧征税的布告》，征收税种有货物税、印花税、屠宰税、营业税、瓷税等。1950 年 1 月 30 日，政务院颁布《全国税政实施要则》，统一税制，规定全国征收的工商税收 14 种，对陶瓷征收货物税，废除单独的瓷业税。至此，结束了景德镇瓷器被单独列管、课以重税的历史。

1983 年，国家试行第一步利改税，对国营企业实现的利润按规定税率征收国营企业所得税，税后利润一部分按国家核定的留利水平留给企业，一部分按利润上缴国家。1984 年 10 月 1 日试行第二步利改税，由"税利并存"逐步过渡到完全的"以税代利"。同年，工商税制全面改革，将原工商税划分为产品税、增值税和营业税，对陶瓷征收产品税。1986 年增值税扩围，对陶瓷改征增值税。1994 年起，景德镇瓷业所得税 5 年内实行先征后返政策。[1]

2012 年起，国家逐步推进营业税改增值税，2016 年 5 月 1 日全面实施营改增试点，全市陶瓷行业营业税正式退出历史舞台，以手工制瓷为主的一批小微型企业以及个体生产经营者享受小微企业的免税政策，陶瓷行业整体税负率在 1.5% 左右。以 2016 年为例，纳税总额在 1000 万元以上的企业仅有法蓝瓷、乐华、欧神诺和金意陶 4 家；纳税总额 500 万元—1000 万元的企业 0 家；100 万元—500 万元的企业有 11 家，其余均为 100 万元以下的企业。

---

[1] 景德镇市地方志编纂委员会编：《景德镇市志（1986—2010）》，第十四篇"瓷业"，方志出版社 2020 年版。

2011—2016 年景德镇陶瓷行业产值与税收情况统计

年度	陶瓷行业产值	陶瓷行业税收收入	陶瓷行业整体税负率（%）
2011 年	192.6	3.002	1.56
2012 年	215	3.5	1.63
2013 年	249.3	3.86	1.55
2014 年	291.6	4.25	1.46
2015 年	336.5	4.38	1.30
2016 年	366.7	4.39	1.20

2. 试验区税收优惠

2020 年，国家给予景德镇国家陶瓷文化传承试验区（含浮梁县）税收优惠政策，试验区范围内销售自产的手工技法制瓷产品的一般纳税人，均可以选择增值税按 3% 简易征收的政策。一般纳税人陶瓷行业增值税税负降至 3.92%，较 2019 年降低税负 1.19 个百分点，有利于传统手工制瓷企业做强做大。2021 年，试验区各类企业纳税主体享受增值税、企业所得税、房土两税减免等多项税收政策红利达 3000 余万元。[①]

"国之经用，亦有赖焉。"历代朝廷（政府）都非常重视对浮梁瓷业进行征调、课税，从实物税到货币税，从以窑计征到以货值计征，从特定单一税种到普通商品的多税种。与国内其他产瓷区相比，浮梁的瓷业税负更重；与当地其他手工业产品相比，浮梁瓷器税率更高。直到中华人民共和国成立后，浮梁（景德镇）瓷器作为一般的工业品，不再被强化课税。国家通过财政、信贷、技改等渠道，支持景德镇瓷业生产，支持陶瓷教育、科研、文创，推动陶业人才培养、产业进步。20 世纪 90 年代，市政府以财政、金融、社保等手段投巨资支持景德镇陶瓷企业破产改制，扶持下岗工人再就业。[②]

[①] 景德镇市地方志编纂委员会编：《景德镇年鉴（2011—2016）》。

[②] 景德镇市地方志编纂委员会编：《景德镇市志（1986—2010）》，第十四篇"瓷业"，方志出版社 2020 年版。

2020 年，国家给予景德镇（浮梁）手工技法制瓷企业以特别优惠税率，支持景德镇国家陶瓷文化传承创新试验区建设。2023 年 10 月，习近平总书记到景德镇考察调研，深刻指出"中华优秀传统文化自古至今从未断流，陶瓷是中华瑰宝，是中华文明的重要名片""要集聚各方面人才，加强创意设计和研发创新，进一步把陶瓷产业做大做强，把'千年瓷都'这张靓丽的名片擦得更亮"。在总书记的殷殷嘱托下，在国家少取多予的产业政策扶持下，浮梁瓷业又迎来一个发展的春天。

作者简介：李景春，景德镇市史志办二级调研员、原副主任。

刍议景德镇小南河宋瓷遗产廊道的保护与利用

黄　薇

引言

瓷器是中国的文化符号，在长达一千多年的时间里，瓷器一度代表了先进的中国制造驰骋全球。中国是一个产瓷大国，历史上窑口众多，品类丰富，然而各窑口各领风骚数百年甚或有些只有几十年便戛然而止；放眼全球，无论是近世的朝鲜、日本，抑或 18 世纪以后西方（以德国麦森为代表）开始的制瓷业，不论短时间内的盛衰起伏，如果放在一个以千年为时间坐标的比较尺度里，迄今为止世界上却只有景德镇是"长跑冠军"，这不可谓不是一个人类奇迹！2019 年，景德镇获批国家级陶瓷文化传承创新试验区，建设对外文化交流新平台。这是景德镇的千年文化底蕴所带来的时代荣光，是国家使命和文化担当！

纵观陶瓷史，景德镇在千年岁月里曾经风光无限，也曾经落魄潦倒，近代以来更是起起伏伏，然而时至今日，在这样一个数字信息时代，景德镇依然吸引着许多年轻人来到这片热土创业，甚至出现了"景漂"现象。究其原因，笔者认为是因为景德镇有着其他产瓷区难以望其项背的千年文化遗产，也就是深厚的陶瓷文化。景德镇丰厚的文化遗产，不仅昭示着先辈的荣光，更是后世取之不尽用之不竭的宝藏！景德镇与陶瓷文化遗产的关系事实上是"形"与"魂"的关系。换句话说，脱离了对陶瓷文化遗产的深入研究和保护利用，景德镇就不能称为人们心目中的景德镇，景德镇国家级文化试验区的建设也不可能达到人们心目中的预期。景德镇陶瓷文化遗产保护与传承是景德镇当前必须回答的时代课题。

景德镇陶瓷文化遗产作为一种独特的文化遗产，从不同视角、不同维度、不同层次进行挖掘，往往呈现出不同的价值表征，无论是内涵还是外延都很丰富。从单个的古窑址、瓷器碎片到联系中的陶瓷产业片区，从瓷窑遗址到与自然生态环境的双向联系，从制瓷技术的转变到生产组织，从瓷器到社会审美、消费观念等等。可以说，陶瓷文化遗产的保护利用与区域创新融合发展是共通的。现如今，文化遗产的研究范围已经超越考古学、人类学、历史学等基础学科界限，广泛地借鉴经济学、旅游学、管理学、生态学等学科的研究方法来研究文化遗产的要素构成、评价和保护利用，从而大大开拓了文化遗产的研究领域和方法视野。

本文围绕景德镇小南河流域的陶瓷文化遗产保护与利用这个问题，结合前人的工作，从本人十年来在进坑村驻地工作的实践经验出发，提出"小南河宋瓷遗产廊道"的概念，并融合多学科形成跨专业的研究视角，探讨该遗产廊道之于景德镇和中国文化的价值，形成对该地区的遗产价值评估与特色优势的分析，以弥补对小南河流域研究的不足。

一、景德镇小南河流域概况与研究史回顾

昌江是景德镇的母亲河，孕育了以御窑厂为中心的陶阳十三里老城区。小南河是昌江支流——南河的支流，古称"柳家湾水"，发源于寿安镇鸿兴村，长19千米，流经丰旺、朱溪，至柳家湾折向北去，过月山下、半路港、进坑，于黄泥头入南河，南河又下行21千米至市区小港嘴，于东岸注入昌江。[①] 小南河流域位于景德镇市区南面至东南面，距离景德镇中心城区约20千米，东邻婺源县，南靠乐平市，西与昌江区荷塘乡毗连，北接南河（图1、图2）。

该区域属于低山丘陵地带，相对高度都在50—200米，最高峰位于进坑村的双尖（海拔517米）；在行政上隶属于江西省景德镇市浮梁县，范围包括今浮梁县寿安镇全境和湘湖镇进坑村，行政总面积135平方千米，包括鸿兴、丰旺、宁厂、朱溪、柳溪、月山、灵珠、仙槎、进坑9个行政村，78个自然村，总人口约2.5万人。

---

① 景德镇市地方志编纂委员会：《景德镇市志》（第1卷），中国文史出版社1991年版，第47页。

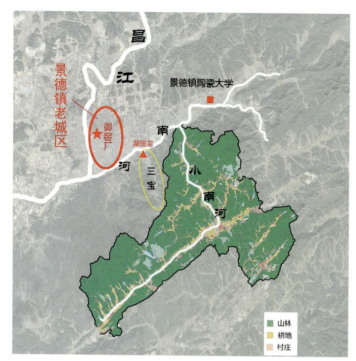

图1　景德镇小南河流域地理区位图

图2　景德镇小南河（进坑村口段）

　　小南河流域是景德镇早期窑业辉煌的代表，然而在学术界所受关注不多，今将历年来对该地区窑业的考古调查、研究与相关文化遗产保护工作分列如下：

　　1.最早关注小南河流域的是已故景德镇陶瓷研究奠基人刘新园先生。在发表于1982年的《蒋祈〈陶记〉著作时代考辨》一文中，刘先生指出了《陶记》中记录的小南河流域四处地点：宋代最佳瓷石产地——进坑、出产瓷石和釉果的"岭背"（今寿安镇牛角岭南麓的邱冲坞与下项村一带），以及出产釉灰的"游山"和仙槎。[①]

2. 1985 年，江西省文物工作队对柳家湾匣钵墩北侧筑铁路路基时暴露的一处窑业堆积进行了清理，在《考古》杂志上发表调查报告。[②]

3. 从 1984 年到 1989 年，为配合《景德镇文物志》的编写，景德镇陶瓷考古研究所对景德镇近郊以及浮梁县东河、南河流域诸瓷窑遗址进行了较为系统的调查，资料刊印在《景德镇市文物志》一书中。

4. 1991 年，景德镇陶瓷考古研究所在香港冯平山博物馆的展览《景德镇出土陶瓷》中介绍景德镇陶瓷考古时提到了小南河流域的一些窑业情况，但资料范围未超越上述《景德镇市文物志》的收录。

5. 2014 年 6 月，笔者为寻找《陶记》中记载的"进坑石泥"，来到进坑村做考古调查，意外发现进坑村古窑址群，鉴于当时的文物保护形势严峻，在景德镇市委、市政府的支持下对进坑村进行系统考古调查，此后驻在进坑村忙时种田，闲时考古，从事陶瓷文化遗产保护实践至今。

6. 2018 年，景德镇市政协文史和学习委员会编纂出版《景德镇古窑址》一书[③]，该书在编纂中吸收了《景德镇市文物志》《景德镇市瓷业志》《江西省景德镇市地名志》的资料，又在原来收集整理《江西古窑》资料的基础上，编纂者实地调查并拍摄图片，补充了较多的一手资料。《景德镇古窑址》一书是迄今对景德镇窑址介绍最为详细的资料合集。

除了上述考古调查和笔者在进坑村的工作以外，对于小南河流域的窑业研究做过贡献的还有易琦[④]、余祖球[⑤]、高凌翔[⑥]、张忠铭[⑦]、方府报[⑧]、李朝毅[⑨]等一批早期工程师，

① 刘新园：《蒋祈〈陶记〉著作时代考辨——兼论景德镇南宋与元代瓷器工艺、市场及税制等方面的差异》，《景德镇陶瓷·〈陶记〉研究专刊》，1981 年。

② 江西省文物工作队：《江西景德镇柳家湾古瓷窑址调查》，《考古》1985 年第 4 期。

③ 景德镇市政协文史和学习委员会编：《景德镇古窑址》，江西高校出版社 2018 年版。

④ 易琦：《景德镇的瓷业原料》，《瓷器》1964 年第 8 期。

⑤ 余祖球：《月山瓷石特征与开拓设计》，《中国废金属矿工业导刊》2001 年第 12 期；余祖球：《南港瓷石的矿床特征及其工艺性能》，《陶瓷工程》1997 年第 6 期；余祖球：《画眉垅瓷石特征及工艺性能》，《陶瓷工程》2000 年第 12 期。

⑥ 高凌翔：《景德镇几种瓷石的组成和特性》，《硅酸盐通报》1989 年第 12 期。

⑦ 张忠铭：《柳家湾瓷石的理化性能及其特征》，《景德镇陶瓷》1974 年第 4 期。

⑧ 方府报：《宁村瓷石的矿物工艺特性及其在高白度瓷中应用》，《景德镇陶瓷》1987 年第 7 期。

⑨ 李朝毅：《景德镇柳家湾瓷石矿床地质特征及其成因初步研究》，《建材地质》1989 年第 6 期。

他们对小南河流域的瓷石矿工艺性能、成分测试和地质学进行过研究。

以上可见，长期以来，相比于对景德镇和湖田窑的研究工作，真正在学术上涉及景德镇小南河流域的研究并不多，对小南河流域窑业的系统研究迄今尚存在空白。

二、小南河宋瓷遗产廊道的概念与结构

（一）概念的提出

小南河流域是一块窑址密集的区域，从五代开始兴起，北宋达到顶峰，南宋没落或停烧，有近百处窑址[①]，大大小小，星罗棋布。本文试将上述前辈学者在小南河流域的窑址调查和相应资料做系统梳理，结合笔者在小南河流域的调研，辑录成文末附表。

通过资料梳理可得出如下数据：在小南河 19 千米水系长度、135 平方千米流域范围内，有 9 个行政村、78 个自然村，大大小小分布着近 100 处宋代窑址。平均换算下来，每 1.5 平方千米就有一处宋代窑场，平均每一个自然村拥有 2 座宋代窑场。这样一种"村村有窑、处处陶埏"的历史场景在全世界是绝无仅有的！

笔者尝试将小南河流域的窑业遗迹在卫星图上进行标识，得到了如下富有逻辑而有趣的现象：

1. 以小南河为主纽带，以境内小溪流为次纽带，该区域的古代窑业逐水系呈现线性分布规律；

2. 以南市街和柳家湾为主窑场，其余小窑场呈散点状分布；

3. 古窑址有序地分布在该区域的水田边山脚下；

4. 古代瓷石矿坑与现在正在开采的瓷石矿坑处于同一条矿带上；

5. 瓷石矿周边窑址密集。

水为生命之源，土为万物之母，古代制瓷业也逃脱不了这一规律。上述小南河流域的特征是由水、瓷土、窑柴三者相互作用下形成的，其特征和资源状态完全符合遗产保护理论中的遗产廊道（Heritage Corridor）概念。遗产廊道是源于美国的针对大尺度线性文化景观而提出的一种区域化遗产保护理念与战略举措，是遗产保护区域化与绿道（Green Way）思想结合的产物，集文化遗产保护、生态基础设施建设以及经济

---

① 不同的计算方法对窑址数量的统计会有差异，本文采用遗址所在地块来粗略统计窑址数量，如果按遗址点计算则小南河流域窑址数量更多。

图3 小南河宋瓷遗产廊道窑业遗存分布图（作者制图）

价值的提升于一体，自1984年首条国家遗产廊道建立以来，经过近40年的实践摸索，已臻成熟。2001年王志芳等人首次将遗产廊道（Heritage Corridor）概念引入国内[①]。概括起来，遗产廊道是：

　　1. 线性景观；

　　2. 尺度可大可小；

　　3. 是一个综合保护措施，自然、经济、历史文化三者并举。

　　当前，世界遗产保护类型、内涵和保护范围不断扩大，世界文化、自然遗产的衡量标准统一为真实完整地突出普遍价值。遗产保护总体呈现景观或区域尺度的整体保护趋势。遗产廊道作为一种统筹遗产保护和区域发展的理念，既是一种遗产保护理论，

① 王志芳、孙鹏：《遗产廊道——一种较新的遗产保护方法》，《中国园林》2001年第5期。

　　　　　　　　　　　　　　　　　刍议景德镇小南河宋瓷遗产廊道的保护与利用

也是促进区域综合发展的规划方法，在构建过程中通过文化保护、绿色廊道、游步道、解说体系等方式实现各类资源保护及区域发展目标。小南河的文化遗产呈现线性分布的特征，与遗产廊道的概念契合。

笔者认为，作为国家级陶瓷文化传承创新试验区，在构建新型城镇化和乡村振兴的时代大背景下，"小南河宋瓷遗产廊道"的概念已经十分必要，将会极大地丰富景德镇的陶瓷文化景观，积极开展遗产保护、生态修复、文化旅游、乡村振兴工程，实施一体化发展战略，助推景德镇的高质量发展。

（二）"1 主 +3 支"的叶脉状结构

仔细观察图 4 的小南河流域的古代窑业分布，还可以看到小南河流域宋瓷遗产廊道是"1 主 +3 次"的遗产廊道体系，呈现出叶脉状的遗产廊道结构：1 个主体宋瓷遗产廊道 +3 个次级宋瓷遗产廊道的结构。具体而言分别是：

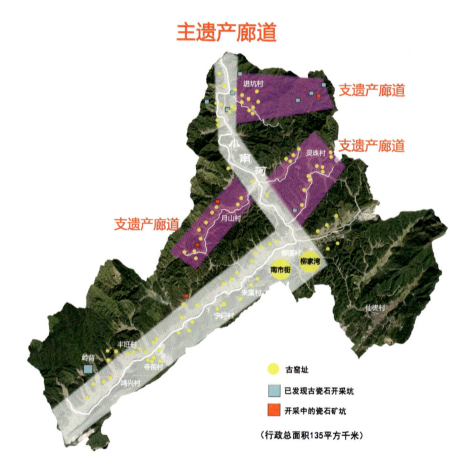

图 4　小南河宋瓷遗产廊道 "1 主 +3 支" 的叶脉状结构示意图（作者制图）

1个主廊道：从小南河的源头开始到小南河入南河口结束，全长19千米，由南市街、柳家湾两个主窑场和小南河沿岸的鸿兴村、丰旺村、寺前村、宁厂村、朱溪村、月山村、灵珠村、进坑村的窑业遗存共同构成。

3个支廊道：

①进坑村支廊道

位于小南河下游，与南河交汇。该廊道从内马龙塘开始，沿着山谷一路到进坑村汪家组、门楼组、桥头组，自东向西形成支廊道，最后接入小南河主廊道。

②月山村支廊道

位于小南河中下游。主要由月山村的大屋下、内小里、外小里、何家蓬、月山下一线由西向东构成，最后接入小南河主廊道。

③灵珠村支廊道

位于小南河中下游，与月山支廊道形成两翼，由西向东从义民开始到井坞、灵珠村，再从东向西折回到娘娘坞、新矿一路，最后接入小南河主廊道。

三、小南河宋瓷遗产廊道的构成要素——以进坑村支廊道为例

作为一种描述遗产分布与区域特征的概念，遗产廊道的提出为跨区域综合性遗产的保护与利用提供了新的视角，有利于世界文化遗产领域相关理论方法的建构。有别于传统的文化遗产类型，遗产廊道通过整体性视角，将文化遗产资源在空间意义上的"点"延伸到"线"的层面，支持更大尺度范围内各区域遗产点之间的关联性，并在一个宏观而整体的线性空间尺度下提升这些分散遗产点的价值认知，从而达到整体保护的目的[①]。遗产廊道概念源于美国，在引入中国的近20年时间里，我国学者在结合中国国情的基础上，通过对国外理念的引鉴吸收以及实践经验的总结，在相关领域取得了一定的学术成果，但就研究总体而言，国内学者主要关注宏观理论和概念，缺少实践层面的细化与落地可行性方案，故遗产廊道理论如何在我国特殊国情下进行"本土化"仍有待深入探讨。

就小南河宋瓷遗产廊道的构建而言，其概念的起点，笔者认为就是建立在对构成概念的各资源要素的仔细梳理上。在充分调研概念资源要素的基础上，进行提炼、评

---

① 吴隽宇、陈静文：《风光览尽当可归——论江门华侨华人文化线路资源特征判读》，《风景园林》2019年第11期。

估和转化，最后要落实到国土空间规划当中形成法定文件，在一体化战略下分步实施才有可能形成对遗产廊道的有效保护与利用。

文化遗产包括物质文化遗产和非物质文化遗产。从文化遗产的构成角度讲，小南河宋瓷遗产廊道的文化遗产构成要素包含如下两个方面（表1）：

表1　小南河宋瓷遗产廊道文化遗产构成要素

物质文化遗存	古代瓷业遗迹	与制瓷业相关的遗存遗迹，包括古窑址、古作坊遗址、古代瓷石开采坑、瓷石水碓遗址、釉灰制作遗址等
	古代遗迹	与小南河宋瓷遗产廊道时间、空间相关的古桥、古码头、古道、信仰遗迹等
	古建筑	相关的民居以及与制瓷业有关的功能性建筑
	古代瓷业聚落	村落及原住民
非物质文化遗存	习俗与口述史	具有地方特色的社会民俗，口述历史、传说、地方信仰等
	习俗与口述史	胎釉等制瓷原料制备、成型技术、烧成技术、包装技术等

上述遗产构成要素可视为理论指导，在实际操作中不仅要针对陶瓷文化遗产，还要关注村落与原住民的情况，可分为必备要素和附属要素两类。总的来说，宋瓷遗产廊道对立体空间系统性关注大过于对单个窑址的局部关注，更强调遗址的原始性和整体性。以笔者实践了十年的进坑村宋瓷遗产廊道为例（表2），其立体空间的系统价值远远大过于具体窑址本身（图5、图6）。

表2　进坑村宋瓷遗产廊道构成要素

	必备要素		附属要素	
1	古窑址	15处	古茶林	若干处
2	瓷石古矿坑	5处	阔叶林	7800亩
3	瓷石水碓遗址	18处	瀑布	3处
4	古道	约5千米	泉眼	1处
5	河流	2条	古碑	3处
6	水田	390亩	古庙宇遗迹	3处
7	村落（原住民）	827人	古文献记载	1处权威文献记载

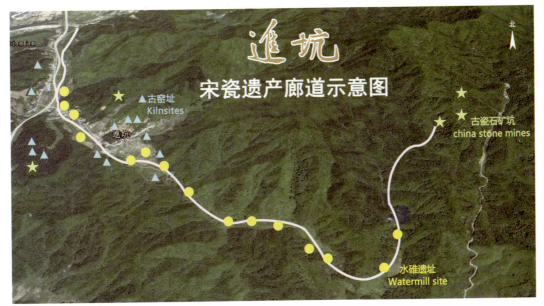

图5 进坑村宋瓷遗产廊道示意图（作者制图）

图6 进坑村宋瓷遗产廊道主要构成要素示意图（作者制图）

刍议景德镇小南河宋瓷遗产廊道的保护与利用

四、小南河宋瓷遗产廊道之于景德镇的价值——宋瓷文化 IP

（一）青白瓷与景德镇

从现今的考古资料看，景德镇制瓷最早开始于晚唐五代，最先烧造的是粗糙的灰青釉瓷器，五代时期景德镇转而烧造白瓷和青瓷，在南方诸多窑系中默默无闻。真正让景德镇声名鹊起的是青白瓷。青白瓷是景德镇在宋代创烧的一个瓷器品类，青中闪白，白中闪青，故曰"青白"。蒋祈《陶记》开篇描述了宋代景德镇烧造青白瓷的盛况："景德陶，昔三百余座，埏埴之器，洁白不疵，故鬻于他所，皆有饶玉之称。"由于景德镇青白瓷的品质卓越，洁白无瑕，釉色精美如玉，又因当时的景德镇归饶州府管辖，宋人因此将景德镇出产的青白瓷称作"饶玉"，用中国人喜爱的玉器来指代瓷器，足以说明当时人们对景德镇青白瓷的喜爱。《宋会要辑稿》载："江南东路饶州景德镇，景德元年（1004）置。""镇"

图 7　宋真宗（997—1022 年在位）

的设置在宋代主要和征税、军事有关，当时地处浮梁一隅的山区小城能够以皇帝年号"景德"置镇（图 7），必定与景德镇的特产——青白瓷有密切关系[1]。

景德镇宋代青白瓷器型多样，从生活日用的餐具、茶具、酒具，到女子使用的化妆用具、士大夫们的文房用器等等，见证了宋人精致的生活方式和优雅的审美趣味。在宋代，景德镇青白瓷已经进入了北宋开封"建隆坊"，成为了宫廷用瓷，诸多考古出土器物也一再证实青白瓷深受宋代士大夫们的喜爱，仅以吕氏家族墓试为说明。

吕氏家族是北宋中晚期的名门望族，其中最著名的有哲宗朝（1086—1098）权倾朝野的名相吕大防，《考古图》作者、中国考古学鼻祖吕大临，金石学家、西安碑林创始人吕大钧、吕大忠等。吕氏一门书香传家，世代官宦。2006—2011 年经陕西省考古

---

[1] 关于景德镇的置镇、功能的详细考证，可参阅：黄康明《宋代景德镇市初步研究》，《景德镇文化研究》（第 2 辑），中国文史出版社 2018 年版。

图 8　景德镇北宋青白瓷（陕西蓝田吕氏家族墓出土）

研究院对陕西蓝田吕氏家族墓进行了考古发掘①，出土了一大批精美文物，其中有景德镇青白瓷碗、碟、壶、香炉等器具，釉色莹润，如冰似玉，甚至还有镶嵌银扣的青白瓷斗笠盏（图 8）。这些陪葬品都是墓主人生前用器，由此可见，景德镇青白瓷深受宋代精英阶层喜爱。

景德镇青白瓷不仅深受宋人精英阶层喜爱，而且随着丝绸之路行销海外，产品远销至东北亚的日本和朝鲜，东南亚的菲律宾、爪哇等地以及中东和西非的阿拉伯世界，实证见于埃及福斯塔特考古和著名的"南海一号"沉船，足以说明景德镇宋代青白瓷是中外文化交流的重要历史见证。

---

① 陕西省考古研究院：《陕西蓝田县五里头北宋吕氏家族墓地》，《考古》2010 年第 8 期；张蕴：《陕西蓝田北宋吕氏家族墓出土瓷器综述》，《中国陶瓷》2017 年第 12 期。

（二）瓷都摇篮　山水桃源——景德镇需要一个千年宋瓷 IP

学者黄义军从历史地理学角度观察，指出："制瓷业是一种最能体现人与自然互动的手工业，这就决定了各种地理要素对区域瓷业文化（包括产品和技术两个方面）强有力的塑造作用。制瓷手工业十分依赖自然资源，如瓷土、水源和燃料，在工业化时代之前，受运输条件的限制以及出于节约成本的需要，民窑的选址一般都要接近原料产地。因此，古代制瓷手工业的布局必然受到瓷土等自然资源的影响。"[①] 制瓷手工业是人类充分发挥智慧利用自然、改造自然的结果，景德镇丰厚的陶瓷文化遗产就是在人与自然的相互作用过程中不断累积发生的。在这个过程中，随着原料、技术的改变，景德镇制瓷业从宋代到元代经历了从分散到集聚的过程。从南宋开始，随着优质瓷土的枯竭，景德镇逐渐开始进入"瓷土 + 高岭土"的二元配方时代，元代正式大规模使用，由此，景德镇窑业从小南河、南河一带逐渐转移到了昌江河畔，经由元明清的不断发展，形成了后世以御窑厂为中心的"陶阳十三里"，是为今日景德镇老城区的主体所在。

近年来，景德镇高度重视陶瓷文化的保护与建设，先后打造了陶溪川、三宝瓷谷和陶阳里三张著名的文旅名片，在陶瓷文化建设上取得了亮眼的成绩。从景德镇陶瓷史的角度可以这样认为：以御窑厂为中心的"陶阳里"，讲述的是景德镇元明清三代 800 年的陶瓷史；以宇宙瓷厂为底本改造而来的"陶溪川"，上承清末江西瓷业公司，下接解放后的十大瓷厂，陶溪川讲述的是景德镇 100 年的陶瓷史；然而，景德镇已经置镇千年，号称"千年瓷都"，那么在哪里能看到景德镇的千年宋瓷呢？就景德镇的陶瓷文化遗产分布规律和保存状态来说，答案只能在本文的小南河宋瓷遗产廊道里（图 9）。

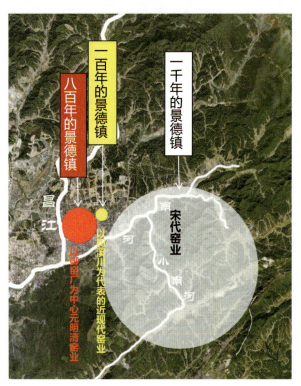

图 9　景德镇历史文化片区示意图（作者制图）

① 黄义军：《宋代青白瓷的历史地理研究》，文物出版社 2010 年版，第 23 页。

（三）小南河宋瓷遗产廊道之优质资源分析

前述小南河流域是一块古代窑业密集的区域，大大小小分布着近百处窑址，换算下来，平均每1.5平方千米就有一处宋代窑场，平均每一个自然村拥有2座宋代窑场，是一种罕见的"村村有窑、处处陶埏"的宋代窑业景象。小南河宋瓷遗产廊道孕育了后世的瓷都景德镇，是千年瓷都的根脉所在，具有十分重要的历史价值。相比于市区窑址深埋地下，难见真容（图10），小南河的窑址多在田边山下，与自然融为一体（图11）。除古遗址外，小南河流域时至今日还保存着传承千年的活态技艺、人文地理景观以及大量的人才资源。

1. 传承千年的活态技艺——采矿、制釉

小南河流域的宋代青白瓷使用的是"一元配方"，即区别于景德镇从元代开始流行的瓷土＋高岭土的"二元配方"。"一元配方"所使用的制瓷原料——瓷石大多产自小南河流域，蒋祈《陶记》记载："进坑石泥，制之精巧，湖坑、岭背、界田之所产已为次矣。"位于小南河流域的"进坑"是宋代最优质瓷石的出产地，"岭背"即小南河上游区域瓷石矿。除了众多的古代瓷石开采坑，小南河流域至今仍在开采的瓷土矿还有3家，分别是：朱溪瓷石矿（年产6万吨）、寿安瓷石矿（年产6万吨）、宁村矿（年产12万吨）（图12）。

另据《陶记》记载："攸山、山槎灰之制釉者取之，而制之之法，则古埿炼灰，杂以槎叶木柿，火而毁之，必剂以岭背釉泥而后可用。"可见，位于小南河流域的攸山、山槎两地所出

图10　景德镇市区十八桥明清窑址（作者拍摄）
图11　浮梁县湘湖镇进坑村宋代窑址（作者拍摄）
图12　浮梁县寿安镇宁村开采中的瓷石矿（作者拍摄）
图13　浮梁县寿安镇鸿兴村传统釉灰制作工艺（作者拍摄）

产的釉灰是配釉工所不可缺少的。釉灰的制作方法是，先把石灰石煅烧成白色粉末，然后把粉末放在杂柴和柿子树枝上煅烧，草木灰和石灰掺在一起，即成釉灰。合釉时还必须加入岭背出产的釉果，才能成为可用釉料。有意思的是，小南河流域这种千年前烧制釉灰的办法至今仍在继续（图13），足见其生命力之强大。

2.山水林田窑村融为一体——水土宜陶、陶作农耕的独特人文地理风貌

除了拥有丰富的宋代窑业遗存和瓷石矿坑外，小南河流域的自然生态资源也十分优越，有山林7120公顷，森林覆盖率达80%以上，耕地11559公顷。水资源丰富，小南河全长24.33千米，为昌江二级支流南河一级支流。地域内有水库15座（2座小一型，13座小二型），山塘102座（万方以下44座，万方以上58座）。丰富的宋瓷文化遗产和优越的自然生态环境，形成了山水林田窑村融为一体的文化景观，使得小南河流域的自然村落呈现出独特的人文地理风情——水土宜陶、陶作农耕。这是一种独属于景德镇的陶瓷文化景观（图14）

图14　山水林田窑村融为一体的浮梁县湘湖镇进坑村（李金旺拍摄）

3. 交通便利

小南河宋瓷遗产廊道毗邻景德镇市区，随着近年来景德镇城市框架的拉大，交通变得十分便利，距离市区最近的进坑村与市区仅 2.5 千米，遗产廊道中心区域所在的南市街距离景德镇市区 13 千米。205 省道和 107 县道两条大动脉贯穿其间，交通便利。小南河宋瓷遗产廊道距离景德镇高铁仅 15—30 分钟车程，距离景德镇机场 30—45 分钟车程，距离高速路口约 10—25 分钟车程。

4. 人才资源丰富

如今，景德镇城区和小南河流域的诸多村落依然活跃着制作青白瓷的匠人，青白瓷至今还是景德镇陶瓷体系中的一个重要品类，不仅见于青白瓷仿古瓷，而且广泛应用于现代茶具、餐具以及现代陶瓷艺术的创作。时至今日，宋代青白瓷技艺在景德镇依旧生机勃勃，可以说是一种鲜活的文化遗产传承。

更为重要的是，小南河流域周边人才资源和人才储备丰富。景德镇自古以来就是一个"匠从八方来，器成天下走"的瓷都，地处景德镇东郊的小南河流域通过便捷的交通和基础设施能够与景德镇完备的制瓷产业体系构成高效的互通关系。可以说，小南河流域属于城市供应链的"半小时辐射圈"，地理位置十分优越。加之小南河流域的村落生态环境优美，宜居宜业，是近年来兴起的"景漂"人士喜爱的理想之所。小南河流域的进坑村、半路港村、灵珠村等地如今都吸纳了众多的陶艺创作者、艺术家入驻，形成了生机勃勃的村落气象。

尤为难得的是，小南河流域距离景德镇陶瓷大学仅约 5000 米。景德镇陶瓷大学是全国唯一的陶瓷本科院校，1911 年立校，是全国首批 31 所独立设置的本科艺术院校之一、94 所具有资格招收中国政府奖学金来华留学生的高校之一，是中西部高校基础能力建设工程支持高校、教育部卓越工程师教育培养计划高校、教育部深化创新创业教育改革示范高校、江西省一流学科建设高校。截至 2022 年，该校设有 12 个教学学院（部、系），59 个本科专业，3 个一级学科博士点，13 个一级学科硕士点和 8 个专业学位硕士点；有全日制在校生 2 万余人，其中，硕士研究生、博士研究生近 2000 人。大学无疑是培养和储存人才最大的人才池。

小南河流域的国土空间开阔，保护和建设成本相比于景德镇市区并不高，能够充分利用景德镇的人才优势和制瓷产业体系，小南河宋瓷遗产廊道的文化遗产如能得到有效的保护和充分而恰当的利用能带动文创、旅游、教育、农产品以及配套服务业等多种行业，形成具有当代特色的宋代瓷文化传承创新示范区，构建千年宋瓷 IP，不仅能创造良好的经济价值，实现乡村振兴、文化振兴，而且可以实现人才滚动培养，小南河流域的文化产业经济可持续性增强。

五、基于比较研究的视野和 VRIO 模型分析下的小南河宋瓷遗产廊道

（一）十大经典宋瓷的文化遗产价值比较评估

宋代是中国历史上的经济繁荣期，文化发达，瓷业兴盛。时至今口，宋瓷在人们心目中依然有着崇高的地位。经典的宋瓷包括北方的定窑、耀州窑、钧窑、磁州窑，南方的景德镇窑、吉州窑、建窑、龙泉窑，以及官府烧造的汝窑和南宋官窑[1]，可称为十大经典宋瓷（图 15）。

图 15　中国十大经典宋瓷（作者制图）

如果将以上十大经典宋瓷进行文化遗产价值的比较，按照上述六大价值进行要素评估，可以得出如下认识（表 3）：

---

① 哥窑因年代争议，不在本文比较研究之列。

表 3　中国十大经典宋瓷之遗产价值纷合比较评估

名称	历史价值				文化价值		艺术价值		科学价值		社会价值		经济价值								
	知名度	保存状态	遗存规模	传承能力	文化影响力	文化内涵	艺术代表性	艺术感染力	技术水平	科普价值	民众认同度	社会关联度	景观价值	地理区位	交通条件	价值发掘程度	开发成本	产业带动	人才培养	受益人群	可持续性
景德镇窑	高	好	大	最强	大	深	强	强	高	高	较高	强	最好	最好	好	低	低	强	多	多	最强
定窑	高	好	大	一般	大	深	强	强	高	高	较高	较弱	一般	一般	一般	中	低	一般	一般	一般	较弱
耀州窑	高	好	大	一般	大	深	强	强	高	高	较高	较弱	一般	一般	一般	高	低	一般	一般	一般	较弱
汝窑	最高	好	小	一般	最大	深	强	强	高	高	高	较弱	一般	一般	一般	高	中	一般	一般	一般	较弱
南宋官窑	高	好	小	一般	大	深	强	强	高	高	高	较弱	好	好	好	高	中	较强	一般	一般	较弱
磁州窑	高	好	大	一般	大	深	强	强	高	高	较高	较弱	一般	一般	一般	中	低	一般	一般	一般	较弱
钧窑	高	好	大	一般	大	深	强	强	高	高	较高	较弱	一般	一般	一般	高	中	一般	一般	一般	较弱
龙泉窑	高	好	大	强	大	深	强	强	高	高	较高	较弱	好	一般	一般	高	中	较强	较多	较多	强
建窑	高	一般	大	一般		深	强	强	高	高	较高	较弱	好	一般	一般	中	中	一般	一般	一般	较弱
吉州窑	高	好	较大	一般	较大	深	强	强	高	高	较高	较弱	好	一般	一般	中	中	一般	一般	一般	较弱

各项指标比较说明如下：

1. 历史价值：

（1）知名度 就知名度而言，除了汝窑最具知名度外，其余九大窑口都有各自的知名度，可等量观之。

（2）保存状态 近年来建窑受到破坏比较严重，其余诸窑口保存状态相当。

（3）遗址规模 汝窑和南宋官窑为宋代官窑，规格最高但规模最小；另，吉州窑的遗址规模相比于其他窑口在数量上相对较小。

（4）传承能力 景德镇窑至今保留着完整的制瓷体系，分工明确且供应链完备，千年窑火生生不息。由于产业兴盛，所以景德镇窑无论是在工匠的培养还是在人才的储备方面都是最具传承能力的；龙泉窑的情况次之，其余诸窑口在当代都仅有零星的仿古或生产，情况相当。

2. 文化价值：

（1）文化影响力 汝窑因其知名度最高，在宋瓷谱系中的文化影响力可谓最大。吉州窑的影响力相对略低，其余窑口文化影响力相当。

（2）文化内涵 十大经典宋瓷的文化内涵各有千秋，文化内涵相当。

3. 艺术价值：

（1）艺术代表性 十大宋瓷在艺术表现形式上各具地方特色，可谓旗鼓相当。

（2）艺术感染力 十大宋瓷均具有不同的艺术感染力，各花入各眼，可等量视之。

4. 科学价值：

（1）技术水平 十大宋瓷都分别建立在本土材料特性上，在制瓷技术方面百花齐放，各有突破，旗鼓相当。

（2）科普价值 十大宋瓷可等量视之。

5. 社会价值：

（1）民众认同度 汝窑和南宋官窑作为宋代官办窑场，民众认同度最高，其余八大窑口相当。

（2）社会关联度 这里主要指该文化遗产的保护和利用与当地人、资源、产业的关联程度，这方面景德镇小南河遗产廊道由于先天和后天优势无疑是关联度最大的，其余窑口可等量视之。

6. 经济价值：

（1）景观价值

景德镇小南河宋瓷遗产廊道的文化遗产分布有两大特征：

特征 1：以河流为纽带，古代窑业逐水系呈现线性分布规律；

特征 2：窑址多分布在稻田边山脚下，山水林田窑村融为一体（图 2）。

前文已述，小南河流域自然资源丰富，国土空间开阔，村落的肌理状态良好，古窑址与村落、稻田、山林、瀑布、溪泉和谐共存，形成了具有景德镇特色的山水林田窑村和谐共存，水土宜陶、陶作农耕的特色人文地理风貌，能够生动地传达宋瓷"天人合一"的人文精神。这种风貌跟南方地区丰沛的降雨量和地理地貌有密切关系，瓷窑遗址的文化景观本身相对较弱，相比之下景德镇窑的文化景观最佳，其余的南方宋窑如南宋官窑、龙泉窑、吉州窑、建窑都旗鼓相当，北方地区的窑口相对较差。

（2）地理区位和交通条件

景德镇小南河流域由于地处城市郊区，地理区位最佳，交通畅达，在十大宋瓷比较中优势明显。南宋官窑位于杭州凤凰山下，交通也相当便捷，但地理区位不如景德镇。其余诸窑口情况相当。

（3）价值发掘程度

十大宋瓷中的南宋官窑、龙泉窑、汝窑、耀州窑、钧窑都经过了系统的考古发掘并斥巨资建有专门的博物馆，龙泉窑制瓷技艺已申报为联合国非物质文化遗产，因此南宋官窑、龙泉窑、汝窑、耀州窑、钧窑的价值发掘程度在十大宋瓷中是最高的。定窑、磁州窑、建窑、吉州窑都有正规的考古发掘，唯独景德镇小南河宋瓷遗产廊道的发掘程度最低，不仅没有正规的考古发掘，而且调查、研究成果也很少。

（4）开发成本

开发成本建立在拆迁成本、交通成本、建设成本、产业带动能力四个方面的综合比较上，十大经典宋瓷的开发成本可评价为两个层次：汝窑、南宋官窑、钧窑、建窑、龙泉窑、吉州窑属于一个开发成本级别，其余诸窑口则相对较低。

（5）产业带动、人才培养、受益人群、可持续性

这四个指标具有相互关联性，又跟地理条件和人才条件高度相关。前文已述，景德镇小南河流域由于其特殊的地理区位、生态资源、国土空间和人才条件，在产业带动、人才培养、受益人群和可持续性方面具有其他窑口远不可及的优越性；龙泉窑的情况次之，南宋官窑再次之，其余诸窑口情况相当。

（二）小南河宋瓷遗产廊道基于 VRIO 模型的遗产价值分析

近年来，随着文化遗产研究的深入，人们越认识到文化遗产对于当代发展的重要

价值和意义，因此文化遗产的经济价值备受关注，关于遗产价值的评估也由此形成了多种流派。当今文化遗产界流行以西方经济学理论为基础，将福利经济学和微观经济学作为价值评估的理论来源和操作工具，借鉴环境资源的价值评估方法，分为市场价值法、替代市场法和意愿调查法来做文化遗产的价值评估。[1]

其实，无论是对文化遗产采取定性还是定量的研究，"价值"是一种社会关系而不是某种实体，价值是关系范畴而非实体范畴，价值离不开主体即人和人的需求。正如孙华先生指出："遗产的价值评判，是人这个主体与遗产这个客体发生关系后，人们对遗产的有用性或重要性的一种判断。可以这样说，我们所说的遗产价值，除了遗产内在客观存在的年代价值等要素外，几乎都是主观价值。""无论是哪种类型的遗产，其价值都与人这个主体有着密切的关联，遗产价值是人这个主体对具有遗产属性之物的一种意义的判断。我们有些遗产价值的研究者将人、遗产和价值并列起来，将遗产价值分析为一种实体范畴，是不恰当的。"[2] 正确的人与遗产和价值的关系应该如图 16 所示[3]。

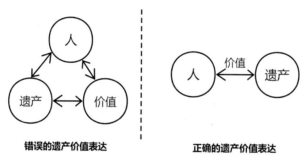

图 16

文化遗产廊道是人类社会发展的产物，承载着一定的历史、文化、审美、科学、教育、经济和社会功能和人类社会的历史发展密切相关，在不断满足需求或调整发生、发展和不断积累，从而形成一个庞大的人文资源。当今社会，文化遗产廊道要融入当代人类社会生活和实践，实质上是文化资源价值的实现过程[4]。文化遗产除了静态保护

---

① 吴美萍：《文化遗产价值评估研究》，东南大学硕士学位论文，2006 年。

② 孙华：《遗产价值的若干问题——遗产价值的本质、属性、结构、类型和评价》，《中国文化遗产》2019 年第 1 期。

③ 孙华：《遗产价值的若干问题——遗产价值的本质、属性、结构、类型和评价》，《中国文化遗产》2019 年第 1 期。

④ 亚勇：《文化遗产廊道资源价值评估及价值创新研究——以镇坪古盐道为例》，西安建筑科技大学硕士学位论文，2017 年。

之外，更需要一种动态的发展利用，但是如果对文化遗产价值没有一个正确认识，利用时就会只考虑短期效益，而忽略长期效益，这样的利用危害很大。为了更好地保护和利用好文化遗产，就应该在全面认识文化遗产价值的基础上，对文化遗产的诸要素进行排序。"遗产的价值是由许多方面的要素组成的，要保护好包括文化遗产在内的人类共有的遗产，关键是在遗产价值评估时，要将哪些价值要素排在前面，而将哪些价值要素排在后面的排序问题。正确的遗产价值要素的排序，是遗产价值评估与遗产保护行动之间的重要关联环节。"①

那么，如何更深层次地认识小南河宋瓷遗产廊道的文化遗产价值？如何建立宋瓷文化在小南河流域的当代传承与创新？文化遗产毫无疑问是一种资源，如何正确认识资源价值？特别是如何认识资源价值与人的关系，在前文对小南河宋瓷遗产价值的定性分析和十大经典宋瓷文化遗产的比较评估基础上，我们不妨借助管理学的 VRIO 模型展开更为深入的解析。

VRIO 模型着眼于组织内部，是对内部能力与资源进行分析的有效工具，其内容是以下四个方面的集合：价值（value）、稀缺性（rarity）、不可仿效性（imitability）和组织（organization）②。该模型的核心思想是：企业的可持续竞争优势依赖于独特的资源和能力，为了获得和发现这些资源与能力，管理人员必须寻求有价值的、稀缺的、模仿成本高的资源，然后经过组织开发利用这些资源，才能够使企业产生持续的竞争优势。稀缺性是对资源分布所做的描述。被广泛拥有的资源不具备稀缺性；而只有少数企业占有的资源如专利和高尖端技术人才等则具有稀缺性③。不可模仿性是指当一家企业拥有有价值的稀缺资源后，其竞争对手对该资源进行模仿和转移时面临的困难。模仿成本高、壁垒高的资源就是不可模仿的资源。关于组织的考量主要指组织得当，各种资源经过有机结合可以产生 1+1>2 的效果；组织不力，各种资源则可能相互排斥，削弱整体竞争实力。

① 亚勇：《文化遗产廊道资源价值评估及价值创新研究——以镇坪古盐道为例》，西安建筑科技大学硕士学位论文，2017 年。

② Jay B.Barney：Gaining and Sustaining Competitive Advantage，Addision-wesley Publishing Company,1997:134-175.

③ Mata.F,Fuerst：W,Barney.J,Information Technology and Sustained Competitive Advantage:a Resource Based Analysis，MIS Quarterly, 1995(4):487-505.

Value 价值	Rarity 稀却性	Imitability 不可仿效性	Organization 组织
1.世界上保存完整、最具典型性和可持续性的宋代瓷业遗存	1.世界上保存完整、最具典型性和可持续性的宋代瓷业遗存	1.世界上保存完整、最具典型性和可持续性的宋代瓷业遗存	无组织
2.宋代窑业情况见诸权威文献记载	2.山水林田窑村一体——水土宜陶、陶作农耕的人文地理风貌	2.山水林田窑村一体——水土宜陶、陶作农耕的人文地理风貌	
3.宋代青白瓷器物众多	3.瓷石矿、制釉等古代技艺尚在使用中	3.毗邻景德镇陶瓷大学	
4.山水林田窑村一体——水土宜陶、陶作农耕的人文地理风貌	4.位于城市郊区，交通便利	4.优秀工匠活态传承宋瓷技艺	
5.瓷石矿、制釉等古代技艺尚在使用中	5.毗邻景德镇陶瓷大学	5."景漂"人才云集	
6.位于城市郊区，交通便利	6.优秀工匠活态传承宋瓷技艺	6.国家级陶瓷文化传承创新试验区	
7.毗邻景德镇陶瓷大学	7."景漂"人才云集		
8.有原住民	8.国家级陶瓷文化传承创新试验区		
9.优秀工匠活态传承宋瓷技艺			
10."景漂"人才云集			
11.国家级陶瓷文化传承创新试验区			
12.乡村振兴战略			
有价值资源清单	优质资源清单	高门槛优质资源清单	

资源和价值优势如何？　　　　　　　　　　　　组织如何？

图 17　小南河宋瓷遗产廊道 VRIO 分析模型

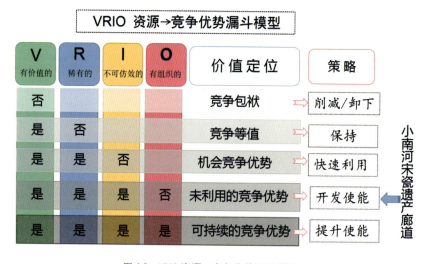

图 18　VRIO 资源→竞争优势漏斗模型

　　由于 VRIO 体系着眼于内部资源与能力分析，可以有效地突出发展潜力、创新性和稀缺性等文化产业竞争力评价时的特性。将小南河宋瓷遗产廊道的遗产价值及与诸窑口的比较结论进入 VRIO 分析模型，从 V→R→I 的逐层筛选，建立有价值资源清单→优质资源清单→高门槛资源清单，可以对小南河流域的文化遗产资源价值进行逐层筛选，得出如下 5 条其余诸窑口不可仿效的高门槛优质资源价值清单：

（1）世界上保存完整、最具典型性和可持续性的宋代瓷业遗存；

（2）山水林田窑村一体——水土宜陶、陶作农耕的人文地理风貌；

（3）毗邻景德镇陶瓷大学；

（4）优秀工匠活态传承宋瓷技艺；

（5）"景漂"人才云集；

（6）景德镇国家级陶瓷文化传承创新试验区。

借助模型我们可以清晰地看到：小南河宋瓷遗产廊道的文化遗产价值可定位为一种未利用的竞争优势。如果该文化遗产能够得到恰当的保护利用（即组织），可转化为景德镇城市发展的可持续竞争优势，大大助力景德镇国家级试验区建设。

六、小南河宋瓷遗产廊道之于中国文化——宋瓷美学理想生活

上文，笔者通过比较研究和模型筛选，对小南河宋瓷遗产廊道进行价值评估，厘清其独特的资源优势，其目的是为以后的落地可操作性做准备，否则概念的提出就沦为了空谈。笔者认为，文化遗产的保护和传承，最终都要落实到当代生活方式才可持续。流水不腐，户枢不蠹，只有永久地利用才能永久地保护，本文所讨论的小南河宋瓷遗产廊道也不例外。幸运的是，小南河宋瓷遗产廊道保存着原汁原味的宋瓷文化遗址集群，而古老的宋瓷文化在当代依然具备很强的生命力、感召力。表现在：

（1）宋瓷是公认的优秀历史文化，代表了一种高级审美，在美学上以一色纯净和极简主义著称，深受 80 后、90 后、00 后的喜爱。宋瓷不仅深受国人的喜爱，而且深受欧美、日本顶级藏家及高端人群的喜爱。

（2）在日本的博物馆收藏体系中，有许多中国的宋瓷被定为日本的"国宝文化财"，充分显示了日本人对宋瓷文化和美学高度的推崇。

（3）宋代是公认的中国文化高峰，宋瓷的意境代表了中国最高的审美。"天青色等烟雨，而我在等你"周杰伦这首脍炙人口的歌词其实描述的不是青花瓷，而是出自宋瓷"雨过天青云破处，这般颜色做将来"的典故。在中国文化崛起国风盛行的时代，这些流行歌曲和影视剧对宋瓷文化的传播都起到了推波助澜的作用。例如长期热播的电视剧《知否知否应是绿肥红瘦》《梦华录》都是以宋人生活为创作背景，深受国内外的好评。

（4）宋人所倡导的"焚香、点茶、插花、挂画"四般雅事以及"柴米油盐酱醋茶"

的日常生活是当代人追慕的对象，而这些皆与宋瓷有关，很容易经由宋瓷的使用场景融入当代人的生活方式与乡村振兴结合，从而走入当代。笔者在进坑村实践多年，在2015年将宋徽宗《文会图》用景德镇仿古青白瓷进行情景复原，一时引起轰动，此类"宋宴"因为雅趣，受众甚多；笔者在进坑村曾提出"忙时种田闲时考古"的口号和实践，也得到许多年轻人的共鸣。

图 19　电视剧《知否知否应是绿肥红瘦》　　　图 20　作者在进坑村忙时种田闲时考古

图 21　作者于 2015 年在进坑村用青白瓷复原的宋徽宗《文会图》宴饮场景

图 22 青白瓷宋宴

在这样一个物质高度丰沛的时代，"五色令人目盲，五音令人耳聋"，纯粹、朴素、自然的宋文化在当代如此受到推崇，代表了中国文化的回归，回归到可持续的生态文明。如此说来，历史是个轮回，陶作农耕或许是当代人的理想生活。

七、结论

本文在前人资料收集整理的基础上，结合本人的调查和在进坑村十年的文化遗产保护实践，提出了"小南河宋瓷遗产廊道"的概念，分析其"1 主 +3 支"的叶脉状结构，并以进坑村宋瓷遗产廊道为例，示范了宋瓷遗产廊道的构成要素；接着本文进入了对小南河宋瓷遗产价值的评估，从历史文化和景德镇现状的角度，将小南河宋瓷遗产廊道与陶溪川、陶阳里进行了纵向比较，找准各自的定位；随后，本文梳理了小南河宋瓷遗产廊道中一些独特的资源优势，并以表格定性分析对比评估了十大经典宋瓷各自所处的位置，在此基础上利用 VRIO 模型分析小南河宋瓷遗产廊道的资源价值，是具有其他宋瓷文化遗产不可仿效的优质高门槛资源，结合 VRIO 的漏斗形模型得出小南河宋瓷遗产廊道是景德镇未利用竞争优势的结论。如加以恰当的保护利用，小南河宋瓷遗产廊道可转化为景德镇城市发展的可持续竞争优势。小南河宋瓷遗产廊道的宋瓷 IP 建设对于景德镇国家级陶瓷文化传承创新试验区建设都具有重要价值和意义。

附注：本文最初发表于《中国陶瓷工业》"陶瓷艺术研究"专刊 2022 年第 4 期和 2023 年第 6 期，分两期发表。今将前文合成一篇，删改增补而成此文。

附　表

序号	窑名	年代	主要产品	位置及遗址状态
1	进坑古瓷窑址群	五代至北宋	青白瓷碗、碟、盘	位于浮梁县湖湖镇进坑村，该窑址群有古窑址15处，保存较好的有9处，窑址堆积面积约5000平方米
2	柳家湾古瓷窑址群	起于五代，盛于北宋，衰于南宋早中期，元代烧过粗瓷	青白瓷碗、盘、盏、执壶等	位于浮梁县寿安镇柳家湾村，村西北有一条小溪流入小南河，四周山麓植被茂盛。唐中期，柳氏从河北迁于此，建村小南河拐弯处，称柳家湾。柳家湾窑业遗存大小11处，面积近10万平方米，是一处烧造质量好、规模较大的窑场
3	南市街古瓷窑址群	起于五代，盛于北宋，衰于南宋早中期，元代烧过粗瓷	青白瓷碗、盘、盏	位于浮梁县寿安镇南市街，遗物分布范围较大，堆积层丰富，较大的遗存有4处，分布面积约6万平方米。该窑址烧造的影青青瓷较精，居于景德镇宋代诸窑之上，是当时景德镇的制瓷最高水平。1983年，南市街古瓷窑址被公布为景德镇市级文物保护单位，是景德镇目前保护状况较好的一处窑址
4	灵珠古瓷窑址群	北宋	以青白瓷碗为主	位于浮梁县寿安镇灵珠村，即小村庄，遗存主要分布在邻近的4个自然村庄，即义民、乌龟山、娘娘坞、凤凰咀，呈东西方向间隔分布。共计15处窑址，窑址堆积面积达14700平方米
5	丰旺古瓷窑址群	北宋早中期	青白瓷碗、盘两类	位于浮梁县寿安镇丰旺村。西面临小南河，周围是丘陵山峦，植被茂盛。窑业遗存均分布在村东北山坡下，共有11处。丰旺村内的3处分别在村东北侧的凤凰山、村北侧的屋背山、村西侧的洋村坞，总面积达6000平方米

（续表）

序号	窑名	年代	主要产品	位置及遗址状态
6	寺前古瓷窑址群	北宋早中期	以青白釉碗为主，少量的盘和斗笠盏	位于浮梁县寿安镇寺庙前村。村附近有8处遗存，分别在村北侧凤凰山，村东北侧小沈家坞、灰家坞、大坞口火龙岗、大湾田畈、背后坞、大湾沈家坞、灰家坞口等处，堆积面积达2.5万平方米。2006—2007年遭有组织的盗挖，破坏严重
7	大屋下古瓷窑址群	北宋	以青白瓷碗为主，少量的盘、盅、高足杯，窑场规模大	位于浮梁县寿安镇大屋下村。该窑址群有东家坞、新村窑坞、大屋下屋背山、内小里李家坞、宁家山、黄土岭、虎山岭等8处，窑业堆积面积约3万平方米
8	朱溪古瓷窑址群	北宋早中期	青白瓷碗、盘	位于浮梁县寿安镇朱溪村。古瓷窑窑址的遗存分布在朱溪和牛棚两个相邻的自然村附近，共有4处，遗址破坏较多6000平方米
9	宁村古瓷窑址群	北宋	青白瓷碗	位于浮梁县寿安镇宁村。该窑址群分布在宁村和平旺村附近，共有6处，即宁家坞、窑坞、上汤家坞、上汤坞东山、牛栏坞等。遗物倚山坡堆积，遗物堆积面积约7000平方米
10	富坑古瓷窑址群	北宋早中期	青白瓷碗	位于浮梁县寿安镇富坑村。富坑窑业遗存有2处，一在村北谢家蓬，一在村南何家蓬，遗物由南向西倚山坡堆积，面积约1200平方米。何家蓬遗存保存较好，何家蓬遗存堆积在一个小山坡上，东西约140米，南北约63米，坡高近10米

刍议景德镇小南河宋瓷遗产廊道的保护与利用

	窑名	年代	主要产品	位置及遗址状态
11	半路港古瓷窑址群	北宋	以青白瓷碗、盘为主，少量的注壶	位于浮梁县安寿镇半路港村，有窑址3处，主要集中在村西向北林家坞，毗邻小南河沿岸和102县道，遗址堆积由西向东，堆积层较厚，产品质量高
12	凉伞树下古瓷窑址群	五代—北宋中后期	五代青瓷、白瓷，宋代青白瓷碗盘	位于浮梁县安寿镇凉山树下村，西临小南河。堆积面积约400平方米，厚度0.6—1.2米。因修建水库，有一部分遗存被毁坏
13	月山下古瓷窑址群	北宋	青白瓷碗	位于浮梁县安寿镇月山村，西临小南河，窑址遗存在村东南350米的小学西南侧，窑业堆积面积约700平方米，瓷片多为素面器物。窑址保存状态好
14	西溪古瓷窑址群	北宋早中期	青白瓷碗	位于浮梁县安寿镇西溪村，西临小南河，遗址分布在屋后山、窑间垄、背后坞三处，窑业堆积面积16000平方米，大部分被破坏，有些遗址表层村民辟为菜地

作者简介：黄薇，女，北京大学考古文博学院硕士，清华大学美术学院博士，香港中文大学访问学者，景德镇东郊学堂创始人，2014年起驻浮梁县湘湖镇进坑村工作至今。

宋代浮梁景德镇瓷器款识新考 *

吴红云

铭文，又称"款识"，原指古人铸刻在钟鼎等青铜器上的文字，后引申为书画、陶瓷、漆器等各种材质文物上的题记文字。唐代颜师古《汉书注》曰："款，刻也；识，记也。"古人讲究阴阳和谐，认为款者为阴，取其凹入之形；识者为阳，取其凸起之状（识读"志"音，"记号"之义）。随着时间的推移，款与识的界限不再泾渭分明，逐渐融为一体，正如北京故宫博物院专家吕成龙先生所讲："就陶瓷而言，凡在陶瓷器上以刻、划、印、写等不同方法，记载制作该器的时间、地点或工匠的姓名、作坊、牌号、监制者的姓氏，以及定制该器的雇主姓名、堂名或吉祥语、图案标志等，统称款识。"[①]纪年铭文瓷通常记载了瓷器制作时间、地点或人物等方面的信息，具有重要的历史研究价值。在景德镇陶瓷发展史上，有一个关于宋代"景德年制"纪年款瓷器真伪的话题，历来受人瞩目，但至今仍莫衷一是，聚讼不已。本文拟在前人研究成果基础上，根据王国维二重证据法，运用历代陶瓷文献资料，结合全国考古出土及传世文物，对"景德年制"铭文进行梳理考证，不当之处，敬请方家批评指正。

一、"景德年制"纪年款瓷器的相关记载

古代行政区划上隶属浮梁县的景德镇，定名于北宋真宗景德元年（1004），清代学者徐松在《宋会要辑稿》中有明确记载："江东东路饶州浮梁县景德镇，景德元年置。"[②]检索中国古陶瓷文献，较早涉及宋代"景德年制"铭文瓷器进贡一事以及景德镇

---

* 基金资助项目：江西省基础教育研究课题（编号：SZUJDZMS2022-1057，SZUJDZLS2023-1031）；江西省社科基金项目（编号：22WT84）；江西省汉代文化研究课题（编号：23WW16）；江西省景德镇学研究中心项目（编号：JYW2021007，JYW2021028）。

① 吕成龙：《中国古陶瓷款识》，紫禁城出版社 2003 年版，第 1 页。

② （清）徐松：《宋会要辑稿·方域》一二之一七，中华书局 1957 年版，第 7528 页。

因瓷美而得名的代表性史料，主要有：

（1）明代嘉靖年间王宗沐《江西省大志·陶书》"建置"条记载："陶厂景德镇在今浮梁县西兴乡，水土宜陶，宋景德中始置镇，因名。置监镇一员，元更景德镇税课局监镇为提领。"[①]（笔者按：此条史料仅言景德镇得名于宋真宗"景德"年号，并未提及瓷器铭文。）

（2）清代乾隆四十二年（1777）张九钺《南窑笔记》开篇即言："景德陶之著名，则在于宋，盖囚陶工制'景德'年号于器底，故天下咸知有景德之窑。"[②]（笔者按：此条史料开始推测陶工可能书写了"景德"两字铭文于器底，因此得名景德镇。）

（3）清代乾隆四十八年（1783）凌汝绵《浮梁县志》卷十二"杂记·述旧"条记载："宋真宗遣官制瓷贡于京师，应官府之需，命陶工书建年'景德'于器底，天下于是知有景德之器矣。"[③]（笔者按：此条史料开始明确指出陶工在瓷器底部书写"景德"二字铭文，景德镇因此年款而扬名天下。）

（4）清代乾隆年间，本地学者蓝浦编撰陶瓷文献《景德镇陶录》，在卷五"景德镇历代窑考"条中指出："景德窑，宋景德年间烧造，土白壤而埴，质薄腻，色滋润。真宗命进御瓷器，底书'景德年制'四字，其器尤光致茂美，当时则效，著行海内，于是天下咸称景德镇瓷器，而昌南之名遂微。"[④]（笔者按：此条史料明确指出陶工在瓷器底部书写的是"景德年制"四字铭文，因瓷器"光致茂美"，昌南镇遂改名为景德镇。）

此后，其他陶瓷文献开始在上述陶瓷文献基础上引申延展，但内容基本上大同小异，均认为宋代景德镇因瓷器精美而得名，其纪年铭文一般不超出三种情形：不写款；或写"景德"二字款；或写"景德年制"四字款。

---

① （明）王宗沐：《江西省大志》，见熊寥、熊微编注：《中国陶瓷古籍集成》，上海文化出版社 2006 年版，第 32—33 页。

② 张九钺著，刘嵘校注：《南窑笔记》，见陈雨前主编：《中国古陶瓷文献校注》，岳麓书社 2015 年版，第 588 页。

③ 程廷济总修，凌汝绵编纂：《浮梁县志》，见北京图书馆藏《浮梁县志》乾隆四十八年刻本。另可参见李科友、吴水存点校整理：《古瓷鉴定指南》(二编)，北京燕山出版社 1993 年版，第 236 页。

④ （清）蓝浦著，郑廷桂补辑：《景德镇陶录》，见傅振伦著，孙彦整理：《景德镇陶录详注》，书目文献出版社 1993 年版，第 62 页。另见周思中主编：《中国陶瓷名著校读》，武汉大学出版社 2016 年版，第 229 页。

二、宋代纪年款瓷器的相关案例

宋代是中国封建社会经济高度发展、商业极其繁荣的时代，也是瓷器生产争奇斗艳的黄金时代，诸如五大名窑、六大窑系等，南北窑口交相辉映，呈现出百花争放的瓷业格局。浙江宁波鄞州区文管办珍藏的东汉青瓷钟，底部刻有隶书"王尊"二字[①]，通常被看作现存最早的瓷器铭文。最早的纪年款瓷器，目前可追溯到三国孙吴赤乌十四年（251）的越窑青瓷，南京光华门外赵士岗 4 号墓 1955 年曾出土一件越窑青瓷虎子，其腹部横刻有一行 13 字铭文"赤乌十四年会稽上虞师袁宜作"[②]，另一侧近提梁下方竖刻"矢乃宜"三字[③]，这些信息明确说明了该瓷器生产的时间、地点、人物与用途。晋唐以来，窑业日渐兴旺，宋代纪年款瓷器数量上明显增多，远超前朝。据学者研究，两宋瓷器上的纪年铭文，大多数为北宋年号，少数为南宋年号；窑口主要有越窑、龙泉窑、定窑、耀州窑、磁州窑；款识书写形式不一，北方磁州窑系瓷器多是刻画或墨书，南方龙泉窑系等主要为刻画技法。目前已发现的宋代瓷器，据不完全统计，属于北宋纪年款的有：建隆元年（960）、建隆三年（962）、开宝三年（970）、开宝七年（974）、太平兴国二年（977）、太平戊寅（978）、辛巳（981）、雍熙一年（984）、端拱元年（988）、端拱二年（989）、淳化二年（991）、至道元年（995）、咸平元年（998）、咸平二年（999）、咸平六年（1003）、咸平年造（998—1003）、大中祥符五年（1012）、天禧二年（1018）、天圣十年（1032）、明道元年（1032）、庆历三年（1043）、庆历五年（1045）、皇祐二年（1050）、至和二年（1055）、至和三年（1056）、嘉祐八年（1063）、治平元年（1064）、治平三年（1066）、治平四年（1067）、熙宁元年（1068）、熙宁二年（1069）、庚戌（1070）、熙宁四年（1071）、熙宁五年（1072）、元丰内用（1078—1085）、元丰三年（1080）、元祐年（1086—1094）、元祐戊辰（1088）、元祐三年（1088）、元祐四年（1089）、元祐七年（1092）、绍圣元年（1094）、绍圣四年（1097）、绍圣五年（1098）、元符二年（1099）、元符三年（1100）、崇宁元年（1102）、崇宁二年（1103）、崇宁四年（1105）、大观（1107—1110）、大观元年（1107）、大观二年（1108）、政和二年（1112）、政和三年（1113）、政和六年（1116）、

---

① 任世龙、谢继龙：《中国古代名窑：越窑》，江西美术出版社 2016 年版，第 10 页；朱裕平：《中国古瓷铭文》，上海科学技术出版社 2018 年版，第 46 页。

② 浙江省博物馆编：《青色流年：全国出土浙江纪年瓷图集》，文物出版社 2017 年版，第 34 页。

③ 周燕儿：《越窑青瓷款识初析》，《江汉考古》1996 年第 3 期。

政和七年（1117）、政和八年（1118）、政和（1111—1118）、宣和元年（1119）、宣和三季（1121）、宣和四年（1122）等。[①]

三、"景德年制"纪年款瓷器的真伪考辨

江西景德镇地区制瓷历史悠久，历史文献《浮梁县志》和《南窑笔记》等均记载："新平治陶，始于汉世。"但是根据目前最新的考古发掘与研究成果，只能证明景德镇地区瓷业始于唐代，"总之，南窑应始烧于中唐，兴盛于中晚唐，衰落于晚唐，烧造时间集中在公元 800—900 年，距今有 1200 多年的烧造历史"[②]。"目前昌南镇（后改称景德镇）制瓷业，确切的早期瓷器生产史可以追溯到晚唐五代。"[③]汉唐之间景德镇窑业面貌如何？有待于今后的考古调查与发掘。但毫无疑问，宋代景德镇已发展成为南方著名的窑业中心，形成了以青白瓷为杰出代表产品的南方窑系。青白瓷的釉色介于青色与白色之间，若隐若现，温润如玉，这恰好与儒家经典学说"君子比德于玉"以及"君子无故，玉不去身"等仁礼观念不谋而合，所以历来受到文人士大夫的喜爱，在唐代，景德镇瓷器就曾被视作"假玉器"，宋代学者彭汝砺《送许屯田》诗曰："浮梁巧烧瓷，颜色比琼玖"；蒋祈在撰写《陶记》时，赞誉景德镇瓷器为"饶玉"，明代宋应星在《天工开物》中称赞景德镇瓷器有"素肌玉骨之象"，青白瓷无论在外貌还是内涵方面，均与高贵的玉器关联在一起，著名陶瓷学者冯先铭先生认为青白瓷是在青白玉可遇不可求的情况下出现的。青白瓷在宋代广受欢迎，是一种比较常见的大宗商品，南宋吴自牧《梦粱录》卷十三"铺席"条有："平津桥沿河布铺，黄草铺，温州漆器，青白瓷器。"南宋蒋祈《陶记》也记录说："江湖川广，器尚青白。"[④]其销售与使用范围非常广泛，几乎遍及全国各地，影响面之大，居于宋代六大窑系之首。[⑤]也有学者提出

① 吕成龙：《中国古陶瓷款识》，紫禁城出版社 2003 年版，第 12—13 页；浙江省博物馆编：《青色流年：全国出土浙江纪年瓷图集》，文物出版社 2017 年版，第 230—249 页；北京大学考古学系、河北省文物研究所、邯郸地区文物保管所编著：《观台磁州窑址》，文物出版社 1997 年版，第 560—563 页；刘涛：《宋辽金纪年瓷器》，文物出版社 2004 年版，第 169—179 页；厉祖浩：《越窑瓷墓志》，上海古籍出版社 2013 年版，第 189—201 页。
② 张文江等：《景德镇南窑遗址考古发掘的主要收获》，见江西省文物考古研究所、乐平市博物馆编著：《景德镇南窑考古发掘与研究：2014 年南窑学术研讨会论文集》，科学出版社 2015 年版，第 70 页。
③ 秦大树等：《景德镇早期窑业的探索：兰田窑发掘的主要收获》，《南方文物》2015 年第 2 期。
④ 刘新园：《蒋祈〈陶记〉著作时代考辨——兼论景德镇南宋与元代瓷器工艺、市场及税制等方面的差异》，《景德镇陶瓷·景德镇陶记研究专刊》，1981 年。
⑤ 冯先铭主编：《中国陶瓷》（修订本），上海古籍出版社 2001 年版，第 404—406 页。

不同看法，认为"宋代青白瓷是在唐末五代南方地区崇尚白瓷的背景下出现的"①。"青白瓷的烧成并不是窑工刻意追求青白玉质感的结果，而是在南方特定的资源和技术条件下试烧白瓷的结果。"②或者认为宋元文献中"青白"二字指"青、白"两大类瓷器，"青白瓷"本质上仍属南方白瓷，应将南方"青白瓷"产品与南方地区的白瓷产品统称"南方白瓷"。③

综上，学界通常认为宋代青白瓷是在宋人尚玉的意蕴和理学背景下出现的。④至于是白瓷还是南方白瓷，在还没有找到更有说服力的证据时，不妨兼容并包、允许各种看法多元并存。

根据上述文献记载，可归纳总结为：浮梁县景德镇设于北宋景德元年（1004），产品以青白瓷为主，因为小镇所产贡品瓷器底部写有"景德"或"景德年制"字样而得名。这样的陶瓷叙事貌似动听，实则破绽不少，经不起推敲与检验，具体理由如下：

一是款识内容不妥。宋代瓷器审美主流思潮以造型和釉色取胜，通常很少落款，纪年款瓷器属于非主流之列，已发现的款识内容也是多元化的，有记人，如"詹""朱""汪""黄"等十多种姓氏⑤；有纪事，如"迪功郎浮梁县丞臣张昂措置监造""弟子魏仁皓舍入观音院常住使用"⑥等；有纪年，如"大观""太平戊寅""元祐四年""咸平元年十一月三日张家记"⑦等；有广告宣传用语，如"段家合子记""李十哥削瓶""张家造""张家枕"等；有吉祥祝福用语，如"金玉满堂""家国永安""寿山福海"等；有器物用途说明，如"酒""清香美酒""醉乡酒海""长寿酒"等；有使用对象或场所等，如"官""新官""公用""才人位""五王府""禁苑""尚药局"等；有宗教供养题记，如浙江越窑"咸平元年（998）茂（戊）戌十一月廿四日当寺僧绍光舍入塔买舍，童行奉询弟子姜彦从同舍利永充供养"⑧，河北定窑"供养舍利太平兴国二年（977）五

① 黄义军：《宋代青白瓷起源的背景初探》，《考古与文物》2006 年第 2 期。
② 黄义军：《唐宋之际南方的白瓷生产与青白瓷的产生》，《华夏考古》2008 年第 1 期。
③ 李颖翀：《南方白瓷与"青白瓷"产品定名的再探讨》，《中原文物》2020 年第 6 期。
④ 陈雨前：《宋代景德镇青白瓷与审美》，江西高校出版社 2006 年版，第 87—91 页。
⑤ 范凤妹：《江西出土的宋代瓷盒》，《文物》1988 年第 3 期；江西省文物考古研究所、景德镇民窑博物馆编著：《景德镇湖田窑：1988—1999 年考古发掘报告上》，文物出版社 2007 年版，第 431—441 页。
⑥ 周燕儿：《越窑青瓷款识初析》，《江汉考古》1996 年第 3 期。
⑦ 北京大学考古学系、河北省文物研究所、邯郸地区文物保管所编著：《观台磁州窑址》，文物出版社 1997 年版，第 560 页。
⑧ 浙江省文物考古研究所编：《浙江考古精华》，文物出版社 1999 年版，第 219 页。

月廿二日，施主男弟子吴成训钱三十足陌”①，广东潮州窑“潮州水车中窑甲弟子刘用同刘扶、新妇陈氏十五娘共发心塑造释迦牟尼佛永充供养，乞保阖家人口平安、扶荐亡姊李氏一娘乞超生界，治平三年（1066）丙午岁次九月一日题匠人周明”②，以及河北磁州窑“阿弥陀佛，天禧二年（1018）三月李吉泰敬造”③等等。

定向为宫廷或官府生产的宋代瓷器，目前所见铭文主要有“供御”“进琖”等字款福建建窑黑釉茶盏，“官”“官样”等字款浙江慈溪上林湖越窑青瓷标本，④“官”字款江西景德镇湖田窑青白瓷瓶⑤，“德寿后苑甲”字款浙江杭州官窑瓷片，河北定窑宫廷御用瓷器有“尚食局”“尚药局”“乔位”“东宫”等字样⑥，据学者统计，定窑宫廷用瓷铭文有49种之多，具体内容是：“尚食局”“尚药局”“乔位”“桥位”“关位”“陈位”“嘉位”“才人位”“婉”“婉仪位”“婉仪位阁子库”“阁子库”“东宫”“东宫位”“皇太后殿”“寿成殿”“寿华”“寿慈殿”“复古殿”“殿”“殿库”“坤”“凤华”“奉华”“德寿”“德寿苑”“禁苑”“禁宛”“华苑”“苑天”“苑”“内苑”“北苑”“后苑”“后苑三”“苑甲”“荣国”“高平郡”“南平”“太原”“慈福”“内司”“食官局正七字”“陈押班”“赵押班”“五王府”“公主宅”“聚秀”“会稽”⑦，此处陈押班、赵押班当指某位受宠的内宫女官，乔位、关位、陈位和嘉位等指代的都是后宫嫔妃的住所。⑧无一例外的是，这些宫廷用瓷上的铭文均与使用者身份或宫殿建筑有关，迄今为止尚未发现一件带有纪年款的北宋宫廷用瓷。

另一方面，写有纪年款的宋代瓷器，通常出土于佛教塔基或民间墓葬，如河北定州贡院内静志寺塔基出土的北宋定窑白釉“官”字款划花蝉纹盘，盘底墨书“供养舍利太平兴国二年（977）五月廿二日施主男弟子吴成训钱三十足陌”；刻有“上虞窑匠人项霸，造粮婴（罂）瓶一个，献上新化亡灵王七郎，咸平六年（1003）七月廿日记”

① 中国艺术博物馆编：《中国定窑》，中国华侨出版社2012年版，第72页。
② 黄玉质、杨少祥：《广东潮州笔架山宋代瓷窑》，《考古》1983年第6期。
③ 北京大学考古学系、河北省文物研究所、邯郸地区文物保管所编著：《观台磁州窑址》，文物出版社1997年版，第560页。
④ 任世龙、谢继龙：《中国古代名窑：越窑》，江西美术出版社2016年版，第30页；浙江省博物馆编：《青色流年：全国出土浙江纪年瓷图集》，文物出版社2017年版，第246页。
⑤ 江西省文物考古研究所、景德镇民窑博物馆编著：《景德镇湖田窑：1988—1999年考古发掘报告下》，文物出版社2007年版，第206页。
⑥ 中国艺术博物馆编：《中国定窑》，中国华侨出版社2012年版，第4页。
⑦ 马春雨：《定窑铭文考释》，中国社会科学院研究生院硕士学位论文，2017年，第7页。
⑧ 马春雨：《定窑铭文考释》，中国社会科学院研究生院硕士学位论文，2017年，第15页。

铭文的北宋越窑青瓷粮罂瓶，①浙江慈溪天东乡先字第村西花家坟出土的北宋"嘉祐捌年（1063）十月二十二日造此砚子东海记"刻款越窑青瓷砚台，②以及英国大维德基金会藏宋代龙泉窑盘口罂，腹部题刻"元丰叁年（1080）闰九月十五圆日，愿烧上邑粮膺，承贮千万年香酒，归去伯（百）年，归后阴荟千子万孙，永招富贵，长命大吉，受福无量，天下太平"③，这些均不属于皇家宫廷用瓷。简而言之，宋代宫廷用瓷铭文内容通常与宫殿地点及人物相关，与时间无关；带纪年款的宋代瓷器都不是宫廷用瓷；所谓的北宋"景德年制"贡瓷与此相矛盾。

二是落款位置不当。现有的北宋纪年款瓷器，常采用刻画的技法，以刀代笔在瓷胎上直接刻写，刻画部位多选择在器物腹部或侧面等较为显眼处，如北宋咸平元年（998）越窑青瓷粮罂、北宋嘉祐八年（1063）越窑青瓷砚台和北宋绍圣五年（1098）越窑青瓷砚台④，北宋政和七年（1117）景德镇湖田窑制瓷工具"利头"外壁刻字标本等。⑤定窑白釉刻字舍利瓶，在其腹部刻有发愿文"舍利主僧□□两瓶舍利西草土住人男弟子于惠岩妻张氏姪男陈□男弟子陈知绪妻□氏女菩萨女□□□□佛□至道元年（995）四月日弟子□岩记"，此瓶应是佛教信徒于惠岩定制的施入地宫供奉舍利的礼佛之物。⑥河南新密法海寺塔基出土北宋三彩舍利塔，在第二层塔身前壁刻有"咸平二年（999）四月二十八日记施主仇知训"题记。⑦当然也有把铭款刻在瓷器底部的例子，如上海市博物馆藏越窑青瓷执壶底部刻有"太平戊寅（978）"字样，有学者集中列举了14个"太平戊寅"款识的案例⑧，该款识大量出现，似乎与吴越国主为保境安民而向北宋王朝称臣纳贡的时代背景有关，但总体而言，这类"太平戊寅"款识，是"太平兴国三年戊寅"的简写，属于皇帝年号加干支纪年的混搭风格，在还未入窑烧造的坯体上刻写年款，字迹比较潦草。

三是写款技法适用范围。北宋纪年瓷器，除上述刻画写款外，还有墨书写款、模

① 浙江省博物馆编：《青色流年：全国出土浙江纪年瓷图集》，文物出版社2017年版，第244页。
② 浙江省博物馆编：《青色流年：全国出土浙江纪年瓷图集》，文物出版社2017年版，第249页。
③ 刘涛：《宋辽金纪年瓷器》，文物出版社2004年版，第89页。
④ 浙江省博物馆编：《青色流年：全国出土浙江纪年瓷图集》，文物出版社2017年版，第249页。
⑤ 江西省文物考古研究所、景德镇民窑博物馆编著：《景德镇湖田窑：1988—1999年考古发掘报告上》，文物出版社2007年版，第439页。
⑥ 中国艺术博物馆编：《中国定窑》，中国华侨出版社2012年版，第132页。
⑦ 孙新民主编：《中国出土瓷器全集12·河南》，科学出版社2008年版，第107页。
⑧ 刘涛：《宋辽金纪年瓷器》，文物出版社2004年版，第86页。

印或戳印落款等，墨书通常是记录某些社会生活信息。如北宋熙宁三年（1070）浙江龙泉窑青瓷五管瓶，在盖子内面墨书"庚戌十二月十一日太原王记"。[1]北宋吉州窑黑釉碗外壁墨书"元佑（祐）元年（1086）十二月初十日丘用"[2]，北宋定窑白釉"官"字款划花蝉纹盘，底部划有行书"官"字，并墨书佛教类发愿文5行28字"供养舍利太平兴国二年（977）五月廿二日施主男弟子吴成训钱三十足陌"。[3]北宋定窑黄绿釉桃形器方座底部墨书"大宋国太平兴国二年（977）五月二十……"等字。[4]北宋定窑白釉瓜棱罐，圈足外底墨书"刘玉"二字，似乎是要标明罐子主人的所有权，北宋耀州窑白釉黑花瓷盒盖子墨书"镜盒"二字，则表明瓷盒的用途。北宋瓷器上墨笔书写的年款，均在瓷器烧成之后方能着笔，通常是百姓日常生活需求的表达，或吉祥美好祝福，或宗教供养用语，官民审美迥异，与宫廷御用瓷的严格要求相去甚远。

纪年款还有模印的写法。有学者指出，大凡印有姓氏标记铭文的青白瓷盒，胎、釉、造型都较精致，一般都是北宋时期景德镇窑生产的精品杰作。[5]景德镇青白瓷盒的姓氏文字，通常采用模印的技法，印于瓷盒外底部，这是产瓷作坊进行商标宣传的一种新形式，也是宋代商品经济很活跃的表现。据笔者观察分析，景德镇湖田窑生产的精美瓷器，具有内底心戳印文字（"詹""占""宋""黄""李明""吉""酒""奉"等），字外围装饰花环形图案的特征，其文字书写方式及分布规律是文字采用戳印技法，位置居于器物内底心，铭文内容与使用者姓氏或器物用途有关。换句话说，北宋景德镇湖田窑生产的高档精美瓷器，通常采用模印戳印技法写款，迄今考古发现的宋代瓷器，其款识内容与皇帝年号无关，所以不太可能出现"景德年制"款宋瓷。

四是违背工艺常识。北宋前期景德镇窑以青白瓷为大宗商品，器物外底一律无釉，因为装烧工艺采用了正烧法，其窑具不再是晚唐五代时期的支钉，而是用垫饼进行隔离，防止圈足与匣钵黏连，垫饼小于圈足，与垫饼接触的外底心不施釉，然后堆叠匣钵入窑烧制。这与同时期上海博物馆藏越窑"太平戊寅"款执壶用支钉间隔烧制不同，也与同时期北京故宫博物院藏越窑"太平戊寅"款瓜棱执壶外底心满釉不同。因为装烧工艺的差异，景德镇北宋前期瓷器的外底心无釉，有时甚至会黏连若干黑褐色垫饼

① 浙江省博物馆编：《浙江纪年墓》，文物出版社2000年版，第219页。
② 刘涛：《宋辽金纪年瓷器》，文物出版社2004年版，第120页。
③ 中国艺术博物馆编：《中国定窑》，中国华侨出版社2012年版，第72页。
④ 中国艺术博物馆编：《中国定窑》，中国华侨出版社2012年版，第152页。
⑤ 范凤妹：《江西出土的宋代瓷盒》，《文物》1988年第3期。

渣，无论在烧制之前还是之后，均不太可能在涩胎底部刻画或墨书皇帝年号，尤其是进贡给皇家的御用瓷器更不可能不讲究审美设计。

五是景德镇官窑写款历史。从瓷器写款的历史演变来看，目前得到考古发掘证实了的是景德镇官窑瓷器书写王朝年号始于明初永乐年间，北宋"景德年制"款贡瓷也许是受到明代"永乐年制"铭文的启发，被清代学者张冠李戴、主观臆造出来的。[①]

迄今为止，相关文博单位虽然对景德镇古窑址进行了多次考古发掘，但发掘出土的北宋青白瓷均无"景德年制"铭文。海内外各大博物馆珍藏的北宋瓷器，也没有发现带此类款识的瓷器。由此可知传世或考古出土的北宋景德镇瓷器款识与清代乾隆年间陶瓷文献《南窑笔记》《浮梁县志》和《景德镇陶录》所载宋真宗时期陶工"书'景德年制'（或景德）于器底"完全不符。清代学者言之凿凿的著述，大概率是以明清时期瓷业比附北宋瓷业，从而犯了想当然的主观错误。

四、结语

北宋时期，景德镇瓷器生产以青白瓷为主，以造型和釉色取胜，根据湖田窑考古发掘报告，北宋景德镇纪年款瓷器，写款技法可分成刻画、墨书和模印，其内容以姓氏或用途最为常见，北宋其他名窑定窑、越窑等，生产的宫廷用瓷铭文如"官""尚药局""乔位"等，均与使用者身份或宫殿建筑有关，迄今为止尚未发现一件带有纪年款的北宋宫廷用瓷。所谓的北宋"景德年制"款贡瓷，大概率推测是清代学者受明代御窑瓷器"永乐年制"等铭文启发，以明清瓷业比附北宋瓷业，张冠李戴、主观臆造的产物。北宋景德镇青白瓷因质量上乘，釉色如玉而荣获宋真宗赐名年号"景德镇"，与底部是否写款无关，两者不可混为一谈。貌似解释合理的所谓宋代景德镇瓷器底部写景德年号款之论可以休矣。

作者简介：吴红云，女，景德镇学院陶瓷美术与设计艺术学院副教授。

① 魏望来：《景德镇文化概论》，武汉大学出版社 2019 年版，第 30—32 页。

闻名前奏曲：宋元明时期的景德镇瓷业社会

郭慧敏

景德镇位于江西省东北部，素有"江南雄镇"之称。唐元和年间，柳宗元替饶州刺史作的《代人进瓷器状》中，景德镇瓷器第一次出现在文献中并且作为贡物敬献给天子。[①] 北宋景德年间，景德镇始置镇，[②] 隶属于浮梁县，设有监镇官管理当地事务。元丰五年，王安石变法期间，在此地设置瓷窑博易务，成为专职的瓷业税收机构。元世祖在此地设浮梁磁局，置提领，景德镇成为了全国的御瓷制造基地，明代延续了元代的制度，设置了象征皇权至高无上的御器厂。御窑的设置促使景德镇从浮梁治下的一个小镇发展成为一个"五方杂处"的手工业城市，与广东佛山、湖北汉口、河南朱仙镇并称中国四大名镇。

景德镇城市的兴起在 20 世纪就吸引了诸多学者的思考，八九十年代，学者们关于景德镇社会史研究的论著多在资本主义萌芽范式的引领下进行，21 世纪以来，景德镇社会史研究进入了一个新阶段，学者们重新回到城市本身梳理其发展过程。[③] 然而，从景德镇社会史研究的总体情况来看，对于清代以前景德镇具体社会状况的研究还相对

---

① （唐）柳宗元：《柳宗元集》卷 39，中华书局 1979 年版，第 1021—1022 页。

② 按照此前的研究，许多学者认为景德镇在唐代武德中就已经置务设镇，即昌南镇。但近年来，胡宸通过史料分析和考古材料佐证，认为昌南镇所指并非景德镇，而是包含地理范围更广泛的浮梁县，昌南镇实为浮梁县而非景德镇前身。（胡宸：《赋役、烧造与商业：景德镇官窑制度改革与市镇变迁》，《中国社会历史评论》2020 年第 25 卷，第 126—140 页。）

③ 参见江思清：《景德镇瓷业史》，中华书局 1935 年版；江西省轻工业厅陶瓷研究所编：《景德镇陶瓷史稿》，生活·读书·新知三联书店 1959 年版；周銮书：《景德镇史话》，上海人民出版社 1989 年版；萧放：《宋至清前期景德镇的形成和发展概述》，《江西社会科学》1987 年第 3 期；梁淼泰：《明清景德镇城市经济研究》，江西人民出版社 1991 年版；方李莉：《传统与变迁——景德镇新旧民窑业田野考察》，江西人民出版社 2000 年版；刘朝晖：《明清以来景德镇瓷业与社会》，上海书店出版社 2010 年版；苏永明：《行帮与景德镇社会变迁——从明末到民初》，南昌大学硕士学位论文，2005 年；胡宸：《赋役、烧造与商业：景德镇官窑制度改革与市镇变迁》，《中国社会历史评论》2020 年第 25 卷第 2 期，第 126—140 页。

薄弱。所以，本人拟在前人研究的基础上，结合相关史料，对宋元明时期景德镇瓷业与社会变迁两者之间的互动关系进行考察，以探求景德镇闻名前夕的社会状况。

一、制瓷地位的确立

至少在宋代，浮梁就形成了一些较大的家族。宋代浮梁邑人汪肩吾在《昌江风土记》中写道："至唐五代，雄杰崛起，不可胜数。若东北里之郑、朱，界田之李，槐里之金，风栖之汪，湾市之臧、程皆是也。"[1] 依据汪肩吾所说，这些大姓是从唐至五代时兴起的，到宋代时已成气候。揆诸族谱，其内容有着几个惊人的相似之处，第一，其先祖居于中原；第二，其先祖迁徙的缘由为"避黄巢乱"或"剿黄巢乱"。此外，大部分家族都先定居于徽州某地，例如歙县黄墩、祁门善和等地。已有学者对于徽州地区的名族进行了研究，发现在徽州的宗族谱中，这一叙述是非常普遍的。[2] 笔者认为，从中原迁徙到徽州，再迁徙至浮梁，极有可能是一种历史记忆，在这些宗族成员的心目中，先祖因躲避战祸或为国剿贼，不得已离开中原故土，所以他们是中原人的后裔，将之著于族谱之中，有利于运用"祖先的权利"将本族置于控制和争夺生活资源的优势地位。

宋代浮梁的大家族为了维持自己的地位，十分重视教育，呈现着科举兴盛的局面，族中为官者甚多。例如界田李氏家族，在宋代时科举极为兴盛，其中政和八年（1118）进士李椿年是措置经界的核心人物。[3] 汪氏家族汪澈"绍兴八年以春秋登进士第"，"封鄱阳县开国男"[4]，程氏家族中程瑀和程克俊二人属官位较高者，宋高宗曾对程克俊说道："得卿数人可致太平。"[5]

浮梁有一座乡贤祠，为"宋开禧间，县令赵汝清创建于县学戟门左，祀宋程瑀、程克俊、辛次应、汪澈，后废。明成化三年，教谕林岳复建于大成门左"。[6] 宋代所建的乡贤祠，大多并不区分在此地任职的官僚和土著先贤，其中供奉的多为更为社会认可的名贤，本地土著先贤若非大贤之人，不足以激励本地士民，也就不会出现在地方

---

① （唐）柳宗元：《柳宗元集》卷2，中华书局1979年版，第64页。
② 冯剑辉：《徽州宗族历史的建构与冲突——以黄墩叙事为中心》，《安徽史学》2004年第4期。
③ （清）贺熙龄、乔淮：《（道光）浮梁县志》卷13，清道光三年刻同十二年增补刻本，第1149页。
④ （清）汪玑：《宋庄敏公汪澈本传》，《汪氏通宗世谱》，刻本，第8833页。
⑤ （清）贺熙龄、乔淮：《（道光）浮梁县志》卷13，清道光三年刻同十二年增补刻本，第1153页。
⑥ （清）贺熙龄、乔淮：《（道光）浮梁县志》卷6，清道光三年刻同十二年增补刻本，第198页。

乡贤祠之中。[1] 在宋代时就有祭祀这些人物的祠堂，可见其地位之高，影响之大，被浮梁当地视为功名宦业、能够激励后人之人。

除此以外，他们所在的地区，也形成了浮梁的多个商品集散地。以臧湾和桃墅两个地区为例，浮梁臧氏所在之地臧湾，位于昌江支流东河流域附近，已有考古学家对于此地出土的陶片进行了研究，发现"臧湾在商代就有古人类活动，并使用火候较高的印纹硬陶器"。并且猜测："说不定在那时这里还是一处繁华商贸地。"[2] 直到现在，浮梁还流传着"一臧，二瑶，三墩口"的说法。[3] 汪氏聚居的桃墅地处浮梁北部，徽饶古道要冲。早在唐代之时，浮梁就有两种较为著名的土特产，一个是陶器，另一个即为茶叶。唐代之时，聚集在浮梁的茶叶就已经有很大的规模，《元和郡县图志》云："浮梁县……每岁出茶七百万驮，税十五万贯。"[4]《新唐书》记载："贞元八年，以水灾减税，明年，诸道盐铁使张滂奏：出茶州县若山及商人要路，以三等定估，十税其一。自是岁得钱四十万缗，然水旱亦未尝拯之也。"[5] 当时的茶业税是十税一，如果浮梁的茶叶税每年是十五万贯，贞元九年（793）全国的茶叶税为四十万贯，那么浮梁的茶税就占了全国的 37.5%，也就是产量占了全国的 37.5%。[6] 但是这些茶叶不全是浮梁生产，而是包含了周边的皖南、浙西、闽北一带的茶叶，商人们将茶叶集中到浮梁，再转运至全国各地。[7] 因为桃墅的特殊地理位置，其即为运输茶叶的重要集散地和中转地。宋代，往来于鄱阳湖一带至湖口、彭泽诸县的客商多聚集此，进行瓷器和茶叶的贸易，贸易的发达使得桃墅形成了"三街四弄二槽门"的村镇格局。

值得一提的是，已经有考古学家在东郊黄泥头发现宋初的窑场，此窑场中，有火照一件和漏斗式匣钵匣圈残片一件，上面都刻有"朱"字，在另一件漏斗式匣钵匣圈

① 魏峰：《从先贤祠到乡贤祠——从先贤祭祀看宋明地方认同》，《浙江社会科学》2008 年第 9 期，第 91—96 页。

② 刘慧中：《江西浮梁两处古文化遗址调查记》，《南方文物》2003 年第 4 期。

③ 景德镇市地名委员会办公室编：《江西省景德镇市地名志》，1988 年，第 428 页。

④ （唐）李吉甫：《元和郡县图志》卷 28，中华书局 1983 年版，第 672 页。

⑤ （宋）欧阳修、宋祁：《新唐书》卷 54，中华书局 1975 年版，第 1382 页。

⑥ 许怀林：《江西史稿》，江西高校出版社 1993 年版，第 132 页。

⑦ 叶羽《茶经》指出："浮梁出茶，并不是指浮梁一地所产的茶，它包括了地处浮梁周边的皖南、浙西甚至闽北一带。……浮梁的确是当时的茶叶集散中心。"（叶羽编著：《茶经》，黑龙江人民出版社 2001 年版，第 25 页。）许怀林《江西史稿》认为："浮梁县是昌江上的重要的码头，附近婺源、祁门等县的茶叶要运来这里集中，再转输出去。……浮梁是当时的一个大商品茶集散地。"（许怀林：《江西史稿》，江西高校出版社 1998 年版，第 129 页。）

残片上刻有一个"徐"字。故而考古学家们推测，宋初时，东郊黄泥头匣钵地区是私人窑场。[1] 目前还无法判定这些私人窑场主的身份，仅可以确定的是，这些窑场主为拥有一定资金的人。或许我们可以大胆推测，这些窑场主为当地的土豪，这些私人窑场的大量出现为此后景德镇的民营瓷业生产开了先河，此时的浮梁，是一个由地方大族土豪所控制的具有多个农村商业点的地方。

随着浮梁的瓷业规模逐渐扩大，宋代浮梁的窑场除了少数分布在昌江西岸外，大部分集中于昌江的南河流域，有着明显的向景德镇镇区集中的趋势。在宋景德年间，因贸易发达，景德镇始设镇，并设置了监镇官。[2] "宋朝之制，地要不成州而当津会者则为军，以县兼军。使民聚不成县而有税课者，则为镇，或以官监之。"[3] 监镇的设置反映出景德镇作为一个商品集散地，其商税数额十分可观。但此时，监镇官所管理的收税事务还是整个景德镇范围内的所有税收，而非专门的瓷业税收。

到宋神宗年间，王安石大力推行各种新政。元丰五年（1082）八月"饶州景德镇置瓷窑博易务，从宣议郎都提举市易司勾当公事余尧臣请也"。[4] 当时，力顶新法的宋神宗批准了余尧臣的奏疏。于是，景德镇的瓷业税收开始从全部税收中分离出来，由专职机构瓷窑博易务进行征收。但瓷窑博易务作为王安石变法的产物，遭到了保守派的强烈反对。宋神宗死后，反对派重新夺回政权，废除种种新政，瓷窑博易务大概率也在此时被废除。

瓷窑博易务的设置体现了王安石的经济思想，他在《与马运判书》中道出："尝以谓方今之所以穷空，不独费出之无节，又失所以生财之道故也。"[5] 在王安石变法设计的蓝图中，景德镇瓷业专卖可以作为其中一项"生财"的措施，反映出北宋时期景德镇瓷业规模大大扩张，发展迅猛。

到南宋之时，因战争不断，北方窑场受到不同程度毁坏，大量工匠流往南方，景德镇瓷业更是飞速发展。在技术上，景德镇继续在青白瓷制造上保持领先地位，还创造出红、黑釉瓷。[6] 在规模上，南宋景德镇的瓷业规模迅速扩大，蒋祈在《陶记》中写

① 欧阳敏、魏文婷：《景德镇宋初瓷与私人窑场》，《景德镇陶瓷》2003 年第 4 期。
② （明）王宗沐：《（嘉靖）江西省大志》卷 7，中华书局 2018 年版，第 367 页。
③ （宋）高承：《事物纪原》卷 7，金圆、许沛藻点校，中华书局 1989 年版，第 358 页。
④ （宋）李焘：《续资治通鉴长编》卷 329，中华书局 1990 年版，第 7916 页。
⑤ （宋）王安石：《与马运判书》，《临川先生文集》卷 75，中华书局 1959 年版，第 795 页。
⑥ 冯云龙：《南宋景德镇优质陶瓷原料探源》，《景德镇陶瓷》1995 年第 3 期。

道："景德陶，昔三百余座，鬻于他所。皆有饶玉之称，其视真定红瓷、龙泉青秘相竞奇矣。"[1] 在原料上，麻仓土、明砂高岭土等优质制瓷原料被发掘和使用。[2] 南宋的景德镇瓷业发展状况虽史料记载不多，但通过以往学者的考古研究发现，南宋前期，景德镇的瓷业发展势头十分迅猛，直到中后期，随着销售市场的萎缩，民窑的生产规模才急剧减少。[3]

宋元之际，在战事还未完全结束时，至元十五年（1278），元朝廷就在景德镇设置了浮梁磁局，"掌烧造磁器，并漆造马尾棕、藤笠帽等事"。[4] 元世祖忽必烈选址在景德镇的原因基本有二：一是元人国俗尚白，景德镇又恰好是以生产白瓷而闻名的；二是宋元之际，各大名窑窑场均被不同程度地摧毁，景德镇因山峦叠嶂、交通闭塞，非兵家必争之地，在战争中得以保全。[5]

浮梁磁局由将作院之下的诸路金玉人匠总管府管辖，将作院所制器物是为了供御，[6] 这与宋代中央政府在此地设置机构的目的已经完全不同，宋代的瓷窑博易务的主要职能是收取瓷业税，而元代浮梁磁局的主要职能是烧造御瓷。官方力量的进入标志着景德镇的主要身份从众多的瓷业征税点变为了全国唯一的御瓷制作中心，这是景德镇因瓷闻名于世界的重要里程碑。

二、御器厂的权力之争与民窑业的兴起

明初，中央政府沿袭了元朝浮梁磁局的瓷务管理模式，"设厂于镇之珠山麓，制陶供上方，称官瓷，以别民窑"。[7] 御器厂作为官方机构，有很大的特权。它可以使用最好的原材料、最优质的工匠，还拥有稳定的资金支持。但御器厂从设置开始，就管理

---

[1] （清）蒋祈：《陶记》，《（康熙）浮梁县志》卷4，清康熙十二年增修本，第200页。

[2] 冯云龙：《南宋景德镇优质陶瓷原料探源》，《景德镇陶瓷》1995年第3期。

[3] 参考李娜：《从〈陶记〉看南宋时期景德镇瓷器的销售市场与瓷业的关系》，《中国陶瓷工业》2022年第1期；周婧景：《刍议南宋中后期景德镇青白瓷瓷业衰落之原因》，《中国陶瓷》2011年第6期；吕东亮：《南宋景德镇青白瓷国内销售市场研究——兼论〈陶记〉的成书年代》，景德镇陶瓷大学硕士学位论文，2015年。

[4] （明）宋濂、王祎：《元史》卷88，中华书局1976年版，第2227页。

[5] 熊寥：《浮梁瓷局的设置与撤销》，《河北陶瓷》1986年第1期。

[6] 将作院下辖三大总管府：诸路金玉人匠总管府、异样局总管府、大都等路民匠总管府，均为供御性质。参见陈洁：《浮梁磁局与元代官瓷——兼论至正型元青花的性质》，《故宫博物院院刊》2019年第9期。

[7] （清）蓝浦：《景德镇陶录》卷5，黄山书社2016年版，第119页。

混乱，无一定式，最明显的就是其管理人员的屡次更改。其原因一方面是无经验可循，另一方面是其中的权力与利益之争。在御器厂的管理权上，官员和宦官上演了一场拉锯战。

洪武、永乐年间御器厂的督陶官大部分都由官员担任，少部分由宦官担任，御器厂旧址有一碑《关中王老公祖鼎建贻休堂记》记载道："钦命中官一员，特董烧造。"[①]这是为明代宦官被派往景德镇督陶的最早记录。到宣德二年（1427）十二月，宦官张善被派往景德镇督陶，"善往饶州监造磁器，贪黩酷虐，下人不堪，所造御用器多以分馈其同列。事闻，上命斩于都市，枭首以徇"。[②]御器即为只有皇帝能使用之器物，代表着皇权至高无上，宦官张善此举是对皇权的侵犯，定不能被皇帝容忍。到宣德中，御器厂改为"以营缮所丞专督工匠"。[③]营缮所是工部营缮司下辖的机构，说明烧造御器的权力又从宦官转移到了工部官员手中。但营缮所丞监管御器厂烧造的时间并不长，到正统初年，罢营缮所丞督造御器。[④]之后，御器厂由提督官负责。到正统九年（1444）五月，一手遮天的宦官王振开始干预御瓷烧造，从中夺权："江西饶州府造青花白地花插，瑕璺不堪。太监王振言于上，遣锦衣卫指挥往，杖其提督官，仍敕内官赍样，赴饶州更造之。"[⑤]"璺"即裂纹，宦官王振以提督官督造的瓷器不合标准为借口，伺机夺取制定烧造样式的权力。宦官夺取制样权的原因，必然是有利可图，那么其"利"为何？《大明会典》中记载道：

> 洪武二十六年定，凡烧造供用器皿等物，须要定夺样制，计算人工物料，如果数多，起取人匠赴京，置窑兴工，或数少，行移饶处等府烧造。凡在京烧造……旧例缸土、釉土派行真定府，白碱土派行开封府，绢布、白麻派行顺天府，各办解木柴召买。[⑥]

所以，其"利"就在"计算人工物料"之中，一旦掌握了制样权，摊派到各府的物料数量就任由宦官掌控，其中利益空间可想而知。

天顺元年（1457），明英宗没有吸取宦官乱政的经验，继续宠信宦官，再次亲政

---

① 熊寥、熊薇编注：《中国陶瓷古籍集成》，上海文化出版社 2006 年版，第 326 页。

② （明）杨士奇：《明宣宗实录》卷 34，台湾"中研院"史语所校印本，1962 年，第 863 页。

③ （清）吴允嘉：《浮梁陶政志》，《四库全书存目丛书：史部》第 276 册，齐鲁书社 1996 年版，第 800 页。

④ （清）贺熙龄、乔淮：《（道光）浮梁县志》卷 8，清道光三年刻同十二年增补刻本，第 624 页。

⑤ （明）李贤：《明英宗实录》卷 116，台湾"中研院"史语所校印本，1962 年，第 2344 页。

⑥ （明）申时行：《大明会典》卷 194，《四库全书存目丛书：史部》第 268 册，齐鲁书社 1996 年版，第 570 页。

之时就立即派宦官前往景德镇烧造瓷器。到成化初年，宪宗才罢宦官督陶，派遣了官员周芳誉前往督陶。① 随后，宪宗年间，既有官员督陶，又有宦官督陶。② 官员屡次上奏："成化间，遣中官之浮梁景德镇，烧造御用瓷器，最多且久，费不赀。"③ 直到成化二十三年（1487）宪宗死后，孝宗下诏"裁饶州烧造官"。④

弘治年间，中官屡派屡撤。"孝宗初，撤回中官，寻复遣。"⑤ 弘治三年（1490），孝宗又命"江西烧造磁器，内官不必差"。⑥ 随后又派遣中官，到弘治十五年（1502）时又"复撤"。⑦ 弘治年间的宦官在景德镇大肆扰民，弘治十二年（1499）至十八年（1505）间，"景德镇民相构为乱"，⑧ 原因为"时景德镇窑厂中使大扰"，⑨ 正德年间，宦官专权日趋严重，刘瑾凭借武宗的信任，甚至得到了吏部尚书的任命权。所以，正德年间的督陶官几乎都由宦官担任。"以致横政肆出，纲纪荡然，民财蠹耗"，景德镇百姓视宦官"若遇蛇蝎""闻其来忧愁惧泣"，在宦官被撤回后，"欢欣鼓舞""若脱水火"。⑩

到嘉靖年间，世宗鉴于前代严酷的宦寺之祸，对于宦官权力进行了全面的抑制，虽在嘉靖八年（1529），派遣太监刘良督造，⑪ 但在九年（1530）即裁革，"以饶州府佐贰官一员督"。⑫ 但是，虽革除了中官烧造，御器厂制度还是混乱无章，佐贰官负责烧造期间，多次因烧造质量不合规定或违期而受到处罚。⑬ 御器厂因久在宦官和官员反复争夺之下，迟迟未能找到适合自己的管理模式。于是，官员们对于御器厂的管理模式

---

① （清）贺熙龄、乔溎：《（道光）浮梁县志》卷22，清道光三年刻同十二年增补刻本，第2027页。

② （清）王临元：《（康熙）浮梁县志》卷7，清康熙十二年增修本，第947页。

③ （清）张廷玉：《明史》卷82，中华书局1980年版，第1999页。

④ （清）谢旻修、陶成：《（雍正）江西通志》卷27，清文渊阁四库全书本，第3393页。

⑤ （清）张廷玉：《明史》卷82，中华书局1980年版，第1999页。

⑥ （明）李东阳：《明孝宗实录》卷45，台湾"中研院"史语所校印本，1962年，第916页。

⑦ （清）张廷玉：《明史》卷82，中华书局1980年版，第1999页。

⑧ （明）陈俊修、梅鼎祚：《（万历）宁国府志》卷16，明万历刻本，第792页。

⑨ （清）李德淦修、洪亮吉纂：《（嘉庆）泾县志》卷18，民国三年重印本，第747页。

⑩ （明）张瀚：《皇明疏议辑略》卷35，《续修四库全书：史部》第463册，上海古籍出版社2002年版，第258页。

⑪ （明）徐学聚：《国朝典汇》卷198，《四库全书存目丛书：史部》第266册，齐鲁书社1996年版，第886页。

⑫ （明）王宗沐：《（嘉靖）江西省大志》卷7，中华书局2018年版，第369页。

⑬ 参见《食货典》卷253，清雍正铜活字本，第20896页；雍正《江西通志》卷27，清文渊阁四库全书本，第3393页，等。

进行了探讨，但所提出的建议均未被采纳。① 直到嘉靖四十四年（1565），"添设饶州府通判一员，管御器厂烧造"。② 万历十年（1582），又"会议本府督捕、通判改驻"。③ 自此，御器厂的管理权转移到了饶州府官员的手中，但这并不是宦官对御器厂控制的结束，宦官仍然把持着下发烧造命令的权力。明神宗恣意妄为，此后，官员们多次请旨停减烧造，但基本均被驳回。④

明代部分督陶官员情况

时间	督陶官
洪武年间	官员
永乐年间	大部分为官员，少部分为宦官
宣德二年（1427）—宣德五年（1430）	宦官
宣德五年（1430）—正统初年	工部官员营缮所丞
正统初年—正统九年（1444）	提督官
正统九年（1444）—正统十四年（1449）	宦官
天顺元年（1457）	宦官
成化年间（1465—1487）	官员、宦官
弘治年间（1488—1505）	宦官（屡派屡撤）
正德年间（1506—1521）	官员、宦官
嘉靖八年（1529）—嘉靖九年（1530）	宦官
嘉靖九年（1530）—嘉靖四十四年（1565）	饶州府佐贰官一员
嘉靖四十四年（1565）—万历十年（1582）	饶州府通判一员
万历十年（1582）—万历二十七年（1599）	饶州府督捕、通判改驻景德镇兼理烧造
万历二十七年（1599）—万历四十八年（1620）	矿监税使（即宦官）

万历二十七年（1599）二月，矿监税使潘相被派往景德镇御器厂督陶，大学士沈

---

① 参见《（万历）江西省大志》卷7，明万历二十五年刻本，第820—822页；《（康熙）浮梁县志》卷4，清康熙十二年刻增修本，第375页。

② （清）陈梦雷：《古今图书集成》卷253，清雍正铜活字本，第20896页。

③ （清）贺熙龄、乔淮：《（道光）浮梁县志》卷8，清道光三年刻同十二年增补刻本，第625页。

④ 参见：《明神宗实录》卷231，台湾"中研院"史语所校印本，1962年，第4286—4287页；《明神宗实录》卷235，台湾"中研院"史语所校印本，1962年，第4371页；《明神宗实录》卷270，台湾"中研院"史语所校印本，1962年，第5013页；《明神宗实录》卷295，台湾"中研院"史语所校印本，1962年，第5490页。

一贯在《谏变法征利揭帖》中认为，矿监税使的性质即"变法征利"，[①] 那么此"利"去往何处？即明神宗的私人金库。[②] 潘相与上文的孔成来自同一个系统，即御马监。御马监系统的随意性正是明神宗皇帝任性妄为的体现。[③] 所以，从矿监税使派出的原因以及潘相所属的系统来看，潘相督陶的影响注定是负面的。

经过奸人的挑唆和利益的诱惑，潘相开始为其自身和其背后的宦官集团牟利。万历二十七年，他先是利用窑户联名留下自己的爪牙——饶州府通判今升荣、审理沈榜。[④] 在明万历年间冯琦所撰的《宗伯集》中记载了官员弹劾江西饶州府通判沈榜的奏疏《为考察疏》，其中，沈榜的恶行至少有三：其一，他身为饶州府审理，不办理民事，拖延甚久；其二，以低价银支付工匠工钱，并有克扣；其三，贩卖御瓷至安庆。沈榜不仅欺压和剥削百姓，甚至敢偷盗御瓷贩卖以获利，可见其胆大妄为。[⑤] 这些行为引发了官员的强烈不满，为其所弹劾，但均未见其效。[⑥] 此后，潘相及其爪牙在景德镇更加肆无忌惮，终于在万历二十九年（1601）七月二十五日，爆发了民变。潘相于奏疏中掩盖其党羽狐假虎威激起民变的真相，把罪责推脱到土豪杨信三和通判陈奇可的头上。此时的万历皇帝完全相信潘相的说辞，于是，将陈奇可和杨信三解京究问，被毁的厂房准许动支布政司钱粮修葺。但事实上，陈奇可不仅及时帮助潘相，还被飞石砸成重伤。[⑦] 陈奇可被捕下狱，而真正的罪魁祸首却逍遥法外。在此期间，有官员为陈奇可求情，但未得批准。[⑧] 万历三十年（1602）十二月，陈奇可死于狱中。[⑨] 在此事件中，神宗被潘相蒙骗，不辨黑白，潘相欺上瞒下，不仅没有受到责罚，反而继续其扰民谋财的种种行为。

万历三十年二月，潘相开始对先前其部下上奏的诸事付诸实践：砍伐江西德兴、玉山的封禁山、云雾山等山的"大木"、开采浙江官山等处的土青。潘相一党兵分两路，一路到浙江负责"采青"事宜，由内官刘忠负责采办，另一路由内臣率领效劳官陆太

① （明）沈一贯：《敬事草》卷4，《续修四库全书：史部》第479册，上海古籍出版社2002年版，第235—237页。

② 万明：《全球视野下的明朝覆没——基于白银货币化的分析》，《河北学刊》2019年第5期。

③ 方志远：《明代的御马监》，《中国史研究》1997年第2期。

④ （明）叶向高：《明神宗实录》卷341，台湾"中研院"史语所印本，1962年，第6328—6329页。

⑤ （明）冯琦：《宗伯集》卷53，《四库禁毁书丛刊：集部》第15册，北京出版社1997年版，第665页。

⑥ （明）叶向高：《明神宗实录》卷341，台湾"中研院"史语所校印本，1962年，第6329页。

⑦ （明）王圻：《续文献通考》卷30，现代出版社1986年版，第442页。

⑧ （明）叶向高：《明神宗实录》卷379，台湾"中研院"史语所校印本，1962年，第7141页。

⑨ （明）叶向高：《明神宗实录》卷379，台湾"中研院"史语所校印本，1962年，第7145页。

等，前往广信府勘山。但是，在勘山的过程中，内官以及江西巡抚吴达发现"铜塘山崇冈邃谷，险峻异常，夙为巨寇渊薮，即中有杂木，无从出山"，故而"不可开"，也"不能开"。潘相一行人开始另想办法，他们把开山采木事宜招商承办，但是"商无一应"。于是，潘相开始强迫广信七县百姓交纳包山费，总共三千两，又加土产费一千两。[①] 这不仅引发了广信府百姓的抵触情绪，甚至连官员都对其十分忿恨。李鸿为当时的上饶知县，"初，潘相勘矿洞于上饶，知县李鸿戒邑人，敢以食物市者死。相竟日饥渴，悫而归"。[②] 此行为遭到了后者的报复，李鸿被诬劾，除名。[③] 万历三十年（1602）十二月，"相又请添解送磁器缸只每府各造一只，每只当费万金。江西十三府当费十三万"。[④] 潘相想将陆运瓷器改为水运，命江西十三府各造船一只。但实际上，潘相的真实目的并不是为了运输瓷器，而是为了造船背后的利益。潘相要江西各府建造的船只是马快船，宦官经常使用此船进行不正当的交易。耶稣会传教士利玛窦在从南京到北京时，乘坐的正是此船。[⑤] 他对马快船有过一段描述："所谓马快船都由宫中太监指挥，通常都运行迅速，八只或十只船一队……太监们有时候出租宫船的空舱赚钱。"[⑥] 所以，潘相可以用此船得利是他强烈要求造船运瓷的原因。对于潘相这一提议，大学士沈一贯等大臣上奏反对，亦未有效。[⑦] 于是，江西各府百姓又被添上了建造船只的重担。

万历三十四年（1606）三月，潘相移驻景德镇专理窑务。"又言：'描画瓷器，须用土青。惟浙青为上，其余庐陵、永丰、玉山县所出土青颜色浅淡。请变价以进。'从之。"[⑧] 造船之事和采青之事遭到了科臣萧近高[⑨]、江西巡抚许弘纲[⑩]、江西巡按史弼[⑪]等多位大臣的弹劾。对此，潘相给予了回击，他认为萧近高是吉安府庐陵人，其反对开采土青是因为这触及了自家世代垄断土青的利益。但萧近高反驳道，庐陵的土青质量很

① （清）程肇丰：《（乾隆）上饶县志》卷8，清乾隆九年刻本，第169—171页。
② （清）陈鹤：《明纪》卷45，清同治十年江苏书局刻本，第2733页。
③ （清）吴允嘉：《浮梁陶政志》，《四库全书存目丛书：史部》第276册，齐鲁书社1996年版，第802页。
④ （明）叶向高：《明神宗实录》卷379，台湾"中研院"史语所校印本，1962年，第7138页。
⑤ ［意］利玛窦：《利玛窦中国札记》，何高济、王遵仲、李申译，何兆武校，中华书局1983年版，第322页。
⑥ ［意］利玛窦：《利玛窦中国札记》，何高济、王遵仲、李申译，何兆武校，中华书局1983年版，第326—327页。
⑦ （明）叶向高：《明神宗实录》卷379，台湾"中研院"史语所校印本，1962年，第7138页。
⑧ （明）叶向高：《明神宗实录》卷419，台湾"中研院"史语所校印本，1962年，第7927页。
⑨ （明）叶向高：《明神宗实录》卷419，台湾"中研院"史语所校印本，1962年，第7927—7928页。
⑩ （明）叶向高：《明神宗实录》卷426，台湾"中研院"史语所校印本，1962年，第8045页。
⑪ （明）叶向高：《明神宗实录》卷432，台湾"中研院"史语所校印本，1962年，第8177页。

差，自家没有垄断庐陵土青的理由。潘相因为饶州屡次激起民变，假意请命撤回。[1] 但他再一次得逞，皇帝留其继续在景德镇充当矿监税使。潘相其党在景德镇的祸乱一直持续到万历四十八年（1620），万历驾崩，其被撤回，[2]"终明之世，中涓弗遣"。[3]

万历年间的诗人郭子章在其《豫章诗话》中，通过唐代的两首诗所描述的饶州之景与今昔对比，道出了其中的辛酸，一首是唐代诗人章孝标的《送张使君赴饶州》，诗曰：

> 饶阳因富得州名，不独农桑别有营。日暖提筐依茗树，天阴把酒入银坑。
>
> 江寒鱼动枪旗影，山晚云和鼓角声。太守能诗兼爱静，西楼见月几篇成。

另一首是唐代诗人姚合的《送饶州张使君》，诗曰：

> 鄱阳胜事闻难比，千里连连是稻畦。山寺去时通水路，郡图开处是诗题。
>
> 化行应免农人困，庭静惟多野鹤栖。饮罢春明门外别，萧条驿路夕阳低。

看到唐代饶州如此平静之景象，郭子章有感而发："由二诗观之，饶州在唐已称饶矣，当时尚未有磁器也。今磁利遍天下，而烧造之苦治害不伐，吾未见饶之饶矣。"[4] 郭子章身在当时，深感人民疾苦，他认为"饶州不饶"正是因瓷器之利。纵观明代，御器厂本为一个御瓷制造机构，却因内臣当道，变为了宦官剥削和欺压百姓的封建衙门。宦官的腐败贪婪、任意妄为使得御器厂的管理在整个明代都未有章法，直接导致了御器厂的衰落，使得其越来越无法完成烧造任务。于是，御器厂不得不依靠前期因各种禁令被压制的民窑，"官搭民烧"制度应运而生，虽然这在本质上是御器厂利用特权盘剥民窑的一种手段，但其使得御窑与民窑的技术壁垒逐步瓦解。

民窑业的迅猛发展使得其国内外市场迅速扩大。在国内，宋代景德镇瓷器的贩卖范围为"荆、湘、吴、越间"。[5] 到了明代，"自燕云而北，南交趾，东际海，西被蜀，无所不至，皆取于景德镇"。[6] 说明景德镇瓷器市场已经扩展至全国，包括边远地区。例如在西藏，皇帝赏赐给僧侣贵族的就是景德镇瓷器，他们以使用景德镇瓷器"为幸、为荣、为贵"。[7] 从某种意义上来说，景德镇瓷器成为了一种时尚，也是一种地位的象

① （明）叶向高：《明神宗实录》卷 434，台湾"中研院"史语所校印本，1962 年，第 8212 页。

② （清）谷应泰：《明史纪事本末》卷 65，中华书局 2015 年版，第 1023 页。

③ （清）贺熙龄、乔溎：《（道光）浮梁县志》卷 8，清道光三年刻同十二年增补刻本，第 700 页。

④ （明）郭子章：《豫章诗话》卷 2，明万历三十年吴献台刻本，第 56—57 页。

⑤ （清）王临元：《（康熙）浮梁县志》卷 7，清康熙十二年增修本，第 898 页。

⑥ （明）王宗沐：《（嘉靖）江西省大志》卷 7，中华书局 2018 年版，第 378 页。

⑦ 陈德富：《景德镇瓷器与西藏》，《景德镇陶瓷》1991 年第 4 期。

征。在国外，海外对于中国瓷器的需求大大增加。虽有海禁政策，但私人海上贸易却屡禁不止，景德镇瓷器通过朝贡贸易和海外走私贸易流入许多国家和地区，遍及亚、非、欧三大洲。[①] 这一时期，西方还远不能制作像样的瓷器，更别说像景德镇瓷器一样的精品。但他们又抱怨刚到手的白银因为一些"华而不实的东西"又大量流失，所以他们迫切希望自己本国能生产瓷器，从而做了一些尝试，但是均以失败告终。[②] 因为本国无法制作，瓷器在西方稀有，变为了高贵的象征，国王和贵族们对瓷器如痴如醉，巨大的市场甚至引得日本人仿造并出口到欧洲。[③] 可见，明代中期，在地理大发现的背景下，景德镇瓷器的海外市场空前开阔，景德镇瓷器其实更多地成为了一种"名牌"，受到海外国家的热捧。

三、瓷业资源的重新分割

明代，景德镇的迅速兴起激发了各种矛盾，此时的景德镇社会内部暗流涌动，首先体现在县治地点的争夺上。浮梁县治，唐武德四年（621）时在"新定化鹏之乡"，"元和中，以县治被水，徙西北高阜，即今治"。[④] 也就是迁移到了浮梁的旧城村，一直未变。弘治十六年（1503），"浮梁豪民欲改立县治于景德镇，县民不从"。[⑤]

延续了将近七百年的县治，为何在此时有极大的争议？究其原因，应是经济基础与上层建筑的不对等所引发的。宋代之时，景德镇还只是浮梁的一个商品集散地，自元代景德镇确定为御器制造中心后，景德镇人长期大规模从事瓷业生产，积累了大量的财富，故而"富实过于县"。但是，浮梁官绅其实在本地始终保持着很强大的势力。早在永乐年间，浮梁官绅就在北京设立了会馆，"明吏道金宗舜……捐资鼎建浮梁会馆于京师"。[⑥] 当时在北京设立会馆的只有三个地区，除浮梁外，另外两个是芜湖和广东。

---

① 根据考古学家的研究，景德镇瓷器贩卖至东亚的韩国、日本，东南亚的菲律宾、文莱、印度尼西亚、马来西亚、泰国等地区，印度洋上的斯里兰卡、印度、波斯湾沿岸地区、阿拉伯半岛，近东的叙利亚、土耳其，非洲的埃及、埃塞俄比亚、坦桑尼亚、肯尼亚、马达加斯加，到欧洲的葡萄牙、意大利等地。（钟燕娣、秦大树、李凯：《明中期景德镇窑瓷器的外销与特点》，《文物》2020年第11期。）
② ［美］罗伯特·芬雷：《青花瓷的故事：中国瓷的时代》，郑明萱，译，海南出版社，2015年，第314页。
③ 冯先铭、冯小琦：《荷兰东印度公司与中国明清瓷器》，《江西文物》1990年第2期。
④ （清）贺熙龄、乔溎：《（道光）浮梁县志》卷1，清道光三年刻同十二年增补刻本，第108页。
⑤ （明）过庭训：《本朝分省人物考》卷50，明天启刻本，第4283页。
⑥ （清）王临元：《（康熙）浮梁县志》卷6，清康熙十二年增修本，第634页。

且整个明代，在北京设立会馆的地区也不过 52 处之多。[①]

那么金宗舜为何人，"金宗舜，字近槐，安公裔孙，考授吏目，为人重义轻财。尝捐资刱浮梁会馆于京师，至今北上者赖之"。[②] 此处的"安公"应是指唐末黄巢之乱时对浮梁有平定之功的金安。一个吏员可以在北京为浮梁士子建立会馆，这背后必然有家族的支撑，无论金宗舜是否是金安的后裔，设置会馆之举都可以证明当时其家族势力之强大。所以，即使景德镇此时已经"富实过于县"，但还是抵不过浮梁官绅世世代代积累的势力与威望，故而更改县治之事失败。

从侧面我们可以看出，明代景德镇的发展在浮梁异军突起。如果以有确切的行政区划为准，浮梁从唐武德四年（621）到弘治年间，大约发展了近九百年，景德镇从宋景德年间开始置镇到弘治年间，大约发展了近五百年，相差近四百年，景德镇可以"富实过于县"，可见景德镇在明代的发展势头十分强劲。

除此矛盾外，民窑业的兴起吸引大批周围县邑的移民涌入，为民窑业提供了大量的劳动力的同时，也激发了各种土客矛盾。关于嘉靖年间乐平人与浮梁人之间的仇杀事件，学界已有颇多论述。[③] 为确定此事件的性质，笔者欲从动乱发生的原因和动乱中各方力量的动机等方面重新进行分析。

佣工于景德镇的乐平人，因"浮梁民负其佣值"，[④] 而对浮梁人有着极大的仇视，嘉靖十九年（1540）四月开始的水灾成了斗争的导火索。五月二十六日，乐平人与浮梁人聚众格斗，死伤惨重。"二县凶民各聚党千余，互相仇杀"。[⑤]"乐之民居镇者乱焉，镇民与格斗死者，又无算。"[⑥] 六月二日、三日，"复侵湖田都，镇民格杀甚惨"。[⑦] 因两

① 韩大成：《明代城市研究》，中国人民大学出版社 1991 年版，第 407—408 页。
② （清）贺熙龄、乔溎：《（道光）浮梁县志》卷 15，清道光三年刻同十二年增补刻本，第 1374 页。
③ 参见：傅衣凌：《明代苏州织工、江西陶工反封建斗争史料类辑——附论手工业劳动者在农民战争中所起的作用问题》，《厦门大学学报（文史版）》1954 年第 1 期；江西省轻工业厅陶瓷研究所编：《景德镇陶瓷史稿》，生活·读书·新知三联书店 1959 年版；胡铁文：《试论行帮》，《文史哲》1984 年第 1 期；梁淼泰：《明清景德镇城市经济研究》，江西人民出版社 2004 年版；［日］佐久间重男：《明代後期の景德镇民窑の発展と民变》，《铃木俊还暦纪念东洋史论文集》，1964 年，第 271—275 页；刘朝辉：《明清以来景德镇瓷业与社会》，上海书店出版社 2010 年版，等等。
④ （明）徐学聚：《国朝典汇》卷 165，《四库全书存目丛书：史部》第 266 册，齐鲁书社 1996 年版，第 456 页。
⑤ （明）徐学聚：《国朝典汇》卷 165，《四库全书存目丛书：史部》第 266 册，齐鲁书社 1996 年版，第 457 页。
⑥ （清）王临元：《（康熙）浮梁县志》卷 7，清康熙十二年增修本，第 936 页。
⑦ （清）贺熙龄、乔溎：《（道光）浮梁县志》卷 18，清道光三年刻同十二年增补刻本，第 1658 页。

县百姓积怨已久，且浮梁知县和巡检无权开仓放赈，无法平息百姓的怒火，仇杀一直在持续。此时，江西派出时任按察司副使杨绍芳前往景德镇镇抚，杨绍芳到达景德镇后"大发仓粮若干，银若干"，[1]"死者葬之，伤者治之，散者集之，反侧者安之。"[2]但这些措施只是解决了一些表面矛盾，并没有从根本上安抚到两县人民的情绪。九月，江西巡抚王昈奉命到达景德镇，乐平滋事者放出谣言，促使巡抚严惩浮梁滥杀之人，[3]巡抚王昈落入乐平人布置的"陷阱"，命令杨绍芳捉拿组织和参与滥杀行动之人。此时的景德镇"人人自危，罔不思乱"，[4]杨绍芳意识到这样的处理方式势必会使局势变得更加糟糕，于是主张劝和，不能为了安抚乐平人而继续治罪于浮梁人。[5]但王昈却拒绝接受杨绍芳劝和的建议，就在此时，兴田乡下田村人汪柏写了一封信给王昈，汪柏是嘉靖戊戌第进士，他因丁忧而留在家中，王昈曾经做过他的老师，听闻此事，他思量再三后，以学生身份递上《汪柏上王巡抚书》，在信中，汪柏逻辑清晰地分析了水灾后浮梁的局势，和杨副使有着同样的建议，他认为，正是因为浮梁人与乐平人力量基本相当，双方有所忌惮，才不至于动乱更加扩大。目前周边地区已经人人自危，祁门以及婺源、德兴地区人民已经结寨而居，若是再助长乐平人气焰，恐怕事情会不可控制。汪柏努力权衡着两边的力量，极力劝说王巡抚不要以"杀"为镇压动乱的上策。整封信言辞恳切，逻辑清晰，以为师考虑为立场，最终打动了王昈，使王昈接受了汪柏的建议，对景德镇和乐平做出了较为妥善的处理，即对景德镇耆老有功者赏赐，对乐平因饥为贼者"歼其巨魁，而宥其余党"。[6]

　　除此以外，对于这件事情的解决办法，饶州郡守沈熺提出了一个方案，极大地影响了接下来的景德镇制瓷业的整体局势，即允许乐平人在景德镇创陶。[7]这就使得浮梁人在景德镇对于瓷业的掌控权被削弱，乐平人从此得到了独自业陶的资格。

　　那么在此事件中，乐平人为何敢与身为窑主、掌控着景德镇瓷业的浮梁人开战？实际上，乐平人手中有浮梁人制瓷需要的原材料，即陂塘青。明中后期，郑和下西洋

① （清）王临元：《（康熙）浮梁县志》卷7，清康熙十二年增修本，第936页。
② （清）王临元：《（康熙）浮梁县志》卷7，清康熙十二年增修本，第937页。
③ （清）王临元：《（康熙）浮梁县志》卷7，清康熙十二年增修本，第855页。
④ （清）王临元：《（康熙）浮梁县志》卷7，清康熙十二年增修本，第936—937页。
⑤ （清）王临元：《（康熙）浮梁县志》卷7，清康熙十二年增修本，第937页。
⑥ （清）贺熙龄、乔淮：《（道光）浮梁县志》卷18，清道光三年刻同十二年增补刻本，第1662页。
⑦ （明）叶向高：《苍霞余草》卷6，《四库禁毁书丛刊：集部》第125册，北京出版社1997年版，第226页。

带回的苏麻离青使用殆尽，陂塘青是此时最合适的原材料，此次斗争后，乐平人拒绝向浮梁人提供陂塘青。①

同样为土客冲突的典型事件还有万历年间以蓝芳威为首的窑丁之变。万历十六年（1588）二月，江西爆发了饥荒，虽然当时的灾害治理十分及时，②但还是"江西盗三千人聚景德镇"，③"陶丁趁饥倡乱，凿鹊湖之矿"。④江西佥事顾云程与为首的蓝芳威尝识于武场，于是派人前往招抚。但蓝芳威焚毁其营寨，藏匿山中不出。"适有刘汝国之乱，云程使之将兵傕寇，且谕之曰：'吾能生汝，不欺汝，而更何待乎？'芳威遂单骑诣军，后卒，为名将。"⑤

鹊湖在今天的景德镇昌江区鲇鱼山乡，历史上为高岭土的盛产之地。所以，陶丁想趁乱开凿的是高岭土。为何在此时争抢高岭土，这需要从高岭土产地的变化来看。元代至明代万历年间，麻仓土是高岭土的重要开采地。⑥但是到了明代万历年间，麻仓土开始枯竭。王士性就曾提道："近则饶土入地渐恶。"⑦瓷土的价格在此时经历了波动：

> 旧用浮梁县新正都麻仓等处白土，每百斤价银七分。万历十一年间，该管厂同知张化美见得麻仓老坑土膏已竭，掘挖甚难，每百斤加银三分。近用该县地名吴门托新土有糖点者尤佳，但离镇百六十余里，价仍照给一钱。⑧

所以这时，距离镇百六十里以内地区的瓷土都提价为每百斤一钱。根据《江西省景德镇市地名志》，鹊湖在距离鲇鱼山乡西偏南 7.5 公里的地方，鲇鱼山乡又在距离景德镇御器厂大约 17 公里的地方，那么鹊湖就大约距离御器厂 49 里，在规定的 60 里的范围内。由此我们得知，这一时期，应该是瓷土生产地转换的交接期，属于麻仓土枯竭，高岭土初探的阶段，因为瓷土紧缺，于是周围的瓷土被加价，鹊湖正好在官方规定的加价范围内，在景德镇开采瓷土的矿工们看到了其中的利润，故而鹊湖成为了他

① （明）王宗沐：《（嘉靖）江西省大志》卷 7，中华书局 2018 年版，第 369 页。

② （明）叶向高：《苍霞余草》卷 12，《四库禁毁书丛刊：集部》第 125 册，北京出版社 1997 年版，第 548 页。

③ （明）许重熙：《宪章外史续编》卷 8，《续修四库全书：史部》第 353 册，上海古籍出版社 2002 年版，第 163 页。

④ （清）汪晋征等纂，廖腾煃修：《（康熙）休宁县志》卷 6，清康熙三十二年刊本，第 827 页。

⑤ （明）许重熙：《宪章外史续编》卷 8，《续修四库全书：史部》第 353 册，上海古籍出版社 2002 年版，第 163 页。

⑥ 吴琼、朱文旋：《从文献看景德镇高岭土历史文化》，《景德镇陶瓷》2020 年第 5 期。

⑦ （明）王士性：《广志绎》卷 4，中华书局 1981 年版，第 84 页。

⑧ （清）刘坤一修，刘绎、赵之谦纂：《（光绪）江西通志》卷 93，清光绪七年刻本，第 7989 页。

们新的争夺目标。

此事件中，前来镇压民变的是鄱阳县令，很可能是三千窑丁中有较多的鄱阳人，鄱阳人为了占领新的高岭土产地，而趁乱大规模聚集。所以，笔者推测，或许这场窑丁之乱也同样是地域性的斗争，鄱阳人为了优先抢占制瓷资源，利用饥荒伺机发起动乱，其实质同样也是想跻身于景德镇制瓷业。

除了乐平人和鄱阳人外，还有都昌人也在景德镇瓷业资源争夺战中蠢蠢欲动，关于万历年间饶七邑县民与都昌人的斗忿的事件，此前已有一些论著对此进行了分析，例如，《景德镇陶瓷史稿》中认为，明代开始，都昌人在景德镇已经成为了窑户，有一定的经济力量。① 《景德镇文史资料》第十辑中石奎济也将都昌人视为窑户，认为明万历三十二年（1604）的斗争，属于饶七邑陶工联合起来反抗都昌窑户的剥削的性质。② 但实际上，都昌人在此时还都是窑工，没有取得窑主的地位。

都昌人在元末明初之时就已经加入了景德镇制瓷业。③ 明中期开始，景德镇民窑逐渐繁荣后，进入景德镇的都昌人数大大增加。在万历年间，他们已经形成一股较为庞大的雇工势力。万历三十二年，因都昌人"善讼"，激起了饶七邑民众（鄱阳、余干、德兴、乐平、安仁、万年、南昌）的忿恨，于是，双方展开了大规模的斗忿。④

那么都昌人是如何表现出"善讼"的呢？

> 镇官民窑户每窑不下数十工，一工有事，故必扯累窑户以为利。或扳以盗贼，或诬以人命。在本地听理犹易辨，而告者必求批越境提累。迁延隔岁，意不在结，惟以勾摄未齐挨托耳。至审结后，即罪不过一杖，而被告家已尽破矣。周起元尝条其议于当事，谓在镇所犯之事得请回归结议可，刁风稍息。近又有匿名诡名诬告，及至耸准，则逃归本籍，屡提不至，奸民各有所恃，每悬未了之案，而无形可寻狡猾益甚最难。⑤

都昌人在景德镇为雇工，经常为了利益诬告窑户，然后跑回原籍。他们的真实目的不是为了诉讼，而是为了拖累窑户，即使最后判处他们有罪，也只是处以杖刑而已，

① 江西省轻工业厅陶瓷研究所编：《景德镇陶瓷史稿》，生活·读书·新知三联书店1959年版，第240页。
② 石奎济：《都帮在景德镇的崛起》，政协景德镇市文史资料研究委员会编：《景德镇文史资料》（第10辑），1994年，第1—10页。
③ 梁淼泰：《明清景德镇城市经济研究》，江西人民出版社2004年版，第306页。
④ （清）贺熙龄、乔溎：《（道光）浮梁县志》卷2，清道光三年刻同十二年增补刻本，第124页。
⑤ （清）蒋祈：《陶记》，《（康熙）浮梁县志》卷4，清康熙十二年增修本，第397—398页。

但是他们状告的窑户已经被拖累至破产，他们屡次运用这样的招数，致使窑户们群起而攻之。

这些事例只是明中后期景德镇社会冲突的典型，相信这样大大小小的仇杀、械斗在此时间段内比比皆是。外地移民或者本地土著掀起社会动乱的目的是景德镇社会资源与利益空间的重新分割。此后，各方力量纷纷涌入景德镇，占据市场，明末，景德镇已形成"五方杂处"之大势。只是在这时，外地移民还并未打破土著对瓷业的垄断，直至清代前期，本地人失去对关键制瓷技术的控制，景德镇制瓷业内部结构经过"大洗牌"后，民窑业进入了发展的黄金时代。

四、结语

清代景德镇已经成为世界知名的手工业城市，这一点已成为共识。长期以来，我们对于清代以前景德镇的认知，基本停留在历代官方对景德镇的几个举措，即宋景德年间置镇、宋神宗年间设置瓷窑博易务、元代设置浮梁磁局和明代设置御器厂等事件，但关于其具体的前因后果以及当时的社会状况如何，我们却知之甚少。景德镇的兴盛，是其内部力量长期积累的结果，了解宋元明时期的社会状况可以让我们看到其崛起前的暗流涌动，可以让我们对这座城市的认识由点及面，描绘一个较为完整的景德镇历史图景。

作为由草市镇发展为手工业移民城市的典型，宋代到明代，景德镇从一个征税点变为了全国唯一的御瓷制造中心，无论是元代的浮梁磁局还是明代的御器厂，都是景德镇以瓷都之貌展示于世人路上的里程碑。明代景德镇瓷业社会中不仅有上层对御器厂控制权争夺的矛盾，也有民窑业崛起后"新旧土豪"之间的矛盾、土客之间的矛盾，他们在矛盾中形成新的和谐，在斗争中对社会资源和利益进行瓜分和调整。宋元明时期景德镇瓷业社会的发展，是其在清代进行新一轮社会整合、最终闻名于世的前奏曲。

作者简介：郭慧敏，女，复旦大学中国历史地理研究中心博士研究生。

浮梁磁局大使和督陶官 [*]

曾令怡

至元十五年（1278），元朝政府设置了浮梁磁局这一掌烧造瓷器诸事务的机构，反映出元政府参与了瓷器事务的管理。但是，或由于当时并未留下详细的记录，或随着时间的流逝许多珍贵资料已遗失，有关浮梁磁局的真实面貌如今已不得而知。元政府为何在浮梁设置这一机构，当时其他地区是否也有类似机构存在？其运作方式和管理的具体事务为何？其下是否设有官办窑厂？与元代"官窑"有何关系？诸如此类问题都有待进一步考证。本文主要基于对文献的梳理，探讨元代管理瓷器事务职官的品级及其变化，试图找出这一变化透露出的元政府对瓷器生产抱持的态度及其内在原因。

一、浮梁在元代的行政建制

进行讨论之前，有必要明了浮梁在元代的行政建制。据元史记载，浮梁在元代早期经历了由县升州的过程，元贞元年之前浮梁的行政级别为县。[①] 元世祖忽必烈在南征过程中拟定了相应政策，由北至南逐步将其所征服的各地纳入大元版图之中。"中统五年，并立州县，未有等差。"[②]"（至元）二十年，又定江淮以南，三万户之上者为上县，一万户之上者为中县，一万户之下者为下县。上县，秩从六品……中县，秩正七

---

* 本文曾在《中国国家博物馆馆刊》2012 年第 4 期（总第 105 期）发表。

① 《元史》卷六十二《志第十四·地理五》："浮梁州，中。唐以来为县，元元贞元年升州。"中华书局 1976 年版，第 1501 页。

② 《元史》卷九十一《志第四十一上·百官七》诸州条，第 2317 页。

品……下县，秩从七品。"① 可见，浮梁地区在至元二十年（1283）前，仍沿袭唐宋旧制立县，且未有等差。至元二十年之后，元政府将江南各县分为上中下三等，由于未找到相关记载，无法确定浮梁县此时属于何等级，但可确认其最高职官的品级不超过从六品。

元贞元年（1295）浮梁县升为中州，所辖户数为5万至10万。② 中州的达鲁花赤、知州的品级为正五品，同知从六品，判官从七品。③ 可见，浮梁升州后，其最高职官的品级得到了大大提升，实现了至少由从六品到正五品的三级跳。

不论是浮梁县还是元贞之后的浮梁州，都隶属于饶州路管辖④。根据《元史·地理志》中关于饶州路行政区划的记载，可知元代饶州路为上路，至元十四年升饶州路总管府，其下统辖录事司，鄱阳、德兴、安仁三县，余干、浮梁、乐平三州。⑤ 又据《元史·百官志》中元代对诸路总管府职官的规定，可知作为上路的饶州路其最高职官达鲁花赤和总管的品级为正三品。⑥ 此外，饶州地区的管辖机构在历史上也发生过变化。明清以来，饶州皆归江西行省管辖；而在元代，饶州路却隶属于江浙行省。⑦

综上，可知浮梁一地在元代的行政建制为先县后州，隶属于江浙行省的饶州路。

---

① 《元史》卷九十一《志第四十一上·百官七》诸县条，第2318页。对比同卷中诸州条下记载的另一条史料，"江南既平，（至元）二十年，又定其地五万户之上者为上州，三万户之上者为中州，不及三万户者为下州。于是升县为州者四十有四"。（第2317页）可知元至元二十年时已对江南州县做过调整，而浮梁县此时尚未在升州的行列中。从对所辖户数的规定来看，同为江南的中州或上县都可以是三万户之上，可见户数并非划分州和县的绝对因素。

② 《元史》卷十八《本纪第十八·成宗一》："（元贞元年五月）升江南平阳等县为州。以户为差，户至四万五千者为下州，五万至十万者为中州，下州官五员，中州六员。凡为中州者二十八，下州者十五。又以户不及额，降连州路为连州。"中华书局1976年版，第393页。

③ 《元史》卷九十一《志第四十一上·百官七》诸州条，第2317页。

④ 《元史》卷九十一《志第四十一上·百官七》诸州条："升县为州者四十有四。县户虽多，附路府者不改。"第2317页。

⑤ 《元史》卷六十二《志第十四·地理五》饶州路条，第1500页。

⑥ 《元史》卷九十一《志第四十一上·百官七》："诸路总管府，至元初置……上路秩正三品，达鲁花赤一员，总管一员，并正三品，兼管劝农事，江北则兼诸军奥鲁。同知、治中、判官各一员。"第2316页。并载其下辖有教授、司狱司、平准行用库、织染局、杂造局、府仓、惠民药局、税务、录事司等机构。

⑦ 准确地说，饶州路在元代曾先后隶属于江淮行省（至元二十二年之前）和江浙行省（至元二十二年之后）。见《元史》卷九十一《志第四十一上·百官七》行中书省条："江浙等处行中书省，至元十三年初置江淮行省，治扬州。二十一年，以地理民事非便，迁于杭州。二十二年，割江北诸郡隶河南，改曰江浙行省，统有三十路、一府。"第2306页。

其归属于元朝统治的时间至少从至元十四年（1277）开始^①，最晚则到至正二十一年（1361）朱元璋部将取饶州路为止。^②

二、浮梁磁局所隶属的机构

元代的官制纷繁复杂，通观《大元圣政国朝典章》^③（以下简称《元典章》）之《典章七·吏部卷之一》中对职官品级的记录即可看出元代的"内外文武官职"可分为内任、外任两大类，外任又包括民职、军民职、诸职、军职、匠职等众多类别。《元史·百官志》对各官职的排列方式与《元典章》不尽相同，其遵循类别、等级和辖属三重原则。即总体上按类别的不同如六部、各院、寺、监、府等分别做介绍；同时按职官品级从高到低的顺序排列，这两点与《元典章》大体一致。不同的是，《元史·百官志》更注重对机构职能及其管辖机构的全局性描述，使各官职形成一个个相对独立完整的小单元。这一特点对于研究浮梁磁局的隶属关系起着重要作用。

《元史》中关于浮梁磁局的记载在卷八十八《志第三十八·百官四》"将作院"条下：

> 将作院，秩正二品，掌成造金玉珠翠犀象宝贝冠佩器皿，织造刺绣段匹纱罗，异样百色造作。至元三十年，始置院使一员，经历、都事各一员。三十一年，增院使二员。元贞元年，又增二员。延祐七年，省院使二员……
>
> 诸路金玉人匠总管府，秩正三品，掌造宝贝金玉冠帽、系腰束带、金银器皿，并总诸司局事。中统二年，初立金玉局，秩正五品。至元三年，改总管府，置总管一员，经历、提控、案牍各一员……
>
> 浮梁磁局，秩正九品，至元十五年立，掌烧造磁器，并漆造马尾棕藤笠帽等事，大使、副使各一员。

---

① 《元史》卷六十二《志第十四·地理五》饶州路条，第1500页。

② 元至正十二年时饶州路即处于兵乱之中，其统治权发生过更替，这里取元结束对饶州统治的最晚期限。见《元史》卷四十二—四十六："（至正十二年三月）甲子，徐寿辉伪将项普略陷饶州路，遂陷徽州、信州。"第896页。"（十三年五月）元帅韩邦彦、哈迷取道由徽州、浮梁，同复饶州，蕲、黄等贼闻风皆奔溃。"第909页。"（十五年十一月）庚戌，贼陷饶州路。"第928页。"（二十一年九月）大明取建昌、饶州二路。"第957页。

③ 《大元圣政国朝典章》（影印元刊本），中国广播电视出版社1998年版。

尽管这段记载十分简略，但可知浮梁磁局自创立之日起，即直属于诸路金玉人匠总管府，并最终归将作院管辖。有些学者认为将作院于"至元三十年始置"，因此浮梁磁局在成立之初的 15 年间无法由将作院管辖，并进一步推断至元三十年（1293）以前浮梁磁局的统领机构当为工部或行工部①。对此，十年前即有台湾学者指出关于将作院始置时间的误解，实乃出于对"至元三十年始置院使一员"一句断句的错误②，因为早在至元十五年已有阿你哥兼领将作院的记载。③《元史》中至元三十年前有关将作院的记载还有："（至元十七年）赐将作院吕合剌工匠银、钞、币帛。"④可见，将作院至少从至元十五年起就已存在，只是当时机构设置可能尚未完善，需要由其他官员如身为大司徒的阿你哥兼领。而在至元三十年，将作院才"始置"院使、经历、都事等官，直至延祐之后其职官设置才形成定制。

　　至于将作院的结束时间，《元史》对其最晚的记载见于《列传第八十三·忠义四》张庸条下，提到顺帝朝皇太子立大抚军院时，"命庸团结房山，迁同金将作院事"。⑤经查，元顺帝的皇太子立大抚军院是至正二十七年的事⑥，可见直到那时将作院仍然存在。因此，将作院至少经历了从元早期至元十五年到元末至正二十七年（1367）这一段漫长的岁月，而浮梁磁局从创立之初便隶属于将作院统领，直至其退出历史舞台。

---

① "具体管理浮梁磁局的机构，文献记载的多是至元三十年之后的情形，在此之前十五六年内情况如何，各书均无记载，笔者认为这时候的统领机构当为行工部。"李民举：《浮梁磁局与御土窑器》，《南方文物》1994 年第 3 期。"其（指工部）下辖的'诸色人匠总管府'与将作院所属'诸路金玉人匠总督府'职能相似。因此，在至元三十年将作院设置以前，磁局由工部管辖可能性最大。"江建新、江建民：《浮梁磁局及其窑场与产品探》，《南方文物》2008 年第 1 期。
② 蔡玫芬：《转型与启发：浅论陶瓷所呈现的蒙元文化》，《大汗的世纪：蒙元时代的多元文化与艺术》，台北故宫博物院，2001 年，第 242 页。转引自施静菲：《蒙元宫廷中瓷器使用初探》，《美术史研究集刊》2003 年第 15 期。
③ 《元史》卷十《本纪第十·世祖七》："（至元十五年正月）以阿你哥为大司徒，兼领将作院。"第198 页。
④ 《元史》卷十一《本纪第十一·世祖八》，第 227 页。
⑤ 《元史》卷一百九十六《列传第八十三·忠义四》张庸条："是时有张庸者，字存中，温州人。性豪爽，精太乙数，会世乱，以策干经略使李国凤，承制授庸福建行省员外郎，治兵杉关。顷之，计事赴京师，因进《太乙数图》，顺帝喜之，擢秘书少监。皇太子立大抚军院，命庸团结房山，迁同金将作院事，又除刑部尚书，仍领团结。"第 4435 页。
⑥ 《元史》卷四十七《本纪第四十七·顺帝十》："（至正二十七年七月）为皇太子立大抚军院，秩从一品。"第 980 页。

三、浮梁磁局大使的品级

浮梁磁局大使的品级也引起了不少争议。《元史》中仅记载："浮梁磁局，秩正九品""大使、副使各一员。"按照《元史》记录职官品级的习惯，此处的"正九品"应为该机构最高职官的品级，即浮梁磁局大使的品级。按常理，既然区分大使和副使，其等级应有高下之分，则浮梁磁局副使的品级应低于正九品，而这与《元典章》中关于浮梁磁局副使为正九品的记载不相符。①即使磁局大使、副使两者同为正九品官，也与《元典章》中另一条史料相矛盾：该书《典章九·吏部卷之三·局院官》工匠局官品级条载"（至元二十四年）今定江南匠户品级以入局工役匠户为数……局使副：一千户之上，局使正七，副使从八；五百户之上，局使从七、副使正九"。若《元典章》关于职官品级的记载正确，则浮梁磁局副使的品级为正九品。虽然该条并未记录其大使的品级，但可结合工匠局官品级条的记载，推断浮梁磁局大使为从七品，并能进一步推断出浮梁磁局的入局工役匠户为五百户之上一千户之下。

《元典章》成书于元延祐七年（1320），记录了忽必烈中统元年（1260）到元延祐七年间元政府颁布和制定的各项典章制度，其记载是相对可信的。而《元史》的编修时间在明洪武初期，且成书较仓促，对于职官部分的编修主要是参照包括《元典章》在内的元代官方记录。《元史》的编修者极可能在翻阅《元典章·官制》职品条后，由于仅见浮梁磁局副使为正九品的记载，便仅引用此条，而未考证浮梁磁局大使的品级。至于《元典章·官制》职品条中为何没有关于浮梁磁局大使品级的记载，应是由于其后专门列出了工匠局官品级一条，并将其确定为制定江南匠户品级的惯例，因此，若再分别列出各局大使、副使的品级则显累赘。

有学者提出另一种可能，认为"如非版本上的缺漏，则说明，在延祐七年以前浮梁磁局只有正九品的副使，而无大使"。②笔者认为此种可能性不大，因为按此说法，元政府完全可以只在浮梁磁局设正九品的大使一员，而不必另设副使。仅设大使一员的局院在元代不在少数，如和浮梁磁局同隶属于诸路金玉人匠总管府的瑃玉局、画局、装钉局、大小雕木局、温犀玳瑁局等。③总之，仅设副使而不设大使的做法不合

---

① 《元典章·典章七·吏部卷之一·官制一·职品》中的正九品匠职条下记有"局副使：浮梁磁"，第225页。
② 汪庆正：《景德镇的元代瓷器》，《中国陶瓷全集·元下》，上海人民美术出版社2000年版，第13页。
③ 《元史》卷八十八《志第三十八·百官四》将作院条，第2225页。

常理。

　　另一方面，通过比较元廷各机构下官员的设置情况，还可发现所设官员的数量及其品级有直接联系，且两者皆取决于该机构所辖事务对于统治者的重要程度。例如以上列举的仅设大使一员的各局，其职官品级相应都较低，为从八品。而于掌造元统治者偏爱的金玉器物的玉局提举司、金银器盒提举司等，其设置的职官明显较多，最高品级也达到从五品。[①] 根据这一规律，浮梁磁局设有大使、副使各一员，其最高职官的品级应高于仅设大使一员的各局，即浮梁磁局大使的品级应高于从八品。这也与浮梁磁局大使为从七品、副使为正九品的推断相符合。同时又可从职官品级的角度，看出浮梁磁局的地位固然比不上那些掌造金玉器的机构，但也不至于如前人所估计的那样低。

　　根据上文的分析，可将浮梁磁局与相关机构的关系及各机构职官的品级列表如下：

表 1　元代浮梁州（县）隶属机构及职官品级

民职	最高职官	品级
江浙行省	省丞、平章	从一品[④]
饶州路	总管	正三品
浮梁州 （浮梁县）	知州 （县尹）	正五品 （从六品）

表 2　浮梁磁局隶属机构及职官品级

匠职	最高职官	品级
将作院	院使	正二品
诸路金玉人匠总管府	总管	正三品
浮梁磁局	大使	从七品

---

① 《元史》卷八十八《志第三十八·百官四》将作院条，第 2225 页。
④ 《元史》卷九十一《志第四十一上·百官七》：“行中书省，凡十一，秩从一品……每省丞相一员，从一品；平章二员，从一品。”第 2316 页。

四、元代管理瓷器事务职官身份的变化

元代虽从至元十五年开始即在饶州路设立了浮梁磁局，元政府对瓷器事务的管理却不局限于这个机构。其管理瓷器事务的职官，曾先后经历了至元时期设立的浮梁磁局大使、副使，到元中后期中央政府加派较高级别的督陶官员的转变。

史料中关于元代督陶官员的记载有：

（1）清康熙二十一年（1682）《浮梁县志·卷之首·浮志旧序一》涂济亨："余出守是州之三月，郡刺史清泉段公蒙旨董陶至州。"①此处所指的段公，或即当时饶州路总管段廷珪。②

（2）元《至顺镇江志》卷十九《人材·仕进》土著条载："堵闰……再调承务郎、饶州路总管府推官。赴召入觐，以母老俾便传养，特改授镇江等处稻田提举，且赐金帤以宠行。至顺二年七月，奉命督陶器于饶，行次三衢之常山以病卒。"③

（3）（元）孔齐撰《至正直记》卷二饶州御土条："饶州御土，其色白如粉垩，每岁差官监造器皿以贡，谓之御土窑。"④

（4）明万历陆万垓《江西省大志》卷七《陶书续补·建置》："宋以奉御董造，元泰定本路总管监陶，皆有命则供，否，则止。"⑤

（5）清乾隆四十八年（1783）《浮梁县志·陶政》："泰定后，本路总管监陶，皆有命则供，否则止。"⑥

从中可以看出，至迟于泰定二年（1325）初，元政府已委派较高级别的官员（如饶州路总管）督陶。关于这一点学界已基本达成一致，此处不再赘述。但仍有几点值得注意。

---

① （清）陈淯等修、邓燨等纂：《浮梁县志》，康熙二十一年（1682）影印本，《中国方志丛书》（华中地方，第八三五号），成文出版社，第113页。

② 关于段廷珪的身份，元《至顺镇江志》卷十五元刺守条载："段廷珪，字君璋，济宁人，大中大夫，于皇庆二年十一月至延祐三年十一月期间任镇江路总管兼管内劝农事。"（元）俞希鲁编纂：《至顺镇江志》，江苏古籍出版社1999年版，第599页。又据（元）柳贯：《待制集》（影印文渊阁四库全书本）卷六，存有段廷珪为《紫阳先生东游记》所作序文一篇，其末尾云："时至治壬戌五月既望，通议大夫饶州路总管兼管内劝农使麟台清泉段廷珪书。"转引自李民举：《浮梁磁局与御土窑器》，《南方文物》1994年第3期。

③ （元）俞希鲁编纂：《至顺镇江志》，江苏古籍出版社1999年版，第762页。

④ 《宋元笔记小说大观》，上海古籍出版社2001年版，第6616页。

⑤ 熊寥、熊微编注：《中国陶瓷古籍集成》，上海文化出版社2006年版，第47页。

⑥ 转引自陆明华：《元代景德镇卵白釉瓷烧造及有关问题》，《中国陶瓷全集·元下》，上海人民美术出版社2000年版，第22页。

其一，元代中央政府开始派遣督陶官的时间尚不明确，虽然史料中记载由饶州路总管督陶的情形皆发生于泰定之后，但不能以此为绝对的划分界限，只能说明元中后期政府派督陶官的做法更加普遍了。

其二，元中后期奉命到饶州督陶的官员并不一定是饶州路总管，从以上关于督陶官堵闰的记载即可看出，堵闰在奉命督陶前曾历任饶州路总管府推官、镇江等处稻田提举等职，并未担任过饶州路总管。可见明清文献中对"本路总管监陶"的记载是有误差的，当以元代的记录更为可信。

其三，通过表一、表二的总结，已知浮梁磁局大使的品级为从七品，而饶州路总管为正三品。经查《元典章·官制》职品条，可知堵闰曾担任过的饶州路总管府推官级别为从六品①，而其在赴饶州督陶前又被提升为从五品②，皆高于浮梁磁局大使的从七品，"且赐金帑以宠行"，可见其身份之高、待遇之厚。总之，不论元代中后期奉旨督陶的职官是否为饶州路总管，可以肯定的是，督陶官的品级高于浮梁磁局大使。

其四，关于元中后期派督陶官监陶后浮梁磁局的职责问题，有学者认为"至少在泰定乙丑，浮梁磁局这个常设的机构已经改由饶州路总管临时监督烧造官窑器，那时官方的常设机构，浮梁磁局已经不存在，但官府所用瓷器仍可生产，即由饶州路主管督造"。③也有学者认为"这并不意味着浮梁磁局的撤销，因为在需要更多供御瓷器之时，撤销一个兼管制瓷的常设机构似乎是违反常规的。当然，撤销一个常设机构，改设一个新的领导机构，并非没有可能，但从当时的情况看，并无撤销或增设的迹象"。④笔者支持后种说法，从"有命则供，否则止"的记载来看，督陶官为元政府临时委派的官员，而浮梁磁局则是掌烧造瓷器诸事的常设机构，是无法"有命"则立，"否"则撤的。浮梁磁局大使始终行使其职责，在"有命"时，则协助和听命于上级派来的督陶官，以完成上级下达的命令为第一要务；无命时，督陶官返回，而浮梁磁局大使则继续例行"掌烧造瓷器诸事"。

---

① 《元典章·典章七·吏部卷之一·官制一·职品》中从六品民职条下有"各路总管府推官"，第202页。
② 《元典章》和《元史》并没有对"镇江等处稻田提举"所属品级的直接记载，但参照《元史》卷八十九《志第三十九·百官五》对与其同性质的"管领大都等处金玉民匠稻田提举司"（第2271页）的记载，可推断其品级为从五品。
③ 汪庆正：《景德镇的元代瓷器》，《中国陶瓷全集·元下》，上海人民美术出版社2000年版，第13—14页。
④ 转引自陆明华：《元代景德镇卵白釉瓷烧造及有关问题》，《中国陶瓷全集·元下》，上海人民美术出版社2000年版，第22页。

五、结论

通过上文对元代不同时期饶州路管理瓷器事务官员品级的分析，可知浮梁磁局设立之初仅由大使、副使等级别较低的匠职官掌烧造瓷器诸事；而元中后期之后，中央政府委派级别较高的民职官参与瓷器的督造事务，且"有命则供，否则止"，这些都体现出元政府对瓷器的需求呈现出以下两个特点：

一方面，总体趋势是对瓷器需求量增加且愈发重视其生产。段廷珪、堵闰等人，或为饶州路总管，或为其他品阶较高的民职官员，且都深受皇帝信任，却都奉命参与到督造瓷器这一本应由级别远低于自己的浮梁磁局大使所辖的事务当中，无疑体现着元代中央政府对瓷器关注度的不断加深。元政府对瓷器需求量的增加主要体现在两方面：一是官方用瓷（如祭器、酒器）需求量的增加，二是贸易用瓷需求量的增加。这两点在文献资料和出土实物中都能得到印证[①]（图1）。

另一方面，随着皇权的更替，元政府对祭器

---

① 关于官方用瓷需求量的增加，可参见《元史》卷一百四十《列传第二十七》别儿怯不花条："至顺元年……宣徽所造酒，横索者众，岁费陶瓶甚多。别儿怯不花奏制银瓶以贮，而索者遂止。"第3366页。关于贸易用瓷需求量的增加，可参见（元）汪大渊《岛夷志略》中对瓷器贸易的记载。《岛夷志略》是汪大渊在元至正间（1341—1368）附海舶往南洋数十国期间写成的。至正年间正是青花瓷器成长及发展的时期，青花瓷器出口已为国外出土文物所证明。菲律宾、印度尼西亚、印度、日本、马来西亚等国都或多或少出土有元青花瓷器残片，以菲律宾、马来西亚出土最多。"中国硅酸盐学会编：《中国陶瓷史》，文物出版社1982年版，第354页。

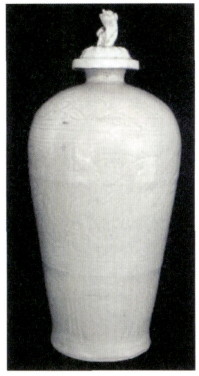

图1　河北保定元代窖藏出土八方印花海涛龙纹青花梅瓶与泰定元年（1324年）青白釉梅瓶（采自《故宫博物院院刊》2009年第3期）

浮梁磁局大使和督陶官

用瓷的需求呈周期性波动，体现为"有命则供，否则止"。而其峰值出现在各帝登基之初举行祭祀礼仪之时。[①]

而产生这些特点的原因，笔者认为主要与元中后期国力渐衰实行财政紧缩政策、统治者汉化程度加深、手工业得到恢复以及商业的发展等有关。

作者简介：曾令怡，女，2008年毕业于北京大学，获得法学和经济学双学士学位，2013年毕业于景德镇陶瓷学院，获得考古学硕士学位，同年进入耶鲁大学攻读人类学博士学位。

[①]《元史》卷七十四《志第二十五·祭祀三》祭器条："中统以来，杂金、宋祭器而用之。至治初，始造新器于江浙行省，其旧器悉置几阁。"第1847页。

元代浮梁景德镇陶瓷工匠汇入探源[*]

邵建春

一、元代文化的开放包容性

我国史学界通常把蒙元帝国分成两个阶段，第一阶段是前四汗时期，称为大蒙古国（1206—1259）；第二阶段自元世祖忽必烈开始，到元顺帝妥欢帖睦尔为止，可称为元朝（1260—1368）。[①] 公元 1206 年，成吉思汗统一漠北草原诸部落，建立起大蒙古国。蒙古铁骑骁勇善战，横扫欧亚大陆，将大蒙古国发展成一个横跨东西，疆域空前辽阔的世界性帝国。《元史·地理志》记载元朝疆域为"北逾阴山，西极流沙，东尽辽左，南越海表"。广阔的地域环境容纳了各民族不同的文化信仰和宗教背景，为元代文化的多样性提供了前提条件。蒙元帝国是一个多元文化并存的封建王朝，蒙古统治者具有"四海为家""无此疆彼界"的广阔的空间观念，对各宗教采取平等宽松的文化政策，游牧文明塑造了蒙古人独有的文化特征，从而更具有开放性和包容性。成吉思汗对待宗教文化的态度可概括为借助神权巩固王权，波斯历史学家朱凡尼（Juvaini）曾记载："由于未皈依任何宗教，以及无可遵循之教条，成吉思汗避免独尊任一宗教，或以某一教高于其他宗教。他尊敬学者和教士，视此行为乃通天之道，尊崇伊斯兰教，亦礼敬基督教和偶像教徒（指佛教）。"[②] 忽必烈信奉多神，"三教合一"的思想意识较强，根据《元史》记载可知：忽必烈既能接受元好问和张德辉之请，乐意成为"儒教大宗师"，又在接触藏传佛教后，接受灌顶，尊奉萨迦派教主八思巴为"上师""国师"，进

---

* 基金资助项目：江西省基础教育研究课题（编号：SZUJDZMS2022-1057，SZUJDZLS2023-1031）；江西省社科基金项目（编号：22WT84）；江西省汉代文化研究课题（编号：23WW16）；江西省景德镇学研究中心项目（编号：JYW2021007，JYW2021028）。

① 张帆：《中国古代简史》，北京大学出版社 2015 年版，第 243 页。
② 邵建春：《蒙元帝国的宗教文化政策》，《文化学刊》2022 年第 10 期。

而"帝师"①，还册封道家领袖人物为"天师"。门岿先生认为：放任宗教信仰，从成吉思汗始，施行宗教信仰自由的国策则自忽必烈始。②

二、元代重视商业和手工业

元代是最重视商业的封建王朝之一，国家收入主要来自商业利润，日本学者杉山正明提出"极端的重商主义，中央政府收入的八成以上是透过盐的专卖所得的利润，还有一成到一成五的商税收入，皆是针对商业行为课税所得的收入"。蒙古统治者摒弃了传统的"士农工商"等级观念，设立泉州、广州、庆元、上海、澉浦等市舶司鼓励海外贸易，"凡邻海诸郡与番国往还互易舶货者，其货以十分取一，粗者十五分取一，以市舶官主之……每岁招集舶商于番邦博易珠翠香货等物，及次年回帆依例抽解，然后听其货卖"。元政府制定一系列法律制度为商业发展保驾护航，元代商人地位开始上升，社会上逐渐形成了一股重商的思潮，上至王公权贵，下到平民百姓，甚至是最清高的儒士也开始对商人另眼相看，元初大儒许衡在《鲁斋遗书》中说："治生者，农工商贾。士君子当以务农为生，商贾虽为逐末，亦有可为者。"元末文人袁华说："胸蟠万卷不疗饥，孰谓工商为末技？""马医洒削业虽微，亦将封君垂后世。"皇室贵族更是直接将钱物交给斡脱商人代理经营。元朝的统一为商业发展带来了广阔的海内外市场，元朝利用和四大汗国的特殊关系积极地加强和中亚、西亚和欧洲的联系，利用海洋的便利条件和东亚的高丽、日本，东南亚、南亚、西亚以至与非洲都保持非常密切的经济往来，元代商路之复杂、商旅之频繁，都达到了空前的规模，对外贸易使元政府获得了巨额的财政收入。③作为重要外贸商品的元青花即是在大元帝国辽阔疆域内由中原农耕文化、草原游牧文化、青藏高原藏传佛教文化、西亚伊斯兰文化和欧洲基督教文化等多元文化交流融合而孕育出的艺术之花。

三、元代景德镇工匠来源

"工匠八方来，器成天下走"，这句诗形象描述了景德镇陶瓷工匠的来源与陶瓷产业的繁荣。新鲜血液外来工匠的输入，可以说是影响古代景德镇手艺人工匠精神和

---

① （明）宋濂：《元史》卷 202《释老传》，中华书局 1976 年版，第 4517 页。
② 门岿：《从佛道之争看元代宗教的宽容政策》，《殷都学刊》2001 年第 1 期。
③ 刘政：《元代商业繁荣及其原因》，《南京林业大学学报》2010 年第 3 期。

景德镇城市开放包容精神的重要因素。景德镇在元代属于饶州路浮梁县管辖，元代饶州路属于江浙行省下辖的江东宣慰司，该司废后，属于江东建康道肃政廉访司，在元至元二十七年（1290）时江东宣慰司领宁国、徽州、饶州、集庆、太平、池州、信州、广德八路和铅山一州。《元史·地理志》载：饶州路，上……元至正十四年，升饶州路总管府。户680235，口4036570，领司一、县三、州三。此处三州为余干、浮梁、乐平，三县为都阳、安仁、德兴，一司为录事司，共三州三县一司。"至元十三年（1276）元廷在建康府设立江东宣慰司……江东宣慰司一度改行枢密院。随着江南行御史台自扬州徙至建康，江东宣慰司逐渐失去其存在的意义，最后于成宗大德三年（1299）三月废罢。"《元史》记载饶州路户数高达68万之多，在全国各路户数中排名第二，人口数量极其庞大，也有学者指出，饶州路的户数区间在30万—40万的可能性较大。[1] 其中浮梁州人口规模属于中州，户数当在5万—10万之间，如果每户按5人计算，浮梁州人口当在25万—50万之间。乾隆版《浮梁县志》记载：浮梁人口在宋咸淳己巳（1269）户38832，口137053；发展到元至元庚寅（1290）时，增至"户50786，口192148"，净增5.5万人。浮梁县是典型的山区丘陵地貌，水网密布，其得名于"因溪水时泛，民多伐木为梁"，素有"八山半水一分田，半分道路和庄园"之称，但"水土宜陶""浮梁巧烧瓷，颜色比琼玖"，高岭村是景德镇制瓷原料的重要产地，丰富的瓷土釉料、窑柴燃料以及便捷的水运交通成就了浮梁"瓷之源"的辉煌。其中外来工匠是成就千年瓷都景德镇辉煌的最关键因素。

元朝国俗尚白，"以白为吉"，至元十五年（1278）在景德镇设置浮梁瓷局，"秩正九品，掌烧造瓷器、并漆造马尾、棕藤、笠帽等事"。[2] 景德镇偏居一隅，地处皖赣山区，历来非兵家必争之地，在宋元战争中得以安然无恙躲过一劫，在南北名窑相继遭受兵燹之灾后，日益成为全国各地能工巧匠的避难所和安居地，并在官方背景浮梁瓷局的加持下，迎来了元代景德镇瓷业的高速发展繁荣。

（一）国内南北名窑工匠

宋代南北名窑林立，南方吉州窑即其一。宋末元初，文天祥在江西吉州起兵抗元，带走了三千吉州窑工匠。在元军占领吉州窑所在地永和镇时，与抗元军队有关的工匠害怕元军报复，纷纷逃离永和镇。明末吉安太守吴炳在《游记》中记载："相传（吉州窑）

---

① 高炳达：《元代福、饶二路人口问题及其与政区变迁的关系》，《上饶师范学院学报》2021年第2期。
② （明）宋濂：《元史》卷88《百官志四·将作院》，中华书局1976年版，第2227页。

陶工作器，入窑变为玉。工惧事闻于上，封穴逃至饶，今景德镇陶工，故多永和人。"《景德镇陶录》对此考证指出："相传陶工作器入窑，宋文丞相过时尽变成玉，工惧事闻于上，遂封穴不烧逃之饶，故景德镇多永和陶工。按此亦元初事，若明陶以后，则皆昌南土著。"可见宋末元初确有不少吉州窑工匠来到景德镇，所谓"入窑变玉"说似有神话之嫌，恐怕主要还是战乱之因，迫使吉州窑工匠逃往景德镇谋生。与蒋玄黛20世纪50年代在永和镇采集到"先有吉州窑，后有景德镇窑"的民间传说不谋而合。[①]北方长期战乱，民不聊生，导致北方诸多名窑工匠逃往南方，既安全稳定又可凭借手艺谋生的江南小镇景德镇，成为北方陶瓷工匠的迁居首选之地。刘新园先生指出忽必烈执政的最后几年有大量的北方人迁入南方，元成宗也把北方的御匠安插江南，认为磁州窑工匠到过景德镇，元初浮梁人口增长40%，与北人南迁、北匠南调有关。[②]磁州窑窑址在今河北邯郸磁县观台镇与彭城镇一带，民间流传"南有景德，北有彭城"，冯先铭先生针对韩国新安沉船出水的景德镇元代釉下黑彩盘指出："元代景德镇在烧制青花、釉里红之前，还一度烧制过釉下黑彩装饰品，对于探讨景德镇与吉州窑、磁州窑之间的关系问题，釉下黑彩与釉里红、青花之间的关系问题，都是不可缺少的重要资料。"[③]

（二）西域波斯工匠

元军在征服战争中对抵抗者实行屠城政策，但"匠者得免"，在攻陷撒马尔干城后，"蒙古人清点刀下余生者，三万有手艺的人被挑选出来，成吉思汗把他们分给他的诸子和族人"。[④]"窝阔台对哥疾宁进行了屠杀洗劫，将工匠、手艺人遣送到东方城市里，其余的人全都一下子被杀死了，城被毁掉了。"[⑤]"后来灭回回，始有物产，始有工匠，始有器械。盖回回百工技艺极精，攻城之具尤精。后灭金虏，百工之事，于是大备。"[⑥]工匠幸免于难，能够活下来为皇室贵族制造手工业商品。这些俘虏的国外工匠以及国内接受的工匠被统称作系官工匠，鞠清远先生曾统计《元史》和《元典章》所载之匠管机构，得出元代系官工匠人数约为"二三十万户，四十万人"。[⑦]元政府善于在全国范围内调集工

---

① 陈立立：《吉州窑工匠在景德镇瓷都地位确立过程中的作用》，《江西社会科学》2011年第8期。
② 刘新园：《元代窑事小考（一）——兼致约翰·艾惕思爵士》，《景德镇陶瓷学院学报》1981年第1期。
③ 冯先铭：《南朝鲜新安沉船及瓷器问题探讨》，《冯先铭中国古陶瓷论文集》，紫禁城出版社、两木出版社1987年版。
④ ［伊朗］志费尼著，何高济译：《世界征服者史》，商务印书馆2016年版，第123页。
⑤ ［伊朗］志费尼著，何高济译：《世界征服者史》，商务印书馆2016年版，第338页。
⑥ （宋）彭大雅著，徐霆疏证，许全胜校注：《黑鞑事略校注》，兰州大学出版社2014年版，第139—140页。
⑦ 鞠清远：《元代系官匠户研究》，《食货》第1卷第9期。

184　　　　　　　　　　　　　　　　　　　　　　浮梁历史文化论集

匠从事政府及贸易所需的手工业商品生产，如调集工匠到京师，《经世大典》载："国家初定中夏，制作有程，乃鸠天下之工，聚之京师，分类置局，以考其程度，而给之食，复其户，使得以专于其艺。故我朝诸工制作精巧，咸胜往昔矣。"[①] 又如调集工匠到弘州，"先是收天下童男童女及工匠，置局弘州。既而得西域织金绮纹工三百余户，及汴京织毛褐工三百户，皆分隶弘州，命镇海世掌焉"。[②] 杭州亦有西域制糖工匠，"李朵儿只左丞，至元间为处州路总管。本处所产荻蔗，每岁供给杭州砂糖局煎熬之用。糖官皆主鹘回回富商也"。[③] "元时回回遍天下"，虽然缺乏西域工匠来景德镇从事陶瓷生产的文献记载，但浮梁瓷局隶属元代将作院诸路金玉人匠总管府管辖，有学者已指出将作院下有三大总管府，"供御"色彩非常浓厚，浮梁瓷局直接管控工匠从事造作，应当也是承造宫廷用器的造作机构。[④] 元代系官工匠为官营局院服务，"常川入局，验周岁定到额造工程造作"；局院负责给工匠发给工粮，"匠人每造作呵，验工程与粮有来"。管匠官吏也要"每日绝早入局，监临人匠造作，抵暮方散"。[⑤] 2009 年景德镇红卫影院窑址出土了 15 件高圈足碗，有学者认为"这些早期元青花高圈足碗是为波斯贵族调制美酒而烧造的，其色料来自西亚地区，高足碗上的文字为波斯文，纹饰绘画出自波斯陶工之手"。[⑥]

四、结语

宋末元初之际，浮梁县景德镇偏居一隅，远离战火，成为南北名窑工匠逃难谋生的首选之地。至元十五年（1278）"供御"色彩浓厚的浮梁瓷局设立，隶属将作院诸路金玉人匠总管府，官营局院的性质决定了浮梁瓷局能够汇集全国的能工巧匠。元代文化非常开放包容，重视商业和手工业，大量西域工匠东来，国内北匠南下，景德镇出土的元代青花高足碗出自波斯陶工之手，由此可证明元代浮梁县景德镇是真正意义上的"工匠八方来，器成天下走"，是一座极富开发包容精神的陶瓷手工业城市。

作者简介：邵建春，景德镇学院人文学院副教授，博士。

---

① （元）苏天爵：《元文类》卷 42《经世大典序·工典·诸匠》，商务印书馆 1958 年版，第 618 页。
② （明）宋濂：《元史》卷 120《镇海传》，中华书局 1976 年版，第 2964 页。
③ （元）杨瑀撰，余大钧点校：《山居新语》，中华书局 2006 年版，第 203 页。
④ 陈洁：《浮梁磁局与元代官瓷——兼论至正型元青花的性质》，《故宫博物院院刊》2019 年第 9 期。
⑤ 方龄贵：《通制条格校注》卷 30《营缮·造作》，中华书局 2001 年版，第 738 页。
⑥ 黄薇、黄清华：《元青花瓷器早期类型的新发现——从实证角度论元青花瓷器的起源》，《文物》2012 年第 11 期。

论青花艺术遗产"官窑与民窑"*

欧阳世彬

　　青花艺术是陶瓷装饰艺术中的佼佼者，它以独特的风姿一直为世人所瞩目，是我们民族艺术中的一份宝贵财富。而民窑青花——尤其是明代晚期民窑青花，更以其强烈的民族特色和时代感吸引着人们，成为当今陶瓷艺术和民间美术研究中的热点。今天对民窑青花的发掘和研究，无论从理论上或实践上说，都有着不可低估的意义。邓白先生发表在 1986 年第 3 期《景德镇陶瓷》上的《论民间青花瓷器的装饰艺术》一文，可说是近年有关的力作之一。邓先生长期从事陶瓷艺术方面的研究，造诣很深，他的研究成果受到陶瓷美术界、陶瓷装饰理论界的重视是理所当然的。

　　邓先生的《论民间青花瓷器的装饰艺术》（以下简称《论民间青花》）一文，涉及面广，除纹饰问题外，关于如何研究青花艺术的方法、青花的起源、官窑青花与民窑青花的特点、相互关系及其评价等等问题，都有所论及。这些问题，对青花艺术的研究来说，无疑都很重要。笔者在拜读之余，深得教益，但亦感有某些不足，值得商榷。特不揣浅陋，借《广东陶瓷》篇幅，提出一些不成熟的看法，谨就教于邓先生及读者诸君。

一、问题的提出

　　景德镇的青花瓷器，自元代以来就有官民之别，由于其生长环境不同，逐渐形成了各自的特色，被历代文人所评说。在过去的文献中，虽然对"客货"有不少赞誉之辞，但一般却推重官窑。一论及青花艺术的发展，没有人会忘记官窑的，几乎没有人不把官窑青花作为自己重要的研究对象。即便目前研究民窑青花的人，也决不怠慢官

＊ 原载《广东陶瓷》1988 年第 2 期及 1989 年第 1 期（连载），有修改。

窑青花这个重要的参照系，而始终以它作为自己的拐杖，支撑那元气不足的躯体趔趄而行。官窑青花受到了历代研究者的重视，相比之下，对民窑青花的研究却冷落得多。民窑青花真正受到重视是在 20 世纪 30 年代以后的事情，其受重视的范围亦仅仅是少数几个学者。因此，《论民间青花》再一次疾呼，要求大家重视对民间青花艺术的研究，努力发掘祖国传统艺术的宝藏，以期推陈出新，振兴祖国的陶瓷事业，其意义是积极的，其用意也是无可厚非的。遗憾的是，《论民间青花》在推崇民窑青花的同时，把官窑青花与民窑青花在艺术上置于水火不相容的境地，以不惜牺牲官窑青花艺术成就的方式来换取民窑青花艺术的地位，笔者认为是不妥当的。为了不致误解作者的意思，我们将有关部分按原有的逻辑顺序摘抄于下：

"入宋以后，官窑瓷器取得很大发展……这些官窑固然有很高的成就，称得上传统瓷器中的珍品。但是，哪一件官窑是出于统治者或士大夫之手？哪一窑不是民间匠师们的心血结晶？"[1] "不论官窑也好，御窑也好，始终离不开民窑的基础，只是官窑和御窑的要求是'千中选十,百中选一'，把民窑的精品选来都归在他们的名义上，挑选下来的才作为商品出售，无形中给人产生了民窑不如官窑的错觉。另一方面，那些'官搭民烧'的瓷器，是奉命指定照样烧造的，从内容到形式，从造型到装饰，都是为了适应和满足统治者的要求，（甚至从猎奇出发）不容有所改变，与民间艺术丝毫没有共同之处。这就形成了民窑与官窑（包括御窑）之间的显著区别，并从此分道扬镳；官窑向豪华、纤巧、烦琐、庸俗方面追求，越到后来，艺术风格越低，缺乏雄浑博大的民族气派；而民窑则来之于人民，用之于人民，扎根于广大群众之中，保持它的淳朴活泼，不事雕琢的民间艺术特色，显示着永恒的生命力"。[2]

"民族化、大众化是民间青花瓷器另一重要特点。它不仅贯穿着民族性格、民族感情，体现了民族审美意识的共同特征，而且具有广泛的群众基础和实用价值，这是官窑青花所没有的，也不可能达到优势。"

"凡是民族化的产品，必然也是大众化的产品……官窑青花瓷器，也讲究民族形式，但有的只是从表面上着眼，缺少真正的民族气质，而是站在大众化的对立面，向'特殊化'发展，结果只能按统治者的意图而生产，使艺术下降，甚至变成庸俗的猎奇。（笔者按：猎奇心理，并非统治者独有）民间青花则始终保持民族化的传统和大众

---

① 《景德镇陶瓷》1986 年第 3 期。
② 《景德镇陶瓷》1986 年第 3 期。

化的本色，以淳朴、健康的美学内涵，博得雅俗共赏。"①

据上所引，即可看出作者在行文不久就使自己陷入自相矛盾的境地：一方面认为官窑是以"千中选十，百中选一"的方式从民窑中挑选出来的精品，是"传统瓷器中的珍品""是民间匠师们的心血结晶"；另一方面却又认为官窑"豪华、纤巧、烦琐、庸俗""猎奇""艺术风格低""缺乏博大的民族气派""缺少真正的民族气质"，甚至连民族性格、民族感情也没有，也不体现民族审美意识的共同特征。它与那"不事雕琢""淳朴活泼""贯穿着民族性格、民族感情，体现了民族审美意识的共同特征"有着"永恒生命力"的民窑青花会"丝毫没有共同之处"。二者在艺术上的成就，竟有此天壤之别！这就使读者一下坠入五里雾中，这是怎么一回事呢？笔者认为，欲知端倪，首先必须弄清以下两个问题。

二、必须首先弄清的两个问题

（一）青花的本质特性

青花是什么？它具有什么特性？这是研究青花艺术的首要问题。弄清了它，才有可能找到研究与评价青花艺术及其成就的正确方法，才能明白青花艺术内在相关因素在青花研究中的意义。回避它或对它了解含糊，就等于一架精确的分析天平失去了支点，在分析、评价时不是畸轻畸重就会捉襟见肘。

关于青花的本质特性，笔者曾这样表述："青花是一种装饰在陶瓷制品上、以钴元素着色、其彩与胎釉同时烧成的、纹饰显青蓝色的釉彩。"②除了它的显色效应之外，它还包括了如下三层意思：

首先，它是陶瓷制品上的一种装饰。它具有工艺装饰艺术的一般特性。它不仅受到时代意识的各种制约，而且它的形式乃至内容都必须受到被装饰器物的用途及其所使用的材料、工艺技术、器物形式等等方面的制约。简单地说，它要受自身装饰职能的制约。它有与其他艺术门类不同的独特的艺术语言。从工艺来说，只要成为青花，它就没有独立于陶瓷制品之外的特性，而对被装饰器物具有强烈的依附性，无法剥离，无法更改。一句话，没有陶瓷制品，就不存在青花。正因为装饰在陶瓷器皿上的纹样

---

① 《景德镇陶瓷》1986 年第 3 期。
② 见拙文《釉上青花技术与青花的定义——兼论青花的起源》，载《中国陶瓷》1983 年第 5 期、第 6 期，1984 年第 1 期。

不能离开它的物质环境而存在，所以青花只是这种连同造型、胎、釉、彩共同构成的整体艺术形象的一部分。这种不可分割性，是它的重要工艺特性之一。

其次，它是以含钴氧化物为呈色剂的青料为彩料。因青料中钴含量的多少以及钴氧与其他共存氧化物的存在形式、含量比例等对其呈色有直接的决定性的意义。不同的青料，即使在其他外在条件完全相同的情况下，也会呈现出明显不同的色调。这与青花艺术风格的形成直接相关。凡对陶瓷史有所了解的人都会知道，元代至明初至正型青花及明初永乐、宣德型青花的浓艳带斑；成化型青花的淡雅秀美；嘉靖万历型青花的浓艳泛紫；康熙型青花的青翠明丽等等特征的形成，无不与各代青料变更相关。可见，青料的研究对探讨青花艺术风格的形成具有的意义是不言而喻的。

最后，它是彩与胎、釉同时烧成的工艺条件下的产物，是一种釉彩。有釉无胎无以成形，有彩无釉不能形成青花。不同的釉质和釉色，以至不同的釉层厚度、不同的烧成温度与气氛都会影响青花艺术形象的形成，因而会产生明显不同的审美效应。青花这种独特的装饰艺术形式的形成，不是仅由设计者或绘制者的操作就可以完成的。所谓"画器黄色，与画家不同，器上诸色，必出火而后定"。[①]它还必须依赖火的力量将釉料熔融，并与彩料结合形成含钴的蓝色玻璃相，才完成它的最后形态，在审美主体之前。这最后一道工序——烧成，完全有可能无意识地改变原先设计与绘制的艺术形象，这是它与其他装饰艺术门类很不相同的一个工艺特点。

在工艺特性非常强的青花装饰艺术中，青花纹饰对载体的形制和材料的属性具有极大的依赖性。因此，"饰必适材""饰必应型"这两条工艺装饰艺术的原则，在青花装饰艺术活动中具有极为重要的意义，也是评价它的审美价值的重要尺度。我们要认识青花装饰艺术的真实内涵，只有从它的工艺与装饰特性中去求得解答。如果要用其他的艺术语言去破译其中的奥秘，那只能是舍本逐末、南辕北辙。

（二）官窑、民窑的本质是什么？

"官窑""民窑"，这是两个相互依存的历史概念。

什么是官窑？什么是民窑？它们各自有什么特点？这是我们必须弄清的第二个问题。根据它们之间的区别，认真鉴别官窑与民窑的典型器物是我们评价官窑青花与民窑青花艺术成就的基础，否则张冠李戴、鱼目混珠就会大大影响分析的质量，而使所

---

① 《陶说》卷一《陶冶图说》印坯乳料条按语。

论青花艺术遗产"官窑与民窑"

得结论失去应有的价值。

官窑，这里是指"官窑器"的意思。它包括历代宫廷烧造机构（如御器厂、御窑厂）所烧造的器物以及按宫廷要求派员在民窑监造的入选器物在内。在明清两代，它既包括御器厂所烧造的产品，又包括"官搭民烧"的入选产品。它除供宫廷使用外，还供统治者对内、对外赏赐和馈赠的需要。一般来说，它仅为宫廷服务，被禁止进入商品交换的领域。

民窑，是相对官窑而言的。它的职能则是为宫廷以外的广大社会面提供可以使用或审美的陶瓷产品。民窑青花就是指民营作坊生产的、供广大民众使用的青花陶瓷器皿，是社会各阶层民众从市场上交换得到的商品。因此说，民间青花与官窑青花相比，一个最为重要的特性并非如《论民间青花》所说的在于"民间两字"[①]，而在于它是工业性商品。因为，它虽然属于民间艺术，但它与那些民间特性非常强烈的泥塑、面塑、糖塑、纸扎、脸谱、布老虎、剪纸之类民间艺术有很重要的不同。这些在封建社会中尚未脱离自然经济的艺术产物，大多是为制作者自己或周围十分有限的范围内的人们所流传欣赏。它们与封建社会的农民和市民缺少文化、生产手段低下、经济贫乏的状况相联系，更加不可分割。它们没有民窑青花瓷器那样重要的实用性，因而在传播中数量少、范围小，具有明显的狭窄的地域性，亦始终未能脱离其艺术表现的原始性。民窑青花则不然，它是封建社会商品经济尚不发达时期几乎处于与纺织品同等地位的大作坊生产的产物。制作时"过手七十二，方克成器"的细致分工，是它与其他带有原初性的民间艺术的重要区别之一。

实质上，民窑青花较官窑青花最为重要而又显著的特点在于它的商品性。它具有一般商品的一切特性。它为社会而生产，它受消费社会的检验。它不仅受到生产方面的制约，也受到来自使用者方面反馈来的信息的制约。它的商品特性使自己形成无比丰富的质地层次与多彩的艺术面貌。可以说，商品性是开启民间青花独特艺术内涵的钥匙之一。假如我们不把握这个要点，就无法认识官窑青花与民窑青花在装饰风格上出现差异的深刻原因。

---

① 邓白：《论民间青花瓷器的装饰艺术》，《景德镇陶瓷》1986 年第 3 期。

三、官窑与民窑青花艺术的关系

（一）关于官窑

首先，从制作与质地看。整部封建社会工艺美术发展史告诉我们，凡是精美的工艺美术品，总是首先供统治阶级享用的，任何时髦的东西起初总是被统治阶级所占有，因而工艺美术的提高和发展与统治阶级享用要求的提高和发展是密切相关的，是随统治阶级享用要求的提高和发展而发展的。我们不应回避这个事实。因为在阶级分化的社会里，这些享用品不仅仅是享用品而已，它还是享用者的阶级和地位的标志。统治者及其阶级为了在各方面体现自己的尊贵地位，往往不惜依靠政治的力量在日用器物、居室建筑、仪仗、服饰等等方面制订各种繁缛的则例、制度，发布各种严厉的禁令以保持这种地位。这在工艺美术品生产的历史上是屡见不鲜的。作为专替最高统治者生产御用品的机构——官窑，统治者为保证其产品质量，以行政手段干预，占有优质的原料，调集最熟练的民间工匠和当时可以具备的最先进的设备，也是必然的事情。甚至为了提高产品的艺术质量，敕令一些有较高艺术素养的文人参与设计、监制或亲自动手制作，从元至清也不乏事例。作为明清时代的官窑，在此前提下，于有限的烧造数量中，投入大量的人力和物力，其产品当然会比一般民窑精美得多，考究得多。其特点即所谓"土细、料细、工夫细"[1]，保证其"选料、制样、画器、题款无一不精"。[2]它不仅在材质上、工艺操作上要求严格，而且在形制与装饰的形式、内容上都须符合统治者的审美或使用的要求。一般地说，无论从上述哪一方面衡量，按当时人们的观点看，都公认是精美绝伦、代表当时最高水准的产品。它的使用对象规定了它的内在品格。

再者，从表现风格看。官窑产品确实较多地体现出追求工整精美的审美倾向，有的显得拘谨、纤巧，有的显得豪华，但并非全然如此。它的青花产品的审美基本倾向是，力求体现着一种中华民族特有的温柔、敦厚、恬适、和谐的传统风范。官窑青花产品的上述审美追求（包括不足的一面），不仅仅反映了统治者及其阶级这一方面的要求，尤其不可忽视的是，也反映了制作这种产品的来自民间的全体工匠的审美追求。它是参与制作的工匠们在传统的"尊卑有序"的封建伦理观念驱使下，尽力而真诚劳

---

①《景德镇陶录》卷四《陶务方略》瓷器固须精造条。
②《陶说》卷三宣德窑条按语。

作的智慧结晶。笔者以为，不承认后者在制作时的心理因素是不客观的，是一个不容原谅的传统漏洞。我们应该看到，官窑产品并非全是压抑心理状态下的产物，或许更多的是制作者向心目中的圣灵——封建帝王"献忠""献技"心理的产物。尤其是那些出自特雇而来的绘制艺匠手下的纹饰更是如此。它的严谨、一丝不苟，难道仅仅反映统治者的"猎奇"，而没有透露一些制作者自己在礼教长期熏染下，蒙昧而又虔诚的奉献式的心理曲折地反映出来的审美趣味吗？笔者在此并非企图掩盖封建社会阶级压迫在官窑确实存在的事实，而是在这里提醒大家注意阶级压迫在意识形态中的另一存在形式。了解官窑产品所反映的审美要求不仅仅是统治者及其阶级的，也必然包括制作者及其阶级的——整个民族的审美要求这一往往被人忽视的事实，对于我们现在探索的问题不是毫无裨益的。

当然，我们也应该看到，由于前面谈及的原因，在陶瓷艺术范畴内，同在其他方面一样，统治者及其阶级也总希望在制品的质地、装饰乃至形制上尽其所能地体现出权势的突出地位，从外在、内在质量上千方百计地体现出礼制的"尊卑有序""贵贱有差"的人伦网络。有时竟为此派员直接干预，不惜破坏制品本身各因素间的内在联系，为"猎奇"而制作出一些违背一般审美心理的东西来。这种东西与统治阶级的病态心理互为表里，如隆庆时瓷器上的淫秽画面和"殊非雅裁"的所谓"秘戏"①；万历时装饰繁冗的笔管、臂搁之类。特别是审美趣味最为低下的乾隆中期以后直到新中国成立时的近两个世纪中，几乎所有的工艺美术品都染上了一股猎奇萎靡之风，陶瓷装饰也不例外。这大概就是《论民间青花》所指官窑"越到后来，艺术风格越低"的情况。但是这种情况无论官窑、民窑皆然，优美的晚期民窑青花独有的风格也随之失落。时代之风，概莫能外。我们不能据此仅仅苛责官窑。总之，在青花生产的历史长河中，统治者及其阶级为了满足那对华贵、富丽的炫耀心理，有时不惜工本造出一些丑陋的东西，也是事实，但毕竟是少数。我们对官窑青花的评价不能挂一漏万，只见树木、不见森林而一笔抹杀之，却独独殊宠民窑青花是不公平的。难道说，《论民间青花》在谈到青花瓷器的杰出成就时说的"精巧绝伦的工艺制作，清新雅致的钴蓝色调，经久不会磨灭的釉下彩绘，丰富多彩的装饰技法，以及独特的中国民族风格，使它蜚声中外，驰誉艺林。尤其是宣德和成化两朝的青花精品，更是价值连城，珍同拱璧，有口

---

①《陶说》隆庆万历窑条按语；又见《景德镇陶录》卷八，引《敝帚斋余谈》。

皆碑"①这些话会与官窑青花无关？能与"低下""烦琐""庸俗"之类言辞共存？客观地看，那具有"土细、料细、功夫细"优势的官窑青花，作为一种审美形式，它与时代审美趣味的变迁和科学技术进步之间的关系是如此密切，以至它为每一个时代都留下了清晰的足迹而各具特征。从总体来说，它的作品总是工艺制作巧夺天工、精美绝伦，器型端庄秀美，胎釉细白温润、微青如玉，料色清新雅致，彩绘严谨秀逸，充盈着一种中国艺术特有的简洁、穆静之美，代表一代制瓷的最高水平。它更使人体会到自己征服自然、驾驭自然的本质力量。人们珍视它，代代对它频加赞誉，所谓"精美隽绝""美轮美奂""叹为观止"绝非过誉之辞或无端的呓语。对这些赞语，它是当之无愧的。试问世界上哪座著名的博物馆能缺少它？哪个国家不把它当作国宝收藏着？它那生动活泼、极富装饰之美的上乘之作比比皆是，举不胜举。它与优秀的民窑青花作品一起，成了世界人民文化宝藏的重要部分。

（二）关于民窑

在讨论民窑的特性及其与官窑的关系时，有一个特殊制度须先做些说明，这就是"官搭民烧"，它往往扰乱我们对民窑与官窑关系的思考。

所谓"官搭民烧"制度，是御器厂对民窑的一种盘剥方式。御器厂属工部管辖，每年通过工部下达的额定烧造任务，称"部限"。"部限"之外，往往又由宫廷临时加派额外的烧造任务，称"钦限"。嘉靖以后，由于烧造任务大，陶器厂一般只造"部限"任务，而"钦限"任务则采用"官搭民烧"的办法，分派给民窑完成，御器厂亦给民窑一定的烧造费用。即是说，嘉靖以后，民窑还得为御器厂完成一部分宫廷用瓷的烧造任务。②

由于"官搭民烧"制度，使得"官窑"与"民窑"的关系复杂起来。民间优秀匠师既代御器厂生产了相当数量"官窑式"的精品以供上用，同时又将同一样式的大量选余产品作为商品售于民间。问题是，当我们企图全面评价官窑与民窑青花艺术的优劣时，入选的和落选的产品各自应当归入官窑或民窑的哪一范畴呢？在评论民窑青花艺术时，落选而又在民间售卖的产品是否也应当考虑进去？这部分产品在民间如果很受欢迎，它们是否也体现了民族性格、民族感情与民族的审美意识呢？仅仅这些问题，就使笔者感到，我们对官窑与民窑青花艺术进行评价时，不能简单采用那种概念化的、

---

① 邓白：《论民间青花瓷器的装饰艺术》，《景德镇陶瓷》1986年第3期。
② 中国硅酸盐学会主编：《中国陶瓷史》，第262—263页。

曾经风行然而现在已经过时的方式，即把"劳动人的聪明才智、勤劳勇敢、大公无私与有钱有势者的愚蠢笨拙、懒惰懦怯、残暴贪婪"形成鲜明对照的童话模式去代替稍微细致、实事求是的分析。

下面，我们根据民窑的特性对民窑自身做点分析，并谈谈它与官窑的联系。

我们知道，官窑器只供宫廷使用，这种精美的瓷器，即使是王公大臣也非易得。因此，明清时期的贵族阶级所使用的各种优质瓷器，一般都取自于民窑中的高档品，即后来所谓的"官古器""假官古器"。民窑青花瓷器的使用对象几乎遍及国内外所有阶层。宋应星在《天工开物》中曾说："合并数郡，不敌江西饶郡产……若夫中华四裔，驰名猎取者，皆饶郡浮梁景德镇之所产也。"王士性在其《广志绎》一书中亦说："遍国中以至海外彝方，凡舟车所到，无非饶器也。"这些记载都说明景德镇瓷器在明代所被地域之广，其赏用人众之多。在瓷器装饰以青花为主流的明代，景德镇瓷器的流布，实际就是民窑青花瓷器的流布。青花瓷器以其简易的生产工艺与独具的审美特性，使景德镇很快摘取全国陶瓷生产的桂冠。可见它是一种非常受人欢迎，非常普及，深入到各个阶层的商品。它的使用对象就国内而言，上至高官厚禄的贵族，下至一般官僚、中小地主、士大夫、商人、市民、贫苦农民。很明显，民窑青花作为一个整体，它必须受其商品性所带来的诸如销售竞争、经济效益等等方面的制约。它不可能只以一个面孔、一个样式去适应与满足千差万别的经济状况不同、审美习尚不同、使用习惯有别的广大用户的不同要求，而必须具有相应丰富的层次，具有官窑不必要也不具备的包括质地、赋予不同观念和美感的装饰等方面的丰富层次性。这就是我们不能仅以"民间"二字简单地评价它的艺术内涵的重要原因。

笔者认为，为了便于分析，我们对民窑青花瓷器的品格至少要分高、中、低三个层次。

高档的民窑青花瓷器，即满足贵族、大官僚、大地主、腰缠万贯的富商大贾们的那类瓷器。它的制作及装饰艺术品格与官窑瓷器几无二致。其区别，只是最晚在弘治、正德间尚以"龙凤为辨"时，没有用龙凤作为装饰而已。嘉靖后，由于"青色狼藉""制无复分"，连这点区别也没有了。这类瓷器，当然只能属于民窑，因为它产于民间，销之于商品市场。对此，我们不必多费笔墨，虽然它最能反映民间窑场在工艺制作、艺术装饰方面的成就，在全面评价民窑青花成就时不能遗忘它。

下面我们重点分析中档和低档的民窑青花，因为它们最具有"民间"特色，最为民窑青花研究者津津乐道，了解它们与官窑青花之间有些什么区别与联系十分重要。

在民窑青花瓷器中，有的注重审美，以艺术质量及其相应精细的加工质量取胜；有的主要考虑使用，以价廉适用取胜；有的二者兼而顾之。我们所指的中、低档产品，不是指从高档产品中由于某些缺陷而未上档的残次品，而是指那种在生产时从原材料选择、加工量投入的多少等方面都已预先考虑适合中、下层次市场购买力而生产的那类产品。即那种产量最大、销量最广，既考虑消费者购买水平，首先满足其使用要求，又能顾及一定审美需要的大路货，其中包括那种只以使用为目的的质劣价廉的粗货。中档产品一般满足中小地主、中小商人、一般知识阶层、较富裕的市民及农民使用，即后来所谓的"上古器""中古器"之类；低档产品满足较贫困的市民、农民之需，以实用为主，较少或根本无法顾及审美的需求，即所谓"灰器""可器""冒饭"之类及其以下渣胎"苦窳"之器。

民窑青花的商品生产。首要的是，与其他商品生产一样，必须将经济效益放在第一位，靠价廉物美在市场竞争，而销售则是它适应市场与否的试金石。要开拓市场，重要的一点是货真价实，使自己的产品从不同质地、价格层次去满足各类不同的需要。从具体的生产情况看，在封建社会落后的生产条件下，任何一个作坊，都不可能同时以自己的产品满足社会全部购买层次的需要。一个作坊往往只能生产一个或几个样式的产品投放市场。因此，民窑青花作为商品所体现的层次性，对具体器物来说，是从使用的原材料好坏、用料的多寡、加工技巧的优劣和所费工时的多少等等来体现的。

在经济因素制约下，作坊主们最谙制作与装饰之道。什么样的材料，进行何种类型的加工，施以怎样的装饰，将创造多少价值，他们非常明白。在一定价值范围之内，他们绝不会放过任何节料、省工、省时的机会，决不搞浪费。这就是民窑青花瓷器在制作与表现形式上出现种种有异于官窑青花的根本原因。关于这点，胡美生先生在其论述明代民窑青花艺术的有关文章中曾正确地涉及过。如"以廓概全""象征与提示""以线代饰"（即以简单的弦线代替较为复杂的图案边饰）、草书意味的连续笔法、混水①中的以线代混、局部混水、混水越过轮廓、强烈的"白多于青"，以及料色层次少，而且头浓、正浓水少，多用二浓、淡水、影水等。②民窑青花中这些表现、用料方面的特点，无不体现那种能减则减、能省则省的惜料如金、贵时如命的节约精神。这种在经济因素制约下形成的以少胜多的精练的艺术语言，是官窑青花所缺乏的，是

---

① 《景德镇陶录》卷二作"混水"，近人亦有称"分水"者，即用青料加水稀释成不同浓度的料水进行渲染的工序称混水。

② 胡美生：《朴素精练动人的艺术》，《景德镇陶瓷》1986 年第 3 期。

构成民窑青花与官窑青花之间艺术个性不同的重要之点。但对这种减、省所形成的活泼、自由、随意的表现风格，必须结合它存在的物质环境做具体的分析，既要看到它的优越之处，也要看到它的不足。我们在研究民窑青花瓷器的纹饰时就会发现，产品质地品格越低，其表现形式就离官窑青花的表现形式越远这个规律。在那种粗劣质地的产品上，以至许多本来从官窑借鉴来的纹饰，随着产品品格层次的递降，愈来愈简化，愈来愈草率，从具象走向了"抽象"。这样，使后来的人们无法溯见其渊源，而被某些人认为，与康定斯基、蒙德里安等人的作品如出一辙，是一种深层意识的着意表达，有着深刻的哲学意味等等。这实在是误会。事实是，对这种令人艰于稽考的纹饰，只要我们离开书本到窑址上去实地考察，对实物只要耐心排比，将其从具象到"抽象"的演变过程理出头绪，你就会恍然得其奥秘——原来只是那些习见的狮子滚绣球、海马、缠枝莲、梅鹊、法螺、结带绣球、并蒂菊、鱼乐、波涛、兰朵之类纹饰草化的结果，只是工艺和经济现象的反映。这种现象在低级民间窑场集中的瑶里古窑址的遗物中，表现得尤为突出。因此，我们与其说这种"不事雕琢"的民间艺术特色是陶工内心情绪的有意表现，倒不如说是封建式的商品经济打在它们身上的烙印更为确切。它的朴实无华、不假做作、大胆挥洒、不拘形式，有时确乎有了好的结果，出现了不少耐人寻味的优美典雅之作。但从其数量惊人的地下出土物与传世品看，"不事雕琢""大胆挥洒"并不能保证这些作品都可保持"简练而不简单、朴拙而不呆板、天真而不幼稚、奔放而不草率、通俗而不庸俗"的品格。[①] 所谓"火弱则窳，火猛则偾"[②]，粗放的民窑之"火的艺术"，也不总是那么客气地、尽如人意地产生"淋漓错落，变化生动的韵律"[③]。其火却往往有"破墨走烟之失"，其器则常有"拆裂阴黄之患"[④]。总之，民窑青花瓷器并不只见快乐和光明。毋庸讳言，其间草率、粗劣、涂鸦之作比比皆是，过烧或生烧者亦数不胜数，只是这类东西通过今天新的文人审美意识的筛选、过滤，未能爬上评议桌而已。这样的产品对于官窑来说，却是绝难经见的。如果我们在分析官窑与民窑的艺术成就时，只将经过今天新的审美意识严格筛选、过滤得到的为数不多的优秀民窑产品，与几乎是从全部官窑青花产品中所选取的低劣庸俗产品置于同等的标准下衡量，那显然是不公正的。

---

① 邓白：《论民间青花瓷器的装饰艺术》，《景德镇陶瓷》1986 年第 3 期。
②《陶说》卷一《陶冶图说》烧坯开窑条。
③ 邓白：《论民间青花瓷器的装饰艺术》，《景德镇陶瓷》1986 年第 3 期。
④《陶说》卷三风火窑条。

从文献记载与实物来看，无论纹饰的内容或形式方面都足可证明，民窑青花与官窑青花之间并非"丝毫没有共同之处"，而是关系十分密切的。此种关系在高、中档产品中尤为明显。在低档产品中，由于它的纹饰结构及表现形式简之又简、草之更草，往往难于识别而被忽视，但有识之士还是能按图索骥，以发现其间的蛛丝马迹的。

民窑与官窑青花的密切联系在于：一方面民窑青花瓷器的装饰纹样通常采用的题材内容与官窑青花非常重同，亲缘关系非常明显；另一方面在表现形式上，只要有可能（如有合适的材料与加工技术），民间窑场就会在经济利益的诱惑下力图接近官窑，以官窑青花之类为美，并希冀达到乱真的目标。

首先，民窑青花中的许多纹饰是直接仿自官窑的，官窑所使用的题材，在民窑青花瓷器上几乎都采用了。"官搭民烧"中落选的高档瓷器且不待说，就是那种后来被称为"官古器""假官古器"的产品亦是民窑全面（包括质地与纹饰）仿照官窑（"厂官器"）的制作而得名的。

据文献记载，这种追求官窑品格的行为，到嘉靖以后，几至肆无忌惮的程度。前面曾提及的王宗沐在《江西省大志》中那条记述当是可信的，不妨照录于下："今器贡京师者，岁从部解式造，恃以龙凤为辨，然青色狼藉，有司不能察，流于民间，其制无复分。"可见，嘉靖之前尚能从有否龙凤图案为装饰来区别官窑、民窑的青花瓷器，到王宗沐所处的嘉靖时期再无此种区分了，以至官窑之"制"，只能靠精工细作，挑选时取瑜去瑕，加上那循规蹈矩、不能随意变体的古板款识等来保持其尊严罢了。难怪作为江西封疆大吏的王宗沐要发出此种感慨。其实，民窑力争与官窑并肩的情形早在明代初年就已露端倪。正统元年，浮梁县民陆子顺向宫廷所贡瓷器[1]的装饰内容虽不可知，谅离宫廷要求不至太远，不至与宫廷要求"丝毫没有共同之处"。当然，这是贡瓷。那么，其他的民窑生产呢？请看正统间有关景德镇瓷业生产的两次著名禁令吧。据《明英宗实录》载，其一：正统三年十二月丙寅"命都察院出榜，禁江西瓷器窑场烧造官样青花白地瓷器于各处货卖，及馈送官员之家。违者正犯处死，全家谪戍口外"。其二：正统十二年十二月甲戌"禁江西饶州府私造黄、紫、红、绿、青、蓝、白地青花等瓷器。命都察院榜谕其处，有敢仍冒前禁者，首犯凌迟处死，籍其家货，丁男充军边卫。知而不以告者，连坐"。禁令不谓不严，文字非常清楚，不必多加解释。在那个残酷黑暗的年代，民间窑场竟敢"逾制"私造"官样青花白地瓷器于各处

<hr>

[1]《明英宗实录》卷二十二。

货卖”，一禁再禁，虽死不辞。可见已不是个别现象，并且证明“官样”青花瓷器在民间非常畅销。由于其艺术品格（包括装饰的艺术质量）高于或大大高于民窑一般品格，大受社会欢迎，利润也非常可观。若不然，这许多的民窑老板，何苦甘冒此“凌迟”之险呢？

再者，根据对大量实物鉴定，景德镇的民间窑场至迟从明代正德年间起，就开始了仿古作伪的活动，这是民窑以另一方式向官窑学习的实践。这种活动从艺术创造角度讲，虽然是一种末路行为，但此种仿古制瓷业都是以历代有成就的官窑为蓝本，优秀的仿古瓷能够较为近似地保留以前特定时代优秀产品的风貌，为特定的用户所欢迎。由于仿古制瓷利润可观，使作坊主们乐此不疲，历代都在进行，不曾间断。宣德、成化、嘉靖、万历乃至清代的康熙、雍正、乾隆诸朝官窑，是这种仿制的主要对象。当代古瓷鉴定专家耿宝昌先生在其所著《明清瓷器鉴定》中有明确论述，可参照一阅。《景德镇陶录》载，隆庆、万历年间专仿宣德、成化瓷的崔国懋，以及吴昊十九、陈仲美、吴明官等一大批杰出名家的出现，绝不是一种偶然现象。他们体现了景德镇瓷业在商品经济发展的情形下，民窑从工艺制作、原料选练、艺术装饰诸方面力求接近官窑并与之比美的一种不可遏止的趋势。同今天一样，“名优产品”对于资本主义萌芽时期新兴的市民阶级来说，不只是适用，它更是平衡那膨胀了的炫耀财富或附庸风雅心理不可缺少的东西。当得不到正宗产品时，他们即以能做到“乱真”的赝品为满足。在陶瓷方面，也就进一步刺激了这种不同层次的仿官之风。所谓“制无复分”，正是此种情形真实而非夸大的写照。我们不能认为这种追求与接近官窑风格和水准的风气是景德镇瓷业生产的没落，为“逸笔草草”“粗服乱头”的民窑风失落而悲叹。反之，应视为景德镇陶瓷生产水平普遍提高的征候。可以想象，景德镇的陶工们假如仅仅满足于“小南街”[①]的蛤蟆窑烧造的那种形式，活则活矣，却显得十分粗率的产品品质的话，那么，景德镇就不成其为景德镇了。

下面，我们进一步从具体的题材来看一般民窑与官窑之间通用的情况。据正统禁令，明初对民窑的纹饰是有严格限制的，不能随意逾制。这与明初其他方面的严格制度一致。如前所述，到嘉靖时这种限制被逐渐打破，而官窑、民窑的纹饰就无多大区分了。大略言之，共同常用的纹饰可分如下几类：①辅助纹饰。如回纹、波涛纹、锦地、龟背纹、蕉叶纹、卍字纹、各类莲瓣纹、如意纹等；②程式化的吉祥纹样和带宗

[①]《景德镇陶录》卷五，小南客条。

教意识的纹饰。如缠枝莲、缠枝牡丹、秋葵、松竹梅、十字佛柱图案、梅月、八卦、八仙、暗八仙、八宝、杂宝、八吉祥、法螺、宝相花、璎珞、福寿字、万岁藤、灵芝、四君子、梵文、阿拉伯文、各类折枝花果等等；③传统的动物纹饰。如麒麟、凤凰、孔雀、狮、象、犀牛、海兽、海马、云鹤、鱼藻、莲池水禽、鹭鸶、鸳鸯之类；④山水楼阁人物纹饰。如婴戏、高士、仙佛人物、仙山楼阁及三国、西厢等戏曲小说故事、各类山水小景等等。上述各类题材无论官窑、民窑青花瓷器中均大量出现，明初限用范围最为严格的龙纹，也在后来的民窑中通常使用了。

题材，是最能反映装饰的意识形态内涵的，我们不能在这方面看出官窑与民窑之间有什么天渊之别。即如民窑青花艺术研究者所爱提到的晚明青花中那些山水、人物、花鸟题材，如《钓罢载月归》《明月箫声》《携琴访友》《乘槎仙人》《高士对弈》《风雨归客》《牧牛晚归》《晚渡》《松下读书》《独钓》《十八学士》《达摩渡江》《鱼乐》《渊明爱菊》《敦颐爱莲》《晴江泛舟》《沙汀游鸭》《春江烟柳》《翠竹鸣禽》《偷得浮生半日闲》《八仙朝圣》《鲤鱼跳龙门》[①] 等等。这些画面所表现的意境，今天欣赏起来仍觉有趣。它对在纷繁的社会生活中有压抑感的人，有稳定情绪，产生心旷神怡的审美效应而尤其具有强烈的吸引力。但是，这些纹饰的内容所体现的情绪，与其说接近劳动群众，不如说更接近士大夫；与其说是陶工热爱生活之意识的表达或对劳动人民生活的赞颂，还不如说这反映了生活在晚期社会的士大夫们在黑暗的特务统治下的遁世、隐逸的情绪。它们透露出士大夫们希求在佛教中得到解脱又不愿舍弃红尘物质享受的矛盾心境，是当时社会上出现"逃禅"现象的反映之一。它们更带"禅味"，因而较多地体现了士大夫们的审美趣味。

另外，我们也必须看到，随着资本主义因素的萌芽与发展，如同中国小说从英雄传奇向人情小说转变的发展趋势一样，在晚明民窑青花中采用的题材空前丰富起来。除了不少传统纹饰经过变异继续使用外，宗教性的和具有吉祥含义的程式化的题材；从姐妹艺术（织锦、木刻版画、髹饰等）借鉴来的大量装饰性的边饰、地纹以及世俗生活情景的题材；从文人画中引入的并经过改造的写意山水、花鸟题材尤为盛行。各种不起眼的小动物也不断加入青花的装饰行列。这种从龙凤、麒麟、仙佛人物、十字宝杵、莲瓣、梵文之类较为固定格式的纹样转向戏曲、小说、世俗人物、虾蟹小鸟、山村小景、猫兔鹿獐等市民阶级喜闻乐见的内容和形式的装饰，是嘉靖、万历之后，

---

① 均见《景德镇陶瓷》1986 年第 3 期及王志敏《明代民间青花瓷画》。

中国陶瓷装饰美学的发展与当时市民阶级的兴起、市民文学和人文主义思潮的发展密切相关的，是社会生活丰富多彩的晚明市民社会的反映。官窑青花的装饰同样受到这种影响。

我们再从生产者方面看民窑与官窑的关系，因为生产者的构成会对产品面貌有直接影响。据明代匠籍制度，匠籍户例派四年一班赴南京工部上班，若交了班就可以从事自己的手工生产。虽然御厂有时加烧瓷器，仍须自备工食到御厂上班，但所需人数有限，各工种配合常额仅维持在三百人左右，有时画工还须少量特雇艺人从事生产。[①]这些上班或招募来的工匠，都是瓷工中之最熟练者，但只是全镇熟练工匠中之极小部分。轮班工匠都分批受到官窑生产的严格训练，又都有机会从事民间窑场的生产。首先是他们在民窑生产中使自己的产品尽量接近官窑风貌，使"青色狼藉"，甚至千方百计造出"猎奇"之品，以钓"不惮价"的买主，从而使民窑的质量向高层次飞跃。

当我们在研究青花的纹饰时会发现：官窑和民窑的题材内容所反映的时代深层意识方面竟会如此一致：它们共同存在着浓厚的封建意识、宗教观念、文人情趣以及世俗精神，无处不存在这些意识的熏染痕迹；在装饰的表现形式方面，尽管在具体的表现形式上由于供求层次不同会有所差异，但民窑只要条件允许，就会有接近官窑的倾向。总之，无论从内容或形式方面，都反映出代表封建统治阶级意识的官窑青花装饰，标领时会，深刻影响着民窑青花装饰的发展，它们有着共同的时代特征。这种影响是不可避免的。我们不知道民窑青花有什么"特定的内容"使它与官窑青花严格地区分得"丝毫没有共同之处"，又有偏偏它能体现，而官窑却体现不出的什么"民族审美意识的共同特征"。须知在那个时代，掌握艺术主权的是封建统治阶级，统治阶级的艺术不仅是大量的，而且规定着一个时代艺术的主要面貌和内容，正如马克思、恩格斯指出的"统治阶级的思想在每一时代都是占统治地位的思想。这就是说，一个阶级是社会上占统治地位的物质力量，同时也是社会上占统治地位的精神力量。支配着物质生产资料的阶级，同时也支配着精神生产的资料。因此，那些没有精神生产资料的人的思想，一般地是受统治阶级支配的"。[②]结合景德镇陶瓷生产的历史，尤其是景德镇民窑青花艺术与官窑青花艺术共同形成我们民族富有特色的青花艺术的历史，证明他们的论断是多么精辟啊！说到底，民窑也好，官窑也好，都不可能脱离我们民族的文化

---

① 中国硅酸盐学会主编：《中国陶瓷史》，第262—263页。
② 马克思、恩格斯：《德意志意识形态》，人民出版社1961年版，第42页。

土壤去孕育自己的果实。它们都同样体现着我们民族共同体的气质与审美理想，它们之中没有谁能凌驾于孕育它的文化传统和特定的时代环境之上。在"文化大革命"中许多民间艺术的瑰宝，如砖、木、漆、石雕刻和陶瓷、织绣等工艺品，只是它们同样体现着那个时代的共同意识，而被当作封建主义的毒物予以无情的大扫除，就是有力的证明。这是不能以历史的观点去对待历史所造成的必然结果。

综上所述，可知，在青花生产的历史上，官窑与民窑之间是既有区别又有联系的。比较而言，它们的联系要比区别大得多。它们的区别只在于生产的目的和使用对象不同产生制作上的精粗不同和文野之别。具体地说，在民窑青花中，某些较低层次的制品其表现形式与官窑青花有较大的差异，这是由其商品特性带来的表现上的丰富层次的体现。这种多彩多姿的表现方式，在晚明的中、低档产品上显得更为突出。自由、灵活、随意、多变的手法，构成它独具艺术特色的装饰表现形式，使之产生鲜明而感人的印象。它与今天追求自由、宽松、返璞归真的艺术新潮默合。这种舍繁缛、删枝节、避琐碎的造型方法，值得我们今天研究、借鉴、吸取和运用。但是我们也不应该忘记，对于整个民间窑场的生产来说，这仅仅是一部分。这种形式上的区别，随着民窑产品质量层次的提高，愈趋接近乃至消失。官窑在其制作与艺术处理之间紧密地结合，以其综合的艺术成就，始终处于封建社会青花生产中的领先地位。作为我国传统的独具特色的实用工艺品，它一直享有很高的声誉。即使在当时，它就已成为民窑追求其成就，模仿其风范，全面地学习的榜样。并且由于它在科学技术与艺术上始终与时代同步，成为今天认识当时社会不朽的教科书而为人们所爱重，这也是无法怀疑的事实。民窑与官窑在长期发展的过程中，虽然逐渐形成了各自的艺术个性，但它们始终紧密联系、相互影响：都有着基本相同的题材内容；在表现上都讲究水路，注重青白关系的处理；都遵循着相同的装饰法则；都运用基本相同的表现技法等。总之，它们在同时的存在和发展中，共同形成了我国青花艺术的整体，同样体现着我们民族的审美观念与审美理想。我们对它们各自的长处与短处要有接近事实的认识，不能兴之所至，随意褒贬。因此，我们说，那种贬低官窑青花艺术成就，认为它缺少我们民族"真正"的气质，不体现我们民族的审美意识，一言以蔽之：烦琐、庸俗、猎奇、艺术风格低下的意见是没有根据的。人们对官窑青花的推崇，其实并无"让官窑青花专美于前"[①]，压抑贬低民窑青花之意。谁都知道，即使是民窑青花得到重新认识的今天，官

---

① 邓白：《论民间青花瓷器的装饰艺术》，《景德镇陶瓷》1986 年第 3 期。

窑青花的审美价值也决不稍减，民窑青花之美自有其价值，也决不以贬损官窑青花之美的代价来换得。它们各有千秋，各得其所，都是我们民族文化树上同一枝丫结出的硕果。官窑青花之美可以与民窑青花之美并存，正如黄山、峨眉之各擅其美。

四、几点分析

根据以上的讨论可以看到，在对官窑与民窑青花艺术成就的认识方面，我们与《论民间青花》有明显的歧异：我们不能同意把形成青花艺术整体的两个联系非常紧密的子系统——官窑青花与民窑青花彻底割裂开来的观点；不能同意毫不分析地一概否定官窑青花艺术成就的观点；也不能同意毫无保留地肯定民窑青花艺术并以其代表整个青花艺术成就的观点，因为这些观点不符合青花艺术发展的实际。根据这些观点，我们不能真实了解青花艺术中不同风格形成的原因、相互的影响以及它们在传统青花艺术中的地位，也不可能真正了解青花艺术成就的真实内涵。笔者认为，之所以会产生这些观点，其原因大致有以下几点：

（一）《论民间青花》从根本上离开了对青花本质特性的认识去讨论青花艺术；未能认识从青花的装饰特性与工艺特性去看待官窑与民窑艺术成就的重要性

第一，青花作为工艺装饰艺术，是一种审美地驾驭物质材料的活动。

材料的物质属性为它的艺术表现提供了广阔的天地。不同的材料，凭借不同的驾驭手段，可以创造出极为不同的审美价值。在得体的装饰活动中，在工艺技术的帮助下，即使一般地被视为劣质的材料，也能焕发出诱人的美的光彩，获得强大的生命力；而不顾材料特性的装饰，即便是优质原料，也会适得其反，受到美的惩罚。优秀的工艺美术家都探得其中三昧。他们明白青花这种工艺特性极强的装饰艺术，不是一般的绘画活动，也不是一种简单的修饰活动，而是担负着运用材料、发挥材料之美并使之与工艺技术融为一体，尽可能创造出最大审美价值的活动。"因材施艺"，实在是青花工艺装饰活动中极为重要的问题之一，也是评价这种创造活动成就的重要标尺之一。虽然民窑青花艺术的创造者们，更主要的是从经济的观点来运用或贯彻这种原则，但我们也必须高度评价他们在这方面的成就。

马克思告诉我们："劳动者没有自然，没有感性的外部世界，就不能创造什么。感性的外部世界是材料，他的劳动在材料上实现自己，在材料里面进行活动，从材料里面并利用材料来进行生产。"①这里所指的当然也包括工艺装饰的生产活动。因此，我们试图对民窑与官窑青花的装饰艺术成就做出评价时，就必须考虑不同的装饰形式与材质、加工技巧的关系，以得体者为上，背离者为下。笔者认为，在这方面，官窑、民窑都有自己成熟的经验，各有千秋，各自达到相当完美的境界。材质细腻、制作精工、胎白釉莹、造型端庄秀美、光可鉴人的官窑制品，配以结构匀称、绘制严谨、水路均匀、笔触劲挺、风韵飘逸的纹饰，真是相得益彰。官窑一般适合较为工整的装饰形式，而对那种解衣磅礴、逸笔草草、简而又简、寥寥几笔随意挥就的纹饰，虽不能说绝不能套用，但最好谨慎从事，三思而行。因为稍有不当，就无法发挥材质的美感，难以完成自己的装饰使命。因此，官窑青花多用较为工整严谨的纹饰装饰自己，是不必厚非的。相反，在粗质的渣胎碗上饰以精细入微、毛茸俱见的纹样，不仅在经济上不合算，在艺术处理上也属画蛇添足之举，除了更加突出质地的粗恶感，导致整体的艺术价值丧失之外，不会有更好的结果。离开材质去论工艺装饰，就和不顾自己的身材、肤色去选购衣物一样，衣着上身，难免呈现别扭之状。因此，当我们欣赏随意而活泼的民窑青花时，千万不能忽视它的纹饰与材质及加工技术的关系。同样，我们对待官窑青花严谨而显工整纤巧的纹饰时，也应注意这一点。这样，对它们审美价值的判断就会正确一些。

值得注意的是，在审美观念发生巨大变革的今天，对于质地的粗细优劣和制作的工拙有了新的认识。在精细的质地上饰以"貌似粗犷"的纹饰，或在"貌似粗糙"的质地上予以精细处理的表现手法也时兴起来。如在精美的陶瓷器物上移植经过改造的民间工艺纹饰，或以粗放的纺织印染物（如鲁锦、蜡染织物等）制作高档服装之类，就是今天民间工艺登上大雅之堂的标志。这是在新的历史条件下，工艺装饰艺术知识化的反映，是艺术地利用材料的新发展。这与封建社会对工艺装饰艺术的观念是有重要区别的，与古人对装饰与材质关系的认识是不同的。我们不能以今人新的返璞归真的观点去苛求古人。"因材施艺"的原则，同样随着时代艺术观念的更新而更新，它不是一成不变的教条。但是，我们研究的是历史现象，就必须以历史的观点去看待它，看它的变迁，看它的发展。

第二，青花作为工艺装饰艺术，它有自己的艺术语言。

工艺装饰艺术的目的，是要使被装饰的器物从整体上看去更加丰富多彩，令人感

---

① ［德］马克思：《经济学—哲学手稿》，人民出版社 1957 年版，第 53 页。

到愉悦。它和其他属于纯艺术范畴的艺术形式是不一样的。因而它对表现的内容有极大的宽容性，对表现形式却有较严格的要求，有时为了形式的需要可以改变内容的容量。对内容的宽容性使它不一定要求纹样具有深刻而又丰富的内涵：既可采用有明确思想内容的纹饰，如《萧何月下追韩信》《孤雁汉宫秋》之类；也可将原来就有明确意义的纹饰之内容简化、朦胧化，而成为只具有象征、暗示意义的纹饰，如某些吉祥纹、花鸟纹、山村小景等；亦可采用少带或不带什么内容的纹饰，如某些几何式的边饰、简单的弦纹（青料边脚箍线）、有规律或无规律的点、线、色块等，即有时只要是一种"有意味"的形式就足可达到装饰的目的。因此，往往青花瓷器上的某些纹样，假如将其移置于平面图纸之上，人们将永远不知道它曾经是什么，它曾服务于什么对象。所以，从装饰的本意来看，不论哪种思想容量的纹饰，都应该是我们探索规律、研究审美价值的对象，而不应只选择与中国传统的文人书画趣味相近或相同的纹饰做对象，并以此代替整个青花艺术的研究。

与文人书画相比，青花艺术对自身纹样的表现形式方面更加关注。美的形式（包括造型、纹饰的构成及其表现方式）是构成它独特艺术形象最为重要的方面。由于它是装饰艺术，对它的形式美的要求是不能完全以传统中国绘画、书法形式美的要求去衡量的，虽然在它们之间有着密切的联系。青花艺术有着自身的艺术语言和艺术表现手法，如"适材""应型"的要求，在中国传统的书画艺术中，就较它简单得多。由于青花是以单一色相构成纹饰，在工艺的制约下，色阶较少，色彩表现层次不如纸绢上墨色丰富。加上它又是饰于立体器物之上，除对器物不同部位的饰纹形式要做相应的选择安排外，即使对主体纹饰也很少考虑三维的表现，而一般都使饰纹平面化，只在有限的二维空间内考虑青白的疏密布局。计白当青，宁疏勿密，使瓷质的微青白色与青料呈现的青色相互照应，分布均衡，在此就不能套用传统绘画中"疏可跑马、密不通风"之类的构图格局。假如纹饰结构过于繁密或混水（亦作分水）过浓，就会产生"远看一块疤，近看乱花花"的视觉印象。青白关系的处理，即俗谓"水路"的处理，在传统青花艺术表现技巧中，是最为讲究的问题。"水路"处理不好，即使线条"力能扛鼎"也罢，"淋漓奔放"也罢，"龙蛇腾舞、气势磅礴"也罢，都无济于事，只是表面文章而已，因而将传统的中国绘画引进到青花艺术之中，就必须经过装饰化的处理，使之适合青花艺术的表现语言。

还有，由于工艺的要求，青花艺术在用笔上也与传统书画艺术不尽相同，其运笔形式要比后者简单得多。由于材料性能的缘故，在绘制青花时必须考虑料笔的含水量、含料量与坯体极强的吸水性之间的关系，以适当调整运笔疾缓的速度。实际上，绘制青花饰纹并不能毫无顾忌地随兴挥洒，也不能久久顿笔凝思。停顿料笔一两秒，就有涩滞粘笔、出现青料结节（料刺）之虞；挥笔过速，料水流注困难，线条也难成就。因此，传统中国书画中的逆、枯、涩的运笔、用墨方式在青花中几乎不见。在青花绘制中若运用此类笔法也毫无实际意义，它将被釉料的熔融化为乌有，火候稍过，同样出现淋漓之状。所以，在青花艺术中所见多为水分充盈、圆转流畅之笔，尤其在追求产量的民窑青花中更是如此。

再者，由于青花艺术的装饰特性，在它的纹饰形式中，不仅有相对独立并有一定思想内容的主题纹饰；也有相对独立、意义相对淡化而以形式占主导地位的纹饰；还有不少起辅助作用的纹饰。它不仅允许，有时几乎不可缺少那种特征相同、简单而又单调的装饰样式重复出现，组成规则而有节奏的艺术形象。它们之中有的不忌平，不惧板。为了突出主体纹饰，可以平之又平、板之又板。亦可平中有奇、奇中有平、活中见板、板中寓活。总之，平奇之论在青花艺术中仅是适于议论与文人画相近的部分纹饰，而不足以论全局。

据上述分析可知，那种拿文人书画的批评标准去要求像青花这样的工艺装饰艺术，有时是可以的，有时则风马牛不相及。

第三，作为对工艺装饰艺术之一的青花艺术的审美活动，是一个完整的创造性的审美活动。

在分析青花的本质特性时，我们谈到，青花艺术一旦形成完整的审美形式时，就与被装饰器物无法分割。它一呈现在审美主体之前，就是以与被装饰器物的造型、材料质地、工艺技术特征等因素紧密结合的完整审美形式呈现的。这种工艺上的不可分割性，导致审美心理上的整体性。对某一具体青花艺术作品而言，它所唤起的美感，是由其造型、胎质、釉色、釉质、料色、线条、构图布局等因素构成完整形象结构所唤起的美感。即它不是由其中个别因素（尽管是主要因素）所提供的信息产生的美感，也不是由各个因素单独产生的美感相加的总和，而是所有相关因素相互联系、相互影响产生的稳态结构提供的总信息所产生的审美效应。我们如果要人为地肢解这种审美心理是办不到的。

因此，我们在研究青花装饰艺术时，不能只凭脱离材质、造型的青花纹样的"粉本"（即脱离青花存在的物质环境，将纹样复原到设计图纸上的图样）去做比较。要如此，就只能按传统绘画的赝本或基础图案的设计图看待，就根本不能与"青花艺术"相联系，当然也就根本无法以此对不同形式的青花装饰艺术的审美价值进行比较。因为瓷器上的青花纹饰与脱离瓷器的设计图是两码事，它们存在的条件根本不同，而同一设计图被采用在不同质地、不同造型的瓷器上做装饰，也会出现截然不同的艺术效果。

根据上述分析，我们在评价民窑与官窑青花艺术的成就时，决不能只以纹样部分或形成纹样的某些因素，如构图、线条、用笔、渲染等来代替青花艺术的完形结构，而只能以全部因素有机联系形成的完整形象结构为依据，再经过有一定的工艺装饰艺术素养的审美主体创造性的欣赏活动，才能产生接近真实价值的评价。离开完整的、统一的青花艺术形象，就无法欣赏与评价青花艺术，就不能真正揭示它的全部艺术内涵，就会片面地扬此抑彼，做出不正确的评价或自相矛盾。

遗憾的是，《论民间青花》正是离开上述三点来讨论和分析青花艺术的，并在这样未能充分认识青花艺术本质的情况下，分别对官窑青花与民窑青花的艺术成就，匆忙而又随意地做出了评价，这自然是难以中肯的。

我们从《论民间青花》的论述中可以清楚地看到，它将青花装饰艺术这一不可分割的有机整体加以割裂、肢解，孤立地把纹样部分从青花瓷器上剥离下来，使之离开存在的物质环境，以青花的纹样当作青花装饰艺术的整体进行分析和评价。因之，在论述中无视装饰与材质、制作工艺及造型等方面的关系，只顾器物上的装饰与文人书画相似的是些什么，相似到什么程度，而不顾它们装饰在什么样的器物之上和采用怎么样的工艺技术手段进行装饰等等。这样，就只能将胎釉质地是如玉？如石？如瓦？青料呈色的鲜丽？沉静？灰暗？等等应该分析、应该比较的一系列因素置于不屑一顾的地位。它的"芝麻西瓜"说，正是这种研究方法和观点的典型反映。[①]由于离开了青花的装饰特性与工艺特性去论青花装饰艺术，就只能像《论民间青花》那样，将青花这一独特的工艺装饰艺术形式直接导入文人书画的范畴去认识，只能在构图的平奇

[①] 邓白：《论民间青花瓷器的装饰艺术》（载《景德镇陶瓷》1986年第3期）。云"又有人只注意青花的钴料，是进口的还是国产的？把研究问题放在苏麻离青、苏泥勃青、回青、平等青、石青、无名异、朱明料等有关钴矿原料上去，而对青花瓷器的主要特点丢到一边，抓了芝麻，忘了西瓜"。等等轻视青料研究的意见显然是欠妥的。这反映了一种在青花装饰艺术研究中摒弃物质材料、孤立地研究纹样并以其代替青花装饰整体的观点。事实上，多年（特别是近十年）来，关于青料研究的成果对青花艺术的研究所具有的重要性已不容置疑。如国内陈尧成、张志刚、郭演仪及国外 W.J.Yourg［美］、Hoarner［英］、内藤匡和加藤悦三［日］诸先生对青料卓有成效的研究，使我们对青花艺术的研究大开眼界，他们（尤其是国内诸学者）为我们提供的珍贵信息，已成为今天研究青花艺术不可或缺的内容。

巧拙、线条的疾缓刚柔、渲染的浓淡板活等方面兜圈子，也就只能依据中国画论中一套标准的品评文人书画的规范、准则去衡量和评价青花艺术。这就使人难于了解官窑、民窑青花艺术的真实价值，更无法探知官窑、民窑青花艺术出现风格差异的原因，以及它们各自风格存在的理由，也不能说明民窑青花瓷器自身高、中、低档产品之间同样存在这种风格差异的原因。当然也就不能真正理解装饰风格的工整或写意、具象或"抽象"等不同形式，在青花这样的工艺装饰艺术中的实际意义。

所以，笔者认为，像《论民间青花》这样离开青花的本质特性去论青花艺术，去给官窑青花和民窑青花的艺术成就做评价，只能治丝益棼、论不及义，终于使评价悖于实情而被蒙上一层阴影。

（二）《论民间青花》在论证民窑青花艺术成就时，使用的论据有重要失误

《论民间青花》据以证明"民间青花处处反映出民族化、大众化的特色"的主要器物，是几件饰有人物题材的元代青花瓷器和藏于南京市博物馆的明初《萧何月下追韩信》青花梅瓶。其中特别着重介绍了这件青花梅瓶，认为它"可称得上（民间——作者注）青花瓷器中一件杰作"。其他几件元青花暂且不论，以笔者井蛙之见，这件"杰作"却应该是件标准的官窑青花器。何故？

第一，使用对象和用途特殊。此梅瓶出土于南京明初墓中，墓主人沐英。据《明史》卷一百二十六载，此人系大明帝国开国皇帝朱元璋之义子，他"年少明敏，剖决不疑"，深受帝后器重。他能征善战，战功卓著，为大明帝国的建立和稳定做出过重要贡献。三十三岁时，他"以功多"授西平侯；洪武二十五年时，他四十八岁卒于任上，被追封为黔宁王，并按王礼归葬于京师，是一个极受最高统治者宠信的人物。其子沐晟是论功封公、卒后赠王的宠臣。[①] 可见用此瓶者身份特殊，非一般贵族，更非劳动人民或士大夫。

此瓶不是一般的日用器物，而是按照明初严格的丧葬制度中的王礼才可陪葬的明器，当时或称为"粮浆瓶"，这种器物当是宫廷控制特别烧制的。从其罕见，即可知其非一般商品

第二，制作、形制、用材特殊。此瓶制作考究精工，一丝不苟。根据所知同一形制的器物看，制作同样严格、规范化，高矮丰瘦相差无几，难分伯仲，更无大小规格

---

① 《明史》卷一百二十六，列传第十四《沐英传》。

的区分，当是特殊制作的产物。此种形制的器物，不仅未见在民间墓葬、民间窑场出土的报道，在明代初年之后，亦无继续生产的迹象。可见它与官工业特别发达的元代官方陶瓷生产有着特别密切的联系，是继元代官工业延续生产的产物。从纹饰的绘制技巧看，构图严谨，技术纯熟高超，没有高深的艺术素养与笔墨功底者何敢问津？就是在今天，受过专门训练的专业画家或陶瓷美术行家，又有几人敢与其决一雌雄，临摹亦惶不可及，何况创作乎？在明王朝建立不久的年代，官窑、民窑均在复苏之时，民窑不仅供养不起技能高明的设计者或绘制者，也购买不到、使用不起这样价格昂贵的高级彩料——进口的青料苏麻离青（又是进口的苏麻离青）。任何民间窑场，在经济上都经不起装饰纹样每个品种只需单件或几件这种订货要求的冲击。对此件器物，我们同《论民间青花》一样，力求不带偏见地说，从它的制作、形制、用材，乃至纹饰的表现结构、艺术手法及其所具有的民族风格和民族气派来看，它的艺术水准，在明初的青花艺术品中，确实难见出其右者。

第三，纹饰所反映的思想内容特殊。淮阴侯韩信，是汉初名将，被兴汉良臣萧何视为秦汉之际"国士无双"者。他治军严明，能征惯战，屡立战功，是助刘邦建立大业的功臣。伯乐式的人物萧何追韩信的故事，本自正史[1]，情节动人，是历代王者用以标榜自己求贤若渴、能臣良将归心，笼络文臣武将为其死心效劳的使用题材。明初的工艺美术家极强的写实技巧更加强了这个主题的表现。朱元璋选用这个题材作为重要的陪葬明器的装饰纹样，并置于像沐英这样的宠臣兼义子的墓中，其用意明显，当非巧合。笔者以为，要在这样的装饰纹样中去寻求什么体现"民间青花最大特色"的"泥土气"，恐有牵强之嫌，难以令人信服。

据上述分析，毋庸讳言，《论民间青花》在论证中误用了重要论据，不无偏袒地加重了民窑青花艺术成就的砝码，使评价之秤明显倾斜。

（三）《论民间青花》将"民族化"与"大众化"两个概念等同起来，混淆了两者之间的关系

《论民间青花》认为："凡是民族化的产品，必然也是大众化的产品。"由于官窑青花"是站在大众化的对立面"，所以"民族性格、民族感情""民族审美意识的共同特征""是官窑青花所没有的，也不可能达到的"。也就是说，由于官窑青花缺乏大众化

---

[1]《史记》卷九十二《淮阴侯列传》；又见《汉书》卷三十四《韩彭英卢吴传第四》。

的特性，它就不是民族化的。它即使"讲究民族形式"，也是"从表现上着眼，缺真正的民族气质"。总之，在《论民间青花》看来，官窑青花是否属于民族化的艺术还成为问题。[1] 笔者认为，正是由于《论民间青花》混淆了民族化、大众化两个概念之间的关系，是导致它对官窑青花艺术价值的评价出现错误的原因之一。

所谓艺术民族化，就是运用本民族的独特的艺术形式、艺术手法来进行艺术创作，使作品具有民族风格和民族气派；而艺术的大众化，却是使艺术作品的风格变成符合广大民众的要求，适合他们的审美需要。民族化的艺术，从艺术史上看到，可以是大众化的，也可以是贵族化的。同样，大众化的艺术，可以是民族化的，也可以是非民族化的、外来的，它具有地域性、层次性或超民族性。虽然民族化和大众化二者之间经常相互影响，但它们之间并不一定具有必然的因果关系。

民族化和大众化这两个概念都不是一成不变的，它们是随着人们社会生活的历史发展而逐渐发展变化的。譬如，大写意形式的文人画与草书艺术，都是典型的民族化的艺术形式，却一直不是大众化的艺术形式；又如，民族化非常强烈的戏剧表演形式——京剧，在某些地域曾是非常大众化的，为广大群众所喜闻乐见。但在今天随着观众一般欣赏心理的变化，尤其是面对年轻的观众，急迫地存在着一个需要革新以适应他们新的审美需求的问题。再如，某些流行歌曲、服饰，某些造型艺术样式，虽然达到家喻户晓、风行一时的大众化要求，可是，要使之具有更强的生命力，为更大范围的人们所接受，却面临一个民族化的问题。还有，在我们民族艺术发展的历史上，有些过去是其他民族所特有的艺术形式，经过我们民族对它长期的适应、吸收、消化融汇，竟变为我们民族喜闻乐见的民族艺术的一部分等等。总之，民族化与大众化的关系是错综复杂的，有时结合在一起，有时又是分离的。我们不能简单地将它们等同起来，混淆它们之间的界限。

一般而论，在阶级对立的社会中，每一民族的文化都可大体区别为分别属于对立阶级的两种对立的文化。贵族化的与大众化的艺术，在青花艺术中表现为官窑与民窑的两种青花艺术。虽然我们不能忽视它们在长期的发展中所形成的各自的特征，但更不应忘记它们之间相互的强烈影响，尤其是官窑对民窑的影响。我们如果否定官窑青花的民族性，实际上也是对民窑青花民族性的否定。一个简单的道理是，无论平民百姓也好，贵族也好，他们都是我们民族中的一部分。他们不是"超人"，不是"上帝的

---

[1] 邓白：《论民间青花瓷器的装饰艺术》，《景德镇陶瓷》1986 年第 3 期。

选民"，也不属于印第安、日耳曼，亦不属于阿拉伯或俄罗斯，因此，属于他们、代表他们各自审美理想的艺术，也只能是我们整个民族的一部分。这样的艺术都不能超越自己所处的时代，也不可能背离自己所属民族的特点，它们都带着特定时代和特定民族的印记。它们各自的形式、风格及其所体现的审美理想，都只能是整个民族文化的产物，都不可能离开本民族的文化传统另起炉灶。因此，我们说，官窑青花与民窑青花一样，它所体现的民族特性（气质、性格、风格等）都是我们中华民族所具有而为其他民族不可取代的。按照《论民间青花》的逻辑，岂不是要将我们民族文化艺术中典型的贵族艺术遗产，如殷周时期的青铜艺术，秦代始皇陵兵马俑，汉代画像石与髹漆艺术，唐代著名的三彩陶器与扶风法门寺地宫中的金银细工制品，五代吴越国的秘色瓷，宋代的汝、官、钧、定窑瓷器，宋徽宗本人创造的瘦金体书法及其御制绘画，宋代的缂丝，元代的纳石失、织御容、至正型青花瓷，明清时期的宫锦、宫廷琢玉、雕漆、官窑瓷器，连同整座故宫建筑都要排除在民族艺术遗产之外！若如此，我们的民族文化的形象将永远是残缺不全的，令人遗憾的。《论民间青花》正是在这种矛盾的情况下徘徊：一方面不能无视官窑青花鲜明的强烈的民族化特征；另一方面在理论上为了抑官扬民的需要，又不能承认它是民族化的艺术。于是，只好借助"表面上""讲究民族形式"，实质上又"缺少真正的民族气质"的雾障来迂回填补这个明显的漏洞。实则，退一万步讲，即便官窑青花存在着某些严重不足，就不见得与我们的民族性格、民族气质、民族共同审美意识毫无干系。我们的先人并未宣言，留给我们的是应该全部肯定的遗产，我们这些无上光荣的后人也必须承认，在我们的民族传统文化中，的确有不少不够完善的地方。

据上述分析，可以看出《论民间青花》由于混淆了民族化与大众化两个概念之间的关系，使它在官窑青花是否具有民族化的特质这一问题上，将自己置于进退维谷的境地，最后只好按逻辑将官窑青花拽入非民族化的泥沼，使评价失去了实事求是的光彩。

（四）《论民间青花》对官窑与民窑艺术成就的认识，运用了一整套有害的思维模式

在认识活动中，由于主体内部各自存在的思维模式不同，虽然观察的是同一事物，也会产生很不同的结果。我们注意到：由于官窑青花属于为统治者服务的贵族艺术，民窑青花则是行销于社会的"大众化"艺术，因此，《论民间青花》对它们之间的区别给予特别的关注，并夸大了这种区别，而对实际存在的重要且又多方面的联系采取了视而不见或者回避的态度。它不顾它们存在和发展的时代与民族环境，以及它们各自存在的物质条件；它虽然部分地注意到制约它们形成区别的意识方面的因素，却根本忽视了来自工艺方面特别是来自经济方面的因素。于是，只能以脱离材质的纹样来代替青花装饰艺术的整体，割裂地进行分析和评价，尤其是当这种分析和评价贴上了"统治者"和"劳动人民"这样的标签以后，就变得简单化和绝对化了。抑官扬民成了《论民间青花》论述中的基本格调。对民窑青花艺术是一片赞颂之声，而官窑青花艺术却成了这种赞颂的陪衬和牺牲品，处处遭受白眼与奚落。这是很不公正的。《论民间青花》运用的，正是这样一套对事物认识绝对化与被庸俗化了的阶级论相结合的思维模式来看待官窑青花和民窑青花的。笔者认为，我们在前面分析的失误原因中的后两条，恐怕根源就在于此。

这种思维模式我们并不陌生。在一段相当长的时期内由于它符合某种思潮的需要，应用起来既保险又简便，曾被相当一部分人奉为法宝，一时成为时髦。但是，这种童话般的思维模式，往往带着现成的结论去套丰富多彩、生动活泼的社会现象中的问题，虽然能迅速得出貌似正确的"解"，却使研究者对事物实事求是的深入了解成为多余，使论述过程成为一种添加适味佐料的功夫。在这里，原来丰满的形象都变得单薄、曲扭、失真，"研究"的结果必然远离事物存在的真实。它所导致的历史虚无主义造成的酷烈危害，曾几乎将我们民族历史上留下的一切文化遗产统统扫进了垃圾堆。人们对此记忆犹新。因而，这种思维模式在今天人们的心目中已经失去了昔日的光彩。假如我们的思维仍按惯性运转，仍按这种思维模式去思考、去对待我们民族文化遗产中放出异彩的明珠——官窑青花艺术，不仅对保护这部分优秀民族文化遗产不利，而且对今天富有民族特色的社会主义陶瓷装饰艺术的发展，也是十分有害的。

以上关于官窑青花与民窑青花的讨论，笔者的目的只是为官窑青花在青花园地中的应有地位辩护，以期人们对青花艺术的整体有更全面、更深刻一些的认识。在为官窑青花辩护时，笔者无意贬低民窑青花艺术的成就，对民窑青花艺术成就的分析，容待另文再述。民窑青花的成就，尤其是晚明民窑青花的艺术成就是很高的，虽然今天尚未为人们充分认识，但随着时代审美观念的变革，它的美妙之处将被有识之士逐渐揭示出来。它将为人们提供丰富迷人的艺术享受，而焕发出耀眼的光辉。从再一次呼吁、敬请人们重视对民窑青花的研究这个角度来说，《论民间青花》的价值是不容抹杀的。

有一个问题我们必须正视，就是对官窑青花和民窑青花，不管我们赞颂也好，贬斥也好，作为我们民族的历史文化遗产的重要部分，都有一个取其精华、去其糟粕的问题。一方面，我们既要慎重对待它们各自的不足之处，不要以虚无主义的态度去对待它们，以防干出那种在泼洗浴污水时，连婴儿也一同泼掉的蠢事；另一方面，也要防止不加甄别地全盘照搬，以"惟妙惟肖"作为自己活动的终点，像某些人那样将"艺术的"仿古活动硬挤入艺术创造的殿堂。这种舍弃创造的艺术思潮，同样有碍我们对今天新时期的具有中国特色的艺术新形式的探索，同样会窒息今天陶瓷装饰艺术的生命。

附记：

《论民间青花》中至少还有下面两个问题值得商榷：

（1）关于填补民窑青花研究空白的问题。它认为，这个"空白"是由上海人民美术出版社与日本美乃美联合出版的《论民间青花》一书"弥补"的。笔者认为，对一个已被前人填补了的空白而言，继之的工作则不能认为又是"填补空白"。众所周知，民窑青花瓷器研究的空白早就被人填补了，如日本久志卓真先生在 20 世纪 30 年代就已对此做过深入的研究。其后，在我国，傅扬先生及王志敏先生于 20 世纪 50 年代对此亦做过进一步的研究，并先后出版了有关著作。尤其是王志敏先生，以严谨的治学态度从事民窑青花瓷器的研究达二十余年，直至亡故，成果颇丰。虽然出于种种原因，他后来的著作未能及时出版，但他的《学瓷琐记》及关于空白期（正统、景泰、天顺三朝）等民窑青花瓷器研究的著作，在 20 世纪 70 年代早已以油印本的形式向全国有关单位广为征订发行。平心而论，是王志敏先生对民窑青花瓷器的研究做了奠基性的工作，其功绩是不容抹杀的。而《论民间青花》在研究方法上，并未在前人"器物类型学"的基础上前进一步。因此说，《论民间青花》关于填补民窑青花研究空白的意见，是不符合事实的。

（2）关于青花的发明权（或起源）问题，笔者拟另文再述。

作者简介：欧阳世彬，景德镇陶瓷大学教授、教学督导，中国古陶瓷学会第四届、第五届常务理事、副秘书长、学术委员会委员。

近代浮梁景德镇瓷业改良路径与实践困境

李松杰

一、问题的提出

作为以瓷业为主导的千年手工业城市，早在宋朝，景德镇便有初具规模化的瓷业生产体系。明清时期，随着新航路的开辟和世界性贸易网络的形成，景德镇依托有竞争力的产品优势和发达的手工生产体系，在全球瓷业贸易竞争中处于有利地位。同时商品贸易的优势又转化为产业发展优势，促使景德镇形成了前工业化时代独特的生产模式。这一模式既不同于中国传统亦工亦农的生产模式，也有别于现代大工业生产体系，是一种高度分工协作的精细化手工生产模式。依照生产工序和长期形成的行业规范，不同生产者紧密联系在一起，共同完成瓷业生产和贸易。但从西方工业革命以来，以机械化为代表的瓷业生产模式逐步在全球产业发展中处于引领地位，曾经是世界瓷都的景德镇开始在国际竞争中处于不利地位，进而影响到自身的产业发展。

近代以来，在瓷器贸易衰退的局面下，景德镇瓷业陷入困境，其原有产业模式也受到来自各方的质疑。"洋瓷输入中国岁达百余万之多，景德镇瓷业大承其弊。若不亟行设法改良，将来数十万工人必有失业之患。"[1]基于此，以官方和新式知识分子为主体的改良群体，以追求瓷业近代化为目标，学习模仿西式大工业生产模式，试图在景德镇建立新型机械化陶瓷产业体系。但在其过程中，由于缺乏强有力的推动力量、稳定的社会环境以及可行性的改良举措等，无论是官方主导的改革实践，还是新式知识群体提出的主张，对近代景德镇瓷业转型发展影响相对有限，并未取得预期效果。基于此，笔者选取改革路径的视角，对景德镇瓷业近代化历程中采取的举措及所面临的挑

---

[1]《江西瓷业公司开幕纪盛》，《申报》，1908年6月17日（03）。

战进行分析，探究其改革理念及其影响因素，以此思考中国传统手工业转型发展的复杂性和多样性。

二、官方主导以"复兴"为名的瓷业改良

在景德镇瓷器贸易量衰退和传统产业体系竞争力下降的语境下，复兴瓷业成为相关利益方共同追求的目标。在此过程中，居于主导地位的是以江西地方官员为代表的实业实践。为了更全面认知和了解景德镇近代瓷业改革举措和遇到的诸多困境，笔者就官方主导的瓷业改良举措进行论述。

学习西方，引入机械化生产模式，创办新式工业陶瓷企业，是官方一以贯之的改革理念。1895年《马关条约》签订后，各方意识到中国传统手工业模式的落后，提出了全方位"以西为师"的复兴路径。在此历史背景下，景德镇也开启了近代瓷业改革的历程。1896年，湖广总督张之洞代江西士绅提请希望通过政府支持创办新式瓷业公司，并给予相关税收的特权。"现拟集股兴办，惟成本巨而运费多，必须官为扶持乃能兴鼓舞，拟请除中式瓷器经行关卡仍照例完税抽厘外，其有创造洋式瓷器统归九江关出口，援照烟台制造外洋果酒之例，暂免税厘数年。"[①] 以此发端，是否采用机械化生产模式成为研判景德镇发展成功与否的主要标准。随后，尽管历任江西主政者均希望通过创办新式公司，改良瓷业，挽回利权。但在晚清内外交困的历史局面下，不属于关乎国计民生发展关键产业的瓷业，其近代化历程步履维艰。直到1908年，才由康达等人集股创办新式瓷业公司，企业模式也由最初设想的官办改为商办。"光绪三十三年初，商办江西瓷业公司发起人曾铸、张謇、袁蔚章、陈作霖、许鼎霖、朱佩珍、樊棻、瑞澂等八人联名向农工商部禀文，申请将原官商合办瓷器公司更名为商办江西瓷业有限公司。"[②] 新式瓷业公司以后，便开启了使用新式机器生产阶段，并附设学校，培养新式陶业从业人员。与此同时，公司还在全国设立分销机构，采取新式营销模式。"又与饶厂附设陶业学校，以养专门人才，并派学生出洋学习，且与两厂养成艺徒，期归实用，事事求根本之刷新，不仅务皮毛之仿似。"[③] 在产品方面，除了注重传统日用品生产，瓷业公司还开发各类电瓷产品和各种新型实用品等。"江西瓷器为我国之冠，而电用瓷器座者无

① 《张文襄公全集》（第1册），中国书店1990年版，第784页。
② 《候选道曾铸等禀本部文为江西瓷业公司改归商办》，《商务官报》，1907（08），第8页。
③ 《江西瓷业公司第四届报告》，《安徽实业杂志》，1921，02（03），第11—12页。

有。自去年该处公司张工程师来京与交通部联络并招去股本二万元，拟研究制造电报用瓷头等类，今已将瓷头做出若干送部考验闻极合法，交通部拟即采用云。"①

新成立的江西瓷业公司，无论是工厂组织模式、生产设备、产品类别等均有别于景德镇传统瓷业体系，进行了全方位机械大工业的有益尝试。但在传统"惯性"的巨大压力下以及面临新问题、新挑战的背景下，创办新式公司遇到了诸多困难和挑战，要处理好与各方的关系，首先，建立新式公司、进行瓷业改良，需要巨额资金。江西瓷业公司最初设想是筹集资本四十万元，但实际只有二十余万元。②资金的不足，影响到公司最初设想的实现，进而影响到瓷业改良的持续深入。其次，企业发展和改革需要安定的社会环境和稳定的社会运作体系，而近代中国多舛的社会环境难以保证产业改良的正常进行，江西瓷业公司也不例外。公司创办不久，就遭遇到晚清民国的政治变局，因为社会动荡和瑞澂等官员的股份问题，饶州分厂被迫停产。"公司经壬子之变，劫后余灰，本无改良之能力。时前总理正在病中，筹款为难，虽其时惟仰赖江西政府拨款维持，两厂得以恢复。嗣遭癸丑政变，续请拨款中止，饶厂因此停工。"③再次，采取新式生产模式需要大批掌握新技术的产业工人，这些产业工人培养成本会大大超过已有成熟的传统模式下工人成本。尤为关键的是，要操作机械制瓷设备，就要接受相关职业培训和教育，这与中国传统教育理念相悖，许多人不愿意接受教育后再从事相关的体力劳动。"瓷厂改用新法，非先行教练艺徒无从着手。故两厂开办之初，即注重培养艺徒，其中培养年数不等。已有成者有未成者，费赀不少。"④最后，生产体系改革要因时、因地、因势进行，景德镇瓷业改良既要借鉴吸收西式机械化生产模式的有益因素，也要从自身实际出发，要依据景德镇自然条件、人力资源、瓷业关系等制定发展政策。对于新成立的瓷业公司而言，要打破原有产业体系的影响力，展示自身的先进性，需要对新式技术体系有更深刻的理解和认知，而在近代仓促的历史语境下，官方主导的瓷业改良群体显然没有做好这方面的准备。1904年，安徽祁门县花费数十万巨资购买的新式瓷土加工机器不能生产出合格的产品，被迫弃之不用就是例证。⑤诚然，这是任何改革都要面临的问题和挑战，但关键是，主张改革的地方政府

① 《江西瓷业之荣誉》，《申报》，1915 年 2 月 18 日（07）。
② 《创兴瓷业》，《申报》，1904 年 11 月 13 日（01）。
③ 《请设江西陶务局提议书》，《江西省政府公报》，1929（03），第 13 页。
④ 《江西瓷业公司第四届报告》，《安徽实业杂志》，1921，02（03），第 13 页。
⑤ 《创兴瓷业》，《申报》，1904 年 11 月 13 日（01）。

和实业家在遇到上述问题时缺少有效性的应对策略，自然会影响到改革的成效。作为景德镇最早创立的新式瓷业公司，江西瓷业公司在其近半个世纪发展历程中一直惨淡经营，并未发挥其引领性作用。此后，景德镇也先后进行了多次新式瓷业公司的尝试，都无法达到其改良目标。

设立瓷业改良机构，进行原料改良和新式产品试制，以期引领景德镇瓷业发展。景德镇传统瓷器种类以日用瓷、陈设瓷等为主导，这种产品体系与中国传统社会生活方式相适应。与之相配套的是，瓷业生产体系也是基于经验型为基础的原料开采、加工和产品烧制为一体的生产模式。但近代以来，生活方式的变革需要各种新式产品。为了提升景德镇瓷业市场竞争力，江西地方政府设立瓷业试验改良机构，进行原料配制试验和新型产品研发。江西工业试验所成立以后，专门设立窑业部，进行各类试验。[1] 但由于距离景德镇比较远，窑业部的试验难以与瓷业生产紧密联系起来。基于此，1928 年，江西省建设厅厅长周贯虹提议在景德镇设立陶业管理机构，专门负责瓷业改良。次年 1 月，江西省政府在景德镇设立陶务局，对陶瓷釉料、原料组成等进行化学实验和分析，邀请日本瓷业专业人才参与瓷器烧造实验和改良，并就景德镇精品美术瓷烧造提出了改良主张。"设立一规模最完整、设备最完全之正式制瓷工厂，以杜绝外瓷之侵入，而谋国际输出之发展，同时更设一美术品原料精制工厂，及建造新式瓷窑，以供美术品制造之需。"[2] 但由于经费以及江西政争等复杂因素，1932 年，陶务局再次并入江西省工业试验所内，其瓷业改良陷入停滞。1934 年，杜重远应邀到景德镇进行考察，并在时任江西省主席熊式辉的支持下再次进行改革。不同于前期改革者仅从生产和技术视角提出的改革主张，杜重远以设立陶业管理局为核心，从生产方式、政治制度和社会文化诸方面进行全方位改良，以期实现复兴。在生产方式层面，类似于前述改革者的改良主张，杜重远也认为传统手工生产模式是景德镇衰落的根本因素，依旧主张以机械生产代替手工生产。为此，他提出应由政府出资建造新式原料精制厂和模范瓷厂，以起表率和示范。"设一原料精制厂，所有原料均由政府设法用廉价购入，用机器精制后，再以廉价售与坯户。同时再设一模范瓷厂，示以制瓷方式，合作利益，改烧煤窑，减轻成本。"[3] 在对地方政治改革上，杜重远提出，景德镇地方官员多人浮于事，并不真正了解和关心瓷业生产，要振兴瓷业，必须实现政治改革与产业改革相统

① 《请设江西陶务局提议书》，《江西省政府公报》1929 年第 3 期。
② 《整理并发展本省瓷业案》，《江西建设公报》1929，03（05）。
③ 杜重远：《景德镇瓷业调查报告记》，《农村复兴委员会会报》，1934，02（05）。

一。"自民国以来，纯属放任主义，由地方官放任管理，而地方官不熟陶业情形，遇事敷衍，不肖之徒反而为发财渊薮，故景镇县长及公安局长素有肥缺之称。"① 为此，杜重远举荐与自己关系密切的阎模阎担任浮梁县县长，试图通过"立体化"的模式将改革理念推行下去。此外，杜重远在社会结构和文化理念等变革层面着力甚多。为了培养新式人才和训练工人，陶业管理局设立了工人训练所和露天演讲所，宣传科学文化，提升瓷业工人素质。根据陶业管理局创办的《民众月刊》来分析，1935 年，在景德镇设立的工人训练所分散为四处，共有 1695 人接受培训。由于诸多细节相关史料并未进一步披露，笔者无法确知其实际成效。但据陶业管理局设立的书报阅览处的效果来看，其与期望目标还有一定的距离。为了鼓励民众阅读书报知识，管理局以发放大众同乐会入场券为激励举措，但实际情况是许多人为了得到入场券，而到阅览室去。这种现象既妨碍真正阅读者，又引发因为入场券分配不公引发诸多怨言。② 随后不久，由于杜重远卷入政治纠纷中，且随着日本侵华加剧，其在景德镇的瓷业改革也于无形中停止。

设立国窑厂，恢复景德镇瓷业昔日荣光，为景德镇瓷业生产树立榜样，也是官方孜孜追求的目标。景德镇瓷业因民窑而兴，因御窑而鼎盛。明清时期，由于在景德镇设立专门为皇家生产瓷器的御窑厂奠定了景德镇精品瓷的历史地位。也正因为如此，景德镇瓷器成为彰显尊贵身份的象征符号，许多达官贵人均以拥有或者馈赠景德镇瓷器为个人地位的代表。清朝末年，御窑厂生产停滞。民国时期，各方均希望利用御窑厂品牌影响力，设立具有象征意义的国窑厂。1915 年，袁世凯任命郭葆昌为九江关监督，并负责瓷器生产就被许多学者认为是御窑体系的延续。③1936 年，江西地方政府提出在景德镇设立国窑厂主张，并得到了各方支持。"刻闻赣当局为挽救瓷业计，拟依以前御窑厂制，设立国窑厂，以作示范指导之重心。此项国窑厂经陶业局拟定计划，咨送实业部审核，闻正由国民经济建设运动委员会促其成立。"④ 随后，由于日本发起全面侵华战争，相关计划也不了了之。抗战胜利以后，设立国窑厂，复兴景德镇瓷业，再次成为了江西省地方政府的目标。"关于国窑厂之设立，闻初步核定经费十五亿元，专承制国定之高级瓷器出品。制造纯采科学仪器，以电力代柴。国窑厂除设正副厂长、工程师外，全厂职工编制为二百六十人。预计在成立后一年内，可年产陈设品、卫生

---

① 杜重远：《景德镇瓷业调查报告记》，《农村复兴委员会会报》，1934，02（05）。

② 《消息一束》，《民众月刊》，1936，01（07）。

③ 汪亭奎、刘路生、马晓燕主编：《袁世凯全集》（第 3 卷），河南大学出版社 2015 年版，第 275 页。

④ 青青：《景镇将设立国窑厂》，《中心评论》1936 年第 34 期。

品各二千件，饮食品二万件。"①即便这一设想由于景德镇承制赠送各国元首的国礼瓷而得到了蒋介石的支持。"景德镇原有之'御窑'应更名'国窑'，将其出品分赠盟邦，以纪念协助我国抗战之盛情。"②但多变的时局，也影响到瓷业改良主张的实施。1948年，设立国窑厂的主张再次无疾而终。

三、知识分子视野中的瓷业改良路径

景德镇瓷业衰落，同样引起了知识界的担忧，他们通过发表文章阐述自己的主张，分析景德镇瓷业衰败的原因，并就此提出瓷业复兴路径。大体而论，新式知识分子从地理位置、生产体系、技术系统、行业组织、瓷工素质、瓷业贸易等多视角分析了传统瓷业生产体系的局限性。如果要实现景德镇瓷业复兴，必须以新式的产业体系取代原有的手工模式。具体到衰落原因和改良路径，主要包括以下几个因素。

位置偏僻、交通不发达以及区位优势不明显是影响近代景德镇瓷业进步的因素。景德镇地处赣东北，周边群山和发达的水系保证了传统瓷业生产需要，无论是瓷业生产还是瓷器贸易都与景德镇地理位置有密切的关系。依托地势、因地制宜地进行瓷业生产是景德镇传统瓷业生产典型特征。但在新型交通模式和新式瓷业生产模式局面下，区域优势不足成为限制景德镇瓷业发展的重要因素之一。基于此，许多人都提出了将景德镇瓷业转移到他处的主张。孙中山在《建国方略》中指出，将景德镇瓷器生产转移到鄱阳湖附近，依托其发达的水系，实现原料、设备和瓷器运输的便捷。"景德镇磁器工业应移建之于此地。盖以运输便利缺乏之故，景德之磁常因之大受损失，而出口换船之际，尤常使制成之磁器碰损也。此地应采用最新大规模之设备，以便一面制造最精良之磁器，一面复制廉价之用具。盖此地搜集材料，比之在景德镇更为便宜也。"③这与江西瓷业公司的新式公司设立在鄱阳的设想是一致的。近邻长江水系的九江也成为各方认为改变景德镇瓷业的选择地，杜重远在江西瓷业改良过程中成立的光大瓷业公司就设立在九江。诚然，在交通便利的地区设立新式瓷业公司能够规避景德镇交通不利影响，但景德镇庞大的生产体系存在也让各方提出促进其交通改善的方法。为此，有论者指出将景湖公路改为轻便铁道，以方便瓷器运输和降低成本；疏通景德镇到鄱

---

① 《改进景德镇瓷器，拟建电力瓷窑，并筹划设立国窑厂》，《申报》，1946年12月30日（03）。
② 《主席关切瓷业》，《申报》，1946年7月25日（03）。
③ 孙中山著，牧之等选注：《建国方略》，辽宁人民出版社1994年版，第149页。

阳湖的昌江水路，以便利水上运输等，以实现景德镇陆路和水路交通的改善。①独特的地理位置是成就景德镇成为世界瓷都的重要因素，在近代语境下，交通不便利已经成为影响景德镇瓷业进一步发展复兴的原因。但动辄提出迁移到其他地方，放弃景德镇原有瓷业体系，也是需要考量和深思的问题。

传统瓷业生产体系在与机械化生产体系竞争中处于劣势，无法适应社会日益发展的需要，是新式知识分子认为景德镇瓷业衰落的根本因素。针对落后的技术体系这一核心问题，他们提出近代中国制瓷业落后的原因就是沿袭传统瓷业生产模式，制作成本高、烧制方法落后，尤其是瓷工一直坚持其原有的生产模式，长时间以来都不愿意进行改良。"我国磁器之制造，自昔皆用人工，迄今相沿，犹未改良。故出货迟钝，而成本綦重，兼之旧法烧窑，火候不匀损失尤重。而外磁皆以机制，迅速便利，整齐美观，万倍于我，国磁难与抗衡，不言而知。"②在整个瓷业生产体系中，窑炉烧造是关键的环节，但近代以来，景德镇烧窑户为了自身利益，不断扩大窑炉面积，造成烧制不好和各种倒窑事故，对瓷业生产也是严重的破坏。"窑窦尺寸视火力周到为准，向者窑多而材足。三日一窑著为定式，故火候匀而坯不至于搁置。今窑数既远不如前。欲出财之多，惟有将窑窦扩大之一法。而以木材缺乏之故，火力所到与窑窦之尺寸不符。欲十日半月始出一窑，欲求其不生熟相间，不可得也。"③类似这样的观点是掌握话语体系的知识分子对景德镇瓷业进行批判的主要体现。在他们看来，要复兴景德镇瓷业，就要抛弃传统的生产模式，引入机械化生产体系。在此过程中，他们对于传统产业体系和从业人员进行不遗余力的批判，均被认定为"保守""落后"的代言词，任何为传统生产者进行辩护均被归入被批判行列。在此语境下，尽管传统瓷业从业者依旧主导着景德镇瓷业生产，但基本上处于"失语"状态。作为生产的主体，他们并无对改革有多少话语权。这种新旧理念的冲突也在一定程度上削减了景德镇瓷业改良的成效，对近代景德镇瓷业实质性作用有限。

保守封闭、落后守旧的瓷工素质和僵化的行规是阻碍近代景德镇瓷业发展的另一因素。作为区域性移民城市，景德镇瓷业从业者都是从周边地区来到景德镇，并依照不同地域和生产工序结成不同的地缘和行业帮会。但近代以来，这种社会组织形式中的弊端也被认为影响瓷业发展的因素，主要体现在两个方面：其一，瓷工生性好斗，

---

① 孙中山著，牧之等选注：《建国方略》，辽宁人民出版社1994年版，第32页。
② 梁英钟：《振兴江西瓷业之商榷》，《申报》，1936年2月23日（03）。
③ 杜重远：《景德镇瓷业调查报告记》，《农村复兴委员会会报》，1934，02（05）。

动辄以罢工和械斗解决劳资冲突，实现自身利益最大化。"这里的工人，大都没有知识的，赋性好斗。他们全然不知道劳资关系为何物，所以在昔时一到了四五月生意发旺的时候，那就是他们纠同的良机。他们的这种举动不只出于要求增加工资，有时因甲行的工人与乙行的闹意见，有时因他们自己的伙伴里打架，有时因其他原因，都足促使他们的'逞窑'——即停止烧窑，以资威胁、要挟。"[1]在新式知识群体看来，瓷工只重视狭隘的自我利益，无论是生产旺季还是淡季，这些工人都不会专心生产；其二，工人不重视学习，墨守成规，难以实现新社会发展需要。"景镇工人，墨守旧法，不知改良，已为瓷业衰落之铁证。且所制物品，只求仿古，不求应用，故不合社会需要。反之如电气用品、化学用品、高等日常用具，以及建筑用瓷器等，均仰令给予外人。"[2]景德镇传统瓷业工人只能不断模仿，因循守旧，难以意识到近代瓷业的快速发展变化以及新的知识体系在生产变革中的重要作用，也是需要改变之处。新式知识分子认为，依靠这样的产业工人，是无法实现近代景德镇瓷业复兴。为此，只有通过新的知识体系培养现代产业工人，才能让景德镇赶上现代瓷业发展的步伐。在长期、固定的生产体系中，景德镇形成了对劳资双方约束的行业机制，这也被改良群体认为是影响瓷业革新的因素之一。"吾今更述一事，见风气之顽陋与骄横焉。瓷器施彩之普通法用绘画，而其特别法则用印画。印画者渗颜料于蜡纸做花鸟形，由纸直印于瓷器，此法功省而美观，实工业之一进步，向例只用之于略见烧坏之瓷器，以稍掩其疵枯。七八年前，忽有人施之于良瓷器，群工大哗，谓将夺绘画者生计也。罢工相要，甚至斗殴杀人，酿成大祸。"[3]由于新的贴花工艺影响到自身利益，彩绘业受到全行业的抵制，在景德镇传统从业者看来，是再正常不过的事情。但在知识分子群体看来是难以想象的，他们认为新的工艺推进了景德镇瓷业发展，就应该广泛推广和传播。基于此，他们提出必须对景德镇传统行规和生产体系全方位改变，引入新的社会组织形式和发展模式。"查景镇瓷业分类，尚属细密，果能本分合作之旨，力求进步，当见日就发展，更何致有日趋退化之现象，惟考其内容，每以各专其业，各事操纵，同行中类以把持手段，以作渔利之张本。如做坯者之限制板数，即遇营业发达，需要赶造，亦仍泥守成规，互相监制。"[4]这也就意味着，在整体衰落的语境下，景德镇原有社会分工模式带来了诸多冲突与差异，难以

---

① 益君：《冒不出烟的烟囱》，《长城》，1934，01（12）。
② 孙秀林：《为景德镇瓷业界同志进一言》，《民众月刊》，1936，05。
③ 抱一：《景德之磁》，《申报》，1914 年 5 月 19 日（06）。
④ 希白：《江西瓷业之根本问题（续二）》，《经济旬刊》，1934，03（15）。

适应现代化生产的需要。要实现瓷业现代化，必须建立新型的瓷业生产关系。

此外，动荡不安的社会环境、繁重的税收、洋瓷倾销和原料缺乏也被认为是景德镇瓷业衰落的原因，这些也都是景德镇瓷业各方关注的焦点。但传统瓷业生产体系被新式知识分子认定为阻碍近代景德镇瓷业发展的重要因素，也是他们坚定认为的需要变革之处。

四、从目的论检视改良路径的实践困境

近代景德镇衰落的事实引发了有识之士的关注，进而提出了各式瓷业改良的主张。从复兴瓷业和实现生产转型的视角来看，这种以"富强"为目标进行的生产体系改革的理念无可厚非，也是近代中国复兴的必由之路。但无论是实践派的"身体力行"还是知识分子"理想化"的改革路径，均未对近代景德镇瓷业体系产生根本性影响，传统生产模式依旧在生产中居于主导地位。如果要对近代景德镇瓷业复兴路径进行考量和评判，这些瓷业改良主张并未达到期望的目标，也没有探索出适合景德镇瓷业发展的未来之路。上述观点用在力主复兴景德镇瓷业的仁人志士身上或许有些"不公平"，因为在近代独特的历史背景下，身怀报国梦想的改良群体比任何人都渴望复兴和富强。但理性思考和全方位分析，这句话也恰如其分地反映了近代中国改革者所遭遇的困境。他们在没有全面了解景德镇传统瓷业生产模式的情况下，只是一味地去"复制"西式现代化，一旦面临困境，他们又拿不出具体有效的解决方案。换言之，是什么促使改革者坚持这种立场？新式改良群体忽视了什么？改革效果不明显的原因是什么？对上述疑问的分析，有助于我们更为深刻地把握近代景德镇瓷业发展的有效路径。

首先，激进改良主张与实践困境的二元冲突，延缓了瓷业改革路径的现代化进程。以民族复兴和追求现代化模式为圭臬的新式改革者，在对机械化生产体系"移植"过程中，因为过于急切地追求成功和依赖机械化产业模式的作用，忽视或者无视传统景德镇瓷业体系合理性与有效性，消减了其作用和影响力。新型改良群体多具有乌托邦思想和激进主义的色彩，希望实现"毕其功于一役"的目标。但现实的复杂性意味着社会改良既要有宏大目标，更需要有切实可行的方案，而后者恰恰是近代景德镇瓷业改良群体最缺乏的，这使得新式改革理念陷入到被动恶性循环模式之中，难以取得改革者所设想的目标。对此，《申报》曾有精彩的评论："改良过急之失败。见外瓷输入额数日增，急起仿造，以图挽救，于是表里兼营，百务齐举，种种试验耗费合计不资，

迫至效有可期，则又力难为继。西人营业计远利，不计近功，一切阶梯经验之资虽多不惜，我国人求利心切，一至旷日无功，则资难续集。"①改良群体并没有意识到近代西方国家表面成功背后的一整套复杂的生产体系和社会模式，只是简单地将甚或自己都认知不完备的改革理念引入中国，这种现象在近代景德镇瓷业发展过程中比比皆是。以江西瓷业公司为例，其创办新式瓷业公司耗资巨大，但在实际生产过程中，面临着公司运营、产品风格、营销策略和人才培养等一系列问题。且不说改良群体是否意识到这些问题，至少在实际生产过程中难度要远远超过预期设想。

其次，对传统瓷业从业者模式全方位否定，既不能给他们带来利益，更无法赢得他们的信任，徒增改革难度和压力。改良群体对景德镇传统瓷业生产模式全方位的否定，势必将传统瓷业从业者推向了改革的对立面，这无疑增加了改革的难度。费孝通曾提出新技术的引入要关注传统从业者的利益："在一个充分利用体力劳动的经济里，引入一种新的动力，必然会有许多出卖劳力的人失去出卖劳力的机会。没有人应当主张维持体力劳动的经济，对于新技术自没有反对的理由，但是我们决不能忽视，新技术如果没有新的社会组织相配合，也极可能引起对人民生活上有害结果。"②不同于中国传统政治文化中心的发展模式，瓷业手工业城市景德镇是以"利益"为主导的社会结构和产业发展模式，在此过程中融合了复杂的血缘和地缘关系、城乡关系和国家与地方社会关系等。貌似脆弱的生产模式背后蕴含了稳定的社会结构。任何调整和变革都会引发原有社会组织形式的改革，进而影响各方利益诱发冲突，前述由于贴花工艺的改良而引起的各方争端即是例证。

诚然，在近代化语境下，景德镇的衰落是无可争辩的事实。但在社会实际运转中，需要解决和处理的矛盾要复杂得多、困难得多。近代中国发展面临的现实困境和西方的成功，使得早期改良群体主要全方位照搬机械化生产体系，以图实现复兴。但在长期分工协作中形成的传统生产模式，也有自身的合理性，近代景德镇瓷业改良是一个复杂的历史命题。诚如任放论述的那样，"由于历史机缘、地理及人文环境、区域经济水平等条件的制约，中国早期现代化是一个复杂的历史命题"。③具体就景德镇瓷业发展而言，在长期的分工协作中形成了自身独有的产业发展模式。在此过程中，瓷业从业人员会根据市场的变化进行"自我调节"，构筑了相对稳定的社会结构，形成了独

---

① 曳泥：《景德之磁里面观》，《申报》，1914 年 6 月 22 日（06）。
② 费孝通：《乡土重建》，商务印书馆 2017 年版，第 447 页。
③ 任放：《汉口模式与中国早期现代化》，《光明日报》，2003 年 4 月 1 日（08）。

特的文化模式。在整个瓷业社会运作中，技术革新是关键性要素，但绝非唯一的要素。"技术的改进是提高生产力所必需的条件，一个社会的生活程度也决定在生产力，但是单就记述上求改进却并不一定能提高社会上大多数人民的生活程度，因为这里还包含着一个分配的问题，那就是，从新技术中所增加的生产结果不一定能分给社会上大多数人民的。"① 换言之，如果把整个瓷业复兴单纯寄托在技术革新上面，本身就是对工业化的一种浅显的认知，自然会削弱改革的成效。"传统与现代之间也不存在一条截然的界限，常常是你中有我、我中有你、相互依存、相互关联。强调现代化对传统观念和传统文化的否定，并不意味着现代化可以脱离传统而发展。"②

最后，缺少强有力、持续的改革力量，影响到瓷业改革成效。作为后发追赶型国家，中国近代化历程是学习模仿其他先进国家的历程，曾经在世界上具有引领地位的景德镇传统瓷业转型亦是如此。对于景德镇而言，要实现改良群体提出的目标，既要有强有力的国家力量，也要有雄厚的资本支撑。但在近代中国多舛的历史语境下，二者均不具备。就近代不同时期各方提出的景德镇瓷业改革模式来看，有大同小异之处，无非是设立新式工厂，进行技术改良，采用机械化设备生产。但近代江西政局在中国大的混乱语境下，一直处于动荡变化之中，这自然影响到瓷业改革的成效。由于政局变动，加之近代中国的独特国情，缺乏强有力政府持续地将改革举措推行下去，经常出现由于人事变动而影响到改革的持续深入。民国建立以后，江西瓷业公司附设中国陶业学堂多次因为经费问题而被迫停办，瓷业公司的经营也因此受到影响。杜重远在景德镇进行的改革亦是如此，因为卷入政争而戛然而止。由于缺乏强有力的国家力量支持，改革成效自然大打折扣，甚或无疾而终。这种情况对后发追赶型的国家消极影响甚大，毕竟在学习过程中，没有强大的国家力量支持，就无法实现既定目标，这从景德镇多次新型瓷业生产改良的效果不佳就可证明。此外，设立新式瓷业公司，进行瓷业改革，最为关键的是技术和人才，二者均需要雄厚的资金支持，近代景德镇瓷业改良过程中，官方投入能力不够，民间资本不积极，自然影响改革的深入发展。深入探究造成上述情况的原因也与景德镇传统瓷业生产模式有密切关系。"窑户不须大资本，有数百元千元即可，开办而获利厚且速，一两年间千金可立致。"③ 对瓷业生产者而

---

① 费孝通：《乡土重建》，商务印书馆 2017 年版，第 447 页。
② 马敏：《现代化的"中国道路"——中国现代化历史进程中的若干思考》，《中国社会科学》2016 年第 9 期。
③ 希白：《江西瓷业之根本问题（续二）》，《经济旬刊》1934 年，03（15）。

言，这种低投入的特征会避免因为大规模的资本投资失败而带来的巨大风险。如同弗兰西斯·福山论述的那样，"唯有在市场需求量大到足以利用最低效益规模时，经济规模才能够显现作用。除非确知投资成本能从未来大量销售产品而回收，否则小公司绝不会投下巨资去订做昂贵的工具机来生产某种零件"。① 但在近代改良者的主张里，多是动辄几十万的投资，而这种大规模的投资也就自然将传统生产者排斥在外。这也就意味着众多改革方案多处于"纸上谈兵"阶段，难以调动各方积极性。

景德镇瓷业近代化的历程，是中国传统手工业乃至近代中国工业转型的缩影。改良群体在追寻瓷业近代历程中遭遇到的各种问题，有力地证明了现代化是一个复杂的历史命题。费孝通在对中国社会转型研究中提出了极具启发意义的观点：任何社会变迁过程必定是一个综合体，社会制度的成功变革也是非常困难的事情。为此，费孝通主张，在中国经济社会生活变迁过程中，传统力量和新的动力是同等重要的，只有有效地将大家组织起来，才能达到预期目的。② 上述论断也非常适合近代景德镇瓷业改良。从目的论的视角出发，近代瓷业社会改良群体把握了造成近代景德镇瓷业衰落的根本因素是传统产业体系的落后。但在路径选择过程中，因为过于急切地追求成功和依赖机械化产业模式的作用，既忽视或者无视传统景德镇瓷业发展合理性与有效性，也影响到传统瓷业从业者的利益，使得新式改革理念并没有取得改革者所期望的成就，这与改革者的初衷以及景德镇近代瓷业发展目标都是相悖的。诚然，采取机械大工业生产模式，推动瓷业发展转型是实现景德镇瓷业复兴的必然之路。笔者基于路径改良视角的论述，绝非否定改良群体为实现景德镇瓷业复兴而做出的开拓性贡献，只是思考在复杂历史语境下的近代改革路径。如果改良群体基于景德镇传统发展模式特征进行改革，进而为瓷业转型提供合理化的路径，或许是另外一番情形。在追求现代化的历程中，结合不同地域和行业发展特色的多样化路径才是改革的有效选择。

作者简介：李松杰，景德镇陶瓷大学教授，博士，博士研究生导师。

---

① ［美］弗兰西斯·福山著，李宛蓉译：《信任：社会道德与繁荣的创造》，远方出版社1998年版，第346页。
② 费孝通：《江村经济》，北京大学出版社2012年版，第3—5页。

唇齿留香万国求——浮梁茶事简论

程天鹏

一、茶乡往事

浮梁茶叶生产历史悠久，早在汉代就有僧人采茶。唐代是浮梁制茶业的鼎盛时期，浮梁成为全国重要的茶叶集散地，从唐人王敷所作《茶酒论》"浮梁歙州，万国来求"之句中可以得知茶叶产销的盛况，浮梁茶大量销售到境外。浮梁茶在宋代出现大量名贵茶叶品种，并长期向朝廷贡茶。宋时浮梁茶行达数十家，茶叶生意十分兴旺。

元代仿照宋代对茶业的管理制度，实行专卖制，并且逐步完善，课税以充军粮。元人茶风简约，散茶兴起而成为寻常人家的必需品，浮梁散茶产量也大大增加，是中国茶文化史上一个重要的转折期。明代，浮梁茶继续为贡茶，汤显祖赞道："今夫浮梁之茗，闻于天下。"清代，浮梁红茶开始创制生产，外销市场广阔，浮梁茶在唐代之后再次进入黄金时期。民国，浮梁茶行几乎遍布浮东、浮北，其中浮北严台"天祥"茶号所产的浮红（祁红）于1915年摘得巴拿马太平洋万国博览会金牌，成为了浮梁人民的百年荣耀。

（一）兴盛的唐宋茶业

浮梁茶业的发展兴盛是与唐代饮茶风尚的发展兴盛同步的，全国饮茶的习俗盖由南方产茶区传开，《封氏闻见记》记载："南人好饮之，北人初不多饮，开元中泰山灵岩寺有降魔师大兴禅教学禅，务于不寐，又不夕食，皆许以饮茶。人自怀挟，到处煮饮，从此转相仿效，遂成风俗。"浮梁茶业的兴起发展也是在开元天宝年间，至德大历年间进一步发展，建中以后逐渐达于极盛。

《膳夫经手录》云："饶州浮梁茶，今关西、山东间阎村落皆吃之，累日不食犹得，不得一日无茶也。其于济人，百倍于蜀茶……"

浮梁不但是重要的茶产地，而且是全国重要的茶叶集散中心。茶业促进了当地人口的增加、山区的开发和社会的发展。

入宋以后，浮梁茶的产量仍很巨大，浮梁、婺源、祁门及其周边的一些区域仍是全国最大的产茶地区之一。宋代实行茶叶专卖，在饶州州治鄱阳设立茶场，是进行茶业管理和专卖的官方机构。在浮梁设立茶仓，由茶农将茶就近缴纳售卖到附近茶仓，官府再将茶仓之茶运输出去。

浮梁茶在宋代出现大量名贵茶叶品种，《文献通考》载："仙芝、嫩蕊、福合、禄合、运合、庆合、指合出饶池州……"这些名贵茶叶是宋代朝廷贡茶的重要来源。

（二）元代茶业管理制度及散茶的兴起

至元十三年（1276），元朝左丞吕文焕提出"榷江西茶"，十七年（1280），置榷茶都转运司于江州，总江淮、荆湖、福广之税。在茶叶经销方面有着规范严格的管理制度，《元史》："印造茶盐等引局，大使一员、副使一人，至元二十四年置，掌印造腹里、行省盐、茶、矾、铁等引。"经营茶叶的商户叫茶户，茶户卖茶要取得官方发的照帖——茶由，商贩销运茶时要购买凭证——茶引。

受到蒙元民族粗犷风格的影响，更多地从生产生活的便利出发，元代散茶冲泡大为流行，简化了宋代点茶、分茶的一系列程序和技巧。这种散茶冲泡的饮用方式很快在普通老百姓当中普及开来，散茶消费进一步扩大，无论自饮还是待客，喝茶成为千家万户的必需品，由此也极大地促进了浮梁散茶的生产。

（三）再度辉煌的明清茶业

明清浮梁继续向朝廷生产贡茶，且茶叶品质不断提高。明谈迁《枣林杂俎·中集》载："国家岁贡……饶州府茶二十七斤。"明代汤显祖在《浮梁县新作讲堂赋》中就曾对浮梁茶赞誉："今夫浮梁之茗，闻于天下，惟清惟馨系其揉者……"康熙版《浮梁县志》载："浮每岁贡茶，有本色，有折色。"康熙版《饶州府志》亦载："各县俱出，并入贡。"

至清同治光绪年间，浮梁红茶开始创制生产，因品质一流，在海外极为畅销，价格也往往超过国外红茶，浮梁红茶生产因之得到迅速发展，光绪末到民国初达到极盛，浮梁茶在唐宋之后再次进入黄金时期。

《大中华江西省地理志》（第138—139页）载："江西之茶为国货大宗……浮梁茶。磻村葛坪山、青龙山，高逾四千尺，产仙芽茶，味香色浓，外人乐购之……浮梁茶，

图1　迁建的明代桃墅汪氏五股祠堂及部分汪氏宅院民居

唐时已著名，今红茶畅销海外，均为国货大宗。"

　　光绪末年至民国初年，为浮梁红茶贸易的最盛期，祁（门）浮（梁）至（德）三县每年产茶总在7万—8万担上下，销往英国、美国、德国、法国、丹麦等十几个欧美国家，英国是浮梁红茶的主要销售市场。浮梁红茶价格与世界其他国家的红茶相比，也是独占鳌头，在国际市场的高香名茶中雄居第一。

　　由于浮梁茶业的繁荣，极大地推动了盛产茶叶的浮北一带地方经济社会的发展，使处于深山僻壤的浮北出现了一批繁华的集镇，典型的有桃墅、江村、磻溪等。

（四）民国时期艰辛的产业转型

　　1915年，浮北严台"天祥"茶号所产的浮红（祁红）在巴拿马太平洋万国博览会上获得金牌，让世人见证了浮梁茶业的荣耀。我国外销茶叶量达到顶峰是在1886年，之后逐年下降，而浮梁直至1915年茶叶产量达到最高值后始逐渐下降。

　　民国时期内忧外患，战火连绵，对浮梁茶业影响很大。20世纪30年代茶山面积约有12万亩，至40年代有8万余亩，到新中国成立前夕，仅剩1万余亩。这一时期，

图 2　浮北严台"天祥号"所产的浮红（祁红）在 1915 年首届巴拿马太平洋万国博览会上获得金奖

浮梁茶业也在随着大环境不断地探寻艰辛的产业转型之路：一是推行机器制茶。但终因难以普及而无法改变自然产业业态。二是建立茶业统购统销机构和制度。1936 年以来先后成立了皖赣红茶运销委员会、中国茶叶公司、江西省茶叶运销委员会（后改为江西省茶叶管理处）、江西省茶业产销合作工作站浮梁分站。这些机构和产销制度在消除洋行（茶栈）盘剥、扶持茶商茶农生产经营上起到了一定的积极作用。三是开展茶叶技术研究及培养茶叶人才。1921 年，政府为求改进红茶起见，特在浮属峙滩购地设立茶业试验场。1939 年，在浮梁县茅家坂建立茶叶改良场，开展茶叶科研示范。1939年，江西省成立了"江西省立制茶科初级实用职业学校"。四是实行行业管理和建立茶叶合作社。1936 年，浮梁县成立了茶叶同业公会，实行行业自行管理。

一系列的转型改革措施虽然起到了一定的积极作用，但在民族命运多舛的时代背景（内外战争使茶叶出口之路严重受阻）和国际红茶产区的竞争压力下，浮梁茶业经历着史上最为艰难的时光，在等待着一个新的时代的到来。

二、茶业产销

浮梁的茶叶产区主要在浮梁北部，分布于与建德、祁门、休宁和婺源毗连的峙滩、兴田、英溪、江村、储田、经公桥、西湖、桃墅、勒功等广大山区，清代以后主要生产红茶。浮东的瑶里、白石塔、汪湖、梅岭与休宁边境均出产绿茶。红茶主要销于海外，绿茶主要销于本地和周边。浮梁茶农约占全县农村人口的三分之一。茶叶产量历史上记载最高的有"七百万驮""六万市担"之多。

茶叶自唐代以来就是国家利税的重要来源，唐贞元九年（793），课税于茶，每税得四十万贯。此为茶税之始，浮梁茶税在全国举足轻重。唐代浮梁茶叶贸易自由，五代及宋代，天下之茶收买于官，而公卖于民间，以后历史上长期实行专卖制度。由于茶叶贸易的兴盛，浮梁历史上出现了很多茶号，浮梁茶叶正是经由这些茶号沿着丝绸之路源源不断地输出到世界各地。

（一）茶叶产量

表 1　历史时期浮梁茶叶产量简况

年份	计量单位	数量	资料来源
唐元和年间（806—820）	万驮	700	《元和郡县志》
清光绪八年（1882）	市担	30000	《江西茶业》一卷一期
清宣统三年（1911）	市担	60000	《祁红》
民国十八年（1929）	市担	5000	《江西省经济委员会丛刊》
民国二十二年（1933）	市担	15000	《江西经济问题》
民国二十三年（1934）	市担	15000	《江西年鉴》
民国二十四年（1935）	箱	22384	《经济旬刊》
民国二十五年（1936）	箱	32600	《江西通志稿》
民国二十六年（1937）	箱	28000	《江西通志稿》
民国二十七年（1938）	箱	27000	《江西通志稿》
民国二十八年（1939）	箱	22525	《江西通志稿》
民国二十九年（1940）	箱	25284	《江西通志稿》
民国三十年（1941）	箱	17000	《江西通志稿》
民国三十六年（1947）	箱	9000	《经济建设季刊》
民国三十七年（1948）	市担	16570	《江西之特产》
民国三十八年（1949）	市担	2000	《浮红研究》

来源：黄崇焘：《浮梁茶业宝鉴》，江西人民出版社 2005 年版，12（28）。

唇齿留香万国求——浮梁茶事简论

（二）传统制茶工艺

1. 绿茶手工制作

采摘。谷雨前采摘鲜叶，单手提采，芽叶整齐均匀。

摊青。鲜叶用竹盘薄摊 3—4 个小时（每小时翻叶一次），晾干露水。

炒青。茶叶放入锅内，炭火烧至 200℃—180℃，用双手交替、边炒边抖，抖闷结合，约 2 分钟后芽叶萎软。待锅温降至 140℃左右时，再炒 2 分钟左右。炒青动作要轻要快，锅温降至 100℃时，再炒杀 1—2 分钟，炒至叶质柔软、叶色变暗、清香显露为止。

揉捻。茶叶放入竹盘内抖松散热，稍冷后开始用双手轻轻搓揉茶叶成条。

做形。先将条茶翻色加深，再用双手沿锅壁将条茶徐徐向上推起，立即两手手心相对，轻轻搓条和抖散，手势前重后轻，直至完全成型。

烘焙。将成型的茶叶放入竹制的圆筒形烘笼中，以白布垫底，炉温 80℃—70℃，烘时 15—20 分钟。烘焙后再进行摊凉、拣剔。

复火。文火烘焙，炉温 60℃左右，至含水率 4%—5% 为止。

2. 红茶手工制作

萎凋。传统的萎凋方法是日光萎凋，俗称"晒草"，即把鲜叶均匀地摊放在晒场或竹垫上，让阳光直射，借太阳的光和热使鲜叶水分蒸发，达到萎凋的目的。萎凋时要根据日光强弱和鲜叶老嫩适当进行翻叶，待叶质柔软、叶面卷皱后，再将之移至阴凉处摊凉。

揉捻。茶农大都采用手揉脚踩的方法，达到两个目的：一是使烘干后的红毛茶具有紧结的条索或颗粒；二是使茶汁揉出便于发酵，冲泡时有效成分迅速溶解，增加茶汤浓度。

发酵。一般在阴凉、潮湿的发酵室内进行。发酵时，将茶叶疏松均匀地摊放在发酵盒内，依次一层一层地放在发酵架上，适时人工喷水，以调节发酵室的湿度。发酵时间一般为春茶 3—5 小时，夏秋茶 2—3 小时。其目的一方面使叶内主要成分起各种化学变化，茶叶变红，另一方面消除青气，形成浓郁的香气，并增强茶汤浓度，减少苦涩味。

烘干。将发酵茶叶均匀地摊放在焙笼内的焙芯上，置于烧有炭火（炭火上盖一层薄灰，不能有明火）的焙炉上，把茶叶烘干，并及时摊凉。烘焙时要勤翻茶叶，以防烘焦。烘干的作用为：一是制止酶的活动，保持发酵良好的茶叶品质；二是蒸发水分，防止霉变，便于储藏及运输；三是挥发低沸点的青草气，增强香气。

（三）茶商茶号

浮梁茶号之兴起与红茶兴起的时间是同时的，开始于光绪初年，全县茶号一般在50到100家之间，浮梁红茶发展到极盛的1911年，茶号达200家左右。

茶号经营大体可分为购茶和制茶两部分，收购毛茶后进一步精加工为成品茶，茶号将成品茶运至九江、汉口、上海大商埠销售，通过作为中介的茶栈将茶售给西方商人控制的洋行，浮梁红茶一部分以汉口为起点，由俄商通过陆路运销到俄国，另一部分以上海为起点由欧美商人从海路运到欧美。

表2 民国二十八年三月到民国二十九年二月浮梁茶号营业状况一览表

	牌号	地址	箱数	茶重（担）	共价（元）	平均价（元）	经理人
1	源春祥	礓溪	459	30376	49816	164.00	汪春晖
2	英和祥	礓溪	411	24037	33038	137.45	汪君英
3	恒兴祥	礓溪	303	22380	31097	138.95	汪钰基
4	复兴昌	礓溪	306	23124	34367	148.62	汪兆堂
5	恒兴昌	礓溪	261	16483	23571	143.12	汪维邦
6	复太昌	礓溪	206	15685	18408	117.36	汪建均
7	和同昌	礓溪	177	13028	17295	132.76	汪干松
8	大同昌	礓溪	150	11219	14298	127.44	汪作揖
9	贞元祥	礓溪	190	14841	19410	130.79	汪东西
10	新顺昌	礓溪	181	13699	18441	134.62	王国栋
11	贞元祥（佩记）	西湾	218	16796	21584	128.51	汪佩云
12	英兴成	西湾	107	8694	12853	147.84	汪国英
13	源兴昌	西湾	325	26228	31246	119.13	汪熙光
14	万利昌	西湾	165	12974	17612	135.78	王立缘
15	天太昌	太湖	126	12205	11637	95.35	夏春延
16	太馨昌	桃墅	418	−32260	39322	122.20	汪学会
17	永源昌	桃墅	354	26709	33874	126.83	汪兴周
18	亿昌隆	桃墅	339	25005	32857	131.40	汪北周
19	永兴昌	桃墅	325	25242	32621	129.23	汪成周

	牌号	地址	箱数	茶重（担）	共价（元）	平均价（元）	经理人
20	怡兴昌	桃墅	322	25256	32005	126.72	汪克刚
21	裕源隆	桃墅	322	24714	32552	131.71	胡光高 汪杰德
22	民生裕	桃墅	312	24372	27739	113.82	汪延桂
23	同太昌	桃墅	309	24319	31333	128.84	汪良先
24	广源祥	桃墅	258	19271	23220	120.49	汪良先
25	允馨昌	桃墅	281	21887	16851	122.68	汪润芝
26	美利馨	茶宝山	240	19982	25767	128.95	汪文焕
27	万福隆	桃墅	229	17165	21040	122.58	汪北棠
28	合源春	狄滩	156	11369	13822	121.57	黄汉章
29	怡大昌	桃墅	233	18251	22647	124.07	汪以成 汪子良
30	道生春	桃墅	134	10219	13488	131.99	汪汉英
31	新华	严台	320	21754	24415	112.23	江安波
32	恒昌	郑村	297	22430	33682	150.16	江合芳
33	人和祥	严台	302	21754	24415	112.23	江式恭
34	同馨祥	严台	232	16276	16681	102.49	郑镛南 江希哲
35	万惟怀	王墅坑	270	21880	22171	101.36	郑玉书
36	裕兴祥	严台	270	15296	15891	121.54	江礼修
37	公正昌	江村	346	25952	31841	122.69	郑良模
38	福利昌	江村	254	19416	21459	110.52	郑祥模
39	恒丰祥	江村	251	20210	25054	123.97	王佐忠 郑定郑
40	余庆祥	江村	230	16897	20246	119.95	朱国定
41	仁馨昌	江村	219	16897	23783	140.75	郑耕山
42	德和祥	江村	213	16045	22195	138.33	郑礼和
43	同春化	江村	224	17194	25081	145.87	郑计华

	牌号	地址	箱数	茶重（担）	共价（元）	平均价（元）	经理人
44	兴成昌	江村	270	22175	29494	133.01	王波澜
45	德昌祥	中墩	161	10916	16625	252.3	郑池塘
46	大馨	渼口	212	14777	19345	130.91	朱大受
47	元康	渼口	185	12458	18802	150.92	朱大雅
48	公和利谦记	新庄	181	12798	17727	138.51	朱荧昕
49	永福	港口	313	24362	24663	101.24	计德星
50	道和祥	港口	219	19997	20472	102.38	计松亭
51	德润祥	港口	180	12668	15119	119.35	计暴傅
52	聚春和	港口	144	9785	12471	127.45	计钦全
53	赛园春	大港	275	20039	21802	108.8	计济昌
54	英吉利	鸦桥	231	15967	18449	115.54	施佑铭
55	意大利	鸦桥	170	12465	14329	114.95	冯治本
56	永昌	撞源港	268	12032	13231	109.97	计信洲
57	恒兴园	撞源港	186	12362	13930	112.68	计学佑
58	美利源	岐田	165	12403	14351	115.71	吴延修
59	瑞图	大港	128	9459	11293	119.39	冯崇异 冯兴万
60	裕泰祥	沽演	73	5569	7350	132.16	郑北安 朱起青
61	元康分号	古潭	63	4434	5935	133.85	朱大雅
62	瑞元祥	查村	270	20090	25229	125.58	章国衡
63	又兴祥	查村	200	13808	17085	123.73	章森光
64	恒德昌	沧溪	553	41425	73053	176.35	朱贻泽
65	大有	椰田	163	12294	17312	140.82	施耀荣
66	均和昌	勒功市	108	7092	9858	139	王汝良
67	永泰亨	金家坞	178	12910	12185	94.38	金竟成

	牌号	地址	箱数	茶重（担）	共价（元）	平均价（元）	经理人
68	协益昌	曲江	202	15317	23137	151.05	时瑞生
69	华兴昌	白茅	178	12819	16281	127.00	郑绍康
70	同发祥	曲阿里	36	5803	9103	156.87	朱志生
71	永顺昌	新居	165	11784	15246	1129.38	郑俞初
72	大来	兴化市	126	8873	11707	131.94	朱大来
73	天利和	棒湖	165	13298	15709	118.13	姚纪训
74	永和昌	流口	626	39605	51034	128.86	张佩贤
75	德馨昌	英溪	302	21288	30976	145.51	金佩文
76	昌华	兴田	311	22339	30756	137.68	程宜民
77	万成隆	兴田	192	11658	19087	163.72	程达权
78	谦和祥	潭口	135	20893	16160	148.35	余厚甫
79	庆福祥	潭口	197	13699	15811	135.13	汪震川
80	福善祥	龙潭	183	14168	20670	145.89	章士宏
81	济农	兴田	162	9853	15685	155.10	叶道玉
82	萃丰	淡田	101	5627	10811	192.13	程勉之
83	万益祥	城门	142	10460	14703	1140.56	吴郁均
84	瑞馨	流口	211	16128	23033	142.81	张道宏 张北雄
85	协和昌	杨村	46	3315	5006	151.01	冯兴万 金鸣
86	恒德祥	胡宅	178	13085	17231	131.69	汪英
87	仁信昌	曹家	253	19315	29806	154.32	曹森海
88	巢成	新家园	140	16796	9653	237.05	郑逢民
89	同福昌	柳溪	130	9886	12633	127.79	施善民
90	同馨	柳溪	104	7729	10897	140.98	施维明

注：表中皆为民国二十八年三月到民国二十九年二月结账数。

来源：黄崇焘：《浮梁茶业宝鉴》，江西人民出版社 2005 年版，第 186—189 页。

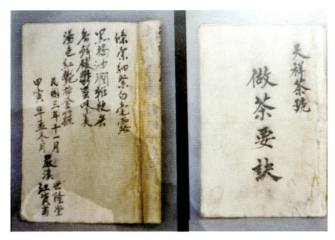

图 3　天祥茶号做茶要诀

图 4　茶号印章

印文：本号向在浮北磻溪开设茶栈，采办诸峰名岩云雾茶，□□选雨前上上白毫乌龙。自唐迄今，驰名中外，所有各色茶样，名目不须赘逐。雅成茶奇异香美，佳味难察名言。兼之本号不惜资本，亲身监督加工，精□此白毫乌龙。名希图久远，近因人心不古以假充真、鱼目混珠。

请立此票为记庶不□候。

磻溪隆复昌主人□□□

　　　　　　　　　　唇齿留香万国求——浮梁茶事简论

（四）茶叶运销线路

浮梁茶叶销售分为内销和外销，自唐代起就呈现出了"万国来求"的盛况。浮梁茶叶历史上长期以来都是沿着丝绸之路销售到海内外，清中晚期以来至民国期间，随着国际形势的不断变化，浮梁茶叶对外运销线路也经历了几个不同时期的变化。

第一个时期是明初到清乾隆二十一年（1756），这个时期浮梁茶的运销路线是从昌江进入鄱阳湖，经九江关入长江，再从长江进一步运销到北方（通过传统丝绸之路的路线运销）。

第二个时期是清乾隆二十二年（1757）至咸丰十年（1860），浮梁茶的运销路线主要是从昌江入鄱阳湖，从吴城镇（赣江流入鄱阳湖的入口处）溯赣江而上，翻越大庾岭，再水运至广州，茶叶在广州出口销售到西方（受到清政府"一口通商"国策的影响，指定广州黄埔古港出口）。

第三个时期是咸丰十一年（1861）至1917年，浮梁茶叶的运销路线是从昌江入鄱阳湖，出鄱阳湖入长江后，再运至九江或汉口，以九江或汉口为集散地出口到西方国家（受到列强不平等条约的压迫，九江、汉口开放通商）。

第四个时期是1918—1937年，浮梁茶商先将各区茶叶集中到景德镇，由皖赣红茶运销委员会（或中国茶叶公司）将茶用汽车沿公路从景德镇运至鹰潭，再从鹰潭用火车沿浙赣铁路运到上海出口到欧美（俄国十月革命后俄商基本退出中国茶市，欧美洋行要求茶商到上海出货，加之陆路交通不断发展，故形成此线路）。

此后，随着二战在华的全面爆发，浮梁茶叶运销愈发艰难，仅有少量的茶叶辗转到西南的茶马古道运销出境。

三、茶韵乡风

浮梁是中国著名的茶乡，浮梁人民在与茶叶生产生活相关的漫长历史中，逐渐积累形成了包括茶俗、茶礼、采茶歌与采茶戏等极具地方特色的、浓郁的民俗风情。悠悠茶韵乡风，是浮梁人民宝贵的精神财富，它不断地激励着人们无限热爱家乡的情怀，一代又一代追求幸福美好的生活。

（一）茶俗

待客茶。浮梁有"客来敬茶，以茶会友，以茶交友"的习俗。客来时，敬上清茶，以示礼貌。在添茶时，首杯茶水为茶杯的三分之二或四分之三，随添随喝。喝茶之时，桌上摆些糕点、糖果及当地的土特产作为茶点，以增加茶叙的情趣。

回门茶。新婚夫妇在结婚三日后，娘家人要接女儿、女婿回娘家玩，中午摆上茶酒之筵，以表示希望女儿嫁出后，有空多回娘家走走。

庆节茶。除夕围炉喝茶吃茶点，坐以待旦喝的叫"守夜茶"。大年初一，家人围坐桌前，桌上每人泡上一杯香茶，放些茶点，等长辈说完祝福话才开始吃喝，欢欢乐乐。端午、中秋及重阳三大节日的早晨，都要摆上香茶和茶点，以示团圆、忆旧和庆祝。

图 5　民国时期待客茶

图 6　20 世纪 80 年代守岁茶

　　　　　　　　　　　　　唇齿留香万国求——浮梁茶事简论

（二）茶亭

茶亭多建于桥头、渡口、分岔道口等过往行人较多之处，以方便往来行人歇脚、避雨、遮阳之用，僧道或善人多在此布施茶水，故曰茶亭，体现了淳朴的乡风民俗。

浮梁乡野从古代到民国一直分布着大量茶亭，且不少茶亭上多有寓意深刻、富有哲理且与茶有关的茶联。如浮梁严台村"长生亭"上的对联："世间重担实难挑，横塘凹中也好息肩坐凳；天下长途不易走，武云岭上何妨歇脚品茶。"紧扣茶亭，字里行间体现着人生旅途的艰辛。浮梁经公桥停鸡岭头茶亭上的对联为："四大皆空，坐片刻不分你我；两头是路，吃一盏各奔东西。"该联通俗中隐含佛理禅机。

（三）茶馆

浮梁自古就有"十八省码头"之称，车水马龙，商贸兴旺，聚集的人口数十万，这为浮梁茶馆的兴起与发展奠定了基础。高档茶馆是富商豪客、文人雅士的相聚之地，提供名茶点心，供他们品赏消遣，而一般的茶摊则用粗枝大叶泡出茶水，为坯房工人或进城的乡下人等光顾。民国时期浮梁茶馆约有20多家，著名茶馆多与戏园、园林结合，典型的有太白园、大观茶园、军乐茶园等。

（四）茶礼

茶礼又称茶道或茶艺。浮梁茶礼以廉、康、和、美为主导精神，在饮茶过程中，注重茶品、茶具、水质的选择。饮泡时，茶量的多少、冲泡温度的高低、冲泡时间的长短、冲泡容器的处理、冲泡水量都十分讲究。茶礼按一定的程序，在高雅、优美的音乐声中进行。

表3　浮梁茶的泡饮程序

序号	名茶（杯泡法）	绿碎茶（冷饮法）	花茶（盖碗泡法）	工夫红茶（壶泡法）
1	宾客就座	解说	解说	解说
2	致辞	备茶	备茶	备茶
3	备茶	赏茶	赏茶	赏茶
4	赏茶	备茶	备茶	备注
5	选点茶	置茶	置茶	置茶

序号	名茶（杯泡法）	绿碎茶（冷饮法）	花茶（盖碗泡法）	工夫红茶（壶泡法）
6	备茶	备水（60℃）	备水（90℃）	备水（90℃）
7	置茶	冲泡	冲泡	冲泡
8	备水（80℃）	计时	计时	计时
9	浸润泡	倒茶	奉茶	分茶
10	计时	冷却	（示范）品茶	奉茶
11	冲泡	分茶	品茶	品茶
12	计时	加冰块	奉茶食	奉茶食
13	奉茶	奉茶及方糖	用茶食	用茶食
14	品茗	加糖或不加	收茶具	收茶具
15	奉茶食	饮茶	收茶食	收茶食
16	用茶食	奉茶食		
17	收茶具	用茶食		
18	收茶食	收茶具		
19		收茶食		

表4　浮梁茶的饮泡标准

标准	浮瑶仙芝	绿碎茶	茉莉花茶	工夫红茶
茶叶量（克／人）	2/1	10/5	2/1	7/5
冲泡温度（度）	80	60	90	90
冲泡水量（毫升）	（1）25 （2）75	500	150	500
冲泡时间（秒）	（1）20—60 （2）100—60	90	120	180
冲泡容器	玻璃杯不加盖	滤壶、冷却壶	盖碗或瓷杯加盖	瓷杯加盖

（五）采茶歌、采茶戏

采茶歌是源于茶农采茶时的口头创作，并在口耳相传的过程中不断加工完善的一种曲艺，如明清时期浮梁流行的采茶歌有《采茶忙》《十二月采茶》等；采茶戏由采茶歌、采茶灯发展演变而来。"歌之不足，舞之蹈之"，采茶歌与民间舞蹈相结合形成采茶灯，最终发展成有故事情节的采茶戏。

这些采茶歌和采茶戏是本地民众喜闻乐见的曲艺，不仅有利于减轻茶农的劳作苦累，也丰富了广大民众的业余生活，并且成为一种富有特色的茶俗文化。

四、茗堂佳器

随着茶叶在人们日常生活中广泛应用及茶文化的不断发展，直接影响推动了不同时期茶器生产制作水平的提升，在其不断改良和变革的历史中，打上了深深的时代烙印。

景德镇最早的陶瓷茶器烧自唐代，出土文物有茶碾、青釉执壶和青釉碗。至宋代，景德镇青白釉执壶、盏托、斗笠碗在人们的饮茶习俗中得到广泛的应用，全国各地多有出土实物、文献记载及有关绘画图案的例证。明清时期浮梁形成了北部以桃墅镇为中心主要生产和集散茶叶、南部以景德镇为中心生产和集散陶瓷的"一瓷二茶"之经济格局，同出一地的浮梁茶叶和景德镇茶器相得益彰，宛如一对卓尔不群的姐妹花，书写着中国茶文化绚丽的篇章。

（一）景德镇茶器

宋代景德镇青白釉茶器莹润如玉，易于显示汤色，因此一经问世便成为全国茶器市场的新宠。随着明清以来景德镇成为全国制瓷中心及在丝绸之路的影响下，景德镇陶瓷茶器的应用在世界范围内占据了主导地位。明代永乐青花压手杯及各式色釉壶、成化斗彩鸡缸杯及葡萄杯、清代康熙青花五彩十二花神杯、清代外销茶具、民国各式盖碗等，都在中国茶文化史上留下了鲜明的符号。

（二）外埠茶器

浮梁因"一瓷二茶"的经济格局及便利的水运优势，不但是本地及周边茶瓷的集散地，也是全国各大产瓷区茶器的集散地之一。从近年来浮梁古县城遗址中出土的众多外地窑口如长沙窑、建窑、吉州窑、龙泉窑等茶器来看，浮梁古县城应该长期存在着一个大型的仓储贸易中心。"舟车云屯，商贾电骛，五方杂处，百货俱陈，熙熙乎称盛观矣！"这是清代康熙二十一年饶州通判、署浮梁知县陈淯对当时浮梁经济社会的真实描述。

搭着浮梁名茶经销的便利，众多外地窑口的茶器云集于此，茶商往往捎带经营茶器，以增加商业附加值。如嘉道年间在浮梁县经营万丰商行的徽商寅清公程时运就是经营茶叶、茶器、布匹等，生意做得很大，分号曾一度开到了北京、天津、上海。

（三）现代茶器

中华人民共和国成立以来，景德镇陶瓷茶器继承传统，勇于创新，在从胎质、器型、釉色、工艺、绘画、创意等方面日益精进，精美的茶器层出不穷，其中既有青花分水套装茶具，又有精彩工笔人物图案茶叶罐，还有流光溢彩般的色釉马蹄盖杯等，成为人们竞相追捧的茗堂佳器。

作者简介：程天鹏，浮梁古县衙茶博物馆（社科普及基地）馆长。

浮梁茶俗及其成因初探

吴宏昌　张有高

一、丰富而独特的浮梁茶俗

茶俗是民俗的一部分。浮梁是一个古茶区，茶是浮梁人家开门七件事之一。成功茶商起豪宅、修路桥、办学校，讲究礼节仪式，浮梁的城里、镇上和村里，形成了非常多的"例行公事"，百姓有样学样无样看世上，纷纷效仿攀附，久而久之，茶事在岁月中风化成风土人情，成为浮梁人刻入骨髓中的风尚习俗，两千多年来与茶有关的民俗已然成为浮梁社会生活中不可或缺的部分。

（一）浮梁茶谚

浮梁人民把关于茶业生产、生活的经验、哲理等，用通俗的谚语形式表达出来，易记易懂。

1. 种植方面

叶厚油光光，三代又同堂（选茶种）。

山泉溪水清且甜，坳中烂石上了面（选茶山）。

七挖金，八挖银，九月十月是哄人。

茶本神仙草，肥多受不了。

茶是露水财，不肥自己来。

高山生漆低山麻，阳坡桐子阴坡茶。

吃饭靠禾苋，用钱靠茶苋。

平地有好花，高山出好茶。

2. 采摘方面

采茶不能拉，拉的一包渣。

夏茶养丛，秋茶打顶。

清明采茶家把家，谷雨采茶人满山。

晴而不暄采茶好，雨天采茶茶糟糕。

假忙三十夜，真忙茶业春。

清明时节近，采茶忙又勤。

谷雨采茶茶是宝，立夏以后茶成草。

头茶不采，二茶不发。

春茶留一丫，夏茶发一把。

3. 制作方面

鲜叶像仙姑，莫让杂味糊。

性急吃不下热豆腐，性柔做得出纯香茶。

烘如武官功夫，焙似文官理案。

好茶好价，次茶次价，按质论价，分级归堆。

4. 饮用方面

好男不怕磨难扰，好茶不怕开水泡。

浅茶满酒，朋友长久。

烫茶伤人，冷茶莫饮。浓茶消瘦，淡茶养人。午茶提神，晚茶难寝。

茶吃头杯适可，茶吃二盏始香。

茶是草，客是宝，得罪茶客不得了。

一日无茶则滞，三日无茶则病。

好茶一杯，精神百倍；早茶一盅，整日威风。

看戏看成套，吃茶吃味道。

茶是聪明药，懂（蠢）人不挨着。

5. 综合性歇后语

茶壶里煮饺仔——有货倒不出。

茶壶里洗澡——扑腾不开。

抱着茶壶喝水——嘴对嘴。

茶壶里喊冤——胡（壶）闹。

茶壶里煮挂面——难怪（拐）。

茶壶里开染坊——无法摆布。

茶馆里伸手——胡（壶）来。

小二上茶——和盘托出。

玻璃杯沏茶——一见到底。

茶碗打酒——不在乎（壶）。

茶里放盐——惹人嫌（咸）。

（二）浮梁茶歌、浮梁茶曲

浮梁作为茶区，从唐代起就名满天下。浮梁茶农，上山采茶爱哼个小曲小调，唱着山歌去采茶。遇上节日或红白喜事，茶商们比赛请戏班唱"采茶戏"。茶农在山上采茶，常唱《采茶忙》《采茶歌》。

《采茶忙》是典型的浮梁茶歌。

采 茶 忙

1 = bB 2/4

(556 1612 | 3235 2 2 | 2 2 216 | 5 5) |

（领）
（领）
（领）

1·6 5 | 1·6 5 | 5 5 323 | 5 3 5 |
年 嫩 茶 都 尖 都 有 桃 花 三 月 天 香 哪 嗬
年 年 茶 年 尖 都 有 尖 放（呀么）放 清 桃 花 三 月 天（哪 嗬

2 - | 223 6 6 | 5 5 | 2 2 3 6 6 | 5 5 |
嗬），三月里是清 明（哟），（众）茶林 密 密（哟）明（哟），（领）
嗬），今年的桃 花（哟），（众）今年的桃 花（哟），（领）

66 1 2 3 | 1 1 | 66 1 2 3 | 1 1 |
姑娘们上 茶 山（罗），（众）姑娘们上 茶 山（罗），（领）
深（呀么）深又 长（罗），（众）深（呀么）深又 长（罗），（领）
比不上 茶 叶 鲜（罗），（众）比不上 茶 叶 鲜（罗），（领）

3·6 5 5 | 3 6 5 | 5 3 2 | 2 2 | 62 2 |
手 拿 着 茶 篮 去 采 茶（哟）；满山 的 姐 山
妹 采 茶 的 姑 娘 爱 茶 上 山（哟）；茶

16 5 5 | 35 1 | 16 5 - |
茶 树 绿 成 遍（众）绿成遍
妹 妹 代 采 乐 茶 忙（众）采茶忙
代 代 乐 无 边（众）乐天边。

((5)) 6 1 2 3 5 6)

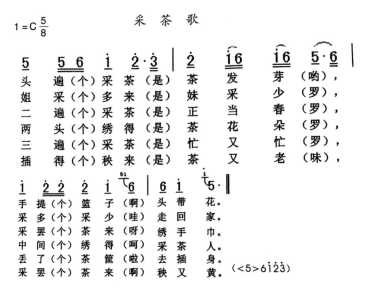

采 茶 歌

这里再呈现笔者采集于浮梁县江村乡严台的四段体茶曲《想茶客》。

清早摘茶爬山坡，尖尖嫩嫩茶满箩。

赶上日头晾茶草，夜边好揉茶果果。

一揉揉得团团转，二揉揉得水汪汪；

三揉揉得香喷喷；四揉揉见茶客郎。

茶客急急抢茶坯，抖抖散散倒布囊；

背上茶袋他就跑，哪有心事哄姑娘。

茶客茶客你心狠，害我相思到天亮。

来日茶叶更尖嫩，姑娘直接送天祥。

（三）封茶典礼

浮梁人对茶有种发自骨子里的敬仰之情。茶农以籽种茶，树有多高，根有多深，移之易死，于是茶成为吃苦耐劳、从一而终等文化的象征。茶树结籽多，象征多子多福；茶开白花，象征爱情的纯洁；茶树吸天地之灵气，沐日月之精华，寓意长寿。因此，浮梁人把茶当作贞洁、爱情、长寿、喜庆的吉祥礼物，在婚嫁寿喜的礼箩中一定要放上。因为经得住岁月沉淀的才是精华，所以浮梁民间有封茶之俗。

旧时浮梁民间封茶，是用箬皮叶做封皮，把茶紧压包扎成茶饼，然后将茶饼放置陶坛或瓷坛之中，再用箬叶米糊封扎坛口。茶叶经过封藏，再次自然发酵，产生多种益生菌。品饮时的香气与口感都带上了岁月的记忆，于是汤色红艳澄明的"陈茶"与香气沁人心脾的"老酒"，往往把喜庆氛围推上高潮。

浮梁民间封茶，时间上有两种形式。一种是提前若干年"封茶"，以备大喜之用；另一种是大喜之期"封茶"，以作纪念。在 2019 年"天祥号"200 周年之际，天祥茶号将中断 100 余年的封茶技艺及礼仪传习起来。

（四）茶礼

在浮梁民间，茶礼也叫茶事，是以饮茶为名义的礼仪。

1. 起手茶

万事开头难。起手茶是崇尚和谐、尊敬师贤、讲究礼仪的茶事，在浮梁民间极其普遍。例如建房子，请木匠师傅进门的第一天，首先要举行"架码"仪式，得请茶。请砖石匠上门的第一天，要举行"牵线"仪式，得请茶。浮梁民间的"起手茶"，是礼仪，是开端做大事事实上的"起手宴"。以茶为名，茶与酒的出场顺序是先茶后酒再茶，自始至终可以以茶代酒。江资甫在《制茶要诀》中明确：每年年初，东家要定好茶师和茶工，正式生产茶叶前十多天，要请小工清洗晾晒竹木具，整修制作设备，招募工人。开工前两天，东家备上香茶名点，请茶师、账房及一应工人吃起手茶。茶过三巡后，东家携众人焚香祭拜茶神、财神，并鸣爆竹，完毕后回先前吃茶处，主妇们已将香喷喷的肉糕配上蜜糖托上桌，寓意今年茶业"步步高、年年红、赛蜜甜"。点心之后，主妇撤茶台，重新换上餐具、酒具，摆上筵席，美味佳肴入桌，主人斟满酒后，先敬众人一杯，说"今年又要难为大家了"，众人回"起手大吉"。然后敬茶师三杯（如有不喝酒者可以红茶代酒），再后主客互敬，其乐融融。

2. 开山（园）祭

浮梁北乡山多田少，如严台江氏多以茶为业，其山场大，距离村庄远，采茶工常恐惧神鬼。为祈求安全顺遂、风调雨顺，每年清明过后七八天（视茶叶发芽情况而定，或早或晚几天），都要举办"开山祭"仪式。人民公社时期，浮梁北乡许多大队、生产队在开山（园）采茶时，将传统的开山（园）祭更换成了"加餐"。因为，茶业收入占浮梁四乡农业收入半壁江山，其中春茶占全年茶收入的六成，而春茶这部分收入大概需要 20 天完成。因此，"开山（园）祭"节日化了。

严台天祥茶号的开山祭，仪典大略是：族人中选未婚闺女托干茶、水果各两盘，男丁抬三牲（猪头、鸡、鱼）等祭品到茶山，鸣锣燃爆焚香，一拜山神地神，二拜神农氏和茶圣陆羽，三拜江氏列祖列宗，祈求保佑茶工安康、开山大吉、生意兴隆。东家师爷或账房诵读祭文，鸣放爆竹，众人齐喊："天祥茶，发新芽；开山咯，摘茶哟。"随后，东家给茶工一一打赏，希望他们严把采摘关。打赏完毕，去茶山拾柴架釜，取山泉水煮开，冲泡贡品台上的茶叶，倒入茶碗，东家双手举过眉头，朝四方行点头礼祭拜。凡参加开山（园）祭者，都讨一碗开山茶饮之，以求吉祥。

3. 收工茶

收工茶是讲诚信、讲正义、追求有始有终的体现。茶季结束，所有茶事基本完成（一般在农历八月中），东家择日举办收工茶会。这日，由拼茶师将各等各级茶取出，亲自泡给所有人喝，并一一评述优缺点。东家主妇们都在厨下忙，到午餐时，大家按序分坐各桌，主妇将一道道美食端上桌，东家亲自给茶师、茶工、茶商一一斟上美酒，然后举杯感谢茶师茶工们的辛苦劳作，大家欢宴共饮。遇有不胜酒力者，可以以茶代酒。宴筵结束，东家给每位茶师茶工派发工钱，并赠送上好之茶以酬谢。

（五）日常茶事

浮梁人日常生活中还有不少以茶为媒介的风俗礼路，彰显浮梁人热情好客、谦和有礼，凡事沟通协商，社会和谐等情怀。

1. 迎客茶

浮梁素以"客来敬茶"为常礼。客人来家中，在场人都会起身迎客，招呼让座，口中皆呼"稀客！稀客！""舍糕！舍糕！"主人将冲泡好的香茶，双手奉给客人，说"请用茶！"随即用全盒（用木竹精制成的食品礼盒）盛装花生、瓜子、米糖等茶点奉上。客人一边品饮香茶，一边吃茶点，叙聊家常，其乐融融。遇上不撞点，主妇会下厨做出浮梁特色点心，如煮粉皮、灰水糕（镇上人称"碱水粑"），煮糯米糕、烩洋糕，以及煮鸡蛋等（浮梁人对来宾或重大节日忌讳用"炒"，其音与"吵"同），到正点则摆上酒菜，留客人小酌用餐。

2. 节庆茶

浮梁人在除夕之夜围炉喝茶吃茶点，子孙坐以待旦，为家中长辈守岁增寿，喝的茶叫"守岁茶"。大年初一，家人围坐桌前，桌上每人泡上一杯香茶，摆上早点茶点，等长辈说完祝福话才开始吃喝，欢欢乐乐叫"新岁茶"；端午、中秋及重阳三大节日的早晨，都要摆上香茶和茶点，以示团圆、敬老和庆祝。

3. 议事茶

浮梁人每遇大事，就在家里摆上茶点、泡上香茶，请左邻右舍或宗亲至交前来共同商议。这种习俗在景德镇陶瓷行业中至今仍在传承，只不过茶席不再设在家里，而改到酒店、宾馆或茶楼去了。因喝酒易乱性，就以茶叙事，如建新屋，房屋高低、大小、进出门等都要与村中宗亲、左右邻居在议事茶席中沟通，以求大家互相帮助、礼让。又如请人帮工，或者辞工，都采用议事茶形式。议事茶一般请年长、辈分大、威望高的人坐上位，东家坐卜位，相关人坐左右两侧。议事完毕，主妇即摆上各种特色美食。如果议事融洽则上酒，不和谐则不上酒。坐上位者最后拍板定调。

浮梁北斗书院的学东们所喝的"谷雨茶"属典型的浮梁民间议事茶。北斗书院是清末浮梁北乡十大乡贤合资在江村乡沽演创办的新式学校，聘请"喝过洋墨水"的人担当"山长"。北斗书院的学东，平常不过问书院教学管理事务，所谓"北斗书院学东喝谷雨茶"，是全部学东每年谷雨日集到书院来议决事。议决事的最高潮是，当着全书院先生、学生、院工的面，10 位学东同时向新聘请的"山长"行跪拜礼，把学校一应事务托付给"山长"，为书院"山长"立威。北斗书院的学东本就是浮梁北乡的大乡贤大乡绅，他们一年一次到书院来视事，自然免不了前呼后拥，10 位学东一齐行的跪拜礼，那可不是一般人所能承受得了的。北斗书院学东们的谷雨茶，一直喝到景德镇天翼中学（今景德镇一中前身）成立的那一年。

（六）婚喜大事全融入茶俗

1. 订婚茶

订婚茶也称"下定茶"，体现了一诺千金的诚信。茶代表着婚姻当中的"从一而终"。在高山上，茶籽种下之后就不能轻易移植，移植的茶树往往不易存活。古时候会用茶叶作为聘礼，寓意着感情专一，浮梁民间就有"好女不吃两家茶"之说。茶，有提神醒脑的功能。饮茶能促使人深思熟虑、言而有信。所以浮梁农村至今仍把订婚叫"下定茶"，把订婚的定金称为"茶金"，把彩礼称为"茶礼"，等等，女子一旦接受了聘礼就是"吃过茶"的人，再无反悔之理。

2. 谢恩茶

谢恩茶是孝道的体现。大婚次日一早，新郎、新娘早早烧了开水备好茶。父母洗漱完毕，端坐堂前，新郎、新娘行跪拜礼后向父母敬献感恩茶，感谢他们的养育之恩，帮助子女成家立业，公婆品尝后连呼"好甜"，并回赠红包。改革开放后，大多在大婚当晚行谢恩茶礼。

3. 回门茶

回门茶也是孝道和感恩的体现。新婚第三天，夫妻都要回女方娘家，叫"三朝回门"。女儿女婿到女方娘家后，女儿要去备茶水，夫妻沏上香茶，行跪拜礼后，新郎向岳父岳母敬上香茶，改口称"岳父岳母"，女方父母示红包答礼。中午，女方家大摆宴席，把至亲宗戚请来陪席。回门茶显示女子在娘家得宠，希望女儿女婿常回娘家。

4. 新客茶

浮梁不管是城里镇上，还是东西南北四乡，每年正月，凡在前一年里嫁出过女儿的宗亲，各家都要摆酒，轮流宴请去年的新郎。这个习俗，请客之家叫"请新客茶"，被宴请的叫"做新客"。浮梁人把女婿称作"郎璋"，"新客茶"不管喝的是茶还是酒，反正要让"郎璋"陶醉。醉酒，很常见，体验过的人很多；醉茶，可不是件容易体验的事情，醉茶的感受比醉酒有过之而无不及。浮梁民间流传"郎璋不醉，过后放屁"，所以要"讲茶礼＋讲酒理"，千方百计文明地让新客现出"醉态"来。天天醉酒醉茶是失态而难受的事，所以有"郎璋不跑，不是好佬"。因此"新客茶"以交流感情为主，正月初二一开席就要在酒桌上排定哪天哪餐到谁家，一直排过元宵去。不过，谁也算不准，哪天哪餐新客醉得受不了了，就不辞而别"跑"了。故排名靠后与没排上队的人家会提前托茶点来。把特色点心奉上，且点心都要有"浇头"，各显手艺。有托灰水糕的，也有托鸡蛋、生面条之类的，好不热闹。

在浮梁，茶，无处不在，无茶不欢；浮梁茶俗，也无时不在，无礼不在。

二、浮梁茶俗的成因

浮梁处在北纬 30 度左右，是出好茶之地；加之又地处江南比较富庶，得天独厚的自然与冠甲江右的人文共同凝结成了丰富优雅的浮梁茶俗。

（一）悠久的茶历史和巨大的茶产量融汇出浮梁茶俗

古代浮梁主要隶属饶州，产茶历史悠久，文化底蕴深厚。

浮梁在汉代就已采食茶叶，到唐代已成为规模较大的茶产业集散地。由于商贾云集，悠悠岁月积淀演绎出浮梁茶俗。

唐天宝年间，王敷在《茶酒论》中称："浮梁歙州，万国来求。"唐代大诗人白居易在《琵琶行》中吟咏："商人重利轻别离，前月浮梁买茶去。"这些经典，都说明唐时浮梁已是中国重要的且规模较大的茶叶集散地。

唐代杨晔在《膳夫经手录》中载："浮梁茶，产饶州、歙州、江州一带，味不长于蜀茶，产销量'百倍于蜀茶'。"可见当时浮梁茶市集散量之大。唐元和八年（813），李吉甫在《元和郡县图志》记载，浮梁"每岁出茶七百万驮，税十五余万贯"。唐时的一驮折合一汉石约53公斤，七百万驮约为37.1万吨。有些学者认为浮梁茶产量不可能有这么大，本文不做探究。

清光绪年间，浮梁开始生产红茶后，茶产业迅速恢复。在文献记载中，从光绪到民国初期浮梁茶产量再创辉煌，如《景德镇市交通志》："清光绪八年（1882），年产茶叶3万担。宣统三年（1911），茶叶产量上升到6万担。"《景德镇志略》也有相同记载。须知，6万担是3000吨！

1936年《皖赣红茶总运销处工作报告》载："光绪末年至民国元年之间，祁浮之产额共达十三万余箱，推销即在汉口承受，半为俄商，余则英美德法丹麦等国合为市场。"由于茶叶产量大，销量大，促进了浮梁茶区经济发展，而富庶的经济又带动社会的文明进化，人们追求精神享受，讲究文明礼节的茶俗蔚然成风。

（二）杰出茶人茶企熔铸浮梁茶俗

历朝历代，浮梁贡茶、名茶辈出，唐代裴汶《茶述》记载："今宇内土贡实众，而顾渚、蕲阳、蒙山为上，其次则寿阳、义兴、碧涧、灉湖、衡山，最下有鄱阳浮梁。"可知浮梁贡茶排名在全国前十名。在北宋高承《事物纪原》、范镇《东斋纪事》等著作中，江西浮梁茶，洪州双井茶，均以名茶载入史册。

宋元时代浮梁名茶有仙芝、嫩蕊、福合、禄合、连合、庆合，等等。

到了清代中期，浮梁除产仙芝等优质绿茶外，浮梁红茶开始兴起。清光绪二十四年（1898）程雨亭《整饬皖茶文牍》称"徽州府属之祁门、池州府属之建德、江西饶州府属之浮梁，向做红茶，本年祁门茶号五十余家，建德十家，浮梁六十余家"。说明，当时浮梁生产红茶的茶号在整个"祁红茶区"是最多的，浮红兴旺发达可见一斑。因浮红品质优异，产品畅销上海、武汉等市场，并远销欧美市场。

然而，漫长的封建社会里，浮梁历代是哪些先贤种、采、制、贡了皇家所需的贡茶？笔者尚未在国史方志中找到相关记载。令人欣慰的是，在非官方的文献典籍里，浮梁还是能查出不少杰出茶人。

1. 奉旨立号的江修为

据《济阳江氏宗谱》记载："修为公制茶技艺方圆百里无人能及，所制之茶（绿茶）汤色明亮，兰花香郁，惟清惟馨，高贵高雅，被诏为贡茶。是故，大清嘉庆己卯年（1819）皇恩钦赐'天祥'为号，修为公奉旨而立。"其后，修为公订下号训："惟清惟馨，尽善尽美；守正守道，至精至诚。"把茶与做人做事礼节融会贯通，成为严台乃至浮北大户人家的习俗风尚，讲究礼成。

2. 巴拿马金牌得主江资甫

江资甫是江修为的后人，天祥号第四代掌门人，是清末民国时期浮梁著名学校浮梁北斗书院的大学东。

民国四年（1915），浮梁县江村乡严台村江资甫执掌"天祥"茶号经营的"祁红"茶，经历 1914 年的全国性挑选，代表"上海茶叶协会"选送到美国旧金山，在巴拿马万国和平博览会上荣获金奖，获奖金牌保存至今。

查阅陈琪《中国参与巴拿马太平洋博览会纪实》可知，中华民国参展美国旧金山世博会的农产品，荣获 1915 年巴拿马金质奖牌者众多，但一百多年过去，除了浮梁天祥茶号的后人将巴拿马金牌捐献给浮梁县人民政府，如今能拿得出金牌的未见报道。这从一个侧面反映出浮梁人民珍爱茶叶的同时还珍惜茶荣誉。江资甫在 1914 年写的《做茶要诀》中就对"开山祭茶"茶俗、"起手茶、收工茶"做了记述。

3. 磻溪"九江茶王"汪宗潜

汪宗潜是晚清时期浮梁新定乡西里都磻溪村人。关于"九江茶王"汪宗潜，《磻溪汪氏宗谱》载："道光二十二年，江宁条约开五口通商，上海遂为洋商贸易之地，汪公宗潜以畅销内地一变而制绿茶运抵上海销售。天津议和成功，九江、汉口又为新的通商之域，公又随变迁，投其所好，再变绿茶而制红茶运九江、汉口。两江总督张之洞赏戴蓝翎，授五品衔，复诰封奉政大夫，更被九江茶界知名人士称为磻溪九江茶王。"

4. "浮梁之商""浮梁客"是浮梁茶俗的开创者

除上述有名号的茶人茶企之外，还有名不见经传、看不清晰面目，但在古代文学作品里存在的"浮梁之商""浮梁客"。在唐朝李肇《唐国史补》里有"……寿州有霍山之黄牙，蕲州有蕲门之团黄，而浮梁之商货不在焉"。因为早在唐中晚期，大凡身家大的茶商，必然经常出入饶州府浮梁县，于是当时商界把经营茶叶的各地商人俗称为"浮梁之商"。到了宋元时期的话本小说作品里，经营茶叶的商人则"客"家化了——被旅馆酒店行业人士不约而同称作了"浮梁客"。"浮梁之商""浮梁客"现只存活在史学与文学典籍里，当年，他们多次到过浮梁，或者本就是浮梁人，他们是浮梁茶俗开山立派的祖师。"琵琶本常技，何地无此徒。夫贩浮梁茶，妇即空舟居"，琵琶女与浮梁茶双双定格在了历史上。"浮梁茶，唐时已著名"，根据《膳夫经》的描述，这种产自南方的"著名"的浮梁茶，竟流向了遥远的北方，成为北方劳动人民不可或缺的日常饮品："饶州浮梁茶，今关西、山东间闾村落皆吃之，累日不食犹得，不得一日无茶也。"由于"浮梁之商"的大力推荐，茶成为文人雅士的"琴棋书画诗酒茶"和普通百姓的"柴米油盐酱醋茶"的生活必备，茶俗的形成因此很有群众基础。

5. 浮梁的茶号四乡皆有，但相对集中分布在浮北地区，是形成和传播茶俗的中心

浮梁北乡村村有茶号，少则一家，多的甚至十余家。程雨亭《复陈购机器制茶办法禀》："祁浮茶号，星罗棋布……浮梁茶号，均在北乡五里十里之间，冈岭重复，村落畸零，每村各有茶号二三家不等。"像全面抗战爆发时浮梁购买抗日国债最多的沧溪"恒德昌"茶号，大江村"德和祥"茶号都是一方的榜样。由于茶商茶号历代众多，竞争激烈，他们注重研发优良品种，提高产量和抗灾害能力，"浮梁槠叶种"茶树，就是古代浮梁人民驯化繁殖的一种优质茶树种，茶树繁殖方式有"有性系繁殖"（古浮梁茶区在20世纪70年代之前采用的都是有性系繁殖），即通过采摘茶叶籽异地种植的方式来扩大茶园面积。这种有性系繁殖槠叶种茶树有"定底根"，只要是种过茶的山地、坡地与台地，即便是换作了种别的农作物，哪怕抛荒多年，重新复垦一遍都能很快恢复产量，而且耐旱、耐寒。但移之即死。由是演绎浮梁茶俗"从一而终""忠贞爱情"的信物。

民国二十九年（1940）浮梁县茶号营业状况一览

序号	茶牌号	地址	箱数	茶重（担）	共价（元）	均价（元）	经理人
1	源春祥	磷溪	459	303.76	49816	164.00	汪春晖
2	英和祥	磷溪	411	240.37	33038	137.45	汪君英
3	恒兴祥	稻溪	303	223.80	31097	138.95	汪饪基
4	复兴昌	磁溪	306	231.24	34367	148.62	汪兆堂
5	恒兴昌	稻溪	261	164.82	23571	143.12	汪维邦
6	复太昌	稻溪	206	156.85	18408	117.36	汪建均
7	和同昌	礴溪	177	130.28	17295	132.76	汪干松

序号	茶牌号	地址	箱数	茶重（担）	共价（元）	均价（元）	经理人
8	大同昌	稻溪	150	112.19	14298	127.44	汪作揖
9	贞元祥	磷溪	190	148.41	19410	130.79	汪东亚
10	新顺昌	磷溪	181	136.99	18441	134.62	王国栋
11	贞元祥（佩记）	西湾	218	167.96	21584	128.51	汪佩云
12	英兴成	西湾	107	86.94	12853	147.84	汪国英
13	源兴昌	西湾	325	262.28	31246	119.13	汪熙光
14	万利昌	西湾	165	129.74	17612	135.78	王立缘
15	天太昌	太湖	126	122.05	11637	95.35	夏春延
16	太馨昌	桃墅	418	322.60	39322	122.20	汪学会
17	永源昌	桃墅	354	267.09	33874	126、83	汪兴周
18	怡昌隆	桃墅	339	250.05	32857	131.40	汪兆周
19	永兴昌	桃墅	325	252.42	32621	129.23	汪成周
20	怡兴昌	桃墅	322	252.56	32005	126.72	汪克刚
21	裕源隆	桃墅	322	247.14	32552	131.71	胡光高 汪杰德
22	民生裕	桃墅	312	243.72	27739	113.82	汪廷桂
23	同太昌	桃墅	309	243.19	31333	128.84	汪良先
24	广源祥	桃墅	258	192.71	23220	120.49	汪良先
25	允馨昌	桃墅	281	218.87	16851	122.68	汪润芝
26	美利馨	茶宝山	240	199.82	25767	128.95	汪文焕
27	万福隆	桃墅	229	17L65	21040	122.58	汪兆棠
28	合源春	荻滩	156	113.69	13822	121.57	黄汉章
29	怡大昌	桃墅	233	182.51	22647	124.07	汪以成 汪子良
30	道生春	桃墅	134	102.19	13488	131.99	汪汉英

序号	茶牌号	地址	箱数	茶重（担）	共价（元）	均价（元）	经理人
31	新华	严台	320	217.54	24415	112.23	江安波
32	恒昌	郑州	297	224.30	33682	150.16	江合芳
33	人和祥	严台	302	217.54	24415	112.23	江式恭
34	同馨祥	严台	232	162.76	16681	102.49	郑铀南 江希哲
35	万惟怀	王墅坑	270	218.80	22171	101.36	郑玉书
36	裕兴祥	严台	270	152.96	15891	121.54	江礼修
37	公正昌	江村	346	259.52	31841	122.69	郑良模
38	福利昌	江村	254	194.16	21459	110.52	郑祥模
39	恒丰祥	江村	251	202.10	25054	123.97	王佐忠 郑定郑
40	余厌祥	江村	230	168.97	20246	119.95	朱国定
41	仁馨昌	江村	219	168.97	23783	140.75	郑耕山
42	德和祥	江村	213	160.45	22195	138.33	郑礼和
43	同春化	江村	224	171.94	25081	145.87	郑计华
44	兴成昌	江村	270	221.75	29494	133.01	王波澜
45	德昌祥	中墩	161	109.16	16625	252.30	郑池塘
46	大馨	槎口	212	147.77	19345	130.91	朱大受
47	元康	槎口	185	124.58	18802	150.92	朱大雅
48	公和利谦记	新庄	181	127.98	17727	138.51	朱荧昕
49	永福	港口	313	243.62	24663	101.24	计德星
50	道和祥	港口	219	199.97	20472	102.38	计松亭
51	德润祥	港口	180	126.68	15119	119.35	计暴傅
52	聚春和	港口	144	978.51	24711	27.45	计钦全
53	赛园春	大港	275	200.39	21802	108.80	计济昌
54	英吉利	鸦桥	231	159.67	18449	115.54	施佑铭

序号	茶牌号	地址	箱数	茶重（担）	共价（元）	均价（元）	经理人
55	意大利	鸦桥	170	124.65	14329	114.95	冯治本
56	永昌	撞源港	268	120.32	13231	109.97	计信洲
57	恒兴园	撞源港	186	123.62	13930	112.68	计学洲
58	美利源	岐田	165	124.03	14351	115.71	吴延修
59	瑞馨图	大港	128	94.59	11293	119.39	冯崇异 冯兴万
60	裕泰祥	沽演	73	55.69	7350	132.16	郑北安 朱起青
61	元康分号	古潭	63	44.34	5935	133.85	朱大雅
62	瑞元祥	查村	270	200.90	25229	125.58	章国衡
63	又兴祥	查村	200	138.08	17085	123.73	章森光
64	恒德昌	沧溪	553	414.25	73053	176.35	朱贻泽
65	大有	榔田	163	122.94	17312	140.82	施耀荣
66	均和昌	勒功市	108	70.92	9858	139.00	王汝良
67	永泰亨	金家坞	178	129.10	12185	94.38	金章成
68	协益昌	曲江	202	153.17	23137	151.05	时瑞生
69	华兴昌	白茅港	178	128.19	16281	127.00	郑绍康
70	同发祥	曲阿里	36	58.03	9103	156.87	朱志生
71	永顺昌	新居	165	117.84	15246	129.38	郑俞初
72	大来	兴化市	126	88.73	11707	131.94	朱大来
73	天利和	棒湖	165	132.98	15709	118.13	姚纪训
74	永和昌	流口	62	6396.05	51034	128.86	张佩贤
75	德馨昌	英溪	302	212.88	30976	145.51	金佩文
76	昌华	兴田	311	223.39	30756	137.68	程宜民
77	万成隆	兴田	192	116.58	19087	163.72	程达权
78	谦和祥	潭口	135	208.93	16160	148.35	余厚甫

序号	茶牌号	地址	箱数	茶重（担）	共价（元）	均价（元）	经理人
79	庆福祥	潭口	197	136.99	15811	135.13	汪震川
80	福善祥	龙潭	183	141.68	20670	145.89	章士宏
81	济农	兴田	162	98.53	15685	155.10	叶道玉
82	萃丰	兴田	101	56.27	10811	192.13	程勉之
83	万益祥	城门	142	104.60	14703	140.56	吴郁均
84	瑞馨	流口	211	161.28	23033	142.81	张道宏 张北雄
85	协和昌	杨村	46	33.15	5006	151.01	冯兴万 金鸣铺
86	恒德祥	胡宅	178	130.85	17231	131.69	汪　英
87	仁信昌	曹家	253	193.15	29806	154.32	曹森海
88	巢成	新家园	140	167.96	9653	137.05	郑逢民
89	同福昌	柳溪	130	98.86	12633	127.79	施善民
90	同馨	柳溪	104	77.29	10897	140.98	施维明
合计			19862	15119.96	1948210		

注：表中皆为民国二十八年三月至民国二十九年二月结账数。摘自《浮梁茶叶宝鉴》。

由于浮梁茶业的繁荣，极大地推动了盛产茶叶的浮北一带经济社会的发展，使处于深山僻壤的浮梁北乡，出现了一批繁华的集镇，典型的因茶而兴的古镇名村有桃墅、江村、磻溪、勒功、严台、港口、沧溪、鸦桥、流口等。

桃墅。桃墅地处浮梁西北部，处在黄山山脉西支脉的垭口桃墅岭南侧。因桃墅岭独特的交通地位，桃墅作为江西陆路北大门第一村，自古人丁繁盛。《江西省景德镇市地名志》记载，在清代"村中堂舍建筑华丽，店铺甚多，有杂货店、油坊、药店、烟店、染坊等。尤其是茶号，有十三家之多，故名桃墅店。原有西街、正街、叶村街以及桂花树弄、槽门弄、石弄里、三龙弄、丁家门口等地。曾经设镇，名桃墅市。为浮梁县北乡四大名街之一"。

江村。《江西省景德镇市地名志》："江村……有'一桃墅，二江村，三港口，四勒功'的说法，是浮梁北乡第二大集镇。清朝，此地店铺和茶号甚多。"《景德镇市交通志》也指出："江村不仅自古就是产茶之地，而且是茶贸集镇，清末有茶号 13 家。"

磻溪。《江西省景德镇市地名志》指出："磻溪……民国初年有男丁八百，为 集镇，有杂货店、烟店、药店、百货店、米行和屠店等。茶叶运销上海、汉口、九江等地，颇负盛名。农民的茶叶收入占总收入的 80%。"《江西省景德镇市地名志》叙述的是民国初年之磻溪，那么，清末的磻溪怎样?《磻村汪氏宗谱》有一段序言："海通以来，磻溪以茶输出外洋，岁赢无艺，方储史记……及观其四郊，土地无不辟，田野无不治，而其于茶也，农诵杜育之赋、工通陆羽之经，商富计然之策，甚至碧眼高鼻，不计惮祀商露，谕津梁诣其他，考其产，友其人，然后知磻溪之食，旧德而服先畴，又据新图而宏达略，保世而滋大资富，而永年盖其农工商之焉。"由于茶叶的兴盛，极大地促进了处于偏远山区磻溪的繁华，人口和财富成倍增加，形成了集镇，碧眼高鼻的外商也来磻溪进行茶叶贸易。因而"茶商业茶汉镇，服贾申江，出售之茗，英俄德法列国洋商皆宝其货，视为无上之珍"。

茶商贸易红火，获利巨万，起豪宅，做公益，修祠堂，倡孝道，兴教育，睦邻里，尊礼贤。如：磻溪茶商修建磻溪到勒功小港口之间"杨长岭"青石板茶道 6 华里，建石桥若干座；严台江资甫，不但用"天祥"茶号生产的"祁门红茶"参与 1915 年巴拿马赛会夺得金牌，还与全国各地杰出茶商一起为华茶重返因甲午海战战败而被挤出的世界茶叶市场建立旷世功勋。也曾捐四十八两叁钱白银取得"监生"头衔，然后以"大学东"身份创办北斗书院；还捐资为中磻渡船打造防洪铁链 100 余米，在凌村港口至严台之间到处修桥补路，出资修通严台通达祁门渚口何家的青石板古道 8 华里。茶商们凭借实力，引领浮梁"十户人家九读书"的儒雅乡风。

作者简介：

吴宏昌，浮梁县天祥号浮梁茶叶博物馆（社科普及基地）馆长，浮梁茶文化研究者。

张有高，原江村茶场（厂）场（厂）长，高级农艺师，高级工程师，欧盟有机茶认证体系特聘检查员。

论明清时期浮梁的茶史茶文化

蔡定益

浮梁在中国历史上是茶业兴盛之区，也形成了独特的茶文化，但目前尚未见较为全面深入论述明清时期浮梁茶史茶文化的研究成果。有鉴于此，特写作本文。拙作将从明清时期浮梁的茶叶生产与贸易、明清时期景德镇的陶瓷茶具、明清时期浮梁的采茶歌、采茶戏与茶俗几个方面进行论述。

一、明清时期浮梁的茶叶生产与贸易

浮梁茶业在唐宋时期曾十分兴盛，到南宋时期开始衰弱，但仍为地区茶叶集散中心，至清同治光绪年间由于红茶生产的兴起，浮梁茶重新在中国以至世界大放异彩。

（一）绿茶的生产

唐朝是浮梁茶叶生产和贸易的兴盛时期，且茶叶产品种类丰富。"商人重利轻别离，前月浮梁买茶去"[1]的千古名句就是例证。在《浮梁县志》中也多次提到了浮梁茶叶贸易的兴盛。[2]到了明朝时期，浮梁茶也一直保持了较高的质量，也一直在浮梁税收中占较大比重。明代汤显祖在《浮梁县新作讲堂赋》中就曾对浮梁茶赞誉："今夫浮梁之茗，闻于天下，惟清惟馨系其揉者；浮梁之瓷，莹于水玉，亦系其钧火候是足。"[3]清代茶书《续茶经》引《饶州府志》记载："浮梁县阳府山冬无积雪，凡物早成，而茶尤殊异。金君卿诗云：'闻雷已荐鸡鸣笋，未雨先尝雀舌茶。'以其地暖故也。"[4]

---

① （清）程廷济：《（乾隆）浮梁县志》卷五《食货》，景德镇陶瓷大学图书馆藏。

② （清）乔溎修：《（道光）浮梁县志》卷八《食货》，景德镇陶瓷大学图书馆藏。

③ （清）陈元龙：《御定历代赋汇》卷十《补遗》，文渊阁四库全书，上海人民出版社1999年版。

④ 陆廷灿：《续茶经》，阮浩耕、沈冬梅、于良子：《中国古代茶叶全书》，浙江摄影出版社1999年版，第565页。

明清浮梁贡茶的存在也能进一步说明这一时期某些茶叶的生产技术达到了很高程度，否则不会作为贡品。明谈迁《枣林杂俎·中集》载："国家岁贡……饶州府茶二十七斤。"① 其中是包括浮梁茶的。康熙版《浮梁县志》载："浮每岁贡茶，有本色，有折色。"② 康熙版《饶州府志》亦载："各县俱出，并入贡。"③

（二）红茶的生产

至清同治光绪年间，浮梁红茶开始创制生产，绿茶降到了一个很次要的地位，浮梁茶在唐代之后再次进入黄金时期。

因地域相连、品质相近，在清代，主要产于祁门、建德（民国时期改名至德，新中国成立后与东流县合并为东至）和浮梁的红茶均统称为祁红。如《中国茶叶大辞典》即认为："祁红。产于安徽祁门、东至、贵池、石台、黟县的条形红茶，产品以祁门的历口、闪里、平里一带最优，故统称'祁红'。与祁门毗邻的江西浮梁所产红茶历史上也称祁红。"④《中国茶文化大辞典》也认为"祁红。茶名。产于安徽祁门、东至、石台、贵池、黟县等。历史上江西浮梁所产，亦称祁红"。⑤

一般认为祁红始于光绪初年余干臣、胡元龙创制，而且浮梁生产红茶在祁门之后，系仿效祁门。如《祁红》一书载："光绪元年（原注：一八七五年），有个黟县人，名叫余干臣，从福建罢官回籍经商，因羡红茶畅销多利，首先在至德县（原注：今东至县）尧渡街设立红茶庄，仿效'闽红'制法，开始试制红茶。为了进一步剥削茶农，扩大影响，牟取更多利益，一八七六年，余又从至德来到祁门，劝诱茶户制造红茶，并最先在祁门西路集镇历口，继而在闪里设立红茶分庄，经营范围逐渐扩大。与此同时，在祁门南路一带的贵溪，也有人（笔者注：系指胡元龙）试制红茶获得成功，这就是'祁红'的开端。"⑥《中国茶叶大辞典》也有类似的叙述。⑦ 而且《祁红》还认为祁红创制后随着产量的扩大，"产区也随着迅速扩大，除原来的祁门、至德两县外，毗连

---

① 陈彬藩、余悦、关博文：《中国茶文化经典》，光明日报出版社1999年版，第690页。

② 吴觉农：《中国地方志茶叶历史资料选辑》，农业出版社1990年版，第232页。

③ 朱自振：《中国茶叶历史资料续辑》，东南大学出版社1991年版，第140页。

④ 陈宗懋：《中国茶叶大辞典·茶类部》，中国轻工业出版社2000年版，第274页。

⑤ 朱世英、王镇恒、詹罗九：《中国茶文化大辞典·茶名》，汉语大词典出版社2002年版，第106页。

⑥ 祁门县《祁红》编写组：《祁红》，安徽人民出版社1974年版，第1页。

⑦ 陈宗懋：《中国茶叶大辞典·茶类部》，中国轻工业出版社2000年版，第274页。

的浮梁县和贵池县也相继改制红茶"[1]。《中国茶经》也认为浮梁生产红茶是受到祁门影响改制。[2]

但也有学者不赞同祁红创制主要归功于光绪初年余干臣、胡元龙，并且浮梁生产红茶在祁门之后的观点。如被奉为当代茶圣的吴觉农在《茶经述评》中即认为红茶生产是从浮梁传到东至再传到祁门。"红茶的发源地是福建……至于福建红茶的向外传播，则可能是由崇安开始的，其传播的主要路线，可能是先由崇安传到江西铅山的河口镇，再由河口镇传到修水（原注：过去义宁州的治所），后又传到景德镇（原注：过去的浮梁县），后来又由景德镇传到安徽的东至（原注：指现在东至县境内的原至德具境），最后才传到祁门。"[3]黄崇焘在《浮梁茶业史话》[4]中也倾向于认同吴觉农的观点。

本人的观点是不必机械地认为祁红的创制始于一人一时一地，然后线条式地在祁门、建德和浮梁三县范围内从某地传到某地，而是在同治光绪年间三县大致同时或稍有先后均有人受周边红茶（闽红、湖红、河红、宁红）的影响开始生产红茶，然后由若干个点逐渐扩展为面，祁门、建德和浮梁的红茶生产完全可能互受影响共同提高，逐渐发展为赫赫有名高品质的祁红。有史料为证。据光绪九年《益闻录》载："建德为产茶之区……同治初年，则粤商改做红茶，装箱运往汉口，浮梁巨贾，获利颇多。"[5]浮梁《磻村汪氏宗谱》载："同治初年，夷氛入扰，口岸大通，百货竞涌。而浮梁以茶为中国出口大宗，君（笔者注：指汪东桢）乃出材与西商交涉，采摘焙制……先生（笔者注：指汪东桢弟汪东坯）遂抒其所见，与兄互讲求制造仙芽红茶，未几驰名海外。"[6]又据上官俅1937年撰《江西浮梁县之茶业》："据当地老者所称，该县（笔者注：指浮梁）'祁红'之制造，发轫于北乡磻村……至清光绪二、三年（1876、1877）间，因有广东商人仿效两湖制造红茶之法，在皖属秋浦县（原注：即今至德县）设庄监制红茶，引起磻村一带青茶商之注意。翌年（原注：光绪四年）春间，该村亦随之设立茶庄仿制，时仅一家，次年增至两家。至光绪七、八年（1881、1882）间，则附近之闪里（原注：皖境）勒口一带，亦相继成立茶庄。自光绪十年（1884）后，即遍及浮属各乡

① 祁门县《祁红》编写组：《祁红》，安徽人民出版社1974年版，第2页。
② 陈宗懋：《中国茶经》，上海文化出版社1992年版，第213页。
③ 吴觉农：《茶经述评》，中国农业出版社2005年版，第91—92页。
④ 黄崇焘：《浮梁茶业史话》，《农业考古》1992年第4期。
⑤ 许正：《安徽茶叶史略》，《安徽史学》1960年第3期。
⑥ 林景梧：《瓷都史话》，百花洲文艺出版社2004年版，第364页。

矣。"①从上述史料看，在同治年间建德、浮梁就已开始大量生产红茶并畅销海外，并不在余干臣、胡元龙之后，浮梁红茶受到过建德红茶影响，祁门红茶也受到浮梁红茶之影响。

浮梁开始红茶生产后，因品质一流，在海外极为畅销，价格也往往超过国外红茶，浮梁红茶生产因之得到迅速发展，光绪末到民国初达到极盛。《大中华江西省地理志》载："江西之茶为国货大宗……浮梁茶。磻村葛坪山、青龙山，高逾四千尺，产仙芽茶，味香色浓，外人乐购之……浮梁茶，唐时已著名，今红茶畅销海外，均为国货大宗。"②郑建新《祁红史话》也指出："光绪末年至民国初年间，为祁红贸易的最盛期，祁（门）浮（梁）至（德）三县每年产茶总在7万—8万担上下，价格与世界其他国家的红茶相比，也是独占鳌头，在国际市场的高香名茶中雄居第一。"③特别值得一提的是清末民初浮梁天祥茶号生产的优质红茶，该茶号位于与祁门接壤的严台村，由世居此地的江资甫经营，每年运沪销售红茶达1400余担，因品质出众，民国四年（1915）天祥茶号精制的工夫红茶（商标为"祁红"）获得巴拿马万国博览会金奖。④

（三）茶叶产区

浮梁的茶叶产区主要在浮梁北部，分布于与建德、祁门、休宁和婺源毗连的广大山区。据程沛《解放前浮梁县茶叶生产和销售》："浮梁红茶区，大部分分布于浮北的峙滩、兴田、英溪、江村、储田、经公桥、西湖、桃墅、勒功街等广大山区。"⑤吴庄《浮梁茶叶概况》认为："浮东的瑶里、白石塔、汪湖、梅岭与休宁边境均出产绿茶；浮北桃墅、西湖、茶宝山、兴田、白毛港、经公桥，与安徽的东至、祁门，出产红茶。"⑥明清时期浮梁茶叶产区主要在浮北，大致而言，在红茶兴起后，红茶产区主要覆盖与建德、祁门毗连的浮梁西北，绿茶产区则在与休宁、婺源相连的浮梁东北。红茶主要销于海外，绿茶主要销于本地和周边，绿茶生产远没有红茶生产的规模。据《解

① 上官俅：《江西浮梁县之茶业》，《工商通讯》1937年第15期。
② 朱自振：《中国茶叶历史资料续辑》，东南大学出版社1991年版，第138—139页。
③ 郑建新：《祁红史话》，中国人民政治协商会议祁门县委员会编：《祁门文史》（第5辑），2002年，第7—8页。
④ 林景梧：《瓷都史话》，百花洲文艺出版社2004年版，第366页。
⑤ 程沛：《解放前浮梁县茶叶生产和销售》，政协景德镇市文史资料研究委员会编：《景德镇文史资料》（第4辑），1987年，第130页。
⑥ 吴庄：《浮梁茶叶概况》，政协景德镇市文史资料研究委员会编：《景德镇文史资料》（第4辑），1987年，第135页。

放前浮梁县的茶叶生产和销售》，当时"茶山面积约达三万余亩"[①]。

明清时期浮梁形成了北部以桃墅镇为中心主要生产和集散茶叶、南部以景德镇为中心生产和集散陶瓷的经济格局。据梁淼泰《明清景德镇城市经济研究》："桃墅明代曾是浮梁两镇中的一个镇，有巡检司。其市场范围约70平方华里……近代，附近20里以内村庄所产红茶大都运到桃墅出售……桃墅是浮北最大的市街。"[②]又据乾隆版《大清一统志》："景德镇。在浮梁县西南三十里，瓷器所出……王存《九域志》浮梁县有景德镇旧志，其地水土宜陶，宋景德中置镇于此，因名。明初因元旧志税课局，宣德初始置御器厂，于是有官窑民窑之分。桃树镇。在浮梁县西北一百二十里，因桃树岭为名，旧置巡司，后徙县东北百里勒工市，今移景德镇。"[③]《大清一统志》仅列有饶州12个镇，其中就有浮梁辖下之桃墅（又名桃树）、景德两镇，可想而知桃墅镇之地位。桃墅设巡检司始于元代，明代因袭，后虽迁至勒功（又名勒工），但仍距桃墅不远，之所以在偏僻的山区设置该机构，主要是因为茶叶的生产和贸易使这里成为繁华的集镇，有必要加强统治进行管理。据《千年县衙——浮梁县署及衙门文化趣谈》，桃墅巡检司的主要职能为："负责分治该处军民之政务、治安管理、缉盗、防奸等务。"[④]后清代桃墅巡检司移至景德镇，反映了作为全国之瓷业中心的景德镇，地位和重要性远超过作为小范围地区茶业中心的桃墅，统治者自觉不自觉地接受了现实。

（四）茶叶产量

茶叶产量是反映浮梁茶业状况的重要指标，但在整个明清时期，一直缺乏茶叶产量的精确数字。总体而言明初到清同治之前浮梁茶的产量徘徊在一个较低的水平，同治光绪年间红茶兴起以后，浮梁茶业迅速发展，茶叶产量不断提高，光绪末至民国初达到极盛，年产量超过6万担。

梁淼泰在《明清时期浮梁的农林商品》中认为，明初浮梁产茶占饶州府六县中的第三位，次于德兴、鄱阳，经过一些数字的推算，梁淼泰得出明初浮梁1429.5亩产毛茶64327.5斤的结论。[⑤]百斤为一担，则明初茶产量为643担。

---

① 程沛：《解放前浮梁县的茶叶生产和销售》，政协景德镇市文史资料研究委员会编：《景德镇文史资料》（第4辑），1987年，第130页。

② 梁淼泰：《明清景德镇城市经济研究》，江西人民出版社2004年版，第296页。

③ （清）和珅等：《大清一统志》饶州府（卷241），文渊阁四库全书，上海人民出版社1999年版。

④ 吴逢辰：《千年县衙——浮梁县署及衙门文化趣谈》，江西人民出版社2004年版，第65页。

⑤ 梁淼泰：《明清时期浮梁的农林商品》，《中国社会经济史研究》1988年第1期。

据黄崇焘《浮梁茶叶宝鉴》，清乾隆年间浮梁茶除每年征收芽茶 324 斤 9 两之外，还要征收 440 斤的茶叶税。[①] 具体产量则不详。

清同治光绪年间浮梁开始生产红茶后，茶业发展迅速，但从光绪到民初浮梁茶产量在文献记载中却有些含糊甚至不同文献互相矛盾。

《景德镇市交通志》载："清光绪八年（1882），年产茶叶 3 万担。宣统三年（1911），茶叶产量上升到 6 万担。"[②]《景德镇市志略》也有相同记载。[③]

1936 年《皖赣红茶总运销处工作报告》载："光绪末年至民国元年之间，祁浮之产额共达拾三万余箱，推销即在汉口承受，半为俄商，余则英美德法丹麦等国合为市场。"[④] 一箱约为 50 斤，13 万箱也即 6.5 万担，以浮梁红茶在祁浮二县茶叶产量中占 50% 计，则光绪末至民国元年浮梁红茶年产量约为 3.25 万担。

上官俅《江西浮梁县之茶业》："在鼎盛时期，即光绪末年及民国初年……伊时全县茶之输出量，常在三万至六万箱之间。"[⑤] 年产 3 万—6 万箱折合约每年 1.5 万~3 万担。

《祁红》载："在一九一一年前后，生产和运销最为旺盛。据统计，当时的祁门、浮梁、至德三县，红茶常年产量在 60000 担以上。"[⑥] 浮梁红茶在三县总产中若以 40% 计，则 1911 年浮梁红茶产量约为 24000 担。

郑建新《祁红史话》："光绪末年至民国初年间，为祁红贸易的最盛期，祁（门）浮（梁）至（德）三县每年产茶总在 7 万—8 万担上下。"[⑦] 以浮梁红茶占三县 40% 计，则光绪末至民国初红茶产量为 2.8 万—3.2 万担。

《中国茶叶》："1911 年前后，（祁红）生产购销最旺时年产达 6 万担以上。"[⑧] 以浮梁红茶占 40% 计，1911 年前后产量为 2.4 万担以上。

1897 年皖南茶厘税局道员程雨亭给上司两江总督刘坤一的《复陈购机器制茶办法

① 黄崇焘：《浮梁茶叶宝鉴》，江西人民出版社 2005 年版，第 243 页。
② 胡作恒：《景德镇市交通志》，上海社会科学院出版社 1991 年版，第 85 页。
③ 景德镇市志编纂委员会：《景德镇市志略》，汉语大词典出版社 1989 年版，第 84 页。
④ 《皖赣红茶总运销处工作报告》，《经济旬刊》1936 年第 13、14 期。
⑤ 上官俅：《江西浮梁县之茶业》，《工商通讯》1937 年第 15 期。
⑥ 祁门县《祁红》编写组：《祁红》，安徽人民出版社 1974 年版，第 5 页。
⑦ 郑建新：《祁红史话》，中国人民政治协商会议祁门县委员会编：《祁门文史》（第 5 辑），2002 年，第 7—8 页。
⑧ 陈宗懋：《中国茶经》，上海文化出版社 1992 年版，第 213 页。

禀》载："徽州府属之祁门、池州府属之建德、江西饶州府属之浮梁，向做红茶……共征茶税七万一千七百四十余两。"[1] 又据马立中《祁门历代茶叶税》："同治元年（1862）……皖南茶税总局设于屯溪，下设祁门分局（原注：兼辖浮梁茶税）……光绪二十年（1894），借口中日甲午战争，加捐银两成计 3 钱 6 分，共计每引缴银 2 两 2 钱 4 分……后来战争已停，而捐不停。"[2] 也即 1897 年包括浮梁的皖南茶税为每引银 2.24 两，祁门、建德、浮梁三县茶税共 71740 两，则三县茶产量为 32027 引。光绪《重修安徽通志》载"同治元年，两江总督曾国藩颁定新章，每茶一百二十斤为一引"[3]，计量单位换算为斤则三县茶产量共 3843214 斤，折合 38432 担。以浮梁茶产量占三县的 40% 计，为 15373 担。又同年程雨亭《请裁汰茶厘局卡冗费禀》反映："本年自春阻夏，霪霖滂沛，山茶殚伤，产数较昔岁约少三分之二。祁门浮梁红茶，商本折阅。夏初又闻美国加征进口茶税，众商益观望趑趄，蛰伏荒山，切生焦闷。"[4]（第 593 页）也即因雨水过多，1897 年三县茶产量只为往年的三分之一左右，则正常年份三县茶产量约 115296 担，浮梁为 46118 担。当时官方的税收数字是真实可信的，因此根据税收数字推算出来的三县以及浮梁的茶叶产量也是较为准确的，可以得出结论，在 1895 年前后，三县的年红茶产量已超过 11 万担，而浮梁则超过 4 万担。

从光绪初到民初祁门、建德、浮梁三县的红茶生产总体是在不断发展的，光绪末至民初达到极盛，既然在 1895 年三县红茶产量就已超过 11 万担，浮梁则超过 4 万担，光绪末至民初不大可能低于这个数字，所以 1936 年《皖赣红茶总运销处工作报告》，上官俅《江西浮梁县之茶业》《祁红》，郑建新《祁红史话》《中国茶叶》中记载的数字可能都过于偏低，而《景德镇交通志》和《景德镇志略》中的记载更接近历史真实，也即清光绪八年，浮梁红茶产量约为 3 万担，宣统三年达到 6 万担。当然红茶主要用于外销，如加上每年自产自销和销售于周边的绿茶，浮梁每年的实际茶叶产量还要更高一些。

---

[1]（清）程雨亭：《整饬皖茶文牍》，阮浩耕、沈冬梅、于良子：《中国古代茶叶全书》，浙江摄影出版社 1999 年版，第 596 页。

[2] 马立中：《祁门历代茶叶税》，中国人民政治协商会议祁门县委员会编：《祁门文史》（第 5 辑），2002 年，第 150 页。

[3] 吴觉农：《中国地方志茶叶历史资料选辑》，农业出版社 1990 年版，第 179 页。

[4] 马立中：《祁门历代茶叶税》，中国人民政治协商会议祁门县委员会编：《祁门文史》（第 5 辑），2002 年，第 150 页。

（五）茶叶的销售

从明初到清同治年间浮梁绿茶的具体销售情况已难考其详。光绪年间红茶兴起后，其销售过程大致是茶农采茶加工成毛茶后售给茶号，茶号内部大体可分为购茶和制茶两部分，收购毛茶后进一步精加工成成品茶，茶号将成品茶运至九江或汉口，光绪三十年（1904）前以运往九江居多，之后则运往汉口为多，在九江或汉口茶号通过作为中介的茶栈将茶售给西方商人控制的洋行，包括浮梁红茶在内的祁红一部分以汉口为起点由俄商通过陆路运销到俄国，另一部分以上海为起点由英美商人从海路运到英美，祁红到达外国后，再由洋行销售给外国贸易商人，由外国商人售给外国茶叶店，茶叶店最终将茶销售至外国消费者手中。

浮梁茶号之兴起与红茶兴起的时间是同时的，开始于光绪初年，全县茶号一般在50到100家之间，浮梁红茶发展到极盛的1911年，茶号达200家左右。上官俅《江西浮梁县之茶业》载："浮梁之有茶庄（笔者注：即茶号），始于光绪初年……在鼎盛时期，即光绪末年及民国初年，全县茶庄，数达八九十家。"[1]程雨亭《复陈购机器制茶办法禀》载："本年（笔者注：指1897年）祁门茶号五十余家，建德十家，浮梁六十余家。"[2]《浮梁茶叶宝鉴》："茶叶厂商（笔者注：系指茶号）的分布。1911年约有200户，1936年有茶号65家。"[3]

浮梁茶号的分布范围主要在红茶的产区浮梁西北一带，几乎每村皆有茶号，少则一家，多的甚至十余家。吴庄《浮梁茶叶概况》："清朝中叶，我国茶叶对外贸易岁值银数千万元。当时浮梁茶叶生产也正兴旺。据北乡老辈谈：浮梁茶叶兴旺时，西湖、兴田、流口、严台、英溪等处都有一家茶号和两三家茶号，最多的算大江村茶号，有十三家，桃墅有九家，北乡茶号总计在数十家左右。"[4]程雨亭《复陈购机器制茶办法禀》："祁浮茶号，星罗棋布……浮梁茶号，均在北乡五里十里之间，冈岭重复，村落畸零，每村各有茶号二三家不等。"[5]

---

① 上官俅：《江西浮梁县之茶业》，《工商通讯》1937年第15期。
② （清）程雨亭：《整饬皖茶文牍》，阮浩耕、沈冬梅、于良子：《中国古代茶叶全书》，浙江摄影出版社1999年版，第596页。
③ 黄崇焘：《浮梁茶叶宝鉴》，江西人民出版社2005年版，第184页。
④ 吴庄：《浮梁茶叶概况》，政协景德镇市文史资料研究委员会编：《景德镇文史资料》（第4辑），1987年，第138—139页。
⑤ （清）程雨亭：《整饬皖茶文牍》，阮浩耕、沈冬梅、于良子：《中国古代茶叶全书》，浙江摄影出版社1999年版，第597页。

茶号之营业有很强的季节性，茶季收购毛茶进一步加工成成品茶再运至九江或汉口，茶季一过，则处于歇业状态，到第二年茶季再重新开始。程雨亭《复陈购机器制茶办法禀》："已在十一月中旬，祁浮二邑，并无公所茶董，只得遴派妥勇，分赴各邑，赍送前项告示……浮北号门，多半关锁。"[①]之所以当时浮北的茶号会多半关锁，是因为时在十一月，并非茶季，茶号均处于歇业状态。

茶号之茶是由设于九江或汉口的茶栈作为中介售给洋行的，包括浮梁红茶在内的祁红最终是由洋行销售到海外。茶栈以收取佣金赢利为经营目的，兼在产地放贷给茶号，也有的茶栈自设茶号。之所以需要茶栈的存在，主要是因为茶号商人与西商之间的语言隔阂。洋行中俄商控制的居多。据《祁门红茶》："祁红在汉口集散场时，大半为俄商承办，余则为英、美、德、法、丹麦等国，年销量一般在十三万箱左右（原注：每箱五十斤上下），另花香（原注：尾茶）也由俄商销售。作红砖茶之用。"其交易方法为"事先由水客送茶样给外商预订箱数，箱茶到汉，当即估价，茶价谈妥，随即过磅，不需一月，交易即可告罄，手续简，效率高"。[②]

茶栈往往没有自有资本，需向洋行借贷。而一般的茶号往往也资本微薄，除合股筹措资金外还需向茶栈借贷，据上官俅《江西浮梁县之茶业》："前清时代，贷款多寡，概照预定箱额计算，每箱贷款数额，随银根紧松而定，总在五两至十两之间。且其付款时间较迟，但最迟须在茶箱起运之前付讫。"[③]处在最底层的茶农挣扎在温饱线上，为了生存或不时之需也多向茶号借贷，受到最大盘剥的其实是茶农。茶农的借款一般在茶季向茶号售出茶叶的同时扣还，茶号向茶栈的借款也一般在茶叶交易完成时扣还。这样西商操纵的商业资本成了祁红生产贸易的实际控制者，包括浮梁红茶在内的祁红贸易带有很强的殖民地色彩。

（六）茶叶运销线路

在明清时期，浮梁茶叶的运销线路屡有变化，可大致分为三个时期。

第一个时期是明初到清乾隆二十一年（1756），这个时期浮梁茶的运销线路是从昌江进入鄱阳湖，经九江关入长江，再从长江进一步运销到北方。早在唐代浮梁茶兴

① （清）程雨亭：《整饬皖茶文牍》，阮浩耕、沈冬梅、于良子：《中国古代茶叶全书》，浙江摄影出版社1999年版，第597页。
② 程启坤：《祁门红茶》，上海文化出版社2008年版，第43—44页。
③ 上官俅：《江西浮梁县之茶业》，《工商通讯》1937年第15期。

起后浮梁茶外运走的就是这条运销线路，之后一直没有什么变化。光绪版《江西通志》载："九江关，明初有关税，无船钞。宣德四年（1429），九江始设钞关，征收船料……（清康熙）二十一年（1682）提准九江关移驻湖口……凡官商盐茶有征，客商货物，除竹木输税外，余皆无征……船料无火牌勘合者，与茶船、鱼苗船皆量船之丈尺，照商船例征收……茶税上则百斤，征银三钱，中则一钱，下则三分……"[1] 茶叶是九江关最重要的征税商品之一，其中必包括一定数量的浮梁茶。

第二个时期是清乾隆二十二年（1757）至咸丰十年（1860），浮梁茶的运销路线主要是从昌江入鄱阳湖，从吴城镇（赣江流入鄱阳湖的入口处）溯赣江而上，翻越大庾岭，再水运至广州，茶叶在广州出口销售到西方。上官俅《江西茶叶之概况》即指出："明清之际，茶产数量愈多，政府课税益繁……至于输出途径，亦屡经变迁。初时吾省各地出产之茶，多溯江而上，越梅岭转达广州出口。"[2] 之所以在乾隆中期发生运销路线的变化，一是因为康熙二十二年（1683）开放海禁以后，西方国家对中国茶叶的需求量不断增加，刺激了国内的茶叶生产，江西茶叶从之前主要销往北方开始转变为主要销至海外，二是因为乾隆二十二年清政府下令广州成为中国唯一的对外通商口岸，溯赣江而上翻越大庾岭再通过珠江水系至广州成了江西茶叶外销的最佳路线。

第三个时期是咸丰十一年（1861）至清亡的 1912 年，浮梁茶的运销路线是从昌江入鄱阳湖，出鄱阳湖入长江后，再运至九江或汉口，以九江或汉口为集散地出口到西方国家。上官俅《江西茶叶之概况》即指出："鸦片战争以后，九江即已辟为商埠，本省一切输出物产，莫不以此为转运枢纽。于是茶叶输出，亦渐渐转由此地分运沪汉销售矣。大概赣东浮梁一带之茶，多由鄱阳湖水道经湖口转运九江换船，宁州所属之茶，则多由水道运至涂家埠换火车装运至九江，再换江轮转运。惟初时概系运往汉口销售。在欧战期间，渐有转趋沪上销售之势。"[3] 运销路线变化的原因在于 1861 年清政府由于第二次鸦片战争的失败，被迫开放长江沿线的港口九江、汉口为通商口岸，两地很快成为周边省份的茶叶集散中心。江西茶叶可就近以九江、汉口作为外销出口地，完全不必再前往路途遥远的广州。

---

① 吴觉农：《中国地方志茶叶历史资料选辑》，农业出版社 1990 年版，第 229—230 页。
② 上官俅：《江西茶叶之概况》，《工商通讯》1937 年第 11—12 期。
③ 上官俅：《江西茶叶之概况（续）》，《工商通讯》1937 年第 13 期。

（七）浮梁为周边茶叶集散中心

明清时期浮梁为周边祁门、婺源、休宁、乐平等地的茶叶集散中心。乾隆版《浮梁县志》在论及本地茶叶时曾记载："聚于景德镇者皆徽之休宁、祁门、婺源贾客所鬻也。"[①]钱振伦同治年间所作《欧阳健飞军门五十双寿序》歌颂欧阳健飞在辅助湘军击败太平军后，"腾凯唱于信州，报捷音于樟镇。浮梁复贩茶之业，饶阳收范土之窑"。[②]这也说明浮梁为重要的地区茶叶集散中心。梁淼泰也指出"清代中期以后，休宁茶叶于景镇集散"[③]，"清代中期祁门、婺源输景德镇茶折米值在200万石左右，至为可观"[④]，梁淼泰还指出乐平县在清代每年产茶数百万斤主要销往本境和景德镇[⑤]。

浮梁之所以能成为周边茶叶集散中心，与昌江是有密切关系的，昌江是浮梁、祁门、婺源、休宁等县茶叶外运最便捷的孔道。昌江源出安徽徽州祁门之大洪山，自东北流向西南，经祁门、浮梁和鄱阳注入鄱阳湖，从鄱阳湖上可进入东西交通的大动脉长江，下可入南北交通要道赣江，昌江周边各地的茶叶只要进入昌江就可便利进入沟通中国东西南北的最重要交通线路。《景德镇市交通志》即指出："解放前，……祁门、婺源、浮梁等县的茶叶、木材、农副产品和景德镇的瓷器，均经景德镇港起卸和转运出口"[⑥]，"茶叶运输历史悠久，50年代以前，浮梁、婺源、祁门等地出产的茶叶，绝大多数均由昌江外运出口"[⑦]。明清时期昌江是交通繁忙的河道，大量的船只中相当一部分运送的就是茶叶，"阊江（笔者注：即昌江），在公路、铁路开通以前，是祁门人与外界相连的主要通道……舟船可经景德镇、饶州入鄱阳湖……清道光年间，河间桅杆如林，往来船只近万。[⑧]程鸿诏曾就昌江航运赋有《浮梁县》一诗："风送菜花香，江干住客航。买茶人不断，应是到浮梁。"[⑨]

在浮梁从事茶叶贸易的商人大部分为徽商。据程振武《景德镇徽帮》，旧时景德镇

---

① （清）程廷济：《（乾隆）浮梁县志》卷五《食货》，景德镇陶瓷大学图书馆藏。

② 钱振伦：《示朴斋骈文续存》，钱仲联：《明清诗文研究资料辑丛》，吉林文史出版社1990年版，第168页。

③ 梁淼泰：《明清景德镇城市经济研究》，江西人民出版社2004年版，第331页。

④ 梁淼泰：《明清景德镇城市经济研究》，江西人民出版社2004年版，第374页。

⑤ 梁淼泰：《明清景德镇城市经济研究》，江西人民出版社2004年版，第346页。

⑥ 胡作恒主编：《景德镇市交通志》，上海社会科学院出版社1991年版，第62页。

⑦ 胡作恒主编：《景德镇市交通志》，上海社会科学院出版社1991年版，第84页。

⑧ 汪瑞琦：《祁门旅外商业特点初探》，祁门县政协文史资料研究委员会编：《祁门文史》（第2辑），1986年，第81页。

⑨ 程鸿诏：《有恒心斋全集》卷6，文海出版社1969年版。

十里长街 70% 以上的店铺是徽州人开设的，有"无徽不成镇"之说。^①甚至清代江西曾将茶叶贸易的许可证茶引主要发给徽商，《清史稿》："江西发引徽商及各州县小贩。"^②

（八）茶叶的地位和作用

光绪年间，浮梁红茶迅速勃起，浮梁与义宁州、武宁、铅山并列成为江西产茶的主要县份之一，茶叶大量畅销欧美，为区域经济的发展做出了重要贡献。20 世纪 30 年代江西省政府经济委员会编的《江西经济问题》即指出："茶之出产，江西亦占全国最重要之区域，自国际贸易言之，殆有二百余年之历史，当东印度公司，与中国通商之时，义宁州，浮梁，武宁，铅山之茶，恒溯赣江而上，逾梅岭以入广州。自五口通商而后，始改其输出之方向，据民国三年海关统计，出口有三十二万五千担。"^③《皖赣红茶运销委员会设立经过及其成绩》也指出："本省素以茶产著称，而尤以红茶为大宗，其产于修水武宁铜鼓者为宁红，铅山上饶等县者则为河红，浮梁即皖省之祁门至德三县所产者则合称祁红。色泽香味均极鲜美，不特非国内各地红茶所能及，即在国际市场亦已久驰名，占有优越地位，每年所产、悉数装箱出口，运销欧美已有六七十年之历史，鼎盛时期，每年出口尝超五十余万箱之多。"^④据《九江茶市概述》之《自同治二年至民国二十四年江西茶之输出数量表》，光绪八年（1882）江西对外输出茶叶280037 担，光绪二十一年（1895）对外输出 266081 担，宣统三年（1911）为 244880担^⑤，而前文已叙 1882 年浮梁茶产量约 3 万担，1895 年超过 4 万担，1911 年约 6 万担，则 1882 年浮梁占江西对外茶叶输出的 10.7%，1895 年为 15.0%，1911 年上升到 24.5%，总体浮梁茶叶在江西茶叶中的比重和地位不断提升。

由于浮梁茶叶的繁荣，极大地推动了盛产茶叶的浮北一带地方经济社会的发展，使处于深山僻壤的浮北出现了一批繁华的集镇，典型的有桃墅、江村、磻溪等。

桃墅。据《江西省景德镇市地名志》，在清代"村中堂舍建筑华丽，店铺甚多，有什货店、油坊、药店、烟店、染坊等。尤其是茶号，有十三家之多，故名桃墅店。原有西街、正街、叶村街以及桂花树弄、槽门弄、石弄里、三龙弄、丁家门口等地。曾

---

① 程振武：《景德镇徽帮》，政协景德镇市文史资料研究委员会编：《景德镇文史资料》（第 9 辑），1993年，第 1 页。
② （清）赵尔巽：《清史稿》食货志五（卷 124），中华书局 1997 年版。
③ 江西省政府经济委员会编：《江西经济问题》，台湾学生书局 1971 年版，第 1 页。
④ 《皖赣红茶运销委员会设立经过及其成绩》，《经济旬刊》1936 年第 13、14 期。
⑤ 上官俅：《九江茶市概述》，《工商通讯》1937 年第 19 期。

经设镇，名桃墅市。为浮梁县北乡四大名街之一"①。

江村。《江西省景德镇市地名志》："江村……有'一桃墅，二江村'的说法，是浮梁北乡第二大集镇。清朝，此地店铺和茶号甚多。"②《景德镇市交通志》也指出："江村不仅自古就是产茶之地，而且是茶贸集镇，清末有茶号 13 家。"③

磻溪。《磻村汪氏宗谱》："海通以来，磻溪以茶输出外洋，岁赢无艺，方储史记。货殖传所载，定陶宣曲之富势，殆相将其士夫，挟巨资联翩沪汉之滨，与中外名流硕彦相往还，类能新旧沟通，谙国情而悉时事……阅数年辙一，至其户口增长之数，月异而岁不同，今则且倍，财赋则倍，且从事初时，预觉其村居之中，尚有湫隘者，继则轮换一新矣。继时竟其村居之边，犹有空隙者，今则闬闳相望矣……及观其四郊，土地无不辟，田野无不治，而其于茶也，农诵杜育之赋，工通陆羽之经，商富计然之策，甚至碧眼高鼻，不计惮祀商露，谕津梁诣其他，考其产，友其人，然后知磻溪之食，旧德而服先畴，又据新图而宏达略，保世而滋大资富，而永年盖其农工商之焉。"④由于茶叶的兴盛，极大地促进了处于偏远山区磻溪之开发，人口和财赋成倍增加，形成了集镇，甚至碧眼高鼻的外商也前来进行茶叶贸易。《江西省景德镇市地名志》也指出："磻溪……民国初年，有男丁八百，为一集镇，有杂货店、烟店、药店、百货店、米行和屠店等。茶叶运销上海、汉口、九江等地，颇负盛名。农民的茶叶收入占总收入的80%。"⑤《江西省景德镇市地名志》虽然叙述的是民国初年之磻溪，但也能反映清朝末年的情况。

（九）茶业近代转型的努力

清光绪年间，虽然整个中国的茶业仍维持着表面的繁荣和发展，但实际潜藏着严重的危机，主要原因在于印度、锡兰、印尼、日本等国家和地区也开始大力发展茶业，采用大机器生产，实行资本主义的经营贸易方式，极力与中国竞争，渐有后来居上排挤中国之势，而包括浮梁在内的中国茶叶产区仍处于茶农小生产分散经营、茶号采用手工生产、茶叶贸易被西方商业资本控制的状态。如中国的茶业不完成向近代资本主义的转型，被彻底击败只是时间问题。清朝统治集团中已有一些有识之士意识到了这

---

① 景德镇市地名办公室编：《江西省景德镇市地名志》，景德镇市地名委员会，1988 年，第 247 页。
② 景德镇市地名办公室编：《江西省景德镇市地名志》，景德镇市地名委员会，1988 年，第 262 页。
③ 胡作恒主编：《景德镇市交通志》，上海社会科学院出版社 1991 年版，第 36 页。
④ 黄崇焘：《浮梁茶叶宝鉴》，江西人民出版社 2005 年版，第 302—303 页。
⑤ 景德镇市地名办公室编：《江西省景德镇市地名志》，景德镇市地名委员会，1988 年，第 244 页。

个问题，并试图挽救危局。

光绪二十三年（1897）两江总督兼南洋大臣刘坤一令皖南茶厘局道员程雨亭在皖南红茶产区（祁门、浮梁、建德）推行机器制茶，程雨亭却觉得困难重重。程雨亭认为："祁门万山错杂，购运颇不容易。浮梁山径虽稍平衍，亦尚无人购办。盖试用机器，必须延聘外洋茶师，华人未谙制法，有机骤难适用"①，"祁门万山丛杂，民情强悍，山户与商号争论茶价，屡起衅端。浮梁各号畸散，北乡山径崎岖，资本微薄。建德数号略同。此皖南所辖红茶产地之大略也……徽茶改用机器……各项费用，成本过昂，且无洋商包装，万一不得其宜，耗折大非浅鲜。若延聘西人，据需薪资每月二百金，且要包定三年，薪水太巨，万难延请……创用机器，收草碾压，机器出茶有定，草少则旷工，草多则壅滞，必久摊，久摊遂变坏……公信洋行函复雷税司，碾压机器，只需银六百两，既可购办，今由徽商面询该洋行，则云每架需九百金，又加保险水脚等费，合计总需一千有奇，前言不符，令人疑沮……皖南业茶，家世殷实者，寥寥无几，无本牙贩，鸠集股份，新茶上市，结队而来，茶事将毕，一哄而散……浮梁茶号，均在北乡五里十里之间，冈岭重复，村落畸零，每村各有茶号二三家不等。祁门茶号，均在西南乡，叠巘层岩，约同……均言地势如此，改用机器，及聘雇熟谙茶机的洋工，良非易事。"②程雨亭认为祁门浮梁难以购置机器制茶的主要原因在于茶号资金微薄使用机器成本过高、由于地形茶号过于分散难以集中制茶、民风强悍蛮横等等。官方试图在祁浮一带推行机器制茶的努力最终不了了之。

清代浮梁茶号已经是带有资本主义萌芽性质的手工工场，但遗憾的是并没有促使浮北社会脱胎换骨走向资本主义。当时的浮梁茶号其实就是茶叶精制加工厂，仍主要采用手工劳动，未实行大机器生产，因红茶制作的工艺程序复杂，茶号内雇佣的茶工分为许多不同的工种，茶工完全是身份自由的雇佣劳动者，经营茶号的茶商靠剥削茶工的剩余价值获取利润。每家茶号雇佣茶工数十到百余人不等，若以茶号一百家计，浮梁境内茶号内的雇佣工人达数千人。茶商的来源一般为有一定资本和经营能力的地主、小工商业者甚至茶农，茶商获取利润后的方向一般不是扩大再生产，也不会投资于茶园，而是买田置地成为地主或更大的地主甚至官员，如府前汪氏族谱就记载汪光

---

① （清）程雨亭：《整饬皖茶文牍》，阮浩耕、沈冬梅、于良子：《中国古代茶叶全书》，浙江摄影出版社1999年版，第591页。
② （清）程雨亭：《整饬皖茶文牍》，阮浩耕、沈冬梅、于良子：《中国古代茶叶全书》，浙江摄影出版社1999年版，第596—598页。

裕"深谙货殖……开复元详茶庄，振兴商业，交通中外……未几而田连阡陌矣，又未几而厦屋渠渠矣，家给人足，闻望甲于一乡矣"，汪以宽"继父志而谋红茶贸易……丁酉岁，身授国朝六品顶戴同职衔赠赏一代"[1]。这就导致茶号一般难以得到大的发展，很难出现经营规模庞大、资金雄厚的茶商，始终无力采用大机器生产（缺乏资金和技术）。尽管清末浮梁茶业发展到极盛，但实际是"夕阳无限好，只是近黄昏"，这为民国时期浮梁茶业的衰落以致彻底衰败埋下了伏笔。

二、明清时期景德镇的陶瓷茶具

在现代，浮梁为景德镇市下辖之一县，但在整个明清时期，景德镇均为浮梁县下辖之一镇，但不管行政建制如何变化，浮梁与景德镇实为一体，因此景德镇之陶瓷茶具是浮梁茶文化的重要组成部分。

（一）景德镇茶具与全国瓷业中心

在明清时期，景德镇作为朝廷御窑所在地和全国瓷业中心，成为人口密集极为繁华的手工业城镇。据明王世懋《二酉委谭》："浮梁景德镇天下窑器所聚，余以分守至其地，万杵之声殷其火光烛天，令人不能寝，戏目之曰四时雷电镇。"[2]浮梁知县陈淯在康熙二十一年（1682）曾说："景德一镇，则又县南大都会也，业陶者在焉，贸陶者在焉，海内受陶之用，殖陶之利，周车云屯，商贾电骛，五方杂处，百货俱陈，熙熙乎称盛观矣！"[3]唐英《陶冶图编次》指出："景德一镇，僻处浮梁，邑境周表十余里，山环水绕中央一洲，缘瓷产，其地商贩毕集，民窑二三百区，终岁烟火相望，工匠人夫不下数十余万，靡不藉瓷资生。"[4]明清时期景德镇著名的瓷窑有宣德窑、成化窑、嘉靖窑、郎窑、年窑、唐窑等。

明清时期景德镇生产的瓷器中相当一部分为茶具。如1983年新加坡一家打捞公司在一艘属于"荷兰东印度公司"的沉没在南中国海的货船中，打捞起10万余件景德镇青花瓷，船沉时间约在乾隆十五年（1750），其中就有茶具4万余件。[5]吴仁敬、幸

① 梁淼泰：《明清景德镇城市经济研究》，江西人民出版社2004年版，第370页。

② （清）姚之骃：《元明事类钞》卷1，文渊阁四库全书，上海人民出版社1999年版。

③ （清）陈锡、邓溥：《（康熙）浮梁县志》卷1，景德镇陶瓷大学图书馆藏。

④ （清）谢旻、陶成：《江西通志·艺文》卷135，文渊阁四库全书，上海人民出版社1999年版。

⑤ 周銮书：《景德镇史话》，上海人民出版社1989年版，第129页。

安潮的《中国陶瓷史》中列有大量明清时期景德镇的陶瓷茶具，该书描述宣窑生产的白茶盏："白茶盏一种，光莹似玉，内有绝细之龙凤暗花……虽宋代之定、汝亦不能比方，真一代绝品也。"[1]描绘嘉窑生产的茶具："有小白瓯，名曰坛盏者，正白如玉……有大中小三号，以内烧茶字者为佳……其佳者无异宣成之作，盖特出之物也。"[2]描绘隆窑生产的茶具："隆窑所制之酒杯茗碗，多绘男女私亵之状……虽非雅裁，专以瓷之立场而论，则实属精品也。"[3]描绘嘉庆时生产的茶具："又有一种茶杯，盖杯外题御制咏品茶诗，诗为五律，而杯与盖之中心绘花，亦属可珍。"[4]

一般公认景德镇之茶具宣窑、成窑达到了最高水平。如明冯可宾《岕茶笺》引文震亨《长物志》："宣窑有尖足茶盏，料精式雅，质厚难冷，洁白如玉，可试茶色，盏中第一。"[5]明高濂《遵生八笺》也认为"茶盏惟宣窑坛盏为最，质厚白莹，样式古雅有等，宣窑印花白瓯，式样得中，而莹然如玉。次则嘉窑，心内有茶字小盏为美"[6]。甚至成窑茶杯一双价值可超过十万钱。明刘侗、于奕正著《帝京景物略》："成窑酒盏薄才如纸，神庙光宗尚前窑器成窑一双值十万钱矣……凡成杯茶贵于酒，彩贵于青，其最者斗鸡可口谓之鸡缸。"[7]

（二）景德镇茶具与饮茶风尚的变化

景德镇在明清成为极为兴盛的全国瓷业中心，实与饮茶风尚的变化有密切关系。

唐代盛行蒸青团茶，茶色尚绿，为益茶色青瓷茶具为佳。陆羽《茶经》即认为："碗，越州上……若邢瓷类银，越瓷类玉，邢不如越一也；若邢瓷类雪，则越瓷类冰，邢不如越二也；邢瓷白而茶色丹，越瓷青而茶色绿，邢不如越三也……越州瓷、岳瓷皆青，青则益茶，茶作白红之色。邢州瓷白，茶色红；寿州瓷黄，茶色紫；洪州瓷褐，

① 吴仁敬、幸安潮：《中国陶瓷史》，上海书店 1984 年版，第 55 页。
② 吴仁敬、幸安潮：《中国陶瓷史》，上海书店 1984 年版，第 59 页。
③ 吴仁敬、幸安潮：《中国陶瓷史》，上海书店 1984 年版，第 67 页。
④ 吴仁敬、幸安潮：《中国陶瓷史》，上海书店 1984 年版，第 101 页。
⑤ （明）冯可宾：《岕茶笺》，阮浩耕、沈冬梅、于良子：《中国古代茶叶全书》，浙江摄影出版社 1999 年版，第 431 页。
⑥ （清）陆廷灿：《续茶经》，阮浩耕、沈冬梅、于良子：《中国古代茶叶全书》，浙江摄影出版社 1999 年版，第 565 页。
⑦ （清）姚之骃：《元明事类钞》卷 30，文渊阁四库全书，上海人民出版社 1999 年版。

茶色黑：悉不宜茶。"① 因为越州窑生产青瓷，适应了唐代的饮茶风尚，在唐代越窑十分兴盛。

到宋代，又开始盛行研膏团茶，茶色尚白，为显茶色黑瓷茶具为最佳。蔡襄《茶录》即认为："茶盏。茶色白，宜黑盏，建安所造者，绀黑……最为要用。出他处者，或薄，或色紫，皆不及也。其青白盏，斗试家自不用。"② 宋徽宗《大观茶论》也认为："盏色贵青黑，玉毫条达者为上，取其燠发茶采色也。"③ 建州窑适应了宋代饮茶风尚对黑瓷的需求，所以建窑一度十分兴盛。

到明初，饮茶风尚又开始发生巨大变化，这个时期盛行散茶，这可从明代大量茶书对散茶的推崇和对团茶的反对得到证明。如明朱权《茶谱》提出："（陆）羽多尚奇古，制之为末，以膏为饼。至仁宗时，而立龙团、凤团、月团之名。杂以诸香，饰以金彩，不无夺其真味。然天地生物，各遂其性，莫若叶茶。烹而啜之，以遂其自然之性也。"④ 明田艺蘅《煮泉小品》："茶之团者片者，皆出于碾硙之末，既损真味，复加油垢，既非佳品，总不若今之芽茶也。盖天然者自胜耳。"⑤ 明许次纾《茶疏》："古人制茶，尚龙团凤饼，杂以香药……不若近时制法，旋摘旋焙，香色俱全，尤蕴真味。"⑥ 明代茶书记载的茶叶制作方法也皆为散茶，不再有团茶，如屠隆《茶说》、张源《茶录》、黄龙德《茶说》中记载的均为散茶之制作工艺。

散茶汤色清纯，白瓷茶具更显汤色，所以明清时期茶具从唐代的崇青、宋代的崇黑转变为崇尚白色。正如胡小军《茶具》所言："这个时期，宋朝和元朝盛行的饼茶、团茶衰落，芽茶、叶茶成为民间茶叶消费的主流。饮茶方法发生的改变，随之而来的是饮茶用器的转变。为更好地衬托茶汤的色泽和品赏茶汤中的叶或芽形状之美，茶具

---

① （唐）陆羽：《茶经》，阮浩耕、沈冬梅、于良子：《中国古代茶叶全书》，浙江摄影出版社 1999 年版，第 6 页。

② （北宋）蔡襄：《茶录》，阮浩耕、沈冬梅、于良子：《中国古代茶叶全书》，浙江摄影出版社 1999 年版，第 67 页。

③ （北宋）赵佶：《大观茶论》，阮浩耕、沈冬梅、于良子：《中国古代茶叶全书》，浙江摄影出版社 1999 年版，第 91 页。

④ （明）朱权：《茶谱》，阮浩耕、沈冬梅、于良子：《中国古代茶叶全书》，浙江摄影出版社 1999 年版，第 140 页。

⑤ （明）田艺蘅：《煮泉小品》，阮浩耕、沈冬梅、于良子：《中国古代茶叶全书》，浙江摄影出版社 1999 年版，第 170 页。

⑥ （明）许次纾：《茶疏》，阮浩耕、沈冬梅、于良子：《中国古代茶叶全书》，浙江摄影出版社 1999 年版，第 239 页。

也推崇以白为上。"①

明清对白瓷的推崇可在大量明清茶书中得到证明。如明张源《茶录》："茶盏。盏以雪白者为上，蓝白者不损茶色，次之。"②明许次纾《茶疏》："瓯注。茶瓯古取建窑兔毛花者，亦斗碾茶用之宜耳。其在今日，纯白为佳，兼贵于小。"③明屠本畯《茗笈》："瓯则但取圆洁，白瓷而已，然宜小。"④清刘源长《茶史》："盏以雪白为上……茶以青翠为胜，涛以蓝白为佳。"⑤清陆廷灿《续茶经》引清王晫《檀几丛书》："品茶用欧，白瓷为良，所谓'素瓷传静夜，芳气满闲轩'也。"⑥

景德镇从唐代开始历来主要生产白瓷，明清饮茶风尚对茶具开始崇尚白瓷，这极大地刺激了社会对白瓷的需求，景德镇适应了从唐宋到明清饮茶风尚的变化，这是景德镇在明清时期变得一枝独秀的重要原因之一。相反，因到宋代社会不再崇尚青瓷，越州窑衰落，到明代因不再崇尚黑瓷，建州窑衰落。

（三）景德镇茶具与明清茶书

在明清，许多茶书中都有对景德镇茶具的记录，极为推崇。如明朱权《茶谱》："茶瓯，古人多用建安所出者，取其松纹兔毫为奇。今淦窑所出者与建盏同，但注茶色不清亮，莫若饶瓷（笔者注：即景德镇瓷，景德镇所在的浮梁为饶州之一县）为上，注茶则清白可爱。"⑦明徐𤊹《茗谭》："注茶莫美于饶州瓷瓯，藏茶莫美于泉州沙瓶，若用饶器藏茶，易于生润。"⑧明冯可宾《岕茶笺》引周亮工《闽小记》："闽德化磁茶瓯，式亦精好，类宣之填白。余除以泻茗，黯然无色，责童子不任茗事，更易他手，色如

① 胡小军：《茶具》，浙江大学出版社 2003 年版，第 135 页。
② （明）张源：《茶录》，阮浩耕、沈冬梅、于良子：《中国古代茶叶全书》，浙江摄影出版社 1999 年版，第 222 页。
③ （明）许次纾：《茶疏》，阮浩耕、沈冬梅、于良子：《中国古代茶叶全书》，浙江摄影出版社 1999 年版，第 239 页。
④ （明）屠本畯：《茗笈》，阮浩耕、沈冬梅、于良子：《中国古代茶叶全书》，浙江摄影出版社 1999 年版，第 256 页。
⑤ （明）刘源长：《茶史》，阮浩耕、沈冬梅、于良子：《中国古代茶叶全书》，浙江摄影出版社 1999 年版，第 471 页。
⑥ （清）陆廷灿：《续茶经》，阮浩耕、沈冬梅、于良子：《中国古代茶叶全书》，浙江摄影出版社 1999 年版，第 565 页。
⑦ （明）朱权：《茶谱》，阮浩耕、沈冬梅、于良子：《中国古代茶叶全书》，浙江摄影出版社 1999 年版，第 142 页。
⑧ （明）徐𤊹：《茗谭》，阮浩耕、沈冬梅、于良子：《中国古代茶叶全书》，浙江摄影出版社 1999 年版，第 374 页。

故。谢君语子曰：以注景德瓯，则嫩绿有加矣。试之良然。乃知德化窑器不重于时者，不独嫌其太重粉色，亦足贱也。相传景德窑取土于徽之祁门，而济以浮梁之水始可成。乃知德化之陋劣，水土制之，不关人力也。"① 明罗廪《茶解》："瓯。以小为佳，不必求古，只宣、成、靖窑足矣。"② 明屠隆《茶说》："宣庙时有茶盏，料精式雅，质厚难冷，莹白如玉。可试茶色，最为要用。蔡君谟取建盏，其色绀黑似不宜用。"③ 明龙膺《蒙史·茶品述》："昭代宣、成、靖窑器精良，亦足珍玩。"④

大量茶书对景德镇茶具的记载和推崇，一方面是景德镇陶瓷适应了明清时期饮茶风尚的需要并且在社会上有崇高地位的反应，在另一方面，一些著名茶书对景德镇茶具的推崇，也极大地提高了景德镇瓷的声望，很大程度上造成了饮茶之人对景德镇瓷的追求心理，极大地刺激了对景德镇瓷的需求，对景德镇瓷业的发展繁盛起到了重要作用。影响巨大的著名茶人对饮茶风尚和饮茶者消费心理的影响往往是不可估量的。正如陆羽在《茶经》中对越州茶具的推崇极大促进了越州瓷的发展、蔡襄在《茶录》中对建州茶具的推崇大大促进了建州瓷的发展，明清一些茶书对景德镇茶具的推崇对促进景德镇瓷业的作用也不可小视。如明初的朱权，为明太祖朱元璋之十七子，称宁王，因政治斗争失败，求清静和韬晦，多与文人学士往来，悉心茶道，著有明清影响最大的茶书《茶谱》，《茶谱》对景德镇瓷的肯定和推崇，对景德镇瓷业的意义是巨大的。在论及景德镇瓷业繁荣的原因方面，关于明清茶书对景德镇瓷业的促进作用这一点，很多学者并没有注意到。

（四）景德镇茶具与明清文学

景德镇茶具与明清文学亦发生了一定联系，景德镇茶具的形象进入了明清时期的诗歌、小说和散文之中。

早在宋代，诗歌中就已出现景德镇茶具的身影。北宋僧人释惠洪《无学点茶乞

① （明）冯可宾：《岕茶笺》，阮浩耕、沈冬梅、于良子：《中国古代茶叶全书》，浙江摄影出版社1999年版，第432页。
② （明）罗廪：《茶解》，阮浩耕、沈冬梅、于良子：《中国古代茶叶全书》，浙江摄影出版社1999年版，第279页。
③ （明）屠隆：《茶说》，阮浩耕、沈冬梅、于良子：《中国古代茶叶全书》，浙江摄影出版社1999年版，第211页。
④ （明）龙膺：《蒙史·茶品述》，阮浩耕、沈冬梅、于良子：《中国古代茶叶全书》，浙江摄影出版社1999年版，第309页。

诗》："政和官焙来何处，雪后晴窗欣共煮。银瓶瑟瑟过风雨，渐觉羊肠挽声度。盏深扣之看浮乳，点茶三昧须饶汝。鹧鸪班中吸春露。"① 其中饶汝即指景德镇窑和汝窑生产的茶具。

　　明清时期出现了更多涉及景德镇生产的茶具的诗歌。如明李日华《赠昊十九》："为觅丹砂到市廛，松声云影自壶天。凭君点出流霞盏，去泛兰亭九曲泉。"② 昊十九为明代浮梁著名制瓷专家，李日华高度赞颂了昊十九创作的茶具。清郑板桥《李氏小园》："兄起扫黄叶，弟起烹秋茶。……杯用宣德瓷，壶用宜兴砂。"③ 明清有景瓷宜陶之说，郑板桥诗中的宣德瓷和宜兴砂分别指的是景德镇宣窑生产的茶杯和宜兴生产的紫砂壶，皆为最佳茶具。清樊增祥亦有咏及景德镇成窑生产的五彩瓷杯诗歌两首。《试茶》："秋冷风炉渐可偎，候汤评水助诗材。工夫可但茶中久，更玩成窑小泡杯。"④《星海远寄佳茗二瓶瓷杯二事报以小诗》："建叶头纲饼，成窑五彩瓷。喜逢秦岭雪，恨少党家姬。"⑤

　　景德镇茶具也出现在明清小说之中，最著名的是红楼梦中的一段文字。《红楼梦》第四十一回："当下贾母等吃过茶，又带了刘姥姥至栊翠庵来。妙玉忙接了进去……只见妙玉亲自捧了一个海棠花式雕漆填金'云龙现寿'的小茶盘，里面放一个成窑五彩小盖钟，捧与贾母……然后众人都是一色官窑脱胎填白盖碗。"⑥ 成窑五彩小盖钟是前代成化年间景德镇御窑生产的茶具，极为名贵难得，自然给贾母，有奉承之意，而官窑脱胎填白盖碗是当代景德镇御窑生产之茶具，虽也名贵，但远不及成窑，所以给众人。妙玉自称槛外人，实际深悉人情世故。

　　明代甚至出现了一篇拟人化描写景德镇茶具的传记文学作品《味苦居士传（茶瓯）》，作者支中夫。《味苦居士传》系仿宋苏轼拟人化描写武夷山茶叶的《叶嘉传》而成。该文不长，摘录于下：

　　　　汤器之字执中，饶州人。尝爱孟子苦其心志之言，别号味苦居士。谓学者曰：士不受苦则善心不生，善心不生，则无由以入德业。是以人召之则行，命之则往，

① （北宋）释惠洪：《石门文字禅》卷8，文渊阁四库全书，上海人民出版社1999年版。
② 龚农民、谢景星、童光霞：《景德镇历代诗选》，中州古籍出版社1994年版，第44页。
③ （清）郑板桥：《郑板桥全集》，齐鲁书社1985年版，第71页。
④ （清）樊增祥：《樊山集·续集》卷19，文海出版社1978年版，第185页。
⑤ （清）樊增祥：《樊山集·续集》卷19，文海出版社1978年版，第185页。
⑥ （清）曹雪芹：《红楼梦》，华夏出版社2007年版，第345页。

寒热不辞，多寡不择，旦暮不失，略无几微厌怠之色见于颜面。或讥之曰：子心志固苦矣，筋骨固劳矣，奈何常在人掌握之中乎。曰：士为知己者死，我之所遇者，待我如执玉，奉我如捧盈。惟恐我少有所伤，召我唯恐至之不速。既至，虽醉亦醒，虽寐亦寤。昏惰则勤，忿怒则释，忧愁郁闷则解。无谏不入，无见不怿，不谓之知己可乎。掌握我者，敬我也，非奴视也。吾何患焉。我虽凉薄，必不惰于庸人之手。苟待我不谨使能斋粉，我亦不往也。尝曰：我虽未至于不器，然子贡贵重之器，亦非我所取也。盖其器宜于宗庙，而不宜于山林。我则自天子至于庶人，尚有用我者，尤施而不可也。特为人不用耳，行己甚洁，略无毫发瑕玷。妒者以谤玷之，亦受之而不与辩。不久则白，人以涅不缁许之。

太史公曰：人见君子之劳，而不知君子之安。劳者由其知乡义也。能乡义，则物欲不能扰其心，岂有不安乎。器之勉人受苦，其亦知劳之义也。[1]

三、明清时期浮梁的采茶歌、采茶戏与茶俗

明清时期浮梁流传大量采茶歌，至于流传于浮梁等地的采茶戏一般叫景德镇采茶戏，浮梁也形成了独特的茶俗。

（一）采茶歌

采茶歌源于茶农上山采茶时的口头创作，并在口头流传的过程中不断加工完善。浮梁为古茶区，在明清时期也流传着大量采茶歌。这在清郑凤仪所作的《浮梁竹枝词》中得到反映："毛竹编篱松径遮，雨前同出摘山茶。采茶歌罢茶将老，鬓边斜插野茶花。"[2] 明清时期浮梁流行的著名采茶歌有《采茶忙》《十二月采茶》等。

如《采茶忙》："年年都有桃花三月天哪呵嗨，三月里是清明哟，三月里是清明哟，姑娘们上茶山啰，姑娘们上茶山啰，手拿着茶篮去采茶哟，满山的茶树绿成片绿成片。/嫩茶尖尖放呀放清香哪呵嗨，茶林密密哟，茶林密密哟，深呀么深又长啰，深呀么深又长啰，妹妹紧把姐赶上哟，姐姐妹妹采茶忙采茶忙。/年年都有桃花三月天哪呵嗨，今年的桃花哟，今年的桃花哟，比不上茶叶鲜哟，比不上茶叶鲜哟，采茶的姑娘爱茶

① （明）喻政：《茶集》，阮浩耕、沈冬梅、于良子：《中国古代茶叶全书》，浙江摄影出版社 1999 年版，第 333 页。
② 龚农民、谢景星、童光霞：《景德镇历代诗选》，中州古籍出版社 1994 年版，第 109 页。

山哟，茶山代代乐无边乐无边。"①

《十二月采茶》："正月里来倒采（呃）茶，（牡丹呐花哦）梅花开（耶），梅花那个开得（锦绣喂花开耶哟）多（呃）风（呃）采（野花儿开）……"②《十二月采茶》在江西、湖南一带都很流行。

（二）采茶戏

采茶戏系由采茶歌和采茶灯发展而来，茶农茶季一边采茶一边唱山歌鼓舞劳动热情，这种在茶区流传的山歌，被称为采茶歌，"歌之不足，舞之蹈之"，采茶歌与民间舞蹈相结合形成采茶灯，最终发展成有故事情节的采茶戏。景德镇采茶戏是流行于南方诸多采茶戏剧种中的一种。

景德镇采茶戏俗称三角班，是从湖北黄梅县流传到浮梁一带的民间小戏剧种。相传明末清初与江西一江之隔的黄梅县连年受灾，人民被迫离乡外出谋生。黄梅县艺人郭牢记等流落在赣东北茶乡，演唱采茶戏，同时在都昌、鄱阳等地广泛传艺，深受群众欢迎。由于景德镇历来有大量都昌、鄱阳籍工人，这种采茶戏在乾隆年间便传入了景德镇。为景德镇采茶戏做出重要贡献的黄梅县艺人还有邢绣娘等，道光初年邢绣娘为避家乡水灾来到景德镇逃荒要饭。以唱黄梅采茶戏行乞谋生，吸引不少群众，邢绣娘因之在景德镇传艺。黄梅采茶戏逐渐融合了当地的语言与民间小调，最终形成了景德镇采茶戏。景德镇瓷业工人中有一批半工半艺的三角班艺人在寒冬腊月坯房窑厂歇业时相邀到附近各县演出以维持生计。甚至开工后有钱人家办喜事，也请他们去唱戏。窑户老板，也常请他们去酬窑神，这从郑廷桂《陶阳竹枝词》可以得到证明："青窑烧出好龙缸，夸示同行新老帮。陶庆陶成齐上会，酬神包日唱单腔。（原注：大龙缸最难烧，满窑人亦都鄱两帮，每岁陶成窑户多演包日戏酬神。）"③单腔其实就是采茶戏，因为当时没有弦乐伴奏，演唱形式单调，所以人们叫它单腔。祁门采茶戏的形成亦受到景德镇采茶戏很大的影响，清光绪年间祁门因茶业生产繁荣急需大量劳动力，一批浮梁和安庆人流入祁门的闪里、新安等地，他们带来了景德镇采茶戏和安庆采茶戏，与祁门的乡音古戏相互嫁接形成一种完全崭新的地方戏曲祁门采茶戏。（本文关于采茶戏

---

① 余悦：《茶韵悠然——茶歌茶曲集萃》，光明日报出版社 2002 年版，第 1—2 页。
② 陈文华：《长江流域茶文化》，湖北教育出版社 2005 年版，第 546 页。
③ 龚农民、谢景星、童光霞：《景德镇历代诗选》，中州古籍出版社 1994 年版，第 118 页。

的内容主要参考江华、黄声辉主编《景德镇市戏曲志》①，桂遇秋撰《黄梅戏另一流派的历史和现状——黄梅采茶戏在赣东北》②。)

（三）茶俗

根据《江西省景德镇市地名志》，目前不包括乐平的景德镇市辖范围（大致相当于明清时期的浮梁县辖区域）共有带"茶"字地名25个，这些茶叶地名的形成是与历史上浮梁的茶叶生产贸易有密切关系的。目前景德镇的茶叶地名大部分是在明清时期或更早形成的，如茶宝山、茶培山、茶叶坞等地。"茶宝山。位于西湖乡西北隅……明中期，汪氏居此，见此山有三棵白茶树，命名为茶宝山。"③"茶培山。位于新平乡中部，昌江西畔丘陵谷地……明末，因此山地红壤适于培育茶叶，故名。"④"茶叶坞。居委会驻地……解放前为猪婆山农民的茶山，故名茶叶坞。"⑤

在中国古代南方各地存在过大量的茶亭，这些茶亭一般建于桥头、渡口和分叉道口等行人来往较多之处，以施舍茶水慈善为目的。浮梁在明清和更早之前也存在过大量的茶亭。《江西省景德镇市地名志》："茶亭。在经公桥西南6公里，经刘公路的田坂上。宋初，此亭是鸦桥施姓所建，供群众劳动之余喝茶吃饭所用，故名。后废，清末修理重建。"⑥《江西省景德镇市地名志》："茶亭下。（大龚）村委会驻地……元末，吴氏由本地吴家分居迁来此地。村庄上首有茶亭，故名。"⑦清郑廷桂《陶阳竹枝词》："杨梅墩上古樟春，白马茶庵旧迹新。妙有刘侯起高阁，水星未拜拜财神。（原注：杨梅墩、白马茶庵久废，嘉庆辛未邑侯刘克斋先生倡建水星阁，外建财神殿，构茶亭，以存茶庵旧迹。）"⑧

据黄崇焘《浮梁茶叶宝鉴》⑨和《漫话浮梁茶文化》⑩：浮梁民间有待客茶、回门茶和庆节茶等习俗，待客茶指有一定规矩的客来敬茶，回门茶指新婚夫妇婚后三日回娘家

① 江华、黄声辉：《景德镇市戏曲志》，2003年，第73页。

② 桂遇秋：《黄梅戏另一流派的历史和现状——黄梅采茶戏在赣东北》，《黄梅戏艺术》1981年第2期。

③ 景德镇市地名办公室：《江西省景德镇市地名志》，景德镇市地名委员会，1988年，第634页。

④ 景德镇市地名办公室：《江西省景德镇市地名志》，景德镇市地名委员会，1988年，第636页。

⑤ 景德镇市地名办公室：《江西省景德镇市地名志》，景德镇市地名委员会，1988年，第77页。

⑥ 景德镇市地名办公室：《江西省景德镇市地名志》，景德镇市地名委员会，1988年，第593页。

⑦ 景德镇市地名办公室：《江西省景德镇市地名志》，景德镇市地名委员会，1988年，第363页。

⑧ 景德镇诗词学会：《景德镇古今诗抄》，作家出版社2004年版，第36页。

⑨ 黄崇焘：《浮梁茶叶宝鉴》，江西人民出版社2005年版，第273—274页。

⑩ 黄崇焘：《漫话浮梁茶文化》，《广东茶业》1995年第2期。

女方家长摆上的茶酒之筵，庆节茶指重要节日亲人在一起饮茶吃茶点。明清浮梁茶具以瓷为主，乡村多用茶杯，饭碗兼用，城市多用茶杯、茶壶、茶盅，文人雅士和茶馆常用马蹄茶具，而农民在野外劳动常用竹筒茶具。饮茶多备有茶点，每当节日或喜庆之日，亲朋串门之时，则有更丰富的茶宴。

景德镇自古以一瓷二茶闻名，在长期形成的瓷业习俗中，瓷与茶也紧密联系在一起，形成了一些有特色的茶俗。据《景德镇陶瓷古今谈》[①]和《留人茶与起手茶》[②]：旧时琢器厂家的工人多由业主自己出面雇请。当年的端午节，若业主请某工人上馆吃"泡茶"（一碗茶，两根油条），即说明业主继续留用某工人干到七月半；到七月半，若业主又请某工人上馆吃"泡茶"，即说明业主继续留用某工人干到当年腊月；若到腊月业主再请某工人上馆吃"泡茶"，即表明业主次年仍继续留用某工人。反之，凡其中有一次未被业主请去吃"泡茶"的，则表明这个工人从此已被业主辞退了。这种泡茶也叫"留人茶"。陶瓷行业开工生产叫"起手"，开工后不久，约在四月间，老板要请工人喝一次"起手茶"，或吃"起手面"，要求工人拼命干活。"留人茶"和"起手茶"在景德镇陶瓷行业中形成了约定俗成的定规。

作者简介：蔡定益，景德镇陶瓷大学马克思主义学院副教授，历史学博士。

① 杨永峰：《景德镇陶瓷古今谈》，中国文史出版社 1991 年版，第 82 页。
② 《留人茶与起手茶》，景德镇人民政府门户网站，2007 年 8 月 15 日。[2009-08-02].http://www.jdz.gov.cn/lyxx/ftrq/200811/t20081114_27895.htm

论明清时期浮梁的茶史茶文化

景德镇瓷茶两业老字号发展历史述评

许 亮

在我国，老字号是指"历史悠久，拥有世代传承的产品、技艺或服务，具有鲜明的民族传统文化背景和深厚的文化底蕴，取得社会广泛认同，形成良好信誉的品牌"①。景德镇地处黄山余脉、怀玉山脉与鄱阳湖平原过渡地带，风景秀丽，人杰地灵，资源丰富，母亲河昌江及其支流纵贯全境直通鄱阳湖和长江水系。自然环境的优越为景德镇瓷茶两业的发展提供了先天的独特优势，使其在明代就已跻身为"陶舍重重倚岸开，舟帆日日蔽江来""弹丸之地，商人贾舶与不逞之徒皆聚其中"的"全国著名都会之列"。②历史上，景德瓷"匠从八方来，器成天下走"、浮梁茶"浮梁歙州，万国来求"，瓷茶两业也一直因"中华固有之美利""政府税收之大宗"而备受重视。因此，景德镇历史上诞生过众多瓷茶两业老字号企业，为景德镇跻身于中国四大名镇立下了汗马功劳。然而，目前景德镇尚未有一家国家级瓷茶老字号品牌，省级老字号品牌也只有区区六家，老字号品牌数量远低于同类历史文化名城，甚至不如省内的兄弟城市，这不能不说是一种遗憾。此外，笔者以"景德镇""老字号"为题名或关键词在中国知网上搜索，也未见一篇专文探讨此问题。因此，在创建国家陶瓷文化传承创新试验区的当下，挖掘景德镇瓷茶老字号的历史，保护与传承好这份重要的文化遗产显然极具时代意义。

一、唐宋时期景德镇瓷茶两业的萌芽与形成

新平冶陶，始于汉世。虽然地方志中记载的景德镇瓷器的生产历史最早可追溯到汉代，但是目前的最新考古发掘表明景德镇境内的制瓷史最早只能推至唐代中晚期，

---

① 李志强：《商号法律制度研究》，中国经济出版社 2013 年版，第 158—159 页。
② 梁淼泰：《明清景德镇城市经济研究》（增订版），江西人民出版社 2004 年版，第 18 页。

我们可以通过考古发掘报告一窥彼时景德镇制瓷业的发展状况："制瓷技术高超，烧造水平一流，生产的瓷器质量精致，造型典雅""产品具有外销中亚与西亚的极大可能性，或者是为满足胡人所需而专门烧造或订烧的"[①]，由此不难推断唐代景德镇已经有分工完善的瓷器作坊和品类齐全的瓷器商品类型，从而预示着景德镇最早的瓷业老字号可能已经运行得非常完善。然而，景德镇真正扬名则是始于宋代，起因为此地生产的一种"光致茂美"之全新瓷器品类——青白瓷，后逐渐为宋室所重，从而有了供御之资格，从此这座昌江之边的小城与皇帝年号紧紧联系在了一起，"宋真宗遣官制瓷贡于京。即应宫府之需，命陶工书建年'景德'于器底，天下于是知'景德之器'矣"。[②]宋代景德镇瓷业工艺精湛，种类繁多，产量巨大，产品远销国内外，而且商品意识极强，以主要生产窑厂湖田窑为例，仅畅销商品青白瓷盒而言，目前发现的作坊商标款就有"汪家记正""吴家盒子记""段家盒子记""程家盒子记""陈家盒子记""张家盒子记""许家盒子记""蔡家盒子记"等10余家。[③]在宋代景德镇瓷器扬名天下之前，唐代浮梁县所产之茶早已盛极一时，既有唐代诗人白居易的千古名句："商人重利轻别离，前月浮梁买茶去"和王敷的"浮梁歙州，万国来求"的文学作品之反映，亦有唐代史学文献《元和郡县图志》"天宝元年改名浮梁。每岁出茶七百万驮，税十五余万贯"[④]、"饶州浮梁茶，今关西、山东、闾阎村落，皆吃之"[⑤]之确切记载，可见历史上浮梁茶市之繁盛。

二、元、明至清早期瓷茶两业的繁荣

元、明至清早期，景德镇地区的陶瓷手工业取得了空前发展。元代疆域广阔，帝国内部的大一统也促进了商品经济的发展，对于景德镇而言，浮梁瓷局这种新型管理体制的确立，"改变了历代制瓷业属地方管理的旧模式，从而为元代制瓷业的大力发展提供了制度保障和政策支持，使景德镇制瓷业的技术水平、品种质量、生产规模、生产效率大为提高"[⑥]，元青花的诞生即预示着瓷器全球化时代的开始，也表明景德镇逐

---

① 江西省文物考古研究所等：《江西乐平南窑窑址调查报告》，《中国国家博物馆馆刊》2013年第10期。
② 熊寥主编：《中国陶瓷古籍集成》，江西科学技术出版社2000年版，第189页。
③ 彭涛、彭适凡：《中国古代名窑·湖田窑》，江西美术出版社2016年版，第85—86页。
④ （唐）李吉甫：《元和郡县图志》卷二十八《江南道四》，中华书局1983年版，第672页。
⑤ 顾廷龙：《续修四库全书·子部·谱录类》，上海古籍出版社1996年版，第524页。
⑥ 吴隽、万能、张茂林等：《元代景德镇瓷业兴盛原因初步探究》，《陶瓷学报》2013年第3期。

渐成为全国的制瓷中心；在元代瓷业发展的基础上，明代的景德镇一举成为"匠从八方来、器成天下走"的天下瓷都乃至天下瓷霸，尤其是御窑制度的确立，更加巩固和奠定了景德镇瓷业中心的地位。据明代嘉靖万历时期王宗沐所编《江西省大志》记载，此时的景德镇瓷器"自燕云而北，南交趾，东际海，西被蜀，无所不至"①；明代后期开始的瓷器大规模外销，到清代康雍乾时期逐渐走向顶峰，此时的景德镇所产瓷器"行及九域，施及外洋"②，据有关学者推算，"17世纪到19世纪初，欧洲各国进口华瓷总数量在1.37亿—1.44亿件"③，而其中绝大部分为景德镇所产的外销瓷品种。瓷器生产及贸易的繁荣也促进了景德镇城市经济的发展，使得此时的景德镇与湖北汉口镇、广东佛山镇、河南朱仙镇一起跻身于全国四大名镇之列。尽管这一时期瓷业繁荣的耀眼光芒有遮蔽传统浮梁茶的趋势，但是明清时期，浮梁茶的生产质量和数量依旧保持了稳定，据著名学者梁淼泰研究，浮梁茶在明初产茶量依旧占据"饶州府六县中的第三位"④，这种情况一直持续到康熙早期，至于品质，我们亦可从明人汤显祖"今夫浮梁之茗，闻于天下，惟清惟馨，系其揉者"⑤描述中感受一番。另外，明清时期景德镇商业的繁荣与徽商集团的崛起有很大的关系。景德镇与徽州仅一山相隔，又有昌江和婺水相连，历史上徽州地区的物产大多通过昌江经鄱阳湖运往各地，景德镇自然成为理想的贸易集散地，再加上景德镇本身瓷茶两业的产业优势，因而自然成为徽商的主要集中地，徽商集团的崛起、繁荣与景德镇瓷茶两业的兴盛几乎是同步的，徽帮也因而在景德镇"五府十八帮"中始终占据首位。

三、清代中期至民国时期的景德镇瓷茶两业的衰落

进入清代以后，浮梁茶的历史已不如历史上那么耀眼，据康熙二十一年《浮梁县志》记载，浮梁茶已经"产茶甚少，制亦不佳。聚于景镇者，皆徽之休宁、祁门、婺源贾客所鬻"⑥，可见浮梁茶逐渐开始走下坡路。鸦片战争以后，不仅浮梁茶，制瓷业也日益面临着西方的挑战。此时的欧洲各国以及之后的东邻日本，携不平等条约加持的

---

① 熊寥主编：《中国陶瓷古籍集成》，江西科学技术出版社 2000 年版，第 185 页。
② 程廷济、凌汝绵：《(乾隆) 浮梁县志》沈嘉徵序，清乾隆四十八年 (1783) 抄本。
③ 张国刚：《胡天汉月映西洋，丝路沧桑三千年》，生活·读书·新知三联书店 2019 年版，第 288 页。
④ 梁淼泰：《明清景德镇城市经济研究 (增订版)》，江西人民出版社 2004 年版，第 351 页。
⑤ 马积高、曹大中：《历代词赋总汇》明代卷第 8 册，湖南文艺出版社 2014 年版，第 7193 页。
⑥ 吴觉农：《中国地方志茶叶历史资料选辑》，农业出版社 1990 年版，第 232 页。

关税优势以及机械化大工业的生产优势逐渐将中国瓷的外销瓷市场占据，并开始大规模地向华出口瓷器，使得晚清以来洋瓷逐渐反客为主占据了国内大部分市场份额。至于茶叶领域而言，虽然光绪初年，因红茶出口市场的强劲，浮梁磻溪"同馨（主办人汪干才）、义顺（主办人汪灿廷、汪雨高）两茶号遂创制红茶"迅速以优良品质打开外销市场，曾有过短暂辉煌，"光绪八九年红茶鼎盛时代，浮红产量有六万余箱……磻村同馨号首字仙芽大团，竟为英商天裕、怡和两洋行竞买"①，但是好景不长，光绪末年开始，随着锡兰、印度红茶的崛起，以浮红为代表的红茶产区逐渐走向没落，"外洋用茶固已日益加增，中国销路则递年见减，几有江河日下之势，其中致衰之故或由印度锡兰产茶日多，产多销多，事势则然。或谓华商制法专藉人工，印锡制茶全用机器外洋嗜好所制之茶。故华茶不敌锡印茶之畅销"。②

进入民国后，江西先后成为辛亥革命、二次革命、北伐战争、土地革命等主战场，动荡的社会背景对景德镇瓷茶两业的健康发展造成了严重影响，以瓷业为例，20世纪20年代末30年代初，相比于"极盛时代，每年营业至一千四五百万元，窑户四千余户，工人二十万"，此时已"烟筒百余座，出烟者不过十之一二"③。至于传统的销售市场，在南方地区"广东之销路，大半为潮州瓷器所夺，汉口以上销路，大半为醴陵瓷器所占"④，在北方地区"时局不靖，交通阻滞，运费奇昂，税捐繁重，曩日在天津市场之销路逐渐被外货及唐山产品所侵占"⑤。相较于传统瓷业领域的衰落，浮梁茶亦不能幸免，逐渐陷于萎缩。据1942年的调查报告可知抗战爆发前浮梁茶年出口量在"二万箱左右，约一万二千市担。惟茶市受洋商与买办阶级之操纵，茶商每遭亏损，自锡印红茶大量倾销以来，红茶国际贸易日趋没落"。⑥

尽管民国时期，从中央到地方，历届政府在景德镇瓷茶领域采取了多种拯救措施，如成立陶务局、陶业管理局，皖赣红茶运销委员会、陶业学校及茶叶改良场等，但是面对动乱的社会环境，收效甚微。就老字号企业而言，除了瓷业领域的"江西瓷业公司""天佑华瓷业公司""饶华丰瓷号"和茶叶领域的"恒德昌""天祥茶号"等有过短暂

① 汪建钧：《八十年来浮梁茶叶之简史》，《浮红》1939年第2期。
② 康特璋、华实甫：《红茶制法说略·上振贝子》，《秦中官报》，1903-1-46。
③ 杜重远：《景德镇瓷业调查记》，《农村复兴委员会会报》，1934年2月5日（92）。
④ 佚名：《江西陶务局拟具瓷器税则办法意见》，《江西建设公报》，1929年3月5日（133）。
⑤ 佚名：《江西瓷业天津市场不振之原因》，《工商半月刊》，1929(1)。
⑥ 侯冕：《江西浮梁红茶产销概况调查》，《贸易月刊》，1942(3)。

辉煌外，总体而言，与历史上辉煌时期相比，瓷茶两业的老字号在这一时期逐渐走向低谷。

四、新中国成立初期景德镇瓷茶两业的转型

1949 年 4 月 29 日，景德镇宣告解放，"那时全镇共有 2493 个瓷业户，正常开业的仅占 7%，绝大部分处于停工或半停工状态，失业、半失业的瓷业工人达近万人"。[1] 为了尽快恢复受战争影响的国民经济，1951 年开始，景德镇市政府决定引导这些私营企业进行私私联营，1953 年又由私私联营发展到公私合营，"大型联营厂的产品全部由国家包销，联营厂从生产到产品销售都获得了很好的条件"，因此在公私合营优越性面前，资本家纷纷要求联营，1955 年上半年，采取并厂的办法把"永新、北窑、谭义陶、集义顺、用正、义兴、合甡顺"等合并成"永新瓷厂"，把"建成、乔德脑窑、余益泰昌、德记联作"等合并成"建成瓷厂"，把"永和、江雅兴、美振昌、程协盛"等合并成"永和瓷厂"；把"群益、袁新记、马永昌"等三户合并成"群益瓷厂"，把"新生、周龙顺、新五福窑"等三户合并成"新生瓷厂"，把"永安、联合昌、余福泰昌、孙恒茂、鸡头窑"等并入"国光瓷厂"，把"艾荣生、程秋顺、黄玉同昌、余盛记"等并入裕民瓷厂……截至 1955 年底，全市"联营瓷厂改为公私合营瓷厂的工作已基本上完成。全市出现了十三个公私合营瓷厂。私营瓷厂只剩下了六家"。不久，剩余的六家私营瓷厂"要去合营的心情愈加迫切"[2]，最终，1956 年 1 月 16 日，"景德镇市人民委员会批准全市瓷器工业全行业合营，把十三个老公私合营厂和六个公私合营厂合营为十个大型的公私合营厂"[3]（景德镇公私合营发展进程，详见表 1）。后来，这些大型的公私合营厂逐渐过渡到大家熟悉的"十大瓷厂"，"1958 年 7 月 1 日，将 10 个公私合营厂与 10 个瓷业合作社合并为 10 个大型瓷厂，同时转为地方国营"。[4]

---

[1] 杨永峰：《景德镇陶瓷古今谈》，中国文史出版社 1991 年版，第 115 页。
[2] 江西省轻工业厅陶瓷研究所：《景德镇陶瓷史稿》，生活·读书·新知三联书店 1959 年版，第 376 页。
[3] 江西省轻工业厅陶瓷研究所：《景德镇陶瓷史稿》，生活·读书·新知三联书店 1959 年版，第 377 页。
[4] 杨永峰：《景德镇陶瓷古今谈》，中国文史出版社 1991 年版，第 119 页。

表 1　景德镇市瓷业经济成分发展表 [①]

年份	经济类型				说明
	私营	国营	公私合营	合作社营	
1949	100.00	——	——	——	1956 年系按照目前生产比重各生产能力统计
1950	98.89	0.889	——	0.131	
1951	95.09	4.51	——	0.40	
1952	92.22	5.21	——	2.57	
1953	87.37	5.22	3.11	4.30	
1954	57.16	5.85	22.91	14.08	
1955	28.75	6.15	43.85	21.25	
1956	——	10.74	58.40	30.86	

　　至于茶叶领域亦是如此,作为出口换汇的主要商品,新中国成立后,人民政府大力扶持浮梁茶的生产,"1950—1954 年间,共发放茶叶无息贷款 19.88 万元"[②],在原有的私人茶厂与茶号的基础上,先后建立了"浮梁红茶机器制茶厂"(后改为景德镇茶厂,该厂作为新中国第一批国家建设的 19 个重点茶厂之一,集生产、收购、加工、销售为一体,在 20 世纪 90 年代以前是我国出口功夫红茶的骨干企业)、国营浮梁县茶厂(后改为九龙山茶叶精致厂)等。

　　总之,这一时期,景德镇的老字号都坚决执行了党的政策,实行公私合营,而公私合营的结果使得近代以来积累了一定品牌美誉度的老字号企业全部变成了计划经济体制下国营企业的一部分,虽然此举对原本老字号的经营实体恢复发展起了一定的作用,但由于高度集中的管理体制,政企不分以及品牌意识保护的不足,也为老字号的未来恢复工作增加了难度。

五、改革开放以来景德镇瓷茶老字号的恢复、发展与存在的问题

　　党的十一届三中全会以后,虽然景德镇的经济体制有所改革,但是由于瓷茶两业的特殊性,尤其是瓷业领域,"由于窑和原料一时难以解决,景德镇的陶瓷个体作坊起

---

① 江西省轻工业厅陶瓷研究所:《景德镇陶瓷史稿》,生活·读书·新知三联书店 1959 年版,第 378 页。
② 冯云龙主编:《浮梁县志》,方志出版社 1999 年版,第 541 页。

步比较晚"[1]，因而国有经济依旧在很长的历史时期内占据绝对垄断地位。景德镇个体私营经济真正活跃是到了20世纪90年代以后，随着国家市场经济改革的推进，国有瓷厂纷纷走向了关停、改制和停产，从而造成了大量有一技之长的工人下岗，个体陶瓷作坊开始雨后春笋般出现，但是这些早期的私人作坊丝毫没有商标意识，更谈不上对老字号品牌这类具有重要文化遗产价值商标的保护与利用，因而目前景德镇地区瓷茶两业数万家中小企业中，只有区区六家省级瓷茶老字号品牌，据笔者在市县（区）商务部门调查得知，这仅有的六家瓷茶老字号品牌（详见表2），注册商标能追溯到新中国成立以前的只有景德镇青花瓷恋瓷业有限公司的"罗炳升造"、浮梁县天祥茶号有限公司的"天祥号、江资甫"、浮梁县恒德昌茶业有限公司的"恒德昌"三家，即使是这三家，其申报材料对历史文献资料的收集与整理力度严重不足，很多所谓的"证据"其实都是来自20世纪80年代编写的地方文史资料，没有确切完整的近代档案、报刊等第一手史料，因此在申报国家级老字号方面存在不少硬伤。其实，明清两代及民国时期，在景德镇诞生的知名老字号品牌数量众多，有些品牌在中国近代商业史上有十分重要的代表性，没有得到很好的保护与传承，造成文化的断层，殊为可惜。

表2　景德镇市"江西老字号"企业统计表

序号	企业名称	注册商标	备注
1	景德镇市金桂园农业开发有限公司	孚钉	第一批次
2	浮梁县浮瑶仙芝茶业有限公司	浮红	第一批次
3	浮梁县恒德昌茶叶有限公司	恒德昌／恒德昌号	第二批次
4	浮梁县天祥茶号有限公司	天祥号、江资甫	第三批次
5	景德镇逸品天合陶瓷有限公司	昌南	第三批次
6	景德镇市青花恋瓷业有限公司	罗炳升造	第三批次

资料来源：景德镇市商务局。

另外，景德镇市的老字号企业经营规模都不大，截至2019年，全市8家老字号企业，销售总额也才"23283.5万元"（数据来源于景德镇市商务局《景德镇市"江西老字号"企业2019年度发展情况报告》），至于出口方面，以最大的出口茶叶企业浮瑶仙芝为例，基本也就维持在每年500万美元左右（占全市茶叶出口比重约90%）（口述资料，

---

[1] 方李莉：《传统与变迁：景德镇新旧民窑业田野考察》，江西人民出版社1999年版，第45页。

受访人：浮红茶业有限公司总经理吴翊东，采访人：许亮，访谈地点：浮瑶仙芝公司，访谈时间：2021年4月29日），且是为外企贴牌生产，无法使用自有老字号品牌出口，而邻县婺源2019年获得中国茶叶百强县，据相关媒体报道，截至2019年9月底，婺源"茶叶出口额高达5519.4万美元，占全省83.6%"[①]，两地差距之大，让人唏嘘不已。

六、振兴景德镇瓷茶老字号的对策与建议

如前所述，景德镇目前的老字号企业，无论是数量还是发展质量上都与其历史文化名城的地位不相匹配的，究其原因，就政府层面而言，重视和扶持力度远远不够；就企业角度而言，大部分老字号仅仅是借壳而已，根本没有认真对待所持老字号品牌过往的历史，而经营理念、品牌意识、产品结构等又跟不上时代潮流，从而限制了企业的发展壮大。

景德瓷、浮梁茶都是跨文化交流的天然使者，是自古以来中西交流的典范，是最具中国特色的文化符号，理应在新时期"一带一路"背景下再次见证丝路的繁荣，让世界感受中国气派、中国品质和中国精神。目前，景德镇也正在创建国家陶瓷文化传承创新试验区，党和国家领导人及全社会都对景德镇这座独一无二的城市给予了很高的期望。奥斯瓦尔德·斯宾格勒说："一切伟大的文化都是市镇文化，这是一件结论性的事实。"[②]历史上的瓷茶老字号是景德镇城市文化的重要组成部分，凝结着这座千年瓷都特有的历史文化和地理属性，也是这座城市重新赢得文化自信和文化认同的重要媒介。因此，面对这份重要的文化遗产，保护与传承好它亦是我辈义不容辞的责任与义务。笔者认为振兴瓷都老字号品牌必须从以下两大方面着手：

第一，从政府层面而言，制定详细的老字号发展规划尤为必要，这些规划既能涵盖当下需要紧迫采取的如老字号企业历史建筑的维护与修缮、各类经营与管理资料（商标、股票、制度文件、传说故事等）的收集与整理等，也要工商、税务、宣传等部门在品牌推广、税收优惠、人才引进等方面的前瞻性部署。笔者观察到，虽然2021旅发大会召开期间，老城区很多建筑物纷纷挂起了历史上的老字号商标，但仅仅只是一块招牌而已，招牌背后的故事与产业无从知晓，因而不但不能让市民与游客对传统老字号品牌产生深刻的认知，反而让人徒生反感，从而不利于未来老字号品牌的保护与

---

① 程丹、单长华：《婺源荣获"2019中国茶业百强县"称号》，《上饶晚报》，2019年10月24日。
② ［德］奥斯瓦尔德·斯宾格勒：《西方的没落》，商务印书馆1993年版，第199页。

传承。

第二，从企业自身角度而言，面对新的市场环境，老字号在夯实传统生产与经营模式的基础上，也必须与时俱进，加强品牌的经营管理，以当下信息化时代为例，"互联网+"已经成为各行各业的主流趋势，融媒体时代的来临更是让任何企业都无法避免和拒绝，以老字号品牌"中茶"为例，2011年与京东合作以来，"基于京东大数据，深入挖掘和分析线上年轻消费的实际需求"[①]推出的符合年轻人喜好的一系列专属产品取得了圆满成功。反观景德镇的瓷茶老字号企业，在这方面做得很不够。据笔者调研获知，我市六家瓷茶老字号企业目前虽然都开通了微信公众号营销平台，但是多数活跃度不够，即使偶有更新，营销内容和手段也很陈旧，无法吸引眼球，个别企业甚至长达数年未更新动态。再以线上销售的主流平台淘宝为例，目前也只有浮瑶仙芝、天祥茶号两家开通了旗舰店，而粉丝总共不过两千余人。至于时下处于风口的直播销售，也只有浮瑶仙芝等个别企业才开始涉足，销售业绩亦不甚理想。

七、结语

本文认真梳理了景德镇瓷茶两业的发展历史，认为瓷茶两业自古以来就是景德镇的立镇之本，尤其是在构建国家陶瓷文化传承创新试验区的当下，景德镇又迎来了历史上最好的发展机遇，瓷茶两业老字号品牌的振兴正逢其时，它既是景德镇"打造一座与世界对话城市"的战略资本，也是向全世界展现"美景厚德镇生活"的绝佳载体，因此我们没有理由不将其保护好、传承好。

作者简介：许亮，景德镇陶瓷大学副教授，博士，硕士生导师。

[①] 张恒军、吴秀峰：《中华文化海外传播：话语权、价值观与影响力：以中华老字号为中心的考察》，中国社会科学出版社2019年版，第266页。

浮梁古村落文化遗产保护与旅游开发研究

董 翠

古村落是中华民族古老文化最生态化的记忆，它们如同一颗颗璀璨的明珠散落在全国各地，焕发着古老的生命力。由于年代久远，景德镇浮梁县内的众多古村落建筑群因年久失修，基础设施十分薄弱，面临着保护与发展的瓶颈。随着乡村振兴和文旅融合产业的兴起，传统古村落文化遗产价值得到社会普遍认可，与旅游相结合是古村落可持续发展的重要途径。但古村落所需的原生态保护与旅游开发产生了一定的矛盾，如何正确处理保护与开发的关系是发展古村落亟待解决的问题。保护古村落，不仅要保护以建筑为主的物质文化遗产，更重要的是保护其世代传承的非物质文化遗产。

一、古村落文化遗产概述

"古村落是一个功能复合的多文化空间，它承载着生产文化、生活文化和精神文化，也传递着历史文化、地域文化与民族文化，是文化的历时性、共时性的统一，是物质文化、非物质文化的集合体，也是生产、生活节律活动的承载地。"[①]散落在我国各地的古村落是中国社会历史发展的见证，承载着我国农耕社会的生态记忆。我国古村落研究始于 20 世纪 80 年代中后期，特别是 2000 年徽州村落成为世界文化遗产以来，国内许多学者从建筑艺术、人居空间、历史文化、社会结构、保护与开发等方面对我国古村落进行了研究。近年来，随着社会经济的高速发展，我国学者逐渐意识到古村落旅游开发的重要性，对于古村落的研究主要集中于古建筑特色、文化空间构成、生态保护与开发等方方面面的内容。事实上，并非任何一个村落都可以称为"古村落"，古村落的"古"，首先体现在它有五六百年以上的历史，其次，它应该是具有一定的建

---

① 季诚迁：《古村落非物质文化遗产保护研究》，中央民族大学，2011 年。

筑价值、景观价值和民俗价值。

古村落文化遗产是一个庞大系统的综合体，包括具有历史学、人类学、美学、艺术价值的建筑物、遗址和文物等等的总和。① 著名的古村落保护专家冯骥才认为，文化遗产既有物质的部分，也有非物质的部分，古村落就是这种物质与非物质遗产的综合体，它既包括了以物质形式凝固下来的"躯体"部分，也包含了大量靠人的言行传承下来的"灵魂"部分，比如生活的民俗、信仰的民俗、节日的民俗、婚丧嫁娶的民俗，还有各种各样的民族艺术，这些共同形成了一整套的地方风情。② 由此可见，古村落文化遗产既包含了具有显性化特征的物质文化遗产，也包含了隐藏于物质文化遗产之中的非物质文化遗产。

二、浮梁古村落文化遗产保护与开发的问题及不足

浮梁古村落历史文化悠久，村落数量众多。瑶里古镇于 2005 年被列入中国历史文化名镇名录，江村乡严台村和勒功乡苍溪村分别于 2008 年和 2010 年获"中国历史文化名村"殊荣。这些古村落建筑景观价值极高，类型丰富，地域特色明显。但随着古村落旅游的开发，浮梁古村落保护与开发面临着诸多问题。

（一）古建筑风貌残缺，影响生态聚居环境

浮梁古村落有着上千年的历史，许多具有徽派建筑特色的古村落建筑构件都已老化。即使获得中国历史古村落称号的 8 个村，古建筑也未能得到很好的保护，导致古建筑消失 30 余栋，至于散落在各乡村的古建筑消失就更多了。③ 由于部分村民收入不高，政府扶持资金有限，这些古建维修费用较高，致使许多古村落的主要建筑已残破不堪。例如，江村乡严台村村民曾引以为傲的古祠堂因破坏严重失去了往日的辉煌，更无法成为村民集中交流的公共共享空间。浮梁古村落聚居景观极具生态人文性，但建筑空间和室内生活设施已无法满足现代人的居住需求，这就导致一部分村落建筑被修缮或改变空间格局；由于原住村民搬至古村落附近另建新房，许多建筑已成为"空心"建筑，这不仅促使古建筑消亡的加快，还破坏了原有的村落历史风貌。现代仿古

---

① Walsh K：The representation of the past: Museums and heritage in the post-modern world，Rout -Ledge,1992。
② 王恬：《古村落的沉思——中国古村落保护（西塘）国际高峰论坛论文集》，上海辞书出版社 2007 年版。
③ 施和平：《历史古村传统文化传承与开发对策研究——以江西浮梁县为例》，《景德镇学院学报》2019 年第 1 期。

新建筑与古建筑并存的环境，也使原有的聚居生态环境遭到一定破坏。

（二）非物质遗产保护与开发程度不足

联合国教科文组织对非物质文化遗产的定义是："被各群体、团体、有时为个人所视为其文化遗产的各种实践、表演、表现形式、知识体系和技能及其有关的工具、实物、工艺品和文化场所。"当前，浮梁古村落的旅游开发十分注重保护以建筑、景观、自然环境为主的物质文化遗产，对历史人文、风俗、礼仪、节庆、传统手工艺技能等非物质文化遗产的挖掘和开发程度较低。事实上，地处景德镇浮梁的古村落早已形成了独特的地域性非物质文化遗产，包括当地语言、传统习俗、节庆礼仪、地方戏曲、传统茶文化和瓷文化等，这些都应作为旅游保护的切入点。发展古村落旅游，既要开发有形的物质文化遗产，也要挖掘和保护无形的非物质文化遗产。只有这样，古村落旅游才有可持续发展的生命力。

（三）旅游开发过度，管理与后期维护滞后

古村落旅游资源是人类生态旅游资源的代表，具有垄断性与可创新性，同时还具有巨大的文化和经济影响力，却又是十分脆弱的旅游资源。[①] 在浮梁地区一些已经开发的古村落，配套设施的不便和部分游客素质不高，给古村落带来了严重的环境污染。例如，著名的 4A 级风景区景德镇瑶里古镇，地处三大世界文化遗产（黄山、庐山、西递宏村）的中心，旅游资源十分丰富，素有"瓷之源、茶之乡、林之海"的美称。由于在旅游开发初期对旅游环境污染问题未予充分重视，致使宾馆、饭店迅速发展，为提高自身收入，村民将自家建筑乱搭乱建，改作餐饮、住宿之用，商业氛围极为浓厚。此外，由于景区管理与维护较为滞后，村内设施不足，致使部分游客乱扔垃圾，给古村落带来了一定的环境污染。另外，从居民的生活环境上来看，由于传统和现代生活方式交错在一起，在一定程度上破坏了当地原汁原味的古朴生态环境，也影响了旅游区居民的生活环境和生态平衡。

三、浮梁古村落文化遗产资源的旅游价值

江西历史文化悠久，素有"物华天宝、人杰地灵"之誉。浮梁县位于景德镇东北

---

① 程乾、付俊：《基于游客感知的古村落旅游资源评价研究》，《经济地理》2010 年第 2 期。

部，属于亚热带季风气候，光照充足，雨量充沛，森林覆盖面积大，自然资源丰富，其境内以中低山、低山和丘陵为主，有"八山半水一分田"的说法。浮梁古村落是指浮梁县地域范围内，以瑶里、东埠、江村、严台、沧溪、桃墅、勒功和磻溪等为代表的古村落，是具有共同地域文化背景的历史传统村落，经过千年积淀的浮梁古村落文化遗产类型丰富，包含有物质文化与非物质文化遗产要素，具有极高的旅游价值。

（一）具有原真性的景观价值

浮梁古村落历史悠久，数目众多。其中，瑶里被列为"中国历史文化名镇村"，沧溪村和严台村被列为"中国历史文化名村"。由于特殊的地理环境，浮梁古村落大多位于四面环山的自然环境中，陆路交通不便，相对闭塞，而昌江及其支流又把古村落和外面的世界紧密联系起来，从而形成多样而又统一的自然环境空间布局。[①] 浮梁很多古村落都有着上千年的历史，明清时期徽派古建居多，以青砖黛瓦马头墙为特色，建筑艺术高超，装饰精美，类型丰富，包括古城墙、宗祠、庙宇、街巷、古桥、古塔、古码头、古井、古墓、瓷文化遗址等，都具有较高的人文观赏价值，也是浮梁古村落文化遗产的重要组成部分。众多村落选址都依山傍水，拥有得天独厚的自然环境。村中一山一石、一桥一水都如同一幅幅山水画，成为美丽的自然景观。瑶里古时盛产制瓷原料——瓷石和釉料。所以，瑶里人们早在唐代就开始制作瓷器。有"瓷都之源"美称的瑶里古镇自古以来以瓷为业，发展了制瓷胎釉原料生产、水道运输等产业，至今保留了明清时期兴起的古码头，既有便于人们生活之用的码头，也有供瓷业运输的码头，这些都已成为瑶里古镇的特色旅游风光。此外，浮梁茶文化可追溯到1000多年前的唐朝，至今仍是重要的产茶区，这些茶园和当地的自然人文景观完美融合。每到采茶之际，茶园都是茶农忙碌的情景，构筑了天人合一的完美景象，形成了浮梁古村落特有的茶文化景象。

（二）技艺高超的建筑文化价值

游览浮梁古村落，给人印象最深的是独特地域文化影响下的徽派建筑群。由于景德镇地处赣、皖二省交界处，明清时期与徽商贸易往来十分频繁。因此，浮梁古村落群深受徽派建筑的影响，至今遗留下来的明清时期徽派古建居多，具有马头墙、粉墙黛瓦的徽派建筑特色。浮梁古村落现存有大量的公共建筑，包括"一步岭""蜚英坊"

---

① 崔鹏：《浮梁古村落生态景观与瓷都关系初探》，《农业考古》2012年第3期。

等牌楼、"三贡坊"街亭和"严溪锁钥""朝水门楼""张水门楼"等门楼、理学祠、敦本堂、程氏宗祠、汪氏宗祠、张氏宗祠等公共宗祠。此外，民居建筑多是院落式建筑，建筑工艺精湛，雕刻技法更是娴熟。村落建筑中处处可以看到雕刻精美、具有传统吉祥文化寓意的砖雕、木雕和石雕等，装饰性强。这些珍贵的建筑遗存反映了浮梁独具地域性的建筑景观和历史风貌，成为浮梁古村落最具价值的旅游资源。

（三）丰厚的民俗文化价值

浮梁古村落文化底蕴丰厚，非物质文化遗产种类颇多，包括民间传说、姓氏族谱故事、景德镇地方语言、瑶里山歌、采茶歌、婚嫁习俗、节庆风俗等，尤以浮梁茶文化景观和陶瓷文化景观最为突出。这些历史人文组成的非物质文化遗存与有形的物质文化遗存共同承载着当地历史的记忆，如同一个民风民俗博物馆，在旅游资源的开发中占据重要地位。古村落深厚的历史文脉，加之得天独厚的自然地理环境和保留较为完善的生活习俗，使古村落最具原真性，这也是久居现代城市的居民最向往去体验游玩的最大原因。例如，严台村的村名就有一个传说。相传东汉名士庄光因远离政治，避光武帝名讳，改名为严子陵隐居于此，与山水为伴，过着耕读和富春桥垂钓的生活，古村因此得名严溪。严台村在古代是茶叶贸易的中心地段，在景德镇瓷器艺术土壤中产生的茶文化形成了本地特有的瓷茶文化。其中，"天祥"茶号工夫红茶曾在1915年美国旧金山召开的太平洋博览会上获"巴拿马金质奖章"和奖状，其制作技艺堪称一绝，这些具有历史人文价值的非物质文化遗产有待深入挖掘。

（四）独特的茶文化价值

浮梁产茶历史悠久，可追溯到唐代，是中国名茶和贡茶的重要产地，至今仍是我国重要的产茶区。瑶里镇被誉为"瓷之源、茶之乡、林之海"，严台、桃墅和磻溪均是茶文化资源十分丰富的古村落，生产茶叶的茶园占地面积很大，村民仍在进行茶叶种植和经营。浮梁茶文化影响下的种茶、采茶、品茶等作为特色旅游资源，带动了当地经济的发展。从2004年开始，景德镇已在浮梁举办了多次"景德镇·浮梁茶文化旅游节"，以茶文化为契机，带动浮梁古村落当地的瓷文化、茶文化、民俗旅游项目的发展。

四、浮梁古村落文化遗产保护与旅游开发的对策

（一）浮梁古村落文化遗产保护与旅游开发的建议

1. 在保护的基础上适度开发

当前，古村落与旅游相结合是我国古村落主要的发展趋势。旅游既能带动当地经济的发展，也能使古村落资源得到充分的认识和利用。但古村落开发与保护的关系如果处理不当，就会对古村落造成不可挽回的损失。古村落的开发要依据"保护第一、开发第二"的原则，即在保护的基础上进行适度开发，使古村落良性发展。在旅游开发过程中，有些居民或开发商受经济利益的驱动，对古村落资源尤其是古建筑进行整改时只是简单建筑形式上的模仿和复制，破坏了古村落的传统韵味。因此，对古村落自然景观遗产应建立一定的保护区，对古建的改造，应遵循"最小干预、可逆性、可识别"的原则，在修建满足现代人生活设施的基础上，保护原有的建筑风貌和空间布局，可以借鉴乌镇建筑方面的开发原则。乌镇保留了原生态的生活方式，保留了一个活着的千年古镇，成为一道亮丽的风景。乌镇的保护原则是：承接古镇文脉，保持古镇风貌，力求原汁原味，做到"整旧如故，以存其真"。[①]

2. 加强非物质文化遗产的活态传承

非物质文化遗产产生和存在于特定的自然和社会文化环境，并随之演化而被传承或绝灭。非物质文化遗产的保护与传承是古村落旅游发展的重中之重，需进行活态传承。当地政府应进行适当干预，积极采取一定的措施，加强非物质文化遗产及其传承人的保护与活态传承。非物质文化遗产植根于代代村民中，实施活态传承最重要的就是人的参与，这里的人不仅仅是指持有非物质遗产技能的个人，还指"群体"传承人。村落保护的核心是人，人和人的生活场景才是最宝贵的旅游资源，人的衣、食、住、行的日常生活背后即是活态的非物质文化遗产传统。因此，保护古村落，就要营造一定的经济条件和生活环境，激发村民对自己生活着的土地的热爱，自觉融入古村落的生活和建设中，让古村落的非物质文化遗产在人的生活中实现传承。浙江省西塘古镇被誉为"活着的千年古镇"，一方面是传统明清建筑保存完好，另一方面就是现代西塘人一直生活在其中，延续着文化传统。引用中国传统村落保护与发展中心秘书长马知遥《中国（福建）古村落文化遗产保护高峰论坛纪实》中的话："让村里的人真正认识

[①] 李枝秀：《古村落保护模式研究——以江西为例》，《江西社会科学》2012年第1期。

到，村子里祖辈流传的民间故事与神话，老人们哼唱的小曲、小戏，能工巧匠们制作的木雕、石雕以及灰塑、嵌瓷，是多么宝贵的记忆和技艺。我们在极力寻找、呼唤的，是村民的文化自信，是村民保护故园的自觉。"

3. 合理规划古村落旅游线路

散落在浮梁境内的古村落较多，空间跨度较大，开发较成功的是瑶里镇，正在着手开发的有中国历史文化名村严台村和沧溪村，后者间隔不远，但由于交通闭塞，旅游十分不便。目前，从景德镇市区去严台村，每天只有一个班次的客车，且没有当天返回的车辆，只适合自驾游。从严台村去往沧溪村也仅有私家车才能到达，这也是当地旅游业还未形成气候的主要原因。因此，着手规划旅游线路，建立各个景点之间的交通纽带，才能树立浮梁古村落片区旅游的形象。婺源古村落就将各旅游点分成以从月亮湾到五龙山的东线、从理坑到文公山的北线、从严田到石城的西线，各景点串联有序，乘车时间安排紧凑，方便游人的参观，这对浮梁各村落有着很好的借鉴价值。浮梁古村落相对独立但又不可分割，应进行整体保护、统筹规划和纽带连接。我们应合理规划旅游线路，可将浮梁主要古村落旅游路线规划为：东线的瑶里、东埠，北线的勒功、沧溪、江村、严台、磻溪、桃墅等，结合景德镇周边其他景点如婺源、黄山、庐山、西递宏村等著名旅游景点打造旅游线路，加强省内和跨省村落之间的合作，以树立浮梁古村落旅游形象，形成区域旅游网络，打造旅游产业链。这必将吸引更多的游客体验古村落建筑遗韵和民俗文化，从而提升景德镇浮梁古村落的旅游形象，带动各项产业的发展。

4. 加强旅游管理与维护

为减少旅游开发后游客给古村落带来的环境污染，在旅游开发过程中，应采取政府、村委与外资协作经营管理的模式，加强旅游管理与后期维护。浮梁古村落总体经济水平较低，资金较为缺乏，通过政府监督、村民参与、招商引资的方式，借鉴我国其他地区旅游发展与管理的经验，提高旅游开发过程中村民、旅游者和旅游从业人员环境保护的意识。通过立法、警示、教育等形式，建设与古村落相匹配的公共服务设施，以预防为主，尽可能地保护好古村落的原始风貌和生态环境，以促进旅游产业下的古村落可持续发展。

（二）浮梁古村落保护性旅游开发的适宜模式

1. 非物质文化遗产展演的模式

保护古村落，保护有形的物质文化遗产就相当于保护了古村落的"躯壳"，植根于古村落特定土壤和人类生活之中的非物质文化遗产才是古村落的灵魂。深入挖掘非物质文化遗产的核心，通过文化展演的方式，促使非物质文化遗产广为人知，代代相传，为古村落文化旅游注入新鲜的活力。例如，民间传说、民间故事类可采用文字石碑或导游口述等方式加以展示，浮梁古村落有着许多动人的传说故事，严台古村的来历就是其中之一。又如，浮梁的采茶戏、民间舞蹈、采茶技术、制瓷技术等都可以作为非物质文化遗产进行集中时间段的表演，而节庆民俗类则可以在每年特定的时间进行展示。这些展演模式都是旅游的卖点，对古村落旅游中非物质文化遗产的宣传起着积极的作用。

2. 主题旅游开发模式

与传统大众旅游不同，主题旅游是指对某项专题或某一目的地进行深入的了解与体验，从游客的不同身份、切身需求、独特体验、消费心理出发，为其量身定制旅游线路。研究表明，许多游客对大众熟悉的旅游体验感到厌倦，希望通过某种旅游，获得一种特殊的体验。形式新颖、内容丰富、主题性强的旅游产品更能吸引他们的眼球。近几年，主题旅游在我国如雨后春笋般纷纷涌现，项目多种多样，如丝绸之路、茶马古道等作为我国经典的文化主题旅游，受到人们的青睐；还有依托体育赛事所举办地的主题旅游，以美食为主题的旅游等等，都是旅游产品成功策划与开发的典范。一个良好的旅游主题形象是古村落旅游的无形资产，能增强旅游者对目的地的正面感知。因此，构思一个好的体验型旅游主题，在一定程度上能增强旅游者在旅游活动中的综合体验价值，并容易让旅游者印象深刻。目前，浮梁县每年在五月举办一届茶文化旅游节，活动非常丰富，有茶歌会、古镇写生、茶道表演、龙灯劲舞、采茶制茶，还有拉坯等活动，这种主题旅游的方式同样可应用于浮梁古村落。浮梁各村落间彼此关联，应在该区域建立一定的旅游路线后，依据每个古村落不同的特点，开发以当地节庆、特色美食或瓷茶文化为主题的旅游方式，从而使游人得到特殊的文化体验，树立古镇独特的形象。

3. 生态性体验产品开发模式

古村落旅游的居住和游玩仅仅是旅游的一种方式，体验本土风情的文化和生活才是更吸引游客的地方。古村落景观不仅要可观可赏，还要可品可尝，在古村落的衣、食、住、行本身就是纯真性十足的身心体验。应依据古村落的特色项目进行生态体验产品开发，增强其文化性和参与性。例如，瑶里镇在严台村有一个至今仍在使用的传统油坊，油坊为框架木结构，室内空间十分高大，古色古香。它可作为特色性的体验场所，让游客参观或亲自动手榨油。又如，景德镇手工制瓷技术是闻名中外的非物质文化遗产之一。在浮梁古村落的开发中，可利用这一资源在村落附近选址，建造一座手工制瓷体验馆，让来往的游人亲身体验制作瓷器的过程和乐趣。此外，美食服务方面，要展示当地饮食文化的特色，就餐环境、座位文化等都应精心布置，突出原真性体验；还可选择典型的传统民居对外开放，建设一些茶文化为主题的休闲度假、参观游览的采茶园、茶文化体验区，选择部分民居开办乡村旅馆、茶吧与咖啡馆，还可充分利用村落中的古戏台，设立真人赣剧表演节目，让游客在古村落中尽情感知和体验浓浓的乡村文化。

4. 旅游文创产品开发模式

旅游产品作为古村落旅游宣传、纪念和增值的商品，在旅游开发模式中已屡见不鲜。旅游纪念品浓缩了地域和民俗风情，沉淀着旅行的记忆。因此，旅游纪念品的开发首先应能够反映当地特色，在旅游市场上具有独特性。浮梁旅游资源丰富，旅游纪念品的开发项目较多，瓷茶文化下的各类茶叶、茶食品、茶器、陶瓷工艺品都是具有较高价值的特色纪念品，具有鲜明的地方文化特征。此外，景德镇还有品种丰富的土特产，如野生香菇、木耳、茶油、火笋、笋衣、干蕨、苦楮豆腐、香榧、板栗、锥栗、乐平桃酥、乐平谷酒、野生中药材等土特产。这些都可以作为旅游产品进一步开发，提升其附加值，逐步形成区域品牌，推动古村落旅游业的发展。

五、结语

古村落如同一个包容性极强的博物馆，蕴含着丰富的旅游资源。尽管瑶里古镇已形成"网红"打卡特色旅游景区，但浮梁古村落的整体性保护与开发还需加快步伐。要注意的是，开发的前提是保护，在保护的基础上谈开发，才是古村落旅游的基本原则。有形的物质文化遗存与具有地域特色的非物质文化遗存共同承载着古村落的历史记忆，古村落的保护与开发，应以村落整体空间为保护范围，将其所包含的物质文化遗产以及非物质文化遗产都容纳其中，结合村民现代生活的需求，进行活态的、本土的、整体性的保护与开发。此外，发展古村落旅游需要政府的引导和扶持、各界资金的融入和专家的指导，还需加强区域协作，依托当地特色文化遗产进行合理开发，以促使古村落在社会经济发展中具有更长时间的使用价值和保留价值，真正为景德镇旅游产业赋能。

作者简介：董翠，女，景德镇陶瓷大学设计艺术学院副教授，设计学博士。

浮梁古县衙的建筑体系和权力空间

李兴华

州县官方建筑作为中国古代地方治理和多种权力并存和博弈的治所所在，除历史沿革、典章制度、民俗文化等无形文化表征外，其外在有形的文化如建筑符号、建筑布局和空间位置，也以实物的形态诉说中国古代地方政治、经济、文化和社会生活，以无声的语言记录古代地方权力空间和民间记忆，并成为一种文化模式，潜意识地强化政治权力和文化认同，发挥教化作用。浮梁古县衙保有江南明清县治的建筑制度和风格，具有极高的个案研究价值。其选址、建筑体系、空间布局及建筑空间背后反映的权力、制度、文化等值得关注，是官方治理和地方权力以及地域文化在县衙建筑上的综合体现。

本文运用福柯的权力空间理论，对浮梁古县衙的标志建筑及空间布局、权力象征、文化语境等进行分析，试图揭示有形的建筑空间背后的社会制度和文化模式，找寻古代县衙建筑在建筑、空间、权力、文化之间的内在关系。

一、城垣衙署：传统礼制下的建筑体系

《周礼·考工记》：匠人营国，方九里，旁三门。国中九经九纬，经涂九轨，左祖右社，面朝后市，市朝一夫。这意味着中国古代建筑布局准则和模式在《周礼》中就规定了。这种建筑等级制度，历经唐、宋、明、清各代，发展成为一套完整、严格的等级制度，在屋顶的式样、屋身的间架、台基与栏杆的尺度、装饰与色彩等方面都有明确的等级规范与相应的法度。各级城市、衙署、寺庙、宅第建筑和建筑群组的层次分明、完美谐调，城市布局的合理分区，秩序井然，形成中国古代建筑的独特风格。

浮梁县位于江西省东北部，"开元四年，刺史韦玢再置，改名新昌，天宝元年，改

名浮梁"①。浮梁县旧无城，元末至正年间，县令于光始筑。高一丈六尺，周七百二十四丈，濠濠深广，各一丈五尺，设东、西、南、北、小南五门。《大清一统志》卷二百四十、城池载：浮梁县城周四里，有奇门六，濠广一丈五尺。元至正中始筑，明永乐中甃石，嘉靖三十七年更筑，本朝康熙三年、十年俱重修。②浮梁古城建在船形地上，元代初建时只有五门，明清多次重修，共开八门。城内一条小溪，是引昌江水流经县城再从水西门流入昌江，把县城分为东西两部分，而形成太极八卦状，属于圆城形式，这种圆城主要是受浮梁所在江南山区丘陵地形影响。城墙约七里，与明清上县规模相称。

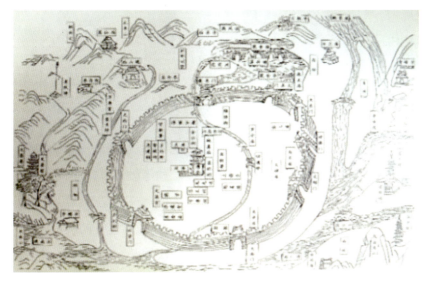

图1　县城之图
（康熙二十一年
《浮梁县志》）

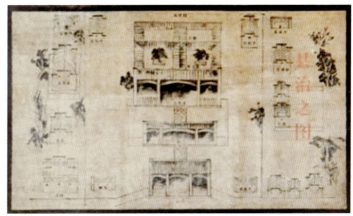

图2　县治之图（康熙二十一年《浮梁县志》）

① （清）陈淯等修《（康熙）浮梁县志》，成文出版社有限公司印行《中国方志丛书》华中地方第八三五号，第147—149页。
② （文渊阁本）《钦定四库全书》史部地理类 总志之属《大清一统志》卷二百四十城池。

　　　　　　　　　　　　　　　　　浮梁古县衙的建筑体系和权力空间

景德镇市图书馆收藏的清康熙二十一年《浮梁县志》刻本卷三"建制"条目中，有城池、公署、学校、津梁、坊表、秋祀、武备、储恤、寺观九目，反映了清代地方城市形态的基本构成要素。《浮梁县志》县城之图中城里标明了诸如：县署、督捕署、军粮署、急递铺、乡约所、漕仓、上谕亭、魁星楼、儒学、浮梁营、射圃等机构；城外则有：崇圣坊、老校场、养济院、聚奎亭、后乐亭、步蟾亭、盐仓岭、盐袍坑和江昌书院、绍文书院等建筑。这些标志建筑正包含上述九个基本要素，其中城池（城墙）、公署（县衙）、学校（儒学、书院）、津梁（渡口与桥梁）、坊表（牌坊、祠）、秋祀（祠、坛）、武备（捕督署、乡约所、老校场、浮梁营、射圃）、储恤（军粮署、漕仓、养济院）、寺观（寺、庙、观、宫、塔）等是中国古代地方城市形态的基本构成要素，组成了传统礼制下的建筑话语体系。

二、以北为尊：县衙建筑的权力身份

中国古代社会等级分明，官方建筑和民间建筑分处于主要建筑空间位置和次要空间位置。儒家文化中有"犹如北辰，众星拱之"的政治理念和等级传统，浮梁古县衙建筑也体现了坐北朝南、以北为尊这一传统形制和格局。县衙建筑不仅与城垣内其他建筑一起，形成传统礼制下的古代县域建筑群落，而且自身也独具建筑的权力身份：坐北朝南，势高居中，轴线控制；主次有序，左文右武，依次展开；独立封闭，前堂后宅，功能齐备。

《大清会典》工部卷五十八规定：各省文武官均设衙署，其制：治事之所为大堂、二堂、三堂，外为大门、仪门，大门外为辕门；宴息之所为内室，为群室；吏攒办事之所为科房——按察使司及府、厅、州、县署例皆设库狱。[①] 代表帝王治理民众的县署和有官方背景的系列建筑在建筑位置上处于中心或者优越的地理位置，不仅有坐北面南的文化心理优越感，也有俯视民间建筑的空间优势。

浮梁县衙历史上多次损毁于兵灾水患，又多次在原址上重建。现存浮梁古县衙建于清朝道光年间，处于城西北较高位置，占地95亩，是我国江南唯一保存完整的清代县衙。该县衙严格按照古代县级衙署的规制设计布局，在中轴线上从南到北建有照壁、头门、仪门、大堂（亲民堂）、二堂（琴治堂）、三堂、东西花厅和后花园，两厢建有税房（茶税、瓷税、盐税、矿税、户税、碳税）、六房（吏房、户房、礼房、兵房、工

---

① 《清会典》工部 五十八卷，商务印书馆，第 697—698 页。

房、刑房），主体建筑围绕大堂严谨有序地展开。东轴线上建有育正堂、土地祠、金公祠、酂侯祠、三班所、架阁库、常平仓、县丞署；西轴线上建有狱轩、主簿厅、典史厅、督捕厅。天井与庭院结合，过渡空间以廊道相连；木质结构外露，月梁斗拱素雕。形成符合官方建筑制度、功能完备而又具有地方建筑传统风格的县衙建筑群落。

县衙头门和仪门之间，仪门和大堂之间以甬道贯通，两个宽大的院落与对称布局的建筑，给人以宏大神秘之感；大堂是知县接受圣旨、举行典礼、审理案件、迎送官吏的地方，上方有"明镜高悬"匾额，正中屏风上绘《山水朝阳图》，山正、水清、日明，意喻清正廉明的县官形象。大堂高大明亮、庄重森严，在某种程度上就是县衙建筑的象征符号。正如福柯说：一部完全的历史仍有待于写成空间的历史——它同时是权力的历史。福柯探讨了"控制"关系（Domination），认为权力关系或多或少"暗示"了冲突斗争的存在，在控制体系中，一个普遍的权力关系网络渗透入社会的每一个环节，几乎所有人或多或少都被卷入了这"一个"权力关系网络。福柯认为所有的历史事件应被还原为各种空间化的描述，每一个历史事件位置的迁移、疆界的划分、历史地图的重建，都不仅仅是简单的线性时间的记录，要

图 3　仪门
图 4　亲民堂
图 5　琴治堂

浮梁古县衙的建筑体系和权力空间

对其进行权力关系的分析。①

三、五间七架：县衙建筑的制度安排

中国传统社会以"礼"治国，礼法要求人们在衣、食、住、行各个方面都遵循严格的制度规范，在建筑中则表现为建筑等级制度。通过对人们所使用建筑物的造型、规模、风格等方面的限定来决定其在社会上的身份地位，官员权力体系和治理体系转化为有等级身份符号的建筑体系，从而维护一个严格有序的社会制度。建筑是国家权力在场的体现，明清时期各地县衙、儒学、庙坛等官方建筑都带有王权的背景，通过建筑强化王权。"州县衙署的空间格局也是中轴对称的空间秩序，明清县衙一般在中轴线上依次布置衙门、仪门、大堂、二堂和内宅，两侧为督捕、典狱、花厅、庙堂及相关设施。"②

自唐代开始，衙署建筑的等级制度就以间与架为制度标准之一。间是房屋的宽度，两梁之间算一间；架为房屋的深度，两桁之间为一架。（唐）《营缮令》中关于屋舍营造的规定如下："三品以上，堂舍五间九架，门屋五间五架；五品以上，堂舍五间七架，门屋三间两架；六七品以下，堂舍三间五架，门屋一间两架。"③《明会典》中规定：一品、二品官，厅堂五间九架；三品至五品官，厅堂五间七架；六品至九品官，厅堂三间七架。④清代规定："一品二品，厅房七间九架，正门三间五架，用铜环；三品至五品，厅房五间七架，正门三间三架，用锡环；六品至九品，厅房三间七架，正门一间三架，用铁环。"⑤这充分表明古代县衙主体建筑的间架数量是建筑等级的制度安排，从唐到清各朝代之间也具有承袭性。

《清史稿》卷六十六志四十一："浮梁冲，繁，难。"⑥与一般的七品县衙不同，浮梁县衙的大堂为五间七架，衙门、仪门三间三架，属五品县衙建筑规制。浮梁拥有瓷茶两大税源，影响波及京城，所以其在建筑规制上也享有高于一般县治的等级。因所辖景德镇是制瓷名镇，明清两代朝廷在景德镇设有督陶官员，浮梁知县与景德镇御窑

① 周和军：《空间与权力——福柯空间观解析》，《江西社会科学》2007 年第 4 期。
② 曹国媛、曾克明：《中国古代衙署建筑中权力空间运作》，《广州大学学报（自然科学版）》2006 年第 1 期。
③ 《唐会要》卷三十一。
④ 《明史·舆服志》。
⑤ 《钦定大清律例》卷十七《礼律·仪制》。
⑥ 《清史稿》卷七十五，志第五十一。

图6 县丞署
图7 大堂
图8 浮梁巡检

厂的督陶官之间存在一种特殊的权力关系。而御窑厂督陶官的背景特殊，可直达天听，所以浮梁的治理模式与一般县域有所不同，高配县官是为更好地协调地方官员和平衡各方势力，县衙内一块乾隆年间钦赐浮梁为五品的奉旨碑就说明了这一点。

县衙建筑是官方权力和治理的象征，是县令升堂问案行使治理权的场所，也是朝廷威严施于地方的表现。建筑所反映的权力空间还表现为建筑物的高度上，大堂、二堂等主体建筑明显高于其他建筑，也处于中心位置，通过空间位置表达一种权力优越地位，普通民众通过仰视其建筑空间而表达对这些权力的敬畏。此外，在县衙建筑组群中，还可以读到地方治理权和监督权、知县行政权和民间乡贤权、行政主官和辅助官员之间的共存与制约关系。

四、天地神人：县衙建筑的文化场域

中国古代信仰是多神和自然神信仰，寺庙与民间信仰表现为神祇的在场。中国最

浮梁古县衙的建筑体系和权力空间

图9

图10

图11

图9　县衙大门
图10　金公祠
图11　土地祠

高的自然神是天，天之下有风、云、雷、雨、山、川、社稷、城隍等神。明清时期对这些神祇都有一定的祭祀仪式，并以时致祭，还相应地修建了一些坛庙祠堂等祭祀建筑。天地神人的文化场域在县衙空间里同样存在。明清县衙按建筑功能可区分为治事之所、宴息之所、吏攒之所、仪礼之所、祭祀之所，相应表现为政治空间、公共空间、信仰空间等不同类型。县衙建筑的官方背景（代天子治理）和土地庙是天地存在，先贤祠、金公祠、狱神庙是神祇的出场，亲民堂、琴治堂、县丞署、巡检署等官员办公和居住建筑是人的空间，共同构成天地神人共存的县衙空间模式。其中，祭祀之所是沟通天地神人的场所，其他则是人的空间。这个庞大建筑空间里有王权的威严，有神权的静谧，更多的是世俗的文化精神。

浮梁古县衙各个单体建筑大门上、正堂及两侧立柱上有大量的楹联，极具中国传统的政治文化语境。县衙大门楹联："治浮梁一柱擎天头势重；爱邑民十年踏地脚跟牢。"大堂楹联："欺人如欺天毋自欺也；负民即负国何忍负之。"亲民堂楹联："法合理与情尚能三字兼收广无冤狱；清须勤且慎莫谓一钱不要便是好官。"等等。这些楹联对仗工整、思想深邃，体现了世俗官吏的文化精神，折射出治理理念、官民关系、权力的本质以及对权力的敬畏；其中，爱民而不负民、情理法的统一、清勤慎的境界、好官对地方的重要性等，均值得玩味，在当代也有现实意义。如果说建筑形式是身体，那么楹联就是建筑的灵魂。建筑使用者的身份、地位、修养和信仰等都会投射到建筑空间中，建筑因而也就有了文化身份和符号意义。这些衙门里的楹联，是封建社会官吏施政的理念表达，是朝廷对地方官员的职责要求，也是官员个人的修齐治平的情怀，所以县衙建筑不仅是权力空间，还表达了许多精神性的东西，成为文化空间。

县衙建筑反映的这种集王权、神权与乡绅权一体的治理模式也是中国古代地方治理智慧和经验的总结。《明史·府州志》："知县，掌一县之政。凡赋役，岁会实征，十年造黄册，以丁产为差。——凡养老、祀神、贡士、读法、表善良、恤穷乏、稽保甲、严缉捕、听狱讼，皆躬亲厥职而勤慎焉。"从中可以看出知县承担繁重的治理任务，王权统治依靠的是专制强力，属于短期效应，仅靠权力本身无法达及百姓内心深处，也无法有效平衡各种关系，必须熟悉地方情况，尊重乡绅，因为税赋征收与地方秩序维护都必须得到地方势力的支持。借乡绅以治事，借神权来治心，是一种政治智慧，也是古代一种成功的治理模式。

海德格尔在论及建筑的本质时，把建筑理解为人的栖居，把栖居理解为人在大地上"是"的方式，归属于栖居的建筑以场所的方式聚集天、地、神、人四重整体。[1] 其实，中国古代天地神人一直是和平共处和相互凝视的，人的空间和神的空间并没有绝对的界限，天地人神共处在某种程度上说是中国人的集体文化范式。

五、障列屏开：县衙建筑的风水意象

关于浮梁县治之形胜，康熙二十一年《浮梁县志》记载："据西北高阜，左抱青峰，右环西山，前瞰塔峰，后枕孔阜。内则五马诸水迤卢剌坑，而左朝鸳鸯览五水历锦绣街而顺趋，外则永济阴砂湾如环节，西山松桂对峙若呼。又外而大河一自西而南出三间庙，一自北而南由祁达饶，包络缭绕众石在河上者，形家谓之水口禽星。又外则王师、同瞻、五华、鹿角在东；青龙、金鱼、九英、万户在南；阳府、万寿、黄连、鹰棸在西；明堂、御笔、双峰、红杏在北，皆峰峦绣耸，障列屏开，郡志称山川如画。"[2] 可见，浮梁县治选址是大有讲究的。

① 孙周兴选编：《海德格尔选集》，上海三联书店1996年版。
② （清）康熙二十一年陈淯等修：《浮梁县志》，成文出版社有限公司印行，《中国方志丛书》华中地方第八三五号，第147—149页。

图 12　南门

关于浮梁县治风水，鲍一复在《浮梁县治记》中有如下形容："西北有孔阜之峙，昌水漾带朝揖于东南，而厅堂基址特居高阜，据中以御四讫，故代毓英贤，如志籍所登科甲之魁、文章理学以及开封疆翼❶，皇猷祀乡祠而配太庙者，肩膺踵继。"[①] 历史上浮梁县治选址时，正是根据了传统风水理论。把县城选在孔阜山南麓，一是其后有孔阜山作屏蔽（为靠山），以昌江对岸石榴峰为案，符合风水宝地兼有靠山案山的风水定律。二是昌江之水自北经东曲环至南由西南流出，对县治形成环抱之势，东河与昌江之水在城南交汇，使水流缓慢，蜿蜒迂曲，荡荡悠悠，一步三顾，符合"山环水抱必有气""源宜朝抱有情，去口关闭紧密"的风水原则。

在中国古代风水学中，自然形象常常转化为一种意象进入人们认识视野，成为一种体认自然与人的文化认知模式。借山之形真喻龙，谓山之绵延走向为脉。强调山环水抱，明堂开阔。中国古代城市营建中重视选址，实际上是古人适应自然、谋求长治久安的经验选择结果。风水理论认为："吉地不可无水""地理之道，山水而已"。从今日观点来看，所以注重水法，首先因为水对生态环境即所谓"地气""生气"至关重要，这是对以农为本、水为农业命脉的认识。凡耕渔、饮用、舟楫之利以及调节小气候，莫不仰仗于水。风水家相地重水，还出于对交通和防御的考虑，选址于河曲处，且以水流

---

① （清）康熙二十一年陈淯等修：《浮梁县志》，成文出版社有限公司印行，《中国方志丛书》华中地方第八三五号，第892—893页。

三面环绕缠护为吉，谓之"金城环抱"，是出于基地安全考虑。此外，浮梁古城地若船形，南北较长，东西不宽，南北中脉高，东西两翼低。民间传说县城像船形，县域高地上的红塔为杆、东西两座白塔分别像两根竹篙，北门附近大姓祠堂建筑为帆，这些景观有助于浮梁这条船乘风破浪，扬帆远航；对历任浮梁知县来说，这种建筑意象也符合其仕途顺利，飞黄腾达的美好期冀。

综上，建筑和景观对人来说不仅是一种客观存在，还是一种主观的意象和文化心理的投射。正如哈里斯所说："如果把空间降格为客观存在的话，人类甚至不可能找到自己在世界上的位置——也就是这个世界就会变成不适合栖居的地方。"[1]

图 13　红塔

六、结语

浮梁古县衙建筑是制度规章和多种权力的空间表达。在浮梁古城建筑中，我们能够看到王权、神权的身影，也能感受制度的存在。浮梁古县衙建筑是天、地、神、人共有的文化空间。通过建筑和特定场合，天地神人在仪式中进行对话和交流。浮梁古县衙建筑是中国古代州县治理的文化空间模式。中央与地方、政治与文化、神祇与人等都在建筑中以符号呈现，完整地表达出中国地方治理的文化空间模式。

作者简介：李兴华，景德镇陶瓷大学中国陶瓷发展研究院教授，博士生导师。

---

① ［美］卡斯腾·哈里斯：《建筑的伦理功能》，华夏出版社 2001 年版，第 172 页。

清代浮梁古县衙选址布局及造园艺术探究

周　洋

衙署为中国古代为官者办理公务的场所，也是统治者政治权力的象征，汉代称官寺，唐后冠以"衙署、公署、公廨"等称号。[1] 衙署园林由衙署的庭院绿化点缀和署内住房建筑后建置的园林（犹如宅园）两部分组成。[2] 浮梁五品古县衙平地而起，闹中取静，远览昌江秀丽，近观西塔夕阳，盆地开阔，水域含合，藏风聚气，乃"风水佳穴"之处；又可将水曲之美、红塔之趣尽收眼底。衙府内门楼高耸，三班六房、堂鼓石坊与香樟、桂花掩映成趣，为县官提供宣教祭祀、处理政务、休闲游憩的场所，肃穆雅静、意境深远，是江西传统园林中衙署园林的典型代表。本文从园林视角对浮梁古县衙的历史沿革、选址环境、空间布局、造园特色等方面进行深入分析，以期丰富江西衙署园林理论。

一、历史沿革概述

唐朝元和十一年（816），因水患，浮梁县署迁址于浮梁旧城处。北宋初年（961），于旧城村西建楼阁式宝塔，称之西塔，后因受雨水侵蚀致塔身通体染红，故又称红塔，乃昌江八景之一"西塔夕阳"所在处。其南侧为金公祠，原是纪念唐代县令金日安、金叔彦的祠庙，元代古县衙遭战祸损毁后，明洪武年间重建，万历三年又重修西塔。清康熙四年（1665），知县萧蕴枢鼎建县衙大堂，乾隆二十七年毁于火灾。[3] 而后道光年间县署又遭火焚毁，因无力重建，移至"金公祠"（浮梁古县衙今址）理事，并进行

① 陈芳春：《地方衙署遗址的保护利用研究》，安徽建筑大学，2013 年。
② 周维权：《中国古典园林史》，清华大学出版社 2010 年版，第 247—249 页。
③ 吴逢辰：《江南第一衙　浮梁县署》，江西人民出版社 2002 年版。

修缮改造。[1]民国五年（1916）陈安当知事时，迁县治于景德镇莲花塘。[2]浮梁古县衙历经千年，几度兴废，而现今遗存乃道光年间所建，距离景德镇市 8 公里，并于 1987年定为省级重点文物保护单位，2019 年成为第八批全国重点文物保护单位。

二、浮梁古县衙的选址环境

所谓"入鄱阳界者为鄱江，在浮梁者为昌江"，昌江是长江流域鄱阳湖支流，经安徽阊门（后称祁门）流入景德镇，是重要的水运交通要道，也为"浮梁歙州，万国来求"的繁荣盛况提供了保障。县衙外江水顺流而下，成玉带之状，犹抱月之势，临宫吉水，既满足生活需求，为往来交通提供便利，又与"河水之弯曲处乃龙气之聚会也"的堪舆美学不谋而合，可见浮梁古县衙择址是以曲水昌江为基础，堪舆理念为指导。

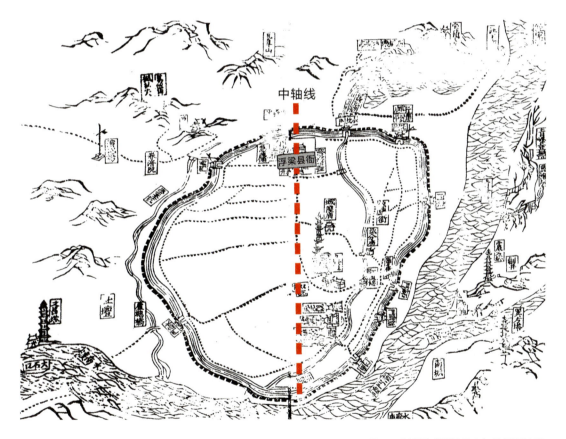

图 1　康熙版《浮梁县志》县署环境图

---

① 王弥强：《景德镇市古代园林调查研究》，江西农业大学，2017 年。

② 张高丽、丁航：《江西景德镇浮梁县古建筑文物的修缮与保护》，《文物鉴定与鉴赏》2021 年第 19 期。

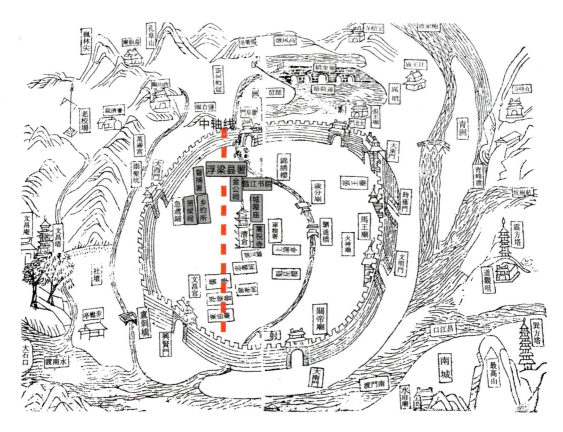

图 2 道光版《浮梁县志》县署环境图

清初古县衙择址于城郭北侧，轴线之上，居中而治（如图 1 所示），凸显了封建统治阶级的中心地位。清末改建于旧城村，民众聚集，交通便利，由中心的县衙依次向外递减，呈众星拱月之势（如图 2 所示），既利于官吏治理，达到绝对统治的目的，还紧密联系民众，为民所需，更凸显出"居中不偏""不正不威"的儒家礼制思想。① 县署内楼阁殿堂，雄伟庄严，雕梁画栋，与衙门外古朴简约的村落形成强烈的视觉差，愈加凸显统治者的权威、庄严，加之古木参天、庭院深深，使其闹中取静，天然雅致，衬托出衙府庄严肃静的氛围。

---

① 张娇娇、工欣：《浙江衙署园林选址及空间布局特征研究》，《山西建筑》2021 年第 5 期。

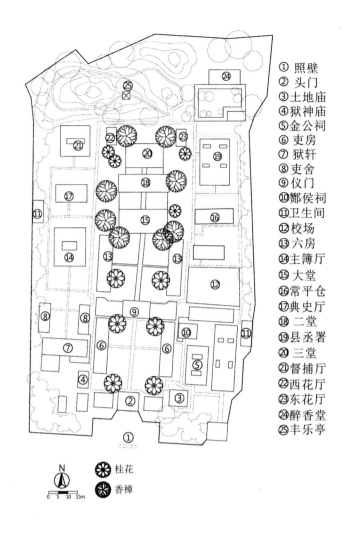

① 照壁
② 头门
③ 土地庙
④ 狱神庙
⑤ 金公祠
⑥ 吏房
⑦ 狱轩
⑧ 吏舍
⑨ 仪门
⑩ 鄅侯祠
⑪ 卫生间
⑫ 校场
⑬ 六房
⑭ 主簿厅
⑮ 大堂
⑯ 常平仓
⑰ 典史厅
⑱ 二堂
⑲ 县丞署
⑳ 三堂
㉑ 督捕厅
㉒ 西花厅
㉓ 东花厅
㉔ 醉香堂
㉕ 丰乐亭

N

❀ 桂花
✿ 香樟
0 5 10 15m

图 3 浮梁古县衙现状平面图

三、空间布局

地处浮梁镇的五品县衙，古色古香，环境清幽，现已形成占地 64495 平方米的大型衙署园林（如图 3 所示）。整体空间布局为纵轴横院，纵轴为东、中、西三轴，以照壁、大门、仪门、大堂、二堂、三堂为中轴线，自南向北展开，结合旌戒祭祀、办公理事、休闲游憩等复合功能，呈现出"前堂后寝"式布局。横向则以院落空间为主，缀以古木、牌坊、亭廊，形成起承转合、层层递进的游赏序列空间。依据功能划分为前门、中堂、后苑三部分，共六进院落（如图 4 所示）。古县衙整体布局严谨对称、井然有序，加之门堂威严，高墙相隔，古井相缀，花木扶苏，营造出前肃后幽衙院氛围。

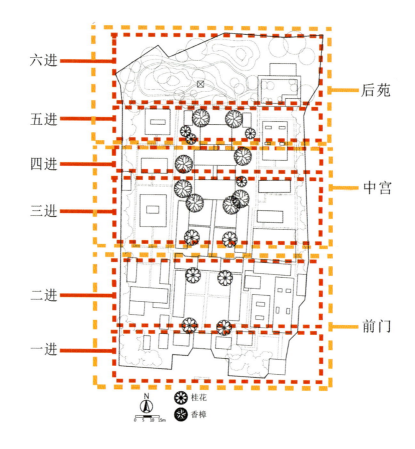

六进

五进

四进

三进

二进

一进

后苑

中宫

前门

N

桂花
香樟

0 5 10 15m

图 4　浮梁古县衙"三区六院"轴线图

（一）建筑布局

1. 前门（第一、二进）

前门两进院落组成，主要为旌戒宣教、祭祀祈福之所。古县衙东侧有红塔一座，高数十米，虽与其东西相邻，互为对景，却又相互独立，自成一景。中轴线上第一座建筑物为照壁（如图5），既可遮挡视线，营建障景，又与大门、广场相呼应，增加县署气势。壁身绘有莲花、祥云、蝙蝠等纹样，寓意吉祥如意、清正廉洁。大门又称头门（如图6），拾级而上，可见"八字形"头门映入眼帘，额坊上高悬"浮梁县署"的匾额，楹联上写着"治浮梁，一柱擎天头势重；爱邑民，十年踏地脚跟牢"，开门见山地表达为官从政的基本职责。[1] 其东西两边分别设置"喊冤鼓"及两块碑刻，经头门，

---

[1] 程仁发：《论江西浮梁古县衙文物价值》，《四川建筑》2021年第4期。

图 5　照壁

图 6　头门

图 7　仪门

图 8　香樟

　　　　　　　　　　　　　　　　　清代浮梁古县衙选址布局及造园艺术探究

"十字形"青石甬道映入眼帘，其东设土地庙，满足祭祀功能。

照壁至头门为第一进院落，也是县衙的导入空间，承上启下。进头门，通甬道，至仪门，中庭植桂，苍翠挺拔，为第二进院落。仪门分三间（如图7），高悬"仪门"匾额，中门为官员通道，东门为衙吏出入，西门则为死囚而设，无不体现封建等级制度的严格。其西为狱轩、吏舍、狱神庙，乃旌戒之所，东设金公祠、酂侯祠，为祭祀所用。前门以建筑为主，林木掩映，遵循"师法自然"之古法进行布置，既为庄严肃穆的衙署氛围提供了过渡空间，又使其与喧闹的城镇环境相离，呈现出古色古香的二进院落。

2. 中堂（中宫）（第三、四进）

中堂为县衙的办公场所，共两进院落。仪门之后至大堂乃第三进院落，为县官办公理事之所。经仪门，入衙院，内设六房，铺以青石，直通大堂。东为吏、户、礼三班房，其右设校场，左文右武，以东为上，西为兵、刑、工，左侧设主簿厅。西三房右为"澄镜"古井，凿于唐朝，清凉甘甜，常年不干，既供衙署日常用水，又起防火用水的作用。院内以青石路相通，约40米，在三分之一处设石牌坊，名之天语亭，取《颁令箴》"尔禄尔俸，民脂民膏，下民易虐，上天难欺"刻于石坊，以警示县令以民为本，[1] 秉公办事。大堂即正堂，是衙署建筑群的核心，也是县官拜牌迎旨、发布政令、公审大案的场所。[2] 其建筑为五间五架、九檩穿斗抬梁混合式结构，香樟高耸（如图8），轩昂庄重，烘托县衙的威严、庄重。堂中额枋置"亲民堂"，以示县官为父母官，与百姓相亲相爱，明、次为堂面，梢间以板壁及槅扇门隔断，为衙役房，堂中央设"暖阁"，为县官发号施令的法堂，设有仪仗、刑具等，其上置匾额"明镜高悬"，下设巨画《海水朝日图》。门堂、香樟、古井三者之间形成动态游赏路径，使威严庄重的建筑与郁郁葱葱的植物完美结合，营造出严穆幽静的庭院氛围。

经大堂至二堂为第四进院落，为县署官员日常办公之处。庭中植枣树两株，取"牡丹花好空入目，枣花虽小能结实"之意，以表县官干实事、求实绩之志。二堂又名"琴治堂"，象征统治者仁德治化、仁者之治，是商议政事、预审案件、退思小憩之处，其西为典史厅，东设常平仓，为辅助办公、仓储之所。堂侧植香樟，郁郁葱葱，堂间设天井，具采光、聚雨、排水之效，乃江南"四水归堂"之典型。大堂动刑罚，以法

---

① 王弥强：《景德镇市古代园林调查研究》，江西农业大学，2017年。

② 张艳恒：《河南明清衙署园林研究》，河南农业大学，2018年。

治县，二堂以德治县，法德相济。①

3.后苑（第五、六进）

后苑为两进院落，乃起居、会客、游憩之处。三堂为县令处理机密案件及亲眷居住地，堂后设东西花厅，香樟对植，缀以香桂，为县令及眷属宴客聚会、乘凉休憩之佳所，厅后设门，直通后花园。堂东县丞署，堂西督捕厅，三堂居中，为第五进院落，与《周礼》中"凡官府乡州及都鄙之治中，受而藏之"的封建礼制不期而同，同时严肃规整的建筑与苍翠挺拔的植物完美结合，营造出"庭院深深"的意境。第六进院落为香山别墅，乃游憩之所，因纪念白居易而建，凿池筑坡，设丰乐亭，亭东为醉香堂，院内绿茵浓郁、花木扶苏，四时皆景，恰如金起涛诗中"遥知槐绿荫浓处，池上还题醉白堂"所言。零星的建筑，配以古樟香桂，伴随着天光云影，模山范水，恰似一幅精美绝伦画作。

（二）空间序列

所谓"礼者，天地之序也"，周礼成为封建社会行为规范的准则，也深深影响着皇城、县衙的选址布局及建筑制度。从浮梁古县衙平面构图上分析南北纵向、东西横向的空间序列，可知纵轴为主，横轴为辅，主从分明，均衡对称。纵轴空间序列由三段式组成（如图9），第一段为起景，是空间序列的起点，包含署前广场、照壁、头门。头门为衙署的出入口，起引导作用，过头门至仪口，空间开朗，视野开阔。第二段为高潮，即为中堂部分，从大堂的院落空间至二堂，是整个衙署的中心部分，也是空间序列的高潮阶段，建筑星罗棋布，古木林立，苍劲挺拔，气势恢宏，衙署庄严肃穆之气油然而生；第三部分为后苑，为结景阶段，包含三堂和香山别墅，三堂有起居功能，由东、西花厅及三堂建筑围合而成，空间私密。经三堂至香山别墅，园内绿意盎然，山水相依，若隐若现，俨然一座幽静的江南庭院。浮梁古县衙纵轴景观空间序列由起点、高潮、结景三段式组成，主从关系明确，前后呼应，贯穿全园。

横轴则形成"前堂后寝"的院落空间，大堂居衙署中央，主簿厅、典史厅居西，县丞属、校场居东，布局方式遵循左文右武、东尊西卑的原则，院落规模由中央向两侧递减，层次分明，开合有序，相互连贯。"前堂"主要为办公理事、宣教祭祀所用，院落空间为"开"，视野开阔。庭院主体建筑大堂乃视线焦点，居中而尊，其东为，

---

① 张海英：《明清时期山西地方衙署建筑的形制与布局规律初探》，太原理工大学，2006年。

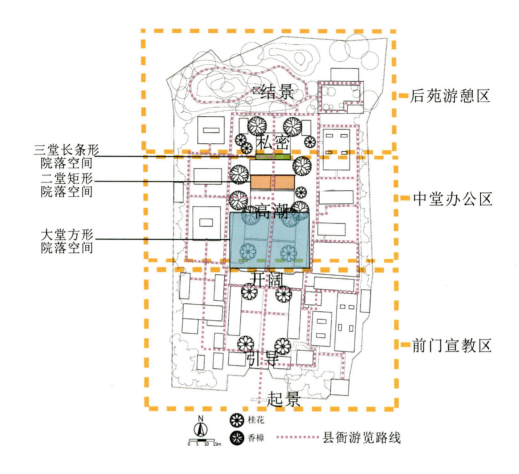

县衙游览路线

图 9　浮梁古县衙空间序列路线图

建筑高耸庄严，古木对峙，均衡对称，烘托出衙署园林威严肃穆的氛围。"后寝"则为休息、游憩之所，三堂院落空间呈"合"，高墙耸立，私密性强，清静舒适，乃居住、休憩之佳所。香山别墅独立成园，碧树如茵，山环水绕，厅堂相间，隐秘独立，整体呈内向性空间，既为县官宴游、游憩提供场地，更为肃然起敬的县衙增添一份幽然雅致。

四、营建特色

（一）临水而建，闹市择幽

昌江秀丽，红塔夕照，山环水抱，良好的自然环境促就了古县衙的建立。所谓

"吉地不可无水""水抱边可寻地",古县衙南临昌江,曲水环抱,西塔相伴,豁然开朗,乃风水之佳穴。古县衙为县地的政治中心,也是统治者政治权力的象征,择基闹市,房舍林立,车水马龙,既便于官吏管理,又利于民众求助。《园冶》中"市井不可园也;如园之,必向幽偏可筑",衙外虽市井喧闹,嘈杂繁忙,然府内高墙环绕,古木垂荫,筑山理水,亭廊相间,步移景异,可谓"无市井车马之喧而有泉石之胜",而市井的车水马龙愈加反衬出衙署园林闹中取静、幽然肃静的氛围。

(二)五行八卦,居中而治

浮梁古县衙依"五行八卦、居中而治"的思想进行整体布局。"先天八卦"定轴线格局,即乾南坤北,离东坎西。[①] 乾南坤北,定轴线布局,浮梁古县衙坐北朝南,东、中、西三轴并齐,以照壁、头门、仪门、大堂、二堂、三堂形成南北纵向的中轴线,既与道教"尊者居中"等级思想相合,又凸显封建"居中而尊"礼教法制。而西轴由狱轩、主簿厅、典史厅组成,东轴为常平仓、县丞署,均衡分布于主轴线两侧,形成阴阳平衡、左右对称的框架结构,与离东坎西,负阴抱阳的象天法地不谋而合。而"后天八卦"定建筑布局,东南为巽,主风谦和,故将金公祠、酂侯祠、土地庙等祠庙设于衙署东南部,以表谦卑恭顺;东北为艮,道阻之意,在县衙东北处为醉香堂,止步休息之所。坤西南,为死穴位,凶位不吉,将监狱置于县衙西南位;乾西北为天,喜土生金,故此处堆土筑坡,建设花园。堪舆五行学说认为,南火、北水、东木、西金。南火色赤,明亮之意,衙署"八字形"头门朝南开,红色门楼,寓意耳听八方、光明正大。[②] 县衙北凿池筑坡,山环水抱,藏风聚气,与五行"北水"之意相融。东为木,大堂东侧设常平仓,仓储设施,蓄粮之用,象征粮食丰收之意,北属金,金能生水,堂西有井,井水甘甜,与五行相符。

(三)前堂后寝,尊卑有序

《周礼·考工记》中"匠人营国……左祖右社,面朝后市,市朝一夫"就已提出"前朝后寝"的皇城规划,而地方府衙布局也受其影响,浮梁古县衙整体呈"前堂后寝"规则式布局。其"前堂"由"前门""中堂"组成,共四进院落,其主要为宣教办公之地,也是衙署园林的主要功能。各院落虽边界分明,自成一景,却开合有序,协

---

① 周洋、魏绪英、王凯璐:《龙虎山嗣汉天师府道观园林造园艺术探析》,《广东园林》2021 年第 3 期。
② 周柯佳:《川西衙署园林艺术探析》,四川农业大学,2015 年。

调统一，整体建筑布局规整对称，一脉相传，最终形成开合有序的衙署建筑群。浮梁古县衙的选址方向，建筑群体组合及单体建筑的规模形态，无不恪守礼法，透露出上尊下卑的等级伦理秩序。浮梁古县衙历经多次重修改建，均立于城郭中线之上，左右对称，愈加凸显其权力中心，统治地位。虽大堂、二堂、三堂均居中线之上，然作为主体建筑的大堂在体量气势、观赏效果上更胜于二堂、三堂，同时大堂院落中对植古樟、香桂，空间呈方形，观赏视距较佳，二堂庭中植枣，为矩形空间，视距缩短，三堂则未植草木，观赏性弱，故主要功能建筑在庭院尺度、植物种类、视觉效果等方面均更胜一筹，无一不体现尊卑有序的等级制度。

（四）景面文心，天人合一

古县衙喜对植香樟、桂花，常绿乔木，排列紧密，生机盎然，配以地形起伏构成全园竖向空间的基本骨架，也增加了衙署园林蔚为壮观的气势。自古香樟又称风水树，象征吉祥如意，而桂花中"桂"通"贵"，取其富贵吉祥之意。二堂院内植枣树，花小却能结实，以喻县令克己奉公、尽忠职守。衙署内利用照壁作障景，丰富空间层次，结合对植桂花、香樟等作框景，将园内景色收于"无心画"之中，增添诗情画意，营造园林意境。此外楹联题咏、碑刻传记也是丰富文化内涵、表达园林意境的重要方式之一，具有较强的艺术感染力，令人遐想。"治浮梁，一柱擎天头势重；爱邑民，十年踏地脚跟牢""尔禄尔俸，民脂民膏，下民易虐，上天难欺"，分别为头门、石牌坊的楹联，既表达县官勤政爱民、廉洁清正，又起画龙点睛、点明主题的作用。[①] 古县衙以古木掩其幽，以建筑壮其势，以楹联明其志，使园内外融为一体，从而达到"天人合一"的境界。

五、结语

浮梁古县衙是江西衙署园林的典型代表之一，通过对古县衙选址布局及营建特色的分析，现总结特点如下：（1）功能复合，办公为主。浮梁古县衙以县官办公理事为主，兼具宣教旌戒、祭祀祈福、宴游休憩等功能。（2）崇尚居中，遵循天象。浮梁古县衙择基于城郭中轴线之上，外有曲水环抱，呈众星拱月之势，内有建筑星罗棋布，象天法地，头门、大堂、二堂等主体建筑与东西两侧的次要建筑遥相呼应，尽显

---

① 刘辉：《历史文化中的为政箴言——品读浮梁古县衙楹联》，《秘书工作》2019 年第 12 期。

衙署园林庄重肃穆之气。（3）轴线对称，尊卑有序。浮梁古县衙内东、中、西三轴齐行并举，既尊卑有序，又严谨对称，将封建儒家礼制思想、统治地位展现得淋漓尽致。（4）"三区六院"，起承转合。浮梁古县衙依功能分为"三区六院"，"三区"为前门宣教区、中堂办公区、后苑游憩区。"六院"则指六进院落，以院墙相隔，门窗相通，既相互隔离又互相渗透，院落空间层层递进，起承转合，形成丰富的动态游赏序列。（5）师法自然，情景交融。浮梁古县衙虽置身于市井街坊中，却围以高墙，师法自然，缀以古木，饰以亭廊，楹联点题，情景交融，步移景异，既不失衙署园林严穆庄重的格局，又尽显江南古典园林的幽静天然的气氛。

（备注：图1作者改绘自清康熙二十一年《浮梁县志》，图2改绘自清道光三年《浮梁县志》，其余均由作者团队拍摄或绘制）

作者简介：周洋，女，景德镇学院生物与环境工程学院讲师。

下编

浮梁县名渊源考

林进军

唐天宝元年（742）八月十四日是浮梁县立名之日，也是中秋节的前一天。按阴历公历换算这一天是公元 742 年 9 月 17 日。此时，唐玄宗李隆基一道敕诏从京城传到了江南道鄱阳郡新昌县治地——南城里，敕令八月十四日新昌县改名浮梁县。新昌县县令邓暕年初迎来了改年号天宝、饶州复为鄱阳郡的喜日，八月又接到发敕命改县名，一时昌水东岸南城里又为中秋佳节添了一份喜讯。

五代至宋政治家、史学家王溥撰《唐会要》七十一卷记载："江南道……饶州。新昌县。开元四年又置……天宝元年八月十四日，改为浮梁县。"明代《饶州府志》记述得更清楚："浮梁，鄱阳东北境。唐高祖武德初置新平县录饶州，寻省并之。玄宗开元间复置新昌县，天宝改元改名浮梁县。"国家改元县改名，唐李隆基改了年号又大改一批县名。

开元盛世后唐玄宗改元，改成天宝年号，史界诸多学者共识认为主要原因有三：一是李隆基已执政了 29 年整近 30 年，认为一生中的大事已经办完，要享受成果。二是开元二十九年（741）他的同辈兄弟李守礼、李宪先后去世，为了消晦气要改元。三是认为天降宝符。唐玄宗做梦梦见了始祖老子。地方官吏也给玄宗上了一个祥瑞，说在函谷关的所在桃林得到玄元皇帝李耳即老子灵符，实指《道德经》，这是促改元天宝的直接原因。

为此，玄宗加尊号开元圣文神武皇帝。改官名：侍中称左相，中书令为右相，黄门侍郎改为门下侍郎，刺史改称太守。改地名：东都洛阳改名东京，北都太原改名北京，上都长安改名西京；将州改为郡，如饶州复为鄱阳郡，并改天下 1528 个县名不妥者及重名 110 处。

改称浮梁县亦有历史演变过程。最早是唐高祖李渊平定江左后，武德四年即公元

621年在鄱阳的东北境"析鄱阳置"新平县。新平县只存在了四年，武德八年（625）又并入鄱阳。到唐玄宗开元四年（716）已废新平县95年。恢复县治这要感谢一个叫韦玢的人。"开元四年廉问使韦玢以土地沃广，请复新昌县，治新昌江口"（《寰宇记》）。唐朝的廉问使即观察使别称。廉问，意思是察访查问。

韦玢何许人也？唐京兆杜陵（今陕西西安）人。历太常少卿兼司农少卿、分司东都、尚书左丞、冀州刺史等职官。京兆韦氏是唐代最重要的士族家族之一。唐代韦氏有二十位家族成员拜相，冠显全唐。韦玢以鄱阳县"土地沃广"地域太大，不宜管理需要分置为由，一纸奏书，唐玄宗御笔准奏，开元四年（716），在东河与北河汇合处的新昌乡南城里复置新昌县。

新昌县为何改为浮梁县的主要原因还是重名。唐玄宗改元后改重名的县有110处。经查史料唐以前有叫新昌的或叫过新昌的地方有九个。而天宝元年八月十四日这天改名的有两个县，一个是江南道鄱阳郡（饶州）的新昌县更名为浮梁县；一个是河北道钜鹿郡（邢州）柏仁县更名为尧山县，今河北省邢台市隆尧县。改名叫新昌县，据《寰宇记》载："以新昌为县因乡名焉。"新昌县是因新昌乡而得名。唐朝实行的是乡里制，南城里则是新昌乡下辖的里。新昌县在南城里存在了26年，正是唐代最辉煌的开元之治，唐朝此时是世界上最强盛的国家，史称"开元盛世"。

那么新昌县更名为何叫浮梁？唐李吉甫《元和郡县志》卷二十九记载："天宝元年改名浮梁。"主要有以下说法。

一是浮桥说。检索古文史料较早提出浮梁一词的是《辏轩使者绝代语释别国方言》，简称《方言》一文。作者扬雄（前53—18），又作杨雄，字子云，蜀郡成都（今四川成都）人，西汉末年哲学家、文学家、辞赋家、思想家。《方言》第九："舟，自关而西谓之船，自关而东或谓之舟，或谓之航。……艒舟谓之浮梁。"东晋时期学者，文学家、训诂学家郭璞注"艒舟谓之浮梁""即今浮桥。"

元朝皇庆年（1312）曾任浮梁州知州的郭郁，字文卿，在其著作《编类运使复斋郭公敏行录》中记录："浮梁古以浮桥得名。"此论断比《郡县释名》（1603）早291年。

二是飞鱼说。明确提出"浮梁县得名因此"要数唐朝编的《歙州图经》和宋《太平广记》等文献。

唐代开元天宝年间（713—756）是《歙州图经》长足发展的时期。《歙州图经》记载了一则有关文鳐鱼的故事，认为浮梁县因此得名。这以后北宋太平兴国年间（978）李昉等编著《太平广记》；宋祝穆《方舆胜览》；南宋曾任过景德镇监镇的罗愿编的

《新安志》都记录了这个史实。清代著名学者、文献学家陈梦雷编辑的《古今图书集成·禽虫典》卷一四六，也引用《歙州图经》，但文字更简洁："歙州赤岭下有大溪。俗传昔有人造横溪鱼梁，鱼不得下，半夜飞，从此岭过。其人遂于岭上张网以捕之。鱼有越网而过者，有飞不过而变为石者。今每雨，其石即赤，故谓之赤岭；而浮梁县得名因此。"唐玄宗李隆基以图经之说而将新昌县改为浮梁县也是完全有可能的。

三是涨水说。目前，比较占上风流行的说法是明代郭子章的《郡县释名》中浮梁县释名。郭子章（1542—1618），字相奎，号青螺，自号蠙衣生，江西泰和县人。明朝大臣、史学家。释名就是要探求事物命名的由来和根源。这位江西老表大臣"以溪水时泛，民多伐木为梁也"为浮梁县释名。《明一统志》也解释了此事，"洪水泛梁木横新昌江口，人因以济故名焉"。并有注按："古者桥，谓之梁。意古昔盛时渡河者众，舟楫不及，必于今南城或云峰渡连舟为桥以济。"《饶州府志》也有此记载："以溪水时泛伐木为梁故名或传洪水泛梁木横新昌江口，人因以济故名。"

"溪水时泛"小溪水泛大河漫。浮梁山区多溪"直到门前溪水流"。浮梁叫溪的地名也颇多，如：双溪、沧溪、英溪、锦溪、慈溪、清溪、浯溪、西溪、磻溪、严溪、建溪、柳溪、梅溪、寒溪、寿溪、石溪、桥溪、侈溪、盘溪、琅溪、明溪等等。兄弟分居也常以溪而定，唐代就有朱氏兄弟分居七溪、金氏兄弟分居三溪等等。

"伐木为梁"梁应指的是桥梁。《说文》："梁，水桥也。"清代《康熙字典》"梁"的解释则更多。溪水经常将百姓搭的过溪木桥冲走，只能去伐木重新立桥，溪多桥多，据饶州府志《饶州府关梁考》记载浮梁县仅石桥就有50多座。

浮桥说、涨水说归结还是桥梁。唯有飞鱼说有些另类，但也与梁有关"昔有人造横溪鱼梁"。浮梁与皓舟、桥梁、浮桥、"横溪鱼梁"等等均可做同类解。

作者简介：林进军，中共景德镇市委政法委退休干部。

浮梁县碑刻的初步研究

付火水

浮梁地处皖、赣两省交界之地的赣东北山区，建县历史逾千年，历史文化底蕴极为丰厚，保存下来的文献资料较多，散存于城乡各地的碑刻资料极其丰富。这些碑刻文字所反映的社会经济和历史文化领域的内容十分广泛，是历史研究中不可多得的第一手原始资料。更为重要的是，有些碑刻因自然和人为的原因，还在受到不断的损毁。因而，开展对包括碑刻在内的文化遗存的调查与研究，不仅有为研究提供第一手资料的作用，而且还有着更为重要的抢救文化遗产的意义。

经过几年来的广泛搜集，我们在浮梁城乡搜集到反映历史文化信息的各类碑刻 106 通。这些碑刻资料，内容涉及宋代以来的历史人物、宗族、民俗、社会与文化，特别是陶瓷生产等各个领域，其学术价值值得进一步挖掘。

一、碑刻文献的时代分布与分析

截至目前，我们搜集抄录整理的碑刻共有 106 通[①]（含摩崖石刻）。这些碑刻都是历史上社会、经济与文化发展过程的真实记录。在这些碑刻资料中，时间跨度从宋代到民国时期。从已经初步整理出来的情况看，明清时期的碑刻资料最多，其中尤以清代居多，兹列表如下。

---

① 李新才等：《千年遗珍——浮梁县第三次全国文物普查成果图典》，江西美术出版社 2013 年版。

浮梁县碑刻文献的内容分类及时代表

时代内容	宋代	元代	明代	清代	民国	不详	总计
宗族碑刻			1	23			24
人物碑刻	13		6	2	1		22
记事碑刻			8	10			18
示禁碑刻			8				8
宗教碑刻	1	1		7		1	10
陶瓷生产管理类碑刻				21	3		24
分计	14	1	23	63	4	1	106

通过上表，我们可以看到，宋明时期的人物类碑刻较为丰富，也印证了宋代、明代两个历史时代江西人才发达的历史；宗族管理类碑刻24通，多为清代碑刻，说明浮梁地方宗族势力较为强大，宗族力量强大并渗入民众生活和地方事务管理。宗教类碑刻从实物说明"浮梁之俗，颇喜浮屠"。大量的陶瓷生产管理类碑刻，更是彰显了地域特色，反映了瓷业生产中的"制度文明"。

二、碑刻文献的主要内容

我们对收集碑刻的范围做了比较明确的界定，即能够反映社会、经济、历史、文化艺术的碑刻（含摩崖石刻），桥梁题额石刻尚不包括在内。从以上的106通碑刻来看，其内容是相当丰富的，略概括而言，大体可分为以下几大类别。

（一）宗族类碑刻

宗族是传统社会的基础，它控制和影响着人们的生产与生活甚至是精神世界。它拥有自己的田地山场等族产，对宗族成员进行管理以及掌管祖先的祭祀和坟墓的祭扫。我们在收集的碑刻中，关于宗族运作内容的碑刻占据了较大的比例。宗族在管理基层公共事务与社会秩序方面，也发挥着其他组织难以发挥的重要作用。浮梁县受徽州文化影响，宗族势力比较强大，江西郑氏宗族的祖训："宗事于众，无小大俱集庙，从长公议。"庙，就是宗族祠堂，为一族的议事机构。宗族类碑刻遗存较多，如经公桥镇郑氏祖庙修庙碑（5通）；瑶里镇詹氏宗祠"奉宪勒石"碑；经公桥镇新源村郑氏宗祠

"述祖饰后"碑；兴田乡夏田村汪氏家庙碑刻（2通）；经公桥镇爱敬堂"重修爱敬堂序"碑，记载计氏源流；峙滩乡龙源村叶氏宗祠"合族公议"碑；峙滩乡清溪村章氏宗祠"奉金大老爷"碑；勒功乡上八股祠堂碑刻（4通）。

此类碑刻，内容多为介绍宗族源流、管理宗祠、维护族产、规范宗族成员的行为。如勒功乡上八股祠堂碑刻《献祀小引》碑：

<h2 style="text-align:center">献祀小引</h2>

从来典祀之制者，皆以表水木木源之思，矧吾始祖兵部尚书王公讳璧，功炳唐室，德垂后裔。奠食合享，尤万万不宜缺者。公墓祁西苦竹巷，每逢仲春有祭、冬至有祭，自唐、宋、元、明迄今未之或易也。吾族自前明润三公登天启贤书领祭以来，虽各祠输有丁田而寥寥无几，依序承办，费廉品俭，仅不失祀而已。乾隆庚辰，祁宗倡首，特建家庙于闪里，隔墓里许，改例春祭祭墓，冬祭祭庙。壹切陈设礼仪较前大丰，几觉极盛之下，难为继矣。故自三十六年辛卯届后罔有敢接，首者率虑此耳。爰是吾祠鸠众会议劝各□有力之家勿吝□费，以荒大典，每名各出田租贰秤，厥成壹会名曰上献，派班管理。岁十一月冬至薄奠于本祠。凡输田亩者，每名勒讳附享，各给后裔胙肉壹斤外，此剩余公同封贮或置产或生息，待合族输首管祀之年以助本祠公费。今计在会七十五名矣。恐历久无凭，聊叙颠末及土名租数，概行勒石以垂不朽，或于木本水源之思，少补万一云尔，是为序。

皇清乾隆四十一年季夏月　　倡首孙光泽、化行、世兴谨识

礼芳间门门内过道左侧墙面上镶嵌的告示牌，铭文为"门间屋内乃村内出入要道，务宜洁净以壮观瞻"等，署有"道光九年（1829）七月上浣缘善殃众立款"。该间门对研究明清两代乡村间门建筑群组合法则，以及间门建筑管理制度，都有不可忽视的价值，是不可多得的历史实物资料。

"冯叔礼公山场碑"，立于乾隆二十年，"祖居休邑冯村，于季唐、宋宣和年间迁浮梁玉岭兴义都居住。历管等处山场为业。恐人心不古，合族商议，勒石标明。日后倘有秩下子孙私行出租，出卖山场，祠内查出定即究治"。"庙外会面山请业告示"碑也是此类碑刻。

浮梁宗族在维护农村社会治安和经济秩序方面也是作用显著，最能集中反映浮梁宗族维护社会治安和社会稳定的碑刻，是大量保存下来的"禁赌碑"。蛟潭镇吴家村禁赌石碑，立于道光十二年；兴田乡锦里禁赌碑，立于清同治年间；鹅湖镇曹村禁赌碑，立于同治二年；瑶里镇内瑶风雨亭"严禁赌博碑记"，立于同治四年；西湖乡磻溪村禁

赌碑、祁门浮梁合立禁赌碑，立于清同治七年；经公桥镇金家村"禁赌禁丐碑"，立于光绪元年；兴田乡夏田村禁赌碑、湘湖镇程家村禁烟碑，立于民国六年岁次丁巳春月；其中湘湖镇程家村禁烟碑中的"烟"即鸦片烟。碑刻也深刻反映了清代中期以来社会风气的浇薄和农村经济的凋敝，这一点和学者的研究也相吻合。清代中期以来社会的变迁由此可见一斑。

（二）包括墓志铭在内的人物类碑刻

浮梁素称千年古县，"衣冠人物之盛甲于江右"，宋明时期，科举发达，名人辈出。浮梁大量的人物传记碑刻真实而详尽地记录了浮梁历史人物活动，是研究浮梁历史、人物的极为重要的第一手资料。陈柏泉先生编著的《江西出土墓志选编》[①]中浮梁县以及景德镇市区范围出土的墓志铭（含圹志、地券）如下：

史琳妻舒氏墓志铭　治平二年十二月

宝文阁待制程节墓志铭　崇宁四年十二月

宝文阁待制程节妻沈氏墓志铭　崇宁四年十二月

徽猷阁待制程邻墓志铭　宣和二年十月

徽猷阁待制程邻妻陈氏墓志铭　宣和二年十月

资政殿学士辛次膺墓志铭　乾道六年

观文殿学士汪澈墓志铭　乾道九年

朝奉大夫郑梦龙圹记　淳祐八年十二月

广西按察使计澄圹志　天顺七年九月

查曾九地券　淳祐十二年七月

以上墓志研究价值已有文章论及，于此不赘述。我们还收录以下墓志铭：宋故徐居士墓志铭（存浮梁县博物馆）；宋故克己朱先生墓志铭、明故菊宗先生圹志、明南阳市朱公墓志铭（以上3通碑刻，立于沧溪村原墓旁）；乡先生增祀朱克己公记碑（立于沧溪村中）；明故臧公墓志铭并序（存浮梁县博物馆）；故明方氏墓神道碑（立于浮梁镇茶培村原墓前）。

此外，尚有大实业家吴公霭生先生墓志铭（中华民国十五年）、唐公仁寿碑记（雍正十三年）这两位景德镇陶瓷史重要人物的碑刻文献。

---

① 陈柏泉编著：《江西出土墓志选编》，江西教育出版社1991年版。

（三）记事、功德类碑刻

"刻于金石，以为表经。"（"秦琅琊台石刻"，见于《史记·秦始皇本纪》），碑刻最初的功能即为记事与旌表。这类碑刻浮梁现存的也为数不少。

浮梁县处在万山之中，境内丘陵、沟壑纵横，修路架桥就显得重要而困难，现在遗存的古桥还有 27 座。因此，修路架桥作为地方公共事务和公益事业，往往勒石铭功。如景德镇市区"肇建石嘴□□□□路记"碑（成化二十三年）、经公桥镇"儒嘉桥碑记"碑（万历九年）、江村乡严台村"富春桥记"碑（弘治十五年）、臧湾乡"修路碑记"碑、黄坛乡南溪村石拱桥上"新义渡"碑（光绪十九年）、瑶里镇高岭村水口亭碑刻四通，"聚秀桥记"碑（明万历三十四年）、"永秀桥记"碑（康熙二十五年）、"修路碑记"（雍正元年）、"重建庙亭记"（乾隆三十六年）。

此类记事碑刻还有民国初期"浮梁寺前村龙池三竭记碑"，碑文写道："（龙池）一竭于有清咸丰十一年，未几文宗崩，洪杨乱炽；再竭于清光绪十一年，未几法人患边，失马关、割越南；三竭于宣统三年，未几武汉革命，清祚告终，均适当其时，岂一丘一壑之微，关乎天下之危乱之机欤？史载三竭为灾，信然！"时代气息迎面而来。

育婴碑刻，记录了封建社会重男轻女恶俗的根源、危害性和知县捐建育婴堂及建立章程、经费来源并附有堂租录。"遵奉各宪金批碑记"，记录了浮梁金氏在浮梁的地位及史实。

浮梁是一个重视文化教育且文化教育事业十分发达的地区，素有"文献之邦"的美誉。关于兴建儒学和书院的碑刻，我们也收录到了一些："新修文昌阁记"碑、"重修浮梁县儒学碑记"、"关中王老公祖鼎建贻休堂记"碑。此外还有孔庙祭规碑、明伦堂碑以及"敕令"碑（宣德八年）、"浮梁县儒学训导孟阳霍公名迹碑记"（万历乙亥岁）、"浮梁县儒学司训西郭刘公去思碑"（万历二十三年）、"奉旨碑"（皇清雍正乙酉年）等，反映了浮梁文教事业的发达。

（四）示禁类碑

此类碑刻大致可分为两种，一类为政府对基层组织和士民言行的禁令；另一类为对民间社会组织和个人的规范。

前者有"察院禁约"残碑，禁滥用应付、禁止随便供应、禁前站勒索；御制卧碑，此碑为清顺治九年所置，是朝廷为县学生员定下的戒律，旨在教导生员树立忠君爱国、孝亲尊友的观念，也是清代吸取晚明结社、武断乡曲的教训，加强中央专制主义集权的体现。"宿弊永禁"碑、"痛革积弊饬行勒石永禁"碑、"永禁派买食谷"碑、"奉宪永禁冒籍"碑。此类碑刻，反映了清代基层政权对其官吏也是有约束的，改变了我们对历史的一些固有认识。

后者如"奉宪严禁杉松"碑、吴家村封山碑。这类碑刻为增强其效力，往往取得政府的认可，奉宪立碑、官民相得。

（五）宗教类碑刻

《（道光）浮梁县志》云："浮梁之俗，颇喜浮屠，爱掷金钱供佛，称檀波罗蜜，士大夫不免也……浮梁丰于嫁女，而吝于教子；忽于医药，而急于佛事。噫，此真俗耳砭针矣。"同版《浮梁县志》记载的寺庙计125处，仅隋、唐、五代时期兴建的就有16座。浮梁县宗教类碑刻主要有如下：

万寿寺碑刻，万寿寺遗址有清代碑刻2通，一通是"奉旨碑"，内容为万寿寺邻村俞、蒋两姓与万寿寺发生山田纠纷而打官司之事，乾隆皇帝根据万寿寺的历史及事实依据进行判决。另一通是"奉宪永禁碑"，内容为万寿寺邻村蒋、俞两姓与万寿寺再次发生田地纠纷而打官司，嘉庆皇帝根据万寿寺历史事实以及乾隆三十三年三月初二日判词为依据进行裁决，告诫后人依据该裁决安分守己，不得寻衅滋事，否则"按律治罪，决不宽贷"。立碑时间为嘉庆岁壬戌年。这两通碑刻，笔迹工整刚劲，虽历经数百年日晒雨淋，至今仍清晰可辨。石刻、碑文对研究万寿寺历史及宗教文化有一定价值。

宝积禅寺碑刻，在宝积寺遗址立有清雍正"重建宝积寺碑记"碑1通，碑高1.2米，宽0.8米。碑额上方刻有鹿鹤图案，字体为行书，清晰可辨。另有清康熙"重建宝积寺"碑1通。碑刻对研究宝积寺的历史有重要的价值。

白云禅寺碑刻，有"合同驳约碑记"碑，详细记载了当时出资人、禅寺面积、修造时间等。另两通碑刻为功德碑和高僧墓碑。碑刻对研究当地宗教历史文化有一定的意义。

双峰寺碑，位于浮梁县勒功乡勒功村双峰寺原址上，碑共有2通，一通为"双峰寺记"，为南宋嘉定己巳年（1209）广西桂林知府郑梦龙撰文，记载了黄叔道捐资修缮双峰寺的功德；另一通为"双峰塔记"碑，立于明天顺庚辰年，记载了冯诚的生平事迹及品德，碑文内容丰富。

此外，关帝庙残碑、"龙溪里忠显庙后殿记"碑也属于此类。这类碑刻，不仅是我们研究浮梁宗教文化的实物资料，也是研究社会经济史的重要文献。

（六）陶瓷生产与管理类碑刻

浮梁（景德镇）作为闻名世界的瓷都，政府、民间社会（如宗祠、同乡会、书院、社会组织）为管理陶瓷生产制定了系列的制度，并刻石立碑，以垂不朽。这些碑刻是浮梁碑刻中最具特色的部分，其内容部分可分属上列类型，为突出其特色，故单独列出如下[①]：

"奉宪永禁"碑（康熙三十八年）、"府宪严禁"碑（道光二十五年）、"勒石永禁"碑（光绪十九年）、"奉宪"碑、"奉宪示禁"碑（光绪三年）、"合约"碑（同治四年）、"县正堂示"碑（宣统元年）、"奉宪永禁"碑（同治戊辰七年）、"奉宪勒石"碑（同治十一年）、"奉县勒石"碑（同治辛未年）、"严禁船户船行舞弊"碑（道光二十八年）、"福缘社勒石"碑（光绪三十三年）、"永垂不朽"碑、"严禁义渡滋弊"碑（道光二十六年）、"严禁开挖"碑（乾隆五十九年）、"录批永尊"碑（光绪二年）、"出示严禁"碑（光绪二十三年）、"奉宪永禁"碑（咸丰八年）、"出示永禁"碑（光绪十二年）、"奉宪镌碑"（咸丰元年）、"奉勒石永遵"碑（乾隆四十五年）、"古南福缘社"碑（民国四年）、"古南书院来源补序"碑（中华民国十八年）、"古南福缘社重建碑"碑（中华民国二十三年）。

以上所列碑刻，大部分现收藏在景德镇相关博物馆内。内容涉及陶瓷生产管理、销售诸环节以及瓷业组织的管理，体现了政府对瓷业生产的控制和社会组织自我管理，不仅是陶瓷史研究的重要文献，也具有社会史研究的价值。

三、碑刻资料的学术价值

首先，文献价值。碑刻作为一种金石文献，是我们进行学术研究的重要原始文献。区域社会经济史的研究，很大程度上必须依靠地方文献的发现与利用，如家谱、碑刻、契约文书、口述史料、私人著述。碑刻文献因为其保存时间悠久，内容丰富有可能是其他地方文献所不及的，其价值不言而喻。

其次，学术研究价值。碑刻资料还为我们研究浮梁社会经济特别是瓷业史提供了帮助。大量的宗族类碑刻为我们研究封建社会宗族的运作、管理、影响提供了第一手资料。陶瓷生产与管理类碑刻是研究者研究瓷业社会最重要的资料，刘朝晖的研究著

[①] 江西省历史学会编：《景德镇瓷业历史调查资料选编》。

作《明清以来景德镇瓷业与社会》就是以碑刻文献为素材进行社会史研究的一部力作。

再如《重建庙亭记》"水口，一村之庇也，亦一村之胜也。有庙焉，有亭焉，有阁焉。向忠烈庙在北，关圣庙在南，后移于忠烈庙并立……其南建真君庙，新厥祀也……凡三庙对峙与相连，所祀者皆有德于民生也，皆能御炎捍患以福佑乡村也"。为我们勾勒出乡村社会民间信仰的复杂性和包容性，可能也蕴含着人口迁移、地方权力转移等因素。

最后，碑刻还有重要的艺术价值。我们调查和抄录的每一块碑刻，尽管多出自民间，但也不乏精品之作，无论是雕刻还是书法，都具有较好的艺术价值。如万寿寺摩崖石刻①，有北宋庆历年进士、名宦王仲舒所书"王茂先藏孝"五个隶书大字，每字五寸见方，笔迹浑厚。另有北宋熙宁元年（1068）名宦金君卿游览万寿寺撰写的游记，字体行楷，笔迹秀丽。此外尚有宋邑人朱貔孙题刻"宋咸淳丙寅□峰朱貔孙领家人□时雩，李午祷，□□，祝毕而雨至焉，喜而□"。该处摩崖石刻刀法流畅，反映了宋代精湛的书法和镌刻艺术。

作者简介：付火水，景德镇陶瓷大学考古文博学院考古系副教授。

---

① 文师华、叶时清：《浮梁历代碑刻》，江西美术出版社 2022 年版。

碑刻中的浮梁历史

张金林

　　碑刻的制作、整理与释读在中国有非常悠久的历史。早在先秦时代，就已有孔子释读碑文的记载。迨至宋代，更是形成了一门叫作金石学的专门学问，人们对碑刻的搜集与整理已形成较为系统的认识。至清代，碑刻之学再上层楼，不仅碑铭石刻的收集著录数量空前，碑刻的释读与研究亦达到了中国古代最高的水平，碑刻的拓印与鉴藏更是在文人士大夫阶层中蔚成风气。时至今日，已著录的中国古代碑刻已超百万之数，而编撰的碑刻资料集亦数以千计，这些为碑刻文物的调查与保护奠定了良好的资料基础，也为历史研究提供了丰富的史料资源。尽管碑刻资料集的数量颇为可观，所涉及的地域非常广泛，但目前仍有许多地区的碑刻有待系统整理。我和硕士同窗桑佳旻博士在江西省景德镇市浮梁县拓印碑铭并参与编著《浮梁历代碑刻》一书，就属于这类小规模的整理工作。

　　"商人重利轻别离，前月浮梁买茶去。"白居易的诗句至今仍广为传诵。浮梁历史悠久，史迹丰富，是著名的文化胜地和文物大县。2018 年 8 月 11 日，我背上行囊，骑上摩托，开始了在浮梁县短暂的田野体验。此次行走是对浮梁各乡村最低程度的摸底，不是严格意义上的田野调查，因此我的走访是蜻蜓点水式的。回到浮梁县城之后，我得知浮梁县博物馆正拟找人对全县的古代碑铭进行拓印并整理出版。考虑到这是一次很好的学习机会，我和桑佳旻就接下了这项差事。经过一年多断断续续的作业，我们终于完成了拓印和编书的工作。与许多碑刻集直接抄录碑文或抄录已有文献不同的是，《浮梁历代碑刻》的绝大多数碑铭文字均系我们亲手拓印而来，因此这次拓碑编书也是一次难得的史料整理经历。

　　2018 年的田野体验和 2019 年的拓碑编书使我对浮梁乃至景德镇地区的历史文化有了更为直观深刻的理解。浮梁地区（含景德镇市区）的历史文化资源极为丰富，但是

图1　作者和王赞成师傅（左）在浮梁县兴田乡拓印碑刻

就其鲜明的区域特色而言，我认为以下三项是最引人瞩目的。

一、宗教、宗族意识较为淡薄

　　浮梁地区的宗教和民俗信仰活动不太常见，当地人的宗教和宗族意识比较淡薄。浮梁有许多规模宏大的祠堂，然而人们早已不再祭祀祖先和神明，不管是春节、清明还是端午、中秋、冬至等岁时节庆，或是婚、丧、嫁、娶的人生礼仪，人们几乎从来不祭拜祖先和神明，既不会到寺庙宫观里拜神，也不会在家里安放神台供奉。虽然不少姓氏至今仍然保存着族谱，但是人们对于宗族建构活动并没有很高的兴致。浮梁县大多数祠堂的主要功能似乎只是停放棺木和其他杂物。事实上，整个浮梁县的宗教建筑和宗教活动也不多，即便有也是信众稀少，香火冷清。

譬如县城近郊的宝积寺，历史上原是极负盛名的佛教丛林，早在北宋时期已是赣东北地区重要的佛教宝刹，著名诗人黄庭坚曾撰写过《宝积寺记》，对其盛况有所描述。宋元明清四朝，宝积寺始终长盛不衰，迟至民国时期仍是当地佛教中心，也是皖赣边境的佛教重寺。然而时至今日，宝积寺的盛况早已不复当年，建筑虽然富丽堂皇，但这里的宗教氛围实近于无，俗云佛门乃清净之地，揆诸宝积寺倒真是名副其实。我前后去过七八次宝积寺，寺里总是阒无人迹，既无香客的踪影，大殿内也无僧人打坐诵经，甚至连袅袅生烟的檀香也没有，如此空寂清冷的佛教大寺是很少见的。宝积寺并不是唯一的例子，譬如经公桥镇储田村的郑氏宗祠，规格很高，气势恢宏，但现在已然成了蝙蝠的巢穴，徒留一幅"蝙蝠回旋舞，蚊虻跋扈飞"的景象。诸如这类建筑华丽而香火冷清的情形是浮梁地区大多数祠堂寺庙宫观的共同命运，宗教信仰活动在当地人的生活中已经无足轻重了。

据浮梁当地村民说，他们在"文革"前有过祖先和神明祭祀活动，但"文革"后再也没有恢复。宗教信仰活动在六七十年代受到冲击是中国大陆的普遍现象，自20世纪80年代以降，很多地方都有不同程度的恢复。然而，浮梁县似乎并没有这类恢复。为什么会出现这种现象？宗教在浮梁为什么没有市场？与之形成鲜明对比的是，与浮梁县毗邻的都昌县、鄱阳县却是祖先崇拜兴盛、民俗活动丰富，都昌不仅有隆重的祭祖活动，而且有大量专门从事族谱编修的职业群体，浮梁县王港乡有的族谱就是都昌的谱局编修的。与浮梁县毗邻的安徽祁门县也是如此，闪里镇桃源村陈氏家族每年都会进行隆重的祭祖仪式，气氛庄重，热闹非凡。

浮梁的宗教信仰民俗等之所以淡薄，我想是跟地方社会的人群分不开的。历史上浮梁的产业基础是陶瓷业，移民在浮梁地方社会中占据了非常重要的位置。数百年来都昌、鄱阳、余干、婺源乃至皖南的移民在这里迁流不已，这种地域人群流动性很强的特点很可能对地方风俗习惯有所影响。不过详情究竟如何，尚待专门深入的研究，此处暂不展开。

二、制瓷业与行帮组织

　　制瓷业及其所涉及的行帮组织在景德镇历史上发挥了重要的角色。我们此次拓印的主要初衷，就是对浮梁县有特色的碑铭进行传拓，而陶瓷业自然是浮梁县最大的特色，是最不可或缺的内容。这些碑铭之所以值得拓印，原因就在于它们为理解景德镇的支柱产业制瓷业和地域社会的历史提供了十分珍贵的史料，对了解"千年瓷都"景德镇的历史乃至中国陶瓷史均具有十分重要的意义。

　　世所共知，景德镇制造瓷器的原料是著名的高岭土。高岭土得名的由来是因为这种制造瓷器的特有原料来自瑶里的高岭村，可是高岭村距景德镇四十多公里，在传统时代已属不短的距离。因为这个缘故，高岭土的生产和运输成为一门专门的生意。由于瓷土的装运利润十分可观，不同的群体便想参与进来分一杯羹，最后竟酿成了巨大的冲突。现存瑶里的一通碑刻就详细地记载这样一个案例。

　　乾隆四十五年（1780），"（浮梁）县民王重辉、潘应诚见造瓷必需高岭暨梁皮山、鹅公滩十里内所产之土为骨，以土性松脆，无需春凿之劳，非如四港所产黄丕、清釉、硬白、性坚而质粗，必藉碓春始成者可比。利用便益，则改携较多于他处。船只骘集，载运纷上。王重辉等从此觊觎，意欲阻绝婺船装载，霸揽独运水脚，可以居奇恃有。主唆棍徒，复串通地保何君荣、潘五、李目明等扛帮滋事，致婺邑船户陈士荣赴本道行辕具控"。浮梁县民王重辉、潘应诚等人眼见装运瓷土获利丰厚，于是意欲霸占运夫，不许婺源人参与进来，后来婺源船户向县府控告，纠纷才得以解决。处理的结果是划分本地船户和婺源船户的装运范围，"应如该府县所议，自东港口起至东埠七十里之瓷土，毋论本地、婺船，悉听客商雇募装载，不得妄分畛域"。可见，景德镇瓷土的运输是由不同行帮包揽的，不同地域的行帮负责不同的范围。

　　不仅瓷土的运输，就是景德镇的整个手工业，也多为行帮所主导。景德镇的行帮比较复杂，常交织着地域和行业的双重关系。从地域上分，有徽帮、都帮和杂帮等等；从行业上分，有商帮、手工业主帮和苦力帮等等。上述各种形式的大行帮下又有近百个各行各业的小帮，如手工业主帮内的"陶庆窑""三窑九会"等，苦力帮内的"草鞋帮""五府十八帮"等等。可以说，景德镇大大小小各行各业均为行帮所把持。这种行帮的存在对景德镇制瓷业有什么影响？过去许多学者总是把景德镇瓷业视为明清"资本主义萌芽"兴起的典型案例，可是这样的"资本主义萌芽"为何始终处在"萌芽"状态而不能破壳而出，发展成真正的资本主义？我想类似的碑铭史料有助于这些重大问题的继续深入探讨。有的学者对景德镇的行帮有所揭示，也有学者对景德镇御窑厂匠役制度有所探讨，但是似乎没有人把两者结合起来看，笔者认为需要把两者结合起来考虑，才能够更好地理解明清的徭役制度和手工业发展的关系。反过来，行帮到底是一种什么样的组织，其与会社组织有什么差异？它在景德镇城市社会中究竟扮演什么角色，也是值得思考的问题。

著名社会学家马克斯·韦伯（Max Weber）认为中国古代城市不存在市民自治，中国的"城市"并不是真正的城市，城市与乡村在很大程度上是割裂的，但是揆诸景德镇，情形似乎并不如此。景德镇的行帮不仅主导各种手工业，而且参与乃至具体负责景德镇城市的公共事务管理，甚至官府对地方社会的控制亦多借助行帮力量。景德镇行帮的存在及其功能证明了行帮在中国古代城市中也具有社会政治功能。

三、环境史的启示

景德镇之所以生产出光彩夺目的瓷器，成为举世闻名的瓷都，跟浮梁地区的自然环境分不开的。窑柴的生产与运输也是非常有意思的。传统时期陶瓷的烧造只有柴烧一途，景德镇制瓷业长期维持鼎盛的局面，"昼间白烟掩盖天空，夜则红焰烧天"，生产量巨大，对柴火的需求量十分可观。专门供应瓷器烧造的柴火称为窑柴，窑柴的抚育和运输是系统庞杂的工程。为了让窑柴永不断供，农户一般会轮流抚育与砍伐窑柴，对充作窑柴的树木管理十分严密。例如蛟潭镇一通清代碑刻就明确规定了砍伐松杉的各种注意事项，"瞳内人稠田寡，端赖蓄养杉松树木裕课资生，必须培植成材，方可利用。瞳内众姓曾于乾隆年间议立合约。该处松……各年挨次轮流披剃……其余各处松毛不得妄行开剃"。村民依靠松杉为生，为保护松杉，人们特别订立了一个合约，规定不许乱砍滥伐。可是人心不古，有他处人等窃取松木，村民于是一边去县衙控告盗伐行为，一边订立禁令，规定有的老树枝丫都不许砍伐，不可用松杉来做篱笆，村民不许私藏松苗，亦不许挖卖松杉。

窑柴的运输与管理也大有讲究。例如嘉庆年间，蛟潭镇的柴农欲拦河运柴，而拦河则会影响柞农，"上梅田都等处，山多田少，田苗资水灌溉，山柴藉水放运，山源砌堰，原以灌田放柴回时利用，故放柴由坑头至坞田，经过二十余堰，水小在乌田起堆，水大至建溪起堆。缘乌田水险流急，易于荡柴，不若建溪有大河水，进柴保无虞。嘉庆二十三年，李廷光等曾以天干禀请刘前宪给子嗣，后放柴均放至乌田堰止。今乌田舟民李文书、李有明等复请示禁，杂生处山柴颇多，若止乌田起堆，非荡即拦。盖乌田出柞甚广，断无合柞不若而尽装柴之理，柴柞并装必难销运，洲柴被搁，山柴谁买？民无所资，明矣……恳准建溪两处，堆洲装运亦速，商舟柞农皆无窒碍。"王士杨、胡旺俊等人有感于堰口不足，影响运柴，于是请求建造两处堰口，使运输窑柴的商船和柞农双方都不会受到阻碍。县府的处置结果是平时在乌田起堆，而涨水之时允许柴木在建溪起堆装运，这样对柴农和柞农"均无妨碍"。如此，陶瓷制造业、窑柴等种植业、当地人群、山川河流便紧密地结合在了一起。因此，这便涉及从环境的角度理解历史。

环境史近十年来已成为中国历史学的重要学术增长点，环境史认为人类历史发展离不开自然环境，环境在人类历史进程中扮演了重要的角色，人类不仅时时刻刻在影响乃至改变着自然环境，自然环境也深刻地影响人类的历史，自然环境也是人类历史进程中的主体之一，两者是相互联系、紧密相关的。景德镇之所以能成为举世闻名的瓷都，正是跟浮梁县的生态环境密不可分的。景德镇之所以能够生产出精美的瓷器，受到历代宫廷和各阶层人民的青睐，首要的原因在于浮梁拥有最适合烧造瓷器的高岭土。高岭土跟一般的金银铜铁矿产资源不一样，它是既罕见又寻常的泥土，说它罕见是因为这种土其他地方没有，或者即便有质量也不如此地；说它寻常是因为乍看起来它跟一般的泥土差别不大。因为高岭土的这种特质，可以保证景德镇既可以烧出举世罕见的瓷器，又可以持续千年而长盛不衰。

不过光有高岭土还不够，水质也是很重要的因素。在浮梁县的大小河流中，极少见到淤泥，即便宽达数百米的昌江，也是清澈见底，波光粼粼，这种水质对于烧造瓷器也是大有裨益。浮梁县的土质非常适合种植业，适宜的土质使浮梁成为种植茶叶的绝佳之地，早在唐代浮梁县便已成为帝国的财税重地，《元和郡县志》载，唐大和年间，浮梁"每岁出茶七百万驮，税十五余万贯"，数额可谓巨大。到了近代，浮梁更是成为红茶的重要产地，浮梁县最北部西湖乡的茶叶便是行销海内外，产生了许多著名的大商号。北京大学刘永华教授在其著名的晚清徽州排日账研究中认为，19世纪中叶中国通商口岸开埠之后的国际贸易未必会引起小农经济的危机，反而可能为其发展提供一定的契机。考察晚清浮梁茶业的发展情况，大概也可以得到类似的结论，晚清时期浮梁县西湖乡的茶叶贸易大发展在一定程度上验证了北京大学历史系刘永华教授的观点。而如此偏僻的西湖乡的商品生产（茶叶）为何能够达到如此巨大的规模，延续的时间如此之久，我想自然环境是不可忽视的因素。

河流是把制瓷业、种植业以及当地人群连接起来的关键，浮梁的河流呈树形结构，中间自北而南贯穿全县的是发源于皖南山区的昌江干流，东边是呈东北—西南流向的支流东河，西边是呈西北—东南流向的支流西河，然后在浮梁县城附近汇聚，再往南流经景德镇。这样一种结构正好把浮梁各乡镇和景德镇连接起来，景德镇为众多的乡村提供日常用品，而乡村则为景德镇制瓷业、运输业等提供劳动力和窑柴，人群、制瓷业、植被、河流等等组成一个有机的系统。在这个意义上，景德镇城市与乡村也不是割裂的，而是一个有机的"城乡连续体"（rural-urban continuum），这也有力地挑战了那种认为中国古代城市与乡村是二元割裂的流行观点。正是由于有发达的水路与市镇相通，浮梁乡镇并无定期的集市。笔者猜想，今日浮梁县的森林覆盖率之所以非常高，甚至还保留着整个赣北皖南地区难得一见的原始森林，当地人高度的环境保护意识和浮梁没有定期集市可能是重要的原因，在景德镇制瓷业大幅度降低对窑柴之依赖的当代，昔日"沦为"窑柴的树木终于得以"解放"，可以野蛮生长，而浮梁民众也不必"靠山吃山"。总之，生态环境在景德镇制瓷业的发展中扮演了非常重要的角色。

浮梁代表性的碑铭远远不止这些，它们为理解浮梁地区的历史进程提供了难得的实物见证。经过多次校对之后，我于2020年夏将书稿交给了浮梁县博物馆，已于2022年出版。至此，我们算是走完了碑刻史料集制作的所有环节。通过全过程的参与，我对碑刻的认识和理解更为全面了，我更加体会读原碑可纠后人出版物抄录之误。譬如著名的程节、程邻父子碑，《江西出土墓志选编》曾有收录，但是经过与原碑仔细对勘，可知《选编》的录文有许多讹误。我也更加深刻地认识到碑刻不仅具有多重属性，而且需要结合具体的地域社会才能更好地理解。李雪梅在研究中国古代法律碑刻时曾指出碑刻具有文献属性、文物属性和制度属性，文献属性是指碑刻的内容能传递法律信息，文物属性是指碑刻刻立的场所和地点——我更愿意称之为"实物属性"，制度属性是指碑刻的刻立往往要经过公议或审批等特定的程序，并具有明显的约束力和法律效力。要尽可能全面地获取碑刻所承载的信息，就需要充分考虑这三个属性。至于结合具体的社会情境理解碑刻，早已是学界的常识了。

拓印碑铭是非常辛苦的工作，其间充满艰辛、劳累乃至危险，但也充满求知的乐趣和收获的喜悦。由于大部分碑铭位于室外，或在田间地头，或在深山古寺，或在荒宅破屋，或在悬崖峭壁，久经风雨，字迹模糊，我们的拓印遇到了极大的考验。有时候我们必须清理很久方能入手拓印，有时候天气突变导致我们前功尽弃，常常是事倍功半，进展极慢，有时候我们需要提前在溪水中搭好架子，用特制的宣纸才能拓印。因

图2　禁止砍伐松杉拓片

图 3　本文作者和桑佳旻博士（右）在抄录碑文

为荒郊野外没有地方铺开宣纸，所以平时看起来简单至极的裁剪纸张也变得异常困难。

除此之外，我们还偶有意外和奇遇。例如有一次我在走访完瑶里镇的梅岭村之后，准备前往下一个村子，就在我行驶到村口转弯处的时候，由于路面铺满了沙子，摩托车忽然打滑，我不慎摔倒在地，手脚严重受伤，鲜血止不住地往下滴，染红了衣裤，摩托车也摔坏了。还有一次我在经公桥镇鸦桥村拓印时，走到山道上，正当我昂首观望前方时，前面忽然传来一阵窸窸窣窣的声音，我低头一看，顿时大吃一惊，原来是一条巨大的蟒蛇。这条蟒蛇比碗口还粗，目测至少有三四十斤重，是我迄今为止见过的最大的蛇。或许我这个不速之客也惊到了它，它扑棱一声，滑入山涧，忽焉不见了。

如果说拓碑的主要难处在于体力之苦，那么拓印之后的抄录、断句和校对就是考验我们的耐心和细心了。浮梁的许多碑刻因为位于荒郊野外，历经数百年的风吹雨打，早已风蚀严重，许多碑文字迹漫漶，辨认十分困难。碑文有许多异体字、俗体字，我不得不多方查找比对。断句是非常考验古文功底的，在大多数情况下，我对断句都有把握，但有时候遇到不太常见的表达，也会感到犯难。经过多方查证，浮梁历代碑铭历史文化信息整理完成。回顾一路走来的艰辛，我们也曾后悔过接下了这项费时费力的"苦差事"，但是看到那散落在荒郊野外的碑铭能够通过我们而留下它们在历史长河中出现过的痕迹，看到遗存在荒草丛中的历史碎片能够汇聚成书，为景德镇留下一份历史记录，我想我们所有的付出都是值得的了。我们不仅学会了一项颇为实用的技艺，提高了动手实践的能力，而且加深了对景德镇历史文化的理解，甚至还加深了对如何研究历史的理解。

作者简介：张金林，江西师范大学历史系讲师，历史学博士，硕士生导师。

北宋文学家金君卿纪略

金三发

一、身世与生平探寻

北宋文学家金君卿，浮梁金氏杰出人物。出身于千年礼乐钟鼎之族，是赐姓金始祖金日磾五十三世孙。高祖安，曾祖叔迟都是唐末浮梁县令。祖父可灿，父纯臣，字温叟，通过了州"取解试"，为了在家奉养父母而放弃了科举，后因君卿缘故被宋廷赠为卫尉寺丞。君卿兄弟四人，长兄君著，次兄君佐，元丰五年（1082）进士，四弟君佑。

遗憾的是，由于笔者持有的宗谱与金君卿后裔不是同一支系，因而没有他的世系谱情况记录，加之年代久远，以致不仅无法详细知道他的生平经历，就连基本的生卒年信息也要考证。

他生于何年？

《金氏宗谱》收录的与他同时代的浮梁人，也是金氏姻亲苍舒的文稿《仙堂寺记》中说："正叔弱冠取巍科，未五十为郎中，称明德大用具可量乎？"弱冠是二十岁的专用名，巍科即高科，金君卿是甲科进士（宋初甲科共五名）。据此可知金君卿应生于1022年。《四库全书·金氏文集》收录的金君卿文稿"江西运判到任谢两府启"中有"冠年得第，猥忝英俊之躔；白首为郎，莫伸涓埃之效"句（译：正二十岁时中了进士，很惭愧地进入英俊之才的行列；头发白了还是个郎中，微薄的报效都实现不了）。《金氏文集》的原序撰稿人富临则称他"逾冠举进士"即满了二十岁时中进士，富临作序的年款是"元祐六年"（1092），且富临说原序后附有彭汝砺为金君卿作的墓志铭（清时已亡失），故富临的话同样不可小觑。自唐开始，进士榜都是杏花开时公布，即阴历二月，因此金君卿的生年在1022年是可以肯定的，月份当在阴历二月前。

他卒于何年？

富临序言里称他"享年不永"，怎么才算"永"？古人认为耆年即六十岁才算老，才算"永"，据此可知他不到六十岁去世。从笔者目前所接触的文献资料看，明确他还在世的最晚记录时间是1075年（李焘《续资治通鉴长编》卷二百六十四熙宁八年"王安石进前后再任不升任例"条，其内容就是以金君卿为例来说事的）。从《金氏文集》来看，至少是在1072年上表谢恩时，他就已带病为官。金君卿"江西提刑落权字谢表"中有"窃念臣滥中科选，白头朝行……惟利病是图"句。"白头朝行"是反用李白"朝如青丝暮成雪"意，表明自己衰老得太早。江西近家有利于养病，故有"惟利病"句。其后金君卿任广东转运使，他的《广东运使到任谢两府启》中也说"老病羸之躯恐难集事"。因此推算他的卒年应在1075年之后1082年之前。且按常理应距1075年不远。

对于他的生平事迹，有些学者写得较详细，我不知道史料的确凿来源，但我知道南宋洪迈《夷坚志》里的金君卿只是小说人物而非历史人物。即便是北宋同时代人提供的信息，也有误导后世读者的事情。譬如曾巩为金君卿父亲写的《卫尉寺丞致仕金君墓志铭》里称金纯臣"四子皆进士"，并且王安石为金君卿母亲写的《仁寿县太君徐氏墓志铭》里也说："四子皆进士"，两者相呼应更加令人深信不疑。然而宗谱上却只有君卿、君佐进士科记录，君著、君佑的记录为举人。其实北宋科举不像明清，有固定的举人身份，如果没取得进士身份，一切得从头再来。显然这是以明清科举逻辑去收录君著、君佑两人通过了宋科举中的州"取解试"，有资格参加礼部举行的考试（宋叫省试，明清叫会试）。而进士一词在科举未诞生之前就有，是地方向中央进献各种才能之士的简称，后来才成为专有名词，这四兄弟都通过了州试，属于地方进献朝廷之士的范畴了，所以曾、王两人便故意使用进士鱼目混珠，以达到为亡者增色的目的（或许这也是当时的潜规则）。若不是了解家族内部情况以及事情原委，又如何判断呢？当然细心者也会发现金君佐中进士时间是在1082年，曾、王两人写墓志时间分别在1057年和1068年，从时间的错位上就能看出端倪。

在《金氏宗谱》上金君卿的人物传内容为："公字正叔，卫尉寺丞纯臣公季子也，治《五经》尤长于《易》，与王仲舒（案：浮梁三龙人）同年。最善淹贯百家，下笔顷刻千余言，少有文名。景祐中（1034—1038）范仲淹守饶，延为子弟师。登庆历二年（1042）杨寘榜进士，历官秘书丞、太常寺博士、知临川县，升南康军，转尚书屯田郎，任广南西路转运判官，擢提举，入为度支郎中。擅能誉，常著《易》笺。有文集十五卷行世。娶臧氏，封玉城县君，继娶乐氏，封金华县君。居槐里，（葬址略）。"《金氏宗谱》"历代人物宦迹"条目人物传后附的《君卿公十任记》载："初任太常寺博士，出授庐州观察推官；二任抚州临川知县；三任南康军南康知县；四任尚书屯田员外郎，澶州通判；五任雄州通判，六任池州通判；七任广南西路转运判官；八任提刑；九任广南东路转运使；十任度支郎中。"

"十任纪"原始记录的时间不会晚于南宋，因为宗谱收有南宋文学家谢枋得（1226—1289）题君卿公诗："十任权分十九州，功名何处不传流？恩沾六子皆蓝绶，更作褒封满画楼。"谢枋得的对君卿公任地"十九州"之说，估计是来源于彭汝砺（1041—1095）。其题君卿公诗云："少年文章冠世流，甲科犹恨不鳌头。一行作吏皆公正，万古功名十九州。"

按理南宋之前就有的宗谱记录"十任纪"，可信度应是很高的，但遗憾的是笔者对照有关文献资料，还是觉得有些迷茫。

迷茫一：在目前残存的《金氏文集》"表"类中，有"谢广东运使表""谢再任广东运使表""江西提刑落权字谢表"等。"启"类有："广东运使到任谢二府启""再任运使谢两府启""落权字谢两府启"等，此外还有个"江西运判到任谢两府启"！这就是说，广东转运使有两任，转运判官不见广南西路反见江南西路（即江西）的"启"。

迷茫二：北宋官制纷繁复杂，总体讲分官、职、差遣三个头衔。"职"指馆阁类纯荣誉性官衔，只有品级高才能卓越的才有，金君卿未到这品级，所以只有"官"和"差遣"两类。官只是他领取俸禄表明品位序迁的依据，而差遣才是有实际权力的职务。因此官又称"本官"或"阶官""寄禄官"等，而差遣（又称职事官）名称中常常有"判、知、权、直、试、管勾、提举、提点、签书"等字。那么人物传中的秘书丞以及"十任纪"里的太常博士、度支郎中是"阶官"还是"差遣"呢？更重要的是"十任纪"中的度支郎中是排在最后的，可苍舒在署年款为熙宁元年（1068）的《仙堂寺纪》里就已称他为度支郎中了。

从笔者目前所能接触的文献资料看，金君卿能够确定的行踪年份如下：

景祐三年（1036）四月至景祐四年（1037）十二月范仲淹知饶州期间，在鄱阳任门馆子弟师。（见洪迈《容斋随笔·卷三》"鄱阳学"条考据）

皇祐二年（1050）官秘书丞，皇祐五年（1053）始官太常博士，嘉祐丁酉年（1057）仍是太常博士。（见曾巩《金君墓志铭》）

治平三年初（1066），河北屯田卸任回家，待迁。（见苍舒《仙堂寺记》）

治平三年（1066）八月十三日金君卿母亲卒于池州金君卿官舍。（见王安石《徐氏墓志铭》）

熙宁元年（1068）已官度支郎中，1067 年在家葬母并省祖墓。（见王安石《仁寿县太君徐氏墓志铭》、苍舒《仙堂寺记》）

1071 年任能辖万安区域的漕使（百度搜索——万安县古代名人官职官员名单条："熙宁辛亥漕使金君卿、宪使王宜温、常平使苏獬联名上书朝廷议建县事"）。

1072 年正月，由权（代理）提点江南西路刑狱（简称提刑）提举常平仓（简称提举），转正任提刑、提举。且身兼多职在江西推行王安石新法【相关史料为：（1）《宋史》卷一百七十七志第一百三十食货上五；（2）《续资治通鉴长编》卷二百二十九、卷二百三十八熙宁五年；（3）《文献通考》卷十二《职役考》】

1075 年在广东再任转运使。（《续资治通鉴长编》卷二百六十四熙宁八年内容）

根据这些文献再结合《金氏宗谱》上的相关资料以及历史资料我们可以做出相应的分析推断。

首先人物传及"十任纪"中的"秘书丞、太常博士、员外郎、度支郎中"应是寄禄官（或称阶官），而非真的在京城相关部门任其职。得出这个结论的依据是宋代职官管理、考核、叙迁等相关制度以及金君卿文稿里的自诉。宋代选官制度及管理叙迁制度极其复杂，宋史"职官"条总论时说："故三省、六曹、二十四司，类以他官主判，虽有正官，非别敕不治本司事……居其官不知其职者，十常八九。"进士出身的官员先在地方试职，譬如乐平县尉，但他的人事关系却有可能是安徽某个州的司法参军，经过试职和地方任职后他才有资格去参选京官，选上了也不一定在京任职（人事档案在），而是带着本官名出任某地方（即所谓的差遣）。宋代为加强对地方的控制往往派遣京官出任地方，称知某县（州）事，简称知县（州），且最多三年便换地方，可以说北宋时代是没有真正的地方官。金君卿在奏呈宋神宗的《江西提刑落权字谢表》里自诉："窃念臣，滥中科选，白头朝行。朴诚自照于孤衷，勤悴行周于三纪。""行"就是指辗转各地任职，"周于三纪"是整整三十年意，该表作于 1072 年，距金君卿 1042 年中进士入仕整三十年。

其次金君卿的初任阶官不会是秘书丞，更不会是太常博士。秘书丞是从七品，进士入仕多为从九品，依次晋升为从九上、正九、正九上，从入仕到从七有八阶，八年跨八阶已算神速了。按宋职官叙迁之制，进士出身的太常、秘书丞、著作郎、秘书郎转升太常博士，进士出身的著作佐郎转升秘书丞，如果是状元出身转升太常丞。也就是说在金君卿的阶官在秘书丞之前应是著作佐郎，事实如何呢？

曾任宋仁宗知制诰（负责诏书、敕命、制等文稿起草）的胡宿，其《文恭集·卷十二》就收录了《范道卿、郑夔、金君卿并可著作佐郎制》篇："敕某等佐著，有局本隶修书，令名虽存，旧职已废，犹曰美秩必用清流。尔等体行交修，才辞参劭并繇（古"由"字）茂士之选……既合考法，仍中赏科，命除此官，且申吾信，切近朝籍，益思官箴。"译文：敕令某某等任著作佐郎，这个机构本是属于编修史料书籍的，美好的名称虽然还在，旧日的职能已废除了。可还是说美好的官名必须用给清流人物。你们言行一致内外美好，才情文辞一起进入了挑选美好的茂士行列……既符合考课办法，又切合奖赏的科律，特命授予此官。一定要光大我的信任，贴近朝官序列，更加要想到官员遵守的行为规范。

这篇由胡宿写的制命，虽然没有年代信息，但透露了以下信息：一、著作佐郎纯粹是个阶官，授此阶官多是清流官员；二、金君卿授此阶官是因为品质优秀、业绩考课突出的超常晋升；三、金君卿此时还不是朝官，只是离朝官近了，说明京官只有达到一定的品级才算朝官。

按金君卿时代官员叙迁考课特点，无功无过的平庸者，四年一迁，有业绩者可缩短两年，微过者可延长两年，有过者要降级。比如与金君卿同时进阶著作佐郎的范道卿，在至和二年（1055）七月时还是秘书丞，此后才转为太常博士，而金君卿则在皇祐五年（1053）就已是太常博士了，可见金君卿年轻时业绩的突出。但著作佐郎是从地方任职后初选出来的吗？也不是。《金氏文集》有首《范资政移镇杭州一百韵》诗，这是写给范仲淹的，范仲淹改革失败后辞去宰相职务，改任资政殿大学士出任地方，诗的内容主要是歌颂范仲淹功勋业绩及品格精神，其中也回忆了自己受其教诲影响等。诗中叙述了自己首次进京"冬铨""区区一入太常选"时，便渴望能借机拜见他，但是"公时提师出万里，一伏门下无由缘"。后来竟是在各自奔波途中巧遇，"十年始得拜车下"，分别十年总算是匆匆见了一面。范仲淹知杭州是在皇祐元年（1049），金君卿与范仲淹鄱阳分别约在1038年初，十年已是1048年，而选入太常又是在见面前，所以肯定不是指太常博士。按当时的叙迁制，著作佐郎前还有两级，进士出身的太常寺太祝、奉礼郎转诸寺、监丞（如大理寺丞），进士出身的诸寺、监丞转著作佐郎。因此诗中的选入太常肯定是指太常寺祝或太常寺奉礼郎，至于在什么地方任职，具体任何职，现在已没有明确的史料记载了。

综上所述，笔者对金氏宗谱中的"十任纪"做了个判断。十任纪记录的累官经历过程不太完整，遗漏不少，事实多于十任，同时也不规范，将阶官和差遣混为一谈。但还是有历史参考价值，尽管缺时间要素，可先后顺序正确。因此可将金君卿的累官经历大致表述为：

1042 年甲科进士入仕，在某个地方任或主簿、县尉、司法参军等从九品类的小官。此后入选太常寺太祝或奉礼郎，之后升阶为大理寺丞、著作佐郎，1050—1053年，阶官升迁为秘书丞。1053—1057 年间阶官为太常博士。从 1050 年到 1057 年期间，金君卿先后任庐州（今安徽合肥）观察推官、抚州临川知县、南康军南康（今江西赣州南部）知县。1057 年始，因父丧守孝在家，按宋制丁忧期为二十七个月，原官停止不迁。1060—1065 年间阶官为尚书屯田员外郎，按制依次从后行员外郎升至中行员外郎、前行员外郎，这期间曾在河北从事屯田职任，并先任澶州（北宋又称开德府即今河南濮阳）通判、后任雄州通判。1065—1066 年间，阶官由前行员外郎升至后行郎中即度支郎中，职任池州（今安徽池州）通判，八月其母去世，按制丁忧。1069 年初至 1071 年年底，阶官度支郎中（或后行或中行郎中）差遣职任为江南西路转运判官，后期还代理江西提刑、提举，1072 年正月始正式任江西提刑、提举。1075 年前后，阶官仍度支郎中，职官为二任为广东转运使。金氏宗谱人物传及十任纪里说金君卿最后（第十任）"入为度支郎中"即回到京城做度支郎中，这只能说明他像丁忧一样已离职，停止了升迁。曾三任大行政区监司官的金君卿如果真入京为官，阶官至少也是太常少卿了。

二、史料中的能吏

金君卿称得上是北宋时期的能吏。苍舒说他："未五十为郎中，称明德大用具可量乎？"并非单纯的溢美之词，事实也是少见的。金君卿年轻入仕，业绩又十分突出，所以同龄段晋升情况比一般人快了许多。从称呼上看，苍舒年龄比金君卿还要大些，但苍舒署款时的熙宁元年（1068），其阶官不过是秘书丞，而此时金君卿尽管升迁已停止两年，却已是度支郎中了！后期金君卿的升迁速度要慢了很多，金君卿对此颇有微辞。他在《江西运判谢两府启》中将"冠年得第"与"白首为郎"对举，在《再任运使谢两府启》则称自己"早尘科甲，晚困郎曹"。金君卿对自己辖区内品级比自己高的知府等下属们做此幽怨，似乎意在暗示下属不要在他面前摆资历，他的资历本该也不浅，只是因丁忧及差遣之故使他晚年得不到升迁。

原来北宋朝廷为了统治的便利，将全国划分为二十三路，每路都设有帅、漕、宪、仓四个监司并行机构。帅也称安抚使，是路的最高军事长官，漕是转运使，原本经管一路财赋，因其职需要巡察辖境、稽考簿籍、举劾官吏以致成为大行政区事实上的监司官，宪是指提刑（提点刑狱公事），仓是指提举（提举常平司）。这四司权力很大，但所任之人官位却不高，员外郎便可充任，品级比其下辖的知州、知府（常用三品以上朝官充任）等要低许多，低位高职唯有依赖皇权才能运行，故有利于皇帝集权。熙宁二年（1069）宋神宗任用王安石变法，急需能吏去推行新法，丁忧期满，刚刚起复的金君卿便被派到江西推行新法，身兼数职（如判官代摄转运使，代理提刑、代理提举常平仓、代理提举保甲司），其后又到广东两任转运使，积极推行新法。如果宋神宗需要个能吏好去阻力大的地方为他推行变法，那么就需要循例来减少用人阻力，所以在金君卿得到重用的时间里，阶官位难免停滞不前。

金君卿能吏的特点可从两则史料里见证，《续资治通鉴长编·卷二百三十八》熙宁五年，宋神宗听到河北对保甲不满言论，便想在河北成立弓箭社，王安石不赞成，他劝谏神宗凡事不可求完美，并以金君卿为例"如金君卿在江西做保甲，以远故异论不到陛下左右，陛下又何尝疑其扰事"。《续资治通鉴长编·卷二百六十四》熙宁八年，在劝神宗对前后再任转运使不升迁事时，说："金君卿元（同原）为广西（应为东）了役法不得，君卿去了得，用特与升一任。"金君卿任广东转运使是因为免役法在广东推行不了，金君卿去后才推行，留任广东还是推行新法的需要，这就打破了宋官在一个地方最多三年的惯例，品级本该升却不能升，故只好称"升一任"。王安石两次劝谏神宗都用金君卿为例说事，可见金君卿在神宗心目中的分量。1072 年神宗曾下诏奖喻金君卿也是因为他推行新法卓有成效。

1079 年宋神宗第三次起用王安石继续变法，遗憾的是一向被帝相两人所倚重的变法干将金君卿，却自 1075 年之后，在史料中再也找不到踪迹。所以笔者认为正是在广东转运使二任上，金君卿病体难支，才回家休养，不久去世。因为金君卿有《病起》诗一首："黄祖城边下石船，蕉林暗地雨如烟。只知问俗求民瘼，却愧经旬卧瘴天。"原诗在"下石船"后作注"粤人云舟桨出洨谓之下石"，可见诗第一句是用了粤地方言俚语，金君卿怕人读不懂才注解，"蕉林"句也是热带风光，唐至北宋初广东气候还是闷热潮湿，韩愈贬往广东潮阳时就曾作《左迁至蓝关示侄孙湘》诗，尾是"知汝远来应有意，好收吾骨瘴江边"句。韩愈自己都认定这把老骨头要扔在广东了，因此原本体弱多病的金君卿在广东时，虽然时刻想着自己的责任是巡查民间风情疾苦，但无奈病体，总是连续十几天地躺在瘴疠横行的天气里，满怀愧疚。

三、宗谱芳迹拾遗

我常常无端地想着君卿公的长相，只因为曾读过他外甥朱天赐写的《挽君卿公》一诗：

> 友于兄弟古来稀，象简银鱼映画眉。
>
> 一榻水风闲炼句，半桥霜月有单棋。
>
> 平居素位如寒士，老到庚年似壮时。
>
> 怅望富家源上去，暮云秋草不胜悲。

在外甥眼里，"象简银鱼"散发着官派的威严与冷峻，而似画的长眉却透着书生的英俊与秀气。致仕的日子使他过上了"一榻水风闲炼句，半桥霜月有单棋"的生活，像寻常的寒士一般，不用"北来南去年年事，微物还应不自由"（金君卿《秋雁》句）地奔波。遗憾的是幸福的日子总是太短，所谓"老到庚年似壮时"不过是回光返照的假象，曾经的繁华与喧嚣最终尘埃落定，悄然长逝的金君卿，只留给后世暮云秋草般的苍凉与惆怅。

金君卿留给后代的丰厚遗产是"恩沾六子皆蓝绶"。"蓝绶"是低级官吏的代名词。根据金氏宗谱记载，金君卿的确生有六子一女，六子都有传记。长子泽民（名，字缺）授通直郎（文散官阶从六品）职任处州会昌县尉。次子无咎（字，名缺），因父荫授宣义郎，知兴国军司法。三子道民，字中甫，因父荫授江山县尉，阶官太庙斋郎。四子义民，字政和，因父荫授通直郎后累官至任澶州、湘州知州。五子哲民，授文林郎（从九品上）任成都检法。六子俊民，字明之，授文林郎（从九品），官婺州节推。这六个宋朝的"公务员"没有一个是科甲出身。据《宋史·选举》及《宋史职官志·荫补》载，宋代当官之路有：科举、学校试（国子监生毕业考试合格）、保任及荫补。京官七品以上子孙都可入国子监学习成为国子生。而荫补有三类：大礼荫补，致仕荫补，遗表荫补。大礼荫补是三年一次的郊祭，郎中以上的官员有一子可获得荫补入仕的机会，致仕（年七十岁或因病请求后批准）也可荫补一子，遗表荫补，只有太中大夫（从四品）以上才可以荫补一人，以下则没资格。据《金氏宗谱·选举条》载，俊民、无咎、道民、义民四人列入"宋封荫"，泽民、哲民则列入"宋吏道"，说明泽民、道民是通过国子生入仕的，另外四子则是纯粹的荫补性质。无怪人们慨叹宋朝是读书人最好的时代！

但对金君卿而言，如果能荫补女的，他一定会首选女儿金庆真。这不仅是物以稀为贵，更重要的是女儿乖巧贤淑，最与爸妈贴心。金君卿最疼爱女儿，死后也是葬在女婿张氏家对面的山上，离张家仅一望之距。连祭祀他的田产事宜也是交给女婿打理，金君卿后代以及整个浮梁金氏家族都尊重他的遗愿。直到清同治三年（1864）的宗谱上还记载着逢辛年大祭的礼仪，祭祀金君卿前，要致柬张氏，张氏隆重招待，双方互敬茶酒，称世姻亲。中国传统是只有千年的家族没有千年的亲戚，但因为金君卿最爱女儿的缘故，使得金张两氏成为近八百年的亲戚，连英溪金氏与峙滩阳村张氏都有数百年联姻史。可见其对家族的影响。

金君卿对浮梁金氏家族的贡献据笔者所知有三处，一是考证了浮梁金氏历代列祖传承情况，尤其是赐姓金三世祖金鳌的身世之谜；二是增购了不少祭祀浮梁金氏自安公秩下三代共祖的田产，并创建了祭祀场所广福观；三是保住了浮梁金氏先妣灵魂栖息地仙堂寺的山林田地。至于其他芳迹偶然听到也不意外，譬如在蛟潭万寿山寺发现的金君卿摩崖石刻。因为浮梁境内有三地是金君卿祭祖必到的：景德镇河西的广福观、福港的仙堂寺、蛟潭的万寿寺。清金氏宗谱明确记载景德镇的中渡口是金君卿创建的，直到清同治时中渡口舟子还保留着自宋以来的传统，每逢金氏祭祖的三天日子，不向过往行人收取分毫舟钱，而金氏为答谢舟子的辛劳，要督促管理祭祀田产的广福观置办一桌酒席宴请舟子，同时金氏另外赠送舟子猪胙两斤。

作者简介：金三发，浮梁县峙滩学校退休教师。

北宋改革家李椿年传略

李新才

李椿年，字仲永，浮梁县丰田都丰田村（今鹅湖镇界田村）人，出生于北宋哲宗绍圣三年（1096）正月十八日午时。他是南宋《经界法》的措置者，任户部侍郎，是中国古代税赋制度的改革家。

界田李氏始祖李佯，字伯柔，系大唐皇帝李世民的后裔，后改为李京，故世称"京公"。其父为唐宣宗李忱第九子昭王李汭。李佯于公元919年春，因避战乱迁居丰田都丰田，后改为界田。二世祖李仲皋生育三子，长子李德鹏迁居祁门县孚田后为新田；次子李德鸾迁居婺源县严田；幼子李德鸿乃居浮梁县界田，系为"三田李氏"。到了宋代，三田李氏人丁兴旺，人才辈出。仅丰田李氏一族在宋代涌现了大量人才，光进士就有二十多位，而其中最著名的就是李椿年。

李椿年在北宋徽宗重和元年（1118）中进士，绍兴二年（1132）出任江南东路宣州宁国县知县。他在宁国知县任上，首先处理了陈氏两兄弟相争田产积案，然后在弟弟李延年的陪同下到桥头、狮桥、中田等二十多个乡村了解民情，视察了东津河、中津河、西津河与水阳江和十六都墩坡水利工程，了解到民众企盼社会安定，要求减税和负担公平以及县府不得任意摊派赋、税、费、役等愿望。于是他和县丞吴柔胜商议，一是把当地的青壮年组织起来，建立一支民兵队伍，加以操练，保卫家乡，震慑盗贼；二是利用农闲组织民众兴修水利；三是将当地历届文、武秀才和举人组织起来，对全县田地按户进行登记，核实田产，做到有产纳税、公平合理。这几件大事完成后，当地百姓喜笑颜开，拍手称赞，并赠送"熙春堂"匾额给李椿年，赞扬李椿年像一轮红日，给宁国带来了春天般的温暖。

南宋绍兴五年（1135），朝廷派监察御史、宣谕使刘大中巡视江南东、西二路，考核路、州、县官员。当刘大中微服到达泾县时，听到当地老百姓编唱的一首民歌：

宁国李公，仁德谦恭。

治县二年，人和政通。

组织民兵，盗贼无踪。

查田定税，负担很公。

发展生产，年年粮丰。

安居乐业，其乐融融。

宁国李公，化雨春风。

滋润万物，县民轻松。

祈望李公，位列三公。

犹如青天，日月当空。

刘大中听到这首民歌后，决定绕道宁国，直奔县衙，亲自会会这位万民称颂的知县。与李椿年交谈之后，刘大中觉得他是一位不可多得的人才。

回京后，刘大中立即向高宗做了汇报，并重点推荐了李椿年，说他"练习民事，稽考赋税，各有条理，深受百姓爱戴"。同年五月，宋高宗召见李椿年，升任他为洪州（今南昌）通判。在洪州通判任上，他结识了时任江南西路宣谕使兼洪州知州的赵鼎和时任武昌军统帅的岳飞，他们志同道合，关系密切，又都是"主战派"，故经常在一起探讨军国大事。李椿年向他们学习，对当时的国家大事有了更深入的了解，政治上也更加成熟。当1135年9月宋高宗再次召见他询问治国方略时，他呈上经过深思熟虑所准备的奏章：

今日之大弊有三：一曰铨选（吏部选才授官）之弊，员多缺少；二曰食货之弊，钱轻物重；三曰所司之弊，吏强官弱，吏欺官。

吏部应有铨试（考试官员），淘汰不才者，不才者，往往多作原故（指好生是非），以幸免之。臣愚以谓，稍清仕途，不如下考试之令，应初到部之人，试而后用。试而不中，亦不得调，允其一年后复试，再不及格，不予起用。纵贵如宗室国戚、公卿子弟亦不能外。如此可去冗员，员多缺少之弊除矣。考试以断案为主，懂法、执法，吏欺官之弊可除矣。物重为何？种养之人少，井田之法毁矣，游手好闲者多，加之金兵入侵，天下之民，死于贼者十有五六，幸存者或从军或为僧，物焉能不少？臣愚以谓，兵不在多，在于精，可裁其老弱病残，以之为农或屯垦，何乐而不为？现官府鬻度牒（当和尚的凭证）以增钱财，得钱不下万数，然失却了万民。积而累之，民已尽矣。此"割肉医病"之举，得不偿失。古有越王勾践报吴仇，规定男女适婚而不嫁娶，罚其父母；生男女者，则予以奖励。今日却反之。

李椿年这份奏章大致的意思就是要严格官员选拔制度、减少军费开支、提高生产力并鼓励民众生育，以使国家强大。

宋高宗阅后，同意了他的意见，并将此文批转吏部、户部、兵部遵照执行。

绍兴六年（1136），宋高宗任命李椿年提举浙东，管理越州（含绍兴地区）、台州（今临海地区）、婺州（今金华地区）、衢州、处州（今丽水地区）、明州（今宁波地区）和温州七州的钱粮收支。在浙东，李椿年每日徒步走村串户，访问百姓，到盐场和渔民中巡察，收缴州县余钱和豪强富户历年拖欠的赋税。他不收礼，不吃请，不近女色。一些豪强见拉拢他不成，转而控告他。一日深夜，李椿年正在夜读，忽然一个黑影蹿入他的寝室，正在门口守夜的李延年立即迎上力斗，但渐渐力不能支。正在危急之时，侠客"一枝梅"赶到，一招便制服了那个黑衣人黄髯公。当黄髯公听"一枝梅"介绍李椿年是一位清官廉吏时，转而加入了暗中保护李椿年的行列。

接着，李椿年到了嘉善县收缴钱粮。该县知县贾某对李椿年说："我不上缴钱粮，你奈我何？"李椿年对他说："民众历来缴纳钱粮有据，只要将其数据汇总，除去正常开支，多余的钱粮就得上缴。你不上缴，到时发动民众核对，证据确凿，由不得你不交！"结果，贾某抓住"发动民众核实"这句话又告了李椿年一状。

在温州、明州收缴钱粮时，许多州县官员反映几年前，圣上到此驻跸，有些费用能否抵缴？李椿年将这类情况上奏高宗。不久，高宗批复：可以扣除。见此情况，明州知州郭明嘉当下表示，明州所有余钱、余粮全部上缴国家。明州带了头，其他多数州、县也只好将余钱、余粮上缴国库。可是，仍有顽固派再次向朝廷控告李椿年。

绍兴八年（1138）三月，尚书、中书、门下三省官员联名向宋高宗告状："台州有匿名信，控告李椿年刻薄等事，欲率众作过（煽动民众造反）。"宋高宗对三省官员说："兵火以来，官物多有失陷，既差官检察，若稍有留心，便生诬蔑，此必有州县所为，万一兵火作过，当用兵剿杀。"宋高宗驳回了三省官员的奏章，反对者遂服服帖帖地交出了余钱和余粮，豪强富户也补交了欠税，共收缴白银八千多万两、粮食数十万担。

绍兴九年（1139）五月，李椿年任满回京。此时，刘大中、赵鼎等已被秦桧排挤出朝廷，一个去外地某州当了道观的住持，一个流放去了海南。而秦桧知道李椿年与赵鼎交好，便有意不起用他。李椿年当时只是个提举，难以直接面圣，虽有堂兄、时任吏部侍郎的李涧从中帮忙，但他无法直接安排堂弟的官位，只能告诉李椿年，岳飞元帅需要一位度支郎中（军中管后勤的职官）。于是，李椿年找到岳飞，由岳飞上殿奏明，高宗批准，到岳飞元帅麾下当了度支郎中。

在岳飞军营，李椿年向岳飞提出精兵垦荒屯田以解决部队给养等建议，同时组织教习军士学文化、论兵法，形成了"壮士日生产，虎将夜谈兵"的良好局面，岳家军由此兵强马壮，出征北击金邦，意在收复河山，迎回徽、钦二帝。但是，当岳家军一路势如破竹，抢关夺寨，收复了大片失地，直抵洛阳城，准备渡黄河北上之时，却接到了朝廷十二道金牌令岳飞班师回朝，李椿年也被吏部任命为京都救火官。

绍兴十二年（1142）五月，李椿年被任命为左司员外郎。眼见贪官污吏趁国家战乱之机大肆侵并土地，又倚仗权势拒不纳税，严重影响了国家财政收入，百姓苦不堪言，李椿年决心革除时弊，措置经界。他向宋高宗奏道："经界不正有十害""经界正，而仁政行。"此时的南宋已与金国议和，每年要向金国进贡大量金银，急需用钱，实施"经界法"既可增加国家收入，又能平息百姓之怨，于是宋高宗下诏同意措置经界，敕命李椿年负责施行，先在平江（今苏州）试行。完成平江试点后，李椿年回京向高宗汇报并呈上"砧基簿"。高宗看到融户籍、税籍、役籍为一体的"砧基簿"，非常高兴，于绍兴十三年（1143）六月，任命李椿年为户部侍郎，令其将经界推向全国，并命李椿年制定《经界法》，在全国统一实施。

绍兴十四年（1144），李椿年母亲程仰平在京去世，李椿年护送母亲灵柩回到浮梁界田，在家守孝三年，于绍兴十七年（1147）正月返京复职。李椿年回乡下丁忧三年中，秦桧举荐亲信王铁任户部侍郎，接任李椿年代行"经界"。王铁上任后，首先是篡改《经界法》，接着是暗增民税，致使贪官污吏营私舞弊，破坏了《经界法》的均税效果。李椿年返京复职后，立即采取措施予以纠正，以快刀斩乱麻之势，拨乱反正，使《经界法》的推行回到了正确轨道。南宋文学评论家罗大经的《鹤林玉露》一书中记载："《经界法》推行后，回税均齐，田里安静，公私皆享其利。"

推行《经界法》触动了秦桧等奸佞权贵的利益，秦桧暗中指使殿中侍御史曹筠控告李椿年"求荐刘大中，阴交赵鼎，私结将帅，曲庇家乡"四大罪状，还说"不责之，难塞众议"。

宋高宗也不问曲直，便以"寝失本意"为由罢了李椿年的官，把他流放到江州，但没有否定《经界法》。绍兴二十年（1150），李椿年又被流放去了宣州（曾一度更名为"宁国府"），直到绍兴二十四年（1154），朝廷才任命李椿年为宣州知州。绍兴二十五年（1155）正月，皇帝下诏书，调李椿年任左中大夫，知婺州（今浙江金华地区）。

婺州是东南较大的一个州，也是物产富饶的一个州，但当地民众受到富商大贾的盘剥，不得温饱。因此，李椿年到婺州后，即仿效王安石试行"平准务"法，并得到高宗的批准。"平准务"法实施后，婺州七县农民不愁买，不愁卖，不受重利盘剥，日渐摆脱了贫困。一时，种五谷、植桑麻、养禽畜、办作坊的浪潮掀起，城乡处处欢声笑语，平民百姓过上了安居乐业的平稳日子。因为豪强富户与大商巨贾都不能再为所欲为、鱼肉乡里，经济上也蒙受了巨大损失，所以金华原县令朱中直的胞弟朱中正伙同霸市的不法之徒，串通富户商贾，联名上京状告李椿年，弹劾李椿年"所至刻削，阴取系省钱，名曰平准务，尽扰一郡之货，侵夺百姓利益，复以官钱贷于民，日收其利，谓之放课，及结合纳苗米，置圈猪、羊"等卜数事。宋高宗又于绍兴二十六年（1156）正月下诏，再次罢了李椿年的官。罢官后的李椿年回到了浮梁界田自己的家中。

回到浮梁的李椿年并没有因罢官而懊恼，而是感到自己年轻时致仕，没有为家乡人办过什么事，于是他拿出自己平时省吃俭用攒下的一些积蓄，先后在东埠村的西面办起了"鄱源教院"，在桥溪村义学坞办起了"新田书院"，教授家族和当地乡亲弟子。著有《易说》和《仲永文集》。这一时期，李家子弟有 24 人中了进士，这与李椿年的重教功德是分不开的。

南宋孝宗隆兴二年（1164），李椿年在家病逝，终年 68 岁。

1985 年，《中国社会科学》一、二期所刊载的美国芝加哥大学历史系讲座教授何炳棣先生的《南宋至今土地数字考释和评价》一文中写道：

> 措置经界的中心人物是李椿年。由于他不畏强御，力行均税，政府增加了税收，又部分地减轻了自耕农和半自耕农的田赋负担，所以成了大地主和部分官僚的攻击对象。王安石新政遭遇保守势力的顽强阻挠而失败后，长时间士大夫的正统舆论，总是反对在经济和赋税制度上推行新政策，并且一直嫉恨所谓"言利"之臣，所以元代编拟的《宋史》，竟没有李椿年的传。《四十七种宋代传记综合引得》也同样不列李的传记资料。

何炳棣先生在文中不仅肯定了南宋时朱熹先生"此法之行，贫下户皆所深喜，然不能自述其情，豪强猾吏，实所不乐"的正确定论，也透析了李椿年这位古代赋税制度改革家、中国土地管理制度的创始人之所以在《宋史》中没有为其立传，也没有记载其《经界法》的时代背景。

此外，我们还可从何炳棣先生对李椿年的评价中了解到李椿年的人格和道德操守：

李椿年一生仿效桑弘羊、王安石，而且曾以力行经界，深遭保守势力的嫉恨，晚年成了官员的众矢之的，本不足怪。所可怪者，凌哲所弹劾他的都是为了增加政府收入的经济专利措施，并无一字涉及李椿年贪污自肥。后来，朱熹于1190年在漳州主张力行经界时，一再称赞李椿年行经界禅民生，从未批评李的人格和操守。

胡铨因勇于弹劾秦桧而闻名于世，颇具肝胆正义。他对李椿年的哲学修养有以下评价：某故人鄱阳逍遥公李仲永，潜心易学，卫道甚严。一日梦弼而有得，遂成一家之书。仲永名椿年，尝直学士院云。

在李椿年逝世十六年后，胡铨（江西吉安人）写出李椿年"卫道甚严"，足以反映李椿年一生为人是遵守相当严格的公私道德标准的，不是趋炎附势的机会主义者。

李椿年的一生，是奋发奉献的一生，是忧国忧民的一生，是改革图强的一生，是与豪强猾吏斗争的一生，也是廉洁无私的一生。他把自己毕生的精力献给了国家的税赋和土地管理制度改革，献给了民族事业。

作者简介：李新才，浮梁县社会科学界联合会原主席，原浮梁县文化广播电视新闻出版局党组成员、副局长，浮梁县历史文化研究会副秘书长，浮梁历史文化研究院院长。

僧中之魁——佛印了元禅师

林进军

佛印了元禅师（1032—1098），宋代云门宗高僧，为云门偃公五世法裔。佛印姓林，字觉老，法名了元，佛印是宋神宗赐的法号。他是宋饶州府浮梁县西河林氏宗族（今浮梁县蛟潭镇建胜村）人。浮梁西河林氏，开基祖林端，字茂正。唐末从福建莆田迁来浮梁明堂山下吴口坦定居，传至三代大闿清、小闿清，生子仁一至仁十一共十一子。佛印了元父亲排行第九，名仁九，北宋天圣十年五月了元出生。诞生之际，祥光烛天，满室辉煌，取名丁原，为浮梁西河林氏第五代。佛印自幼天资颖悟，三岁能记诸家诗三千余篇，说话合乎经史。"元生三岁，琅琅诵论语、诸家诗。"邻里乡亲都称赞他是神童。他因读佛经著作有了领悟，12 岁便到县治所在的县城北宝积寺拜日用为师，出家当小沙弥，法名了元。年方 15 岁，即于本邑考核《法华经》，成绩优秀，得圆受具戒。17 岁在宝积寺拜别师父日用，手植二棵柏树离开浮梁出境游方。先登临庐山，拜谒圆通寺住持释居讷，讷惊其翰墨曰："骨格已似雪窦，后来之俊也。"遂命其掌书记。后又拜谒开先寺，谒方丈善暹老禅师，禅师称赏："以为真英灵衲子也。"28 岁时经居讷推荐去承天寺（今江西九江）任住持。先后历住淮上斗方寺（今湖北省浠水县）、庐山开先寺、归宗寺、丹阳金山寺、焦山寺（今江苏镇江）、袁州仰山寺（今江西宜春）、云居真如寺等知名古刹。他前后 40 余年，九坐道场，弘法传教，博通中外，工书能诗，尤善言辩，德化广被，接得四方云衲，广为人称颂。

宋元丰初（1079），佛印出任云居山真如禅寺住持，大行禅法，座下千余徒众。真如禅寺一时成为名震天下、众望所归的盛大道场。宋神宗复御赐云居山真如禅寺匾额。黄山谷曾有诗赞叹了元禅师"白发庞眉老尊宿，祖堂秋鉴耀真灯"的高岸道行。

住持金山寺时，修寺宇、建妙高台、接待高丽王子"祐世僧统"义天来朝、兴办水陆法会弘扬佛法。在金山寺他与苏东坡一见如故，结为至交。有一回，苏东坡欲以佛印禅师四大五蕴之身为座。佛印禅师说："四大本空，五蕴非有，请问学士要坐在哪里呢？"苏东坡为之语塞。将玉带输给了佛印禅师，成为金山寺镇寺之宝。苏轼写给佛印的书信共15封，诗5首，文牍6篇。佛印禅师与苏东坡的禅机对话，千百年来一直为人所传颂。

"道冠儒履佛袈裟，和会三家作一家。"佛印禅师融汇儒、释、道三教的气度，与其过往的经历亦极相关。他性格豁达开朗、潇洒倜傥，与之相交的缙绅之贤者众多，如周敦颐、苏东坡、黄山谷、苏辙、秦观、彭汝砺、李公麟、王子纯、郭功甫、蒋之奇、米芾等均友善交密，有的奉其为师。由此，留下许多令人神往的逸事趣闻和诗书墨宝，成为僧俗两界盛传的佳话。元丰间，了元游京师经引荐为神宗皇帝入内讲经，深得皇帝与众大臣嘉许，赐予高丽袈裟和金钵并赐号佛印。苏轼为之写《磨衲赞》一首并撰序记此事，以龙象赞其为高僧大德。佛印元公自京师还，路过金陵时，释可遵大师遂作《佛印元公自京师还过金陵作诗赠之》："上国归来路几千，浑身犹带御炉烟。凤凰山下敲蓬咏，惊起山翁白昼眠。"予以高度赞扬。

在浮梁县，离佛印故里不远的宝积寺，被称为佛印道场。宝积寺有供奉苏东坡、黄山谷、佛印禅师三贤堂。据传，元丰七年（1084）苏轼去汝州上任团练副使前，佛印以书简约苏轼到庐山相见后，正好苏轼送子苏迈到饶州银阳（今德兴）为官，苏轼在景德镇探望同年程筠家人后与黄庭坚、佛印三人顺道来浮梁宝积寺拜谒，并沿昌江到明堂山下探望了佛印的母亲。在林宅，佛印母亲酌上浮梁鸭雀茶，并奉上炒灰水粿（咸水粑）等特产小吃请他们品尝。据《浮梁县志》记载：佛印禅师还为宝积寺题过诗："昌水贤侯德泽深，旧山闲与县僚寻。刚肠可夺相如玉，重诺能饶季布金。黄菊谩劳夸栗里，白莲休更问东林。与君共结诗禅社，何日松关话此心。"一日，佛印了元禅师请大画家李公麟为己绘制肖像，要求作笑容，且有诗句自赞："对现堂前俱不识，太平时代自由身。"他还整编白莲社流派，担任青松社社主，倡导弘扬净土思想。其后未久，绍圣五年（1098）农历正月初四，了元禅师于寺中听客人谈话，值有会心投机之处，不由得欢笑起来，一笑而寂。享年67岁，法腊52。佛印圆寂后，浮梁人为纪念他誉为"僧中之魁"。

作者简介：林进军，中共景德镇市委政法委退休干部。

长芗书院考记

洪东亮

书院是中国教育史和文化史上的一朵奇葩。元代嵇厚在《长芗书院记》中说："大江以右，书院为盛。"旧志载，浮梁"书院之建，盛于他邑""士趋诗书，矜名节"，历代"衣冠人物之盛甲于江右"。

书院在浮梁历史上曾经书写过绚丽多彩的一笔。长芗书院创建于南宋庆元三年（1197），至今已有800多年的历史。作为浮梁历史上第一所官办性质的书院，长芗书院是宋元之际江南地区有着较大影响的书院之一，是浮梁乃至景德镇市又一十分重要的历史文化遗产。

一、历史沿革

（一）史志对长芗书院的记载

有关景德镇长芗书院的记载，目前所发现最早的记载是南宋王象之所著《舆地纪胜》。其载："长芗书院在浮梁之景德镇，季齐愈创，有夫子庙，屋四十间，田二百亩。"[1]

明正德刻本《饶州府志》卷三记载："长芗书院在景德镇，见《一统志》注，宋李齐愈建，方回记，兵毁。"[2]

康熙二十一年版《浮梁县志》记载："长芗书院　宋庆元三年监镇李齐愈请于郡，建书院于镇市西。守林桶援白鹿例名长芗。元贞丙申，山长凌子秀、朱继曾请于江东宣尉使嵇厚以旧基新之。泰定乙丑进士方回请于郡守段廷珪，以训导藏履、直学闵济

---

① 《舆地纪胜》卷23《江南东路·饶州》，中华书局，1992年据道光二十九年版影印出版，2003年第2次印刷，1045页。
② 《正德饶州府志》，天一阁藏明代地方志选刊续编，明正德刻本影印，上海书店，第337页。

重修。明初，举朱伯高为山长，张京伯为直学。洪武辛亥徐逊赴省主试，荐朱伯高为府教授，学遂废。"①

清程廷济、凌汝绵纂，清乾隆四十八年（1783）《浮梁县志》卷三学校志载："长芗书院在景德镇，宋庆元三年监镇李齐愈请于郡建。元元贞二年山长凌子秀、朱继曾请于江东宣慰使嵇厚以旧基新之，厚有记。记曰……欧阳元至书院语学者诗：圣朝无地非无教，院在长芗业已专。须慎言行遥聚日，尤参理欲独修前。花香鸟语山千嶋，月霁风光水一川。暂驻星昭语多士，学成芸阁自求贤。刘俭书院怀古诗：川转峰峦绕，当年诵读乡。唯志依典籍，不敢远宫墙。茂草封前迹，荒藤夹旧疆。书声还隐约，飞鸟下斜阳。延祐间浦江吴莱署山长。泰定二年，进士方回请于总管段廷珪，以训导藏履、直学闵济重修。明洪武初，举朱伯高为山长、张京伯为直学。四年，以徐逊赴省主试，荐朱伯高为府学教授，书院遂废。"②

道光版《浮梁县志》对长芗书院的记载，与乾隆四十八年（1783）《浮梁县志》记载相同。

清同治十一年版《饶州府志》卷七记载："长芗书院在景德镇，宋李齐愈建，今废。"③

（二）长芗书院的创建时间

长芗书院创建于南宋庆元三年（1197）。由于史料的缺乏，对这一时间的认定，仅限于清代康、乾以后的地方志的记述。元代嵇厚作《长芗书院记》，述及书院创建，说"有宋庆元之初，浮梁之镇市长芗书院先监务李韩思所建者也"。与前述吻合。另外，查考记载有长芗书院事的《舆地纪胜》，其作者系南宋王象之。王象之，字仪父，婺州金华人，庆元元年登进士第，曾任江宁知县等职。《舆地纪胜》初稿约于嘉定十四年（1221）完成，至宋理宗宝庆三年（1227）全书始成。可见长芗书院创建时间至少要早于该书成书时间。综上，长芗书院创建于南宋庆元三年，是可以得到认可的。

---

① 《浮梁县志》，据清陈淯、邓煜等纂，清康熙二十一年刊本影印，台湾成文出版社有限公司1989年版，第268—269页。
② 《浮梁县志》卷三《学校志》，1960年江西省图书馆据国家图书馆藏清乾隆四十八年刻本油印本。
③ 《饶州府志》，清锡直修，石景芬纂，鄱阳县地方志编纂委员会办公室据同治十一年刊本点校，江西人民出版社2014年版，第238页。

（三）长芗书院的创建者

关于长芗书院的创建者，主要有两种说法。

一是据景德镇（浮梁）当地的地方志资料记载，长芗书院的创建者是南宋景德镇监镇李齐愈。康熙、乾隆、道光各版本《浮梁县志》，均记载为"李齐愈"，元代嵇厚《长芗书院记》（见乾隆版《浮梁县志》）说，长芗书院为"先监务李韩思所建"，其姓为"李"。由于史料匮乏，李齐愈（韩思）不见于其他记载。

二是据《舆地纪胜》记载："长芗书院在浮梁之景德镇，季齐愈创，有夫子庙，屋四十间，田二百亩。"这一说法，引自中华书局影印出版的南宋王象之著《舆地纪胜》。与前述不同，"李齐愈"变成了"季齐愈"，仅一字之差。

长芗书院的创建者究竟是李齐愈，还是季齐愈？按成书时间先后说，我们认为《舆地纪胜》的记载更为可靠。

《舆地纪胜》大约成书于宋理宗宝庆三年（1227），离长芗书院的创建仅 30 年时间。该书对长芗书院的记述可信度更高。而且，该书对长芗书院的祭祀（夫子庙）、大小（屋四十间）、田产（田二百亩）的记述，是其后所有关于长芗书院的记载都不具有的内容。另外，我们在考据季齐愈其人上，也获得一些新的发现。长芗书院创建这一时期名叫"季齐愈"的人，可查考的有嘉定十七年任象山县令的季齐愈。季齐愈任象山县令事，在当地县志有零星记载，有善政，作《等慈寺僧堂记》（今亡佚），在石浦渔港留有"季侯顾我"等石刻。季齐愈与金华（东阳）的王象之是同时代的人，同属浙江，地域相近，而且同样任过县令。他们之间有交集的可能性极大。《舆地纪胜》在记载江南东路饶州府"景物（上、下）"中的，以书院列入的仅有浮梁的新田书院和长芗书院。至于季齐愈有没有来景德镇任监镇，目前尚无资料显示。以上有待于进一步考证。如果长芗书院的创建者是"季齐愈"的话，那么其后由于笔误而成"李齐愈"也就不难理解了。

（四）长芗书院的创建地址

长芗书院从南宋末期创建，历元代，于明初停办，前后仅有 174 年的历史。明清以来的史志对其具体位置的记载均语焉不详。《舆地纪胜》只说在"景德镇"；康熙版《浮梁县志》说"镇市西"；嵇厚《长芗书院记》仅说旧基"新之"，不载详细地址。"镇市西"，镇市即镇市都，今属景德镇老城区。

长芗为景德镇旧地名，处镇市以西。据 1989 年版《景德镇市志略》载，清代康熙乾隆道光时期长芗都属浮梁县兴西乡，距县治 30 里。历史上的长芗都（亦写作长香都），其大致位置即昌江河以西，北起三闾庙，往南含河西、金鱼山、十八渡、官庄，最南端至禅师山一带，最西端为二亭下龙塘山与鄱阳界，今为景德镇市昌江区辖地。

长芗书院在长芗都无疑义，但具体的位置仍有待考证。

目前，对长芗书院地理位置的考证主要有两种意见：

一是禅师山说。

1988 年由汪水传主编，景德镇市地名志办公室编印出版的《江西省景德镇市地名志》中，《景德镇的会馆和书院》一文附表记载长芗书院"坐落地址为禅师庵"。禅师庵在今景德镇昌江区境内，位于昌江河以东的渡峰坑村东南的禅师山。这里山势高峻，古道有"十八折"之称。禅师山因唐代名僧西峰禅师来此传经而得名。禅师山地处景德镇南山，翠峰环峙，远离尘嚣，历来是读书讲学的好地方。据道光版《浮梁县志》记载，禅师山在北宋时建有云林别墅，宋嘉祐四年状元上饶铅山人刘辉（初名几）随父寓居景德镇时，与程筠（程节之弟，宋嘉祐二年进士）交游，曾读书其间。

持这种意见的还有 1988 年版《景德镇市教育志》主笔徐镇寿先生。他对浮梁历史上的书院进行过考察。他在《浮梁县的书院》一文中，述及长芗书院时，说"长芗书院当设于禅师山一带"。[①] 但不知所据。2018 年，笔者走访时年 80 岁的徐镇寿先生。据他回忆，20 世纪 80 年代他对景德镇地区书院进行调研，依据对年长者的采访，以及基于禅师山自宋代以来就是办学之地，而初步断定其为长芗书院的旧址。不过为谨慎起见，1988 年版《景德镇市教育志》述及长芗书院旧址时备注"待考"二字。

2008 年，《景德镇市志》第五卷之《教育志》载："南宋庆元三年（1197），景德镇监镇李齐愈于景德镇仿白鹿洞书院制，创建长芗书院。有人说长芗址在禅师山，待考。"[②]

2009 年出版的吴逢辰主编的《浮梁民俗》一书，在《南宋至清代浮梁县历代书院一览》中，载长芗书院原址为"镇市都"，今地名为"禅师庵"。

二是官庄说。

随着研究的深入，2018 年笔者发现长芗书院位于官庄的有力证据。

---

① 王迢主编，石奎济副主编，政协景德镇市文史资料研究委员会编：《景德镇文史资料》（第 8 辑），1992 年，第 72 页。

② 陈新平、江寿如主编：《景德镇市志（有史记载—1985）》（第五卷），景德镇市地方志编纂委员会，2009 年第 1 版，2012 年再版，第 2008 页。

昌江区吕蒙乡官庄村《史氏宗谱》，谱中有"浮梁镇西官庄史氏世居地图"，官庄以东标注有"长芗书院"名。其北为兰冲寺、东北为市埠渡，东为张家社，南为龙塘。另谱中载有长芗书院诗三首，其一："官庄地冕即长芗，世泽源流一水长。乐育何年春草满，歌吟时带古书香。"官庄地冕，即指官庄村东头。

在时年74岁的史氏族人史火松带领下，我们按照宗谱所载示意图，查考了图中几个地点。史氏祠堂位于现黎明制药厂区内，离昌江50余米，1979年建厂时被拆，原居住在祠堂附近的史火松等村民同时迁居他处。龙塘是一个两亩左右大小的池塘，周边流水积于此，过去有一条水沟流经祠堂入昌江。龙塘离昌江百余米，距岚山大桥北桥头两百米左右，近几年池塘被填埋建起了几栋楼房，龙塘彻底消失。至于长芗书院，史火松说以前没有听说过此事，按图所示，大概位置应在离康家花园以西两百米处，以前这里是一片竹园，现在是厂区。张家社情况不详。其他地名，如勒马山，位于昌江区政府大院西南侧，西山路与瓷都大道交会处东北侧；石灰窑在现昌江人武部和气象局所在地；舒家庄过去属鄱阳管辖；鄱阳与浮梁分界点在今新都民营陶瓷园兴园路靠背椅山今名官庄宜华新村段。

（五）长芗书院的历次重修

长芗书院于南宋庆元三年（1197）创建，至明洪武四年（1371）停办，其间历时174年。因战火等原因屡毁屡兴。查考有关史志资料，主要有以下几次重修：

一是宋末元初之际进士方回重修长芗书院。方回（1227—1307），字万里，别号虚谷，徽州歙县（今属安徽）人，宋景定三年（1262）进士。元朝诗人、诗论家，为江西诗派殿军人物。有《瀛奎律髓》49卷。

二是元代元贞丙申年（1296），山长凌子秀、朱继曾请于江东宣尉使嵇厚以旧基新之。

经历宋元之际的动荡，长芗书院一度被毁。元成宗元贞年间，天下初定，百废待兴。时为山长的凌颖山（字子秀）率众修复长芗书院，并得到时任江东宣尉使嵇厚的支持。嵇厚为此作记，称新修成的长芗书院，"堂庑斋舍使俾焕然"，其规模远比南宋庆元之初创建时要大得多。这一次重修，不仅延续了长芗书院的历史生命，而其为后人留下了十分珍贵的《长芗书院记》。

三是郡守段廷珪，以训导臧履、直学闵济重修长芗书院。

据康熙版《浮梁县志》记载，泰定乙丑（即泰定二年，1325年）进士方回请于郡守段廷珪，以训导臧履、直学闵济重修。关于这次重修，没有其他史料做证，而且查考《方回年谱》等文献可知进士方回不可能在泰定乙丑年重修长芗书院，因为其时方回已于大德十一年（1307）卒，年81岁。

据蓝浦《景德镇陶录》载，"元改宋监镇官为提领，至泰定后又以本路总管监陶，皆有命则供，否则止，税课而已"。今查考泰定前后督陶者有泰定二年（1325）的段廷珪与至顺二年（1331）的堵闰。

道光版《浮梁县志》载元代饶州知州屠济亨旧序，称"余出守是州之三月，郡刺史清泉段公蒙旨董陶至州"。泰定乙丑《浮梁州志》刻本，为段廷珪修、臧廷凤篆。清泉旧县名，今属湖南衡阳县。段公即段廷珪，事迹不详。臧廷凤为臧履的父亲，浮梁县臧湾人，元代任镇江教授。

闵济（一作齐），生卒年不详，县志无传。据《编类运使复斋郭公敏行录》载，郭郁皇庆元年（1312）来浮梁任知州。闵齐与郭郁有唱和，并为郭郁父亲作贺寿诗。

堵闰，元代曾任长芗书院山长的俞希鲁所编《至顺镇江志·人材·仕进·土著》有记载：

> 堵闰，字济川，金坛人。初辟浙西、浙东宪司书史，历昌化尉，信州路总管府知事，选为江浙行省椽，除从仕郎，建州路录事。再调承务郎、饶州路总管府推官。赴召入觐，以母老俾便传养，特改授镇江等处稻田提举，且赐金帛以宠行。至顺二年（1331）七月，奉命督陶器于饶，行次三衢之常山以病卒。[①]

堵闰未到景德镇督陶而卒。不可能参与长芗书院的重修。

元泰定乙丑年郡守段廷珪，以训导臧履、直学闵济重修长芗书院是可信的。此时离凌颖山元贞丙申年重修长芗书院已近30年。至于进士方回重修长芗书院，其时间当在凌颖山之前。据明正德刻本《饶州府志》载，长芗书院在景德镇，宋李齐愈建，方回记，兵毁。目前，由于史料缺乏，方回重修长芗书院的具体时间待考，方回所作的记有待发现。

（六）长芗书院的当代复兴

2013年，本人开始对长芗书院历史文化进行研究。2015年成立景德镇市长芗书院文化研究会。2016年3月，在景德镇南山腹地的禅师山中启动长芗书院的复兴工作。

---

① （元）俞希鲁编：《至顺镇江志》卷十九，江苏古籍出版社1999年版，第762页。

二、规模影响

（一）规模

长芗书院的办学规模，由于其停办时间久，历史资料又极为缺乏，因此目前对长芗书院的规模了解比较少。据南宋王象之所著《舆地纪胜》，知其创建之初，有"屋四十间，田二百亩"。至于生徒数量则不得而知。

长芗书院的学生来源不限于本地。乡塾的优秀人才，邻州远邑的学者亦前来求学。

（二）学规

正如史料记载，长芗书院援白鹿洞例而建，其学规等与白鹿洞书院同。长芗书院建于南宋庆元三年，此时白鹿洞书院学规成熟，为天下书院之榜样。尤其是朱子学规，为天下范。朱子学规即《白鹿洞书院揭示》，又名《白鹿洞书院学规》。

白鹿洞书院，位于庐山五老峰南麓后屏山下，唐李渤读书其中，养一白鹿自娱，人称白鹿先生。因此地四山环合，俯视似洞，由此得名。南唐升元年间，白鹿洞正式辟为学馆，亦称"庐山国学"，后扩为书院，与湖南的岳麓书院、河南的嵩阳书院和应天书院并称为"四大书院"。

（三）祭祀与学田

长芗书院有夫子庙，祭祀孔子。书院置学田，数量为200亩，具备书院的基本功能。

（四）地位影响

长芗书院不仅是景德镇地区历史上著名的书院，而其在江南地区有着较大的影响，主要表现在以下几个方面：

一是长芗书院具有官办性质。长芗书院创办者为当时的监镇。《宋史》职官志载："诸镇，置于管下人烟繁盛处，设监官。"景德镇北宋始设立监镇官职，从已知的监镇官看，来源不限于本州县。监镇主要负责城镇治安及税务兼有户籍、保甲、兴办公益事业的职责。长芗书院的创办者季齐愈时为监镇。景德镇地区创办最早的新田书院，由南宋户部侍郎致仕后的李椿年创办，教授的学生也只是族人子弟而已，其实质是家塾性质的书院。至长芗书院的创建，景德镇（浮梁）才有了真正意义上的书院。

元代长芗书院的官办性质得到进一步加强。元代是书院发展的鼎盛时期。据清初学者朱彝尊《日下旧闻》卷十一记载："书院之设，莫盛于元，设山长以主之，给廪饩以养之，几遍天下。"元代书院以它们的建立历史，可分为三类。第一类是金、南宋幸存下来的旧书院；第二类是官府主持修建的书院；第三类是民间自办的书院。前二类书院基本上是官办性质的，它的资财由官府控制，学官由官府发放。后一类书院，多民办性质，官府只是予以形式上的承认——"赐额"，至于资财、教务均由书院自主，并"不隶于有司"。（见复旦大学教授、暨南大学古籍研究所研究员王颋《元代书院考略》）长芗书院属于第一类。目前所知的长芗书院山长，均为任命或荐署。如山长吴迁，就是由知州郭郁聘请的，吴莱为御史荐署，其他如洪焱祖、俞希鲁、赵棨等，均为任命，且不限于一地。

另据《元代书院考略》记载，元代全国 13 个一级行政区，有书院分布的有 7 个，计书院 400 余所。江浙行省 167 所，分布在 29 个路，其中饶州路 14 所，浮梁州长芗书院为其中之一。景德镇地区入列的除长芗书院外，也仅有浮梁双溪书院、乐平慈湖书院而已。

二是生徒四集，邻州远邑学者负笈来学。

正如南宋宝祐元年（1253）进士赵介如（初授饶州通判，入元为浮梁双溪书院山长，与南宋著名理学家、政治家江万里交厚）在《双溪书院记》中说："书院不趋城阙而于山林，不事科举而专义礼之学，贤规也。"[1]古代的学宫只限于本籍人才能参与，而书院不同于学宫，即如嵇厚所称"乡塾之髦士，皆得进而问业焉；邻州远邑之学者，皆得聚而考道焉"。[2]长芗书院一度学者、生徒四方云集。即便是在明初被废后，长芗书院依然对后世有着深远影响。元初，汪天定为山长，一时"担笈者四方云集"。浮梁大儒吴迁任长芗书院山长时期，"进学有序，讲训有则，视听一新，文物甚盛。名公巨卿，躬礼于其庐者相继"。以上虽无具体数字说明，但依然可见一斑。可以说，长芗书院是一所开放性的书院。

三是来书院任山长或讲学之人多为硕师名儒。

从已知的长芗书院历代山长、名儒及参与建设长芗书院的职官来看，汪天定宋末元初隐儒，曾杜门著书；进士方回有"江西诗派的殿军人物"之称；元代安徽歙县的洪焱祖被时人称为"新安三俊"之一；来长芗书院讲学的欧阳玄则是辽、金、宋史的

---

① 清道光版《浮梁县志》卷六《学校·书院》，浮梁县史志档案局整理重印，扬州广陵古籍刻印社，2007 年。

② 清道光版《浮梁县志》卷六《学校·书院》，浮梁县史志档案局整理重印，扬州广陵古籍刻印社，2007 年。

总裁，被称为"一代宗师"；被荐为山长的浙东大儒吴莱，被誉为"词宗"，其弟子宋濂尊称其为长芗公；山长俞希鲁被列为"京口四杰"之一……此外，从已知的山长籍贯地域看，来长芗书院任山长的已不限于当地，有的来自安徽、浙江、江苏等地。已知最远的有来自江苏镇江的俞希鲁。

四是历史名人的评价较高。

元代嵇厚在《长芗书院记》中所说："若书院，惟大贤得以建，惟名儒得以主持。非其人不能创，创亦不能久焉。"长芗书院自创建至废除，前后历经174年，由于一批硕儒的加盟和造访，其学术风气浓厚，因而在当时影响深远。

元代著名文学家、史学家欧阳玄来长芗书院讲学，用"圣朝无地非无教，院在长芗业已专"的诗句盛赞长芗书院。明代末期，被誉为"东方的莎士比亚"的汤显祖（1550—1616）在《浮梁县新作讲堂赋》中对长芗书院的作用予以充分肯定。后世，对长芗书院的肯定，称"信是明儒涵养处，谩夸上国有黉宫"。

五是其刊刻儒学流布至今。

长芗书院在当时还有一个重要的职责是刊刻儒学（事见叶德辉《书林清话》）。据薛颖《元代江西书院刻书考论》记载，元至元三年（1337）长芗书院与浮梁、鄱阳县学、乐平州学、德兴的初庵书院、余干的忠定书院、安仁的锦江书院等合刻《隋书》（唐·魏征）85卷，该书现存中国国家图书馆。

三、历代人物

创建于南宋庆元三年的景德镇长芗书院，虽然存世时间不长，但其影响却是深远的。长芗书院及其山长名儒，所留下的丰富文化遗产，具有重要的历史价值。

现就目前已知有关长芗书院的职官、山长、名儒事迹述略如后。

（一）季齐愈（1197年前后在世）

季齐愈（一作李齐愈），生卒年及籍贯等均不详。据南宋王象之《舆地纪胜》记载，季齐愈创景德镇长芗书院。长芗书院创建时间据旧志载为南宋庆元三年（1197）。当时，季齐愈任景德镇监镇之职。

（二）冯光大（1216—1308）

冯光大，号月屋，生于南宋嘉定丙子年（1216），浮梁湘湖（今浮梁县湘湖镇湘湖村）人。通五经，明性理，宋末任长芗书院山长，后调任绍兴山阴书院山长，卒于元至大戊申（1308）年，享年92岁，娶湖田黄半江女，卒葬焦坑田窑坞，家谱有传。

冯光大任长芗书院山长的时间，当在南宋帝昺祥兴二年（1279）南宋灭亡以前。关于冯光大的事迹，县志不载。明代冯光大后人冯诚举进士。县志有载。

今浮梁县湘湖镇冯氏族人存有道光版《冯氏宗谱》，述其家世。

（三）汪天定（生卒年不详）

汪天定，字子彝，宋末元初景德镇湖田都（今景德镇市珠山区竟成镇湖田村）人。事迹见载于《浮梁县志》。其著述未见流传。任长芗书院山长具体情况不详，大约于元初任山长，从学者四方云集。妻程氏，为北宋程邻的孙女，知书达理，著有《桂堂诗草》。程邻（1070—1119），为北宋进士程节之子，曾出守永州、夔州，历贵州、广州知府，卒赠徽猷阁待制。程氏时为浮梁望族，世代诗书传家。程节之弟程筠、侄子程祈均中进士。

道光版《浮梁县志》卷十四载：

> 汪天定，字子彝，湖田都人。沉默朴诚，动必以礼。南宋淳祐间一举不第，杜门著书。元初，群士荐为长芗书院山长，天定不欲就。妻劝之行。担笈者四方云集。所著《诗经绎义》《论语绎义》。妻程氏，邻女孙，亦知书，有《桂堂诗草》。

（四）方回（1227—1305）

方回，字万里，别号虚谷。徽州歙县人，宋景定三年（1262）进士，元初著名诗人、诗论家，擅长书法，有"江西诗派"的殿军人物之称，一生创作诗歌万余首，现存两千余首。曾往来徽州浮梁之间，请于饶州总管重修长芗书院。

由于可考文献资料缺乏，方回重修长芗书院的具体情形待考。

（五）陈山长（1244年前后—？）

名不详，宋末元初长芗书院山长。事见元代著名理学家吴澄《吴文正公全集》中《故陈山长妻姜氏墓铭》一文，称其"负意气，少宦学，遍游诸先进之门。晚值时难，排纷御侮于谈笑间"。

陈山长之妻姜氏，饶州安仁璜塘（今属江西余江）人。生有三子，长子陈伟，建宁路崇安县星村镇巡检；次子陈绅，将士郎瑞州山银冶提举；三子陈经，由平江路长洲县教谕改儒学正。有三女，长女嫁张姓，二女嫁上官姓，三女嫁金溪县吴晋卿。孙子五人，孙女五人。曾孙一男，二女。

陈山长不治家产，妻子姜氏"生殖有经，家业弥裕。勤女工，至老不倦。饥寒不给者，随所有济之"。

陈山长之妻姜氏的事迹，由陈山长的侄子陈厚所叙，吴澄受吴晋卿之请据此作铭文。

姜氏于泰定二年（1325）卒，时年81岁。据此推算，姜氏当生于南宋理宗淳祐四年（1244）。陈山长的出生年代应与之大致相当，与吴澄为同时代人。吴澄与陈山长有无交往，不得而知。从他为其妻子姜氏所写墓铭看，吴澄对其学识、人品是极为肯定的。

（六）刘子初（生卒年不详）

元代长芗书院山长。出生年月、字号等不详。县志不载其事。今据景德镇市图书馆藏民国丙戌重编《南阳刘氏宗谱》(报本堂纂定本)，查考到一些有关刘子初的信息。

刘子初，元代浮梁景德镇人，派行及一，娶湖田李氏，殁后夫妻合葬于山田坞。生有四子，亨甫、吉甫、良甫、艮甫。

其先祖刘仲昭公，唐末任浮梁县令，有惠政，民立生祠，卒于官。因家于浮梁磁石塘（今三间庙），始为浮梁人。至宋，进士登仕郎刘瑛，又徙居浮梁县下辖的景德镇之镇市都落马桥（今属景德镇市珠山区太白园街道）。

刘子初的父亲刘英，字良英，宋进士，选登仕郎。娶历尧朱氏，继娶查村查氏，合葬落马桥。生有四子，子初、子德、子俊、子诚。

刘子初为刘氏宗族中的学者，曾首次撰修浮梁《刘氏宗谱》，以敦亲睦族。其后景德镇刘氏，诗书传家，明代刘骥、刘俭均中进士第。其中，刘俭为刘子初的胞弟刘子德的第四代孙。

刘俭（1414—1476），浮梁人，景泰二年（1451）进士。天顺初，奉命出使册封琉球。著有《揽辔集》。

《浮梁县志》载刘俭《长芗书院怀古诗》一首：川转峰峦峦绕，当年读书乡。惟志依典籍，不敢远宫墙。茂草封前迹，荒藤夹旧疆。书声还隐约，飞鸟下斜阳。[1]

---

[1] 清道光版《浮梁县志》卷六，浮梁县史志档案局整理重印，2007年。

（七）舒正大（生卒年不详）

字直方，号梅埜（同"野"），绩溪（今安徽省宣城市绩溪县）城北人，元初以学问、德行俱优，被举荐授予饶州路长芗书院山长，转广德路学正。

舒正大任长芗书院山长，不见载于景德镇当地史志文献。元末明初歙县人唐桂芳作《华阳贞素舒先生墓志铭》记载其家世与事迹。

舒正大其先祖居绩溪县舒村，宋代有舒雅、舒雄二公以雄才及第，科甲蝉联。后舒恕四迁家绩溪城北。舒氏人才辈出，代不乏人。

其祖父舒珣，以明经补国学上舍，当时天下大乱，于是辞官归里，著有《鹤林稿》。其父舒梦旟，字武仲，宋末补国学上舍，进阶登仕郎。其子舒彦洪，号白云先生，两任杭州昌化县、临安县教谕。

舒正大家族世代业儒，诗书传家，且数代皆有学正、教谕、山长等人才出现，可谓教育世家。其后代中的舒頔（dí），更是明代初期的文学大家。

（八）洪焱祖（1262—1329）

字潜夫，元歙县（今属安徽）人，约1288年前后任长芗书院山长。其为长芗书院山长时曾作《长芗岁暮二首》。另有《浮梁秋晓书事》三首。其诗对考证长芗书院乃至元代景德镇陶瓷业的发展都具有一定的意义。美国阿肯色大学历史学教授罗伯特·芬雷在他的《青花瓷的故事》一书中就引用了洪焱祖"山骨竟为斋，野碓多春土，溪船半载泥"的诗句。

洪焱祖少时与唐元、俞魏卿并称"新安三俊"。三人"徜徉山水间，洗濯磨淬，婆娑嬉游，未始不孳孳以苢学为务。戏谑襃狎，不一出诸口"。蒙元灭宋后，科举废止达三十余年，江南文人多成游士。三人在干谒名公硕儒之余，恒心嗜学，闻名乡里。当时歙县的谚语亦云："凡入城府，不之东郭见潜夫（洪焱祖），则之南门见长孺（唐元）。"

（九）凌颖山（生卒年不详）

即凌子秀。元元贞二年（1296）时为长芗书院山长的凌颖山与直学朱继曾修缮长芗书院。嵇厚作《长芗书院记》。朱继曾，生卒年不详，事迹未见其他记载。

凌颖山，景德镇本地人。据浮梁《凌氏宗谱》载，浮梁凌氏始迁祖凌道原，字文仲，唐末乾符年间出守江州（九江），因夷黄巢余寇，驻兵徽歙，由黄墩迁浮梁景德镇，为一世祖。其后，二世邦公之后十一世刚公支居景德镇；毅公支迁浮西西冲坞；邓公支迁浮北曲潭；木公支二十世迁浮南湘湖。二世琛公后裔，五世德安公迁浮北凌村港口，号武陵派；十三世应机公迁祁南为竹溪派；二十世德惠公迁浮北辛正都葫芦坑，为蓼源派。凌氏一族，在景德镇及其周边有十六个字号，为"东壁图书，西园翰墨。南田阡陌，北苑芹香"。

凌颖山世居景德镇，为刚公支派十四世。谱序称其为山长，任松江府判。

依据宗谱资料及县志所载，凌颖山当生活在 1200 年至 1300 年前后。其任长芗书院山长，当在卸任松江府判之后。凌颖山的弟子学人及后代，不显见于史志。1974 年景德镇市郊出土后至元四年（1338）墓葬纪年青花釉里红楼阁式谷仓一个，其墓志铭："夫人，故景德镇长芗书院山长凌颖山之孙女也。"此为目前所发现与凌氏有关的实物。

（十）嵇厚（生卒年不详）

字、号不详，祖籍为宋代谯郡（今安徽亳州）嵇山，其父嵇安精于骑射，南宋诏授其为承节郎，任制将沿海巡检使，统领义兵。嵇厚曾任元朝镇国上将军、江东道、山西道宣慰使（官名，唐始置。元置宣慰使司，掌军民事务，分道管郡县，为行省与郡县间承转机关。）

元代元贞二年（1296），时为长芗书院山长的凌颖山请求时为江东宣慰使的嵇厚修缮书院。为此，嵇厚作《长芗书院记》一篇，以记其事。此记成为研究元代书院文化的一篇重要文献，阐明了学宫与书院的不同。他说："书院与学宫相表里，尤为人才之本也。学有专官，论其秀者为博士弟子。惟本州之人士肄业于斯。吉凶乡射宾燕之时，惟本学之人士行礼于斯。若书院则不然。即乡塾之髦士，皆得进而问业焉。临州远邑之学者皆得聚而考道焉。"

对于书院的创办与传承，嵇厚更是有其独到的见解，值得后人借鉴。

"若书院，惟大贤得以建制，惟名儒得以主持，非其人不能创，创亦不能久焉。"

此外，在这篇记中，嵇厚所说"大江以右，书院为盛"，对研究江右书院有一定的意义，故为学者所重视。

嵇厚的家世情况，不见于史志记载。1968 年，江苏省淮安市涟水县南集乡长浦村石碑庄前发现嵇安墓碑。碑记名为《故涟川嵇府君墓碑记》，正楷大书，碑文为正楷小书，共 1116 字。内容为嵇家家世、五代世祖特别是嵇安的功德、立碑缘起及意义等。

（十一）郭郁（约 1256—1327）

元贞元年（1295）浮梁县升浮梁州，属饶州路（明洪武元年降为县，属饶州府），隶江浙行省。江浙行省，为元置江浙等处行中书省，治所在杭州路（今浙江省杭州市），简称江浙行省。辖地自两浙以至江西东部及福建境内，即今江苏与安徽的长江以南、江西鄱阳湖以东及浙江、福建全境地。

元代皇庆元年（1312）春三月，郭郁由江浙行中书省都事出守浮梁州。

郭郁，字文卿，汴（汴梁，今开封）之封丘（今河南新乡市封丘县）人。性姿颖悟，六岁知读书，日记数千言，博通著经子史。年十九，江淮省以如雅辟克充江淮枢密院令史，精明廉敏贤劳几二十年。大德九年（1305）授承务郎宣徽院都事。十一年（1308）授承德郎江浙省都事。皇庆元年（1312）知浮梁州。延祐五年（1318）三月授奉政大夫中书检校。至治三年（1323）正月授中宪大夫同知两浙都转运盐使司事。泰定元年（1324）十月升亚中大夫、佥江西湖东道肃政廉访司事。二年（1325）十月授庆元路总管兼劝农事。四年（1327）进授嘉议大夫福建等处都转运盐使。历官 40 余年，有政绩。

郭郁由江浙行中书省都事出守浮梁州，在浮梁前后六年时间。

郭郁在浮梁历史上有过突出贡献，尤其是其以兴学为要，复建县（州）学、书院，延请名师，在当时影响较大。这一时期的浮梁著名地方教育家吴迁就是郭郁聘请出山，任州学庠师，兼长芗、双溪二书院山长。

（十二）吴迁（1313 年前后在世）

字仲迁，浮梁县城西隅人，为元代的地方教育家，师承南宋末期著名理学家饶鲁（朱熹门人）。元仁宗皇庆二年（1313），知州郭郁聘吴迁为州庠师，兼长芗、双溪二书院山长。他教学程序清楚，训导讲学求法则，课程安排合理，屡出高徒。来访的名士乡绅络绎不绝，学者称他为可堂先生。

吴迁一生著述颇丰，主要有《易学启蒙》《经传发明》《孔子世家考》《孟子年谱》等。明代永乐间，朝廷诏令编辑的《经书性理大全》多引用他的著作。吴迁墓在横塘。吴迁事迹载诸县志、府志，明冯从吾《元儒考略》、清黄宗羲《宋元学案》有传。

吴迁自幼天资绝人，有志圣贤之学，却无意科举。师从著名理学家饶鲁先生。他亲往饶鲁讲学之所石洞书院游学。饶鲁称他"立志坚确，用功精密"，尽以平日所得教授于他，自是"体认日亲，践履益实"。饶鲁（1193—1264），饶州余干（今万年县青云镇）人。南宋著名理学家。饶鲁，字伯舆，一字仲元，号双峰，门人私谥文元。著有《五经讲义》《春秋节传》《语孟纪闻》《学庸纂述》《十二图》《太极三图》《西铭图》。饶鲁是朱子理学思想的重要传承人之一，为朱子学盛行于元代的江西地区做了极好的理论准备。

吴迁事见康熙二十一年《浮梁县志》（贤士），《饶州府志》有传。

黄宗羲《宋元学案》载"逸民吴可堂先生迁"事迹：

> 吴迁，字仲迁，浮梁人。从双峰学。尝应科举不上，遂弃之。辟兵横塘，讲道不废。皇庆间，浮梁牧郭郁延之为师，以训学者，时称可堂先生。汪克宽其门人也。所著有《四书语录》《五经发明》《孔子世家》《先儒法言粹言》《重定纲目》。使者表其所居曰："逸民。"年九十卒。[①]

黄宗羲《宋元学案》将吴迁列入双峰学案。其门人：徐逊、汪克宽、郑合生、戴梼（注：从王）、朱坦等皆一时人物。

（十三）段廷珪（生卒年不详）

据康熙版《浮梁县志》记载，泰定乙丑（1325）进士方回请于郡守段廷珪，以训导臧履、直学阆济重修。

段廷珪实有其人。康熙及道光版《浮梁县志》载元代饶州知州屠济亨旧序，称"余出守是州之三月，郡刺史清泉段公蒙旨董陶至州"。泰定乙丑《浮梁州志》刻本，为段廷珪修、臧廷凤纂。清泉旧县名，今属湖南衡阳县。段公即段廷珪，事迹不详。

同样据屠济亨《浮梁县志序》，可知臧履的先人臧廷凤，系浮梁县臧湾人。臧履任浮梁州学训导时重修长芗书院。

（十四）欧阳玄（1283—1357）

一名欧阳元（清康熙年间避讳改玄为元），元代政治人物、史学家、文学家。至正元年（1341）编修辽、金、宋三史，被奉诏为总裁。官至翰林学士承旨。《元史》有传，称其"文章道德，卓然名世"。有《圭斋文集》15卷、《睽东记》传世。欧阳玄曾到长芗书院讲学，并留有《长芗书院语学者》诗一首。诗中赞曰："圣朝无地非无教，院在长芗业已专。"此诗见载于乾隆版及道光版《浮梁县志》。

---

① 黄宗羲：《宋元学案》，中华书局1986年版，第2823页。

（十五）赵棨（1274—1344）

字卫道，号素轩，元代浙江绍兴路余姚人，宋宗室后裔。少博学，于书无不读，读必有论载，学成无所于试。大德三年（1299）荐授昌化教谕，转为桐庐教谕，饶州景德镇长芗书院、温州宗晦二书院山长。顺帝元统二年（1334）迁温州路学教授，改常州。元至正四年（1344）卒，年七十一。其为人磊落，乐善好施，潇洒豁达。著有《素轩集》若干卷。事见元代文学家杨维桢《东维子集》所载《赵公卫道墓志铭》。

（十六）吴莱（1297—1340）

吴莱，字立夫，本名来凤，门人私谥渊颖先生。元朝集贤殿大学士吴直方的长子，浦阳（今浙江省金华市浦江县）人。元仁宗延祐七年（1320）举进士不第，在礼部谋职，与礼官不合，退而归里，隐居深袅山，深研经史，宋濂曾从其学。后以御史荐授饶州景德镇长芗书院山长，未行而卒，年44岁。有《渊颖集》12卷传世。《元史》有传。

吴莱是元代著名的文学家，与黄溍、柳贯并称"金华三先生"或"浙东三大家"。

一代大儒吴莱是如何被举荐为地处一隅的长芗书院山长的呢？据宋濂《浦阳人物记》吴莱传记载，"重纪至元三年（1337），监察御史许绍祖以茂材荐调长芗书院山长"。许绍祖何人？他是金末元初著名理学家、教育家许衡的嫡孙。

许绍祖举荐吴莱任长芗书院山长时，吴莱已经声名鹊起，俨然一代儒宗。然而此时的他却未授一官半职。对于无意仕途的吴莱而言，入仕已不是他的理想。入主书院，授徒讲学，是当时学者一个十分重要的入世途径。

一些书院也纷纷延请大儒前来讲学。长芗书院当时声名远播，在江浙一带颇有影响。其历代山长均为饱学之士、一时名儒。基于长芗书院的影响，由许绍祖这样一位家世、地位显赫的官员，推荐吴莱任长芗书院山长，是恰如其分、相得益彰的，同时也是符合当时的惯例的。

对于这样一个职务，吴莱虽然终因早卒未能赴任。但是，仍然得到其弟子门人的认可。宋濂称先师为"长芗公"，并将"长芗书院山长"的职务写入由其编修的《元史》列传《吴莱传》中。

长芗书院对与吴莱这样一位大儒的结缘，也是十分荣幸的。数百年之后的《浮梁县志》也记载了这位没有到任的山长。复兴中的长芗书院，将吴莱视为山长名儒，为长芗后学所景仰。

吴莱自幼秉承家学。其父亲吴直方（1275—1356），字行可，婺州浦江人，元代官员、名儒，名臣脱脱（元朝末年政治家、军事家）的启蒙恩师，官至集贤大学士，作为脱脱的顾问，对元后期政局颇有影响。

吴莱自幼聪敏好学，其母盛氏颇通诗书，时人以"神童"誉之。其叔父吴幼敏为金华四大藏书家之一。吴莱常借书以观，过目不忘。

吴莱才学渊博，但命运多舛。其父吴直方为实现人生大志，北游京师30余年，终受元顺帝重用，官拜集贤殿大学士。但这年吴莱已44岁，而且也就在这一年病逝。他以布衣之身，教书为业，辅以游历赋诗，先后在诸暨白门义塾、浦江郑义门东明精舍主教，为家乡培育了不少栋梁之才，宋濂便是其中之佼佼者。宋濂继承吴莱的思想衣钵和学术风格，不但为郑氏义门培养了大批人才，还整理编定《郑氏家规》。出仕后，宋濂修订明代法律大典，编纂《元史》，成为一代开国文臣之首。

（十七）俞希鲁（1279—1368）

字用中，元代丹徒（今属江苏省镇江市）人，诗文家。自幼爱读书，工古文，当时京口之碑文多请他作，时与青阳翼、顾观、谢震，合称"京口四杰"。清《乾隆镇江府志》称俞希鲁"学业浩博，淹贯群集""境内碑籍多所撰述"。举受初为独峰书院山长。后迁饶州为长芗书院山长，历庆元路学教授、安县丞、江山及永康县尹，皆著治绩。至正十七年以松江府判致仕。明洪武元年卒，年九十。编有《至顺镇江志》。

俞希鲁幼承家学。其父亲俞德邻（1232—1293），是南宋度宗年间从温州平阳考中进士的著名学者。南宋灭亡后，俞德邻无意官场，寓居在镇江著书。俞德邻去世后，大学者宋濂为其作《俞先生墓碑》。

（十八）朱伯高（1371 年前后在世）

籍贯、生平事迹等不详，洪武初为长芗书院山长。张京伯为直学。洪武四年（1371），徐逊赴饶州主试，荐朱伯高为府学教授。朱伯高离开长芗书院后，书院即于当年停办，朱伯高成为历史上的长芗书院的最后一位山长。

四、长芗遗珍

江西省博物馆现藏有一件镇馆之宝——元代青花釉里红楼阁式谷仓。它是元代中期景德镇的杰出代表作品，也是目前仅见的有确切纪年的青花釉里红瓷器，具有极高的研究价值。2002 年，国家文物局将其与后母戊大方鼎、曾侯乙编钟、三星堆青铜神树、"马踏飞燕"铜奔马、金缕玉衣、长信宫灯等同一批列为禁止出国（境）展出的 64 件（组）国宝。

这件国宝 1974 年出土在景德镇南山，1979 年 9 月由原丰城文化馆万良田先生花 80 元征集到，后由江西省博物馆收藏。该器物通高 29 厘米，横宽 20.5 厘米，仿元代江南楼阁式戏台建筑，重檐庑殿顶，由二层主楼和两侧二层亭楼构成。楼阁分为上下两段塑造。下段屋身中央板状箱式结构，面板可拆卸。四周门廊微塑各种舞蹈、奏乐、侍卫俑共 18 尊。正面青花书写对联一副，上联"禾黍丰而仓廪实"，下联"子孙盛而福禄崇"，横批"南山宝象庄五谷之仓"。左右两侧壁分别以釉里红书写"凌氏墓用"和"五谷仓所"。

更为难得的是器物背面底层正中以青花书写 159 字墓志铭，交代墓主人身份。墓志称："夫人，故景德镇长芗书院山长凌颖山之孙女也。"凌颖山（生卒年不详），即凌子秀，元代元贞二年（1296）时为长芗书院山长的凌颖山修缮长芗书院。嵇厚作《长芗书院记》。

这件国宝是目前为止所发现最早记有"长芗书院"名称的实物，对考证长芗书院具有极为重要的意义。

作者简介：洪东亮，长芗书院、荷塘红色书院院长，景德镇市陶瓷历史文化研究会秘书长，景德镇市昌江区红色文化研究会会长。

　　　　　　　　　　　　　　　　　　　长芗书院考记

景德镇瓷业水碓营造核心科技"三尺金斗诀"钩沉

陈金海

一、重重水碓夹江开

"重重水碓夹江开，未雨殷传数里雷。春得泥稠米更凿，祁船未到镇船回。"清道光版《浮梁县志》收载的凌汝绵《昌江杂咏》第四首，精彩描绘了康乾盛世昌江流域瓷土加工与运输的繁盛场景，有声有色，好不热闹。

碓，最初是用木竹石材制成的春米的用具。古人利用杠杆、自由落体等物理原理，在杠杆的一端安装上春头，在杠杆的另一端施加脚力或机械力，使春头在石臼里循环起落，从而捣去石臼里稻谷的壳。

碓，分脚碓与水碓。脚碓，是纯人力的机械，通过脚踩，使碓的春头在碓臼里起起落落，实现粉碎加工等目的。水碓，不用人脚踩踏，而引江河的水流来冲转一个硕大的水轮，通过安装在水轮的转轴上的"拨舞"，来撬动碓杆、抬升春头，使春头在碓臼里接连不断起起落落，实现脱粒与粉碎。

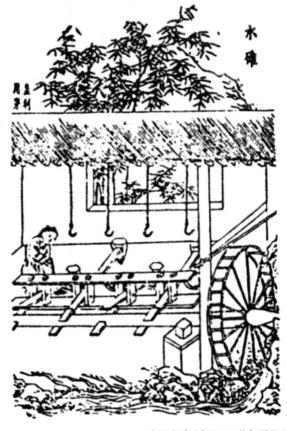

连机水碓（《天工开物》插图）

水碓，是极其环保的大型水动力机械。在景德镇市以外的地区，碓的功能似乎只是舂米。但在古浮梁的四乡五河十岸，碓的功能除了舂米，还长年累月加工着瓷业原料。水碓，是利用流水的力推动的一种相当复杂的动力机械系统，在内燃机、电动机广泛应用之前，水碓是中华民族传统的大型系统性动力机械设备。

按碓杆的支数（舂头或碓臼的个数）与转换水流力的水轮形制的不同，水碓分"桶车碓"和"连机碓"。

桶车碓，一个水轮的轮轴只带动两支碓杆，功率较小。桶车碓的水轮就像横放着的桶，故名桶车。桶车碓的水轮直径四尺左右，页板呈棘状，安装在轮轴的中部。桶形水轮在水流冲击下每转动一圈，轮轴两端的"拨舞"则先后撬动两支碓杆抬升（再自由落体下坠）一次。

连机碓，也叫盘车碓。连机碓的水轮呈扁平的盘状，垂直悬搁在碓闸下面的碓槽里，所以叫盘车。连机水碓的水轮直径一般超过两丈，轮缘密密地安装着承接水力冲击的水页板，水页板把水流力经辐条传到轴心来扭转车轴，水轮安装在轮轴的一端，轮轴粗而长，间隔碓臼间的臼心距装有4—16组拨舞，使拨舞间次撬动4—16支碓杆。在车槽里湍急水流的冲击下，硕大的水轮每转动一周，碓堂里4—16支碓杆交错起落两次，功率巨大。

连机碓车车盘的轮缘上，都倾斜着装有若干个竹筒子，伴随车盘旋转而携水上来湿润碓轴的轴座、拨舞与碓杆的摩擦面。有些碓场旁边有水田，碓车车盘还兼带着提水灌溉的功能。轮缘上接水筒装得多，水轮在碓堂里的碓杆被悬吊着而脱开了与拨舞的接触时，就快速旋转着提水；当碓堂里有舂头在上上下下工作时，车盘就"一身二用""同时共事"，既撬提舂头，又车水灌田。这种连机碓的车盘，相当于一台不用电的抽水机，它有独特的名字叫"僚车"。

古代昌江流域有大量水碓，景德镇瓷业水碓千篇一律都是连机碓，其中最大的碓厂群位于浮梁南乡湘湖街一带，以陈家陂（今陈家畈村）为中心。该碓场群，采用连机碓车的车盘，同时采用桶车碓的轴与拨舞组合方式——在转轴两端安装拨舞，让一股水流同时带动十六支碓杆。整个南河流域类似的大碓场有近20座，落马桥、天宝桥都是拥有300支水碓的大型碓场。

连机碓的车盘（水轮），安装在狭窄而带有一定坡度的车槽里。水流从闸门冲出，流进斗槽去冲击水轮的水页板，使车盘呈加速度状态旋转。连机碓的车盘相比桶车碓的轮桶，在水力利用方面大不相同。桶车碓的桶轮是横着置于引水渠的水头上的，限于桶轮的半径（相当于力学里的杠杆）长度，水流力量作用于轮轴的力比盘车小很多。同样大的一股水流，被引流到桶车碓的轮桶上，主要靠"桶装水"的自重和桶轮的惯性做功，一个桶轮只带动两支碓杆。而被引流到连机碓的车槽里，因为水碓营造者借助复杂的流体力学原理，增加了水流的流速，加大了杠杆长度，使得一股水流带动4支、8支甚至16支的碓杆。盘车的功率是桶车的四倍以上！

《天工开物》记载，水碓发源于陕西甘肃一带，汉朝时候就有了。东晋傅畅在《晋诸公赞》里说，西晋时，杜预发明了连机碓。直到元代，王祯在《农书》里首次绘制出了连机碓的图像。古代昌江五河十岸如果没有连机碓，就不会成天"嗵——嗵——嗵——""未雨殷传数里雷"了。昌江之畔若没有无论晴雨都轰鸣的"轰天雷"，景德镇则几乎不会成为世界瓷业大都。

连机碓车技术是何时传入浮梁的？浮梁县湘湖镇的程前进、吴钻坤两先生在合著的《南河源》一书中，采集记录了民间传说，"大水碓是浮梁陈氏从祖籍地四川带来的，是陈氏祖传的专利技术，陈氏就是利用祖传的专利技术……建造起了南河地区最大的水碓"。对此，笔者根据《颍川陈氏宗谱》可做出补充，浮梁陈氏的上源是"西川东门"（今成都市新都区）。西川东门陈氏的一世祖陈深，是南朝陈皇室最后一位太子，曾任隋朝"抱罕太守"。抱罕，古地名，位于现在甘肃省临夏县境内。浮梁陈氏祖传的连机碓车技术，正是陈深在隋朝时从甘肃传到四川，再由浮梁陈氏在唐朝时从四川传到了江西浮梁。

"碓厂和云春绿野"是古代昌江流域随处可见的盛景，早已载入古《浮梁县志》，成为反映景德镇瓷业繁荣兴旺的独特风景。然而，从1970年代后期起，伴随柴油机、电动机的应用与普及，水碓已悄然淡出了景德镇市民的视野。当下，除极少数陶瓷文化旅游景点能看到几座单手就能拽停的水碓车盘在慢腾腾转悠，昌江五河十岸已看不见碓杆起起落落的碓厂，难得听到碓厂传出的"轰天雷"声了。陶瓷文化与科技界人士都心知肚明，连机碓车，是推着景德镇不断发展，最终成为举世闻名的瓷都的第一动力。

二、三尺金斗诀传奇

一千多年来，昌江五河之水，借自然落差，以恒稳的动力推动憨实的水碓，优哉游哉粉碎瓷石釉果。依山就水的座座碓厂，作为"前工业"生产的场景，是遍布浮梁的美景。清人郑凤仪在一首《浮梁竹枝词》中写道："碓厂和云春绿野，贾船带雨泊乌蓬。夜阑惊起还乡梦，窑火通明两岸红。"昌江沿岸的碓场，把绿野和着白云来舂，气派何等壮阔！然而，近年来景德镇市及周边历史文化景观点复建起的碓厂，大都中看不中用，成了丧失实用功能的摆设。为什么会这样？恐怕以建造者没掌握连机碓车营造技术一棍打死有失公允。虽然旅游点的水碓，要么盘车"太耗水"，要么车盘不转，有的还倒行逆施装电机带着车盘转，其背后原因相当复杂。一方面是，当代瓷业粉碎加工有了新机械、新技术，尤其电动机的可控性、三相电源布线对瓷业加工场地的灵活适应性，都是只能建在江河岸边的水碓难以企及的。另一方面是，现在复建的水碓主要的功能还就是供观赏与怀旧，虽有慢悠悠转动的车盘，但用水技术不得法，别说那些碓杆端头往往没装舂头，或者装了舂头而没装合金浇铸的"碓嘴"，即使装上舂头、碓嘴，也已不能上上下下循环往复做功了。因为撬动一支碓杆高高翘起，让舂头蓄积起做功的势能，需持续供应约两百斤的力，要带动4支、8支碓杆接连不断此起彼伏，就得持续提供四两拨千斤的动能。当下，一些风景点里装点在水边的碓车轮子，空载旋转都没能自由自如，昌江流域还能再现"未雨殷传数里雷"的壮阔吗？

如有需要，当然能！笔者关注连机碓车营造技术核心机密三十多年，六年前已寻回一度以为失传的《昌水五河连机碓车三尺金斗诀》。

（一）一则关于水碓的谜

笔者生长在昌江小北河岸边的古村"新置马房园"，早在还没上学的"吃子"岁月，曾经那样馋且能吃。至今也没搞清楚怎么回事，每当想获得村里别人家的东西吃，大人们总是打谜语给我猜，猜出来了就获得投喂，没猜出来就只能流口水。童年的我曾多次遭遇一则一听着就感觉是打谜语的人在羞我馋，但搜肠刮肚抓耳挠腮硬猜不来的谜语：

> 桐油——吃不得，
>
> 生漆——吃不得，
>
> 毒药——吃不得，
>
> 河沿边，碓堂里，还有什么吃不得？
>
> ——打一桩事。

"馋愧"好多次，到嘴的鸭子还飞了，终于问爸妈，得到的谜底竟是——

镇巴佬碇粉——吃不得！

水碓碓堂里碇粉的场面我太熟悉了！小时候，我们村河边有三座8支碓的碓场。碓闸上下，是我钓鱼捞虾最爱的去处。每当年冬腊月，十几里远的外村人都挑着糯米到新置马房园水碓上来碓糕粉，那碓粉排队的场面很热闹很壮观。不过我小时候没见过镇巴佬碓粉。镇巴佬碓粉为何吃不得？爸妈告诉我，镇上的人在水碓上碓粉，碓的不是米，他们碓白石头！碓白石头粉去做瓷器，还碓红石头、黄石头的粉去做颜料。原来，镇巴佬碓的粉叫"白土"，那当然吃不得。

（二）"打仗"认识陈碓师

1972 年秋，就在村里大人们在村口扎起彩门，把村子打扫得干干净净，还在村中心晒谷场上点起"汽灯"的那个晚上，我从楼上一堆油漆过的花板上拆来几把"手枪"，与村里一伙玩伴们满村跑着追逐嬉闹"打仗"。"仗"打得正酣畅的时候，大伯揪着我的衣领把我带回了家，很严肃地对我爸爸说："文元，你家的虎房，好像被你儿子拆了吧？"

爸爸一听大伯那话，就"缴"下我"手枪"去分辨，在我头上"凿"下"两颗板栗"，转身就上楼去了。一会儿就在楼门窗口伸出头来告诉大伯，"哥，瘆了！虎房的角板少了七块，立不起来了"。

那天夜里，我开始知道，我家祖传一种神奇的东西叫"虎房"，是专门捕捉老虎的猎具。不过那虎房的使用，受祠堂规矩的约束，而大伯正是管祠堂规矩的人。我那天"做了大事（大伯语）"，把祖传的虎房破坏了。那晚上我还知道，大伯陈振春是浮梁四乡五河赫赫有名的大碓师。

童年的记忆里，不晓得四乡五河有多远有多大，只记得大伯陈振春一年四季有三季出门在外，每次回村都会买回整藤篮的香喷喷的油条或麻花，见者有分地分给全村的孩童们吃。

（三）连机碓车诀失传

1991 年 3 月，读过十三年私塾时年六十八岁的家父被确诊颔窦癌。在生命的最终时日里，爸爸一面顽强抗击病痛，一面总结人生得失，不紧不慢安排身家大事。他归结自己一生，认定唯一的失败是在"文革"浩劫期间与大伯一起做了无悔努力却没能保护下宗族谱牒。因而，在那两个月里时不时叫我拿纸笔记下他记忆中的宗谱关键信息，嘱咐"将来允许修谱时就凭我告诉你的要诀暗语，去祁门坑口务本堂找同宗恢复宗谱"。就在那年，我知道了我家隔壁的古建筑——当时的陈家小学，居然是 1908 年由祖父主持异地复建的陈氏宗祠"世铎堂"。世铎堂不但有"家法""众锅"，还藏有《颍川陈氏宗谱》。宗谱上有"祠规"限定祠堂的两件秘宝（"伏虎咒"与"水碓诀"）

只能在家族内传承："传子传孙矣，传侄不传徒。"

浮梁陈氏世铎堂的"伏虎咒"，是用虎房诱捕伤害过人畜的恶虎时使用的五组"咒语"。虎房也叫"虎牢"，是一套平常拆卸为板式构件堆叠存放，使用时一担挑着走，在使用之地可拼装成三间房模样的专门诱捕老虎的囚笼。看过母亲第一次拿出来的银光闪闪的虎房钥匙，遵父命将"伏虎咒"(《祷神驱虎入牢咒》)记录在本子上后，我释放下了无神论者心底里对"咒语"的不屑与抗拒。因那四言八句的所谓咒语，是伏虎世家伏虎行为的伦理原则。那念咒的规仪及过程，不过是虎牢布设者保障自身安全的必要举措。个中奥妙相当复杂且按下不表。

浮梁陈氏世铎堂的"水碓诀"，是在"昌水五河"营建大型水碓的技术机密，由大伯陈振春家世代传承使用。就在听记好"伏虎咒"后，我从父亲口中得知"水碓诀"也受世铎堂祠规约束禁止外传，所以对它的科技性与工艺性发生了浓厚兴趣。可惜可恼的是，大伯已逝世多年，问询大伯的独子和做木匠的长孙陈朋录，都"不晓得"。带着满腹狐疑，笔者后来暗暗在昌江小北河流域展开了社会调查，不久后就在江村乡敬老院访问到了大伯当年一位好友，一位掌握着昌江流域"鸦尾船"打造技术的老船匠郑四才师傅。船匠郑四才老师傅告诉我：

昌江里运货的船，大都是伏水河段能船头船尾接龙行驶，在激流险滩能分散独立行驶的"鸦尾船"。制造鸦尾船的"配料""吊底""收帮""密水"等技术，是兴田传芳里汪氏家族的专权，外姓人可以学，出师后必须每年回师（徒弟回师傅家无偿劳动）七日，只能带儿孙不准带徒弟，更不能超出师傅划给的造船业务范围。郑老船匠家造船的业务范围限定在小北河里。昌江五条河里的连机碓，都是"北乡陈碓师"设计制造与维护。水碓有"桶车"与"连机"两样，浮梁四乡五河到处有木匠师傅做得来桶车碓，但一股水一盘车带 4 支以上碓脑的连机碓车，就只北乡新置马房园陈振春碓师玩得转，有祖传秘诀，陈氏祠堂有族规限定不传外姓人。碓师陈振春师傅在大河里的倒湖、东河的臧湾与东埠小港嘴、西河的石溪渡、南河的落马桥与陈家畈，都有徒弟，各条河里都蓄有家伙（工具）篮，家伙篮都放在徒弟家。在小北河里，你大伯陈振春是有名的木匠，徒子徒孙不上百也有几十。我年轻时候跟着你大伯振春师傅，跑遍过浮梁四乡，条条河里都到过，因为连机碓车的斗槽里要换底板，那塞缝密水工夫都是叫我做，要用到打船的材料、家伙与工夫……

家父作古满年后，我到祁门闪里找到同宗拜读了《颍川陈氏宗谱》，明白自己"西川东门陈浮梁盐仓岭派"身世后，特意寻访了大伯陈振春的六个徒弟，试图追踪宗祠重宝"水碓诀"。然而得到的回复众口一词："我师傅，常年带着四个徒弟，到处做屋，到处整碓（维修水碓）。我师傅在你陈家生产队是不必出工种田的劳力，你晓得吧？我们北乡陈碓师的同门师兄弟，仅北河里就有两桌十六个，大师兄是沂溪孙德荣。我们北乡陈碓师的徒弟比别的木匠师傅的徒弟有一个技术特长，会'打反水'（木工专业术语，大意指建造水槽时确保槽底倾斜度的测量技术），打不来反水就搭不起枧槽修不来碓。不过我师傅那'整碓的奇奥'（计算水碓有关数据的诀窍），是家族有规矩只传子侄不教徒弟的，冇教我们。我们每个师兄弟喝过拜师酒后，师母都会很严肃地吩咐：'不准问师傅整碓的奇奥，师傅整碓的家伙篮（藤制扁形敞口专用工具篮）唻，提得、背得、挑得，里头家伙翻不得。'我们跟师傅整碓的时候，凡是涉及尺寸，都要等师傅报数，那计算尺寸的'秘诀'，拜入师门时就明确了不教的，肯定师兄师弟都不晓得。哎——我师傅那'水碓诀'，十有八九带棺材里去了。"

那年，我曾扼腕叹息：昌江流域大型水碓营造的核心技术，失传了！

（四）连机碓车幅作丈

2018年3月22日，在蛟潭镇石鼓村委会毛滩村举行的颍川浮梁陈氏戊戌春祭始祖忠唐英烈侯陵典礼上，浮梁县陈氏历史文化研究会法人代表陈德斌会长向浮梁县江村乡诰封村陈国昌先生颁发出一张特殊的荣誉证书：

陈国昌先生：

　　您领受颍川陈氏浮梁英烈世家新置世铎堂碓师陈振春先生秘密传授，忠诚保守昌江流域连机水碓技术核心机密"三尺金斗诀"半个世纪，今信守誓言传回英烈世家新置世铎堂，为传承浮梁陈氏文化作出重大贡献。特发此证，以资鼓励。

作为颍川陈氏英烈世家新置世铎堂的一个上了年纪的文化人，笔者已应约提请陈德斌会长见证，于2017年12月亲手接过了陈国昌师傅书面奉回的宗祠秘宝《昌水五河连机碓车三尺金斗诀》。打头两句是"连机碓车幅作丈，盘斗平斜六有三"。俗称"水碓诀"的祠宝为何书文名是"昌水五河连机碓车三尺金斗诀"？它怎么到了陈国昌先生手中？连机水碓营造的核心技术为何是"三尺金斗"？容笔者一一道来。

（五）四乡五河碓连机

大凡有一把年纪的景德镇市民都知道，传统陶瓷制造业中，瓷石与釉果的粉碎加工，是在江河边茅屋顶的碓厂里完成的。碓厂，不但曾遍布包含景德镇在内的千年古县浮梁的"四乡五河"，还遍及安徽省祁门县西部。

千年古县浮梁县是个有"城"有"镇"有"乡""都"的繁荣富庶之地。古浮梁的"城"是县城，是政治中心。古浮梁的"镇"，原有"昌南""昌北"两个，北宋景德年间因澶渊之盟而"景德年制"瓷器名满天下之后，浮梁县的"镇"就成"景德镇"了，昌北镇变成了桃墅店。景德镇是浮梁县的人口、瓷业与商贸中心，在《浮梁县志》上记作"镇市都"，是古浮梁56都之一，是全球唯一名正言顺的瓷都。古浮梁的"乡"，有东、南、西、北等"四乡"。在古浮梁的"城里人""镇上人"和"乡下人"的话语与文章里，浮梁四乡流淌着昌江的"五河"，乡河互诠，城镇并茂，是古浮梁山水人文的大局。

昌江干流，被俗称"大河"，从安徽省黄山市祁门县大洪岭发源，流过祁门县城，在今兴田乡城门村委会镇埠村流进浮梁县。大河在阊门峡（今祁门县塔坊乡境内）以上叫"阊江"，流出阊门峡就叫"昌江"，流到鄱阳县姚公渡与乐安河汇合为"饶河"。昌江，是浮梁全境水系从新平时代起就使用的共名，古浮梁因此雅称"昌"。昌江水系支流众多。在祁门县境内，她首先接纳发源于牯牛冈南麓，流经历口、渚口两个乡的大北河。在浮梁县境又汇流了小北河、东河、西河与南河。昌江的最大支流叫小北河，她在浮梁北乡的西湖乡、安徽省祁门县新安乡与若坑乡、安徽省东至县木塔乡四源并发，流域广及东至县木塔乡，祁门县新安乡、若坑乡、闪里镇，浮梁县西湖乡、经公桥镇、勒功乡、江村乡、峙滩镇，集纳着3县9乡镇的地表水在峙滩镇杨村上游一公里处"武陵溪口"汇入昌江干流。昌江的东河，古称"番源水"，雅称"东江"，从浮梁东乡瑶里、桃岭、天宝、鹅湖流来，过臧湾、王港，在浮梁古城对面"凤凰嘴"汇入昌江。发源于鄱阳浮梁交界处的莲花山东南麓，经浮梁西乡的黄坛、三龙、洪源流向景德镇，在三闾庙汇入昌江的水流叫西河。从浮梁南乡的寿安、南安往北流，在景德镇南部"小港嘴"汇入昌江的河流叫南河。浮梁城、景德镇，都因位于昌江水系的江河汇流处而繁荣。

古浮梁有哪四乡哪五河？四乡，即北乡、东乡、南乡和西乡；昌江的五河，有两种所指，其一指大北河、小北河、东河、南河与西河。因昌江的"阊江"段及"大北河"流域早就划出并入祁门县，故昌江的五河有另一指称范围，是指大河（昌江干流倒湖以下）、小北河、东河、南河、西河。建溪河流域属于浮梁北乡。当代人可能不知道，古代"四乡五河十岸"的连机水碓，都是浮梁北乡水碓世家陈碓师架设维护的。

（六）金沙滩口传碓诀

2017 年 10 月，赣皖两省的浮梁陈氏文化人士依法成立了浮梁县陈氏历史文化研究会，在同步展开的各区县陈氏居民户宗源调查访问活动中，笔者无意间撞上了曾以为失传了的浮梁陈氏世铎堂宗祠秘宝"水碓诀"。

2017 年 11 月，得知江村乡诰峰村委会柏川组有一户陈氏居民，于是前往访问宗源。柏川，又名郑村，是浮梁郑氏聚居的一个千年古村，村中有且仅有一户陈氏。户主陈国昌是一位年逾古稀的老木匠，听笔者问起他家的宗族源流，语气很不友好地反问："你是哪门哪派哪个祠堂的?!"笔者沉着冷静如实相告："颍川陈氏浮梁盐仓岭派新置世铎堂。"听我报出"世铎堂"堂号，陈国昌师傅忽然面带庄严认真起来，"你再说一遍，你祠堂什么堂号?"

"新置世铎堂。"

"世铎堂?! 你是新置马房园的?"

"是的。浮梁陈氏新置世铎堂。"

"新置冈陈家，你认不认得老木匠陈振春?"

"咦? 您认识我大伯? 陈振春是我大伯。堂伯。"

"哦——你们祠堂有个东西在我身边，你是不是为那个东西而来?"

"啊——我祠堂有东西在您身边? 我不知道呢!""我来到您家，是根据上月成立的浮梁县陈氏历史文化研究会的布置，访问您家的历史渊源。我们江村乡姓陈人家我都要去访问，了解是不是英烈侯陈大夫彦文公同宗。如果是，还要了解何朝何代从何地分迁。"

"哦! 我是安徽祁门竹源陈氏会源堂，解放后从坑口村来柏川居住的，我们是一个大家族，是彦文公同宗。"陈国昌师傅脸上开始显出亲密之情，大声叫师母："快给宗亲陈老师泡茶!"

"呀! 我们是一个大家族的! 请问刚刚您说我祠堂有东西在您身边，是不是'水碓诀'啊?"

"'水碓诀'? 不叫'水碓诀'，跟水碓有关，是图纸跟口诀，是老陈木匠碓师陈振春老师傅教给我的。"陈国昌师傅冷静着坐了下来，"当年陈老碓师教我的时候，一再吩咐过，不能教别人，一定要在有生之年传回新置陈氏祠堂世铎堂。我装香拜揖对天发过誓的。你报出'世铎堂'堂号，吓我一跳。现在像你这年纪，晓得祠堂堂号的人不多了。我得到了你祠堂的宝贝，你村里无人知道的。"

我心里忽然豁亮，大伯陈振春教给陈国昌师傅的"东西"，十有八九就是祠堂秘宝"水碓诀"了。大伯怎么把祠堂秘宝传给了村外人？进一步交谈得知：

陈国昌师傅早年跟一江姓师傅学木匠手艺，有一年山洪暴发，洪水冲毁了柏川村金沙滩口的水碓。洪水过后，柏川大队要修复水碓，但到新置陈家请老陈木匠陈振春几次，都没见到人。那年洪水特大，整个昌江流域水碓损毁严重，我大伯已出门修水碓多日没回。并且，那年金沙滩口水碓的棚和车，全被洪水卷走了，水渠也冲塌几处，只剩下碓丘和洪水上涨时拆卸到高处的 6 支带舂头的碓杆。因急着要舂米，不能等陈碓师来，柏川大队大队长就叫本村木匠江师傅干脆复建一座。于是"我江师傅带着连我在内三个徒弟辛苦了半个月，把一轴六支的水碓给'扶'了起来。车盘、斗槽、碓闸、碓棚全都是新造，只有引水渠、碓嘴、碓臼是老的。很不巧的是，试车的时候，遭遇上大麻烦，离奇见了怪！"

"见了什么怪？"

"水闸门开启后，车盘呼啦啦飞快地转。放下一支碓来，顺当倒是顺当，可那碓脑的起落速度太快了！碓嘴往碓臼里连舂连舂，让人没办法往碓臼里伸进手去。""你大概晓得，水碓在舂米磴粉时，人要伸手或用瓢到碓臼里舀谷米起来过筛。伸不进手的碓，不能用。万一打着了头或手呢，谁敢啊？"

"嗯。我见过八支水碓一齐磴糕粉的场面。小时候也看到过妈妈在碓边筛米。那还不容易？把水闸门放低一点呀。"

"你真——是——不晓得事哦！要是关小水闸就能解决的问题，还等你讲？"

"我们师徒把水闸放得很低，车盘速度都降不下来。见神见怪的事，真是听都有听讲过哟，我却亲眼看到了。那见了鬼怪的碓车，带一支碓转得飞快，连舂连舂，放下第二支碓杆，车盘突然卡住不转了！""加大水闸门把水放到最大也不转。试验了无数次，结果都一样。一支碓飞快，两支碓停车。大白天里活见鬼。"我愕然，说不出话来了。

"我们师徒试碓试了整整两日，试到九九八十一，我江师傅才意识到，非请陈碓师来不可了。于是老老实实走路到你陈家，毕恭毕敬请来了老碓师陈振春。

"那年老陈木匠七十好几了，头发胡子都是白的，走起路来气喘吁吁，耳朵也不大灵便。老碓师一到碓场，就爬上爬下查看我江师傅带我们复建起来的水碓，在车槽里七量八量后，对我师父说：'江师傅，你这碓，做得相当有料，佩服佩服！就只一个毛病，页板漏水，车盘不听水使，闸门抬高降低转速都一样，没力，是不？"

"是——呢！师傅一伸手，就知有没有，请陈老碓师帮我！"我江师傅说。

"你大伯老陈木匠深深地喘了喘气，'哎——江师傅！你这碓，做得精细，难得难得。修嘛，我顶多半个工，可能还不要呀，就能让你这碓平匀有力转起来。可惜呢……我真老了，下回再涨一场大水，我可来不了了。今朝，我可以不要工钱帮你把碓整转起来，不过，我有个要求，不晓得你能不能帮帮我？'"

"'老师傅说哪里话？！是我拜请您老来整碓，怎能反过来说我帮您呢！老碓师有什么要求，照直讲……之前大队里开工整碓，冇请得您老来主斧，一是大队长去您家两次都没遇到您，您老人家东河南河西河到处跑，冇在家。二是听说您老年纪大了。三是我斗胆，根本不以为水碓有这——么难！多有得罪啊！请老碓师宽容，原谅我的不敬。'我江师傅情急而谨慎，生怕陈老碓师不出手相助，所以像赔礼道歉一样回老碓师的话。"

"'唉——'老碓师长长叹了一口气，'冇得罪我，冇得罪我，江师傅请放宽心。''说难也不难，不难难得很！你这碓，做得好精细，不难修。不过二回要是再被大水冲了，我走不动路，不能来整了。我晓得自家真老了，快跑不动了。你有没有姓陈的徒弟呀？假如有，我教他。要是没有，你招一个来，我把整碓的奇奥教给你徒弟，只是，他必须姓陈！必须是你徒弟！要向你行过拜师礼的！我只教他整碓，其他手艺我不教，都归你教。我不能教你，我祠堂有规矩，整碓的奇奥不能教外姓人……'"

"说起来跟有天意一样！那时候我跟江师傅学木匠手艺差不多半年，刚好我就姓陈！我师傅的徒弟就只有我姓陈！我江师傅跟你大伯一说，于是老陈木匠振春老师傅就问了我的家庭出身，得知我是坑口陈家人，决定教我整碓的诀窍。决定教我时，居然要我对天发誓，赌咒答应：学会整碓诀窍后，只能自己用，要'一不教师傅，二不教徒弟，三还必须有生之年传回新置陈氏祠堂世铎堂，否则雷打火烧！'"

我惊呆了，瞪大眼睛张大嘴巴看着陈国昌师傅，陈国昌师傅也一脸惊愕。

"估计你不能理解，我那时候年纪小，根本就无心学什么整碓手艺。尤其让我难为情，要当自己师傅面，向一个外来师傅下保证，学到了整碓技术还不能跟自己师父讲，那不叫大逆不道吗？！所以我不同意学，大声回绝了对天发誓的条件要求。"

"听到我不同意向老陈木匠学整碓诀窍的表态，我师父江师傅抄起五尺就对我开教了！""'五尺'你晓得吧？一根五尺长的四方楞的栎树尺，四面都画有刻度，在木匠行当里象征祖师爷鲁班！是实用工具，更是木匠师傅教训徒弟的法器，跟老师用的戒尺一样，有威严的，不能抵抗，只能逆来顺受硬扛的。

"我江师傅拿五尺打到了我两下，我就跑。没想到我师父抄起五尺赶着我打，从水碓场赶着打到路上，还抛五尺过来打我！我在前面跑，他在后面追着打，一直追赶着打到了我家里！那抛来的五尺，虽然没打到我身上，但我被师傅的凶气威严吓坏了。跑得没位置再跑了，我在惊吓中想到，要是不答应跟陈老碓师学那整碓的技术，今朝师父要收我的命……于是，赶紧跪地上下了招。"

"在师傅凶神恶煞的呵斥下，我不仅大声答应了同意学，还大声答应了马上回碓场对天发誓……"

"请问那整碓的技术秘诀是'水碓诀'吗？"

"不是。你听我讲完再问。"

"我被发了威的江师傅吓得下了招，答应学整碓的技术，于是回头去碓场。一路上，江师傅不断重复对我讲，'学到了整碓的诀，一辈子吃穿不愁！'还没到碓场，远远就看到，白发苍苍的老陈木匠吭哧吭哧慌慌张张迎到半路来了。嘴里念念有词，也不晓得他嘴里讲些什么话。"

"我对天发誓后，老陈木匠振春老师傅一再告诉我，'你不必向我行师傅礼，恩情要记在你江师傅头上，要当作是你江师傅教给你的，一辈子不能忘恩江师傅'。还解释了为什么只教我，不教别人的原因：'新置陈氏世铎堂有祖传规矩，碓诀只能传子传孙传侄，不传外姓人。我儿子死活不肯学木匠，孙子太小，还冇进学堂读书，世铎堂陈氏目前冇有后生适合学木匠。'我传整碓奇奥给你，是把你当亲侄子看待……你一定要在有生之年传回我新置世铎堂'……"

"我柏川金家滩口的水碓，那次修起来后，用了十九年。之后，先是柴油机，后是电动机，水碓逐渐淘汰，倒了没扶至少三十年了。当年我学得修水碓秘诀时不满十七岁，现在七十二了。"

"整碓的诀窍不叫水碓诀，叫什么？"

"不叫'水碓诀'，叫'三尺金斗'，就一张图八句口诀。连机水碓，全部的力都来自车盘跟流水接触的那最狭窄的一节斗槽里，建造水碓的技术奥妙就是那神奇的超出常人想象的斗槽。你是世铎堂陈家人，我把'三尺金斗'图和诀都交给你，正好兑现当年对天发过的誓言。你不是木匠，口诀讲给你听，你肯定听不懂。等哪天天落雨我不做事，来写在纸上再画出图，让你一看就能搞懂里面的奇奥。还有一桩是，你要叫浮梁陈氏文化研究会的会长来当个面，我再交给你，因为'三尺金斗'是我们颍川陈氏浮梁英烈侯家族祖传之宝。虽然现在时代科学技术发达，让水碓几乎有有用武之地了，但祖传技术丢失不得。丢了就对不起老陈木匠，对不起祖宗。传统的东西不能丢，到了一定时候还是有用的。"说到节骨眼上，陈国昌老师傅忽然哽咽起来……

一离开郑村，我迅速向浮梁陈氏研究会法人代表陈德斌先生作了汇报。原浮梁县教体局纪委书记陈德斌先生，对水碓营造核心技术的失而复得高度重视，第二天就赶到江村乡拜访了陈国昌师傅。半个月后，陈国昌师傅把《昌水五河连机碓车三尺金斗诀》和《三尺金斗图》庄严地"回传"交给了我。

三、三尺金斗藏奇奥

连机碓车辐作丈，盘斗平斜六有三。活龙进丈跌尺七，金斗平水三尺三。

鳌斗丈尾翘三寸，三尺迎龙水四分。龙门六尺斗尺三，六尺六口花泛滩。

读者诸君可能特别关心：当年，小木匠陈国昌的师傅郑村江师傅领头复建的金沙滩口水碓，那盘车，为什么带一支碓飞快转，带两支碓就不转了？

当年的江师傅已带着三个徒弟，已是智慧和手艺相当高的木工师傅了。在老水碓碓基上复建斗槽与车盘，有许多老痕迹可以参照，故复建完成的闸门、斗槽、车盘、碓轴和拨舞，尺寸都不离谱，故而得到了老碓师陈振春的连连夸奖。然而术业有专攻，江师傅毕竟第一次无图纸复建水碓，且不明白车槽里有极其复杂的流体力学。试车不成功，恰恰突出体现我们中华民族传统水碓技术的精巧之处。

当天陈国昌小师傅按要求对天发誓后，陈老碓师只叫江师傅的徒弟们下到车槽最低处，拆了一节迎水底板和集水边板，就收工了。第二天一早，陈振春老碓师自己没动手，叫陈国昌按教给的口诀算尺寸，当他面把那一节迎水板予以重新安装，然后教他凭空牵起一根平水线，到碓车槽的出水口用石头垒了一道算过尺寸的矮矮的坝，就开闸试车了。水闸一开启，碓车就咿咿呀呀唱起歌来，六支碓杆依次从吊钩上放下，居然都乖乖地此起彼伏争先恐后有条不紊舂米了。

头天那碓车的车槽，因为底部都是斜的，出口水位又低，导致水流从闸门涌入车槽后，没被盘车上依次转来的水页板接连不断完全闭住，就从页板的下面与上面"兵分两路""欢歌笑语"跑漏而去，没对页板形成越来越大的冲压力。

收到"失而复得"的宗祠秘宝，笔者很快叫来大伯的长孙，现也年有半百早已大木小木一手到家的木匠陈朋录，让他准备随时响应需要，为弘扬中华民族的传统文化而复建起能实用的昌江连机水碓来。

看过秘诀看过图，陈朋录"哦——""哦——"连声，恍然大悟间豁然开朗："叔叔，这秘诀，你不是木匠可能读不懂，每一句都是科学啊！箍桶的桶匠的圆周率是3，数学上的圆周率是3.14，我们祠堂碓车的圆周率达到了3.1，好精密呀！我们祖先好厉害好厉害！我们祠堂这重要的宝贝被您寻回来了，不考虑钱的问题，你随时发令，我保证能在只要有三尺水头的地方就建造起能够舂米碾粉的连机水碓来。碓诀上只要二尺七的水头。""凭这三尺金斗诀，那些风景旅游点的水碓，都是不消几下工夫就能恢复舂米碾粉功能的节能环保机械。""您多年前就问过我水碓诀的事，我也观察过好多只能看不能用的假水碓，思考过水碓建造的奥妙。没看到这秘诀之前，我以为车槽底都是带斜度的，不看水碓诀，谁知道车槽底部中心三尺三是平底呀！进水槽的宽度、斜度还有变化，怪不得那么大的力，水会被加速还越堆越厚啊！太神奇了！"

四、水土宜陶碓连机

由浮梁陈氏秘传核心科技，建造在昌水五河十岸的连机碓车，是景德镇市瓷业水碓的发动机。景德镇市瓷业水碓都是连机碓，碓厂是景德镇陶瓷业耗材原料不可或缺的加工厂。一千几百年来，景德镇陶瓷业原料得到源源不断供应，是连机碓车把昌江干支流取之不尽用之不竭的水流转换成了低成本的恒动力。连机碓车，能舂米、碾粉、粉瓷石、碎釉果、车水灌田，为古浮梁人民的日常生活和瓷业生产做出了巨大贡献，抢救、保护、研究、传承昌江流域连机水碓文化，不但有增强文化自信、科技自信的意义，对发展陶瓷旅游业也有现实意义。

景德镇市历史文化界人士都知道，古人早已科学总结出"饶州浮梁，水土宜陶"的结论。殊不知，浮梁的水之"宜陶"，最根本一条就是水量丰沛的昌江干支流的自然落差，非常适合用来推动连机碓车。古浮梁地区，假设没有丰沛的江河水，假设江河水没有合适的落差，瓷石变不成泥料，釉果变不成釉料，再多的人力再聪明的人，也打造不出世界瓷都景德镇来。

作者简介：陈金海，浮梁县江村中学退休教师。

御窑厂遗址若干相关历史地理空间解读

白光华

位于景德镇老城区御窑厂遗址及其周边的历史街区，是全国重点文物保护单位、国家考古遗址公园，也是景德镇申报世界文化遗产和景德镇陶瓷文化传承创新试验区的核心要素，研究和讲好其历史文化内涵非常重要。笔者经常听人提及御窑厂遗址若干相关历史地理空间的问题，如："陶阳十三里"中的"里"，是长度计量单位吧？"珠山"并不高，它是一座山吗？明代御器厂"六式窑"有哪六式，各自功能是什么？等等。为此，笔者检索相关文献资料，并就此做一粗略分析解读，以期抛砖引玉。

一、关于"陶阳十三里"相关文献记录

"陶阳十三里"最早出现在清嘉庆、道光年间蓝浦《景德镇陶录》景德镇图说明文字："景德镇属浮梁之兴西乡，去城二十五里，在昌江之南，故称昌南镇。其自观音阁江南雄镇坊至小港嘴，前后街计十三里，故又有'陶阳十三里'之称。水土宜陶，陈以来，土人多业此。至宋景德年始置镇，奉御董造，因改名景德镇。元置本路总管监镇陶。明洪武二年（《江西大志》作三十五年）就镇之珠山设御窑厂，置官监督烧造解京。国朝因之，沿旧名。"

蓝浦《景德镇陶录》之前的文献记录只提到"十三里"，而没有"陶阳"。它们是嘉靖《江西省大志·陶书》和明万历陆万垓《江西省大志》卷七《陶书续补》。

王宗沐编撰，成书于嘉靖年间的《江西大志·陶书》供亿（役）条："陶厂有官，则有政事役使。旧制：拨浮梁县一十三里、鄱阳县三十五里附厂答应正派之外，二县不得杂征。后鄱阳知县徐俊，以厂役合派七县，申请还县，惟在镇一十三里，至今应役……听事吏一名，阴阳生一名，里长十三名……以上俱浮梁县应用。皂隶八名，轿伞夫五名……凡此，俱十三里应用"；匠役条："查浮梁县在厂答应，十三里内窑厂除

现厂役官匠窑座外，诸凡军民新旧窑座核实占数署册，窑三座共编一名……"

明陆万垓《江西省大志》卷七《陶书续补》设官条续按："查景德镇四县接壤，诸省商民流寓业聚杂处，中间善恶难分，该镇巡抚捕事务原属附近桃树镇，巡检不足弹压。嘉靖四十二年，饶州府通判方叔献建议本镇统辖。浮梁县里仁、长香等都一十三里居民与所属鄱阳、余干、德兴、乐安、安仁、万年及南昌、都昌等县杂聚，窑业佣工为生。聚居既多，盗贼间发。旧规设有巡检专管巡捕事外，又于一十三里，每里设约副保总四名，就本里人户佥点，其捕盗事宜委管厂总理。如附近县不服勾摄钤束者，许本官指实呈道重责问遣。万历十年以来，会议将本府督捕通判改驻景德镇兼理烧造。"

《江西省大志·陶书·窑制》条："旧规：本厂凡遇部限瓷器，照常烧造，不预散窑。惟钦限瓷器，数多，限逼，一时凑办不及，则分派散窑，择其堪用者凑解，固一时之权法也。但分派烧造，宜于本厂附近里仁、镇市及长芗（香）三都，其余远乡窑户，惟召集高手匠作赴厂帮工，与招募人役一体计工赏值，方为得体。但民窑奸诈，人百其心，乘限期紧并，多以歪斜浅淡瓷器塞责。厂官事逼，姑收凑解。钦限瓷器，屡至愆期。职此之故，不若多设窑座，雇请高手，厂内自造自烧，尤为速便。"

"陶阳十三里"中的"里"之正确解读

如果了解一下明代的"里甲制度"，就不难理解上述文献所录"陶阳十三里"中的"里"为行政区划单位。明洪武十四年（1381），朝廷下令在全国范围内推行里甲制度，乡村社会原有的基层组织基本上都被整合到这个统一的里甲制度框架中。里甲的编制方法，是在都下辖的每110户编为1里，由丁粮最多的10户担任里长，其余100户则称为甲首。10名里长以10年为一个周期轮流应役，先后顺序根据丁粮多寡预先编排，每年由1名里长率领10名甲首应当差役，并负责"管摄一里之事"。洪武二十四年（1391）第二次攒造黄册时，又规定组编里甲时应维护"都"这种原有的乡村区划的完整性。比如一都有600户，将550户编为5里，剩下的50户则分派于本都，附各里长名下带管当差，不许划拨别都人户补凑。由此，我们可大致推测"陶阳十三里"中的"里"的内涵，是明王朝为确保明代御器厂生产所需，赋予御器厂对景德镇辖区内的里仁（大致范围：东起马鞍山，西至昌江，南起戴家弄，北至观音阁，以及里村）、镇市（大致范围：东起万年街，西至昌江，北起戴家弄，南到小港嘴、银坑坞）、长香（大致范围：河西三间庙、墩头上、麻园岭、十八渡、韭菜园、官庄）中的十三个里约

1430 户的派役权，甚至还一度明确划拨鄱阳县的三十五个里（具体范围未知）接受御器厂派役。

另外，从上述文献资料中的"前后街计十三里""里长十三名""浮梁县里仁、长香等都一十三里""一十三里，每里设约副保总四名，就本里人户金点，其捕盗事宜委管厂总理"等文字表述也可得知其"里"应为行政区划单位。

至于"陶阳十三里"中的"里"为什么被许多人下意识理解为长度单位呢？笔者认为是当代人在已有的阅读习惯和语境下，又是在蓝浦上述极简短的文字中一口气连续提及二十五甲、十三里、陶阳十三里的阅读中导致的。如果还要硬生生继续找理由认为被误导的原因，或许可以认为蓝浦本人在行文中，也有将长度"里"与行政区划"里"混淆理解的征象，究其原因，可能与他所处时代和明代的县辖行政区划单位发生变化有关。毕竟入清之后，"都"以下的行政区划单位为图、保。这从当时的买卖契证表述，也可以看出，如：《景德镇新安书院契录》中有康熙四十九年"李育万将景（德）镇一图饶家弄口店业出卖"；乾隆五十九年王明远出卖店屋，有保长方汝贤签字画押；"胡江氏将祖名下坐落景镇三图四保土名曹家码头上首坐西朝东店屋一间系与新安书院合业"。

二、关于"珠山"

珠山位于御窑厂遗址北部，其上曾有各种建筑兴废交替，目前，珠山上有 1989 年重建的龙珠阁和 2013 年复建的御诗亭。以下为珠山所处历史地理空间的文献记录：

（一）明确表述为珠山的文献记录

珠山这一地名，始见于清督陶官唐英的诗文，如：

> 雍正九年《中秋前珠山晚坐二首》、雍正十二年《仲春珠山陶署即事》、雍正十二年《秋夜珠山雅集，和汪秀才原韵》、《忆珠山》、《立夏日珠山邸署观剧颇佳，漫赠以赋》、《珠山行馆抒怀另一首（补佚）》、《丙寅孟夏，寓珠山陶署，雨窗口占二截句》、《春雨珠山即事叠韵四首》、《丁卯仲冬将返浔阳，留别珠山陶署》、雍正七年《满庭芳·春夜对署中海棠》中有"日永翠亭珠阜"。

《恭纪御制诗碑后，敬赋小诗识事》有"……瓶既告成，爰敬勒琬琰，建亭于厂署珠山之巅……"

《可姬小传》有"雍正壬子（1732）随宦江西之景德镇，甲寅（1734）七月廿日产子于珠山之阳""名其子曰珠山，志地之灵也"。

《厂署珠山文昌阁碑记》中有"厂署后有珠山，盖胜地也""而小子饮食于珠山，启蒙肄业，历久成就于珠山。谓非珠山灵秀之气之所濡染乎？谚云：'地能发人，人能兴地'，爰于老屋故址，庀材鸠工，建阁以祀文昌圣象于其上，志地灵也"。

（二）唐英诗文产生前后对珠山所处历史地理空间的相关记述

明万历年间由陆万垓校订的王宗沐《江西省大志·陶政录》中有："御器厂，中为堂（正厅三），后为轩（穿堂一）、为寝（后堂三），寝后高阜为亭（匾曰兀然，今改为纪绩）。"

万历三十二年（1604）由潘相个人出资建造，历时大半年于第二年竣工的环翠亭，在其《口口环翠亭记》(现藏景德镇市陶瓷民俗博物馆）有："……浮梁地有景德镇焉……四山为之环拱……衙之后有耸然特起……然亭挹胜台皆遗置也。"另外，与该碑记同期记录环翠亭事项的"明万历青花记事瓷板残片（现藏景德镇御窑博物馆）"有"御器厂后山"。

唐英作过序的乾隆七年《浮梁县志》有"环翠亭，在景德镇珠山，明万历间太监潘相建。金坛王肯堂记（见昌南记）。按：此亭今存御厂署后，而珠山于五代时已为镇名迹，和凝诸人并有诗"。

乾隆四十八年《浮梁县志》有"珠山在景德之中独起一峰，高数十仞，绵亘数里，峰峦遥列，俯视四境。相传秦时番君登此，谓立马山，至唐因地绕江龙为珠山。元末于光据之为行台，号蟠龙山；明称蠹山。后为御器厂镇山（见昌南历记）"。"五代和凝诗……珠峰千仞绿江前""宋谏议程晖《珠山晚眺诗》崿立南中山特起，群龙却是献珠初……"

道光十二年《浮梁县志》有"环翠亭，建于珠山绝顶，唐置亭名聚珠亭；宋为中立亭；迨明万历初太监潘相建环翠亭，金坛王肯堂记"。

清嘉庆蓝浦、郑廷桂《景德镇陶录》有"厂内珠山独起一峰峦，俯视四境。相传秦时番君登此谓立马山。至唐因地绕五龙脉目为珠山；元未于光据之为行台号蟠龙山；明称蠹山；后以为御器厂镇山（昌南记）"、"明洪武二年（《江西大志》作三十五年）就镇之珠山设御窑厂，置官监督烧造解京。国朝因之，沿旧名。御窑厂，厂跨珠山，周围约三里许。中为大堂，堂后为轩，为寝。寝北有小阜，即珠山所由名，旧建亭其上……""桂（郑廷桂）按《邑志》：厂大堂旧题曰秉成。仪门外为厂场，左右四门，东曰熙春，旋改为迎曦；南曰阜安，西曰澄川，北曰待诏。又阜安门外有秉节制坊。珠山上有朝天阁，有冰立堂，有环翠亭。今并改替，惟厂署规制如旧，环翠亭犹存。"

晚清以后的瓷绘艺人们通常都会有"写于珠山"之类的落款，如：景德镇中国陶瓷博物馆收藏金品卿浅绛彩"仿白云山人画法"瓷板画有"庚辰（1880）冬月上浣写于昌江珠山前青可轩"。此种现象一直沿用至今。

1950年代所绘《最新景德镇市详图》中，在现今景德镇御窑博物馆所在位置，标有"后山亭"弄。

在1950年代初期的一份房产交易契证上标有"后山亭1号鄱阳圆器业于复盛号于集钰"字样。

（三）有关珠山考古调查情况

1983年至1985年，当时的江西省文物工作队与景德镇市陶瓷历史博物馆联合在珠山龙珠阁遗址进行了考古发掘，并在1989年第4期《考古学报》发表了《景德镇龙珠阁遗址发掘报告》，其结语中有"珠山"并非自然形成的山包，而是由瓷片和窑渣等废弃物堆积所致。上、中层经多次翻动，遗迹叠压遗迹，出土遗物不少是附近搬移用来做充填物的。底层所出器形较简单，釉色较单纯。T$_2$⑤层近七米深处，所出以青白釉为主，多系元末至明代初、中期之物，扰乱较少，这是推断御器厂始烧年代的重要地层依据。综合底层资料分析，景德镇御器厂似始建于明洪武初年，应是在元末以来沿袭"有命则供，无命则止"的基础上建立的。

1987年以来的历次考古勘探、发掘情况显示：珠山地下出土有宋、元、明、清、民国时期的遗迹、遗物。

（四）梳理研究后的推论

笔者根据上述文献资料和考古勘探、发掘情况进行梳理研究后，推论唐英笔下的珠山，当为唐英编创的雅称。为何如此说呢？那是由唐英的心性才华、政治身份，以及在景德镇的作为，让人产生的逻辑联想：一是唐英作为一个集文学家、诗人、书法家、画家、戏曲家、考据家等多种才能与智慧于一身的人，必定是一个"文化好事者"，他对其起居、办公的行辕所在空间给予新的定义、雅称，应该是情理之中的事，正如他在景德镇期间所做的其他许多善举一样，如重新挖掘和确认童宾的事迹，重修祭祀童宾的佑陶灵祠，参与乾隆七年《浮梁县志》的编制并作序，大量走访景德镇名胜古迹与乡贤名士相唱和……二是唐英毕竟是一位封建时代具有相当政治权力的朝廷命官，他的一举一动都会得到当时景德镇各界人士的附和，他的意志、审美、心性都会受到时人的追捧，以至于唐英之前没有正式名称的"高阜""后山"，居然在乾隆七年《浮梁县志》中刻意找出《昌南（历）记》来佐证唐英所谓珠山的历史依据，但值得注意的是，《昌南（历）记》并没有著作者姓名、著作年代等相关信息。

另外，还有一些耐人寻味的信息，如1950年代所绘《最新景德镇市详图》和1950年代初期的一份房产交易契证上"后山亭"，从一个侧面说明珠山之名产生之前的古老初始的地名，并没有因为唐英编创的雅称而在民间发生改变。我们从中也可想见古老初始地名所具有的深远民间影响力、传承力。至于晚清以后的瓷绘艺人们"写于珠山"之类的落款，则是他们与唐英一样，对风雅追求的结果。

三、关于明代御器厂"六式窑"

明代万历陆万垓《江西省大志》卷七陶书续补《建置·廨宇》条记有"为窑（六）：曰风火窑、曰色窑、曰大小爁煓窑（连色窑共二十座）、曰大龙缸窑（十六座）、曰匣窑、曰青窑（四十四座）"；《窑制》条记有"窑五十八座，每座前饶五寸，入身六尺"。考古成果显示：今御窑厂遗址西南侧马蹄窑遗址即为五十八座"六式窑"中的一部分。到了清代嘉庆年间，蓝浦在《景德镇陶录》卷一则写作"为窑式六：曰青窑、曰龙缸窑、曰风火窑、曰色窑（烧炼颜色者）、曰爁煓窑（窑制大小不一，厂坯上釉用火爁烘有漏釉者，再上釉入窑烧）、曰匣窑（厂匣皆先空烧，再装坯烧）"。近年来，对它们的解读有多种多样，但简而言之为"六式窑"的概念似乎已被广泛接受，但笔者不以为尽然，现做如下解读。

（一）风火窑

风火窑的"风火"一词，应该是古代南方烧窑业者对烧窑工艺要素理解后的精辟概括，即控制流动的空气（风）助燃燃料，形成不同温度的火，从而烧成陶瓷器。风火是一切窑炉所必需的条件，不是以可看得见的物质形态出现的，而色窑、匣窑、青窑的"色""匣""青"字都是可看得见摸得着的物质形态。因此，我认为风火窑是各种形制的高温窑的总称。相关证据还有：

（1）在陆万垓《江西省大志》卷七陶书续补的匠役各作匠数条记有"风火窑（头四名，匠三十九名）、色窑（头二名，匠十名）"，并未提及龙缸窑、青窑、匣窑，显然匠役分类中，是将高温窑与中低温炉做了区别；同时，该条续按中记有"至于六作之中，惟风火窑匠最为劳苦……今查每窑作头仅四名，烧火一人……看火作头四五名"，清楚记述了烧高温的风火窑（龙缸窑、青窑、匣窑）匠的生产情状。

（2）在御窑厂遗址出土的两块明洪武铁料书"赵万初"铭瓷板瓦上分别书有"……人匠王士名，浇釉凡（樊）道名，风火方南……""风火匠方南、万字三号张孟祥……"字样，显然风火就是指烧窑的工匠——风火匠，而非指窑。类似情况，在安徽省当涂县青山乡龙居村和关马乡吴村明初琉璃瓦窑址出土的筒瓦上戳有"提调官弘毅作头朱寿—南匠上色祝寿—风火谷庚—""提调官游弘毅周正须—南匠上色祝寿—风火徐寿四"[1]字样。

（3）在嘉靖王宗沐《江西省大志》窑制条中仅仅提到缸窑、青窑、匣窑，对它们的大小、形状、燃料都有表述，属性显然都是高温窑。

（4）在陆万垓《江西省大志》卷七陶书·窑制续补条中也只是提到龙缸大窑、青窑、匣窑，且对它们的大小、形状、燃料都有更详细的表述。

（5）雍正七年唐英撰《火神传》，记录了万历二十七年"报火"（属于烧窑工种中的一种——看火，即后世所谓"把桩师傅"）工匠童宾因"以骨作薪，丐器之成，遽跃入火"，而被加封为"风火仙"的事迹。

（6）嘉庆蓝浦《景德镇陶录》卷三陶务条目中有"陶有窑（俗呼曰烧窑，统名风火窑）：烧柴窑（或囵烧，或搭烧）；烧槎窑（有囵烧，亦有搭烧）；包青窑（惟烧柴窑，厂器尽搭此等窑烧。民户亦有搭烧者，亦或自烧造）；大器窑（有自造烧造者，亦搭他户坯烧者）；小器窑（有自造烧造者，亦搭他户坯烧）"的记录，清楚地指出了风火窑就是柴窑、槎窑、包青窑、大器窑、小器窑等高温窑的统称。

（二）缸窑

缸窑，又称龙缸大窑。所烧制的缸分为：大样鱼缸、二样鱼缸、三样鱼缸；大样瓷缸、二样瓷缸、三样瓷缸。两种缸的差别是鱼缸高度与口径尺寸比例相近，瓷缸高度与口径的尺寸比例是1:2左右。缸窑烧成周期很长："溜火七日夜，紧火二日夜，止火封门又十日。"

（三）青窑

青窑，是指专门小件青花瓷、高温颜色釉瓷的高温窑。其"顶圆"，形制与缸窑一

---

[1] 安徽省地方志编纂委员会：《安徽省志·文物志》，方志出版社1998年版，第57页。

致，即"馒头（马蹄）窑"式，只是内部空间布局、大小与缸窑有些许差异。因此，在王宗沐《江西省大志》窑制条中没有将青窑的空间拎出来单独表述，只是含含糊糊地说"陶窑官五十八座，除缸窑三十余座烧鱼缸外，内有青窑，系烧小器"，而在陆万垓《江西省大志》卷七陶书·窑制续补条中则有了较详细的表述，如"（缸）窑，每座前宽六尺，后如前饶五寸，入身六尺"；"青窑比龙缸窑略小，前宽五尺，后五尺五寸，入身四尺五寸"。瓷器烧成时间为"溜火对日，紧火一日一夜，住火封门……首尾五日"。

（四）匣窑

匣窑，是指专门烧制匣钵的高温窑，烧窑时间为"溜火三日夜，紧火一日一夜，住火三日"。在陆万垓《江西省大志》卷七陶书·窑制续补条虽然没有明确描述其形制，但他将匣窑与青窑的数量一并计算为44座，就不难推断"大小不一"的匣窑应该是与缸窑、青窑不会有很大差异的馒头（马蹄）形窑。

（五）色窑和大、小燨煻窑

色窑，应该是指以白炭火烘烤中低温颜色釉瓷的炉，其形制"员（圆）而小"；大、小燨煻窑，则是指以白炭火烘烤低温釉上彩绘瓷的大炉和小炉，它们的形制不明。因为色窑和大、小燨煻窑都是使用白炭烘烤的炉，所以在陆万垓《江西省大志》卷七陶书·窑制续补条中将各自的数量一并计算。另外，还可从以下内容找到相关证据：

（1）在王宗沐《江西省大志》颜色条中记有"描金，用烧成白胎上全黄过色窑，如矾红过炉火贴金二次道过炉火二次，余色不上"，说明黄彩烘烤的温度比金高，因此要先在色窑里烘烤，再在炉（燨煻窑）烘烤金；矾红与金都属低温材料，只在炉（燨煻窑）里先后烘烤。这些都道出了色窑与炉（燨煻窑）的区别。

（2）陆万垓《江西省大志》卷七陶书续补的匠役条记有"画作雇匠一，画青一，混水二人"，"色作（头三名，匠十三名）"明显地将中温的颜色釉和低温彩色与高温的青花色（含高温颜色釉）做了区分；"风火窑（头四名，匠三十九名）、色窑（头二名，匠十名）"，则将色窑与烧高温的风火窑（缸窑、青窑、匣窑）有意识地做了区分。

（3）"燨"，《辞海》解释之一有"烤炙"之意，这也说明是燨煻窑属于烘烤炉类。

（4）大、小与清代雍乾之际唐英编著的《陶冶图编次·明炉暗炉》条所谓"白胎瓷器于窑内烧成始施彩画，彩画后复需烧炼以固颜色，爰有明、暗炉之设。小件则用明炉，炉类珐琅所用……"表述非常相近，虽然大、小燨煻窑的形制不甚清楚，但可以推定它们功能性是一致的。

综上所述，明代御器厂所谓"六式窑"，其实是指缸窑、青窑、匣窑等三式高温窑（缸窑、青窑、匣窑）和三式中低温炉（所谓"色窑和大、小爁熿窑"）。至于陆、蓝二氏的记录给我们造成困惑的原因或许可以有以下几点解释：陆氏没有将窑和炉分别记述，原因应该是当时的窑与炉没有像清代以后界限那么清楚；风火窑被误读而被误录；蓝氏出于对前人陆氏记录的尊重，但又感觉陆氏记录语焉不详，于是添加了自己的解读，因此，客观上更增加了后人读懂它们的难度，要知道蓝氏所处的乾隆嘉庆年间，景德镇御窑厂坯胎全部搭民窑中的包青窑（形制已是蛋形的"镇窑"）烧，明代御器厂的"六式窑（炉）"也早已废弃，并被改作别的用途或建筑空间，蓝氏自己也没有见过；封建时期的官员，因为受能力、知识的局限，或者受精力、兴趣、热情的局限，而难免出现记录和表述不准确的现象，更何况景德镇窑业之纷繁复杂。

作者简介：白光华，景德镇御窑博物院副研究馆员，景德镇市地名学研究会会长，景德镇市老科协陶瓷研究会副会长。

由浮梁开启的景德镇陶瓷民俗与民间传说

胡菁慧

中国是世界闻名的陶瓷古国，瓷器是中国古代劳动人民的一项重大发明，也是中国对世界文明所做出的一大贡献。景德镇是中国著名瓷都，它是陶瓷艺术之城，也是陶瓷文化之城。千年的窑火，烧出了精美无比的瓷器，也烧出了灿烂辉煌的陶瓷文化，为中国乃至世界的文化艺术做出了不可磨灭的贡献。据文献记载，景德镇制瓷史始于汉代浮梁，从发掘的五代、宋、元、明、清等封建王朝的盛衰、兴亡，经历了若干历史上的重大变化。发展到明、清（前中期）时期，不仅成为全国的制瓷中心，也成为举世闻名的瓷都，其当时的瓷业生产处于世界的领先地位。正因为此，伴随浮梁历史而生的景德镇陶瓷文化也因其独特的魅力，成为景德镇经济中的特色产业。而陶瓷民俗文化和民间传说作为瓷文化的重要组成部分，逐步引起世人的关注。具有地域性、时代性的陶瓷民俗和民间传说在推进景德镇陶瓷文化发展的同时，两者之间也在互相作用。

一、极富地域特色的陶瓷民间传说

（一）高岭土的传说

高岭土是陶瓷制品的坯体和釉料以及黏土质耐火材料的重要原料。它以我国江西景德镇高岭村所产的高岭土（瓷土）而得名，并已成为全世界制瓷原料的通用术语。关于高岭土的传说，与高岭村的何姓穷夫妻有关。

相传一对心地善良的穷夫妻，在一个偶然冬日，救助了一位几乎冻僵的老人。老人醒来后，为感谢他们，送了一块晶莹的小石头，并告诉他们将石头变成财富的方法。夫妻俩在山上挖了深坑，将小石块种下去，真的得到了白嫩的玉色土。高岭土因此而生。

景德镇自从采用高岭土配制瓷器后，出产的瓷器洁白无瑕，更为精美。1712 年，有位法国传教士昂特雷柯莱向国外介绍高岭瓷土，高岭土开始享誉世界。

（二）美人祭的传说

美人祭简称作祭红，也作霁红，又叫作积红，名称虽不同，其实都是同一物品。还有一种说法，讲它是过去祭品瓷器中的贵重瓷，所以叫作祭红。祭红釉色红而细腻润泽，色较轻淡，成色安定而不流淌，是红釉中的上品，以明代所产最为珍贵。

在何焯《陶业记事》中，他对美人祭进行了叙事性讲述。明朝时期，御器厂接到皇帝旨意，需造出一种鲜红颜色的瓷器，但多次试验未果。窑场总管不论过程是否困难，只命窑工们限期完成，否则将其送进牢狱甚至要处以死刑。一位老窑工的女儿为保老父亲性命，纵身跃入窑门，以生命点燃希望。少女用生命献祭神明，神明感动，以至窑烧大获成功。此次窑烧开出的瓷器色泽殷红，如少女的鲜血。窑工们都说这是孝女的精诚所感，为了纪念她，便取名为美人祭。后来窑工封窑门，也用砖砌成女儿的形象，还因这种红釉，像极了少女饮酒后脸上的红晕，故人们又把它叫作美人醉。

（三）太平窑的传说

近两百多年来，景德镇人的中秋节过得较为独特。每当农历八月十五日夜晚，皎洁的月亮挂在天上，空旷的昌江两岸闪烁着跳跃的火花，这便是镇上的传统风俗——烧"太平窑"。

"太平窑"是一种类似圆筒的象征窑。它由一块块烧瓷器时用作垫底的圆瓷渣饼搭成，这种窑大的一丈多高，小的也有三尺左右。

相传太平天国期间，太平军曾多次到达景德镇。清兵的头目为了守住景德镇，堵住江西通往安徽的通道，下令将镇上所有的烟囱和瓷窑拆掉，并将拆下来的砖块建筑成两岸防御工事，抵御太平军进攻。可英勇善战的辅王杨辅清率领的太平军很快攻克景德镇。清军知大势已去，只好撤退逃命。逃走前，将瓷窑烟囱，予以破坏，炸毁。而当太平军开进景德镇时，却是下令打开官府的粮仓和金库，并要富户拿出钱粮，然后将米和钱分发给穷苦百姓。

值中秋节来临，景德镇的穷苦百姓感恩太平军的义举，准备与太平军一同庆祝，而此时的景德镇已是一片萧条景象。看此情形，太平军将领杨辅清说道："常听人说景德镇制瓷久负盛名，全镇烟囱林立，窑口众多。只可惜我们来这确实完全感受不到。"一位老窑工说："街道各处渣饼满地，何不用这些渣饼垒成窑的样子，内用松柴燃烧，用窑火来庆祝呢？"这个想法得到了大家的一致认同。于是老百姓们立刻行动起来，很快，昌江两岸各处火光闪闪，火焰冲天，大家欢歌到天明。

后来人们为纪念这一盛况，也寄托自己的美好梦想，就语义双关地把它叫作"太平窑"。而后每逢中秋节，烧"太平窑"成了景德镇的传统风俗习惯之一。

二、神秘莫测的窑变传说

《玉杂俎》卷十二谢本："景德镇所造，常有窑变之。不依造式，忽为变成；或现鱼形，或浮果影。传闻初开窑时，必用童男童女各一人，活取其血祭之。故精气所结，凝为怪耳。近来禁不用人祭，故无复窑变。一云：恐禁中得知，不时宣索，人多碎之。"

（一）窑变观音

朱彝尊《日下旧闻》载："明神宗时，李太后欲得一瓷像奉之。举念间，景德镇瓷窑中器化一庄严法像，绿衣披体，晏坐支颐，两膝低昂，左偃右植，手轮梵字，篆法宛然。献之阙下、懿旨命供于报国寺内、俾都人咸知敬礼、今京师所谓窑变观音是也。"清乾隆曾题诗以记。相传此观音为清宗室庆宽据为己有，辗转归于张翼，也有的说已经流落到国外。

（二）窑变龙船

梁同书《古窑器考》："万历十六年诏烧方筋屏风不成，变而为床，又变为船，其中什物，无一不具。"

（三）窑变异畜

宋应星《天工开物·陶埏》："正德中，内使监造御器。时宣红失传不成，身家俱丧。一人跃入自焚，托梦他人造出，竟传窑变。好异者，遂妄传烧出鹿、象诸异物也。"

陶瓷民间传说最大的特点即从劳动人民群众中来，它们是反映劳动人民的美好精神品质的历史故事。特别是一些神话故事，在夸张、浪漫的想象中，包含着劳动人民的勤劳善良的优良品质和希望战胜自然的渴望。从《太平窑的传说》《高岭土的传说》《美人祭的传说》等一系列动人的故事中，我们不难发现陶瓷民间传说的这一特点，而在这一点上，陶瓷民俗文化与民间传说是相通的，显然从陶瓷民间传说中可以看出陶瓷民俗文化的精神实质。

三、传承地域文化的景德镇陶瓷民俗

中国是个历史悠久的统一的多民族国家。它的文化也是个复合整体。其中有为文人学者所阐释的历史文化大传统，也有诸多为各地各民族民众传承和践行的文化小传统。中国历史文化大传统和民俗文化小传统在几千年里密切互动和互补中，形成一个多元一体、内容丰富的动态平衡体系，民俗就是这一体系中的一部分。任何发达的或发展中的民族或群体，都毫无例外地生活在一定的民俗中。

民俗文化作为在民间形成的风俗习惯，也是人类生活的一种极普遍的社会现象，是一种民间文化的传承，是一定时期内的社会经济反映。在中华民族的文化宝库中，民俗文化也是一种数量最多、范围最广、影响最大、生命力最强的艺术奇葩。究其原因就是民俗自身所赋有的广泛群众性，大多数是为广大人民群众所推崇的习惯与风尚。它生长在人民大众之间，落脚于千家万户之内。

浮梁为古代景德镇制瓷产地，是开放的工商业码头。正因为此，商贾往来众多，镇上的居民多为移民，集中了全国各地的陶瓷能工巧匠，所以有"窑户与铺户当十之七八，土著十之二三"之说。而来自各地的人们入乡随俗，较快适应了本地风俗习惯。历经长期的交流、熏陶、渗透，最终形成了丰富多彩的、具有浓郁地域特色的民俗文化。尤其是景德镇制瓷历史悠久，"新平冶陶，始于汉世"，历经各个朝代，瓷业生产技艺不断发展与完善，享有瓷都声誉。在一千多年的生产实践中，因袭成风的瓷业习俗，是景德镇民俗中最重要、最典型的内容。

（一）行业风俗

1. 暖窑神

每年初冬一过，各窑都在某次烧窑后，举行一次"暖窑神"活动，祭祀窑帮信奉的"风火仙师"又名"广利窑神"。这种祭祀活动，首先由拖坯向各搭坯户收取"暖窑神"的费用，一般是一夫坯2块银元。大约每座窑可收到50—80块银元。款收齐后，拖坯与把庄商量好费用的安排，确定日期，交各窑工分头进行。活动还包括向酒楼订好酒席，请三脚班，借桌凳、香炉烛台，布置场面等。"暖窑神"的这一天，窑里打扫得干干净净，窑门上贴着用黄表纸写的"风火仙师"四个大字，两旁贴上一副"风助火力""火借风威"的对联；窑墙两侧，挂两面大的"飞虎旗"。窑门前面有一供桌，桌上放有供品和香炉、烛台。供桌稍后，两旁摆着几张桌子，中间空出一块踩地戏的场子。黄昏，窑工们齐集窑上。把庄点燃红烛、长香、虔诚默祷叩拜，并燃放长鞭炮。

接着，酒楼送来四盘十碗加热炒或十碗加热炒席面上桌（钱多时还办过八大八小席面），大家一边饮酒，一边看三脚班的踩地戏，一直到深夜收场。

2. 开禁迎神

窑帮"童庆社"，每隔20年在装小器的"开禁"之后，都要举办一次盛大的迎奉本行师祖"广利窑神"的"迎神"活动。迎神时，要到师祖老家童街风火神童宾的出生地，去请画师绘制两面飞虎大旗，并大摆筵席款待师祖的后代。

3. 捡角子

在旧社会，景德镇陶瓷行业的行规中，有一项是"捡角子"。这也是窑户老板对瓷业工人的一种行话。窑户老板大凡都是视钱如命的人，他们把失散在外面或掉在地上的窑柴、碎瓷土、破坯屑都称为"角子"（铜板）。一旦发现地上有"角子"，便要发脾气，而且要工人捡起来。可是，有的新工人进厂，由于不懂行规，免不了吃苦头。

4. 吃泡茶

过去，景德镇的茶楼茶馆很多，来吃茶的多为陶瓷工人、搬运工人和人力车夫。他们在劳动之余，来此喝几杯茶，花费不多，可歇息、攀谈，比在自己家中还方便得多。可是，到了民国，茶馆却成为老板和工人"评理"的场所。在茶馆里，老板、工人、管事串在一起，七嘴八舌帮腔，哪有工人说话的余地？结果往往是工人"亏了理"，还要付茶钱。到了抗日战争前后，"吃泡茶"更为盛行。窑户老板动不动就很"客气"地请工人去吃泡茶，以达到文明解雇工人的目的。

5. 花粉钱

陶瓷工人要向窑户老板娘缴交涂脂抹粉的"花粉钱"，这确实是罕见的风俗。交花粉钱的时间，一般都在年终结账时，窑户老板娘站在账房先生旁边，向领工钱的工人敲诈，标准不一，根据每个工人结账钱多少而定。

6. 马吃砖

所谓马吃砖，是旧社会窑户老板解雇把桩师傅的一种信号。做法是：把满窑、开窑用的三脚木马（又称三脚凳），放在修窑、护窑用的土坯砖上。而采取这种形式的原因是：把桩师傅是用肉眼掌握窑温的（现在称作热工师傅）高技术人才，在工人中有相当的威信。因此，窑户老板不敢轻易得罪他们，即使要解雇，也要讲"面子"，免得伤"和气"，于是采取马吃砖的做法。久而久之，便成了窑户老板解雇把桩师傅的信号弹。

7. 烧春窑

烧"春窑"又称作"春窑"，是旧社会景德镇陶瓷行业的一种陋规。据考查，旧社会景德镇的瓷业行规规定，从农历腊月十三起，全面停工，直到来年农历二月三十日陆续开工。有些窑户，甚至拖到农历五月初五（端午节）才正式开工。在这漫长的停工日子里，瓷业工人生活无着，处境非常困难。因此，镇上窑户老板烧春窑或做春窑的花招，就应运而生了。

烧"春窑"是自己有窑厂的窑户，做"春窑"适用于只有坯厂没有窑厂的窑户。不管是"烧"还是"做"，都是窑户趁瓷业工人在漫长停工期中出现的困境，借机廉价购买瓷工劳动力，以榨取工人更多剩余价值的一种手段。

按照旧社会瓷业陋规规定，窑户请烧"春窑"的春工，只有伙食吃，不付给工钱，因为不可能每天都满窑、烧窑、开窑。做窑户请做"春窑"的春工，多半是坯厂成型工人，要自带伙食上工，工钱按常规打5—7折不等。做"春窑"的春工工人，把干这种劳动叫作"铜钱坯"或称"苦差坯"。

（二）行业崇拜

清嘉庆二十年（1815），《景德镇陶录》载景德图中所示，那时有6个会馆书院，分别为：徽州会馆、南昌会馆、苏湖会馆、都昌会馆、临江会馆、景仰书院。其后，伴随商寓客旅增多，依地域乡族关系组成的会馆公所以及各地所办书院也逐渐增加。

由于各地风俗不一，各会馆祀奉的神像也各不相同。南昌会馆祀"许真君"。临江会馆供"肖公菩萨"。婺源会馆供"朱熹神位"，山西会馆供"关帝大圣"。照此推及，景德镇的陶瓷业奉"师主"及"风火神"。清代唐英专著《火神童工传》，介绍风火神童宾的历史传说。解放前，在每座窑房里都供有一个风火神的神龛，神龛安放在窑岭上，用窑砖砌成，内放木质灵牌，上写"风火神童宾神位"，常年由烧窑业之中的小伙手（烧窑业中的一个工种）侍奉香灯。每逢在烧大件瓷器或烧窑发生事故时常常要更衣焚香，拜风火神，瓷器烧成后要杀猪摆酒席表示庆祝。行业崇拜与历史传说紧密关联，如陶瓷业供奉的"师主"和"风火神"，就是由风火神童宾的历史传说而来。童宾的故事也依靠后代人们的纪念和崇拜逐步延续到今天。

当然，景德镇陶瓷民俗包罗万象，除上述行业崇拜及供奉的神像内容外，还包括行会行帮与帮规、行业用语等丰富内容。它们同样可以成为窥探景德镇陶瓷文化的重要路径。

回望陶瓷民俗，它内容丰富，特色鲜明，是景德镇陶瓷文化的重要表现形式之一。我们从整理出的景德镇陶瓷民俗文化中可了解：它反映出历代景德镇瓷业工人运用朴素唯物主义观点，掌握和运用自然规律，与自然作斗争，为自己创造了生存和发展的条件；反映了历代景德镇瓷业工人在生产中焕发出来的智慧和力量以及所形成的思维、信仰与风格；它反映了历代瓷业工人对各种邪恶势力的搏斗和对美好未来的向往；它反映了历代景德镇瓷业工人在生产实践中所产生、锤炼出来的文字记载与生动语言。这些是景德镇瓷业工人的创造，是形成景德镇陶瓷文化的基因，也是我们了解景德镇瓷业的环节。

陶瓷民俗文化不仅帮助人们了解景德镇瓷业生产发展过程，更能以此为切入点，认识景德镇的生产发展历史和景德镇社会现状。从陶瓷习俗中可以看出人们对瓷业生产这个客观世界的认识，有从片面到全面、从不科学到科学的发展过程。这是景德镇瓷业工人在创造陶瓷文化成果时的反映，它从一个侧面记录了如何从蒙昧走向文明、从原始走向现代化的规律。我们可以从积存的大量各个时代的瓷片中窥见端倪。种种而言，景德镇陶瓷民俗文化所具有的价值是极为独特的。

但陶瓷民俗并不是单一的个体，它是融经济、社会、信仰、游艺等在内的丰富实体，其中游艺类民俗就包括民间口头传说故事、民间谣谚、民间歌舞音乐、民间游戏、民间竞技、民间杂技等六大部分，可见陶瓷民间传说一方面作为陶瓷文化的重要表现者，构成并丰富着陶瓷文化，一方面也是陶瓷民俗的成员，表现出陶瓷民俗传奇性的一面。

四、陶瓷民间传说与陶瓷民俗共塑陶瓷文化

景德镇以陶瓷闻名于世，窑工们在长期生产实践中积累了丰富的制瓷经验，更重要的在于创造了特有的陶瓷文化，创造了优美的陶瓷艺术。关注景德镇陶瓷文化，也就是在关注景德镇的过去、现在和未来。由于陶瓷文化中极富地方特色的是其民间性，与之相关的民间传说与民俗便自然而然地也成为了人们关注的对象。

自古以来，悄无声息的民俗文化现象涉及人民生活的每一个角落。有些民俗文化甚至可以左右人们的思想，陶冶人们的情操，影响人们的生产和生活方式的境地。所以过去有"入境问俗、入过问禁"，观民风可以"考政治得失"，察民俗可以"纪往昭来，以利劝惩"的说法。对民俗文化这一特殊文化现象的发掘和整理，是对中华民族文化优良传统的继承和发扬。陶瓷民俗更因其特殊价值成为中国陶瓷文化的基石，陶瓷民间传说因其"民间"因素，与陶瓷民俗文化密不可分。它的美妙动人的传说，从

文学角度使陶瓷文化更加多姿多彩，从历史学角度为当代学者们考察历史过去、了解民风民俗，提供了可能。可以说，是它们共同构造了中国陶瓷文化。

而民间传说与民俗是不可分割的，它常常能表现出民俗的多样性、丰富性，因而民间传说更以其独特的艺术性在景德镇陶瓷民俗文化中大放异彩，成为景德镇陶瓷文化的重要组成部分。习近平总书记说：在新的起点上继续推动文化繁荣、建设文化强国、建设中华民族现代文明，是我们在新时代新的文化使命。考察景德镇陶瓷民俗文化与民间文化之间的关系，特别是它们对当代瓷都的历史文化价值，也为开发景德镇陶瓷文化，发展景德镇旅游经济有着重要的现实意义。新时代的浮梁人应讲好景德镇陶瓷故事，传承发扬好景德镇陶瓷民俗，争取让景德镇陶瓷文化在新时代焕发出更加耀眼的光芒。

作者简介：胡菁慧，女，景德镇陶瓷大学副教授，博士，硕士生导师。

清代浮梁《陶歌》与景德镇制瓷文化

孙燕明

唐代至民国时期景德镇均隶属于浮梁县，属饶州府。景德镇地处浮梁之南的昌江河，与浮梁隔岸相望，故又称昌南镇。清代景德镇陶瓷业经历战乱以后，顺治五年御窑厂重新开启，到康熙年间才陆续恢复正常发展，并在道光时期瓷器制造工艺更趋成熟。道光时期承袭前朝规制，以九江关监督御窑厂窑务上的宏观事务，不涉及具体的窑务管理。浮梁县是一处行政单位，辖区有景德镇。景德镇的瓷器名扬四海，御窑厂是制瓷中心，而非一级行政单位。可以说景德镇的制瓷历史一半在浮梁，宋代浮梁成为青白瓷生产的著名窑场，浮梁县境内发现宋代的古窑址有二十多处。宋代彭汝砺诗有"浮梁巧烧瓷，颜色比琼玖"，宋代的浮梁瓷器就烧成美玉般而风靡天下。瓷质之贵在于瓷泥，特别是南宋浮梁高岭土的发现，使瓷器品质上了一个档次，确立了浮梁景德镇成为全国制瓷中心的位置。元代景德镇设立"浮梁瓷局"，属官办管理瓷业机构。浮梁人也大量参与镇上的制瓷服务业，为陶瓷发展做出了贡献。物转星移几度秋，现代浮梁的自然生态环境，绿色发展路径已然走向康庄大道。从景德镇到浮梁的昌江河上先后架起了三座桥，开车来回也就 30 分钟左右，很多人在浮梁买房置业，每天往返，住在浮梁而工作在镇上。景德镇市政府很多工业园区都设在浮梁，所以说镇上和浮梁已经融为一体了。

《陶歌》作者龚鉽作为浮梁县府幕僚（相当于县政府秘书）官员，往来景德镇有诸多便利，可以随时去镇上察看窑务、协理公务。他曾动情地说："我任职居住浮梁幕府四年。浮梁到景德镇二十来里，向南乘船渡昌江河走小路往返来镇上看瓷业，有事还需暂住下来。到御窑厂去探究坯房窑户工作场景，看瓷器满窑、烧窑一般要两三天，在细细品味中流露出对瓷器的喜爱之情。"龚鉽作为县衙官员到辖区探察，深受镇上官绅、窑户头欢迎，结交了几个镇上的浮梁"土著"窑户朋友，在和他们聊天时详细了解到做瓷烧窑的工艺过程和瓷工生活的艰苦。行外人只看到瓷器的精美，却不知道制瓷过程的辛苦。他深入了解后，归纳提炼，写下了关于制陶的七言诗歌百余首手稿，主要写陶瓷业，也涉及镇上风俗等。后来他乘船去安徽办事时诗稿遗失，时隔七年又从友人处找到了原稿，从中选出六十首题名为《陶歌》，是其立志反映陶业的成果。

景德镇制瓷文化博大精深，这个内容有限的几十首诗歌，肯定不能反映当时瓷业的全貌，但能见微知著而领略古今制瓷文化精华。《陶歌》为六十首律诗，有严格的七言限制，诗话言语简明扼要，朗朗上口，有节奏感。镇上陶瓷虽然令人爱不释手，但制瓷工艺地域性、专业性很强，不像描写山水人文风貌的唐诗那样通俗易懂而广为传播。《陶歌》高度集中地反映了清代道光年间制瓷的历史、瓷业人物和瓷场人文风俗等，语言比较晦涩难懂。因此采取直译的方式解释《陶歌》的全部内容，引以为赏。

一

江南雄镇记陶阳，绝妙花瓷动四方。

廿里长街半窑户，赢他随路唤都昌。

直译：江南的制瓷名镇景德镇前后有街区十三里故有"陶阳十三里"之称，以精妙艺绝的彩绘瓷名闻四方。镇里二十里长街上就有一半是窑户，在大街小巷无论走到哪里都有很多做瓷业的都昌人。

注：都昌人俗称都帮。现代瓷厂时期，都昌人有很多从事瓷业管理工作，这可能也是一种传承吧。

二

武德年称假玉瓷，即今真玉未为奇。

寻常工作经千指，物力艰难那得知。

直译：唐代武德年间浮梁青白瓷就被称为假玉瓷，清代青釉瓷器仍被称为真玉器也不为奇怪。别看这普通的制瓷工序要经过近千次的手指劳作，制瓷造物的艰难外行人哪里会知道。

注：自古以来瓷器被称为假玉器，宋代的青白瓷温润如玉，清代青瓷更胜一筹。制瓷的工序繁多，有"过手七十二、方克成器"之难。现代瓷厂制瓷分工很细，一人或几人做一段工序，但没有七十二这么多。

三

在山石骨出山泥，水碓舂成自上溪。

要是高庄称好不，不船连载任分携。

直译：在山上采挖坚硬的瓷石后出山就成软泥块了，在山上用木轮水碓捣碎淘洗的原料运出来了。浮梁的高岭瓷石加工的釉泥俗称"不子"，这种方块"不子"被船运往景德镇分别被瓷户买走使用。

注：清代用原始方法靠水碓木轮旋转粉碎坚硬的瓷石等。现代瓷厂专设有陶瓷原料厂，专门负责采矿制泥，利用先进的大小球磨机器来制泥，供各个瓷厂生产瓷器用。水碓已经淘汰而成为观赏物了。

四

方方窖子滤澄泥，古语儿童莫坏坯。

炼到极稠捶极熟，一归模范即佳瓷。

直译：用方形的地窖反复过滤制作泥料待用，古语说儿童在玩耍时切莫撞坏坯胎。泥原料炼到很稠的泥浆水时，一经注入模型凝固成型后再经过修饰方可成为好瓷器。

注：圆器坯子撞损率很高。现代造瓷中注浆成型工艺被广泛应用于制瓷工序里。

五

几家圆器上车盘，到手坯成宛转看。

杯碟循环随两指，都留长柄不雕馒。

直译：圆器需要在陶轮车上用铁刀利制，做好的圆形坯要转着看是否规范。圆器坯碟的制作全靠两手指完成，留住坯底下三寸长的柄子暂时不削去。

注：清代圆器手摇拉坯，也有模印成型。现代瓷厂里大件器型实现了机器手工拉坯成型，但小圆器成型基本上实现半自动或自动机压成型。

六

出手坯成板上铺，新坯未削等泥涂。

钧陶自古宗良匠，怪得呈材要楷模。

直译：用模型印好的坯胎一件件铺在木板上，粗糙的新坯子要等待下一步的利削工艺。制陶做模从古至今都推崇能工巧匠，怪不得制坯成型要用好模型。

注：圆器有拉坯和模子压印成型。现代瓷厂有专门的模型组负责全厂所需模型。

七

坯干不裂更须车，刀削圆光不少差。

此是修身正心事，一毫欠缺损光华。

直译：坯体干燥后须上陶车修饰，轮车上刀削刨光浑圆光洁不差分毫。陶车利坯是一种聚精会神的修心事，一点丝毫欠缺都会有损坯体的光滑美观。

注：拉坯或模子印拍的圆器，须上陶轮上刀修。现代碗杯都是用机器等静压成型，又快又好，只留有极少量的非遗手工成型供观赏之用。

八

画坯上釉蘸兼吹，一体匀圆糁絮宜；

只有青花先画料，出新花样总逢时。

直译：在坯胎上画好青花后上釉技术有蘸釉和吹釉，吹釉方法能使坯胎釉面均匀使釉浆圆融雾化飘洒在坯体上。只有用青花料色手工画在坯胎上再上釉，烧造好的各式各样的花纹总能时尚出新。

注：小件器型蘸釉，大件器型吹釉。现代制瓷还沿用了蘸釉和吹釉的方法，但是已经实现了电动化喷釉。

九

青花浓淡出毫端，画上磁坯面面宽。

识得卫风歌尚絅，乃知罩釉理同看。

直译：青花画料全靠手上用笔端轻重提按画出浓淡效果，画在瓷坯上线条转折浓淡而宽度舒展变化。读过《诗经·卫风》里的"衣锦尚絅"的诗句就知道，画好青花的坯体再罩釉像外面披上一层薄纱衣。

注：画好青花再罩釉（蘸釉吹釉），釉像一层薄纱衣透出花纹。现代制瓷画坯罩釉工艺一样。

十

白釉青花一火成，花从釉里吐分明。

可参造物先天妙，无极由来太极生。

直译：白釉和青花一经在窑中火候烧成，纹样花饰便从温润的釉中明晰透出亮丽。就像天设地造的物化一样玄妙，烧瓷就像《周易》所说的无极由来而太极生。

注：白釉即灰釉，罩在青花上烧成后像猪油一样透彻。现代还是沿用透明釉罩在青花纹样上的工艺。

十一

看他吹泑似吹箫，小管蒙纱蘸不浇。

坯上周遮无渗漏，此中元气要人调。

直译：看那陶工吹釉像在吹竹箫，在竹筒小管上蒙起纱布蘸上釉吹而不用浇釉。吹釉时把坯体周边遮住无釉渗漏，人在施釉时要调节气息而吹出节奏感来。

注：清代制瓷用竹筒人工吹釉比较耗费中气。现在用空气压缩机器吹釉又快又好。

十二

画坯罩釉事完全，干定仍车碗足弦。

盖线交他图记手，总题宣德大明年。

直译：当画坯罩釉工序完成后，再在陶车上把坯底三寸长足柄盖线削掉。再移交给专门写底款的师傅，全部题上仿制大明宣德年制的款识。

注：清道光年多有仿制明代的瓷器，在器型底部写上明款。现在也有很多制瓷作坊在仿制明代的瓷器。

十三

挖足仍须刷釉齐，又看车脚露胎泥。

好承渣饼安渣钵，出火从君便取携。

直译：坯体上好釉后坯足要刨去底足釉泥，在陶车上把坯体脚底刨出而露胎泥，坯体装匣烧窑时要在足底用渣饼承接住，这样就不会粘底子，以便可以脱开而顺利提取出来。

注：在陶轮车上削掉底板釉。现代制瓷就是刮掉底上的釉使烧好的瓷不会粘底。

十四

青料惟夸韭菜边，成窑描写淡弥鲜。

正嘉偏尚浓花色，最好穿珠八宝莲。

直译：青花料中唯有被称为韭菜边的料色最好看，明朝成化窑描绘的青花料色质淡雅艳鲜。而明朝正德、嘉靖青花料色质偏浓，最宜于用青花料色画上令人喜爱的吉祥穿珠八宝莲纹样。

注：用韭菜边比喻浓郁沉静又美观的青花色。现在由于制瓷工艺科技的发展，青花料色品种比较多，总之有品种丰富的仿元明青花料。

十五

佝偻自古善承蜩，瘸拐疲癃孰肯招。

却与坯房供乳料，尽推王政到熙朝。

直译：古时驼背的老人也善于用竹竿粘蝉，没有人愿意招瘸拐疾苦之人做工。但是却能在制瓷的坯房找到研磨颜料的事做，这种"人尽其用"的制瓷分工自古到康熙朝都没有改。

注：在短凳上坐着双手握木磨锤用小力研磨颜料，一般都是年老体弱者。现代瓷厂里磨颜料还保留少量这种用工方式，市场经济时期完全用机器代替手工磨颜料。

十六

如椽大笔用羊毫，颠旭能书莫漫操。

看他含釉如含墨，一样临池起雪涛。

直译：用羊毫大毛笔浸釉涂于坯上，犹如唐代颠僧张旭书写草书一样的操作。笔上含釉如含墨，涂在坯上一样犹如临池中雪涛翻滚。

注：毛笔沾釉涂在坯上像唐代著名草书僧人张旭用笔。现代都是用毛笔涂釉刷釉。

十七

官古人家釉果多，含成胎质镜相磨。

非如饭器酥研甲，果釉多将灰水和。

直译：民窑官古瓷器户储存了很多最好的釉果，通过和其他原料配制烧成的瓷胎具有铜镜般的明亮。这并非一般粗糙的瓷质饭器所能相比的，釉果和灰水配合在一起制成高级灰釉色。

注：无灰不成釉，灰釉是最好的釉料，过去釉果出自浮梁、乐平等地，现代制釉原料来源更多。

十八

浇釉看来似易皱，一般团转总均匀。

倘留棕眼兼鱼子，却使微瘢玷美人。

直译：浇釉工序表面上看容易皱皱，浇釉时要团团转动才能使坯胎受釉均匀。但如浇釉不到或过急时会出现沙眼小孔等瑕疵，可能会影响瓷器的美观。

注：用碗浇釉容易起针眼。现代制瓷非遗还保留了一些浇釉工艺外，基本上不用浇釉工艺了。

十九

滩过鹅颈是官庄，沿岸人家不种桑。

手抟砂泥烧匣钵，笑他盘子满桑郎。

直译：像鹅颈般的昌江河、南河交汇转弯的官庄，沿河岸的人家不种桑树。专门用粗砂泥盘转制作烧瓷用的匣钵，好笑的是做匣钵盆的人像养蚕桑的男郎儿。

注：古代官庄有一种耐高温黏土又叫匣钵土。原来有国营匣钵厂做匣钵，后来液化气梭式窑烧瓷不用匣钵了，当代非遗保护只留有极少量定制的柴烧窑用的匣钵。

二十

匣钵由来格不同，一般层叠着砂工。

更多平匣排清器，遥望馒头正出笼。

直译：装坯用的匣钵向来规格各不相同，做好的新匣钵一般层层叠在窑里烧一次，新匣钵先烧时能排出清气，遥看匣钵出窑时如馒头出蒸笼一样热气腾腾。

注：新匣钵要空匣入窑烧一次，过去叫"渡匣"。现代瓷业煤窑烧瓷匣钵也要空烧一次。

二十一

匣钵烧皴破不妨，倩他薄篾尽箍藏。

一经红火同镤铁，格物谁能理共详。

直译：匣钵被多次烧出裂纹时也无妨碍，可以用薄竹篾将裂的匣钵箍扎起来装坯再烧。奇怪的是那竹篾仿佛如精炼的铁一样在窑火中不会烧掉，这种事物原理还真没办法推究是何原因。

注：把有裂的匣钵用竹篾捆扎住，钵内涂一层脏釉，涂釉烧后凝结才真正起到结匣的作用。现代瓷厂煤烧窑时期这种匣钵箍竹条的办法还一直沿用。

二十二

魏氏家传大结窑，曾经苦役应前朝。

可知事业辛勤得，一样儿孙胜珉貂。

直译：本镇人魏氏传承造窑技艺，他们自元明以来一直专门从事造窑的活。这种辛勤的造窑事业能获得广泛认同，一直延续传到儿孙都认为胜过当官臣的贵差事。

注：清代掌握做窑绝技的人胜过当一般的官员。现代瓷厂时期有窑炉修建队负责各瓷厂的窑炉建设。后来砖窑淘汰而建液化气梭式窑了。

二十三

满窑昼夜火冲天，火眼金睛看碧烟。

生熟总将时候审，此中丹诀要亲传。

直译：满好窑在白天到夜里烧窑时看火光冲天的烈焰，看火师傅具有火眼金睛的本事，能根据窑里碧烟来掌握火候。烧瓷器是生还是熟总能掌握好分寸，此中的技巧如同道士炼丹一样要亲自传授。

注：泥做火烧，关键在窑，烧窑的把庄师傅最重要，可通过火候分辨瓷器的生熟。现在烧窑有先进的测温仪，无须通过察看窑中烟火来掌握火候。

二十四

窑火如龙水似云，火头全仗水头分。

清代浮梁《陶歌》与景德镇制瓷文化

羡他妙手频挥泼，气满红炉萃晓氛。

直译：窑火如游龙呼啸，水汽像云雾蒸腾，火头全靠泼水来引于窑的四周。羡慕窑工的妙手频频挥盆泼水，蒸气弥漫着窑炉而引起火焰熊熊。

注：柴烧窑火力猛烈。现代瓷厂时期的煤烧窑就不用泼水引火的老办法了。

二十五

开封火窨尚炎炎，抢掇红窑手似钳。

莫笑近前热炙手，霁威不似相公严。

直译：开封窑时窑内依然十分炎热，窑工们用厚布套手如钳子般从匣内将瓷器抢拿出来。不要笑话这种"火中取栗"般快速取出瓷器，窑工们个个屏住呼吸威立站着，又好像官员的严肃形象。

注：为抢时间，在窑里的余热尚没有散尽时开窑是常有的事。现在开窑有时间规定，但也有任务紧时提前的抢窑现象，争取时间早点烧下一窑。

二十六

窑边排凳捡茅瓷，器正声清出匣时。

最喜宫商成一片，未夸击钵与催诗。

直译：开窑时把匣钵排在凳上先提取有缺裂的次等瓷器，再把发出清脆响声的好瓷器从匣钵内拿出来。可喜的是瓷器"砰砰啪啪"的声音好像音乐节奏响成一片，不夸张地说这种急促的敲瓷悦耳响声就像诗歌一样好听。

注：瓷器出窑时敲声清脆爽朗一定是好瓷，反之敲出哑音可能有开裂。现在开窑时窑工也会敲敲试听瓷器的好坏。

二十七

白胎烧就彩虹来，五色成窑画作开。

各种霏花与人物，龙眠从此向瓶罍。

直译：在白胎瓷上画好后用红炉烧出彩虹般色彩来，明代成化釉上五彩妙笔生花般的彩瓷画面开合有变化，画好的各种花草与人物样式的瓷瓶都很美，宋代李公麟的山水人物画第一次在花瓶中出现。

注：清代彩瓷用低温红炉炭火烧。现代瓷厂画好的釉上彩瓷改为以电为燃料烧烤。

二十八

记得唐贤咏越窑，千峰翠色一时烧。

槎惟带叶柴盈马，却笑松间拾堕樵。

直译：唐代诗人陆龟蒙有"九秋风露越窑开，夺得千峰翠色来"的名诗赞咏越窑，当时成功烧成千峰翠色的釉色并不偶然。好柴烧好瓷，那好松柴层层叠码好，而捆扎带叶小茅柴成堆放置，令山中的拾柴樵者都笑而不答心自闲。

注：松柴是最好的烧瓷燃料。现代保留了少数柴窑沿用松柴烧瓷。

二十九

明炉重为彩红加，彩料全凭火色华。

我爱鸡缸比鸡子，珍珠无类玉无瑕。

直译：釉上彩绘加工画好的瓷器用明炉炭火烘烤，彩绘瓷全凭好炉火烤出明亮华丽之色。烧出来优美小巧的鸡缸杯造型超过了杯上所画的小鸡，杯子真像珍珠般无差异和白玉一样洁白无瑕。

注：用明炉烧烤釉上彩绘瓷，现代瓷厂是用电炉烤花，测温仪探测炉温，非常科学准确。

三十

瓶盎尊罍博古真，珊瑚翡翠色鲜新。

雕镂虫篆堆螭虎，未让销金与范银。

直译：瓶、盎、尊、罍等各式古器造型仿制的都很逼真，珊瑚、翡翠样样颜色鲜艳。彩画雕镂虫篆字体和堆贴出螭虎等神兽形体，就是用金属铸造的器物也不如用瓷制的仿品神似逼真。

注：在瓶类器型上有各式仿古雕刻瓶。现代也有这种用瓷器雕刻仿制青铜器和金银铜玉竹木的器物。

三十一

六方四角样新增，菱叶荷花各擅能。

不上车盘随手制，雕镌印合笑模棱。

直译：六方四角形的镶器是新增的造型样款，有菱形叶子、荷花形等样款，都有各自的观赏功能。镶器制作是随形手工制成而不需要用陶车成型，在雕刻裁切黏合成型中只是好笑有这样或那样的模棱两可的机巧。

注：清代制瓷镶器少又难成型，用泥板切块随形黏合成型。现代也是用手工镶器成型技术，但制作工具先进，精度准确率也提高了。

三十二

大器难成比践形，自非折挫总伶俜。

要知先立功夫在，不止炉中火候青。

直译：大器型瓷器很难烧造成功，要经过不断实践，在反复的挫折后还要单独装窑烧成。更要事前练就过硬的造瓷功夫，不仅仅局限于烧炉中青色的好火候。

注：大件瓷器自古至今都比较难烧造。现代大器型的成型在制瓷工艺技术发展的同时，促进了大件瓷制作成品率。

三十三

龙缸有巷自前朝，风火名仙为殉窑。

博得一身烟共碧，至今青气总凌霄。

直译：景德镇珠山御窑厂东街有一条明代延续下来的龙缸弄，明代窑工童宾为烧成"大龙缸"而以身投入窑火中殉职而被后人尊为"风火仙"。他换取一身青绿色的窑烟使得两龙缸始烧成功，他的浩然青气至今被后人传颂。

注：明代的制瓷工艺有限，大龙缸烧造有"十窑九不成"之说。现代瓷业龙纹青花大龙缸比较常见。景德镇有童宾路，就是纪念这位明代窑工以身投火的壮举。

三十四

官古窑成重霁红，最难全美费良工。

霜天晴昼精心合，一样抟烧百不同。

直译：乐平官古一带窑户烧造瓷器非常看重祭红，这种祭红是既费工时又最难烧成的品种。祭红色像霜天浸染和雨过天晴般的色彩巧合，同样的造型烧出来的祭红色釉发色又有百样不同。

注：霁红就是祭红，创烧于明代永乐宣德年，釉色失透深沉厚如堆脂、红不刺目鲜艳泛宝光。清代还是非常难烧好祭红。现代制瓷中因为釉料和烧窑技术的进步，祭红烧制才趋稳定了。

三十五

晋窑碎器非冰裂，要认龙泉鱼子纹。

另有庐陵永和市，莫将真假听传闻。

直译：明代嘉靖窑烧制的瓷器有裂纹但并不是真的冰裂，浙江龙泉瓷的纹片釉裂纹才是真正的冰裂纹。另外还有江西吉州窑永和镇冰裂瓷，所以不要乱听传闻而混淆真假。

注：明代的裂纹釉最好的属龙泉青瓷裂纹釉。现代的裂纹釉装饰的瓷器比较常见。

三十六

白定要分南北宋，青磁汝越邓唐柴。

千峰翠色添新霁，红玉争传试院佳。

直译：宋代时期的白瓷要分南宋和北宋造的，北定为河北曲阳，南定为安徽宿州窑。青瓷、汝瓷、越瓷、邓窑、唐窑和柴窑青瓷呈色各有一些区别。青瓷千峰翠色中又增添新霁色青釉，当年定窑红玉般的茶杯佳器还争传于试院品茶聚会中。

注：宋代苏轼在试院煎茶时拿着定瓷茶杯赞叹道"定州花瓷琢红玉"。现在河北曲阳定窑白瓷比较常见。

三十七

驴肝马肺釉名奇，鼻涕天蓝仿色宜。

此是钧窑瓶缶好，钧台曾与辨纯疵。

直译：像驴肝马肺般的暗红色釉很奇特，看这鼻涕一般、天蓝色所仿的钧釉色彩相当适宜。这种钧窑釉色的小瓷瓶很美，钧窑的纯真与瑕疵能辨别出来。

注：北宋钧瓷很有名，到了元代因战乱失传了。现代恢复钧瓷烧造后工艺稳定发展。

三十八

市上今传釉里红，唐窑独著百年中。

暗然淡简温而理，都识先生尚古风。

直译：镇市上流传的釉里红瓷器，最早应该是清代乾隆年间督陶官唐英烧造的。唐窑的釉色简朴温和而得自然之理，我们从而认识了唐英先生的尚古之风。

注：清代柴窑烧造釉里红还是处于初级阶段。现代绘瓷中常见于煤窑烧制灰色调的釉里红，当代的液化气窑烧出的釉里红发色才趋稳定。

三十九

雕作从来枉作劳，更嗤桃核刻牛毛。

圣朝器服惟坚朴，不使矜奇到若曹。

直译：陶瓷雕刻从来都是颇费工夫的技术活，就怕前功尽弃的冤枉劳动，就像雕刻核桃一样精雕细刻到牛毛般精细。朝廷的器物唯有坚硬和质朴，前朝神奇的器物是汝辈学习的榜样。

注：清代制瓷也比较时兴雕塑镂空技术。现代制瓷也多有雕刻，一般有浮雕、镂雕、深浅雕等，如常见的雕刻龙凤大缸等。

四十

瓷有窑惊等政庞，未如硬口足摧撞。

饮羊俗革关风教，莫更欺人卖过江。

直译：烧瓷在窑中会有釉惊裂等纷扰烦人之事，也有瓷器硬度不够而经不起碰撞。但不能像灌水卖羊一样的坑蒙骗人之事而败风化，更不能把有惊裂釉的次等瓷涂上清油卖出去欺骗人。

注：泥做火烧的瓷器会出现一些不可测的问题。现代有专门修补破损瓷器的行业叫"补瓷器"。

四十一

佳器售人自有真，客来换票不辞频。

把庄类色家家定，放水还愁管债人。

直译：好瓷卖好价讲究货真价实，瓷商来购瓷不满意可以调换。购瓷看色的把庄师傅到客户家定好瓷器等级和花色品种，看色的要考虑瓷的好质量以免瓷行老板追究责任。

注：瓷器销售货真价实自古就有规矩。现代有专门的选瓷行业，分级别销售。

四十二

坯板夯坯八尺长，后街小弄十分强。

碰翻未许称赔字，遍请坯房面一堂。

直译：装满小坯的木板有八尺之长，挑坯人担着坯在镇上后街弄里穿梭来回。若有碰翻坯时先不谈赔偿，要请当事人赔礼道歉后大家一起面对面齐聚一堂喝茶。

注：做瓷的坯坊一般在弄堂里，弄很窄，大家挑坯来回难免会有相撞的事发生。现代瓷厂也是采用担坯、小推车、电动车等运坯。

四十三

做到砂工称大作，尊呼窑户为钱多。

细瓷十一粗千百，布帛从来胜绮罗。

直译：小窑户收捡做细瓷的回头泥转而制作粗瓷大件，尊称这种粗瓷窑户攒的钱反而比较多。做细瓷的窑户毕竟有限，而少于做粗瓷的小窑户就像用粗布料制造衣服，从来就超过精细绮罗衣服。

注：清代做粗瓷的多为都昌人。现代的一种碴头碗就是用粗泥做的，为老百姓吃饭的日常实用之器所以很畅销。

四十四

釉如密水亦如浆，船载人挑上釉行。

记得盖冈元献宅，十分龙脉九分伤。

直译：瓷釉如糊状稠水又如浆水，用船载或人挑去釉坊卖釉。记得抚州临川宋代晏殊的宅边上出釉果，逶迤的山脉过分挖掘取釉材而有伤龙脉。

注：浮梁景德镇出瓷器，制瓷原料购于四面八方，如祁门、九江、万年、鹰潭、抚州等地。现代瓷厂常派货车到江西各地运瓷原料。

四十五

陶成子弟集昌南，书院崇开一席谈。

坯瓶早消甄土日，满窑和气足清酣。

直译：景德镇陶成、陶庆窑业行会有很多陶业子弟参加昌南集会，在书院里畅所欲言交流陶业行情。消除残次品的关键是提高制瓷技能培养后继人才，大家就像满窑一样清新酣畅，洋溢着一团和气。

注：清代景德镇有多所书院，供人学习知识。现代有专业陶瓷学院、陶瓷学校等。

四十六

徽说形家是火龙，水星一阁镇高峰。

商民熙攘纷如织，消受清凉五夜钟。

直译：夏天是烈日如火龙的季节，前朝建的水星阁为景德镇的最高峰。商民窑户都熙熙攘攘来到这里，为纳凉而待到下半夜。

注：清代镇上人到水星阁消暑乘凉。清代修的水星阁现已荡然无存。

四十七

年年七月中元节，几处坯房议事来。

每到停工总生事，好官调护要重开。

直译：每年的七月半是中元节，有几处的坯房窑户议论纷纷。每当停工时陶业人总会闲来无事而生出一些事端来，好在官员能及时赶来协调维稳，得以重新开工。

注：清代陶业七月半中元节（鬼节）要放假。现代瓷人已经对中元节概念淡化了。

四十八

冒官冒饭广行消，厚质粗坯水釉浇。

道是捡渣同滞穗，利归小户不须谷。

直译：普通的粗瓷制成的饭器、盖杯能广泛地行销，这是一种属于胎粗质厚浇釉而成的实用器皿。说小窑户来捡取大窑户所遗下的原料重新炼制再使用，获利如同在田间捡取遗下的稻谷，销售获利归小窑户所得。

注：清代窑户做的粗瓷碗、碟、杯比较行销。现代的瓷碗叫日用瓷，有高中低档之分。

四十九

王家洲上多茅器，买卖偏多倔强人。

比似携篮走洲客，只能消假不消真。

直译：镇上的王家洲瓷器市场有很多带缺陷的次品瓷，买卖双方都很倔强，讨价还价争得面红耳赤。也有专门在王家洲携竹篮装瓷器的卖瓷者，他们把质量真正好的瓷器先放着，先卖一些有残缺的次品。

注：清代地摊式的销售瓷器。现代有缺陷的瓷器也有在地摊上估堆而售的。

五十

坯路看清满五曹，谁排空匣试搪烧？

囵窑原不关人事，赢得包青向客包。

直译：装坯满窑要分五路排列，坯不够时用空匣钵填上装排满以便于通畅火路。自备窑烧自造瓷的大窑户原不管外面的事，获得搭烧资质的民窑就必须包烧出好瓷器，一旦有烧损必须赔偿。

注：清代官窑瓷量少质精，一般在民窑搭烧。现代瓷业也有专门做窑对外搭烧以收取搭烧费。

五十一

昨日曾经试照回，窑中生熟费疑猜。

凭他一片零坯块，验得圆融百级来。

直译：昨天曾经用釉片在窑里试过照子回来，制瓷原料的生或熟还得入窑烧试才能消除疑虑。别小看就凭一块小坯片的照子，就可以验得出瓷器圆满效果，是否能烧出高级别的瓷器来。

注：坯泥料、釉料都要试照子，以测好坏。现代制瓷也有试照子的习惯，泥料出厂很稳定，主要是指配釉需要入窑测试。

五十二

坯工多事问坯头，首领稽查口类周。

三月有钱称发市，年终栈满惰工愁。

直译：坯工的很多工序杂事都要问坯户头，首要领头人一般都要稽查上工的人数是否周全。因为三月向坯工发工钱被称为发市，到年终总核算时坯房懒惰的坯工就要发愁钱少了。

注：清代坯房里有坯工头负责管理一些事由。现代瓷厂有班组长负责一些制瓷工序小事的安排，按计件工资制。

五十三

当年官器传杯碗，媟亵描成隆万窑。

莫笑穆宗耽秘戏，本来春画出刘朝。

直译：当年在宫廷传开的瓷器酒杯碗上，是明代隆庆时期画的很多春宫秘画，不要嘲笑明穆宗喜欢秘戏春宫画，本来春宫画最早就出自汉代。

注：清代盛行在小件瓷上画男女交合的春宫画。

五十四

云门院里读残碑，静夜闲庭品素瓷。

记得新平行部日，鲁公诗酒建中时。

直译：在镇上读马鞍山上的云门教院里的残石碑，唐代大书法家颜真卿曾邀请朋友在云门教院品茶欣赏素瓷，留有"素瓷传静夜，芳气满闲轩"的佳句。记得唐德宗建中年间颜鲁公在浮梁新平巡视时，以诗酒留下的遗迹至今被人传颂。

注：素瓷茶杯即唐代昌南镇的青白瓷，利于品茶，唐代皎然有"素瓷雪色缥沫香"诗句。现代景德镇马鞍山上云门教院仍然留有残碑遗迹。

五十五

嫩荷涵露透琉璃，缥色何如秘色瓷。

昨夜月团新试碾，宣州雪白凤洲诗。

直译：进贡的秘色瓷茶杯釉色如嫩荷上碧绿的露珠和通透的琉璃色，越窑青瓷如何比不过秘色瓷呢？昨夜在中秋月圆时品赏新碾磨的茶叶，茶杯釉色青中泛白，令人想起明人王世贞诗句"泻向宣州雪白瓷"的宣州瓷样洁白。

注：唐代诗人徐夤有"嫩荷涵露别江渍"。宣州在今安徽宣城。现代泡茶用杯的花色品种很多，所谓秘色瓷就是指青釉，在景德镇广泛应用于瓷上。

五十六

坯工并日作营生，午饭应迟到二更。

三五成群抨肉饭，怪他夜市禁非情。

直译：坯工们一天到晚地辛勤做工，午饭要到晚上 8 时以后才能吃。大家高兴热闹地三五成群相互分吃带肉的菜饭，夜市是不能禁止的，能带动制瓷业和服务业的兴旺。

注：清代坯工辛苦到晚，把晚饭当午饭吃。现代瓷厂坯房里职工都按早中晚时间吃饭，星期天休息一天。

五十七

熙朝崇俭尚坚完，不要民供不设官。

御厂遥惟关上领，一般工作御窑看。

直译：清康熙朝崇尚勤俭节约，讲究品质紧固耐用，不专设从民工搜刮物质财富的官役。御窑厂的费用开支一般从售瓷的九江海关留用支出。一般窑户的制瓷行情都向御窑厂看齐。

注：清代的坯坊窑户都向御窑厂看齐。现代瓷业都向国营大瓷厂或陶瓷研究机构看齐。

五十八

御窑诸作办钦单，宫式全颁自内官。

坯就搭烧民户领，不赔龟瓶圣恩宽。

直译：御窑厂设计烧造的瓷器全由朝廷下单制造，宫廷用瓷的安排一般出自内务府。宫廷用瓷一般在民窑中搭烧，以节约成本，即便烧坏了也不用赔，以体现皇恩的宽容。

注：清代御窑厂负责承接宫廷任务，设计烧造瓷器，因为量少，需向民窑搭烧。现代制瓷业没有御瓷，有国家用瓷就向专业瓷厂定制。

五十九

御器因时送大关，亦销官帑几千镪。

朝廷尚朴屏奇巧，胜国龙床早奉删。

直译：御窑瓷烧好包装送到海关，再运输到北京朝廷，这些瓷器价值连城，值银两上万。朝廷用瓷崇尚质朴实用，去除奇巧怪状穷极精巧的款式，前朝奢侈的制瓷陋习早已经奉旨去除了。

注：清代景德镇宫廷用瓷是经九江关通过长江走运河到北京。现代运瓷器基本上通过火车或飞机。

六十

百年风雅一峰青，几次携琴环翠亭。

看到壁间蜗寄字，也搜心语著陶经。

直译：唐英督陶的百年风雅都浓缩在御窑厂珠峰之内，唐英闲时经常携琴于镇里环翠亭中歌咏弹唱。亭中的墙壁上还留有唐英的题字，也是搜尽心语而著述写出了影响深远的《陶人心语》。

注：清代御窑厂凸起的峰峦就是珠山最高峰。现代有新建的龙珠阁在峰顶。

后记：宋代的官、哥、定窑，明代宣德、成化窑瓷器兴盛于前代。到现在被视为古玩用于收藏，不适合于民用。大清王朝景德镇，瓷器享誉中外，可资于日常之用而普惠于民间。先生专门探求研习陶业之事物原理一事，为熟悉其原委，而著此诗歌记录陶业。行业人都知道陶瓷窑业的生产技术之难，并得以研究陶业事物原理而应用于当下，并见于器与道之间。真正一世专于陶业，成为千古的陶人模范为思考，我以陶业的小官员，以写陶诗补充陶经的遗缺，是值得歌咏肯定之事。清道光四年甲申小阳月，成都杨振纲立之甫谨志。

作者简介：孙燕明，江西师范高等专科学校二级教授、研究员，国家"万人计划"领军人才，中宣部文化名家暨"四个一批"人才，景德镇全国示范性劳模创新工作室领办人。

景德镇陶瓷文化品牌发展策略研究 *

晏志伟

2019 年 5 月，习近平总书记在江西考察期间叮嘱，"要建好景德镇国家陶瓷文化传承创新试验区"。2019 年 8 月，《景德镇国家陶瓷文化传承创新试验区实施方案》正式印发，2023 年 10 月，习近平总书记时隔四年再次考察江西，来到景德镇，了解陶瓷文化保护传承情况，强调要"把'千年瓷都'这张靓丽的名片擦得更亮"。这为景德镇陶瓷文化产业发展提供了根本遵循、指明了前进方向，也为景德镇陶瓷文化品牌进一步做大做强提供了发展机遇、注入了强大动力。

近年来，景德镇以获批国家陶瓷文化传承创新试验区为主抓手，依托博大精深、底蕴厚重的陶瓷文化，坚持陶瓷优先发展战略，积极推动陶瓷产业转型升级，大力优化全市陶瓷文化产业结构和产业布局，全力推进陶瓷文化保护、文旅融合、对外交流，全力推动陶瓷文化产业做大做强和陶瓷文化品牌发展，各种陶瓷文化品牌竞相涌现，陶瓷文化品牌培育和塑造取得耀眼的成绩，景德镇陶瓷工业总产值呈不断上升走势，2019 年景德镇工业总产值为 423 亿元，2021 年为 516.2 亿元，2022 年达 665 亿元。2023 年，景德镇陶瓷产业营收突破 860 亿元，实现三年翻番，实现税收超 10 亿元，陶瓷出口连续两年翻番，突破 10 亿元。发展陶瓷文化品牌是提升陶瓷文化产业核心竞争力的有效举措，对推动陶瓷文化产业发展具有重要意义。

一、景德镇陶瓷文化品牌发展存在的主要问题

作为享誉世界的瓷都和世界创意城市网络手工艺与民间艺术之都，景德镇的手工制瓷技艺至今已有千年的悠久历史，陶瓷文化底蕴相当深厚，为陶瓷文化产业做大做

---

* 基金项目：本文系景德镇市社科规划研究阐释习近平总书记考察江西重要讲话精神专项课题项目"景德镇进一步做大做强陶瓷文化品牌策略研究"（项目编号：24ZX05）的阶段性成果。

强和陶瓷文化品牌发展奠定了坚实的基础。[①] 近年来，景德镇市坚持陶瓷文化立市、陶瓷工业强市、陶瓷贸易兴市"三手发力"，深入挖掘陶瓷文化资源，传承陶瓷文化，创新陶瓷产业，突出特色、错位发展、打响品牌，做大做强了陶瓷文化品牌，取得了较好的成效，但是也存在着诸如陶瓷文化品牌意识较弱、陶瓷文化品牌竞争力不强、缺乏较大知名度的陶瓷文化龙头骨干企业等问题。

（一）陶瓷文化品牌意识较弱

景德镇处于内陆地区，深藏于黄山、怀玉山余脉与鄱阳湖平原过渡地带，地理单元相对封闭，思想观念相对保守，经济发展较为落后，市场经济意识不强，在陶瓷文化产业发展过程中，存在品牌意识薄弱的严重问题。[②] 首先，在陶瓷文化企业方面，虽然千年窑火铸就景德镇丰富的陶瓷文化资源，但是由于陶瓷文化企业文化品牌意识薄弱，企业的品牌主体意识不强，对品牌建设重要性的认知度不高，不善于挖掘和提炼陶瓷文化资源，导致大量陶瓷文化资源得不到有效的开发和利用，丰富的陶瓷文化资源不能充分地转化为知名的陶瓷文化品牌，严重阻碍了景德镇陶瓷文化品牌的长远发展。长期以来，景德镇的许多陶瓷企业由于缺乏品牌意识，都不善于将景德镇的地理标志品牌延伸到企业品牌建设之中，只知重视产地的概念，却忽视对品牌的培育和塑造，对品牌的规划设计、运营维护和营销传播等方面投入不足，也没有建立品牌发展的长期战略规划和管理机制，致使景德镇缺乏在国内乃至全球叫得响、有一定影响力的陶瓷文化品牌。其次，在陶瓷文化的知识产权保护方面，陶瓷文化品牌保护工作也需加强。作为世界陶瓷工业发源地和古代陆上丝绸之路和海上丝绸之路的重要商品输出地和重要起点，景德镇的陶瓷 IP 享誉全球，是发展陶瓷文化最宝贵的无形资产和最具价值的响亮品牌，拥有强大且持续的品牌影响力。但是，近年来陶瓷知识产权保护的困难已经成为阻碍陶瓷文化品牌快速发展的绊脚石。目前景德镇陶瓷文化知识产权保护在诸如政策制定、法律环境培育、交易市场形成等等方面都尚待成熟与完善，存在侵权易，取证难，维权难等困境。[③] 一方面由于陶瓷文化知识产权很难界定，另一方面由于目前侵犯知识产权的行为缺乏强有力的法律约束和制裁，导致当前对陶瓷文化

---

① 吴军明、李娜、吴隽：《国家治理视域下景德镇陶瓷文化的时代演变》，《江西社会科学》2022 年第 10 期。

② 邹晓松、戴清材：《陶瓷文化的历史生成与时代新变》，《江西社会科学》2021 年第 2 期。

③ 闫飞、王张明、冯林、邢鹏、谢九华、李松杰、吴浪：《江西省陶瓷电商网络直播规范的对策研究》，《景德镇陶瓷》2023 年第 5 期。

知识产权的保护还存在许多困难，不利于陶瓷文化品牌的长远发展，不利于企业集中优势力量做大做强陶瓷文化品牌。

（二）陶瓷文化品牌竞争力不强

陶瓷是中华文明的重要名片之一，悠久的陶瓷历史文化、丰厚的陶瓷文化遗产是景德镇的宝贵财富。景德镇所拥有的陶瓷文化资源和艺术魅力是培育和发展景德镇陶瓷文化品牌的最大优势。尽管景德镇在陶瓷产业发展过程之中已经形成了一定规模的文化品牌效应，已经涌现出了一大批优秀的陶瓷文化品牌，但总体而言还是相对偏弱；拥有陶瓷类中国驰名商标5件（如"景德镇""玉风""红叶""昌南""法蓝瓷"）和江西省著名商标56件（如"青花""玲珑""粉彩""颜色釉""望龙""富玉""金钰博"等），但仍旧缺乏竞争力较强的陶瓷文化品牌，总体规模较小，整体处在"多而不强"的状态，品牌价值和行业话语权尚未显现，陶瓷文化元素与内容的创新性转化效率较低，丰富的陶瓷文化资源未能充分地转化为强势的陶瓷文化品牌，全球十大陶瓷品牌至今尚未有一家中国陶瓷品牌入围，陶瓷文化品牌发展现状与世界知名瓷都的地位极不相称。[1] 缺乏强势的陶瓷文化品牌，导致景德镇陶瓷文化产业在国内市场上竞争力不强，更难以进军国际陶瓷文化市场，极大地制约了景德镇陶瓷文化产业的发展，无法产生显著的社会效益与经济效益。[2] 在国内相比而言，湖南醴陵的华联瓷业日用陶瓷出口销量多年蝉联全国第一，是当今国内综合实力最强的日用陶瓷企业，产品出口到150多个国家和地区，年产量超过1亿件，2022年营业收入突破13.8亿元，出口量居全国第一，入选2021—2022年度国家文化出口重点企业。而同样是日用陶瓷，景德镇最大的日用瓷品牌红叶陶瓷品牌却只具有年生产高档日用瓷、陈设瓷、艺术瓷3000万件（套）的能力。在国际市场相比较，景德镇陶瓷文化品牌的国际竞争力就愈显不足，既缺乏有竞争力的陶瓷文化品牌，也缺乏国际化的陶瓷文化企业。日本南部的瓷器名镇佐贺县田町，人口虽不足两万人，却诞生了"酒井柿右卫门"（酒井柿右衛門）、"深川制瓷"（深川制磁）、"香兰社"（香蘭社）等世界知名品牌。欧洲的几大知名陶瓷产区几乎都有自己的陶瓷文化品牌，例如有着"欧洲瓷都"之称的德国梅森的"梅森"

---

① 何佳讯、胡静怡：《文化资产、品牌与国家联结和感知品牌全球性对品牌态度的影响研究》，《华东师范大学学报（哲学社会科学版）》2023年第5期。

② 王姝姝：《提升景德镇陶瓷文化产业竞争力路径分析——基于国家陶瓷文化创新试验区建设》，《佛山陶瓷》2023年第3期。

（Meissen）品牌，英国"瓷都"斯托克的"皇家道尔顿"（Royal Doulton）"韦奇伍德"（Wedgwood）等品牌，法国"瓷都"利摩日的"柏图"（Bernardaud）品牌，荷兰代尔夫特地区的"皇家代尔夫特"（Royal Delft）蓝陶瓷品牌等等，这些陶瓷文化品牌都已经有上百年乃至数百年的历史，在陶瓷国际贸易与文化交流中占据重要地位，具有相当巨大的影响力。

（三）陶瓷文化品牌龙头企业缺乏

陶瓷文化企业是陶瓷文化产业和陶瓷文化品牌发展的主体。景德镇陶瓷文化资源虽然丰富，但是全国乃至世界的知名陶瓷文化龙头骨干企业仍很缺乏，龙头企业不突出、集群化发展不足，导致景德镇陶瓷文化品牌在国内和世界的知名度和影响力还有待提升。当前，受自主研发能力弱、技术与资金支持不够、协同效应缺乏等影响，景德镇陶瓷文化产业缺乏具有较强国内和国际竞争力和影响力的陶瓷文化龙头企业。景德镇大中小陶瓷企业众多但市场主体规模较小，从产业链上下游来看，据不完全统计，景德镇拥有陶瓷企业市场主体突破2万余家，从业人数超过15万，年产值达800多亿元，构成了日用瓷、精品艺术瓷、工业陶瓷、先进陶瓷等产业集群，形成了非常完整的陶瓷产业链体系。但是，这些企业的规模普遍较小，家庭工厂、小作坊式生产经营的企业占了绝大多数，根据查询相关公开信息显示，截至2023年，景德镇陶瓷企业数量有1563家，规模以上陶瓷企业203家，规模以上企业占比仅为12.3%，大约九成为中小企业、小微企业和作坊企业，缺少带动性强的骨干龙头陶瓷文化企业，尚无上市陶瓷文化企业。在生产主体上，陶瓷文化产业已形成产业集群，但大多数从业者在中小微企业和个体作坊生产创作，技艺停留在手工作坊的传统生产阶段，虽然经营灵活，但是由于企业规模小、布局散、实力弱，本身基础薄弱，产出的陶瓷产品结构单一，同质化现象严重，缺乏核心竞争力，知名品牌较少，无法形成规模效应，不能形成品牌聚群，整体带动作用尚不明显，难以产生较好的经济效益。而世界经济发展的规律表明，品牌的发展一定要有支柱产业和龙头企业做支撑，由于在陶瓷文化产业方面缺少领军型龙头骨干陶瓷企业，骨干陶瓷文化企业的核心竞争力不足，导致景德镇陶瓷文化产业的龙头企业引领程度不够，缺乏在国内乃至全球具有产业效应和产业号召力的陶瓷文化品牌，距离打造陶瓷文化产业的"航母"领军企业还有较大差距，制约着景德镇陶瓷文化品牌的进一步发展。

二、景德镇陶瓷文化品牌发展的主要策略

景德镇陶瓷文化底蕴深厚,发展陶瓷文化具有巨大的潜力和广阔的前景。陶瓷文化产业的竞争,核心是陶瓷文化品牌的竞争,发展陶瓷文化品牌是提高景德镇陶瓷文化产业竞争力的必然要求。要发挥景德镇陶瓷文化的资源优势,加快陶瓷文化产业发展,培育有竞争力的陶瓷文化品牌,进一步提高景德镇陶瓷文化品牌的影响力和竞争力。

(一)注重顶层设计,增强陶瓷文化品牌发展力

景德镇应将陶瓷文化品牌建设提高到陶瓷产业发展重中之重的认识高度,必须意识到陶瓷文化品牌发展对陶瓷文化产业发展的重要意义。在陶瓷文化产业和文化品牌建设发展过程中,必须充分发挥政府的积极作用。政府要系统谋划、持续推进陶瓷文化品牌建设,从政策支持、资金投入、组织保障等方面着手,宏观上加大引导和扶持的力度,为景德镇陶瓷文化品牌的做大做强提供立体式和全方位的支持与保障。首先,要制定具有前瞻性和战略性的陶瓷文化品牌发展规划。政府要以更高站位、更大力度抓好陶瓷文化品牌发展,可以制定《景德镇陶瓷文化品牌建设规划》,根据陶瓷文化产业的自身特点以及品牌形成的规律,全面综合分析各种相关因素,因地制宜地出台培育和发展陶瓷文化品牌的长期总体规划,对陶瓷文化品牌建设和发展做出顶层设计与统筹协调。要引导企业提升品牌意识,重视陶瓷文化品牌,切实落实品牌战略,加强品牌建设、改造和研发,创造自有品牌,集中优势力量培育陶瓷文化品牌,打造具有较高知名度、美誉度的陶瓷文化品牌,增强景德镇陶瓷文化品牌的竞争力、吸引力和凝聚力,为陶瓷文化品牌的发展提供强大动力。其次,对陶瓷文化品牌发展予以财政金融扶持。政府可以发挥财政金融政策在陶瓷文化品牌建设中的引导作用,进一步完善和优化陶瓷文化企业发展的税收体系,采取税收优惠、创新基金、资金支持、以奖代补、信贷贴息等多种方式加大财政、金融和税收政策"组合拳"等对于陶瓷文化品牌发展的支持力度,加快陶瓷文化品牌相关支持政策的落实和推行,以吸引更多投资和资源流入陶瓷文化品牌建设,从而增强陶瓷文化企业的核心竞争力,打造一批具有较高知名度的陶瓷文化品牌。最后,要建立健全陶瓷文化品牌的相关法律法规,注重知识产权的保护,加强陶瓷文化品牌保护工作。通过制定陶瓷文化品牌保护机制,对陶瓷文化企业在商标的注册、使用、管理、保护等方面进行全方位的支持。加大陶瓷文化市场的监管力度,深入开展打击陶瓷文化领域的侵权和制假售假等违法活动,为

陶瓷文化品牌的发展营造良好的环境。构建行政保护、司法保护和企业自我保护"三位一体"的陶瓷文化品牌产权保护体系，为陶瓷文化品牌的发展提供严密高效的法律体系支持，保障陶瓷文化产业的健康发展和陶瓷文化品牌的成长。[①]

（二）打造龙头企业，提高陶瓷文化品牌竞争力

企业是陶瓷文化产业发展的核心主体，培育壮大龙头企业是提高陶瓷文化品牌竞争力的有力举措。要坚持政府引导与市场主导相结合，突出陶瓷企业的主体作用，实施陶瓷文化龙头骨干企业培育工程，培育一批发展势头好、竞争力强的陶瓷文化龙头企业，同时引导和激发中小微企业发展不断做大做强做精的主动性。一要加大对重点陶瓷文化项目的扶持力度。立足项目驱动，以陶瓷文化产业发展为基础，聚焦发力陶瓷文化品牌重点项目，培育和打造一批特色鲜明、技术领先、效益明显、带动作用强的重点陶瓷文化产业项目，储备落地一批示范性强、拉动作用明显的重点陶瓷文化产业项目，建成一批具有强大集聚效应的重点陶瓷文化产业项目，通过重点陶瓷文化项目延链补链、做大做强、形成陶瓷文化产业集群，形成重点带动、多点支撑的陶瓷文化产业发展新格局，以项目驱动支撑提升陶瓷文化企业的综合实力与竞争力，从而助力企业做大做强。二要培育和引进龙头陶瓷文化企业。要在政策促进、金融支持、环境营造等方面着力，培育和引进陶瓷文化龙头企业，持续做大做强现有陶瓷文化骨干企业，通过龙头企业带动整体规模，进一步发挥龙头企业对品牌核心竞争力的引领支撑作用，形成以面促点、以点带面的良性发展局面，形成具有较强国际竞争力的骨干企业和产业集群。要针对现有规模较大、发展基础较好的陶瓷文化企业，鼓励其通过合并、联合等方式不断壮大规模，助推陶瓷文化企业发展壮大。积极推动关联度高、业务相近、资源相通的陶瓷文化企业联合重组，推动符合条件的陶瓷文化企业上市，孵化壮大一批百亿级乃至千亿级龙头陶瓷文化企业。要遴选一批有潜力的陶瓷文化企业进行培育，促进企业成长壮大，引导企业提升陶瓷文化产品质量，向产业链和价值链的高端发展，主动拓展国内国际市场，提高对外贸易的竞争优势，扩大对外陶瓷文化产品和服务出口贸易，推动景德镇陶瓷文化品牌尽可能多地打入国际市场，进一步提升陶瓷文化企业的国际化经营能力、参与国际竞争与合作的能力，支持企业生产外向型陶瓷文化产品，将陶瓷文化创意产品推向世界，提升景德镇陶瓷在国际产业价值

[①] 杨志民、颜璐佳：《景德镇陶瓷知识产权交易与保护平台构建探析》，《陶瓷学报》2023 年第 1 期。

链条上的位置，提高陶瓷文化产品在国际市场的占有率，着力培育具有国际影响力的陶瓷文化品牌。三要帮扶做强培优。除了培育做强龙头陶瓷文化企业之外，也要善于做活、做优中小微陶瓷文化企业。针对规模相对较小但拥有核心技术或竞争力的陶瓷文化品牌，支持其朝专业化方向发展，重点打造一批"专精特新"陶瓷文化创意品牌，以快速成长型中小微陶瓷文化企业作为培育对象，孵化一批小微陶瓷文化品牌，培育一批"小巨人"企业和单项冠军、隐形冠军。

（三）加强营销推广，提升陶瓷文化品牌影响力

要加强营销宣传推广，创新宣传推广方式，拓展宣传推广渠道，通过线上和线下相结合、传统媒体和新兴媒体相融合、海内和海外相联动，将景德镇陶瓷文化品牌推向全国和全世界，提升陶瓷文化品牌传播力和影响力，不断扩大景德镇陶瓷文化品牌的知名度和美誉度。[①] 第一，依托传统和新兴等媒体矩阵开展品牌营销战略，广泛实施舆论宣传推广，融通创新全力推介景德镇陶瓷文化品牌。要构建覆盖广泛的融媒体推广新体系，除了利用广播电视报纸等传统媒体宣传推介之外，还应依托互联网各社交平台、新媒体终端等，充分利用人工智能和大数据等手段进行个性化精准营销，讲好景德镇陶瓷的故事，传播景德镇的陶瓷文化，形成全方位、多层次、立体化的陶瓷文化品牌宣传推广氛围，塑造景德镇陶瓷文化品牌新形象。第二，重视举办各种节庆会展活动推介景德镇陶瓷文化品牌。要以举办艺术节及展览展会为契机，通过策划举办与陶瓷相关的博览会、贸洽会等系列推介活动与宣传营销活动，集中展现景德镇陶瓷文化特色和丰富历史积淀，助力提升景德镇陶瓷文化的传播和输出的效能，不仅为景德镇展示与传播陶瓷文化搭建良好的平台，同时还能为陶瓷文化企业丰富信息交流沟通的渠道，为景德镇陶瓷文化品牌提供更广阔的展示空间。第三，积极推动国际陶瓷文化传播与交流，加大景德镇陶瓷品牌全球推广力度。坚持以瓷为媒、以瓷会友，深化国际陶瓷文化交流交融，积极参与国家重大外事外交文化活动，不断拓展对外陶瓷文化交流渠道和合作新领域，搭建对外文化的友好合作交流模式，打造国家文化交流客厅、国际文化交流名城。要主动把握国家重大外事活动的机遇，加大对外传播力度，将景德镇陶瓷文化品牌对外传播到世界。要通过举办多样化、国际性的陶瓷文化交流与合作活动，向海外展现中国陶瓷文化的多元多姿的魅力，提升景德镇陶瓷文化在世

[①] 徐悦、邱昱铭：《"一带一路"背景下陶瓷文化的传承创新与国际多元化传播》，《陶瓷研究》2022年第4期。

界陶瓷文化生态圈的话语权，在陶瓷文化传播与交流中推动陶瓷文化更好走向世界，增强景德镇陶瓷文化的国际传播力、辐射力和影响力。

（四）培育新型业态，激活陶瓷文化品牌创新力

随着人工智能、大数据、区块链、物联网等信息技术的进一步发展应用，数智技术不断嵌入陶瓷文化产业发展过程中，在市场需求与科技发展的共同作用之下，"陶瓷文化＋旅游""陶瓷文化＋创意""陶瓷文化＋科技"等新型文化融合业态将成为陶瓷文化产业蓬勃发展的一大趋势。厚植陶瓷文化资源优势，推进陶瓷文化融合发展，提高陶瓷文化产业场景多样性，培育发展陶瓷文化新业态是推动陶瓷文化品牌做大做强的必然要求。首先，推进陶瓷文化与旅游深度融合。要弘扬传播陶瓷文化，实施"陶瓷文化＋旅游"的文旅融合发展战略，依托景德镇丰富独特的陶瓷文化资源和良好的生态环境，精心设计景德镇特色精品旅游路线，深入推进以陶瓷文化为核心的旅游发展，注重文旅产品的陶瓷文化体验，使陶瓷文化与旅游产业形成合力，建设一批具有陶瓷文化深度认知、深度体验的文化旅游产业项目，构建以陶瓷文化为核心要素的全域旅游新格局，将景德镇陶瓷文化旅游建设成为具有国际影响力的文旅品牌，打造世界著名陶瓷文化旅游目的地品牌。其次，推动陶瓷文化与创新创意设计深度融合。要紧扣陶瓷文化元素，坚持创意驱动、美学引领、艺术点亮深入挖掘和阐释陶瓷文化基因，以陶瓷文化为依托，将陶瓷文化与创意相融合，以现有陶瓷产业集聚园区为空间载体，以创意为手段建立内容创作生产新体系，以艺术创作、作品展陈和文创产品等多种形式创新展示出来，对陶瓷文化赋予新的现代表达方式，形成优质的陶瓷文化创意产品。要加强创意设计和研发创新，推动优质创意文化资源持续转化，鼓励依托丰富的陶瓷文化资源进行文化创意，扶持原创陶瓷文化产品开发和内容创新，在产品研发设计、品牌传播等方面对传统陶瓷文化资源进行再创造，进一步丰富景德镇陶瓷文化元素，打造一批有内涵、有颜值、有趣味的优质陶瓷文创产品，不断提升景德镇陶瓷文化品牌的内涵和品位，不断提升景德镇陶瓷文化品牌的知名度和美誉度。[①] 最后，推动陶瓷文化与科技深度融合。要实施"陶瓷文化＋科技"的陶瓷文化品牌数字化战略，要将传统陶瓷文化与现代科技链接贯通，推动陶瓷文化产业结构不断迭代升级，释放科技对陶瓷文化传承创新发展的巨大潜力，为推进陶瓷文化品牌高质量发展提供

[①] 王健、杨笛：《湖南动漫产业发展中的问题及对策——文化元素在动漫品牌中的运用》，《湘潭大学学报（哲学社会科学版）》2023 年第 4 期。

强大的创新动力。要着力构建陶瓷文化与科技深度融合的良好生态体系，推进科技在内容创作、内容推广、表现形式创新等方面的广泛应用，提高景德镇陶瓷文化品牌的创新能力，拓展陶瓷文化品牌的传播渠道和发展空间，助力陶瓷文化产业实现高质量跨越式发展，进一步做大做强景德镇陶瓷文化品牌。

作者简介：晏志伟，景德镇陶瓷大学马克思主义学院讲师，法学博士。

浮梁，"万里茶道"上的璀璨明珠

叶华青

在习近平总书记提出的"一带一路"倡议下，古老的"万里茶道"焕发出新时代的光彩。面对新形势新机遇，"浮梁根据自身的产业基础、资源禀赋与发展条件，注重一二三产融合发展，形成了特色鲜明的产业体系。深入实施浮梁茶复兴三年行动……扎实开展东埠、高岭要素点和万里茶道申遗工作"。[①] 这是浮梁县贯彻新发展理念，将"万里茶道"崭新的"合作之路"不断拓宽延伸，努力构建新发展格局，推动传统茶产业振兴和茶文化发展，开启全面建设社会主义现代化浮梁新征程的有为务实之举。

中国是茶叶的故乡，也是世界上种茶和饮茶最早的国家，神奇的"东方树叶"自古以来就是享誉全球的"中国名片"。它从中国出发，历经万里之行，开辟出伟大的"万里茶道"。它见证了古代中国与周边国家的友好往来和经济文化互动。"万里茶道"是一条沟通东亚与中西亚、欧洲之间的，与"丝绸之路"齐名的重要国际贸易通道。在这条漫长的国际商道上，兴起了一座座贸易城市。浮梁，就是"万里茶道"上一个重要的"节点"，宛如一颗璀璨的明珠，镶嵌在这条金色的商路上，熠熠生辉，光彩夺目。进入新发展阶段，回顾总结、分析研究浮梁茶的历史文化，对深入贯彻落实"一带一路"倡议，开启全面建设社会主义现代化国家新征程，推进强国复兴伟业具有重大而深远的意义。

一、从地理位置来看，浮梁处于"万里茶道"的起始路段

浮梁地理位置优越，位于江西省东北部，现隶属景德镇市，地处赣、皖二省交界处，居于"六山二湖（黄山、九华山、庐山、武夷山、龙虎山、三清山；鄱阳湖、千

---

① 《走进瓷都》，《县域发展·浮梁县》，见景德镇市人民政府网站，2023 年 8 月 1 日。

岛湖）和五大世界文化遗产（庐山、三清山、黄山、宏村、西递村）的中心位置"。①
浮梁自古是产茶区，到了唐代，已成为全国茶叶的主产区之一，也是全国茶叶贸易的
集散地，还被誉为"大唐茶都"。浮梁，与"万里茶道"是有因缘关系的，主要体现在
三方面。

（一）在"万里茶道"的线路走向上

中国商业史学会副会长、万里茶道专业委员会主任张维东指出："万里茶道……是
以茶叶贸易为主，连接欧亚大陆的国际商贸古道。它南起中国福建武夷山，途经江西、
湖南、湖北、河南、山西、河北、内蒙古及现蒙古国境内，在当时的中俄边境贸易口
岸恰克图进行交易，然后继续西行，抵达俄罗斯圣彼得堡，自圣彼得堡又传入中亚和
欧洲其他国家，成为 18 世纪东西方贸易的主要通道。"② 由此可见，"万里茶道"首先从
闽赣交界处的武夷山出发，然后进入江西内地。而浮梁茶叶在生产和销售上，则是处
于"万里茶道"的起始路段。

（二）在茶叶出口运输线路上

茶叶出口运输，唐以前多用马骡。"唐贞元年间（785—805）江西是全国 7 大茶区
之一，对外出口越来越多，曾有'浮梁歙州，万国来求'的记载。……著名的'茶叶
之路'从这里开始。顺信江至鄱阳湖，穿湖而入九江，溯长江至武昌、转汉水至樊城，
经河南入山西晋城，由三路安（长治）抵平阳，大同至张家口，走军台转北行至库伦
到恰克图。"③ 这里的"茶叶之路"，就是后来的"万里茶道"。宋代以后，大牲畜运输逐
渐改为河运，浮梁境内生产的茶叶，由昌江入鄱阳湖，经九江至汉口，再北溯汉江转
运到华北、西北各地。清朝时期，第一次鸦片战争前后的 30 多年，中国出口贸易，主
要是对英国的茶叶贸易。当时，"当东印度公司与中国通商之时，义宁州、浮梁、武
宁、铅山之茶，恒溯赣河之上，逾梅岭以入广州"。④ 因此，无论从哪条线路出口，浮
梁均处在出口运输线路的起始路段。这也充分表明，浮梁是"万里茶道"起始路段的
重要节点。

---

① 《走进瓷都》，《县域发展·浮梁县》，见景德镇市人民政府网站，2023 年 8 月 1 日。
② 《中华瑰宝》2021 年第 4 期。
③ 《出口贸易》，《江西省志·江西省对外贸易志》，黄山书社 1997 年版，第 60 页。
④ 《外贸志》，《景德镇市志》（第一卷），中国文史出版社 1991 年版，第 418 页。

（三）在红茶向外传播线路的方向上

红茶是"万里茶道"上运输的主要商品之一。而浮红茶更是其中的"抢手货"。我国著名的农学家、现代茶叶事业复兴和发展的奠基人吴觉农在《茶经述评》中指出："红茶的发展地是福建，福建红茶向外传播的主要路线，崇安传到江西铅山县河口镇，由河口镇传到修水，后传到浮梁，再传到安徽东至（原至德），最后传到祁门。"① 这里虽然是论述红茶传播的线路，但作为"万里茶道"上的大宗商品的生产地，浮梁是生产红茶最早的地方之一，位置上也处在红茶向外传播主要线路的起始路段。

综上所述可以看出，浮梁在"万里茶道"线路的空间上处于起始路段的重要位置。

二、从产茶历史来看，浮梁茶叶源远流长历久弥新

浮梁县，历史悠久，人杰地灵。浮梁唐武德四年（621）置县，始称新平县，武德八年撤销。"开元四年复置，曰新昌，天宝元年（742）更名（为浮梁）。"②

浮梁茶，同样有悠久的历史。首先，来了解一下中国茶叶的起源。据《神农本草经》记载，公元前2700年以前，传说"神农尝百草，日遇七十二毒，得茶而解之"，这是人类利用茶叶的开始。这里的"茶"，其实就是"茶"。茶圣陆羽指出："茶之为饮，发乎神农氏，闻于鲁周公。"③ 陆羽的观点，就是来自神农尝百草的传说。

就浮梁而言，民间生产茶叶、经营茶叶始于汉代，正式外销则始于唐初。从此，浮梁茶开始闻名天下，是一块历经久远、久负盛名的金字招牌。而"'万里茶道'从历史渊源上看，可追溯至中国古代的茶马互市。唐代，饮茶之风从南方传至北方，南方茶叶开始贩运到北方"。

中国国际茶文化研究会学术委员宋时磊指出："茶兴于唐且盛于唐。"④ 浮梁茶也不例外。唐早期社会经济繁荣，商品生产有明显发展，当时浮梁县有两大著名产品，就是茶叶与瓷器。"茶叶以桃墅镇为集散地，瓷器以昌南镇为集散地。"⑤

唐元和八年（813），浮梁"每岁出茶七百万驮（驮：唐代饼茶的计量单位，即饼茶一片），税十五万贯。唐贞元九年（793）始征茶税，以其十之一为税，每岁得钱

① 《出口贸易》，《江西省志·江西省对外贸易志》，黄山书社1997年版，第30页。
② 陈文华、陈荣华主编：《江西通史》，江西人民出版社1999年版，第254页。
③ （唐）陆羽：《茶经》，引自吴觉农《茶经述评》，中国农业出版社2005年版。
④ 宋时磊：《唐代茶史研究》，中国社会科学出版社2017年版，第32页。
⑤ 《茶业》，《浮梁县志》，方志出版社1999年版，第554页。

四十万贯。"① 这里介绍了浮梁出产茶的时间，每年产茶的数量以及税收贡献。可以说，自唐以来，浮梁就是我国主要的茶叶生产基地，并且是重要的茶叶商品市场。"元和十一年（816），我国著名诗人白居易的《琵琶行》中写道：'商人重利轻别离，前月浮梁买茶去。'可见那时浮梁（现景德镇市）一带就盛产茶叶，而且是茶叶的集散地了。"②

从以上论述可以看出，无论是从种植、生产还是销售看，浮梁茶叶都具有悠久的历史，茶文化源远流长。这些，也正是浮梁能在"万里茶道"上闪光的重要元素。

三、从数量品质来看，浮梁茶叶贡献巨大闻名遐迩

（一）在浮梁历史上产茶的数量方面

1. 唐代

唐代是茶叶繁盛时期。前文已有记载，"浮梁岁产茶七百万驮"。另外，"饶州浮梁茶……其济于人，百倍于蜀茶。……浮梁不但产茶多，而且是著名的茶叶集散地。年收课税十五万贯，占全国百分之二十五"。③ 当时浮梁（区划包括现在安徽省祁门县的西南乡）已经是全国的茶叶贸易中心地之一。无论是从浮梁茶所占的市场份额，还是对朝廷的税收贡献，都发挥着举足轻重的作用，浮梁茶叶在经济发展上的作用功不可没。

2. 明清时期

"明清时期，江西茶叶常盛不衰，尤以明末清初，茶叶成为商品出口，取代丝绸。清乾隆二十四年至二十八年（1760—1764）占出口货物总值的91.9%。明万历年间，修水、浮梁、铅山、婺源等县，外商设厂林立。"④ 至近代，工夫红茶制茶工艺传入，先是在浮梁西湖乡磻溪村，后扩至全县。1882年生产红茶3万担。清朝，随着国际市场的需要，茶叶产销进入全盛时期，浮梁县北部山区的西湖、江村等地为享誉国际市场的"祁红"工夫红茶的主要生产基地。至清末民初，仅收购、制作经营茶叶的茶商茶号就达200余户。

---

① 《外贸志》，《景德镇市志》（第一卷），中国文史出版社1991年版，第419页。
② 《前言》，《江西茶叶》，江西人民出版社1981年版，第1页。
③ 《果茶桑》，《江西省志·江西省农牧渔业志》，黄山书社1999年版，第367页。
④ 《果茶桑》，《江西省志·江西省农牧渔业志》，黄山书社1999年版，第367页。

3. 民国时期

浮梁 1911 年曾产红茶 6 万余箱，为茶叶历史产量最高峰，民国二十五年（1936），境内共分 5 个茶区，面积 5600 平方里，茶园面积 12 万亩，名列全省第三位。但后来因为抗日战争，茶叶生产每况愈下。

4. 新中国成立后

党和政府非常重视茶叶生产。浮梁茶得到恢复和发展，种植面积逐年扩大，初制厂逐年增加，茶叶发展又迎来了新的时机。例如："1985 年，共有大小茶场 102 个，茶园面积 9.63 万亩，产茶 3.2 万担，为 1949 年的 6.9 倍。"[1] "浮红"系列产品曾多次获国家和省的优质产品奖。

（二）在浮梁茶叶的产品质量方面

浮梁茶叶，可谓闻名遐迩享誉中外。历史上，域内多产贡茶、名茶。宋"浮梁饶池仙芝茶"，属茶中佳品，世为皇室贡品。"近代，浮梁县所产红茶风味独特，畅销国外市场。严台江资甫经营的'天祥'茶号所制工夫红茶，1915 年在美国旧金山举办的巴拿马万国博览会上获得金质奖章和奖状。"[2] 除了白居易文中留下诸如"商人重利轻别离，前月浮梁买茶去"等脍炙人口的诗句外，还有许多文人墨客，对浮梁茶叶做了生动形象的描述。例如，明代著名文学家汤显祖写道："今夫浮梁之茗，闻于天下，惟清惟馨，系其揉者。"这对于浮梁茶叶来说，都是极高的评价。

只有在产量上的大规模和品质上的高档次，才使浮梁茶叶具有很强的竞争力，足以为"万里茶道"的繁荣发展增添光彩。

四、从产生影响来看，充分彰显中华文化中国气派

历史上的浮梁，为向世界宣传彰显中华文化中国气派做出了不可磨灭的贡献。

茶和瓷是中国传统文化瑰宝中的两大重要元素。随着时间的流逝，以浮红茶为主基调的茶叶品牌，经历了一千多年的历史沉淀与蜕变，在世界品牌之林中放射出耀眼的光芒。茶叶是"万里茶道"上的主要商品，瓷器和丝绸等也是。而浮梁，有瓷有茶，是"世界瓷都之源，中国名茶之乡"。"古时，江西的陶瓷和茶叶从丝绸之路、万里茶

---

① 《概述》，《景德镇市志》（第一卷），中国文史出版社 1991 年版，第 19 页。
② 《概述》，《景德镇市志》（第一卷），中国文史出版社 1991 年版，第 19 页。

道走向世界，带去了中华古国的文明和友好，赢得了各国人民的赞誉，而世界正是从陶瓷和茶叶认识了中国。"①

据史料记载："新平冶陶，始于汉世。"兴烧年代在唐末五代。这里的"新平"，就是浮梁开始设县的最早称呼。"另据《景德镇陶录》载：'假玉器'贡于朝，唐武德四年（621），制瓷进御。可见瓷业在唐代已成为浮梁主要经济。并从此有更大发展，宋代景德镇（作者注：当时辖于浮梁县，解放后从浮梁县分出，设立景德镇市）以独创青白瓷名天下，元代制瓷技术遥遥领先，明清两代由'业陶都会'发展成为今天举世闻名的'瓷都'。"②元代在江西所设的浮梁瓷局，职能仅限于督造贡器、课税，明代建文四年（1402）御器厂在景德镇的设立，无疑表明制瓷官手工业的真正确立。御器厂初建时，窑约20座，宣德时增为58座，各有专用。"嘉靖十九年，'浮梁景德镇，民以陶为业，聚佣至万余人'，万历时'不下数万人'。使得景德镇在省内雄居'江西四大镇'之首，而且与佛山镇、汉口镇、朱仙镇，并称为全国四大名镇，为中华之瓷都。"③

浮梁作为历史上拥有瓷器与茶叶生产的地域，称之为"物华天宝"，是最恰当不过的了。浮梁茶叶与瓷器的联姻，"成为珠联璧合的文化载体。茶文化带动了瓷文化的发展，瓷文化丰富了品茶的意境"。④浮梁的茶叶和瓷器等商品，顺着"万里茶道"走出国门，走向全世界，充分展示了光辉灿烂的中华传统文化，有力地彰显了中国精神和中国气派。

五、从发展前景来看，浮梁茶叶底蕴深厚蓄势待发

近年来，在当地党委、政府和有关部门的高度重视和大力支持下，浮梁茶叶产业得到了长足的发展。"茶叶综合产值突破20亿元。成功举办2022年中国·浮梁买茶节系列活动。'浮梁茶'入选中国第二批中欧地理标志产品、地理标志产业发展文化传承价值品牌、'2022最受欢迎的江西十大企业消费品牌'，品牌评估价值达31.18亿元……获评'中国县域旅游综合竞争百强县'，连续多年获评全省旅游产业发展先进

---

① 《茶润瓷悠 共展芳华》，《江西日报》，2023 年 5 月 11 日，第 12 版。

② 《茶业》，《浮梁县志》，方志出版社 1999 年版，第 554 页。

③ 陈文华、陈荣华主编：《江西通史》，江西人民出版社 1999 年版，第 496 页。

④ 《茶润瓷悠 共展芳华》，《江西日报》，2023 年 5 月 11 日，第 12 版。

县。"① "浮茶集团与中华文促会合作，将浮梁县列为万里茶道重要节点城市，作为中蒙俄万里茶道城市合作会议指定礼品。"② 这些充分表明浮梁县善于立足资源优势，抢抓发展先机，促进茶旅融合发展，取得的成绩可圈可点。

浮梁县2024年政府工作报告指出："全力实施文化兴县战略，在新平先行区建设上实现新突破。要深入挖掘文化内涵，要加强文化保护利用，要强化对外文化交流，要坚持重大项目拉动。"③ 由此可见，浮梁县审时度势，高瞻远瞩，为促进文旅融合发展做出了明确的安排部署。浮梁茶叶的发展，又站在新的起点，必将为拓展和丰富"万里茶道"新境界，做出更大的贡献。

总之，进入新发展阶段，浮梁要深入贯彻落实"一带一路"倡议，充分挖掘"万里茶道"起始路段的相关建筑和文物遗存等文化元素，积极参加申遗活动，加大宣传力度，主动融入长江经济带发展战略，推动文旅产业健康发展，这样，浮梁这颗镶在"万里茶道"上的明珠将会绽放出越来越亮丽的光彩。

作者简介：叶华青，江西省工商业联合会宣传调研处三级调研员，中国散文学会会员，江西省作家协会会员。

① 《走进瓷都》，《县域发展·浮梁县》，见景德镇市人民政府网站，2023年8月1日。
② 《地标农产品保护典型案例：浮梁之茗 地标精品》，江西省农业农村厅网站，2022年4月2日。
③ 《浮梁县2024年政府工作报告》，浮梁县人民政府网站，2024年2月22日。

浮梁，"万里茶道"上的璀璨明珠

试论茶马古道对浮梁茶文化线路构建的意义

崔　鹏

一、茶马古道内涵及其意义

茶马古道是中国西部地区以茶马贸易为主要内容的古时商贸通道，作为线性文化遗产，沿途自然环境多变，文化遗产类型丰富等构成了茶马古道的突出价值特点。云南省是茶马古道经过的重要区域。近年来，云南省陆续将茶马古道上的古镇、古村落、古建筑、古道、桥梁、碑刻题记等文化遗存申报公布为世界文化（自然）遗产、历史文化名城（村、镇）、旅游小镇、各级文物保护单位和非物质文化遗产保护名录。特别是开展第三次全国文物普查以来，专门设立了茶马古道调查研究专题，组织相关州、市对茶马古道文物遗迹进行调查、认定、登记，进一步摸清了云南茶马古道的走向、路线、分布和相关遗迹等情况，为加强云南茶马古道的保护、管理和利用奠定了坚实的基础。[①]

首先，茶马古道是民族团结的纽带。通过这条古道，形成一种持久互补互利的经济关系。这种互补关系使汉、藏民族形成了经济上相辅相成、共同发展的格局，推动了藏区与祖国的统一和汉、藏民族的团结。

其次，茶马古道是民族文化的走廊。在茶马古道沿线许多城镇中，藏文化与汉文化、本主文化、东巴文化等并行不悖，而且互相吸收，复合交融，出现了不同民族的节日被共同欢庆，不同民族的饮食被相互吸纳，不同民族的习俗被彼此尊重的文化和谐，使茶马古道成为一条极富魅力且多姿多彩的民族文化走廊，以及各种民族文化进行交流、互动并各自保留其固有特点的一个极具魅力的地区。

---

① 余剑明：《云南茶马古道文化线路的现状与保护》，《中国文化遗产》2010年第4期。

再次，茶马古道更是经济繁荣的通道。茶叶贸易的繁荣，促进了茶马古道沿线城镇和集市的发展。可以说，没有茶马古道，这些城镇就不会有今天的古韵和气象。同时，这些茶马古道城镇带动了周边农业、手工业的进步，繁荣了区域经济。

最后，茶马古道也是旅游的黄金线路。有效地保护茶马古道文化遗产、深度打造茶马古道精品旅游线路，无疑能吸引更多的游客体验古道传奇、尽览古道文化、品味古道韵致，从而提升茶马古道的景观价值，带动各项产业的发展，促进云南旅游业的再次腾飞和社会经济发展。①

作为国家线性文化遗产网络的典型代表，在不到 20 年的时间里，"茶马古道"已经从一个纯粹的学术概念，发展为流行的文化符号，再变成一个庞大的文化产业品牌，拉动了区域经济的产业化，这大概就是福柯意义上"话语的力量"。更为重要的是，国家线性文化遗产网络将那些到目前为止还没有得到政府和文物部门保护的、对中国广大城乡的景观特色、国土风貌和民众的精神需求具有重要意义的景观元素、土地格局等联系在一起，如古老的龙山圣林、泉水溪流、古道驿站、祖先、前贤和爱国将士的陵墓遗迹等等。不仅是保护中华民族民间信仰的重要依托，而且未来可以与遍布全国的绿道网络、自行车和步道网络及游憩系统相结合，成为国家生态与文化保护、休闲游憩、审美启智与教育的重要载体，在国家层面上形成一个彰显民族身份和保障人地关系和谐的、连续完整的文化"安全格局"和文化基础设施，服务于千秋万代的华夏子孙。②

二、浮梁茶文化线路内涵

文化线路是一种陆地道路、水道或者混合类型的通道，其形态特征的定型和形成基于它自身具体的和历史的动态发展和功能演变；它代表了人们的迁徙和流动，代表了一定时间内国家和地区内部或国家和地区之间人们的交往；代表了多维度的商品、思想、知识和价值的互惠和持续不断的交流；并代表了因此产生的文化在时间和空间上的交流与相互滋养，这些滋养长期以来通过物质和非物质遗产不断地得到体现。从这个定义不难看出，文化线路强调的是因线路而带来不同文化区间"交流和对话"之

---

① 雄正益：《保护茶马古道遗存 发展文化遗产事业》，《中国文化遗产》2010 年第 4 期。
② 俞孔坚等：《中国国家线性文化遗产网络构建》，《人文地理》2009 年第 3 期。

相互影响。因此，它是拥有特殊文化资源的线性的物质和非物质文化遗产族群。[①] 茶文化线路的价值构成是多层面的，既有作为文化线路整体的文化价值，包括散落其间的不可移动和可移动文物自身的历史价值，以及非物质文化遗产所蕴含的价值；又有线路赖以存在的生态价值，集合线路沿线的文化、自然景观和人文遗迹也就具有了不可再生的文化生态旅游价值。茶马古道的内涵与价值是很值得我们学习和借鉴的，笔者从茶马古道的深远意义出发，以浮梁茶文化线路作为研究个案，分析归纳浮梁茶文化线路的内涵。

（一）浮梁茶文化线路的物质文化遗产

浮梁茶文化线路上的物质文化遗产内容丰富，由衙署、寺庙、古村、古茶树、徽饶商贸古道等构成。它们除具有不可再生的文物价值外，还具有历史和人文的研究价值。现存的古县衙，最后一次大修于清朝道光年间，距今170年，规模宏伟，是我国江南唯一保存完整的封建时代县级衙署，有"江南第一衙"之美称，也是全国仅存的四座古县衙之一，浮梁以瓷茶互利，农工商并举的经济格局在各个时代发挥着重要的作用。

徽饶古道是从安徽通往江西的跨省古道，始建于唐代，兴盛于明清，全程达200余公里，是当时的"国道"，主要用以运送茶叶、食盐和粮食等物质，其重要地位应该值得我们关注。[②] 浮梁是徽州通往饶州的咽喉要道，据浮梁县第三次全国文物普查，现存的徽饶古道分布于浮梁的多个乡镇，尤其是浮北西湖、勒功、江村三乡镇保留最为完整，估计长度60余公里。古道以清一色的青石板铺就，其上有深深的车轮印痕，从其青石板的磨损程度来看，古道上运输的茶叶等货物是何等的旷日持久。

古村与散布周围的古茶树更是茶文化线路上的亮点，仅浮北西湖、勒功、江村三乡就有国家级历史文化名村两处，省级历史文化名村三处，而且都是与"浮红"有密切联系的古村。

坐落于西湖的磻溪古村是江西省第三批省级历史文化名村，以祠堂为中心的村落布局，承载着自然生态、悠久茶文化历史和古村落三者的完美。该村迄今还保留着明代万历年间建的面积达400平方米汪氏祠堂，以及40余栋清末及民国初年的古建筑，已被列为县级文物保护单位。而磻溪古村一直就是浮梁的主要茶叶生产、交易集散

---

① 吴晓秋：《论贵州驿道文化线路的价值构成——以明奢香驿道线路为研究个案》，《贵州文史丛刊》2009年第4期。

② 单霁翔：《关注新型文化遗产——文化线路遗产的保护》，《中国文物科学研究》2009年第3期。

地，当地村民茶叶收入，曾占到当时总收入的 80%；其制茶、销售历史可追溯到唐朝以前，至清代末年到民国时期，由于这里独特的地理环境和特殊的工艺，其产出的工夫茶在浮梁独树一帜。小小的磻溪村，当时的茶叶商号竟达 24 家之多，茶叶不仅经上海、武汉等地远销欧美，甚至还有外国商人专门在此设商号购茶；因此，也有了"磻溪茶叶不到上海不开"的说法。磻溪茶叶商号的相关文物不少，在第三次文物普查中发现一茶商的匾额，从中可见当年磻溪茶市之繁荣，上刻：

> 本号向在浮北石磻溪开设茶栈采办诸峰名岩云雾茶叶提选雨前上之白毫乌龙自唐迄今驰名中外所有优色茶样名目不须赘选雅成茶奇异香美佳味难□名言兼之本号不惜资本亲身监督　加工精做此白毫乌龙至名希图久远近因人心不古以欲食真鱼目混珠□□号主立内亲为记恕不反悔

磻溪复谊昌主人□□□□

（二）浮梁茶文化线路的非物质文化遗产

浮梁茶文化线路的非物质文化遗产体现在几个方面，一是直接与制茶相关的如严台村天祥茶号工夫红茶制作技艺、明清时期浮梁的采茶歌、采茶戏与茶俗。二是产生了大量的与茶文化线路有关的书籍、诗稿、摩崖、碑刻。

前者以严台村天祥茶号工夫红茶制作技艺为典型代表，是浮梁县申报的省级非物质文化遗产。严台村位于浮梁县东北部的一个自然村，高山重叠，森林茂密，最宜茶叶种植。清道光年间，这里有优质茶园 4000 余亩，为这里红茶生产加工提供了充足的原料。严台天祥茶号工夫红茶制作技艺以其技艺的独创性、科学性和规程的严谨性形成了独具特色的先进性，对推动红茶生产技艺水平的提高做出了突出贡献。在萎凋方法上，他们根据春季气候规律，将传统的"单式萎凋"改成"复式萎凋"，以保证当天的鲜叶完成萎凋工序；在揉捻方法上，将手揉法改为脚揉法，避免了因手腕的力度不够，而使条索难以形成或不紧密。他们从实践中总结了一套科学的揉茶法，即轻—重—轻和慢—快—慢—抖散反复三次可得到理想的条索。从收采茶工采摘的鲜茶起至成茶包装止，每一工序都有严格的要求，严密把关，一丝不苟。关于明清时期浮梁的采茶歌、采茶戏与茶俗，黄崇焘、蔡定益等学者已有详细的论述，相关的成果可以为茶文化线路的非物质文化遗产提供重要参考，这里就不再详细探讨。[①]

---

① 蔡定益：《论明清时期浮梁的茶史茶文化》，《农业考古》2010 年第 2 期。

根据首次"文化线路遗产的科学保护"无锡论坛中对文化线路非物质文化遗产的界定，因文化线路而产生的有价值的书籍、诗稿、石刻、碑记，属线路中珍贵的非物质文化遗产。浮梁产茶历史悠久，汉代即有僧人种植和采集茶叶。至唐代，茶叶加工和贸易开始兴盛，唐王敷《敦煌变文集》中记述："浮梁歙州，万国来求。"中唐元和年间（806—820），浮梁已是赣北、皖南茶叶的主要集散地。《元和郡县志》记载：唐元和八年（813），浮梁"每岁出茶七百万驮，税十五余万贯"。唐朝著名诗人白居易在其《琵琶行》中就有"商人重利轻别离，前月浮梁买茶去"的描写，说明当时浮梁茶叶市场已颇有名气。至唐以降，浮梁的"仙芝""嫩蕊""福合""禄合"等茶，以其"形美、色艳、香郁、味醇"四绝，历宋、元、明、清数代而不衰，成为经世品牌，诏为贡品。元代马端临《文献通考》、明代张廉《茶经》，以及黄一正《事物绀珠》均将其与西湖龙井、庐山云雾、婺源茗眉一起作为名茶予以重点推介。明代汤显祖在《浮梁县新作讲堂赋》中就曾对浮梁茶赞誉："今夫浮梁之茗，闻于天下，惟清惟馨，系其揉者；浮梁之瓷，莹于水玉，亦系其钧火候是足。"颜真卿、柳宗元、王安石、苏轼、黄庭坚、佛印、范仲淹、杨万里等历代文人墨客都曾为浮梁的山水和茶文化而折腰，留下了不少诗歌与碑刻，这些都是浮梁茶文化线路上的珍贵遗产，对我们构建完整的文化线路意义重大。

三、浮梁茶文化线路的价值

茶马古道的多重价值肯定了文化线路的价值是多层面的，茶文化线路作为整体文化价值的特点决定了其首先具有的历史价值。虽然史书上没有确切的茶文化线路记载，但从唐代白居易"商人重利轻别离，前月浮梁买茶去"的描绘，说明至少作为商道的文化线路唐代已经存在。自此以后历代君主均十分注意浮梁茶市的开辟与贸易的完善，及至明清帝国，随着徽商的崛起，浮梁茶文化线路更是高度发达和完备，在时间和空间上延续和继承了传统的商道线路文化，并形成了以徽饶古道为主、昌河水道为辅的茶叶贸易线路，从这个角度来看，浮梁茶文化线路承载了上千年的传统茶文化，因而具有珍贵的历史价值。

其次是茶文化线路文化遗产的价值。浮梁茶文化线路蕴含了丰富的物质文化和非物质文化遗产。其中物质文化遗产有古道、桥梁、码头、渡口、关隘等商道设施及沿线驿站、馆舍、古井、寺庙、古村等不可移动的古迹遗址。非物质文化遗产则建立在动态交流理念基础上，且在时间和空间上具有连续性的、大尺度和多维度的。如皖南和赣北茶文化的交流与整合、因茶文化线路而产生的茶俗、茶歌、茶戏，以及历代文人骚客的文学作品的推崇和记载，这些都充分体现了茶文化线路非物质文化遗产的多元性。无论是有形的，还是无形的，它们都具有不可再生的文化遗产价值。

最后是浮梁茶文化线路的旅游价值。茶文化线路作为一种动态的线性文化景观，整合了沿线文化遗产资源，集有形与无形文化、人文与自然景观为一体，拓展了人文生态旅游的内涵和外延，使游客在获得自然景观审美享受的同时，重温茶马古道上的传奇，感受浮梁茶文化厚重的历史，增加对沿线自然生态、传统文化、民族风情的理性认识和历史情感，提高文化线路旅游的品位。从另一方面来说，浮梁茶文化线路的开发，将有助于浮梁打造文化强县、旅游强县的品牌，形成新的旅游亮点，同时促进浮梁茶文化遗产可持续性发展，实现文化线路沿线人民生活的改善和地方经济的繁荣。由此可见，茶文化线路潜在的旅游价值是巨大的。

作者简介：崔鹏，景德镇陶瓷大学考古文博学院副教授。

大唐盛世的采茶季

曾　园

浮梁的名气来自白居易《琵琶行》中的"商人重利轻别离，前月浮梁买茶去"。

按照教科书的讲法，此诗似乎有一半的情感在谴责商人的重利，另一半自然是江州司马与琵琶女的天涯沦落之感了。

但在今天的采茶季，茶山中的任何浪漫传奇故事都无法掩盖茶叶价格波动所引起的震荡了。这不是说我们都变成了重利的商人，而是说我们需要重新理解白居易的本意，也许"商人重利轻别离"并无褒贬，只是陈述了一个事实。

浮梁产茶，但吸引大量商人来浮梁的根本原因在于这里是茶叶集散地。

据《元和郡县图志》记载，唐玄宗天宝元年（742）仅浮梁县一年产茶达700万驮，茶税为15余万贯。这是个不可思议的产量。这个级别的产量意味着销售场景一定异常火爆。

咸通三年（862）七月十八日，歙州司马张途《祁门县新修阊门溪记》记载：

> 山且植茗，高下无遗土。千里之内，业于茶者七八矣。由是给衣食，供赋役，悉恃此祁之茗。色黄而香，贾客咸议，愈于诸方。每岁二三月，赍银缗缯素求市，将货他郡者，摩肩接迹而至。

> 虽然，其欲广市多载，不果遂也。或乘负，或肩荷，或小辙而陆也如此。纵有多市，将泛大川，必先以轻舟寡载，就其巨艎，盖是阊门之险。元和初，县令路君常患之。闻于太守故光禄大夫范卿，因修作斯处。其后商旅知不履阊门，果竟至籍户。

"每岁二三月，赍银缗缯素求市，将货他郡者，摩肩接迹而至。"这是茶商来茶山买茶的盛况。

为什么带的不仅有银子还有"缯素"呢？因为"缯素"之类的纺织品在唐代可以算是另外一种货币形式。

《卖炭翁》里写的"半匹红绡一丈绫，系向牛头充炭直"也是这个情况。带两种货币，为的是让茶农满意。就像今天买东西，老板会问用现金还是微信，两种他都很欢迎的。

这种史无前例的茶山盛况恰好被受命前来督茶的大诗人杜牧仔细描述下来了："茶熟之际，四远商人，皆将锦绣缯缬、金钗银钏，入山交易。妇人稚子，尽衣华服。吏见不问，人见不惊。是以贼徒得异色财物，亦来其间，便有店肆为其囊橐，得茶之后，出为平人。"

茶山上的女人小孩全是"华服"，可以理解为全身名牌。中国第一次商品经济大潮带给我们的震撼不亚于深圳开放。

茶商在采茶季来到茶山，但茶叶并不听茶商的命令。绍兴七年，气候干旱，茶芽不发。茶商全部滞留在园户家中。能让腰缠万贯的茶商住下来，可见茶农的吃住行接待能力不差。这与今天许多茶山的情景也是一模一样。

茶商费尽心机收到茶叶，还要面临更多风险。

"纵有多市，将泛大川，必先以轻舟寡载，就其巨艎，盖是阃门之险。"这句是讲，为了避险，走水路运输需要用小船分批装，然后在大船集中。

这就可以很好解释《琵琶行》中的"移船相近邀相见"中的"移船"的"船"是白居易所乘坐的普通船，去靠近琵琶女乘坐的大船，才有大船上琵琶女"千呼万唤始出来"。以前有些解释将大船小船理解反了，场面有些不成体统。

茶叶交易的红火甚至引发了经济犯罪，"贼徒得异色财物，亦来其间，便有店肆为其囊橐，得茶之后，出为平人"。

这其实是洗钱。盗贼偷的财物通常不好出手或者价格太低。茶农往往也不方便到大城市去购买时髦商品。以物易物交易让盗贼拥有了可以轻易出手的茶叶，加上沿途老板的遮掩，这一趟买卖对盗贼来说很安全。

巨额利润导致竞争异常激烈。

首先，唐朝时浔阳没茶，商人要去浮梁买茶。到了宋代，市场丕变，赵与时《宾退录》记载："浔阳之茶，唐未有也。今其行几遍天下，而浮梁所产反不著。时代推移，而土地所生亦复变迁如此。"

这与今天武夷茶、普洱茶、龙井茶等名茶在市场上反复搏杀、各擅胜场的场面如出一辙。

唐代名茶在李肇《国史补》中有记载："风俗贵茶，茶之名品益众：剑南有蒙顶石花，或小方，或散芽，号为第一。湖州有顾渚之紫笋，东川有神泉小团、昌明兽目，峡州有碧涧、明月、芳蕊、茱萸簝，福州有方山之露芽，夔州有香山，江陵有南木，湖南有衡山，岳州有㴩湖之含膏，常州有义兴之紫笋，婺州有东白，睦州有鸠坑，洪州有西山之白露，寿州有霍山之黄芽，蕲州有蕲门团黄，而浮梁之商货不在焉。"

依我看，这段文字最重要的其实是最后一句"浮梁之商货不在焉"。

浮梁这个茶叶集散地不卖名茶！为什么？因为名茶既少且贵，只能在茶山销售。

给我们重要的启发是什么？我觉得就是浮梁茶市也不卖假名茶。就是说，唐代的茶行业的销售不是那种"名茶讲故事，市场卖水货"的模式。它有另一套更加诚信更加持久的规则，竞争虽然激烈，购销一直两旺。

茶行业产生的后果是很好的：浮梁之民，富则为商，巧则为工……士与工商，皆出四方以就利。

日本学者大泽正昭认为，茶叶产地受限制的特性，引致了由南而北的活跃的商业流通。这些商品作物的栽培的发展，形成了围绕着农业生产的一个必要的规定性条件——流通。

茶叶栽培的普及象征着全国商业流通的发展。大唐盛世离不开商业流通，这一切都是从茶行业的兴旺开始的。

作者简介：曾园，《南都周刊》《新周刊》主笔。

磻溪在浮梁茶发展史上的地位小考

杨昔文

浮梁茶历史悠久，远在汉代就有人采茶、制茶，到了唐代，浮梁制茶进入鼎盛时期。据《元和郡县图志》记载，唐元和八年，浮梁每年出茶七百万驮，纳税十五余万贯。浮梁，一度成为当时茶叶的主要产地和集散地，茶叶贸易把浮梁经济的发展推上了一个新的台阶。唐代诗人白居易将浮梁茶叶贸易的盛况写进了他的长诗《琵琶行》中，"商人重利轻别离，前月浮梁买茶去"，浮梁茶与诗歌一起传颂至今。

浮梁茶在中国茶叶史上占有举足轻重的地位，其制作工艺，在不同时期表现出不同的制作特色和制作水准。唐代以生产"片茶"为主，宋代则以生产"龙凤团茶"为主，明代以后改为生产"散茶"为主。清嘉庆年间，浮北磻溪村茶商已经制作"上上乌龙"茶。同治甲戌十年，磻溪村汪氏"益元祥"号开始制作"仙芽"工夫红茶。随后，全县全部改制工夫红茶，到了1882年浮红产量达三万担，全盛时期年产六万余箱。据考证，磻溪村《汪氏宗谱》载："中国以瓷茶名五洲，吾邑产其二。瓷莫善于景德，而茶市之盛，则首推磻溪。"至此，磻溪村经营茶业者居多，且不乏名气颇大的商贾。磻溪村茶叶的发展史，是浮梁人种茶、制茶和茶叶贸易的历史缩影。走进磻溪村，依然可寻找到沿袭下来的传统制茶工艺和古朴的民间制茶作坊。

一、得天独厚的地理位置和优越的自然环境

浮梁是一个生态资源极为丰富的山区县，森林植被覆盖率达80%以上，全县土地面积2876平方公里，坡地遍布，有广阔的宜茶土地。十多万亩茶园分布在大山深处，优越的自然条件和完美的生态环境，成就了浮梁茶"朝朝出贡品，岁岁产好茶"的经典品质。

磻溪村是浮梁众多古村落中的一座，它远离闹市，地处皖赣边界的丘陵地带，位

于黄山余脉的青龙山下，距县城 80 多公里。这里群山环抱，溪涧纵横，小平地、缓坡地与丘陵交错，种茶土地资源丰富肥沃，而且日照充足，雨量充沛，是茶叶生长的得天独厚之所。据景德镇市土壤普查资料表明，磻溪土壤以红壤为主，还有部分黄棕壤，有机质含量高达 14.7%，全氮 0.516%，土壤养分具备优质高产茶园的土壤基础；这里属于中亚热带季风气候，温热湿润，雨量充沛，全年平均气温 17.1 摄氏度，积温 5373.1 摄氏度，雨量 1763.7 毫米，日照率 45%，相对湿度 79%，无霜期达 247 天，这些优越的自然条件非常适应茶叶的生长。据《大中华江西省地理志》记载，磻溪村的葛坪山、青龙山，高达四千尺，山上产"仙芽茶"，味香色浓，外人争相抢购。

磻溪村数百亩茶园，衔云吞雾，独善其身，出产的红茶以其色鲜、味醇、甘润而出名，为品质优良的浮梁红茶做了一个很好的诠释。

还有一个重要的因素，就是磻溪村紧邻桃墅。明清时期的浮梁北部形成了以桃墅镇为中心的茶叶生产和集散地，是浮北最大的市街，其市场范围 70 平方华里以内村庄所产红茶大都运到桃墅出售，茶叶生产和贸易使这里成为繁华的集镇。磻溪村尽享这个地理位置的优势，其茶叶贸易近水楼台，相得益彰，从而得到快速发展。

二、独具特色的"仙芽"红茶

据上官俅 1937 年撰《江西浮梁县之茶业》记载，浮梁县红茶的制作，最早出现在北乡磻溪村，到了清光绪二、三年，因有广东商人仿效两湖制作红茶的方法，在皖属秋浦县（今东至县）设庄监制红茶，从而引起磻溪村一带绿茶茶商的注意。翌年春间，该村也随之设立茶庄仿制。到光绪十年，红茶茶庄"遍及浮属各乡矣"。

而磻溪研制的"仙芽"红茶与众不同的是有一种独特的醇香味，只要呷一口，便通体舒展开来。磻溪人说，在磻溪的漫山遍野，生长着一种野生的兰花，叫九节兰。九节兰花葶直立，高 30—80 厘米，有花 5—12 朵，苞片小，花直径 5—6 厘米，浅黄绿色，花瓣呈长椭圆形，有许多透明小孔突状毛，唇瓣白色，有紫红色斑点，香气似春兰。而且九节兰最喜欢与茶树挨在一块，到了采茶的季节，便与茶叶一道竞相开放。茶叶的清香味与兰花的幽香味糅合在一起，让采茶人忘记了劳作的疲劳，而制作出来的茶叶便有了九节兰特有的幽香味了。难怪外商闻到磻溪的茶叶赞不绝口，"竞相争购，有得之如获珍奇"。北宋诗人熊蕃路过磻溪，品茗后诗云："红日新升气转和，翠篮相逐下层坡。茶官正要龙芽润，不管新来带露多。"足见当时茶旺品优。

浮梁工夫红茶的制作区域主要集中在浮北山区，而磻溪的"仙芽"红茶采制工艺更为精细，采摘一芽二叶的茶叶做原料，经过萎凋、揉捻、发酵，使茶叶由绿色变成紫铜红色，香气透发，然后用文火烘焙至干。红毛茶制成后，还要进行精制。精制工艺复杂，经毛筛、拌筛、分筛、紧门、撩筛、切断、风选、拣剔、补火、清风、拼配、装箱等多道工艺。磻溪红茶，外形条索紧细苗秀，色泽乌润，冲泡后茶汤红浓，香气清新，芬芳馥郁持久，略有甜香，并伴有九节兰花香，被外国商人誉为"祁门香"，一度走俏东南亚，并通过丝绸之路远销欧洲各国。

磻溪茶叶贸易曾一度低迷。抗日战争爆发后，国民政府以"救国公债"的名义，在全国各地榨取民脂民膏，磻溪茶业也受到重创。前几年发现一本磻溪恒兴昌茶号用红茶抵交"救国公债"的底册，足以说明当时苛捐杂税的残酷，民族企业奄奄一息，磻溪茶号濒临倒闭关门。直到解放后，县政府号召茶农改造老茶园，开辟新茶园，引进新品种，磻溪红茶又重获新生。

三、磻溪茶叶的运输与销售线

磻溪村虽然藏在大山深处，但地处两省三县交界，水陆交通还是便利的，自古以来，茶叶的运输和经销线开通有三条。

一是销往上海的茶叶，经茶宝山的赣徽古道到达建德，再到东流县（后与建德县合并为东至县）下长江，运抵上海，这是磻溪茶人开辟的最早的通道，以绿茶为主，在清朝道光之前。二是销往九江、汉口的茶叶，经村前的石板古道到达勒功，上小船下昌江，改大船横渡鄱阳湖到达九江、汉口，这条通道的开辟在清朝咸丰年间，以红茶为主。鸦片战争之后，腐败无能的清政府被迫签订了《江宁条约》《天津条约》等一系列不平等条约和补充条款，开通沿江、沿海、内地口岸通商，外商扎堆涌入中国，红茶一度成为外商的抢手货，在一定程度上刺激了红茶的生产和贸易。三是销往广东南洋的茶叶开始也经此道，到达鄱阳湖后再溯赣江而上，越梅岭抵达广州、香港、南洋市场和西方市场。光绪三十年前运往九江居多，之后则运往汉口为多，在九江、汉口茶号通过茶栈将茶叶售给外商，外商则将一部分红茶以汉口为起点由俄商通过陆路运销到俄国，另一部分以上海为起点由英美商人从海路运到英美等西方国家，红茶运到国外后，再由洋行销售给外国贸易商人，又由外国商人售给外国茶叶店。这样，消费者才能买到来自中国磻溪的红茶。磻溪茶人的诚信为商和红茶的优良品质赢得消费者的青睐，茶叶一度供不应求。

在这里特别指出的是，浮梁之所以成为周边茶叶的集散地，与昌江有着密切关系。昌江是浮梁、祁门、婺源、休宁等县茶叶外运最便捷的通道。昌江源自安徽祁门大洪山，自东北向西南，流经祁门、浮梁和鄱阳注入鄱阳湖，从鄱阳湖上可进入东西交通大动脉长江，下可入南北交通要道赣江，水陆交通极为便利。

磻溪茶人励精图治，敢为人先，开通了茶叶的运输和经销通道，率先抢占了市场，使磻溪茶叶贸易源源不断，从清代道光年到民国初的 80 年间，磻溪的茶叶贸易正如其宗谱的谱序中所叙："浮梁茶市之盛，首推磻溪。"

四、磻溪历史上的十大茶商

磻溪人践行"农诵杜育之赋，工通陆羽之经，商富计然之策"，其茶叶商贸得到迅速发展，就连许多外商也不远万里，慕名而来，"逾津梁，争诣其地"。于是，磻溪一时成为浮邑之商贸重镇，即使"他族之由盛而衰不知凡几，国力亦寝微极矣。独磻溪生聚教诲，蒸蒸日隆"。品质优良的磻溪红茶和诚信经营的磻溪茶人，成就了浮梁茶叶贸易，也造就了一代又一代名震四方的茶商。据《汪氏宗谱》记载，经后人筛选，推举了十位茶人为磻溪历史上的十大茶商。

汪宗潜（1824—1892），字绍羽，号如洋，贡生，年方二十就在外做茶叶贸易，走九江汉口，下广东南洋，得"九江王"之称。他创办的"益元祥"号研制的"仙芽"红茶，被外商视为无上之珍。为表彰他的业绩，湖广总督张之洞奏请清政府赏戴蓝翎，授五品衔，复诰封奉政大夫。

汪孔杏（1843—1913），字琇莹，号歧山，宗潜之子。他改儒从商，继承父业，精于商战，常年穿梭于商场之间，"迹前人之所未至，开后世贸易之先驱"，在茶叶国际贸易中获得很高声誉，为磻溪人做出典范。

汪东桢（1835—1906），字玉林，号瑞昌，国学生。他经商讲诚信，价格公道，深得外商赞赏，"岁泽茶值最，而三率加之由是，获利巨万"。其制茶功夫不但为浮之巨手，实为中国之特色。

汪东杞（1839—1890），字达材，号巨臣，庠生，东桢胞弟，与兄长一道致力于磻溪茶叶。1890 年，运茶于沪，不幸在黄岗遇风浪落水而殁。所幸后继有人，其长子飞鹏、次子抟鹏继承父业，商业亦盛。

汪锡玘（1823—1916），字灿庭，号辅宸，贡生，钦赐五品衔，赏戴蓝翎，授儒林郎。经营茶叶数十载，家财巨万，且多行善举，修路、造桥、建寺庙、恤孤孀等，深得乡民爱戴。

汪坤伦（1845—1909），字正斌，号可也，年轻时入茶号钻研茶务，竭精焙制。其人容貌苍古，言语诚恳，货真价实，商业日隆，家产日增，富甲一方，为商场中所罕闻罕见者。

汪沪儒（1891—1952），字汝舟，号渭水，贡生，授同知衔，坤伦之子，继承父业，家道不断昌隆。他生性秉直，不徇私情，敢于担当，被选为族长，在家族中威望极高。

汪东林（1819—1891），字雨，号志高，国学生，例授儒林郎。他成年后，弃儒从商，同治甲戌年，创制"红丁"红茶，出浔江达汉阳，茶叶生意做得如火如荼。

汪冠儒（1826—1880），字文井，号商谷，国学生，修职郎。年轻时耳濡目染受长辈经商影响，弃农从商。但创业维艰，不尽如人意，到同治年间，时运好转，累资巨万。

汪乙照（1879—1928），字抟鹏，号晓帆，庠生，东杞之子，民国初曾任浮梁县财政科长。他茶叶生意做得顺水顺风，一度成为浮梁、祁门、建德三县的茶商大老板，被冠名为磻溪第二代茶王。

值得说明的是，磻溪自第一代茶王宗潜父子制红茶和东桢兄弟、东林公制红丁开始，到民国三十年前后的 80 多年间，磻溪 20 多家茶号所产的茶叶，近皆红茶，民国初年打出"祁红"品牌，为浮梁茶进入国际市场做出了不可磨灭的贡献。

五、磻溪历史上的二十四家茶号

磻溪村在历史上号称"一千烟"，可想象当时村庄的规模和贸易的繁华。因茶市的兴起，磻溪村的规模不断拓展，人口不断增加，巷弄里是门对门墙挤墙，真可谓寸土寸金，正如《汪氏宗谱》所描述的"其户口增长之数月异而岁不同"。到了清光绪年间，狭窄的街道已林立着二十四家茶号，茶市非常热闹。磻溪商人不仅将磻溪的红茶卖到外面，而且把外面的商品运到磻溪经营，更加活跃了磻溪的经贸，《汪氏宗谱》记载：当时磻溪集市上精美的食品、时尚的服装、华丽的器具，都是从国外经鄱阳湖、昌江水道运来的，"通都大邑或不能有者，磻溪则如马群冀北，豕集辽东，曾不以为异"。无论益元祥、允和祥还是恒兴昌，他们都是磻溪茶的一张张闪亮的名片，在中国的茶叶史上都有重要的一席之地，根据有关史料整理如下：

茶号	茶商	茶号	茶商
源春祥	汪春晖	源兴昌	汪熙光
英和祥	汪启英	京源祥	汪全珍
恒兴祥	汪钰基	同人和	汪焱光
复兴昌	汪兆堂	利俊昌	汪瑞辉
恒兴昌	汪纯帮	复隆昌	汪抟鹏
复太昌	汪建均	益元祥	汪飞鹏
和同昌	汪干松	允和祥	汪光照
大同昌	汪作揖	新玉昌	汪辅崖
贞元祥	汪东西	韶昌祥	汪孔杏
新顺昌	汪国栋	松顺祥	汪焕照
贞元祥	汪佩云	英兴祥	汪冠如
英兴成	汪国英	复元祥	汪玉堂

至今，磻溪村遗留下来的茶号只有"益元祥"，房屋保存较为完好，灰墙黛瓦储存那个时代的记忆，门檐上的字迹虽然已模糊，但可辨析。风风雨雨几百年的磻溪茶叶历史，它应该是唯一的见证了。遗憾之外，仍感可喜之处，磻溪后人以修谱的方式记载下磻溪茶人艰难创业的历史、一个家族的世系繁衍及重要人物事迹，弥足珍贵。修谱，勿忘姓氏村史之沿革，了解前辈之美德，弘扬优良之传统，光大创业之精神，同时也便于后人寻根问祖和学者以此考证。一部宗谱，就是一部珍贵的历史资料。磻溪人承前启后，将磻溪的历史一代一代地完整地记载下来，在浮梁诸多姓氏中为数不多。尤其值得一提的是磻溪汪氏宗谱，对茶叶经商之道也做了陈述，对于我们从一个侧面了解磻溪乃至浮梁的茶叶发展史有一定的帮助。翻开泛黄的宗谱，那久远的人和事跃然纸上。而且，磻溪人有着较强的传统文化传承和保护意识，正在着手挖掘整理磻溪茶文化的工作，自觉保护意识蔚然成风。

六、磻溪人的知识产权意识开中国茶叶史之先河

明清时期，浮梁北部的桃墅镇已成为茶叶生产的中心和集散地，茶市贸易极为活

跃，但也反映出市面上茶叶质量参差不齐、以次充好、假冒伪劣泛滥，严重损害浮梁茶叶的良好声誉和公信力。为保护自己的茶叶品牌，磻溪茶人采取了一些有力措施，汪腾鹏茶号印章就是其中一个例子。在那时，磻溪人就有了知识产权的保护意识实为可贵。

磻溪村茶人后代珍藏一枚木刻印章，长25厘米，宽13厘米。它不是普通的印章，而是当时磻溪人保护磻溪红茶专利的法宝。上刻："本踪向在浮北磻溪开设茶栈，采办诸峰名岩云雾茶叶，提选雨前上上白毫、乌龙，自唐迄今，驰名中外，所有春色茶样不须赘述，唯我茶奇异、香美、佳味，唯馨名言，兼之本号，不惜资本，亲自监督，此白毫乌龙之名，希图久远，近因人心不古，以假冒真，鱼目混珠，爰我号特立内票为记，庶不慎误！——磻溪复隆昌主人蓬识（印章）。"这是磻溪村最大茶商汪腾鹏茶号的印章。汪腾鹏是清末民初的磻溪人，在上海、汉口开了多家茶叶分号，生意做到了新加坡和日本，俄罗斯的茶商也前来争相订购茶叶，所以曾有"磻溪汪腾鹏茶叶不到场，上海茶市不开秤"之说。

应该说，这枚木刻印章是我国最早的茶叶防伪印章了，开了中国茶史之先河。磻溪人的举措，既是知识产权的自我保护意识，更是一种对传统文化保护的自觉责任意识。

作者简介：杨昔文，浮梁县新平中学退休教师，江西省作家协会会员，浮梁县历史文化研究会副秘书长。

从浮梁茶老字号茶标到《祁红茶品分级试验报告》
——"乌龙"牵出的"标准"故事

王永峰

深耕红茶技艺的这些年里，浮梁丰厚的茶文化土壤滋养着"孚钉"，滋养着我。我们学习和传承着浮梁工夫红茶这份工艺，在精益求精的茶人生活中淬炼自身，也担当着非遗传承人的匠心和责任。在种茶、采茶、制茶、品茶、访茶、售茶的循环往复里，我不断追溯茶尤其是浮梁茶的种植、采摘、初精制工艺、保管、品饮、经销……也从旧书刊或故纸堆里查找抢救出不少浮梁茶史料，一次次更新对浮梁茶的认知。本文源于对一张老茶号茶标的好奇。

一、故纸里的"乌龙"

茶标，是茶品的标签，是茶号印制的用来标明茶品的品名、等级、产地、生产时间等信息的纸质票型凭据，相当于当今的商品标牌。

多年之前，我无意中在浮梁北部山区看到一张持有者称作"茶标签"的老纸片。这张红色的老纸片设计制作十分精美，在如意菱花纹内端庄地印着繁体正楷的"乌龙"二字，纸片的四角还绘有方胜和琴棋书画纹。当时，我搞不清楚到底是什么东西，反正看着很养眼，就把它当作浮梁古代的一张乌龙茶的标签或茶票给收藏了。后来，我又遇上一张浮梁老茶号"恒德昌"的老纸片，上书："高等乌龙，祁山恒德昌庄谨选。"怎么又是"乌龙"？我开始对这些茶票中出现的"乌龙"重视起来。

茶票，是茶引票据的简称，是茶事活动的凭证，源自古代茶引，是官府发给茶商的运销凭证，有点像营业执照兼通关文牒。清代咸丰以后，茶引制度渐废，为增加税收，官府向茶商发行茶票，以票代引，按票纳税。

在当今的茶学言语文化体系里，乌龙茶（Oolong Tea）属于半发酵的青茶，是经采摘、萎凋、摇青、包揉、捻压、烘焙等工序制作出的一种介于红茶与绿茶之间的茶类。乌龙茶由宋代贡茶"龙团""凤饼"演变而来，创制于清雍正年间。乌龙茶它红不红来绿不绿，就像观世音菩萨那样既非男来又非女，既有绿茶的清香，又有红茶的醇香。

令人不解的是，我发现的这些"茶票"上面没有官印！它显然不具备"官府发放"性质，像是商家自印的宣传推介自己产品的广告纸片，就像当今一些茶企印刷用来贴在茶叶包装纸上的图案和文字。

在浮梁茶人的口头上，人们把红茶制作过程中发酵不到位的有瑕疵的茶叶叫作"花青茶"，又叫"观音茶"。当代的"乌龙茶"就是红不红绿不绿的"观音"茶。两张清末浮梁茶老字号的"乌龙"茶标的发现令我狐疑，难道以祁红蜚声世界的浮梁，晚清时期曾大量生产乌龙茶？

后来，我陆续收藏到了祁红茶区老茶号"成顺益"的"诸品名茶，城西南靳庄、开设夏津县"，"杨庆锡"茶号的"各色茶品，本店住高□乡路东、光顾者认招牌为记"等等一系列的茶标。这些"故纸"，都描述商号名称、经营类目、商品品名、品级、经营地址等等。

见得多了，我逐渐察觉，这些"故纸"并非现时代的广告片，而是品牌认证，是一种防伪标识。

"众里寻他千百度。"直到我在浮梁北部茶区发现并收藏到了老茶号"复隆昌"的一叠"故纸"，才恍然大悟。

复隆昌茶号在形如书卷册页的纸张上，点缀着四君子纹，上书："本号向在浮北磻溪开设茶栈，采办诸峰名岩云雾茶叶，提选雨前上上白毫乌龙，自唐迄今驰名中外。所有各色茶标，名目不须赘述，唯我茶奇异香美，佳味唯馨名言。兼之本号不惜资本，亲身监督加工精做，此白毫乌龙之名，希图久远。近因人心不古，以假冒真，鱼目混珠，爰我号特立约票为记，庶不致误。磻溪复隆昌主人谨识。"

原来，前人留下来的这些与我不期而遇的"故纸"，正儿八经的名称叫"茶标"。"复隆昌号茶标"详细描述了"复隆昌"号茶叶的产地、品类、品质特点与悠久历史。非常珍贵！

研究多年收藏的这些"故纸"可以发现，浮梁老茶号都刻印有自己的茶标，这些茶标的形制五花八门，没有统一的标准和要求，大多展现各茶号自身的特点。

"茶标"的谜解开了，但里面记载的"乌龙""白毫乌龙""上上白毫乌龙"成为新的谜题，"难道乌龙茶也曾是浮梁盛产的茶品吗"？

二、茶品的无数小名

直到我发现并收藏到民国二十五年（1936）出版的《祁红茶品分级试验报告》，一切才豁然开朗。

1936 年时，我国的茶叶仍是农业工艺品和国际贸易品，行情虽然持续低迷，但大宗商品的地位不可撼动。1936 年 6 月，中华民国的"全国经济委员会"出了一本名为《祁红茶品分级试验报告》的书，编辑者是"全国经济委员会农业处"，印刷者为"南京交通印务局"，80 多页的一本小册子，定价大洋肆角。按当时的时价，买这本书的钱，能买两斤猪肉外加约七斤大米。但是，浏览这本书我又不免惊愕，买这本书的钱如果拿来买茶，只够买到报告中最便宜的茶"1 磅"，约 450 克，可见当时茶叶何等珍贵。全国经济委员会农业处在这份报告的绪言中特别写道：

> 茶叶系属国际贸易品，处此商业竞争之候，须有超人之质，方可操必胜之权，有固定商标，乃可维商业之信誉，尤应有级别以供各级人士之需要，始有推广之可能。今华茶以采制不一，品杂名繁，既乏超人之质，更无级别商标之规定，国际信誉早已丧失无余，即原有销路尚难保持，犹言推广，诚等空谈。本处有鉴于此，乃从详规划，以谋复兴，除创设大规模茶园工厂作合理之经营，改良制品，改善生产，以期本身之健全外，更从事茶品分级之研究，别等级，定商标，以利推销。查茶品分级研究，国内尚属创举，乏成例可援，国外亦无已定之法，以做参考，然以事关华茶外销之基本事业，实急不容缓，于可能范围以内，试从祁门红茶分级研究着手，俟有所成，再推及全国。两年来采集红茶样品，凡二百余种，购置各种仪器，积极进行茶品个别之比较，根据市场实际情形，作理化因子之检讨，而试拟红茶品级分类初步之标准方法，聊供华茶外销之参照，或生产者试用，但未可视为不易之定论也。

细读《祁红茶品分级试验报告》中详细记录的品名，我发现，当时"祁红"旗下茶品的命名，既五花八门，又文化非凡。产自浮梁的红茶品名有"赛宝、春芽、兰馨、赛贡、俊俊、宝魁、春芽、源源"，产地为祁门和至德的品名有"贡贡、诗液、贡哉、贡茶、恒品、明明、真真、董兰、贡王、芽芽、祁贡、和霭、源丰、源香、源利、瑶华、华珍、宝珍、薰薰、锋针、同安、鲜春、龙潭、鲁峰、贡品、赛芽、宗魁、华宝、云峰、国色、义昌、敌群、祁霞、瑶光、赛珍、声声、美珍、薰仙、针锐、同兰、春春、合作、松歧、赛蕊、赛魁、霞峰、天香、祁珍、祁贡、远球、晴霞、瑶英、华王、同同、锐峰、美美、宝魁、祁昌、源源、魁魁、国精、祁红、信和、龙姿、飞仙……"

这些工夫红茶的品名，更像是父母或家族为小孩起的昵称与小名，每一个都带着殷殷期盼。正是在《祁红茶品分级试验报告》的繁杂的茶叶品次里，我发现了闯入工夫红茶世界的"乌龙"传奇。

书中的"采集各种茶样产地与价格一览表"中，号次 67、68、69、70 特别引人注目，因为他们的品名分别是："上上乌龙、上乌龙、乌龙和祁红"，都是民国二十三年春天在祁门采集的头帮样品，价格分别为每磅 1.20 元、1 元、0.8 元和 0.6 元。且看它们的品级评分记录：

67 号次：形状 8、色泽 8.5、香气 22、滋味 22、水色 16，合计 76.5，叶底 C级，水色暗。

68 号次：形状 8、色泽 8、香气 23、滋味 21、水色 16，合计 76，叶底 C 级。

69 号次：形状 8、色泽 8、香气 23、滋味 20、水色 16，合计 75，叶底 B 级，滋味欠纯。

70 号次：形状 6.5、色泽 6.5、香气 18、滋味 18、水色 16，合计 75，叶底 D级，叶底和水色均暗。

这就很有意思了，为什么三款以"乌龙"为名的茶，都比"祁红"还贵？而祁红茶品分级试验里为什么会混入了"乌龙"？莫非，乌龙是祁红中的极品？

其实大可不必大惊小怪，《祁红茶品分级试验报告》中的"乌龙"，并不是我们当今世人一提起就会想到的当代的"乌龙茶"。

当代人的茶叶通识中的乌龙茶（Oolong Tea），属于青茶，属于半发酵茶，经采摘、萎凋、摇青、炒青、揉捻、烘焙等工序制成，类下品种也较多，是中国独具鲜明特色的茶叶品类。主要产区为凤凰、崇安（除武夷山外）、建瓯、建阳、水吉、安溪、台北、桃园、新竹、苗栗、宜兰等地。

而《祁红茶品分级试验报告》中的"乌龙"和那些以犹如昵称小名的名称称谓的茶，都是晚清民国时"祁红"这个大茶品类下的小品类，其中外形"条索紧细、乌黑油润、形如黑龙、汤红香高"的茶品，才能形象地用"乌龙"命名。原来——晚清民国时期浮梁工夫红茶中的"乌龙"的制作工艺，是工夫红茶标准的采制方法，即须经采摘、摊晾、萎凋、揉捻、解块、理条、发酵、烘焙等复杂工序，精工制作而成。

结合我收藏的"复隆昌"茶标与《祁红茶品分级试验报告》足可说明，至少在民国时期的浮梁，"乌龙"是正经面世销售的工夫红茶里的高级货，是"祁红"茶中的上上品。

三、近代红茶如何分品定级

继续刨根问底，我不免想起茶叶标准化事宜。我们都知道，标准是一种重要的技术规范，无论行业、区域、国家和世界哪个层面，一旦掌握标准制定权，即可以增强技术方面的支配力，进而占据竞争优势。我国是茶叶的发源地，茶叶的种植、生产、加工、消费始终占全球首位，各类茶产品特别是绿茶产品的出口贸易占据主导地位。但长期以来，我国在茶叶国际标准化建设方面进展滞后。早在1979年，我国茶学高等教育创始人之一的安徽农业大学教授陈椽，在《茶叶分类的理论与实际》一文中就正式提出了六大茶类的茶叶分类方法，将茶叶分成绿茶、黄茶、黑茶、青茶（俗称乌龙茶）、白茶和红茶等六个大类。这个分类方法，奠定了现代茶叶科学分类的基础，被广泛认可和应用，可惜并未以标准特有的政府文件形式进行公布。直到2008年，我国才成立全国茶叶标准化技术委员会，经过多年的努力，当代中华茶人创造的六大茶类的分类体系才上升为 ISO 国际标准。

从《祁红茶品分级试验报告》可以看出，民国时期，以"全国经济委员会"为代表的中国政府就开始注重茶叶的分品定级，希望通过科学方法来对茶事活动实行标准化，以掌握国际茶贸活动话语权。

从《祁红茶品分级试验报告》中的文字和记录还可以看出，茶品分级试验是当时的新事物，全国经济委员会一开始擘画的宏图特别大，规划的采样范围广及湖南、湖北、江西、福建、浙江、安徽等地，而且只取红茶样品，这从侧面反映了当时红茶外贸兴盛，红茶产区比较多。然而，市场的力量可能比人的意愿力量更强大，原计划的大面积普查采样，最后只开展了普遍的调查，而采集样品的工作只在祁红茶类的核心产区祁门、浮梁、至德（今东至）三地实行了，数量尤以祁门县居多。

关于采集的红茶样品，《祁红茶品分级试验报告》特别强调："红茶系农产工艺品，经种种必要之阶段，始达于消费者，经过阶段愈多，则变化愈大，影响于品质优劣之因子亦愈复杂矣，今将有关于红茶品质之各项问题，先作概括之说明：

因茶叶种类异常复杂，范围甚广，茶品分级试验不易全部举行，二十三年（1934）茶品分级初步计划，率先就外销之红茶着手，至二十四年仍限于经济人力之不足，以外销之红茶，包括两湖、宁州、福州、温州、祁门、至德、浮梁等处，范围犹觉过大，恐难有成效，乃再行缩小而以祁门为限。

其中供试茶样为："二十三年度所采集各种红茶样品，以不仅限于祁门，较为普遍，故祁红样品无多，以供分级试验之用，殊嫌不足。二十四年度复赴上海茶叶市场，采集百余种，先后两年，计祁门一百六十七种，浮梁八种，至德七种，共计一百八十二种。浮梁至德两处，本非属于祁门，惟以所产之红茶近似祁红，市场上以'上上祁红'称之。"

好个"上上祁红"！

参照茶样为："国内外既乏茶品分级之研究，无成法可考，只得就茶叶市场实际需要情形从事研究，而觅分级之途径，兹采购锡兰产之立普顿（Liptons）茶，绿、黄、红三种，该茶制作精致，销路甚广。年输入我国亦达千担以上；又采有日、台红茶三种，及国内在汪裕泰茶号罐售红茶，玫瑰、卢全、虎牌、鹤牌四种，及华茶公司牡丹、花篮、孔雀、荷花四种，其各种品质颇有显著差异，以供分级试验之参考，藉察世界之需要。"

由此可见，当时的茶叶分品定级工作有很多无奈的让步。浮梁工夫红茶品级标准之所以新中国成立以后成为祁门红茶品级的标准，其实早就是国际茶市客商的选择，由来已久了。因为"浮梁至德两处……所产之红茶近似祁红，市场上以'上上祁红'称之"。

《祁红茶品分级试验报告》所记录的茶品的品名、产地、采制的时期或帮别、箱额、售价、销售地、需要国别、采集者、采集地、采集量、采集年月、包装物等信息，从采集红茶样品的品次、年别、季别、帮别、计价标准，到茶品分级的原料、采制、夹杂物、包装贮藏各方面的分析，再到茶品分级研究方针及步骤的拟定，是——对茶样品质进行个别审查，对各种物理因子（白毫、暗片、青片、温汤及重量、水分、夹杂物等），对各种化学因子（灰分、水浸出物、茶素、单宁、粗蛋白质、粗纤维等成分）一一进行试验、统计并说明，最终形成了"红茶分级法之研究""试订祁红等级之条件"。

浮梁老茶号的茶标和《祁红茶品分级试验报告》已经成为我们研究工夫红茶的重要史料，成为传承弘扬浮梁茶文化的典籍依据。

作者简介：王永峰，中国制茶大师，全国农业技术能手，"孚钉"红茶非遗传承人。

民国报刊中的浮梁茶记忆

苏 舟

我国是茶叶和茶文化的故乡。茶叶，顾名思义，即茶树上的叶子，本来是自然的存在物。但早在距今至少 4700 年前的史前时代，经神农尝百草，作为自然之物的茶叶开始与国人发生关联，其食用药用价值逐渐为人所知，在此基础上形成了集种茶、采茶、制茶、售茶等于一体的茶业产销网络、行业体系和社会组织系统，演绎出包含沏茶、赏茶、闻茶、饮茶、品茶等习俗、技艺和礼仪的文化精神内涵，成为我国优秀传统文化中一颗璀璨的明珠。换言之，茶叶向茶业的延伸，是作为自然之物的茶树之叶向作为社会、文化和精神之物的华丽转身。

近日，埋首故纸堆，翻阅旧报纸，手捧一杯香气扑鼻的浮红，在"色艳、香郁、味醇、形美"四绝所承载的浓郁茶文化浸润下，虽有案牍之劳，却也怡然心安。意外惊喜地发现，堪称近代中国百科全书式记录者的《申报》《大公报》等名刊大报有关于茶市、茶号、茶庄、茶栈、茶行、茶园及茶效的大量广告和报道，在茶香充溢的书房斗大小天地中，着实体验了一番神游茶世界的思古之幽情。真可谓此迹可觅成追忆，满纸皆是茶文化。

一、茶市

茶市即茶叶市场，包括以产区为中心的初级市场，以茶埠为中心的周转市场及国际承销市场，分工明确，定位清晰，相互衔接，均有相对固定的辐射范围，由此构成了实现茶叶从产品到商品再到消费品的转化链条。浮梁自古即是皖赣茶区的集散地，可谓初级茶市。白居易脍炙人口的名句"前月浮梁买茶去"，即表明早在唐代浮梁已是著名的茶贸中心之一。桃墅直到民国时期一直是浮梁茶市中最大的市街，覆盖范围约 70 平方公里，附近七乡八野所产红茶皆在桃墅运销。据《江西省景德镇市地名志》

载："桃墅店……堂舍建筑华丽，店铺甚多……尤其是茶号，有十三家之多，故名桃墅店……曾经设镇，名桃墅市，为浮梁县北乡四大名街之一……江村乡境自古就是种茶的地方，江村是'大户三千庄八百'的集镇，清末有茶号13家……有'一桃墅，二江村'的说法，是浮梁北乡第二大集镇。"浮梁桃墅和江村因茶成市，盛极一时。

通常所言的我国三大茶市，即九江、福州、汉口，皆有悠久的茶叶生产历史、庞大的茶叶产销体系和深厚的茶文化底蕴，又得益于得天独厚的地理位置的自然赐予，尤其是地处交通要津的区位优势，逐渐成为周边各大名茶交汇的大茶埠，可谓茶叶的周转市场。

上海是中国近代首屈一指的通都大邑和经贸中心，我国对外出口的丝绸、瓷器和茶叶三大宗也从此地源源不断地走出国门，成为享誉全球的公共产品。在长期发展过程中，上海形成了较为稳固的茶叶货源和运输路线，肩负着华东和华中茶叶内销转运出口的重任。这从《申报》大量的茶市报道中可见一斑。天下熙熙，皆为利来，天下攘攘，皆为利往。茶市也概莫能外，向被视为包含精湛的制茶技艺和精致的精神追求的高端大气上档次茶品，原来也是出自市井中人的市利追求。事实上，文化即生活。脱离鲜活生活世界的文化要么是耽于玄想的虚无之境，要么即是已成陈迹的僵尸之物。茶文化源远流长，永葆生机和活力，即在于深植于厚重的民生需求的沃土。

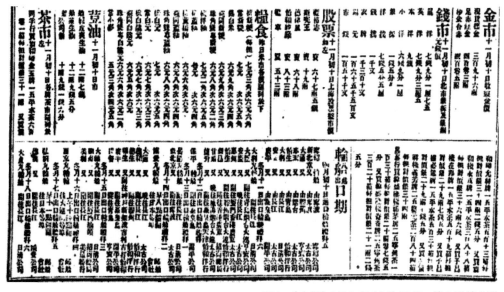

图1 《申报》1911年12月30日，第1张第8版

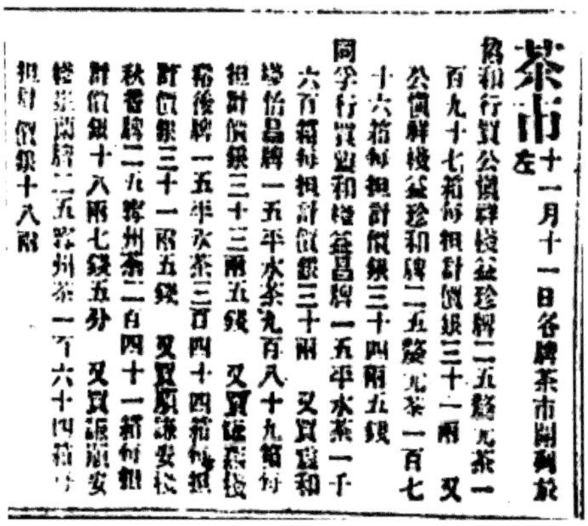

茶市 左 十一月十一日各牌茶市開列於後和行買公慎祥棧益珍牌二五路九茶一百九十七箱每担計價銀三十一兩 又公慎祥棧益珍和牌二五路九茶一百七十六箱每担計價銀三十四兩五錢 同孚行買益和棧益昌牌一五平水茶一千六百箱每担計價銀三十兩 又買益和棧怡昌牌一五平水茶九百八十九箱每担計價銀三十三兩五錢 又買益森棧森後牌一五平次茶三百四十四箱每担計價銀三十一兩五錢 又買順泰安棧秋香牌二九寧州茶二百四十一箱每担計價銀十八兩七錢五分 又買福順安棧至蘭牌二五寧州茶一百六十四箱每担計價銀十八兩

图 2 《申报》1911 年 12 月 31 日，第 1 张第 8 版

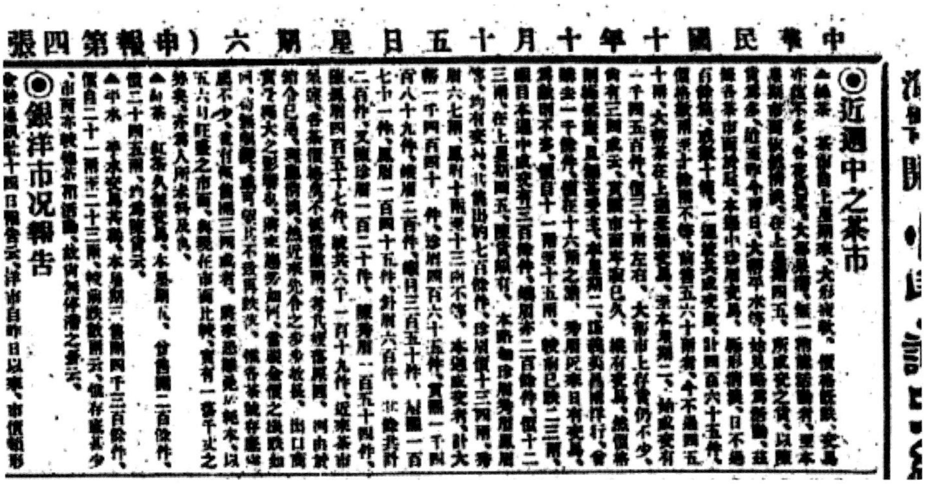

中華民國十年十月十五日 星期六 （申報第四張）

◎近週中之茶市

◎銀洋市況報告

图 3 《申报》1921 年 10 月 15 日，第 4 张第 15 版

二、茶号

茶号是业茶机构，最初是一种季节性很强的制茶场所，后集收购、加工、运销于一体的颇具规模的茶企。其经营场地，或是自有专门处所，或是租赁其他场所。茶号内部分工细密，有掌号、账房、掌烘、看样、掌堂秤、管厂、箱司、铅司、拣丝、水客、厨司等，不一而足。从一定意义上说，茶号是茶业的发源地。千姿百态的茶叶多半出自茶号之手，由此衍生出以叶为营生的茶业，茶庄、茶栈、茶行、茶园等围绕茶业而派生出的各种社会组织机构，也多半是在茶号的基础上演绎而生的，且与茶号唇齿相依。

清末，浮梁江村乡贤江资甫在严台村创设“天祥”茶号，收购茶农散茶，精制加工后，运销九江、上海，再转销海内外。天祥茶号茶品丰富，尤以高档工夫红茶最为驰名。1915年，天祥茶号所产的工夫红茶参加在美国旧金山举行的巴拿马太平洋万国和平博览会，以其独具的条索紧秀、外形美观、汤色红艳、香气馥郁、滋味隽永、余韵甘甜荣膺金质奖章和奖状，为国争光。从此，"浮红"茶声名鹊起，举世瞩目，与印度的大吉岭茶、斯里兰卡的高地茶一起，被公认为世界三大高香茶。2010年，浮梁茶更是作为江西农产品的唯一代表，被特选进入上海世博会，在更为高端的展览平台亮相，向全世界展示其深厚的历史底蕴和璀璨的现代光芒。

在民国时期的上海，茶号众多，竞争激烈。一些实力雄厚的茶号，为拓展销路，招徕顾客，广播利源，不惜耗费重金在《申报》刊载广告。尤以汪裕泰茶号最为显眼。据史料记载，上海汪裕泰茶号由旅沪徽商汪立政于道光十七年（1837）在上海旧城老北门（今河南南路附近）开设，后经祖孙三代百年经营，先后在上海、杭州等地开设了茶庄、茶行、茶栈 20 余家，发展为民国时期上海最大的茶叶店。

图4　上海汪裕泰茶号的"卢仝牌祁门红茶"1933年11月10日在《申报》的广告

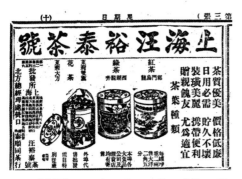

图5　《申报》1930年8月10，第3张第10版

图6　《申报》1930年8月3日，第1张第2版

右面的这则并非为茶号广而告之的《申报》广告显示，财大气粗的中国股票公司的接洽处和事务所竟然均设在远非上海滩势力最大的茶号——安裕泰茶号及其茶栈内，安裕泰茶号俨然成为大上海的地标性建筑。茶号在上海经济社会中的重要地位由此可见。

近代中国处于由传统到现代转型的交叉口上，旧事物光芒不减，新事物蒸蒸日上，新旧杂处，共同构成了一个中国多个世界的多维图景，这一点在茶业界也有显露。以上海华茶公司、致和茶砖公司为代表的新型茶企，采用机械制茶和现代公司制度运作，这明显有别于传统的茶号，其产销能力、经济效益方面的比较优势日渐显现，宣告着曾经长期并似乎仍风光无限的传统茶号的前景是黯淡的，让人不禁唏嘘：夕阳无限好，只是近黄昏。

图 7 《申报》1916 年 1 月 22 日，第 1 张第 4 版

图 8 《申报》1911 年 11 月 4 日，第 2 张第 4 版

图 9 《申报》1927 年 8 月 24 日，第 2 张第 5 版

另外，上海华茶公司中的"华茶"字样折射出传统茶号面临洋茶冲击这一重大时代困境。据统计资料，1886 年中国输出茶叶总额为 2217 千担，为历史峰值，几乎独占了国际茶叶贸易市场，但在洋茶冲击下，其后华茶出口数量逐年下降，1920 年锐减至 306 千担，跌入低谷。伴随着半殖民地半封建社会的沉沦，传统茶号的处境越发艰难，

直至销声匿迹。如今，中国特色社会主义进入了新时代，作为优秀传统文化重要组成部分的茶号迎来涅槃新生之机，汪裕泰等传统茶号旧貌换新颜。新生的昌北茶号扎根有悠久茶史和深厚茶文化底蕴的浮梁大地，致力于野生古树茶保护和茶叶制作工艺研究，为浮梁茶的创造性转化和创新性发展做出了突出贡献，服务于新时代国人对于美好生活品质的精致追求，可谓善莫大焉。

图10 昌北茶号红茶

三、茶庄

茶庄是以经营茶叶、茶具等为主的茶店的一类通称。茶庄不同于茶号、茶行、茶栈，以零售茶叶为主，主要经营内销茶，后期则少量经销外销茶。比如张一元茶庄，雁南飞茶庄等。同大元茶庄为民国时期杭州众多茶庄之一，主要业务是经营本地的龙井茶，同大元茶庄分为总部和两个分部，规模较大。在茶庄销售的龙井茶又有严格的分级，龙井茶以产区划分为狮、龙、云、虎，其中最优的为狮峰野茶、狮峰春前、狮字龙井、龙字龙井、云字龙井、虎字龙井等多个等级，而同大元茶庄当时销售最好的为狮峰野茶、狮峰春前。除了龙井外，还经营其他茶类，例如红茶、香茶以及一些茶食品。

茶庄设计突出茶的主体元素，门面上往往有一副主题茶联，如："一器成名只为茗，悦来客满是茶香。"茶庄往往古色古香，在时尚的环境氛围中，流淌着远古茶香，突出茶叶经营的特点，使顾客产生一种和谐美的心理。茶叶店装饰分为外装饰与内装饰，外装饰主要能吸引顾客进店浏览，内装饰主要是能激起顾客的购买动机。

现代的茶庄往往有招牌或品牌作为永久性广告，以激发消费者的好奇心，引起消费者的注意，便于消费者记忆，同时也能体现茶店的格调。大都采用传统风格，长方形匾额，用黑色大漆做底色，镏金大字做点名，请名人书写，雕刻而成，庄重堂皇；或用清漆涂成木质本色，用名人题的字，雕刻后，涂成绿色，古朴典雅；再者可以用现代装饰材料做成大的内装通明灯光，外面用醒目大字，构成现代气息的招牌。

相比而言，民国时期的茶庄受制于建筑材料、时代时尚、装饰风格等因素，与今日所见的茶庄显然不可同日而语，但从故纸堆里翻出的茶庄广告纸中仍依稀可见当年茶庄的真容。古今对照，既可知历史事物与现实实物的连续性，方有古今一辙、以古类今、见惯不惊之感叹，也可见历史事物与现实实物的断裂性，才有穿透迷雾、洞明时势、处变不惊之才情……就此打住，言归正传，鉴赏美图要紧：

图11 烟台"福增春茶庄"
广告纸（中国茶叶博物馆藏）

图12 "复兴茶庄"招贴广告
（中国茶叶博物馆藏）

图13 1932年9月8日正兴德
茶庄在《大公报》上刊登的广告

图14 1932年12月24日天津
正兴德茶庄在《大公报》上刊登
的广告

四、茶栈

茶栈是近代经营茶叶的中间商，一般设在上海、广州等口岸城市，主要业务是向茶号贷放茶款，并介绍茶号销售茶叶，从中收取手续费。茶栈有两种，一种是经营外销的，亦称"洋庄茶栈""箱茶栈""洋庄""洋帮""妈振馆"，主要业务是介绍箱茶出口，或附设茶厂，以收购毛茶加工成箱茶售与洋行出口，主要分布在上海、汉口、福州等通商口岸。外商在中国自设茶厂后，一些茶栈取得洋行信任，与之有较为固定的代理关系，经营介绍毛茶、老青茶售予外商茶厂的业务。茶号生产的箱茶售与洋行出口，皆须经过茶栈介绍，茶栈收取佣金，并用压价、吃秤和收茶样等手法获利。有些茶栈还向茶商贷放资本。这类茶栈挟洋自重，曾一度风生水起，做大做强，但 19 世纪末后，随着中国茶叶在国际市场上受斯里兰卡、印度、日本等国茶叶竞争的巨大冲击，出口贸易量急剧下降，茶栈业逐渐衰落，风光不再。另一种茶栈是介绍毛茶售给本国茶厂的中间商，大都设在茶叶输出口岸或茶叶产地的各类集散市场上。新中国成立后，它们或被国营商店与合作社代替，或变成公私合营商业实体。自此，旨在赚差价的中间商的茶栈黯然退出历史舞台，从人们的视野中消失得无影无踪。

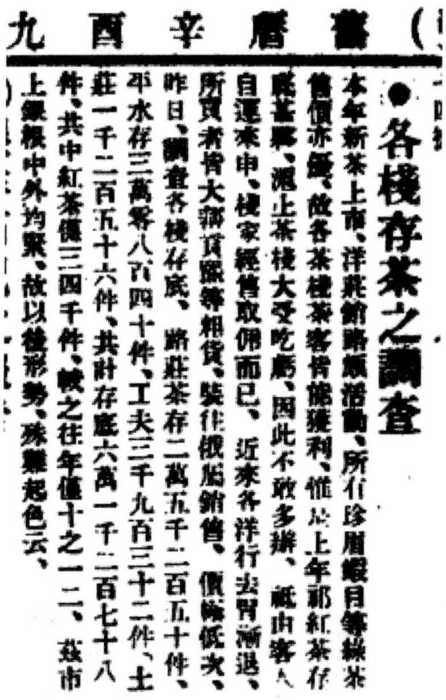
舊曆辛酉九
各棧存茶之調查
本年新茶上市、洋莊銷路頗活動、所有珍眉蝦目等綠茶售價亦佳、故各茶棧茶客皆能獲利、惟於上年祁紅茶存底甚夥、滬上茶棧大受吃虧、因此不敢多辦、祇由客人自運來申、棧家經售取佣而已、近來各洋行去胃漸退、所買者皆大綠貢熙等粗貨、裝往俄國銷售、價極低次、昨日、調查各棧存底、路莊茶存二萬五千二百五十件、平水存三萬零八百四十件、工夫三千九百三十二件、土莊一千二百五十六件、共計存底六萬一千二百七十八件、共中紅茶僅三四千件、較之往年僅十之一二、茲市上綠根中外均緊、故以後形勢、殊難起色云、

图 15 《申报》1921 年 10 月 30 日，第 4 张第 15 版

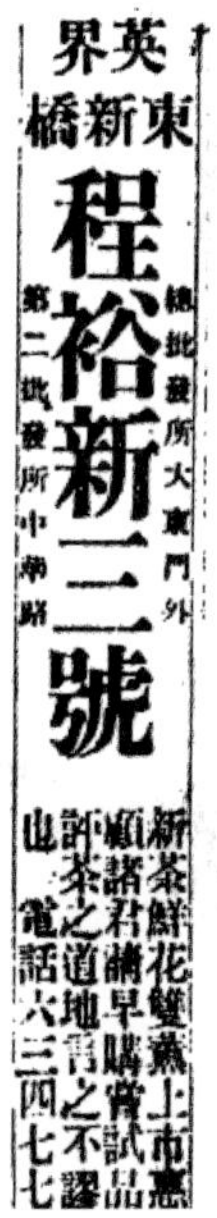
英界
東新橋
程裕新三號
總批發所大東門外
第二批發所中華路
新茶鮮花雙熏上市惠顧諸君請早購嘗試品評茶之道地青之不謬也
電話六三四七七

图 16 《申报》1930 年 7 月 1 日，第 4 张第 13 版

五、茶行

据《辞海》的解释，茶行即贩卖茶叶的商店，类似于牙行，主要业务是代替茶号买卖茶叶，从中收取佣金。因小本经营，实力薄弱，一般无力支付价值不菲的广告费用，故在《申报》《大公报》上难以见到茶行的广告，无疑是故纸堆里的失语者，甚至是历史中的失踪者。随着中国茶业的现代转型，茶行逐渐被新生的专营或兼营茶叶的商店所取代。翻遍《申报》，难见茶行讯息，偶见经营茶叶的商店广告。

图 17 《申报》1930 年 7 月 2 日，第 1 张第 3 版

六、茶园

茶园，顾名思义，自然使人眼前浮现郁郁葱葱一片绿中点缀着三两纯朴茶姑，养眼，怡情，如浮梁西湖乡桃墅高山茶园那般风情。浮梁茶叶历史悠久，自古即为行销国内外的重要商品。浮梁高山茶园主要分布于西湖、江村、经公桥、勒功、瑶里、兴田等乡镇，历史上与安徽祁门红茶为同一产区，品种多达 40 余个，茶园面积逾 18 万亩。

但民国旧报纸上登载的茶园却是名不副实，此茶园非彼茶园也。此类茶园并非山清水

图 18 桃墅高山茶园

秀，并非鸟语花香，并不处于穷乡僻壤的蓝天白云之下，而是位于通都大邑的熙攘喧嚣闹市。它们或是挂羊头卖狗肉，或者也兼营茶水，但茶业绝非主业，茶叶绝非主角。但声光化电之中，生旦净末丑齐上阵，名角大腕，美女明星，你方唱罢我登场；豪庭广厦之内，悲剧喜剧交相映，善男信女，三教九流，嬉笑怒骂形于色……好不热闹，好不新奇。但经营方仍须借茶园之名招摇过市，当年的顾客却无受欺被宰之感，仍是趋之若鹜，今之埋首故纸堆如我者也在咬文嚼字间不免会心一笑，足见茶之魅力。

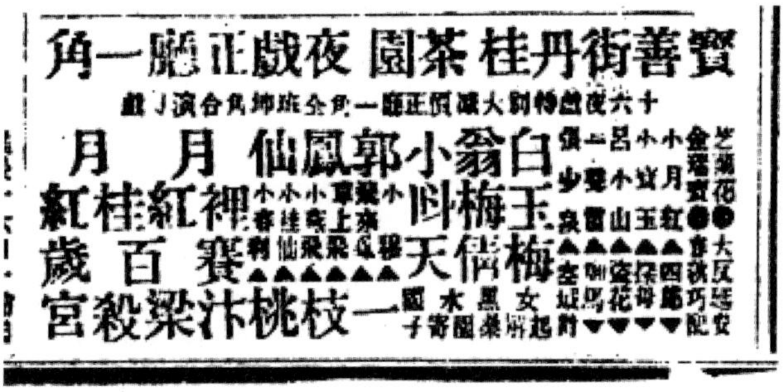

寶善街丹桂茶園 夜戲正廳一角

图 19 《申报》1911 年 11 月 6 日，第 1 张第 8 版

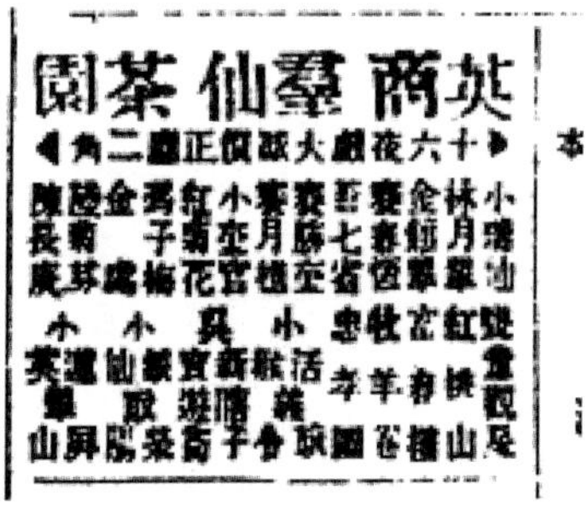

英商羣仙茶園

图 20 《申报》1911 年 11 月 6 日，第 1 张第 8 版

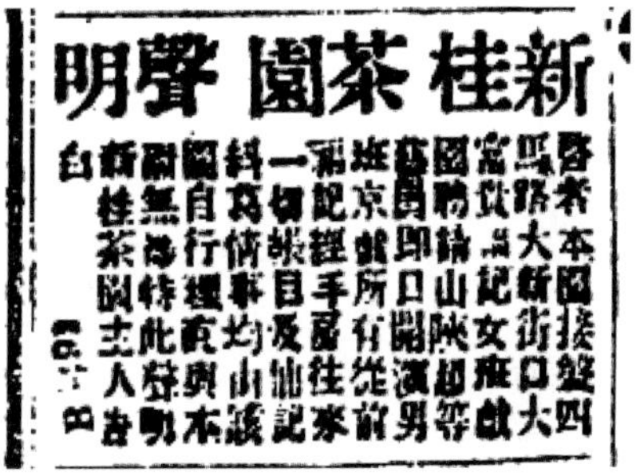

新桂茶園聲明

图 21 《申报》1911 年 12 月 13 日，第 1 张第 7 版

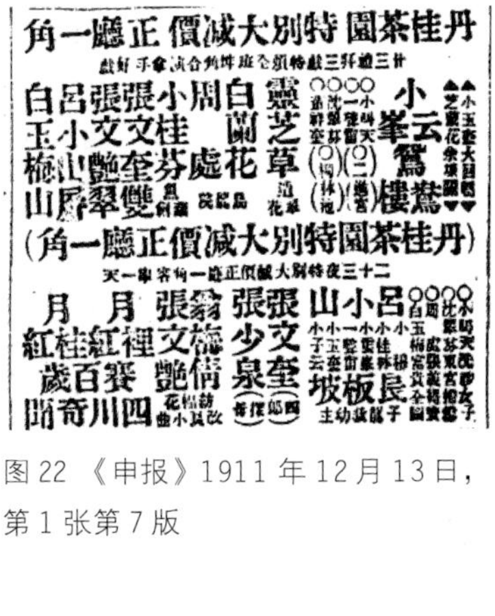

丹桂茶園特別大減價正廳一角

图 22 《申报》1911 年 12 月 13 日，第 1 张第 7 版

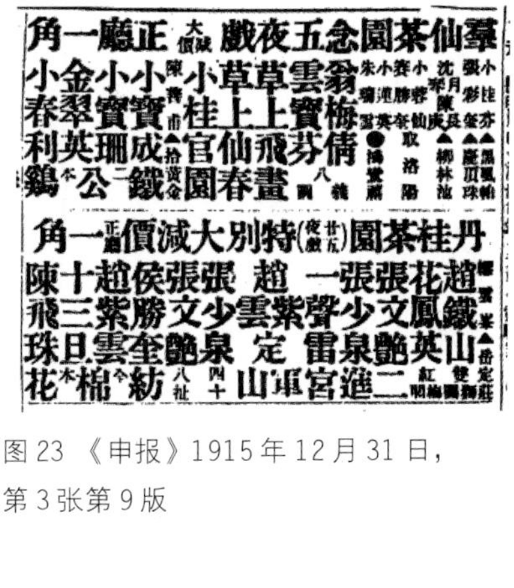

羣仙茶園念五夜戲 正廳一角

丹桂茶園特別大減價 正廳一角

图 23 《申报》1915 年 12 月 31 日，第 3 张第 9 版

七、茶效

茶叶好不好，关键看茶效。近代中国第一大报《申报》刊载了大量名目繁多的茶效广告。咳嗽茶叶可化痰立止，戒烟茶叶能戒除烟瘾，沙利文清润香茶能铲除胃内腐化恶化分子，有益之饮料的祁宁红茶正遭英俄疯抢……不一而足。时过境迁的阅者当然不会理性较真，逗人捧腹大笑是此类茶效广告穿透时光后散发的奇特效果。

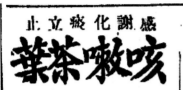

图 24 《申报》1915 年 11 月 4 日，第 3 张第 9 版

图 25 《申报》1915 年 11 月 4 日，第 4 张第 15 版

图 26 《申报》1915 年 12 月 19 日，第 3 张第 11 版

图 27 《申报》1927 年 8 月 1 日，《本埠增刊》第 1 版

图 28 《申报》1927 年 8 月 3 日，第 1 张第 4 版

作者简介：苏舟，景德镇学院马克思主义学院讲师，历史学博士。

试论浮梁古村落及其文化特点

张德山

浮梁历史悠久，自然灵气十足，文化积淀深厚。独特的地形和区域特点，使浮梁成为内敛形胜之地，家族兴发之处，流民或名士避乱隐耕之所。浮梁本是山越荆莽之地，古时属于古"番"国，后属南越国。发生在中国两晋之间的"永嘉之乱"，唐代的"安史之乱"、黄巢大起义和两宋之间的"靖康之乱"等在撼动历史秩序的同时，也给世代生活在中原地区的衣冠巨族们以一次次沉重打击，数百年间，成千上万的中原士族为避战火辗转南下。他们抛弃功名富贵、深宅大院，仓皇逃离世居乐土，向南，渡过黄河，越过长江，再行几百里，找到一处高山屏蔽、林木掩映、远离战火的山清水秀之地——这就是浮梁。

源源不断的中原士族散居在这苍翠浓郁的崇山峻岭之中。千百年来，这些文人士绅和望族巨贾，在浮梁各地营建住宅和商铺，形成了大量形态相近、特色鲜明的传统建筑及其村落。他们：一是聚族而居，构建村落。生存是第一要务，必须让血缘宗亲合族而居，选择"枕山、环水、面屏"的天人合一理想风水宝地构建村落，既解决衣食之虞，又抵御客地的凶险，同时能福荫子孙。于是吴、程、张姓建村于瑶里、梅岭，詹姓择址于绕南，何氏卜居于高岭，汪、胡姓定居于汪湖，江姓立足于严台，朱姓落户于沧溪，金氏扎根于英溪，江姓聚族于江村……他们所选择的皆为灵山秀水环抱，既适耕稼又合居住之地。二是重建宗法文化传统。再大的苦难也动摇不了这些饱读诗书的士族们对孔孟儒学的尊崇，必须让等级有序的宗法伦理文化传统一脉相承并发扬光大，他们尊祖叙谱，敬宗建祠、修墓，睦族互助赈济。这样，在每个村有高大威严的祠堂，祠堂中有先祖容像和祖宗牌位，并珍藏有完整的族谱，有周全的祭祀礼仪；还有严苛详尽的族规等来约束子孙，凝聚人心。三是强化崇文重教、光宗耀祖的道德激励。生存是基本，制度是保障，发展是目的，所谓"修身齐家治国平天下"。每个儿孙不仅自己要出人头地，还要为家族争得荣耀，获得皇朝的恩荣；而要达此目的，"若不读书，便不知如何而能修身，如何而能齐家治国"，"读书志在圣贤"，"男儿欲遂平生志，六经勤向窗前读"，"贫者因书富，富者因书贵。愚者得书贤，贤者得书利"，时刻牢记"朝为田舍郎，暮登天子堂"。各个村落或建宏伟的书院，或利用简陋的塾室，延请饱学之士谆谆施教。宗族则"或附之家塾，或助以膏火。培植得一二个好人，作将来楷模，此虽族室之望，而实祖宗之光，其关系匪小"。就这样，一年又一年，一代又一代，在浮梁这块"辟陋—隅，险阻四塞"的土地上，不时可见"聚族成村到处同，尊卑有序见淳风"的村落，并且"文风鼎盛"，"十户之村，不废诵读"。

浮梁自古人文鼎盛，正是秉承着曾经历巨大人生落差、饱受痛楚的先人们生命深层激发出的坚韧顽强的变革自身的进取精神，再经过数百年相对宁静环境下不断地濡染、积淀、强化而升华，形成了浮梁历史上辉煌灿烂的人文奇观。一是"以才入仕"者多。自宋代科举成功至明清两代以至民国以后，浮梁儒生通过公平竞争跻身上流社会者数不胜数，历史上浮梁人才辈出，所谓有"一王二侯两宰辅，六部尚书缺一部"；"一仙一神一巧匠"，"一佛一儒一皇师"；"一王二侯三尚书，六位宰执七侍郎，三百进士名金榜，四千学子遍五州"等等；历史上浮梁书院达 15 个，有县令办的，有乡贤办的，有解任解甲归田人办的。有"十户九读书"之美誉。父兄以子弟不学为耻，母妻以子夫无知为羞。"乡无不教之地，村无不学之人。"历史上共出进士 270 人，考取举人 863 人，考取贡生 311 人，武进士 3 名。二是"以文垂世"者多。像李椿年推行经界法，朱貔孙兼国史院编修官、实录院检讨官，文章敏捷。朱克己倡导理学，与朱熹迭相往还，朱熹称他高识笃行，鲜与伦比。史邈辞官授徒讲学，著有易传、春秋发微，人号为江东夫子。元代吴迁"力探理窟"，曾兼长芗、双溪二书院，著作甚丰。明代左都御史戴珊、广西右布政使程廷拱，清代汉中知府邓梦琴等，他们在政治、哲学、文学、艺术等领域建树丰硕。三是经商成功者众。从浮梁大山中走出，顺着昌江等水流走向全国乃至东南亚的无数浮梁子孙，在盐、木、茶、瓷、药材等项目的经营贸易中，明清时期独领风骚数百年。一个个的硕儒、高官、巨商走出浮梁，走出家乡父老的视野，但他们的根还在故乡，还扎在曾经哺育他们的村落中，家乡的水口、白墙黛瓦、街巷、古树、祠堂、天井、鸟语蝉鸣、儿时的伙伴，更有全体宗族的期盼的脸容仍历历在目。于是，他们把获得的恩宠和荣耀献给家乡，把金银财富捐输给家乡，把自己对同宗后辈的嘱托希冀题赠给家乡。这样，就给那些显得陈旧破落的一座座村落顿然注入了无限生机：一座座"蜚英坊"、"青云得路"坊、"进士第"、"大夫第"、"贞节坊"和"严溪锁钥""锦江锁钥""国学师"牌楼等高高竖立村前；理学祠、敦本堂、程氏宗祠、汪氏宗祠、张氏宗祠等等拔地而起；还有精美绝伦、寓意深刻的石雕、砖雕、木雕，以及语重心长的题额、楹联、格言，更是营造出浓郁的文化氛围。

浮梁古村落这种徽派民居的建筑特色是随着明清时期浮梁商业和文化的兴盛而发展起来的，一些文人士绅和望族巨贾在家乡以雅、文、清高、超脱的心态构思和营建住宅和商铺，使得古村落的文化环境更为丰富，村落景观更为突出。古村落居民的意识、生活方式及情趣方面，大大超越了农民思想意识和一般村民阶层，而是保留和追求与文人、官宦阶层相一致，具有浓郁的文化气息，有强烈的浮梁古文化特色。这种徽派民居的建筑特色却依附在古民居村落里保留下来，因此具有重要的历史文化价值和建筑艺术价值。

说村落是浮梁社会的缩影，是浮梁人魂魄所系，是浮梁文化的博物馆，丝毫也不为过；最本质的，在千年的峥嵘岁月中，村落是浮梁文明得以灿烂演示的平台，同时在某种程度上也是中国封建社会精英文化得以演示的平台。

过去的村落今天只能称为"古村落"了，"古村落"原有的主人早已作古，"古村落"的建筑文化已演变为历史"遗产"。随着现代文明的发展，一些"古村落"的原貌已经或正在人们的视野中消失。我们应加紧对浮梁古村落进行梳理和保护，能够让我们进入沉睡的村落，在现存的遗物中触摸浮梁祖先的脉动，梳理浮梁文化的脉络。浮梁古村落文化梳理应重点梳理出浮梁古县衙文化，瑶里、绕南、高岭、东埠的"瓷都"之源文化，江村的宗族文化，沧溪的名门望族溯源和理学文化，严台的聚族而居的风水文化，磻溪的茶文化，勒功、桃墅的儒商文化，英溪的人文聚落文化。对每一个村落形成发展、建筑文化、风水人文进行理论深入探索，以充分展示浮梁文化形成、发展和蜕变的全貌。

作者简介：张德山，景德镇学院教授。

寒溪村移民村落的历史奉献与精神建构

官思颖

寒溪村以史子园为代表的移民精神，产生于 20 世纪六七十年代社会主义建设中移民群众的历史奉献，是对中华优秀传统文化和中国共产党领导的革命文化的继承和发展，是社会主义先进文化的组成部分，是具有浮梁特色的优秀地方文化资源。20 世纪六七十年代，寒溪村以史子园为代表的移民群众，在历史实践中表现的牺牲精神、创造精神、党性精神，是移民精神的具体内容，是新时代背景下文化赋能乡村振兴的力量来源。党的二十大报告指出，中国式现代化是物质文明和精神文明相协调的现代化，物质富足、精神富有是社会主义现代化的根本要求。

一、寒溪村移民精神的历史实践

寒溪村史子园是由移民建设而成的移民村落。1966 年 7 月，浙江省淳安县威坪镇居民为建设新安江水库，离开家园，迁移至浮梁县臧湾乡寒溪村落户。

（一）在舍弃旧家园实践中表现的牺牲精神

移民群众为建设新安江水库做出了巨大的牺牲，面对国家发展建设的需要，移民群众舍弃自己赖以生存的家园，割舍浓厚的亲情、友情，别离自己的故土和乡亲，移居他乡。移民群众心中纵有万般不舍，但他们仍然站在人民、民族、国家的高度，为了国家的建设，民族的发展与复兴，舍弃个人利益，顾全大局。《淳安县志（序）》记载："在修建新安江水库时，先后有二十几万淳安人别离自己的故土和乡亲，移居他乡。他们在心灵上所受到的震动和重建家园中遇到的艰难，是不曾亲身经历过的人所难以想象的。今天，他们已同移居地人民亲密相处，融为一体。但淳安仍然是他们的'根'。他们不会忘记淳安，淳安人民也时刻惦念着他们。"

种类	计划迁移（273771人）			非计划迁移（16180人）		总计
安置省	浙江省	其他	江西省	江西省	安徽省	289951
安置人数	218348	1293	54130	10550	5630	
安置分布	桐庐县 27088　建德县 26447 富阳县 11733　临安县 2574 德清县 472　兰溪县 339 金华县 5790　开化县 34062 常山县 8062　衢　县 7069 武义县 2054　遂昌县 2884 龙泉县 5818　云和县 1412 小　计：135804 淳安县　82544 　　库外安置 14066 其　中：三镇移民 3473 　　库区移民 65005	青　海 新　疆 宁　夏 山　西 黑龙江 北　京 江　苏 上　海 四　川 福　建	宜黄县 10307 崇仁县 4843 金溪县 12053 南丰县 10932 安福县 2118 万安县 320 吉安县 2992 新干县 2375 永丰县 2332 峡江县 1808 德安县 4050	景德镇 6109 鄱阳县 519 乐平县 1074 黎川县 1572 德兴县 587 婺源县 689	歙　县 2030 绩溪县 607 旌德县 1805 休宁县 109 祁门县 104 黟　县 64 泾　县 16 太平县 517 屯溪镇 378	
备注	（1）安置地点以迁移时行政区划名称为准，已合并县以合并后县名统计。 （2）迁外省、外县安置共计 207407 人；本县库区移民人数为 1984 年调查数，不包括回水区移民，三镇指排岭、姜家、杨旗坦。 （3）迁江西、安徽安置人数不包括本省外县转迁数。					

（二）在建设新家园实践中表现的创造精神

艰苦奋斗的创造精神，是移民群众在搬迁至新村、建设新居和开发新居的历史实践中表现的重要精神。其内涵又包括两个方面，一是勇于创新，二是敢为人先。

迁移至寒溪史子园时，该地当时只是一片荒山，全村 17 户 74 人只随身携带基本生活用品，没有任何设施，只临时搭建了 5 个大茅草竹棚，每 4 户共用一个，夏天蝇虫爬行，冬天寒风瑟瑟。面对生存的挑战、苦难和迷茫，寒溪移民没有退缩，没有抱怨，而是自强不息、迎难而上、积极进取，在艰苦的条件下，勇于创新，敢为人先，努力学习新本领，掌握新技能。

第一代移民村的党支部书记徐好山和村大队长孙发奎，深知要让寒溪村从贫困中崛起，就必须开辟荒山，让这片土地焕发出新的生机。面对险峻的山势、贫瘠的土壤以及村民们对未知的恐惧，孙发奎和徐好山以身作则，带领村民同甘共苦，建设新家园。他们组织村民实地考察，了解当地的土壤状况和气候条件，引进果树。同时，积极争取政府支持和资金援助，为村民提供技术培训和市场指导。在徐好山和孙发奎的带领下，寒溪村村民齐心协力，共同投入到荒山的开发中。他们日夜劳作、翻山越岭，搬运果树树苗和肥料。其间，果树并不适合当地的气候条件和土壤环境，所得产品产量与品质低下，建设新家园的步伐遭遇挫折。村支书后又结合浮梁县"茶之源，林之海"的地域优势以及当地悠久的瓷茶文化历史，带领全村引进茶树，生产茶叶，经过几年的辛勤付出，村民种植的茶树苗壮成长，为他们带来了丰厚的回报。寒溪村也因此成为了景德镇市周边的一个知名村庄，引来了无数游客前来观光和投资。寒溪村移民用自己的实际行动建设了新的产业和家园，创造了幸福生活。

下文是 1996 年当地乡村教师为纪念移民落户浮梁 30 周年而作的三首七律：

一

初至浮梁心甚惊，荒凉触目老柴林。

洼地边际茅秆掩，泥道坎坷路不平。

亩产百斤口粮缺，每天几角工分钱。

移民矢志冲霄汉，恶水穷山开笑颜。

二

重建家园三十春，含辛茹苦整山川。

披棘垦地育茶叶，辟路通车致富村。

改造洼地开渠道，大兴水库保丰园。

文明旗帜新风貌，创业维艰启子孙。

三

灵鹊声声喜传报，移民经济乐翻身。

香茗笑脸招贵客，蜜果红颜跃遍村。

棉谷丰收衣食足，鸡牛兴旺畜禽喧。

人财两盛赖科教，续绘蓝图永世春。

如今，寒溪村移民精神已作为一种精神财富，被寒溪村民代代相承，成为他们不忘来时路，走好脚下路，引领未来路的精神法宝。

（三）在党群协作实践中表现的党性精神

基层党组织的坚强领导，干部的以身示范，村民的团结协作，是寒溪村移民村落成功的组织保证，成就了寒溪村移民建设新家园的一段段佳话。在寒溪村史子园村史馆中，"书记让屋基"的故事被大家口口相传。当初，移民群众迁入寒溪时，为解决住房困难，清理出一片空地用来建造房屋，以抓阄形式进行土地分配。当时大队书记徐好山分得一块地，因村民孙玉金即将成婚没有住房，于是他召开村民大会宣布将自家分得的宅基地无偿转让给孙玉金。在村民们的共同协助下，孙玉金建起了史子园第一栋泥墙结构的房屋，村民们也共同见证了移民后的第一对新人。现如今，孙玉金结婚时的土坯房仍然保留着当初的模样，这里已被打造成乡创项目之一——青梅竹马照相馆，成为网红打卡地。房子里一张张艰苦奋斗的老照片，映射着党员干部的无私奉献与辛勤付出。

在寒溪村建设历史上，涌现出许多党员干部模范。例如，在打造精品村的活动中，史子园 53 岁的老党员朱志水率先表态："我身为一名党员，要起到模范带头作用。"他根据宅改要求，带头挖平自家庭院 263 平方米。他说："拆掉自己家的住房和附属物虽然有些舍不得，但为了重点项目推进，作为一名党员我应该发挥自己的党员示范作用。"党员徐东平表态并带头拆除自家大门楼及围墙 168 米，还去别的村民家里做思想工作。为支持人居环境整治，党员孙园祥带头拆除自家机房，并将自家的菜园及宅基地让出建造村民花园。寒溪村已经形成了党员干部冲在前、群众再跟进的干事氛围。

二、寒溪村移民精神的时代传承

"乡村文化是乡村灵魂，有了文化，才会万古长青地永续发展"，乡村要振兴，关键在文化，在于精神的传承。

（一）以文育民：培育乡风、增强乡韵

习近平总书记指出，一个民族的文明进步，是在一代又一代人的传承和发展中形成的，寒溪村深厚的移民文化历史底蕴，其积淀而成的淳朴敦厚、勤俭奋斗的乡风乡韵具有天然的教化与导向功能。在家庭内部，晚辈秉承家训家风，学习第一代移民身上的高尚品质，知廉耻、明孝悌、自强不息、立身安邦；在乡村内部，村社以乡风民俗、村规民约为载体，弘扬社会主义核心价值观，使其外化为村民守望相助、和睦邻里、艰苦奋斗等具体行动，内化为村民自身的道德自觉和正确的价值导向。

（二）党建引领：培育团结共进，构筑乡村振兴的政风

寒溪村坚持党建引领，通过党组织的引导力和组织力推动寒溪村的全面发展。如：大力弘扬农耕文化、移民文化、乡风文化，打造主题旅游特色村落，引导村民发展乡村旅游；为寒溪村茶产业发展提供技术、人才、平台支持，推动村民参与经济发展，让村民"脑袋鼓起来，口袋富起来"；加强寒溪村生态保护，提升村庄生态环境质量，发展生态旅游；不断完善村民自治制度，通过建立健全村民代表大会、村民理事会等组织，保障村民的参与权与决策权，激发村民的主人翁意识，打造"党群共治"的良好政风，等等。寒溪村通过党建成功引领农村各项发展，并为其他地区提供了宝贵的实践经验借鉴，为乡村振兴战略的实施提供了有效性和可行性的案例支撑。

（三）文化传播：铸牢共同的精神家园

习近平总书记强调："要着眼建设中华民族现代文明，不断构筑中华民族共有精神家园。"寒溪村定期举办地方文化艺术节、民族特色文艺演出等文化活动，传播寒溪村移民精神，讲述寒溪村的历史记忆。这些活动展现浮梁文化特色与独特艺术魅力，促进文化交流和传播。此外，寒溪村还注重与其他外地特色村落的文化交流与合作，开放包容，推动了村民对祖国文化丰富性的认识，为筑牢中华民族共同精神家园提供文化滋养。

三、结语

在舍弃旧家园实践中表现的牺牲精神，在建设新家园实践中表现的创造精神，在党群协作实践中表现的党性精神，是寒溪村移民精神的具体内涵，是移民群众在历史奉献中以行动凝聚而成的宝贵精神财富。新时代新征程，寒溪村移民精神得到了很好的传承和发展，这标志着历史实践和精神遗产已积淀为时代的文化财富，被后人所继承。

作者简介：官思颖，女，景德镇学院人文学院教师。

"红色窑工"徐海东大将祖籍地浮梁天宝徐村摭考

戴秋生

一、一封贺信揭开天宝徐村神秘面纱——开国大将徐海东祖籍地

2019年10月26日上午，在"庆祝浮梁复县30周年、浮梁县首届农民丰收节暨全民健身运动会"开幕式上，主持人宣读了一封徐文惠贺信。

中共浮梁县委、县政府：

> 父亲徐海东生前告诉我，我们家祖籍江西省景德镇。遵照父亲生前嘱咐，近年来，我们曾几度去景德镇市寻根问祖，在浮梁县看到了与大悟祖屋相似的祖屋，让我倍感亲切，天宝龙窑以及老祖宗200年前烧制的大陶缸，让我认识到传统技艺的高超，看到了近年日新月异的家乡变化，今又喜悉浮梁县复县三十周年的大庆时候，我们在北京表示衷心的热烈祝贺，愿家乡人民在习近平新时代中国特色社会主义思想指引下，在县委县政府的正确领导下，明天会更好，乡亲们更幸福！

> 徐海东之女：徐文惠
>
> 外孙女：徐梅梅
>
> 2019年10月26日

开国大将徐海东的女儿的这封贺信当天一公开，立即在浮梁县、景德镇市乃至全国引发热议。"窑工将军"开国大将徐海东的祖籍地，原来在江西省景德镇，在浮梁县鹅湖镇的天宝堂徐村！因为这是徐海东大将的二女儿、北京开国元勋文化促进会会长徐文惠女士，在向浮梁丰收节所致贺信里正式公开确认的。

浮梁天宝徐村是一个怎样的村庄？

徐海东将军的女儿，是凭借哪些因素，来确认徐村是出生于湖北省孝感市大悟县徐家窑、祖上六代都是窑工的开国大将徐海东的祖籍地的？

笔者生长在鹅湖镇柳溪村，与徐村一样，都属于历史上的天宝堂四十八村中的一个。本文专就天宝堂徐村的历史文化做粗浅考究。

二、开国大将徐海东

考究"红色窑工"徐海东大将的祖籍地，有必要先了解徐海东其人。

徐海东（1900年6月17日—1970年3月25日），原名徐元清，中国工农红军及中国人民解放军主要领导人之一，中国人民解放军大将，是中国人民解放军高级将领，杰出军事家，久经考验的无产阶级忠诚战士。他身经百战，功勋卓著，具有丰富的实战经验和高超的指挥艺术。

徐海东将军的出生地，旧称湖北黄陂，今属孝感市大悟县。徐海东将军出身贫寒，当过11年窑工。1925年4月加入中国共产党，先后参加过北伐战争，领导过黄陂农民自卫队，参加过黄麻起义。为了创建人民共和国，徐海东一家共有66位亲人壮烈牺牲，还有徐海东的大女儿徐文金至今处于"失联"状态。为此，毛主席曾评价说："党员中为革命牺牲最多的便是海东同志。"

徐海东将军的一生极具传奇色彩。他打起仗来从来不要命，曾九次身负重伤，身上留有17个窟窿，曾被8颗子弹穿身而过，导致肺功能基本丧失。即使这样，徐海东仍然抱病在前线指挥战斗，打了很多的胜仗、恶仗、险仗，立下了赫赫战功。

毛泽东主席对徐海东大将给予高度评价，赞扬他是"对中国革命有大功的人"，是"工人阶级的一面旗帜"。为什么毛主席会这么评价他？因为毛主席到老一直都记着徐海东对党的忠诚。原来，在中国工农红军最艰难的长征时期，国民党百万大军压境，红军内部人心浮动。中央红军在到达陕北与徐海东所领导的先期到达陕北的红二十五军会合时，红一方面军已经弹尽粮绝，部分战士连过冬的衣服都没有。毛主席当时决定向徐海东的红二十五军借钱买衣物和军备，打出借条要借钱2500块大洋。让人意想不到的是，徐海东看到毛主席打的借条，立刻给红一方面军送去了5000块大洋，只给红二十五军留下2000块大洋的家底。正因为这事，邓小平同志对徐海东大将的评价也很高，称赞徐海东"对党有一颗红心"。

美国记者埃德加·斯诺在他的名著《西行漫记》中写道："中国共产党的军事领导人中，恐怕没有人能比徐海东更加'大名鼎鼎'，也肯定没有人能比他更加神秘的了。"埃德加·斯诺称，"徐海东将军是一名红色窑工，伴随他的称谓还有'泥巴人''臭豆腐''徐老虎'。"徐海东来自大别山区一个世代窑工家庭，1925年加入了中国共产党，他的军旅生涯从北洋军阀部队的普通士兵开始。不过很快，他就加入了北伐军，投入到轰轰烈烈的大革命运动。在攻打汀泗桥的战斗中，徐海东过人的军事才能第一次得到彰显。随着蒋介石"三个月剿灭鄂豫皖共匪"计划的破产，徐海东、吴焕先率领红二十五军，与中央派来的程子华会合，开始了他们新的征程。（引自2010年6月17日CCTV-7特别节目）。

三、浮梁天宝堂徐村的轿顶屋

图1，是目前浮梁县鹅湖镇徐村仅存的一幢古代建筑，俗称"轿顶屋"，是徐氏祖屋，现为徐村林氏所有。徐村林姓人坦陈，这房子是清朝晚期林氏向已从浮梁天宝堂徐村迁居湖北黄陂（今大悟县）的徐氏子孙手中购得。徐氏是在外迁几十年之后，由一族老领着几个后生一起返回故里来把老屋转让给林氏的。现在徐村的林仁发（近故）、林润年、林振荣林振保兄弟、林水生、林青松（已故）等五家人，从20世纪60年代

图1 徐氏祖屋
——"轿顶屋"

图2 徐氏祖屋正门

"红色窑工"徐海东大将祖籍地浮梁天宝徐村摭考

到 2010 年前后就曾居住在这幢大屋内。大门口的水泥电线杆也能证实，这房子 2000 年后还住过人。林氏居住在这"轿顶屋"的当时，主屋东边还有很大很深的陪屋。图中主屋的西边及西陪屋，为林青松家居住，主屋东边及东陪屋为林仁发等四家居住。其中 20 世纪 80 年代前，林润年为孤儿，随林仁发家一起生活。作为徐村年龄最大的长者，林仁发的义子戴金树就住在主屋东边的正房内，至今房中仍留有他父母为他打造的"双喜"大木床。

据鹅湖镇陪同徐海东大将二女儿徐文惠女士考察徐村的干部说："徐文惠女士当初到徐村，第一眼看到这幢'轿顶屋'时曾异常惊讶，说'稀奇！此屋与湖北大悟的祖屋一模一样'。"也正因为此，徐文惠女士 2019 年 10 月 26 日在致浮梁县委、县政府的公开信中也明确写道："我们曾几度去景德镇市寻根问祖，在浮梁县看到了与大悟祖屋相似的祖屋，让我倍感亲切。"

在徐村，口口相传徐氏祖屋为"轿顶屋"，也就是房子顶盖的建筑形制与官轿的顶的形制是一模一样的。按封建社会的礼制规制，不是官宦人家不能建造这样的房子，只有出了进士的人家才有资格建造这种形制的房屋。

徐氏祖屋"轿顶屋"为青砖黛瓦马头墙的徽派建筑，单进后有天井，两边带陪屋。西陪屋侧面批水，用作厨房；东陪屋原为前后批水，占地面积比正屋还要大些，现已无存。仔细查看此屋的构造，大门简洁俭朴，造型端庄，水磨青砖嵌套着花岗岩门套。房屋内木构件有雕刻，但没有清代建筑的华丽与复杂，极具明代风格。特别是香壁两边的月梁——即平时俗称"冬瓜梁"的梁枋，粗实未雕饰，完全是明代房屋风格。整个房屋的架构是明代风格，主门石门框由三块花岗岩构成，这比浮梁县民间富户大宅普遍使用的"浮青"（产自庐田都石溪渡箭塘坞）要高出一个等级。出地面的墙脚都是方正的青石。门屏是水磨砖，是大户富家才采用的建筑格式。正面主墙只开有两个小窗，但窗口上部都砌有向上扬起的笑眉。墙体宽厚，只是外墙砖既有明代的绵砌双砖泥刀装饰缝，又有清代的一些痕迹。为此，笔者将此屋拍照送景德镇市考古专家——原景德镇市陶瓷历史博物馆的徐桃生副馆长帮忙鉴定。徐馆长认定，此屋属明代建造，但在清代维修过，故留有清代痕迹。通过走访戴金树等徐村原居民，他们的反馈也证实了笔者的推断和考古专家的鉴定。林氏对此屋进行过局部维修，但没有翻建。

"轿顶屋"的建造者是谁？

由于"轿顶屋"的建筑规制高，笔者查询清代《浮梁县志》展开了研究，能在明代建造此屋者，应是徐氏中社会地位很高的人。古代获取较高社会地位除了科举几无他途。

查道光版《浮梁县志》可知，古浮梁县的徐氏进士仅两位：一是宋代咸淳四年戊辰科（1268）陈文龙榜进士徐廷孙，二是明代天顺元年丁丑科（1457）黎淳榜进士徐贵。关于徐廷孙，浮梁古县志记载"县北人，都尉"。从时间和地点两方面看，徐廷孙与天宝堂徐村无关。关于徐贵，道光版《浮梁县志》第十一卷中载"天顺丁丑进士，有传"。

在《浮梁县志》第十三卷《人物·贤良》中有人物小传："徐贵，字良贵，上长源都徐村人，天顺丁丑进士，授刑部主事转员外郎郎中。持法平允，以两浙盐转运使致仕。积官四十年，家食斋盐不继，足不至城市云。"

查询清代道光年间的浮梁地图可知，"上长源都"与"徐村""桐源""义合都""杨港"等地，是紧密相邻的，徐村的地理位置与现在它的位置没有差别，也是天宝堂徐村与"桐源""杨港"等地相邻。只是，行政区划上，明清两朝徐村的所属乡都略有差异。明代，徐村属"上长源都"。而清中后期，徐村划属义合都了。据此推定：天宝堂徐村的徐氏祖屋"轿顶屋"，除了徐贵中进士之后而恩准建造，没有其他人有建造该规制大屋的资格。

根据徐贵中进士的年代可推知，天宝堂轿顶屋的建造年代在公元1470—1520年间，至今约有500年历史。从房屋的构造看，既符合明代中后期的徽文化圈建筑文化特征，也与徐贵的官品、人品相一致。换言之，古县志文献和民间传说相互佐证：作为徐氏祖屋的浮梁天宝堂徐村"轿顶屋"，应系大明天顺进士徐贵致仕前后建造。

至于远在湖北大悟县的徐海东大将的祖屋，为何在徐海东大将的女儿徐文惠女士眼里"与天宝堂徐村的祖屋一模一样"？原因不难推测：古属湖北黄陂地区的湖北大悟县，不属于徽州文化圈，清代黄陂工匠不可能凭空建造出极具徽州建筑特色的"轿顶屋"。大悟县徐氏祖屋之建造风格的形成，唯一的可能是：徐海东将军的高祖、天祖或烈祖迁入湖北大悟后，仿照祖籍地江西饶州浮梁天宝堂徐村祖屋的样式建造了大悟的祖屋。

徐村的徐氏祖屋是何时转让给林氏的？

据林氏族人介绍，徐海东大将的祖上，大约在清中后期迁徙外出到了湖北黄陂，其后相隔几十年才回来处理了祖屋，卖给林氏家族。徐村的林金礼老人回忆，老宅是其高祖从外地回来的徐氏人手中购买的。林金礼老人出生于1944年，其父亲出生于民国八年（1919），其高祖系从浮梁北乡小源（即曾为金竹山乡政府驻地，现已并入鹅湖镇的小源村委会）的林村迁来徐村的。徐金礼的曾祖父43岁时生徐金礼的祖父，购此屋时其祖父才2岁。据林金礼老人以上口述，我们逆推可知，林氏徐氏先人应是在1840年前后交易了这幢老建筑的所有权。进一步推算可知：徐海东大将的祖上离开祖籍地浮梁，距今约 180—200 年。

另外，查《西河林氏宗谱》可知：天宝堂徐村林氏，始迁祖为林胜祖，迁入时间在明末清初，至今已繁衍 16 代，历时约 420 年。徐村林氏自林胜祖始，至第六代时才繁衍为"十四丁"，第七代增加到"二十七丁"。徐村林氏丁口达到二十七时是这一家族的鼎盛时期，以后逐渐衰减，至 1952 年土改时，徐村连非林氏人口也只不过三十出头。因此，在人丁兴旺时期购买徐海东大将的祖屋，其时间也正好在 1840 年前后这一档口。这从另一侧面验证了"徐海东大将的先人离开祖籍地浮梁徐村应有 180—200 年"这一判断。

四、徐村的古树、古井、古窑、古桥

徐村始建于何时，现无考。据在徐村长大、在景德镇市第十三中学退休的戴金树老师介绍，其继父林仁发出生于 1912 年，是徐村解放前出生的林姓老人中唯一有文化的人。据其继父说，传说徐姓在唐末宋初由安徽迁入，在安徽时就有二支，其中一支迁江西浮梁东乡徐村，另一支迁江苏，后迅速发展壮大，人丁兴旺，遂成徐州。此传说真假难辨，但明确告诉我们的是，徐村历史悠久，建村应有上千年之久。

笔者生长在徐村的邻村柳溪下河东，幼时常到徐村玩耍。记得徐村村口有多株特粗的大樟树，最粗的要四五个成年人才能合围得拢，直径约有两米粗，树龄估计有

图 3　挺立在村口的古樟证明着徐村古老的历史

千八百年，当为建村时所植。徐村除了樟树林以外，还有许多株高大的老苦槠树，每年冬天我都要到苦槠树林子中去捡苦槠子，拿回家做苦槠豆腐吃。记忆中的那些苦槠树，粗硕无比，树龄也有千八百年。

徐村在历史上曾有一定的规模。至今在徐村老人口中仍流传着这么一句俚语："徐村的街，桐源的镇，冷水坑人卖大粪。"意思是说，徐村的地形是一条街，桐源村的地形像一个集镇，而另一个相邻的冷水坑村的地形是——两头大，中间一条线相连，像一人肩挑大粪桶的样子。的确，徐村背靠小山冈，前临千亩良田，一条大路从村前穿过，全村所有房子都在这依山靠路的狭小空间依次而建。曾经有的那条街，位于从现在的姐夫岭（清代叫蒋峰岭）到徐村庙角处，两边都是房屋，现仍存的那些墙基、屋基地、瓦砾、断砖、石料，都诉说着徐村曾经的繁荣。近代和现代的徐村的"街"，已经退回到目前的村前。这条俚语还有另一种理解：徐村的规模不小，形成有一条街；桐源村的规模更大，形成集镇了；而冷水坑村比较贫穷，多以卖苦力为生。

徐村是天宝堂（今鹅湖镇）主要村庄之一。根据现存的清代《天宝堂育婴会特刊》记载，至道光二十五年（1845），徐村作为天宝堂四十八村之一，共同参与轮值供养女婴的公益活动，归属于程村一组，包含现在的程村、店屋里（今下河东店屋里）、蒋峰岭（曾废村，今有王河开等几兄弟迁此复村）、徐村等四个村，共同使用"丑"字号圆章领取物款。

徐村建村历史悠久但房屋类古建筑遗存不多，除徐氏祖屋和古樟、古苦槠树外，给人印象深刻的还有三样东西：一是古井，二是龙窑，三是徐氏祖屋外的麻石坡道。古井、龙窑是遗存，而徐村的麻石坡道却已成当地人永远的记忆了。

徐村的古井，坐落在徐氏祖屋正面塝下路旁，有接连着的三口。其中地势较高的一口是饮水专用井，至今仍在，但已弃用。原先井水清澈见底，冬暖夏凉，喝上一口，清甜爽口。在饮水井一米开外，是一口用于洗菜、洗食物的专用小水池，村人也把它叫作井。这口"井"位于饮水井的下水位，防止洗涤水污染饮用水水源。而在大路旁边的地势更高处，远离这两口井几米外，徐村的前人用宽厚的堤坝筑成一口面积较大的水塘，用于洗衣洗物，其水源和出水口均与井水不同。饮水井的水源是从石缝里渗出的泉水，干净卫生无污染；洗菜的水池的水源是饮水井外溢的地下水；而大塘的水源则是从村外引来的流动活水。与江南丘陵的许多古村落一样，徐村的前人在用水卫生与环境保护方面，非常讲究，考虑得也非常周全。

徐村的这口饮水古井，与前面介绍的祖屋一样，也是徐海东大将的先祖们离开祖籍地后，津津乐道告诉子孙的三样祖籍地深刻记忆物之一。据徐文惠女士介绍，徐海东大将在世时告诉她说，"听祖辈介绍，江西景德镇的祖屋前有石井，泉水清澈，永不干涸"。故鹅湖镇干部曾告诉笔者，"那次，徐文惠女士考察徐村时，一看与大悟祖屋一样的轿顶屋，立即就嚷着要寻找古井，她如同囊中探物一样去轿顶屋正前面塝下去找石井，一走过去就在路旁找到了这口泉水清冽的古井。"乡井乡井，游子远在他乡最惦念的故乡古里的就是饮用水的井。徐村的这口泉水井，是徐文惠女士认定徐村是徐海东祖籍地的一个重要物证。

图4　徐村古井

在徐村的古文化遗存中，还有一样特别的东西——龙窑，她也成为徐文惠女士认定徐村为祖籍地的物证。徐海东将军曾经做过十一年的窑工，并且自述祖上六代都是窑工。在天宝堂徐村，穿过村民的菜园，抵达村后的小道，就会看到两处窑址，与20世纪70年代初位于蒋峰岭建造的"缸瓯窑"（现天宝龙窑前身）很相似，都是长长的窑身，斜躺在坡地上。废弃的瓦砾、断砖、缸片，到处都是。自称六代窑工之后人的徐海东大将，祖上从江西景德镇外迁湖北黄陂后，谋生的主要方式是做窑工。其窑工手艺正是从这个山旮旯里熏陶练就的。天宝龙窑，因此也成为徐文惠女士认定天宝徐村为其祖籍地的第三个重要物证。

天宝堂徐村的古桥有两座。一座现在仍在使用，名叫"会源桥"，位于下河东通往徐村的老路上。因为这条老路是徐村通往下河东的大路，会源桥所在位置的土名，因此叫作"大桥下"。这里，20世纪70年代曾建有水电站，供下河东和徐村两村村民照明用电。桥为石拱桥，跨径约四米，桥宽近一丈，高三米许。会源桥建于清乾隆四年（1739），至今已有近300年了。桥面原为两头分石阶，现改造后全部用水泥重新铺成平缓，一头带斜坡。

会源桥是谁人所建，桥额石上无记载，古《浮梁县志》也无记载，有两种民间传说。一说为徐村人所建，二说为冷水坑村方氏所捐建。

徐村的另一座古桥叫"双溪桥"，位于徐村的前山培嘴、星型边，由徐村通往程村、邓村的古路上。该桥同样是单拱石桥，建造时间不详，桥名如何得来也不清楚。在中华人民共和国成立前，直至 20 世纪 50 年代中期，天宝堂的行政中心村并不是盛家墩村，而是在邓村与程村两村之间轮转。这座双溪桥，便处在当时徐村通往天宝堂的行政中心邓村、程村的交通要道上。桥身至今仍完好，桥面上的石料被撬走大部，整座桥被草木遮挡无法看到全景。此桥离水面更高，桥长比会源桥更长一些，约六米，宽丈许。在笔者的童年记忆里，桥顶中间的侧面石料上好像刻有两三个字。据徐村人戴金树说，这座古桥为徐村人所建。

五、天宝堂徐村

徐村原隶天宝乡，该乡 2001 年并入鹅湖镇。它位于天宝龙窑对面，解放前公路未通时，出入天宝堂须经徐村，再走甘露亭、杨家庄至鹅湖（鹅公滩），因此徐村是从鹅公滩进入天宝堂四十八村的第一村。

原天宝乡多数人常觉得奇怪，徐村无人姓徐，多数人姓林，为什么叫徐村呢？查《江西省景德镇市地名志》可知："徐村原为徐氏建村得名，清中叶徐氏衰落，林氏由浮北迁入，村名未变。"

徐村周边在清代中后期仍有蒋峰岭、外屋、屋场里等村落，这三个村均已废弃成古村基，其中蒋峰岭现已谐音讹名为姐夫岭，有下河东陈河开、陈寿开兄弟等迁徙此复村。

记忆中的徐村，掩映在一片高大的参天大树林之中。从田垅姚家垅与蒋峰岭之间的土路向南而行，必须先经过庙角这个地方。每遇傍晚或阴天下雨，经过此处时都给人以阴森森的感觉。据说在中华人民共和国成立时，这里都还有一座寺庙，供奉着香火。至于是什么庙，祭祀谁，已经没有人说得清楚了。但我猜测，可能这座庙祭祀的是徐村祖屋的建造者、被浮梁县志列为"贤良人物"的明代进士徐贵。因他为官四十余年，"家食斋盐不继，足不至城市"，十分清廉，得到朝廷和百姓的高度肯定。建家庙祭祀，合情合理。这座庙在 20 世纪 60 年代遭毁，在 20 世纪 70 年代，此处被改成生产队的养猪场，后被废。

绕过庙角，首先进入眼帘的是成片的树林，古木参天，香樟、香枫、苦槠、苦楝、冬青，好像还有鸡公树。那些古樟，高大粗壮，葳葳郁郁，其中有三棵在大路边，来往路人必须从此经过。每当秋风阵阵，霜降来临之际，挺拔高大的枫叶，一片丹红，村落中的青砖黛瓦，坐落在青山绿水之中，掩映在遍布村头村尾的梓木红枫，胜过仙境，至今仍令人神往。

进入徐村，一条石块铺就的大路直通全村。路上西边，依地势而建，高低起伏不同的村舍成"一"字形依次排开；路下东面，是一望无际的良田。紧靠大路边，一条跳跃着太阳光亮的小水圳，从村尾向村头一路欢跑，清澈的溪流叮咚作响。这是一条供应全村人生活洗涤和消防兼灌溉的多用途水圳，其实用、环保、卫生，充分体现了当时徐村良好的生态环境和环保意识。

徐氏祖屋外的麻石坡道是所有去徐村做客的小客人最爱撒欢的地方了。它从徐氏祖屋正门前出二十多米，左拐出石门楼，然后折向右下，一路铺设麻石台阶，大约有二三十级，逐级下降，直至大路。笔者记忆中，那些麻石台阶每级的落差很小，约只五六厘米高，但台阶很宽，足有三四米。小时我确实不懂，总觉得大人故意建这些台阶让我们走路受累。而事实上，这麻石坡道是徐氏先人充分利用地形建房，既要突显气势，又要适应面积不足的现实而采取的巧妙方法。可惜的是，徐村轿顶屋前的这条麻石坡道在十多年前被改造得荡然无存了，但在许多当地人的印象当中，它是徐村留给人们最有特色的记忆！

六、结语

浮梁县鹅湖镇的天宝堂徐村，被开国将军徐海东大将的女儿徐文惠确认为祖籍地，证据是硬朗而充足的：与大悟县祖屋几乎一模一样的徽派建筑"轿顶屋"，"冬暖夏凉的古井"，依山而建的"龙窑"。那龙窑，不仅是窑工大将徐海东祖籍地的三样印记之一，更是窑工大将徐海东祖上世代相传的谋生手段所依附的建筑。那"两百年前烧制的大陶缸"，为什么令徐文惠女士激动不已？徐海东将军的祖上迁居湖北大悟后，仍然从事陶窑业，徐文惠女士就是凭借父亲口述的系列只言片语，而到景德镇市来寻根问祖的。访得天宝堂徐村认定为祖籍地，公告天下，这丝毫不会错。虽然徐村现在主体居民为林氏，但林氏毕竟迁入之后也没有更改村名，既有现徐村林氏长者口述"祖上从徐氏手上买下老屋"，又有《江西省景德镇市地名志》载明系徐氏建村。有参天古木证实村庄历史近千年，还有古窑、古宅、古道、古桥，与由《天宝堂育婴会特刊》旁证的"古风"。

作者简介：戴秋生，原景德镇市体育局副局长、景德镇市教育体育局二级调研员。

陈毅在新四军瑶里改编中的
领导艺术和斗争策略

陈志华

  1934 年秋至 1937 年冬，南方八省的红军游击队，坚持了长达三年极其艰苦卓绝的游击战争。陈毅在三年游击战争里，从与敌人周旋，打破"围剿"和封锁乃至准备随时牺牲中，积累了丰富的与敌斗争、领导部队、联系群众、统一战线经验和工作方法，这为陈毅领导新四军创建和改编工作打下了扎实的思想实践基础。1937 年 7 月 7 日，日本侵略军以制造卢沟桥事变为起点，悍然发动全面侵华战争。中国军队奋起抵抗，中华民族全面抗战从此开始。卢沟桥事变发生的第二天，中国共产党通电全国，号召筑成抗日民族统一战线的坚固长城，抵抗日军的侵略。9 月 22 日，国民党以发表《中共中央为公布国共合作宣言》的形式，宣告国共两党第二次合作，标志着以国共合作为主体的抗日民族统一战线正式形成。同年 12 月 9 日至 14 日，中共中央在延安召开政治局会议，专门讨论南方红军游击队改编为新四军等问题。会议根据项英《三年来坚持的游击战争》的报告，做出了《关于南方游击区工作的决议》，确立了两项主要原则：一是各游击区的红军游击队，大部分要下山集中，主力要到抗日前线去，以增强抗日力量，并扩大中国共产党的影响；同时各游击区应留一部分武装，以求得将来的发展。二是成立党的领导机构，确定成立中共中央东南分局，项英为书记，负责领导东南各省党的工作。在中共中央的正确领导下，陈毅先后两次到浮梁县，指导皖浙赣边区红军游击队下山集中改编。在指导改编的过程中，陈毅表现出高超的领导艺术和斗争策略，具体有：敏锐的判断力、高度的警惕性、话语的感染力、坦诚的凝聚力。

一、敏锐的判断力

1937 年 7 月 7 日，日本帝国主义制造了卢沟桥事变，发动全面侵华战争。7 月 8 日，中共中央通电全国，号召全国人民同仇敌忾，坚决抗战。在中华民族处在最危险的时候，中国人民强烈要求停止内战，一致抗日。面对变幻莫测的政治风云，陈毅始终保持着清醒的头脑。为了统一思想，调整部署，他和项英一起在油山召开了各游击区负责干部会议。陈毅在会上分析了形势，并指出："从中国革命发展形势看，已经到了一个新的阶段，抗日高潮很快就要到来。同时我们也要清醒地看到，反动派的阶级本性并没有改变，国民党依旧要消灭南方各省的红军游击队，镇压人民的抗日运动，我们绝不能有片刻松懈，要积极做好思想准备，迎接新的斗争。"[①] 在同党中央失去联系的情况下，陈毅、项英对西安事变及全国形势的分析和判断是正确的，为克服红军游击队的盲目乐观情绪，保持清醒的头脑，迎接斗争新阶段做了思想上的准备。会议根据陈毅、项英的意见，确定广泛开展抗日救亡宣传，并提出"停止内战，一致对外，国民党应停止对游击区的进攻，让游击队开到抗日前方"的口号。会议要求各地游击队相对集中进行整训，迅速做好迎战准备，粉碎国民党军可能发动的新的军事"围剿"。

由于国民党对游击区的重重封锁和包围，陈毅和项英只能从国民党报纸上的一些零星报道中，观察分析形势，确定方针政策。他们保持了清醒的头脑和高度的政治敏锐性。7 月底，项英、陈毅从香港出版的杂志《新学说》上，获悉了毛泽东 1937 年 5 月 3 日在延安召开的中国共产党全国代表会议上作的《中国共产党在抗日时期的任务》《为争取千百万群众进入抗日民族统一战线斗争》的报告摘要，从而了解和领会了中共中央关于建立抗日民族统一战线的政策。8 月 1 日，中共中央发出了《关于南方各游击区域工作的指示》，指出，红军在保存和巩固革命武装、保证党的绝对领导的原则下，可以与国民党地方当局谈判，改变番号，取得合法地位。但要防止国民党的收买和分化，对国民党军队的挑衅和进攻，应坚持自卫的游击战争。不打倒日本帝国主义，就不能达到全民族的解放。我们党的抗日主张，必将得到中国民众的拥护，而"国共重新合作，就是在抗日前提下与国民党转向抗日的基础进行合作，没有这一前提绝不会有国共合作的事"，"国共合作正是我们联合全国力量，对日抗战以削弱日本帝国主义

---

① 王新生：《陈毅与项英》，中共党史出版社 2007 年版，第 189 页。

进攻中国的力量，保证中国抗日民族革命战争胜利"①。"国共合作并没有放弃或改变我们的目的，我党放弃苏维埃运动和土地政策，取消红军的名称，是为了取得全国团结一致抗日。共产党在统一战线中应严格遵守保持党的独立性、批评自由、争取党的领导权等三个条件来进行合作抗日，并要求各级党组织和游击队必须严格遵守党的路线，与国民党谈判。要彻底改变工作方法，力求公开、半公开开展工作，促成抗日民族统一战线的实现并争取党的领导权。陈毅也谆谆告诫干部和战士们"时局转变了，我们的斗争方针和策略也应该随着转变"，"准备迎接新的革命高潮"②。他在《国共二次合作出山口占》的诗中写道："抗日是中心，民主能自救。坚定勉吾侪，莫作陈独秀。"③这是对刚刚形成的抗日民族统一战线的正确理解。陈毅指出：在实行战略转变的时候，既要反对那种不愿放弃土地革命的口号，甚至把国共合作抗日说成是"阶级投降"的错误；又要防止那种以为合作抗日之后就没有阶级斗争，对于国民党可能危害抗日的行为丧失警惕性，重蹈陈独秀的覆辙。陈毅的政治敏锐性、形势判断力为后来动员皖赣边红军游击队下山改编指明了斗争方向，打下了坚实的思想基础。

二、高度的警惕性

为了早日实现国共合作抗日，经过中共赣粤边特委研究决定，项英草拟了与国民党地方当局谈判的条件。主要是：保持部队的独立性和领导权，可以改番号，但必须是独立的一个建制单位；共产党在赣南活动是合法的，言论行动自由；释放赣南政治犯，游击区的保甲制度实行民选：不准追缴以前的租税和债。可是，国民党顽固派妄图以谈判为手段，实现其"清剿"中未能消灭红军游击队的阴谋。他们写信给项英、陈毅，"跟你们只谈你们赣南的问题""就是你们这里了，你们两位先生对抗日运动太不关心了"。项英、陈毅始终坚持原则，要国民党跟中共中央或中央分局谈，不要直接和各个游击区谈，并针锋相对，"你们去谈好了！谈好了再来找我们"④。

1937 年 8 月 27 日，国民党大余县县长兼"江西招抚委员会"副主任彭育英派人给项英、陈毅送来了"感秘代电"专函，赣粤边特委也决定以陈毅名义复函彭育英。陈

---

① 项英：《三年来坚持的游击战争》，中共江西省委党史资料征集委员会，载中共江西省委党史研究室编：《江西党史资料》（第 1 辑），1987 年，第 1 页。
② 陈毅：《忆艰苦的三年游击战争》，《回忆中央苏区》，江西人民出版社 1981 年版，第 585 页。
③ 陈丕显：《赣粤边三年游击战争》，人民出版社 1989 年版。
④ 中国人民革命军事博物馆编：《陈毅元帅丰碑永存》，上海人民出版社 1986 年版，第 121 页。

毅给彭育英的信中阐述中共自"九一八"以来的一贯抗日主张，同时又以犀利的笔锋，驳斥了"自新""投诚""纳降"等谬论。严正指出：中国共产党人出生入死，为革命奋斗近二十年，不为帝国主义之凶焰稍屈，又焉能毁政治节操以图名利乎？抗日救国之基本原则既同，余事商讨不难迎刃而解。"自新纳降"之说必须辨证，"清剿"之举必须停止。在陈毅的据理力争下，彭育英复函陈毅，同意互派代表谈判。项英、陈毅和特委同志进行了慎重研究，决定陈毅为中共赣粤边特委和赣粤边红军游击队的全权代表，前去与国民党谈判。1937年9月8日，陈毅前往大余池江与国民党地方当局谈判。陈毅到达后，国民党报纸随即登出所谓"油山共匪投诚"的消息，企图混淆视听。陈毅非常气愤，严正地表示："是谈判就来，投诚不干。"由于陈毅针锋相对的斗争，国民党报纸被迫改为陈毅代表共产党"下山接洽抗日合作事宜"。

1937年9月，在皖浙赣边区坚持游击战争的中共皖赣特委负责人王丰庆、李步新、江天辉等率领红军游击队，袭击浮梁县鹅公滩国民党军据点，从缴获的报纸中得知"国共合作，共同抗日"的消息。与此同时，被国民党关在衢州监狱的原皖浙赣红军独立团政委刘毓标，经陈铁军（其为刘英派去与国民党地方当局谈判的代表）与国民党地方当局交涉后，也释放回来了。刘带着《告南方游击队的公开信》在浮梁瑶里边界的祁门舍会山找到皖赣特委，详细介绍了他从陈铁军那里得知的中国共产党抗日民族统一战线的有关方针政策和国内形势的变化。这样，皖赣特委的领导层才比较具体地了解到国共合作，建立抗日民族统一战线的新形势。然而，长期栖身深山，与上级党组织失去联系的皖赣特委及其游击队的负责人，对全局情况了解甚少，对《告南方游击队的公开信》中关于"国共合作"之说仍有疑虑，有的甚至认为"下山就是向国民党投降"。对刘毓标获释归来更抱怀疑态度。在形势突变，又未得到上级党组织的明确指示的情况下，皖赣特委专门开会分析研究，认为在骤变的形势面前，保持高度的警惕是十分必要的，并决定一边同国民党地方当局接触，探其虚实，利用谈判的机会积极联络边区各支游击队；一边想方设法与上级党组织取得联系。于是，同年10月皖赣特委和国民党地方当局在祁门舍会山和浮梁瑶里正式开始谈判。国民党闽浙赣皖边区绥靖公署驻浮梁瑶里别动大队大队长、中校参议张甫成等为国民党地方当局的代表，上祁门舍会山与皖赣特委派出的红军代表李步新、江天辉会晤。为了便于谈判，根据红军代表的提议，由国民党地方当局从瑶里的江家下到舍会山的梅树坞架设了一条专用电话线。谈判是在舍会山和瑶里通过双方代表当面协商和电话联系两种方式进行的。双方在瑶里进行谈判，最终达成停止内战共同抗日的4条协议：(1)国民党当局停止向红军游击队进攻，撤退在根据地周围的一切驻军，准许游击队派人联络各地红军人员，红军人员过境通行无阻；(2)国民党当局解除"移民并村"封锁，恢复群众生产自由；(3)释放一切"政治犯"；(4)红军游击队停止打土豪，停止与当局的敌对行动，其全部给养由国民党当局负责。[①]

皖赣特委决定派李步新、江天辉到南昌，找项英、陈毅汇报请示工作，了解党的方针政策。李步新、江天辉从瑶里出发，国民党当局驻浮梁瑶里别动大队大队长张甫成还亲自送他们经婺源到浙江衢州转乘火车去南昌。当李、江抵达婺源时，国民党闽浙赣皖绥靖公署主任刘建绪，令其驻在婺源的一个团长送来一封信，要李、江写信调部队下山改编，并在信中威胁说："诸君，何去何从，自由选择。"送信的团长也在一旁学舌，均遭到严词拒绝，李、江理直气壮地要驻婺源的国民党团长转告刘建绪："我们边区的红军游击队听中共中央的，没有中共中央的明确指示，是不会随便下山接受你们改编的。"

李步新、江天辉到南昌时，适逢项英、陈毅已赴湘赣边区。国民党江西省保安司令企图利用项、陈不在南昌的机会，欺骗李、江两人，说："项、陈已留言，叫你们写信回去，要部队到景德镇集中改编。"李、江没有听信这一套，并斩钉截铁地回答说："项、陈留言也好，没有留言也好，没见到项英、陈毅，我们是不会走的！"又一次识破了国民党当局的谎言。

不久，陈毅从赣南回到南昌，李、江立即向陈毅汇报了皖浙赣边区党组织和红军游击队在红军主力离开苏区以后经历的艰苦斗争，和刘毓标获释后寻找部队的情况，以及皖赣特委与国民党地方当局接触谈判等情况，并就"国共合作、共同抗日"和《告南方游击队的公开信》，以及边区党组织和红军游击队下一步怎么办等问题，均一一做了请示。陈毅听后，感到十分满意，当李、江汇报到谈判达成的协议和特委在未得到党中央指示前所采取的有关措施时，陈毅称赞说："你们的警惕性很高嘛，这样做就对了。"并就提出的问题逐一做了解释和回答。陈毅要李、江回去之后，告诉边区党组织和全体指战员：日本帝国主义大举侵犯我国，目的是要变中国为日本的殖民地，民族矛盾已上升为主要矛盾；这一矛盾的出现，引起了国内各阶级、各阶层、各党派、各政治团体政治态度的变化。中国共产党提出的"停止内战，一致抗日"的主张，得到了全国人民和各党派、各政治集团的赞同。现在，国共合作抗日的民族统一战线已

[①]《中国共产党景德镇地方史》(第1卷)，中共党史出版社2006年版。

陈毅在新四军瑶里改编中的领导艺术和斗争策略

经形成，南方游击区的党组织和红军游击队的任务，就是执行党中央的指示，奔赴抗日救国的战场，为民族解放而斗争。陈毅还明确指示在景德镇设立"江西抗日义勇军第二支队办事处"，主任由李步新担任。他要求办事处要坚决贯彻党中央抗日民族统一战线的方针政策，早日完成皖浙赣边区红军游击队的改编工作。

陈毅在指导红军游击队与国民党地方当局谈判过程中，始终贯彻党中央的精神，将原则的坚定性、警惕性与谈判策略的灵活性巧妙地结合起来，既不卑不亢又有理有节，既顾全大局又求同存异，为皖赣边红军游击队顺利下山改编创造了条件。

三、话语的感染力

陈毅考虑到皖浙赣边区军民长期失去与党中央和上级组织的联系，加上国共两党过去积怨太深，担心边区的党员和游击队指战员转不过弯来，便决定亲自到皖赣特委驻地祁门舍会山，向干部战士宣讲党的"国共合作，共同抗日"方针政策，指示各路游击队集中整训。后与国民党地方当局商定，选择景德镇东北靠近鄱公山的浮梁县瑶里为集中整训地点。1937 年 11 月下旬，陈毅由李步新、江天辉陪同从南昌途经景德镇，由瑶里赴祁门舍会山。在逗留期间，陈毅深入爱国民主人士杜重远创办的江西省陶业管理局，以中央代表身份发表讲话，从抗日救国形势、中央的部署谈到目前的任务。并就大家所关心的国共合作和即将到来的全民族抗日高潮以及抗战前途等问题，均做了精辟的论述。会上，许多进步青年纷纷表示参加革命的强烈愿望，并希望能到延安去。陈毅爽朗地笑着说："延安是个好地方，是革命青年深造的学校，但全国青年总不能都到那儿去吧，青山处处埋忠骨啊！当前最需要的是，到最实际的抗日斗争中去，到杀敌的战场上去，到那里去读你们的大学，去发挥你们的才智。离你们这儿不远的瑶里就有支游击队嘛，愿意去的，可以报名，我陈毅给你们当红娘。"

陈毅从景德镇途经瑶里，由皖赣特委警卫排长兼侦察排长邹志诚奉命带领一个班的红军战士在瑶里长岭接上祁门舍会山。陈毅随即参加皖赣特委会议，会上，传达了党中央关于国共合作，建立抗日民族统一战线的决定精神，对红军游击队改称为江西抗日义勇军做了说明和部署。会后，召开了全体红军战士大会，陈毅作了《目前形势与任务》的报告，在报告中针对部队战士存在的思想认识问题，阐述了坚持抗日民族统一战线的意义。陈毅说，日本帝国主义是中华民族的共同敌人，敌人的枪口对准中国人，中国人的枪口也要对准日本帝国主义，这就是国共两党在十年血战后能够一致抗日的原因所在。我们要集中一切力量对付日本侵略者，要识民族大义，化仇为友，团结内部，共赴国难。陈毅的报告，极大地激发了大家的抗日热情，为统一认识和做好思想政治工作指明了方向。

陈毅通过轻松幽默、富有感染力的语言，向部队和各阶层的群众宣传中国共产党抗日民族统一战线的主张，宣传"家庭不和外人欺，合作抗日得胜利"的道理。在陈毅的鼓励下，在陶业人员养成所学习结业后留陶业管理局工作的李清泉、熊振作、潘琪、李汉雄、戴修选和陶业管理局的职员袁煦、景德镇圣公会小学教员凌菲、社会知识青年潘启琦、徐上庸，以及陶业管理局实验工厂学工程希道等，带着陈毅的亲笔介绍信，先后离开景德镇赴浮梁瑶里参加红军游击队改编，并随改编后的部队开赴皖南岩寺。陶业管理局的张三圭、严兴让、张拙之等进步青年则按照办事处领导的指示，留在景德镇继续开展抗日救亡活动。"抗日救国宣传队"分别到祁门、休宁、至德和景德镇广大农村宣传，人民群众备受教育，踊跃报名参军，不到 10 天的时间就扩军 200 多人。

四、坦诚的凝聚力

统一战线是中国共产党在新民主主义革命中战胜敌人的三大法宝之一。在新四军历史上，陈毅统战工作的佳话广为流传。黄桥决战胜利后，中央军委专门批转了陈毅领导新四军在苏北统战工作的经验，毛泽东批注："为使各部队团以上干部深切研究统战策略，破除其狭隘而不开展、顾小利而忘大利、称英雄而少办法的观点，特将陈毅报告转告你们作具体教育材料。"陈毅统战艺术至今仍值得当前中国共产党人学习和发扬。

1938 年 2 月，陈毅第二次来到景德镇，专程到瑶里指导瑶里改编。这次是公开身份，由中共赣北特委书记朱辉接待，安排与国民党江西省第五行政区督察专员鄢景福和国民党浮梁县党部书记、县长等会晤，重申中国共产党提出的建立最广泛的抗日民族统一战线的正确主张，希望国民党地方当局和各界人士团结抗日，并就红军游击队改编和办事处工作的有关事宜交换了意见。陈毅由朱辉等陪同再次来瑶里指导工作，指出近期赣北特委的主要工作：一是部队改编工作，二是地方党的工作。关于地方党的工作，陈毅在瑶里敬义堂主持召开了边区红军游击队和地方党组织负责干部会议，传达了党中央关于国共合作抗日的方针和南方游击队改编为新四军的指示精神，着重讨论了游击队改编事项和发展地方党组织以及组织发动群众开展抗日救亡运动等问题，并对皖浙赣边区党组织的主要负责人做了调整。

陈毅在瑶里期间，与哥哥陈孟熙联系上了。陈孟熙（国民党川军上校）从安徽歙县赶到瑶里。兄弟久别重逢，同住一室（即敬义堂楼上），共叙家常，畅谈国共合作抗日大事。在瑶里吴家祠堂召开的欢迎大会上，兄弟俩发表了热情洋溢的讲话，台下军民深受鼓舞，不时报以热烈的掌声。

1938年2月10日，集中在瑶里参加改编的全体红军战士，以及当地的群众，在瑶里吴家祠堂召开抗日誓师大会，李步新在会上讲了话。经过瑶里改编，皖浙赣边游击队改称为国民革命军新编第四军第1支队第2团第3营，下辖7、8、9三个连。熊刚任营长，张振东任副营长，刘玉林任军事教导员。这时部队共有550多人，机枪3挺，步枪200多支，短枪30多支。根据中央指示，组建后的新四军向皖南岩寺推进。部队在李步新和营长熊刚的带领下，经过长途跋涉，按时到达集结地域，驻扎在皖南岩寺的潜口镇。至此，这支诞生在方志敏创建的闽浙赣苏区，经历了长期革命战争考验的人民子弟兵，便离开了皖浙赣边区游击根据地，奔赴抗日前线。

皖浙赣边区红军游击队瑶里改编是抗日战争初期发生的皖浙赣边区的有较大政治影响的事件，对皖赣地区的党的组织活动和革命发展产生了较大的影响。

作者简介：陈志华，景德镇市档案馆副馆长。

浮梁古代诗歌中的生态美

韩晓光

浮梁历史悠久，山川秀美，民风淳朴，风物清嘉。自古以来，浮梁人对于自己家园的生态环境就具有一种朴素而又自觉的保护意识。他们以田园为家，以草木为友，以鱼鸟为邻，千百年来与大自然和谐相处。至今浮梁许多古村落中依然存留的禁渔碑、禁伐碑与郁郁葱葱的水口林就是鲜明的例证。这种注重生态美的理念在历代有关歌咏浮梁的诗歌中有着生动的体现。本文拟从三个方面对此进行一些粗浅的解析。

一、山川花鸟——自然环境的生态美

浮梁位于江西东北部，气候温暖，水源充沛，有着得天独厚的良好生态环境。优美的自然风光曾引发许多诗人的创作灵感与激情。在他们笔下，浮梁的山是那样的挺拔青翠——"崿立南中山特起"（宋·程晖《珠山晚眺》），"溪上青峰翠插天"（明·王澂《青峰脚圆》），"四面山屏绵绣围"（清·唐英《丙寅闰春巡视窑工山行口占》）。浮梁的水是那样的明净清澈——"一潭秋水不到底"（宋·张景修《浮碧亭》），"潆净寒潭玉作流"（明·王澂《双溪夜月》），"千里清溪五里滩"，"三潭倒映湖心月"（清·郑凤仪《浮梁竹枝词》）。浮梁的树是那样的高大茂盛——"大松十里几多围"（宋·彭汝砺《屏山聚仙洞》），"山里江城树里村"（清·郑凤仪《浮梁竹枝词》），"宰树连山谷"（宋·苏轼《思成堂》）。浮梁的花是那样的处处盛开——"四时花向楼头见"，"行到花边香隔门"（清·凌汝绵《昌江杂咏》），"竹扉花径总相连"（清·张景苍《过上芦田》）。浮梁的云是那样的轻盈洁白——"磬声松色白云中"（宋·彭汝砺《屏山聚仙洞》），"芳云尽入怀"（明·唐顺之《引秀亭》），"峦光涛色相沦涟"（明·舒芬《双溪夜月》）。浮梁的鱼鸟是那样的生机勃勃——"鱼将妻妾游溪面，鹤引儿孙过渡头"（清·王临元《双溪夜月》），"茂树禽声检韵迎"（清·金梦文《升平乐》），"奇峰时见鹤双飞"。浮梁的

空气是那样的清新洁净——"红尘上下飞不到"(宋·白玉蟾《双溪夜月》),"满空灏气浑如洗"(明·王澄《双溪夜月》),"洗出青天碧月新"(清·汪天宋《三溪绕碧》)。这些诗句在我们眼前呈现的是一幅幅优美的生态风情画卷:山青水碧,云白风清,花繁树绿,鸟飞鱼翔,空气清新,这既是大自然赐予诗人们无穷无尽的创作源泉,也是祖先留给当代浮梁人极为宝贵的自然遗产,值得我们竭尽心力去加以保护。

二、乡土田园——人文风情的生态美

浮梁地处江南丘陵地区,自唐代建县以来,很少受到战乱的破坏;同时良好的气候条件与丰富的自然资源也有利于老百姓休养生息,安居乐业。古代勤劳智慧的浮梁人在农耕之余还从事多种经营,他们"伐木为楮,摘叶为茗,坏土为器",努力发展经济,使浮梁成为一个风光秀丽,物产丰富,人文荟萃,民风淳朴的美好家园。这在历代歌咏浮梁的诗歌中也有充分的描写。清代浮梁县令沈嘉徵在他的《劝息讼诗》的开篇就称颂:"浮邑称淳朴,人文山水清。农桑饶旧业,诗礼起群英。"对浮梁的山水、人文与民风都做了高度的评价;明代诗人闵文振在《胜集亭》中也赞美浮梁:"春风随处长桑麻,犹说浮梁八万家。胜集亭前尘不断,向人浑说小京华。"唐代督陶官唐英来到浮梁乡间也禁不住吟唱道:"漠漠平畴千顷绿,熙熙秋社万家烟。"如果说以上诗人是从整体的角度对浮梁的园田风情作了概括性的描写,那么下面一些诗人则是通过描绘具体的生活情境来展示浮梁乡土家园的温馨与美好。如:

升平乐

清·金梦文

其一

而今方享读书乐,村墅无闻犬吠声。

夜对银缸敲叶细,朝研玉露点珠清。

闲庭草色凭阑看,茂树禽声检韵迎。

珥笔清华应纪绩,许多桃李荷春荣。

其二

而今方享田家乐,四境无闻击柝声。

遍野豚蹄期岁稔,盈箱谷实庆秋成。

烹葵剥枣邀邻酌，墐户诛茅备来耕。

总赖公侯歼草寇，嬉游卒岁乐升平。

其三

而今方享渔家乐，细雨斜风日日宜。

岂必苍鳌连钓饵，且看赤鲤上纶丝。

卖鱼入市沽春酒，冒雪操竿刺水湄。

天籁时从芦苇发，几声欸乃和歌辞。

其四

而今方享樵夫乐，绣谷丁丁伐木声。

信步高低芒底便，随缘雉兔担头横。

息肩坐石猜奇偶，厉斧瞻云计雨晴。

榾柮烧残团妇子，炉煨橡栗笑深更。

这一组诗分别从耕、读、渔、樵等四个方面生动地描写了"遍野豚蹄""盈箱谷实"的丰收之年，在"四境无闻击柝声"的安宁环境中，浮梁田家人共享升平之乐的美好情景，读后能令人产生无比的憧憬。

又如：

浮梁竹枝词

清·郑凤仪

其一

山里江城树里村，人家花里筑花樊。

四时花向楼头见，行到花边香隔门。

其六

斑鸠呼妇踏春泥，挑菜人来日欲低。

一带红云照茜袖，桃花多半在城西。

其七

毛竹编篱松径遮，雨前同出摘山茶。

采茶歌罢茶将老，鬓边斜插野茶花。

其八

桑阴最少稻田多，霉雨薰风节候和。

女不承筐男秉耒，山坳水曲唱栽禾。

其九

家住莲塘水树饶，采莲何用荡兰桡。

莲花不见见菱叶，空伴采莲人过桥。

以上这组诗中，其一描写了浮梁处处花繁树茂的优美人居环境："山里江城树里村"，"四时花向楼头见"。无论是城里还是乡村，也无论是门外还是楼头，人家就仿佛居住在花丛中。其六、其七、其八、其九则如同一幅幅风情画，反映了浮梁农人一年四季从事栽禾、挑菜、采茶、采莲等各项生产劳作的情景，字里行间处处都流露出诗人对浮梁人民安居乐业的田园生活的赞美之情。

在另一些诗作中，诗人还浓墨重彩地描写了浮梁历代重视教化，文风鼎盛的情景，如：

昌江杂咏

清·凌汝绵

其一

风景悠悠缅古初，村村杉竹护精庐。

篮舆悄向门前过，十户人家九读书。

其二

昌江自古毓宁馨，接武童科旧典型。

礼节初娴胆气壮，髫龄请背十三经。

昌江书院

清·沈嘉徵

其一

德教欣看四海敷，党庠术序遍生徒。

曾闻十室有忠信，敢道山城学者无。

其二

昌水阳山毓地灵，草茅千古有穷经。

当年板筑求良弼，伫看图来梦里形。

浮梁自古崇尚文风教化，"士趋诗书、矜名节"，故历代"衣冠人物之盛甲于江右"。"十户人家九读书""党庠术序遍生徒""髫龄请背十三经""草茅千古有穷经"等诗句就是这种文风鼎盛的生动写照。

三、天人合一——和谐共处的生态美

天人合一是我国传统文化的一个重要命题，其核心就是强调人与自然的和谐相处。儒家通过肯定天地万物的内在价值，主张以仁爱之心对待自然，讲究天道人伦化和人伦天道化，正如《中庸》里说："能尽人之性，则能尽物之性；能尽物之性，则可以赞天地之化育；可以赞天地之化育，则可以与天地参矣。"佛家也主张人与自然关系的和谐。正如宏智正觉禅师有偈云："来来去去山中人，识得青山便是身。青山是身身是我，更于何处著根尘？"融入青山绿水，人就能得道成佛，否则，无处安身。道家生态美学同样主张道法自然，回归自然，以自然为精神自由的归宿。在浮梁古代诗歌中也常常流露出这种天人合一的理念。如：

云林别墅

清·朱瀚

鱼鸟天地物，飞跃亦何营。

物我两忘机，陶镕归性情。

散观悟至道，挥手江山行。

天地之间海阔凭鱼跃，天高任鸟飞往往是一种身心自由的象征。诗人在散观"鱼跃""鸟飞"之时而感到"物我两忘机"，并从中"陶镕性情""悟至道"，这也是古代许多诗人十分向往的精神境界。

丙寅闰春巡视窑工山行口占

清·唐英

四面山屏绵绣围，一鞭晓日趁晴晖。

花香鸟语寻消息，流水行云淡械机。

春雨人嫌泥路滑，长途我喜洁身归。

皇华于役谁言苦，斗酒双柑兴未违。

"消息"的本义是指事物的消长、盛衰等变化。《易·丰》:"日中则昃,月盈则食,天地盈虚,与时消息,而况于人乎? 况于鬼神乎?"高亨注:"消息犹消长也。"诗人春天在巡视窑工山行途中,眼前的"花香鸟语"让他感悟到天地间万事万物的消长变化;"流水行云"仿佛涤净了心中的尘垢,消尽了心中的"械机",让他感到淡泊、宁静与超脱。

　　还有的诗人常常以拟人的手法来生动地表现人与自然之间的亲密关系。在他们笔下,自然界中的万物都是有灵性的:鸟儿会催耕,蜗牛会勤力("灵鸟知时催布谷,蜗牛勤力出新晴"——清·沈嘉徵《劝农》)。牛羊也知向往乐土,鸡犬也会怀抱闲心(如"牛羊怀乐国,鸡犬抱闲心"——清·唐英《山行》)等。这种人与自然之间仿佛心灵相通,亲密无间的和谐关系正是这种天人合一思想的生动体现。

　　作者简介:韩晓光,景德镇学院人文学院教授,全国优秀教师,景德镇诗词学会顾问。

后记

本书编撰工作大体上可分为前期（从工作启动至 2023 年底）和后期（2024 年以来）两个阶段。

前期共收到文章 90 余篇，计 70 余万字，大部分为本地作者投稿。参与前期文章审读、初选工作的同志有：汪茂良、白光华、江旺龙、李松杰、许国栋、李景春、李新才、杨昔文、陈志霞、陈金海。

审读、初选前期文章之后，汪茂良、江旺龙、许国栋同志进行了拟题、选目，书名拟为《浮梁历史文化论集》，共选用文章 20 篇，计 13 余万字（后期从中精选 17 篇 11 余万字）。

鉴于选用前期文章的篇数、字数均少，不符"论集"之名，2024 年春季开展了第二轮组稿，由汪茂良同志担纲，广泛向省内外高校、社科研究机构的专家学者约稿。同时，组织开展前期文章修改工作，参与的同志有：汪茂良、白光华、江旺龙、江建新、李松杰、欧阳世彬、许国栋、陈志霞、陈金海。

第二轮组稿结束后，再次组织开展审读、修改工作，参与的同志有：汪茂良、白光华、江旺龙、江建新、李松杰、欧阳世彬、陈志霞。后期选目、编排工作主要由江旺龙、李松杰同志承担，汪茂良同志参与。本书编撰工作由汪茂良同志主持。

本书编撰工作得到了江西省社会科学界联合会，中共浮梁县委、浮梁县人民政府的高度重视，得到了有关领导同志和专家学者的大力支持。江西省社会科学界联合会汤水清、刘志飞，江西省社会科学院余悦、张泽兵，景德镇市政协黄康明，景德镇陶瓷大学胡银娇、朱景林、吴军明，中共景德镇市委宣传部董军发，景德镇新闻传媒集团胡发根，华东师范大学朱焘等同志提出了宝贵意见，并对组稿提供了帮助。付梓之际，江西师范大学资深教授，国家社科基金历史学科评审组专家，中国史学会理事、中国明史学会首席顾问，央视《百家讲坛》最受欢迎主讲人方志远先生拨冗作序，为本书增添了学术分量。

在此，我们向相关各方致以诚挚谢意！

由于水平有限，书中难免有疏漏和错误之处，唯愿读者指正，以匡不逮。

编　者

2025 年 1 月